THE ENCYCLOPEDIA OF

GUITAR PICTURE CHORDS

IN COLOR

THE ENCYCLOPEDIA OF GUITAR PICTURE CHORDS IN COLOR

BARNES & NOBLE
NEW YORK

This 2006 edition published by Barnes & Noble, Inc.,
by arrangement with Music Sales Corporation.

All photography by Randall Wallace
Project editor: Ed Lozano
Interior design and illustrations: Mark Bridges
Layout: Sylvia Masa

ISBN-13: 978-0-7607-7871-5
ISBN-10: 0-7607-7871-X

Printed and bound in China

3 5 7 9 11 13 15 14 12 10 8 6 4

Contents

Introduction

The fingerings and voicings in this book were chosen for ease and practicality. The beginning guitarist will find many easy-to-use common chord forms, and the more advanced player will find intriguing variants and inversions that may be used in more intricate progressions or even to develop interesting solos. The full-color diagrams and photos provide the missing link that will help you visualize these chord shapes better. This book can help you to develop a solid harmonic foundation—and this, in turn, will make you a better and more well-rounded guitar player.

To get the most out of this collection, be sure to read the following section, "How to Use This Book." If you have any questions about how the chords are named, arranged, or presented, they will probably be answered there.

Remember that no matter how many chords you know, nothing will help your playing more than a good understanding of how chords are constructed and how they relate one to another. As you learn new chord positions, take the time to recognize what notes make up each chord. Notice how the order of notes in a certain chord position makes it sound subtly different from another position of the same chord. Try playing a familiar chord progression using different positions or inversions for each chord. Exercises such as this will help train your ear as well as your fingers as you have some creative fun. Understanding harmony (chord theory) is also essential for composers, songwriters, and arrangers of all types of music.

We sincerely hope that you enjoy this book and that you learn a lot from it. Good luck and keep practicing!

How to Use This Book

Chord Frames

The frames used to illustrate the chords are very easy to read. The frame depicts a portion of the guitar's fretboard. The vertical lines represent the strings of the guitar with the thickest strings to the left and the thinnest strings to the right. The horizontal lines represent the frets. The nut of the guitar is represented by the thick horizontal bar at the top of the diagram. The dots that appear in the frames illustrate where you should place your fingers (A smaller dot indicates an optional note). An × above the top line indicates that the string should be muted or not played while an o above the top line indicates that the string should be played open. Both the finger number and the letter name of the root of the chord are shown in red.

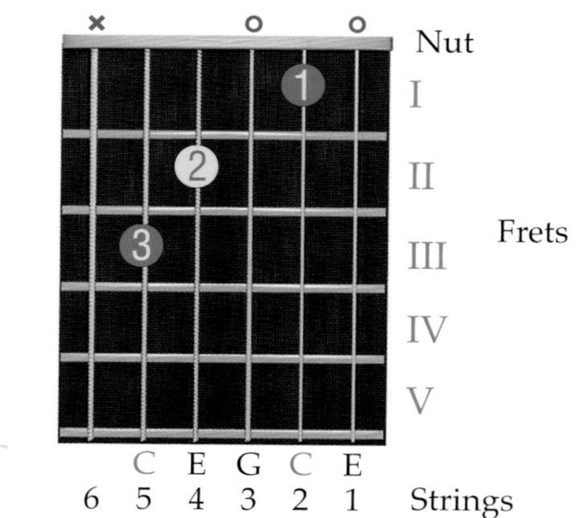

Nut
I
II
III
IV
V
Frets
C E G C E
6 5 4 3 2 1
Strings

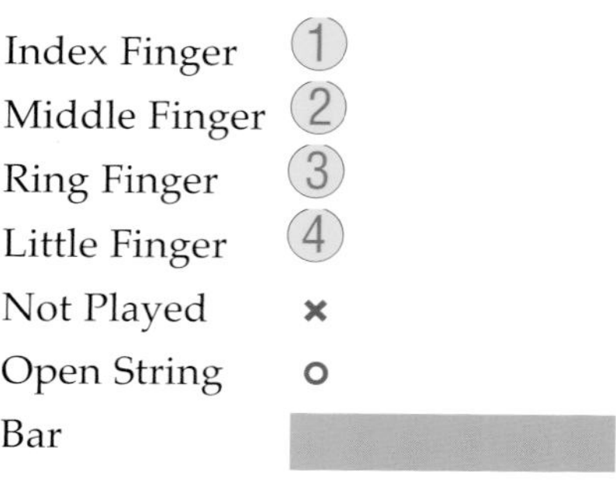

Index Finger 1
Middle Finger 2
Ring Finger 3
Little Finger 4
Not Played ×
Open String o
Bar

The Photo

The photo to the right of each chord diagram shows you what your hand should look like on the guitar fingerboard. You will notice that the finger positions in some of the photos are a little to the right or left of the frame. This is done to show the particular chord form's proximity to either the twelfth fret or the nut of the guitar. This makes it easier to recognize the relative position on the fretboard at a glance. Although the photos are a visual reference, all the fingers in a given shot may not be in a proper playing position. We have sometimes moved unused fingers *out of the way* to give you a better look at where the fretting fingers are placed. For instance, when playing the A♭sus4 shown in the photograph below, your second and third finger should not be tucked under the neck, they would be relaxed and extended upward over the fingerboard. Make sure your fingers are comfortable and that you are capable of moving them easily from one chord position to another.

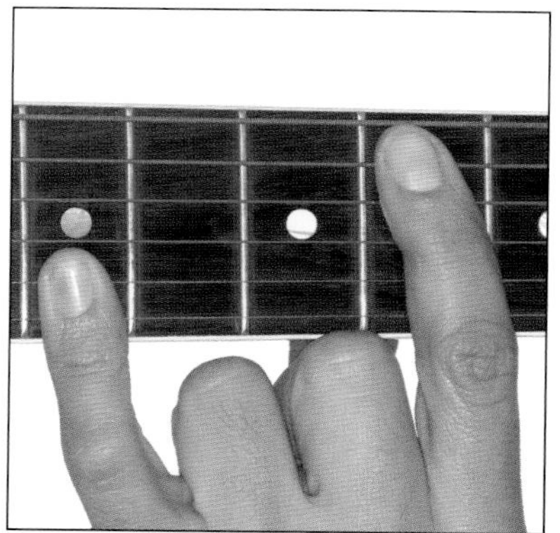

Alternate Fingering

You will often want to use different fingerings for the same chord depending on where you are coming from or going to on the fingerboard. The examples on the next page will give you a basic idea of other fingerings and you probably will find and use others. Experiment with these fingerings while playing different types of progressions.

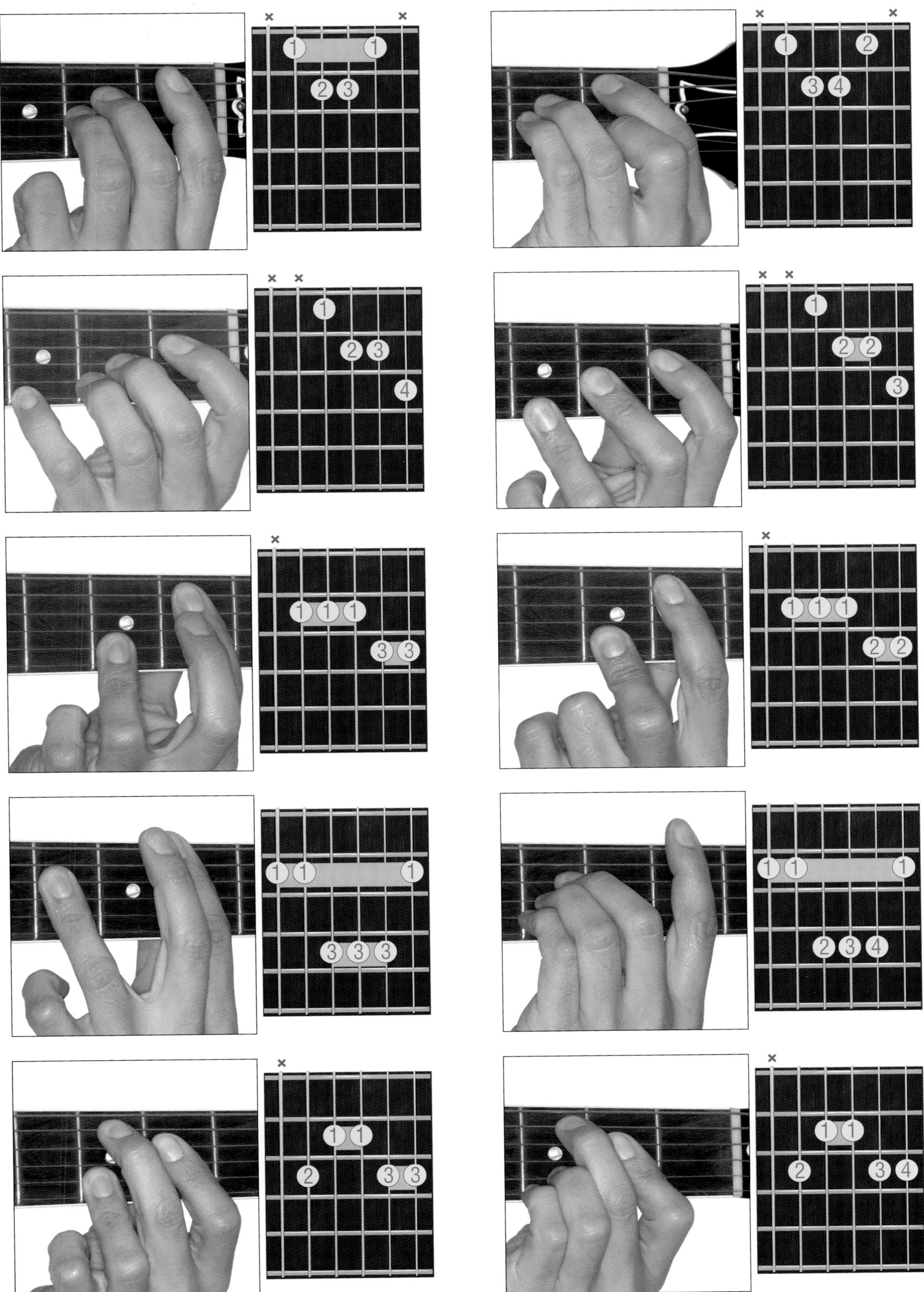

C

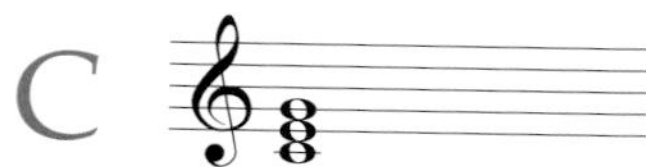

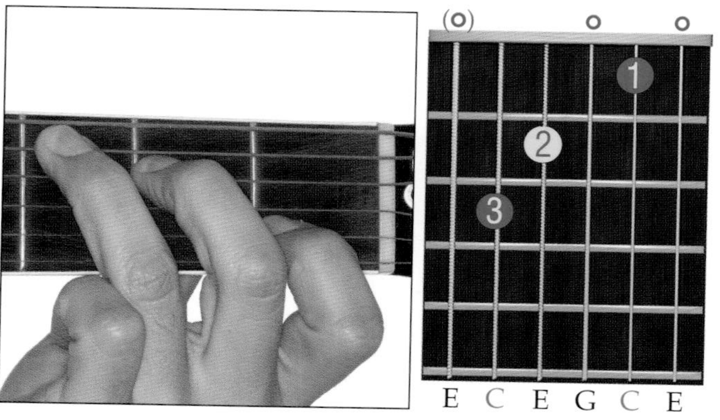
E C E G C E

G C E G C E

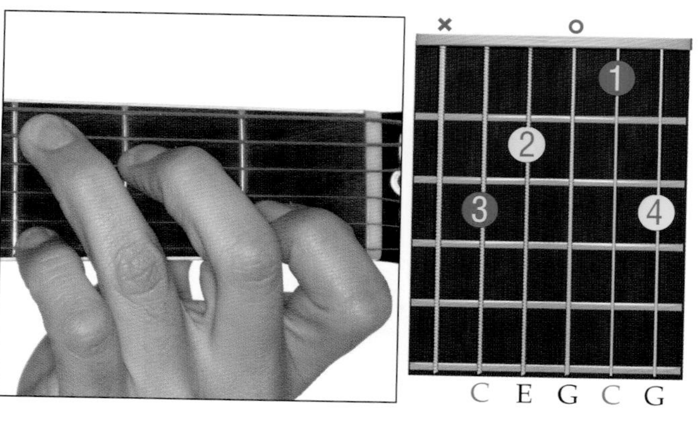
C E G C G

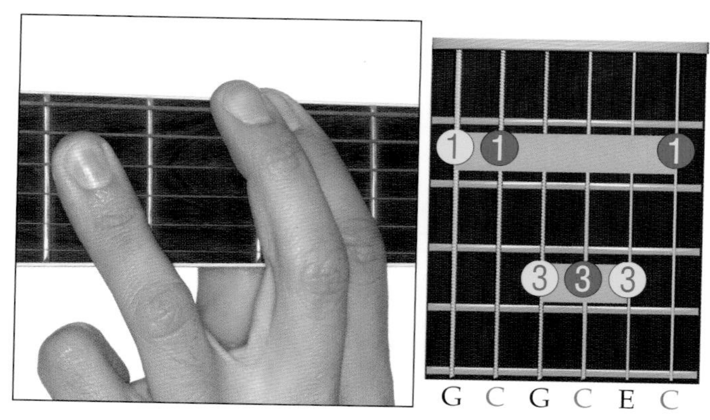
G C G C E C

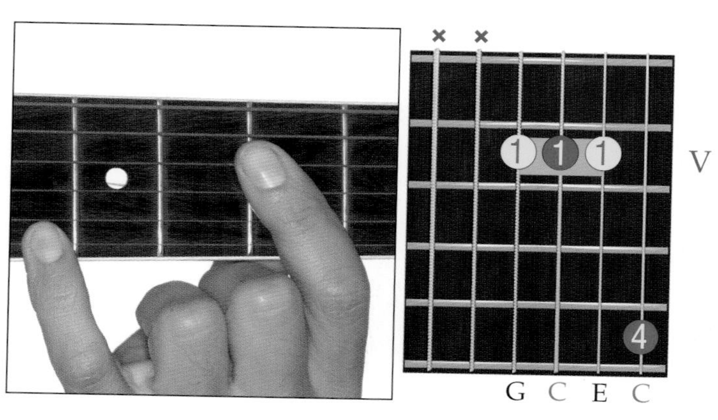
V
G C E C

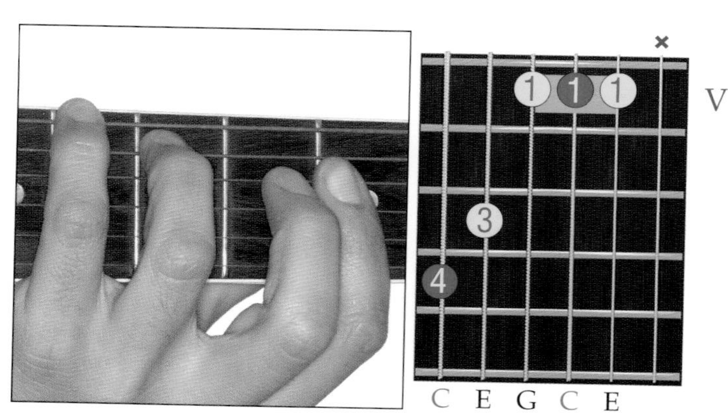
V
C E G C E

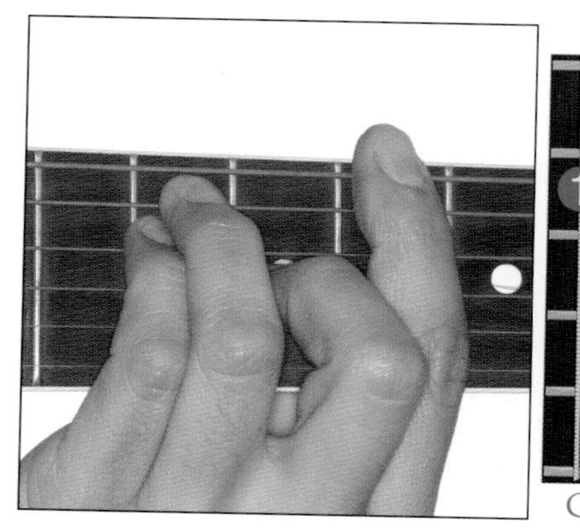

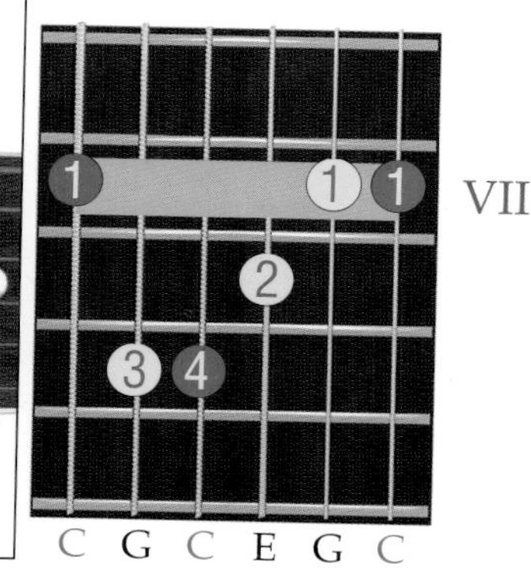
VIII
C G C E G C

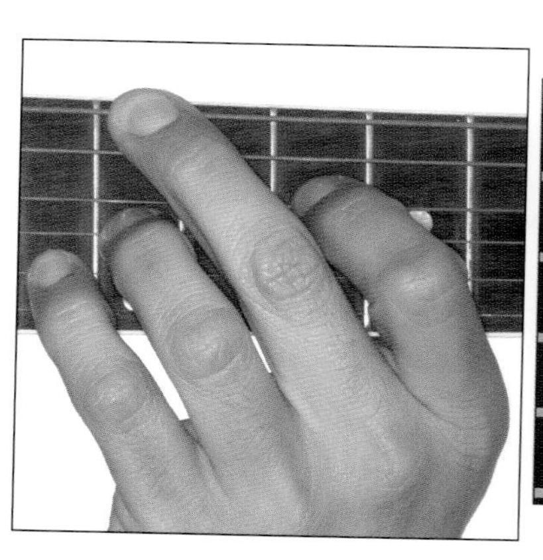

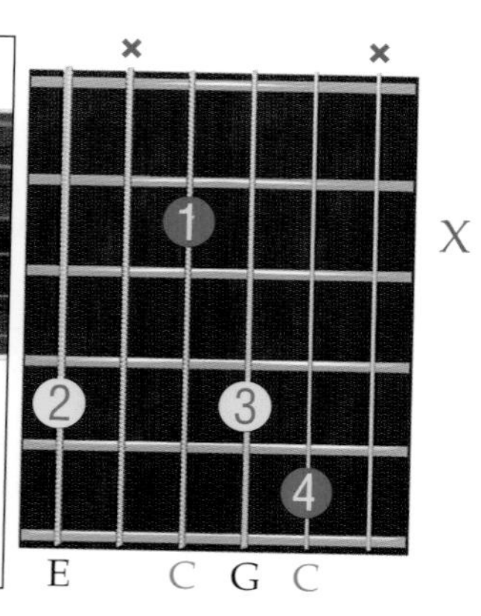
X
E C G C

C

Csus4

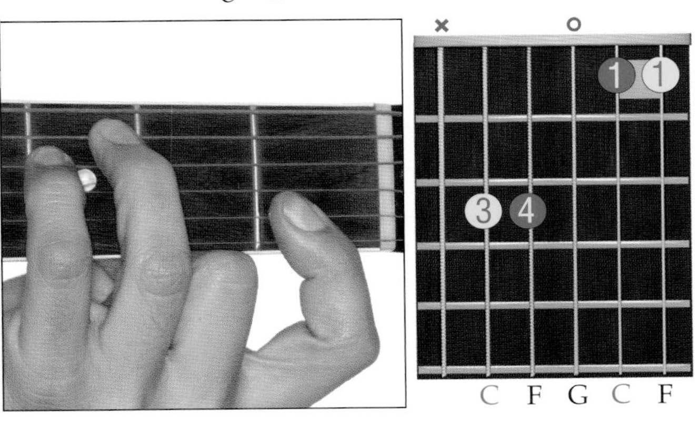
C F G C F

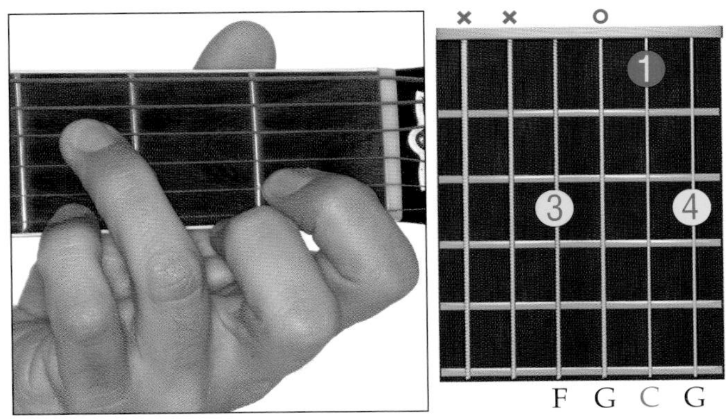
F G C G

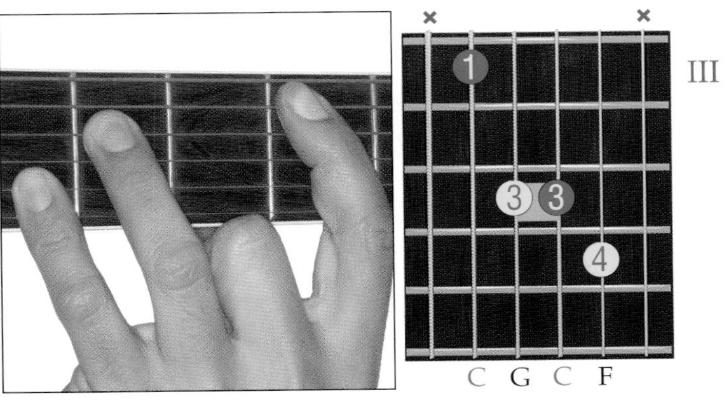
III
C G C F

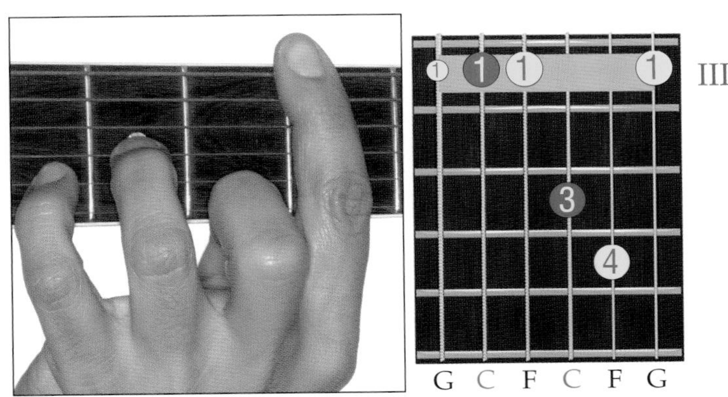
III
G C F C F G

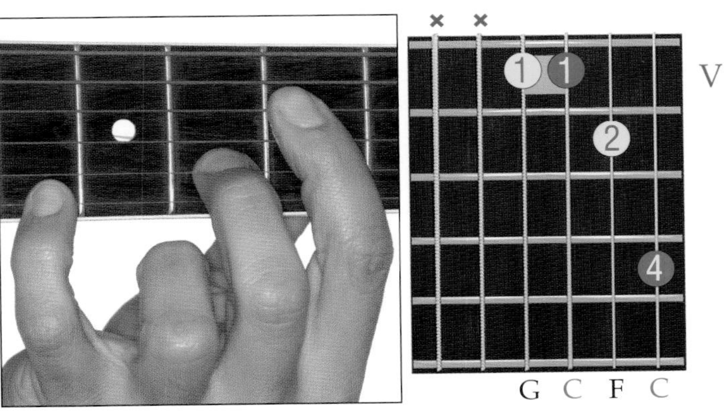
V
G C F C

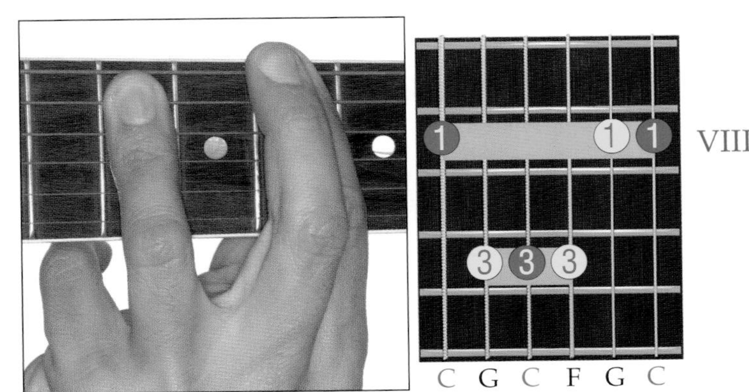
VIII
C G C F G C

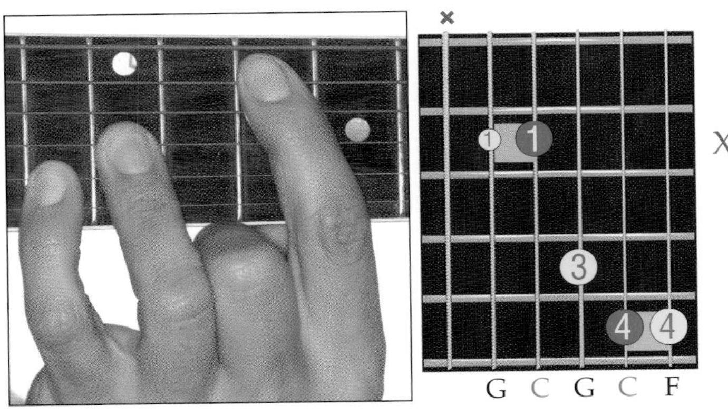
X
G C G C F

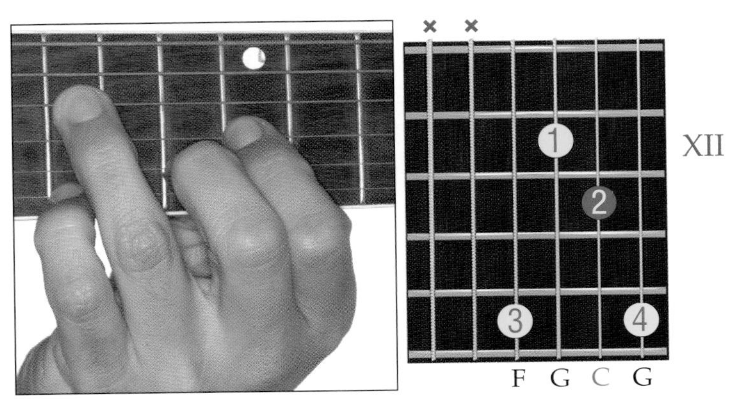
XII
F G C G

C

C6

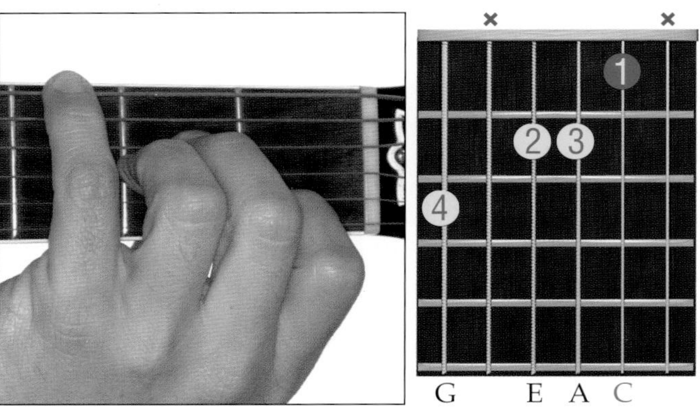
G E A C

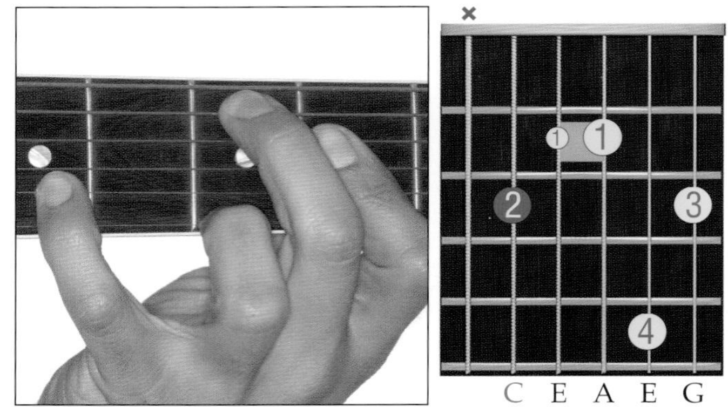
C E A E G

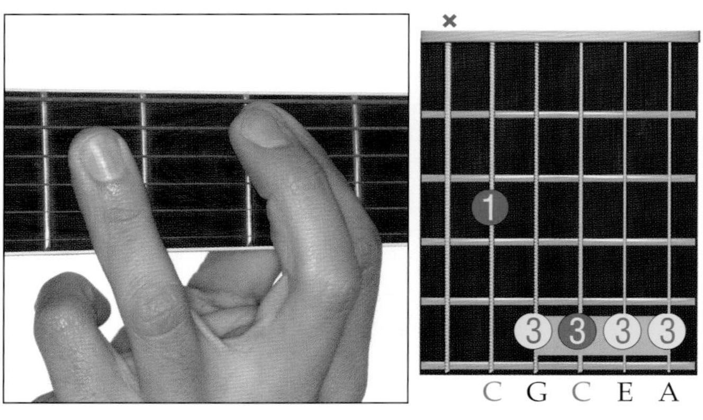
C G C E A

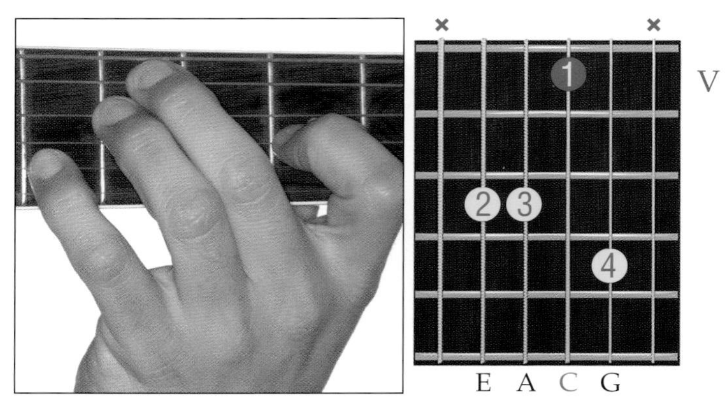
V
E A C G

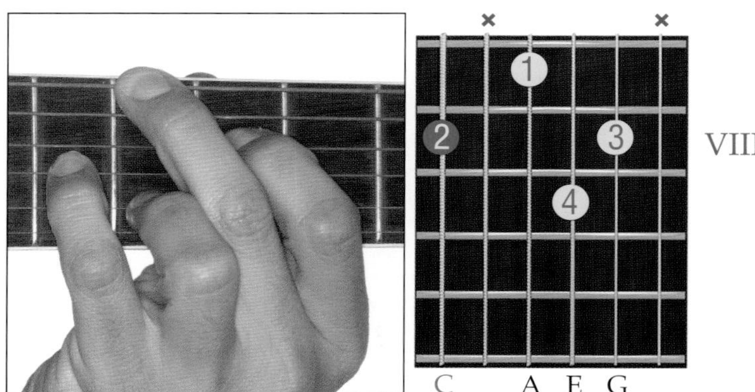
VIII
C A E G

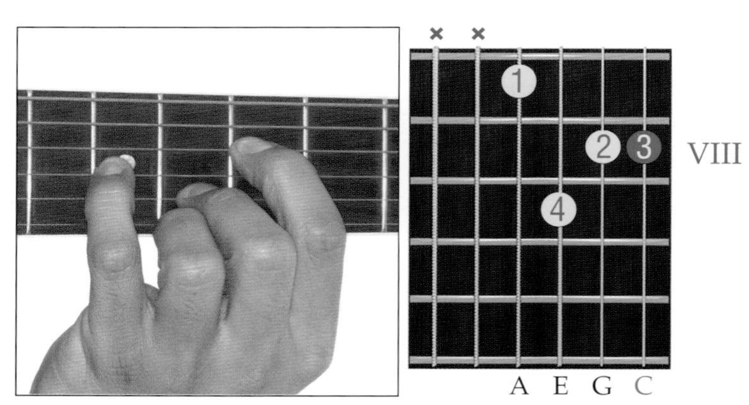
VIII
A E G C

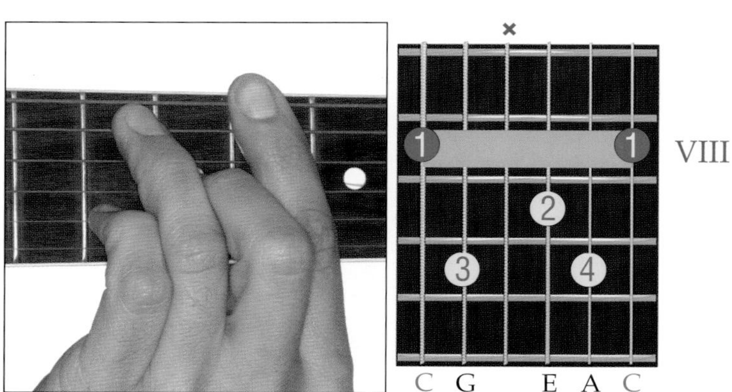
VIII
C G E A C

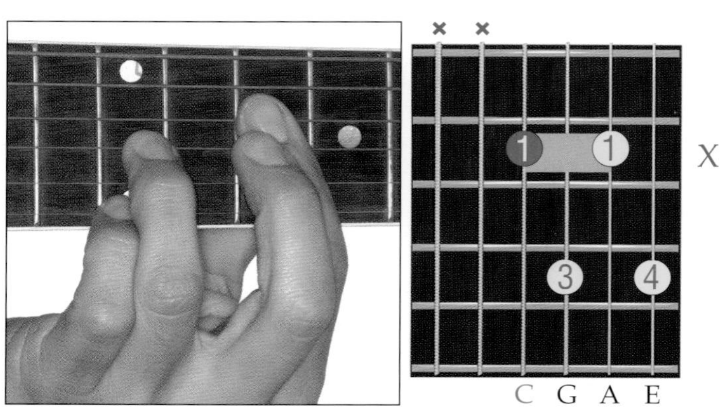
X
C G A E

C

C$^6_9$

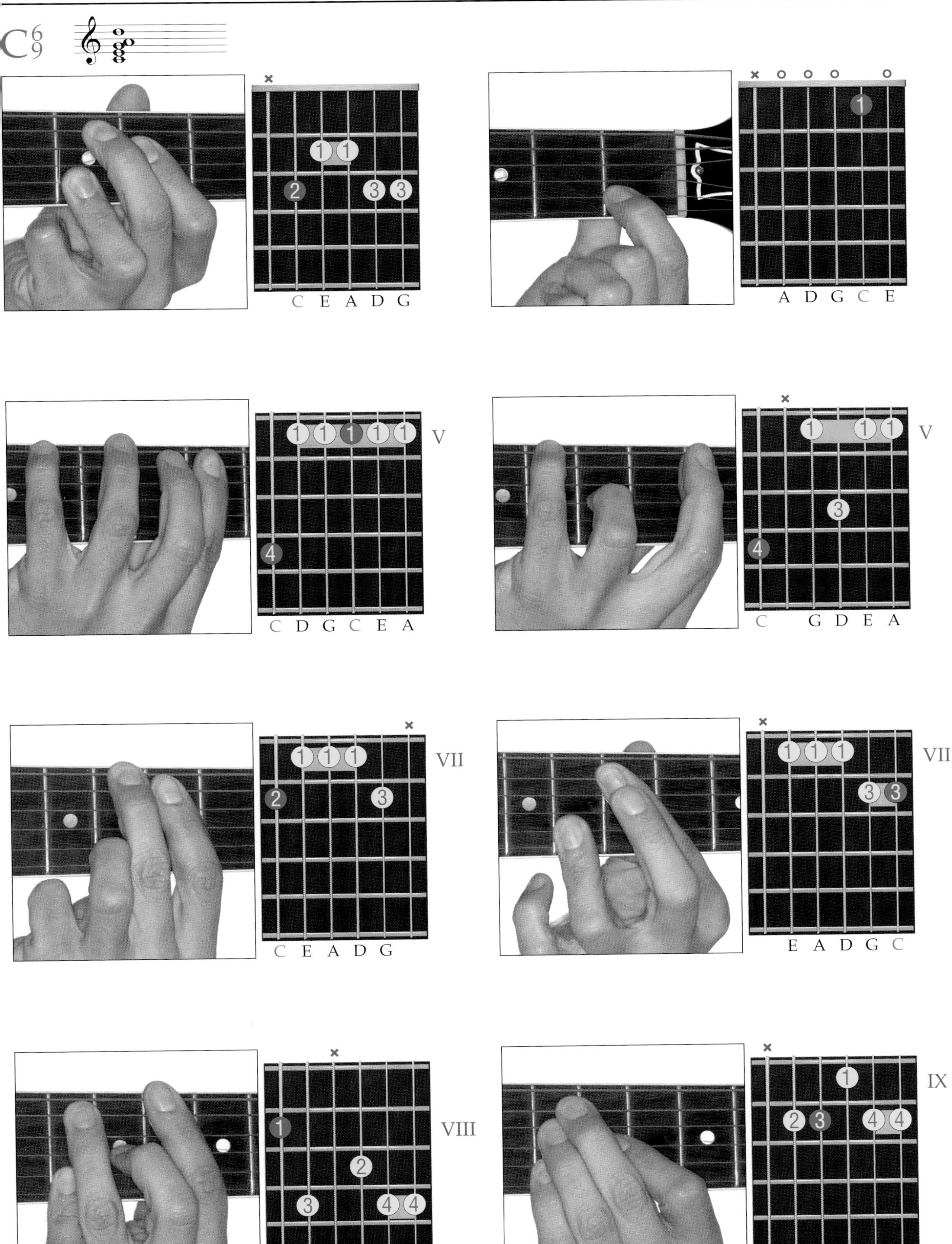
C E A D G
A D G C E
V
C D G C E A
V
C G D E A
VII
C E A D G
VII
E A D G C
VIII
C G E A D
IX
G C E A D

C

Cmaj7

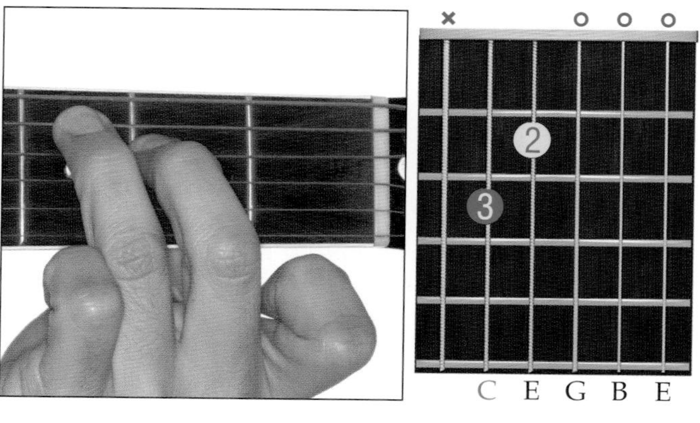

C E G B E

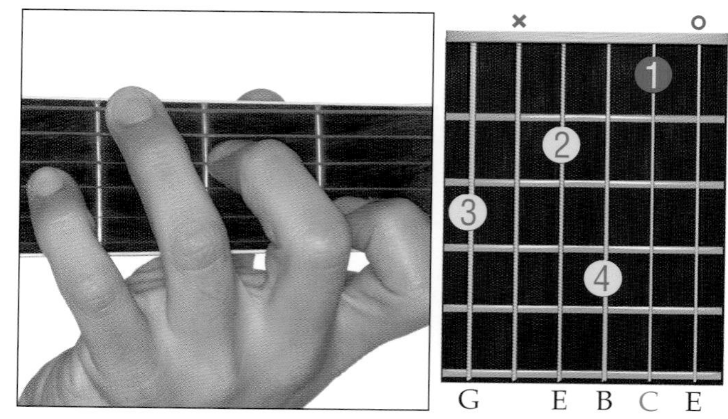

G E B C E

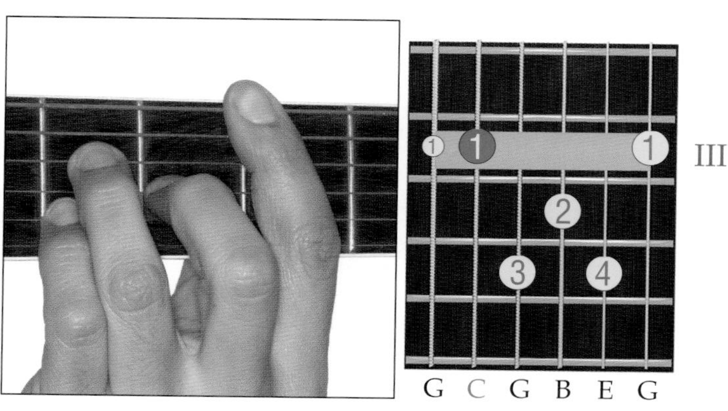

III
G C G B E G

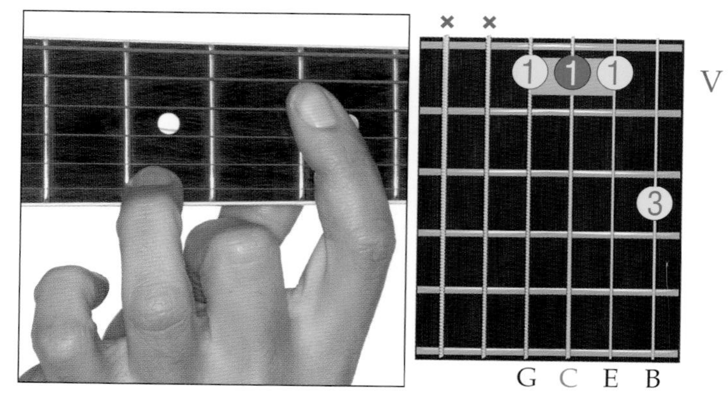

V
G C E B

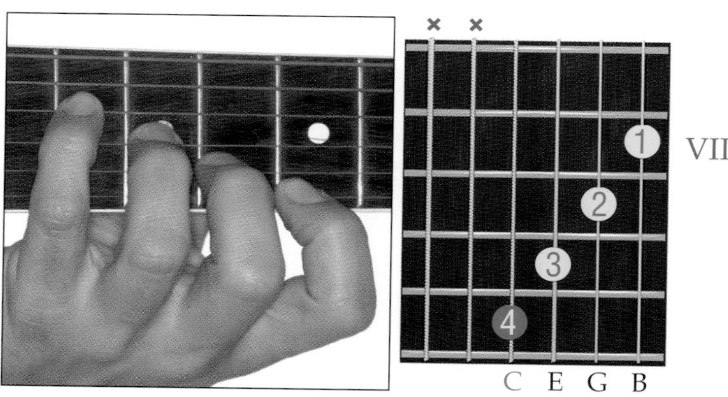

VII
C E G B

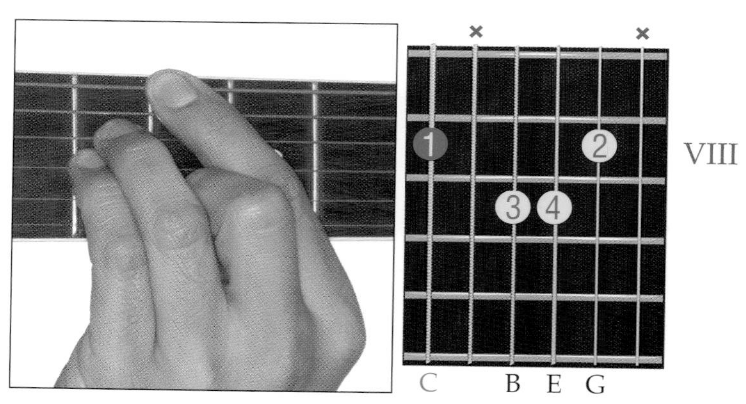

VIII
C B E G

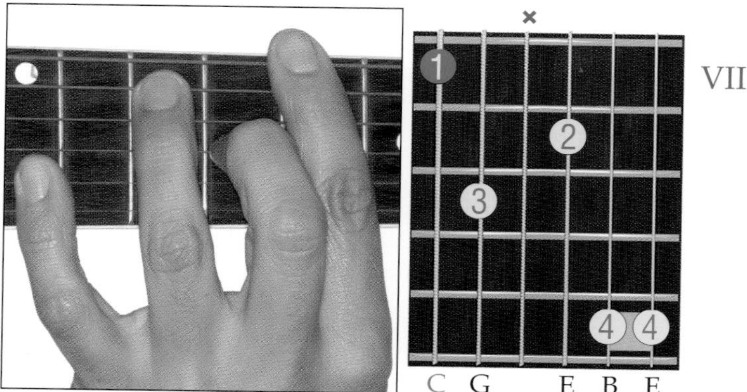

VIII
C G E B E

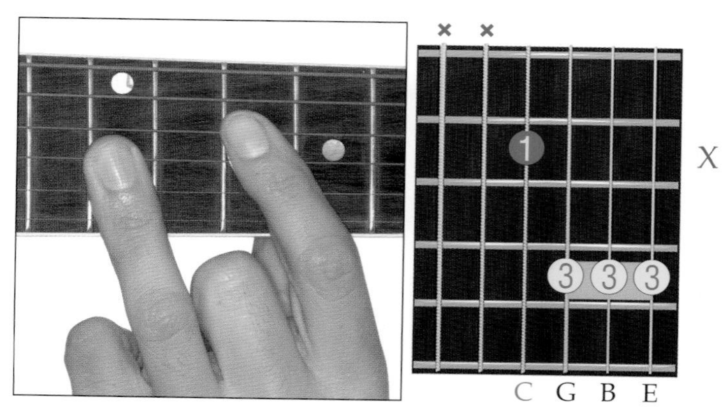

X
C G B E

Cmaj9

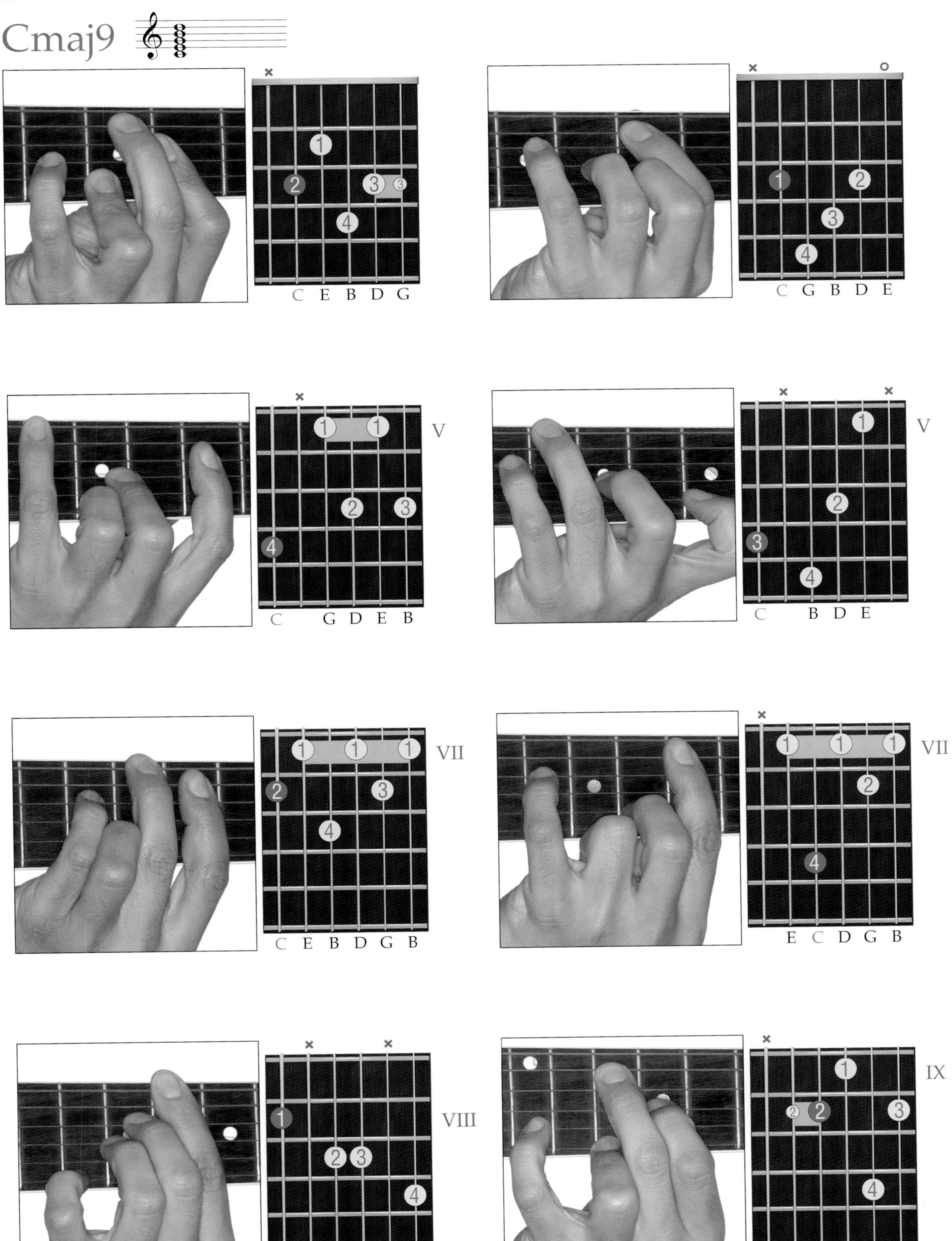
C
C E B D G
C G B D E
V
C G D E B
V
C B D E
VII
C E B D G B
VII
E C D G B
VIII
C B E D
IX
G C E B D

C

Cmaj13

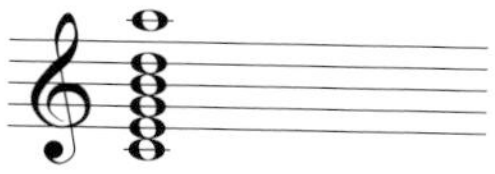

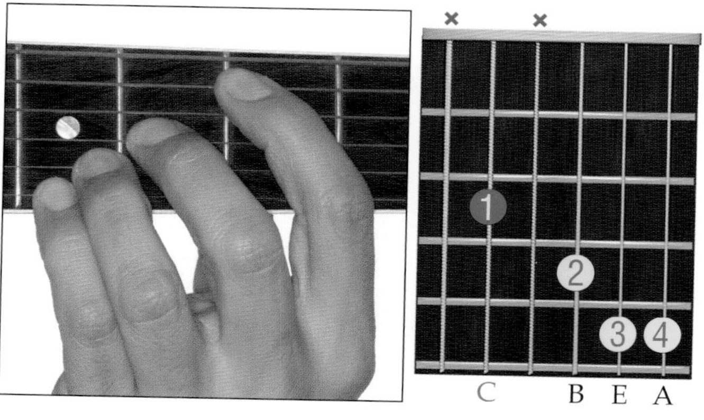

× ×
1
2
3 4
C B E A

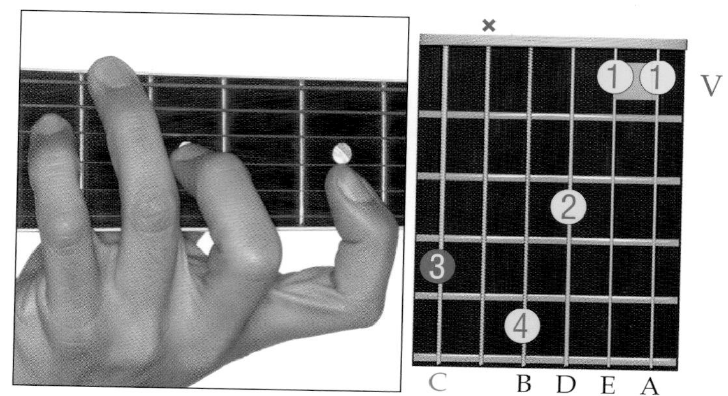

×
1 1
V
2
3
4
C B D E A

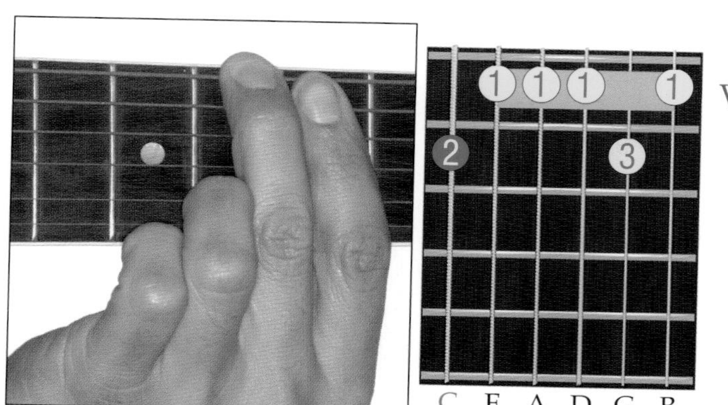

1 1 1 1
VII
2
3
C E A D G B

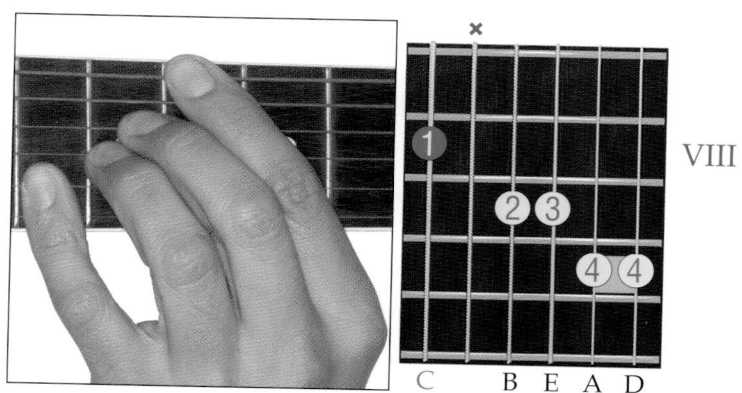

×
1
VIII
2 3
4 4
C B E A D

C

Cm

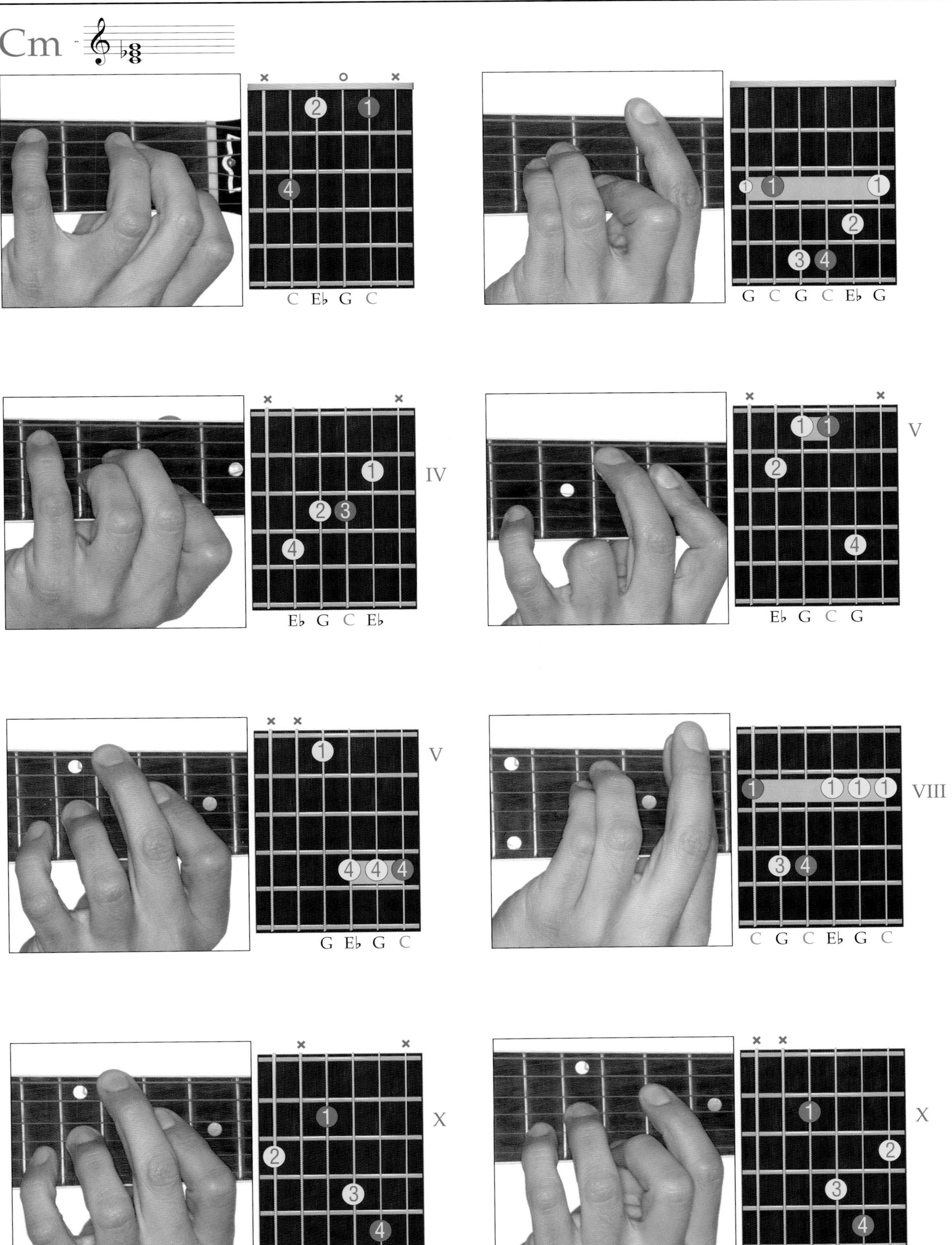
C E♭ G C
G C G C E♭ G
IV
E♭ G C E♭
V
E♭ G C G
V
G E♭ G C
VIII
C G C E♭ G C
X
E♭ C G C
X
C G C E♭

C

Cm6

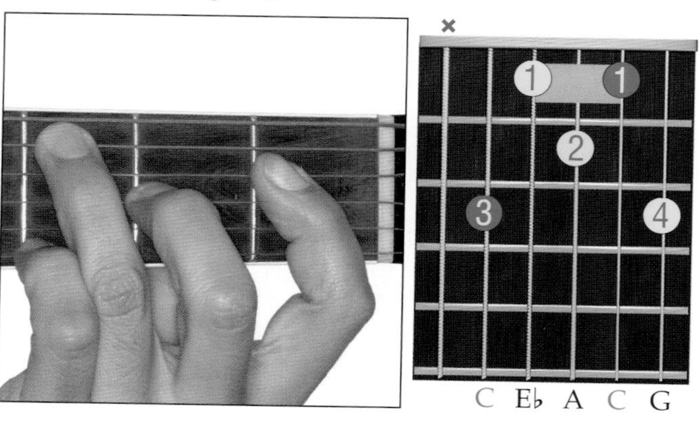
C E♭ A C G

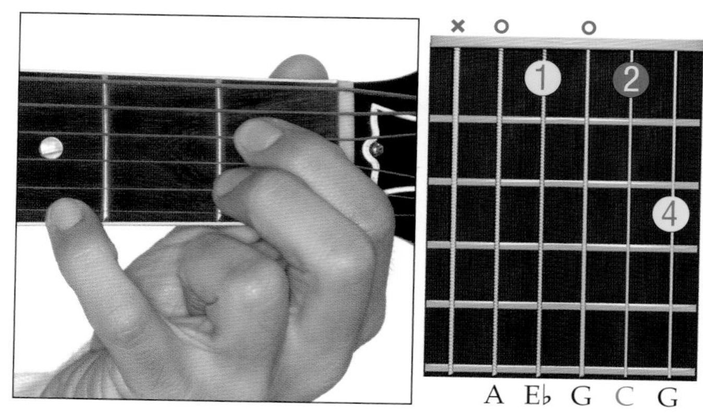
A E♭ G C G

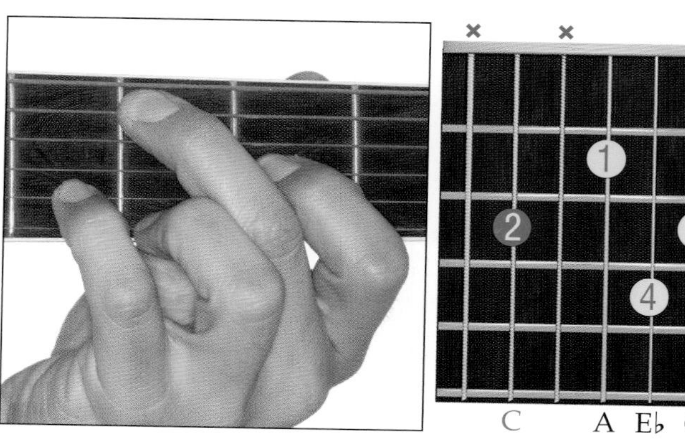
C A E♭ G

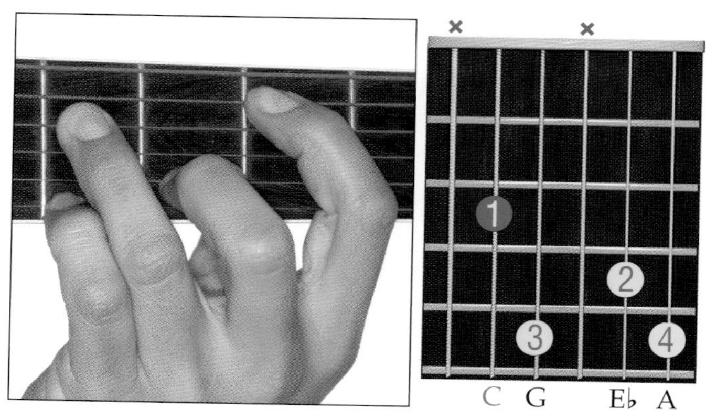
C G E♭ A

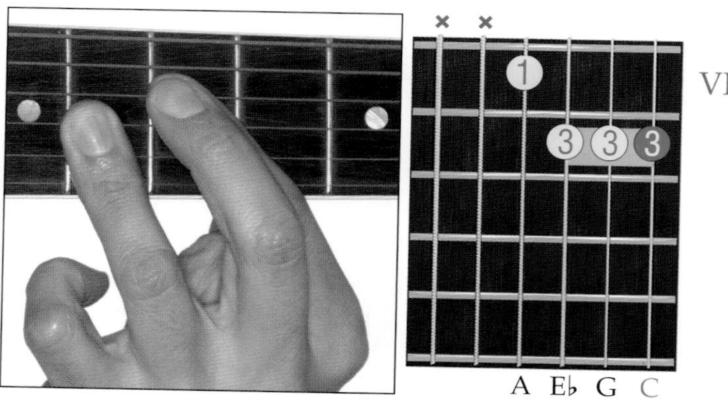
VII
A E♭ G C

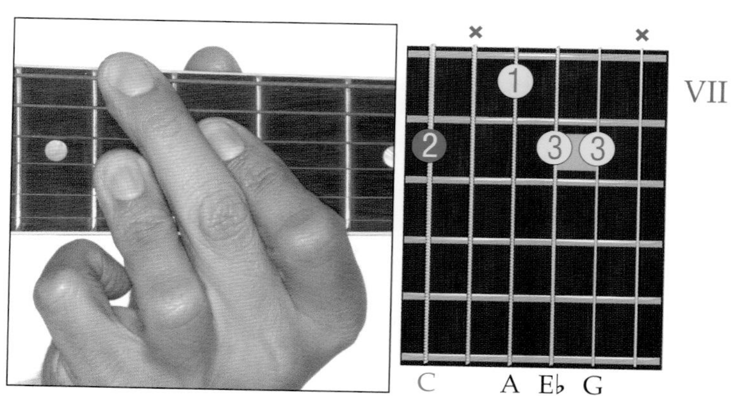
VII
C A E♭ G

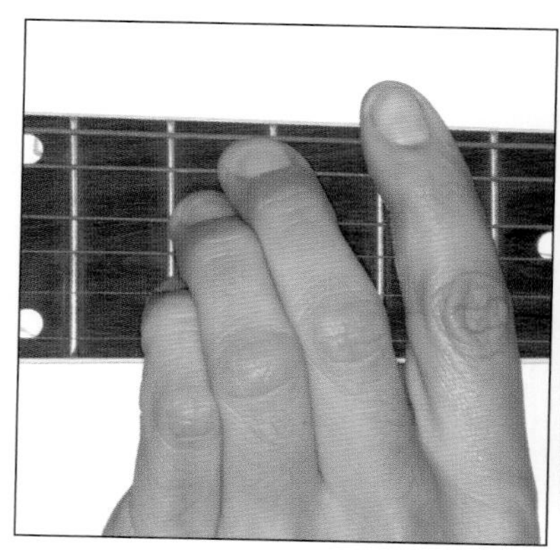

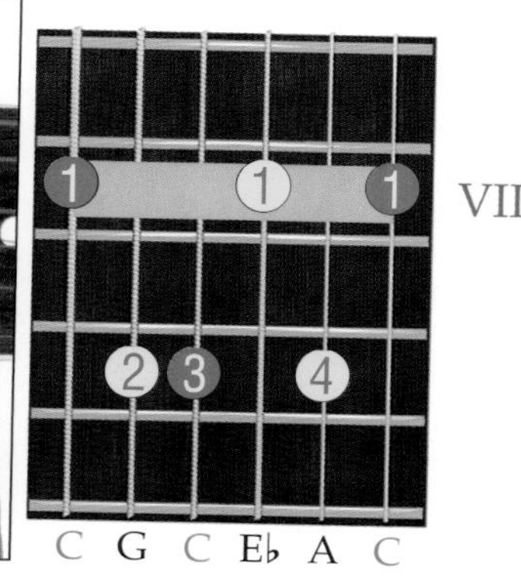
VIII
C G C E♭ A C

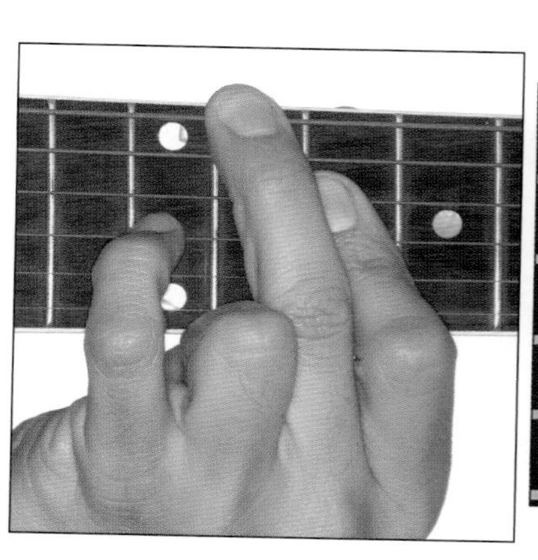

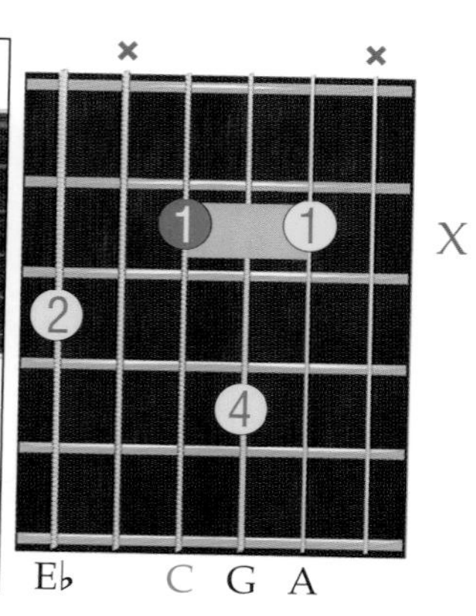
X
E♭ C G A

C

Cm7

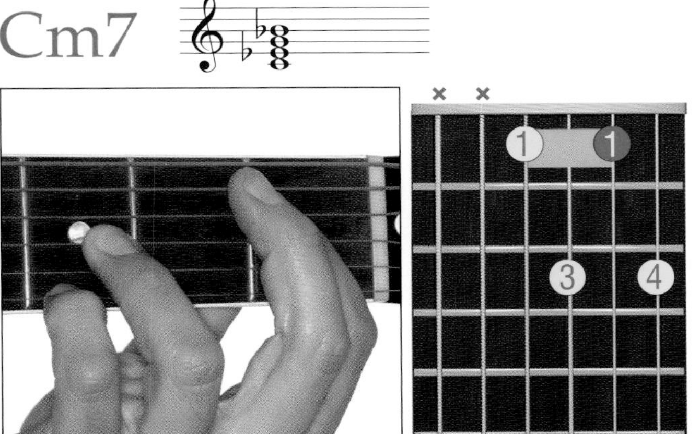
E♭ B♭ C G

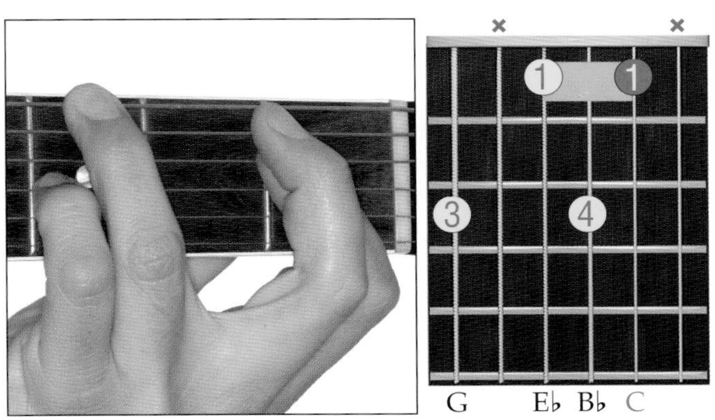
G E♭ B♭ C

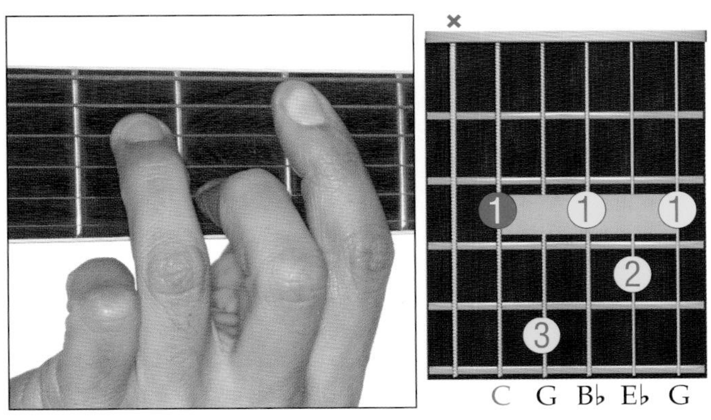
C G B♭ E♭ G

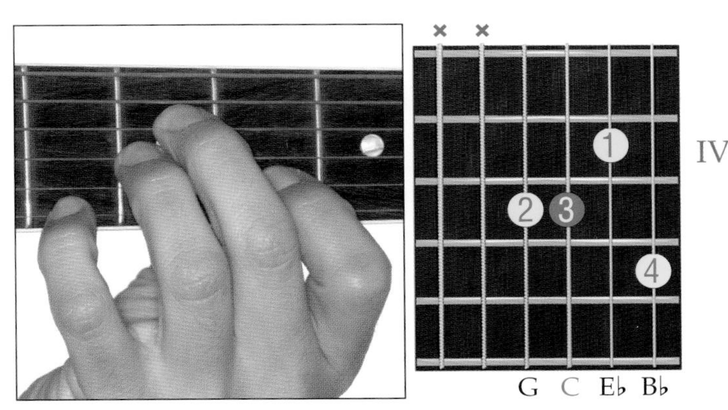
IV
G C E♭ B♭

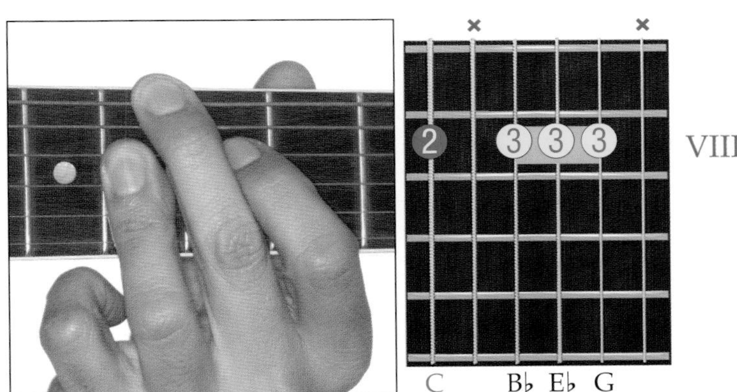
VIII
C B♭ E♭ G

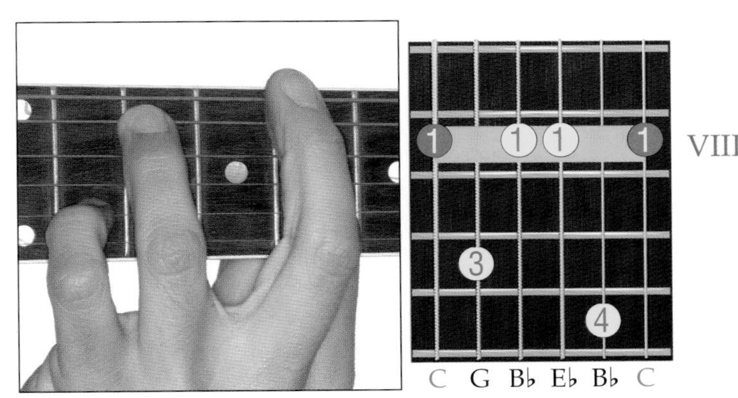
VIII
C G B♭ E♭ B♭ C

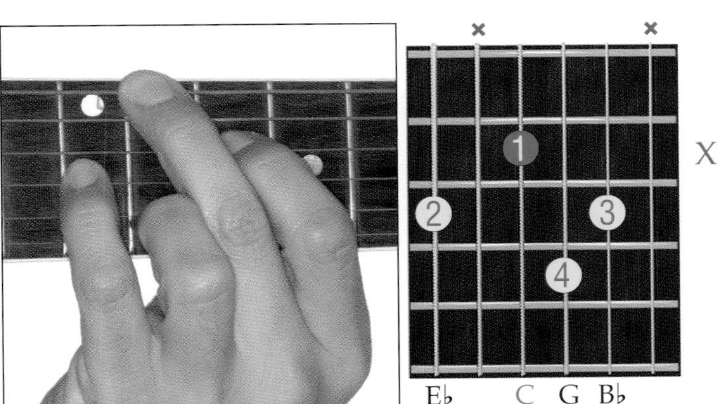
X
E♭ C G B♭

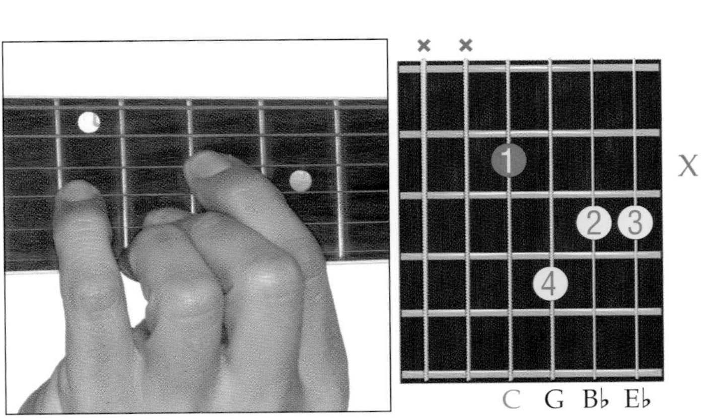
X
C G B♭ E♭

C

Cm(maj7)

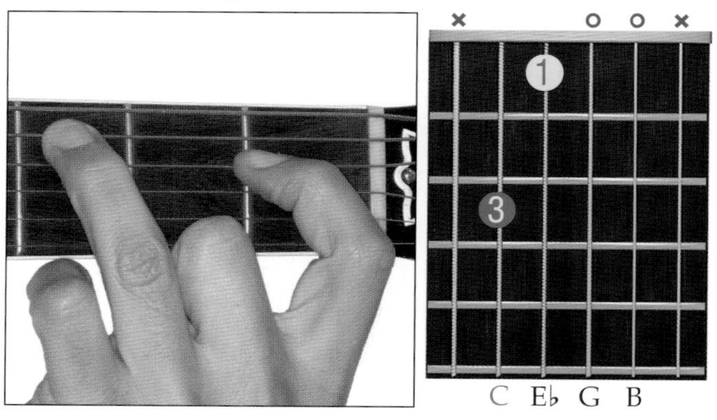
C E♭ G B

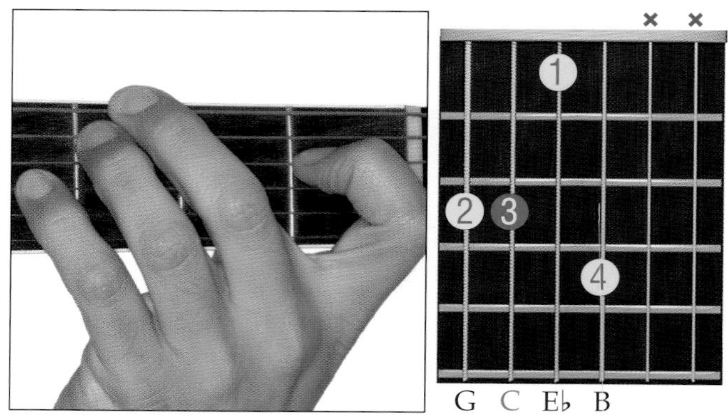
G C E♭ B

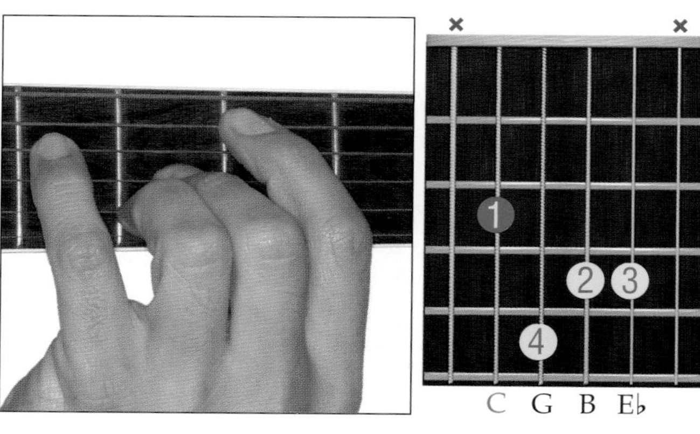
C G B E♭

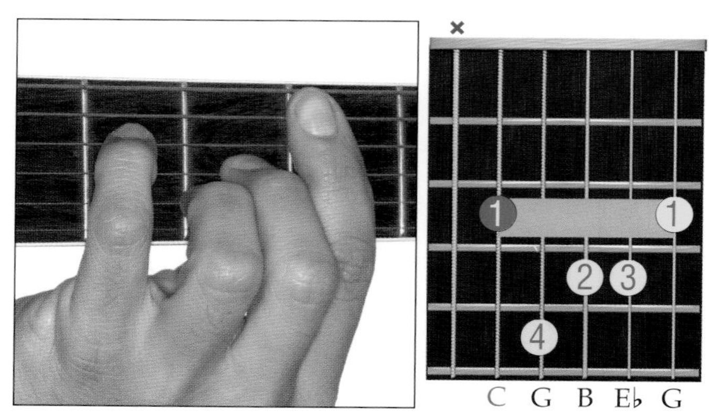
C G B E♭ G

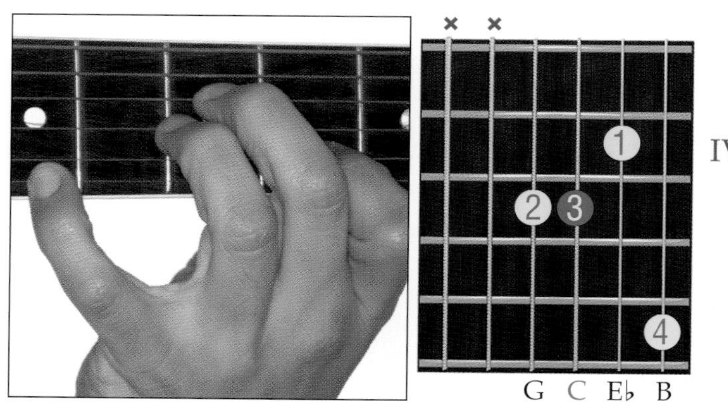
IV
G C E♭ B

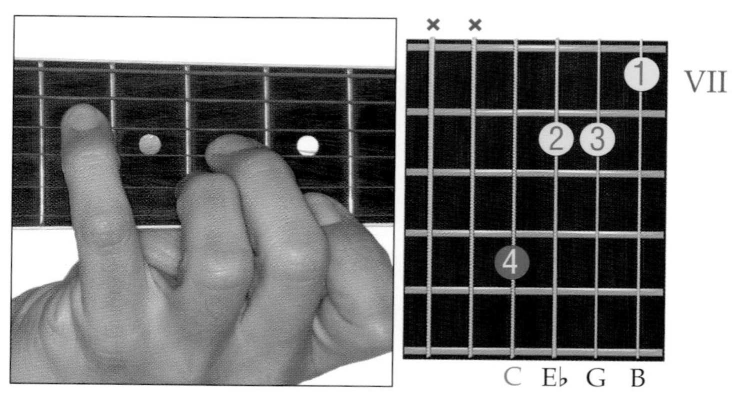
VII
C E♭ G B

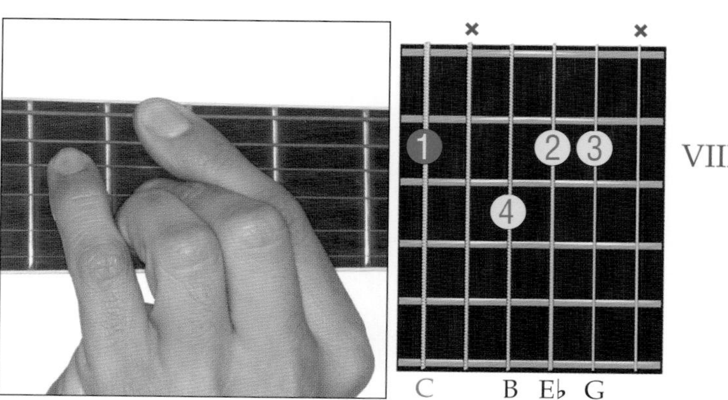
VIII
C B E♭ G

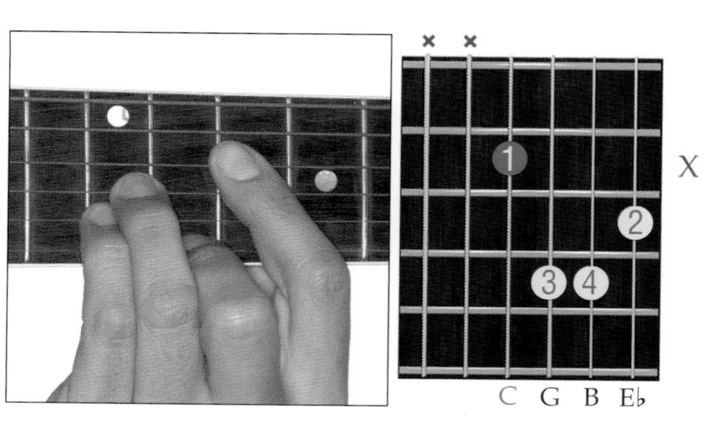
X
C G B E♭

Cm9

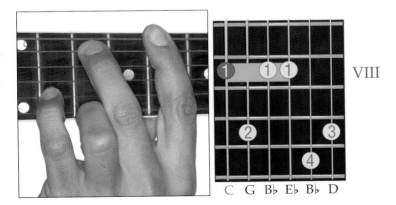

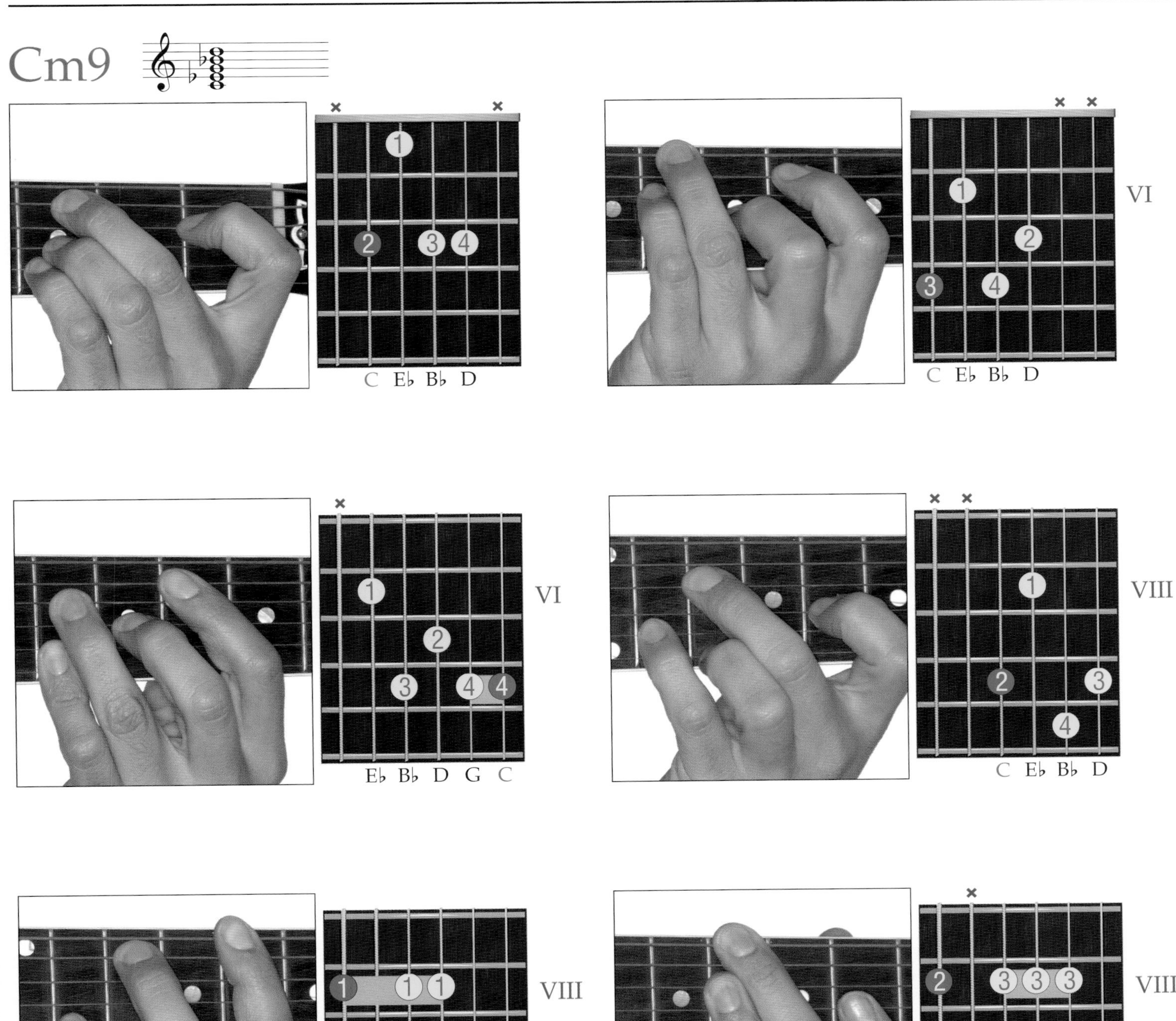
C Eb Bb D
C Eb Bb D
VI
Eb Bb D G C
VI
C Eb Bb D
VIII
C G Bb Eb Bb D
VIII
C Bb Eb G D
VIII
C

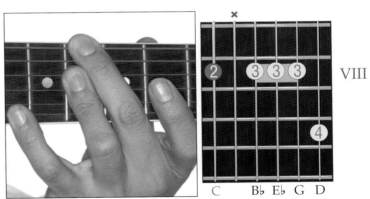

C

Cm11

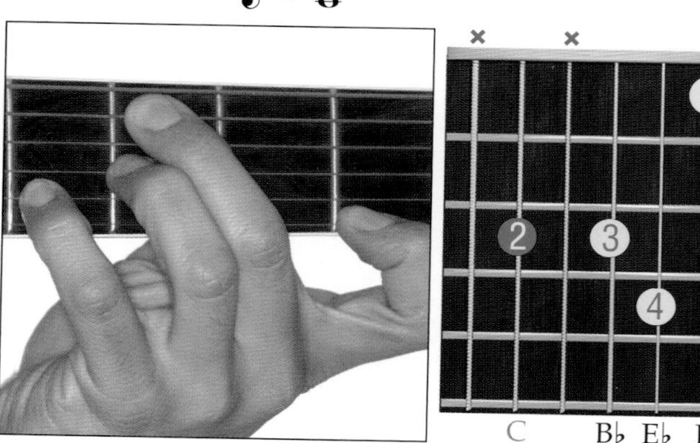
C Bb Eb F

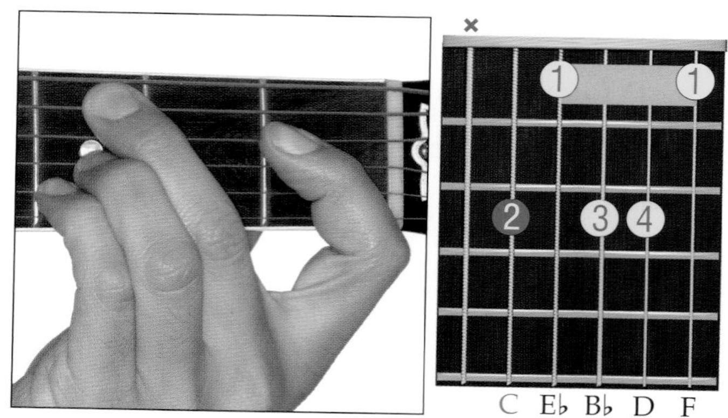
C Eb Bb D F

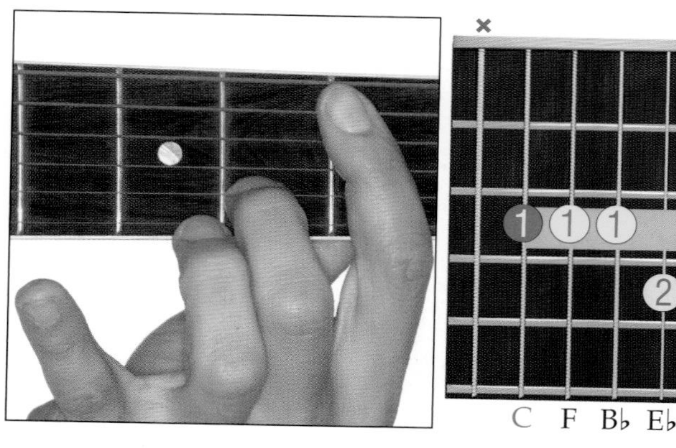
C F Bb Eb G

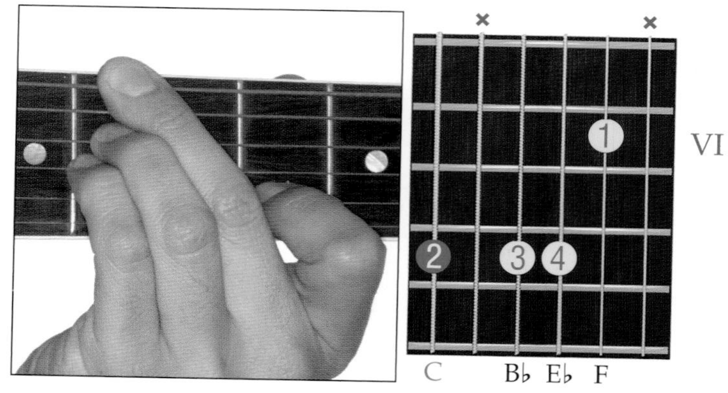
VI
C Bb Eb F

Cm13

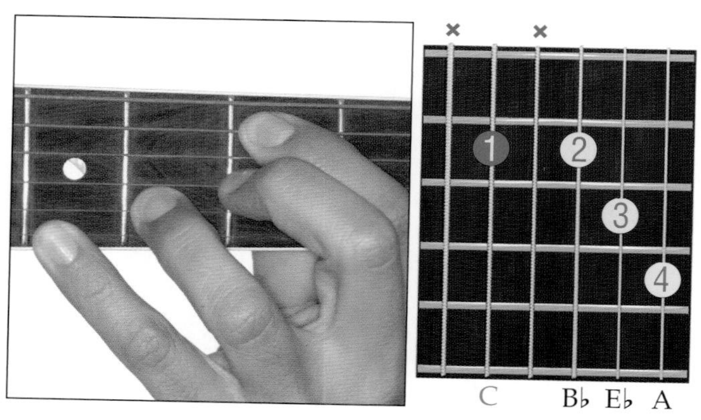
C Bb Eb A

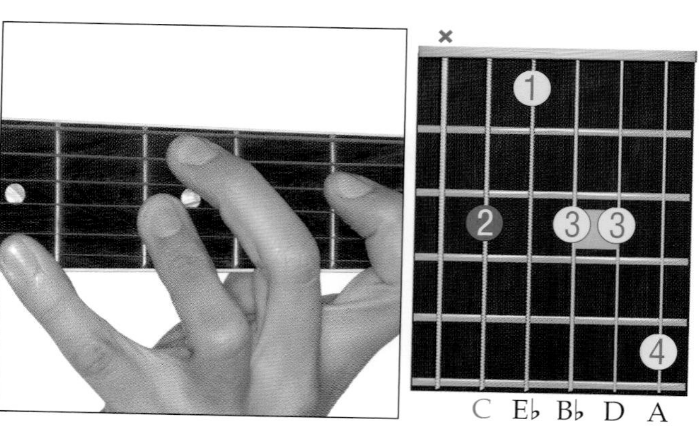
C Eb Bb D A

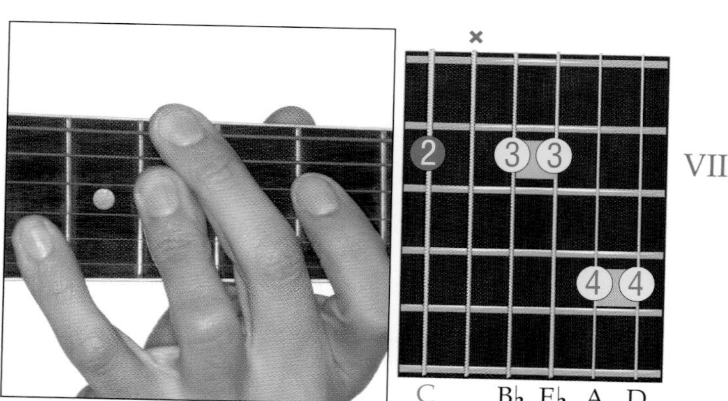
VIII
C Bb Eb A D

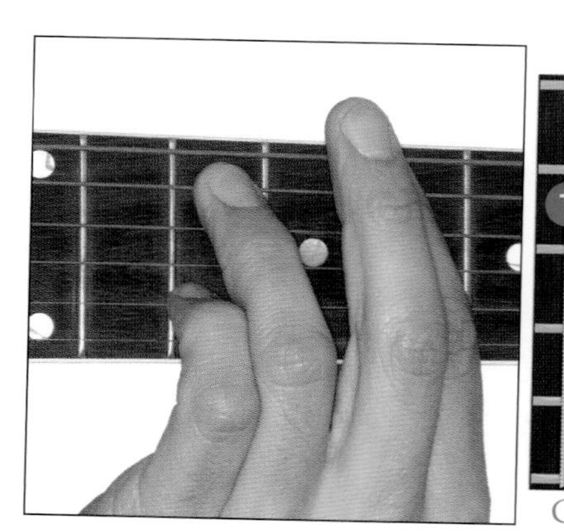

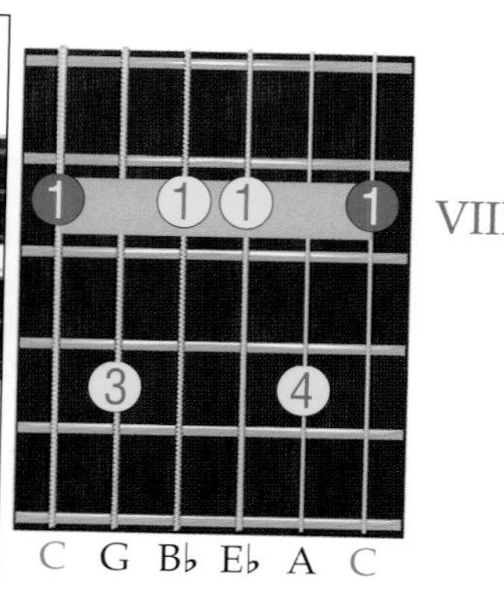
VIII
C G Bb Eb A C

C

Cm7♭5

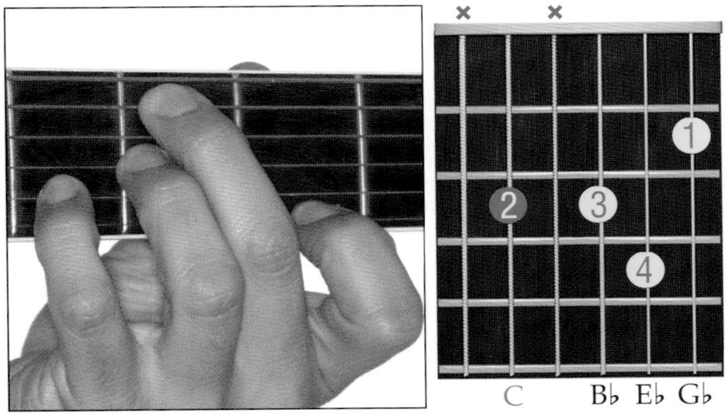

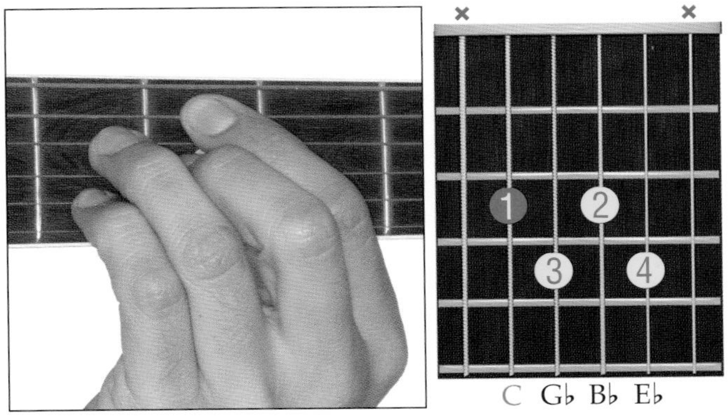

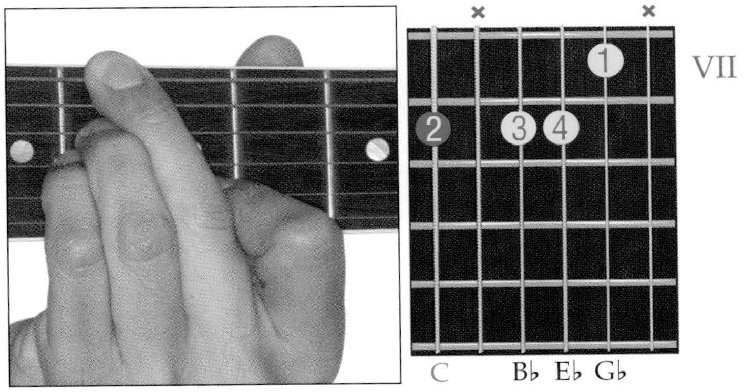

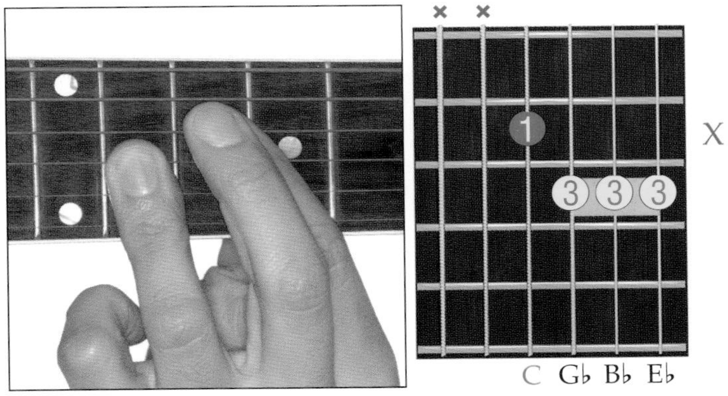

C Bb Eb Gb

C Gb Bb Eb

VII

C Bb Eb Gb

X

C Gb Bb Eb

C°7

C Gb Bbb Eb

C Bbb Eb Gb

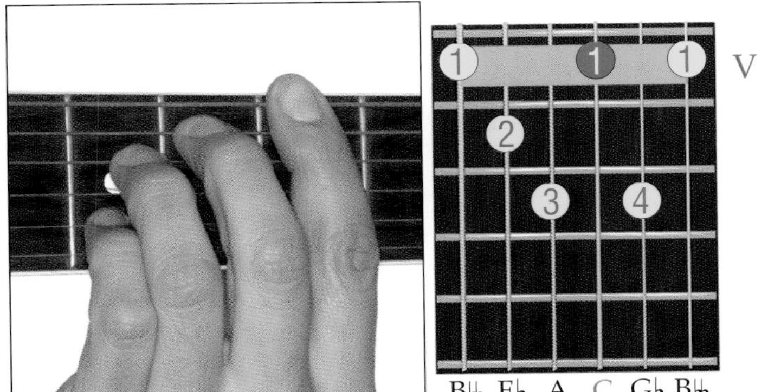
V
Bbb Eb A C Gb Bbb

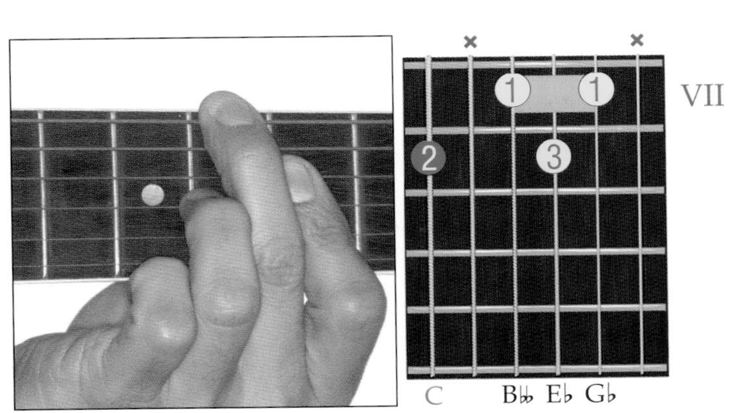
VII
C Bbb Eb Gb

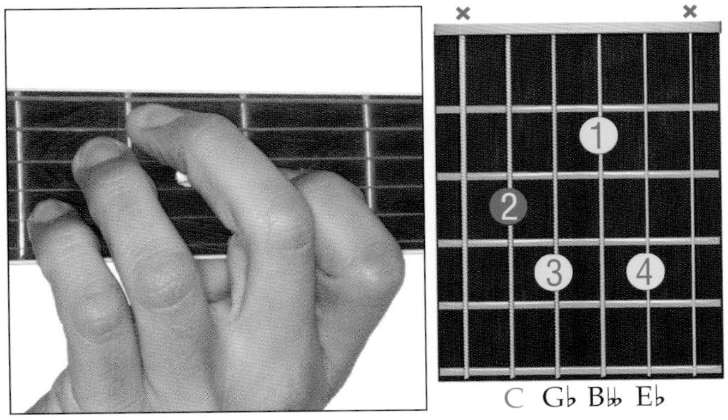

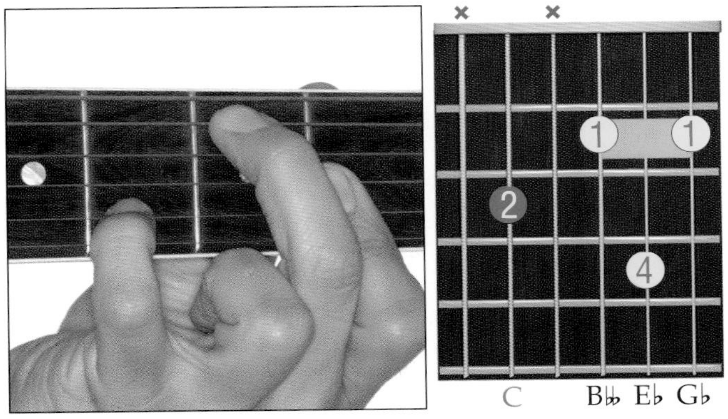

C7

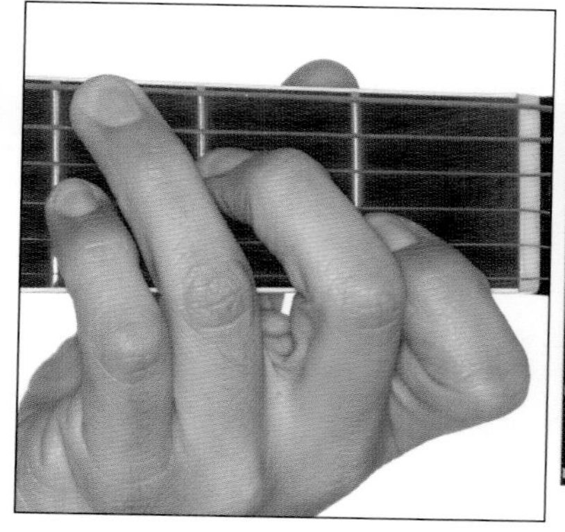

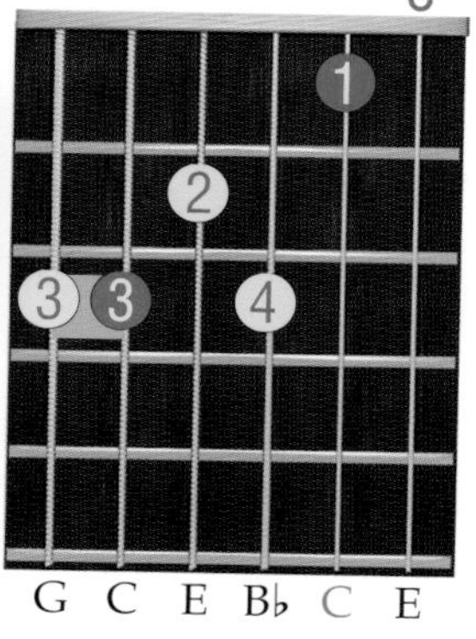
G C E B♭ C E

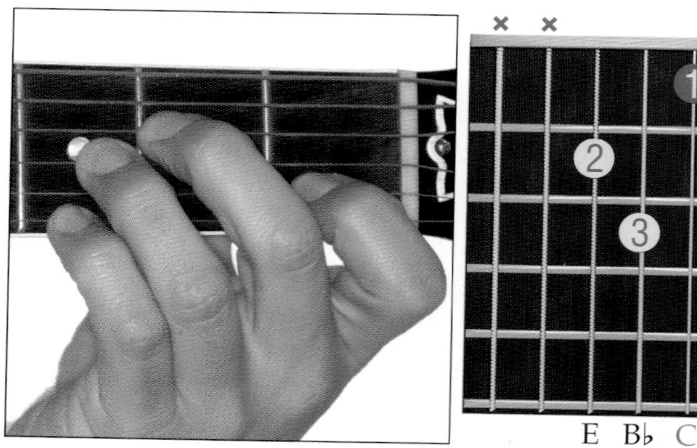
E B♭ C G

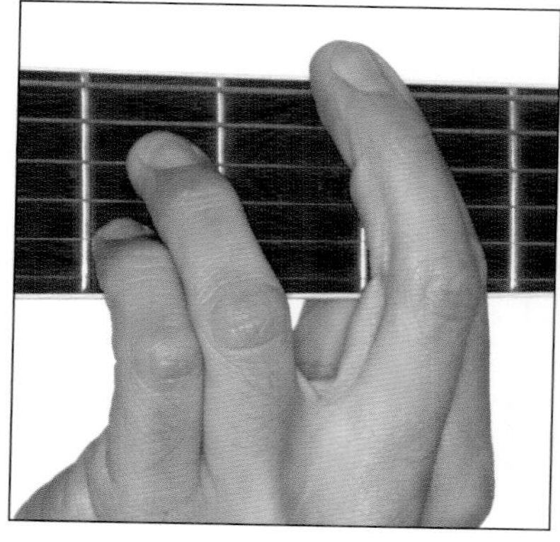

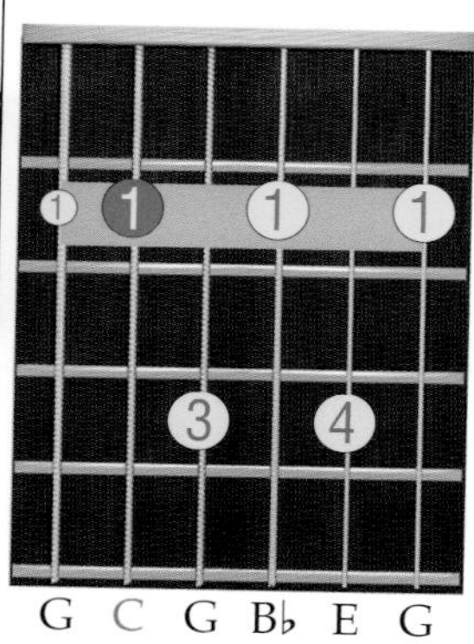
G C G B♭ E G

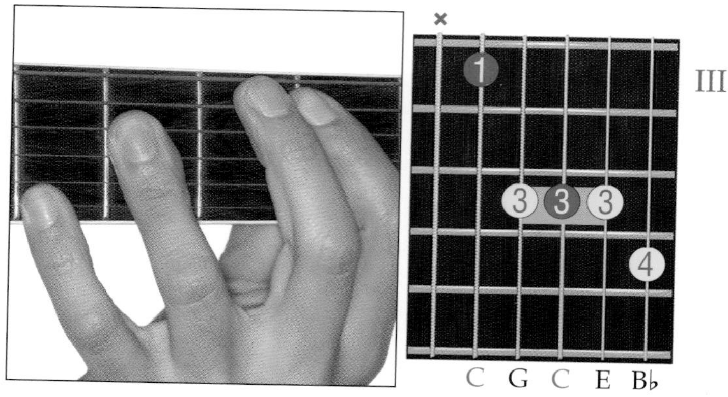
III
C G C E B♭

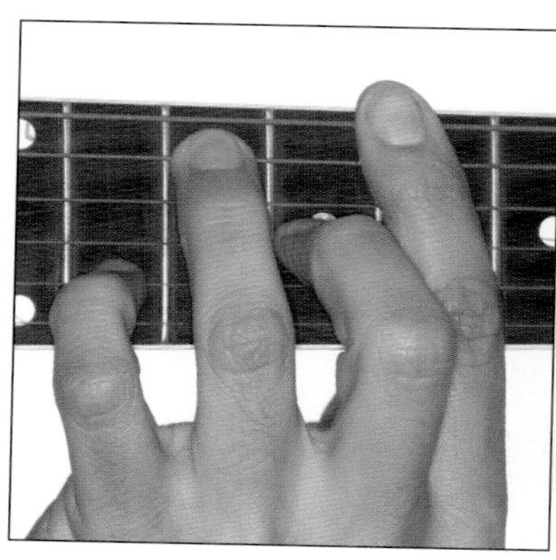

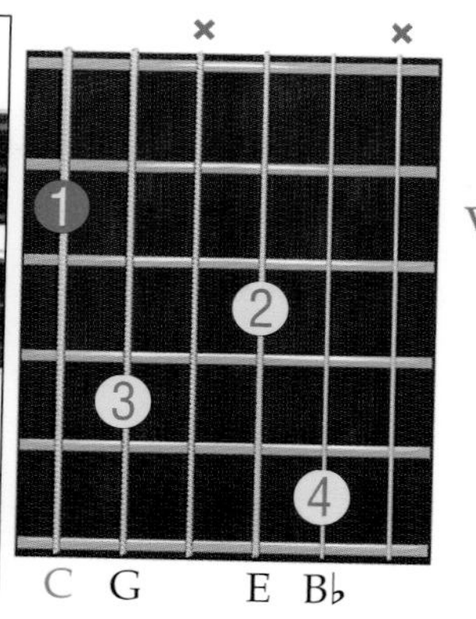
VIII
C G E B♭

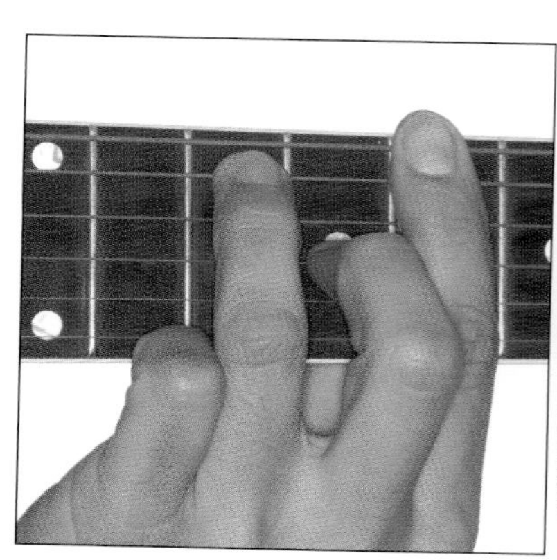

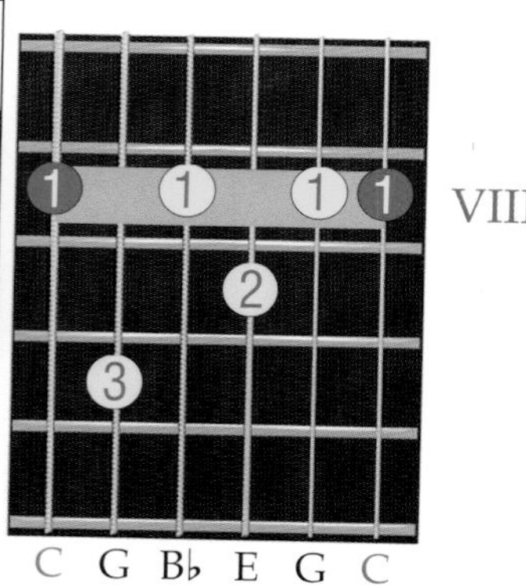
VIII
C G B♭ E G C

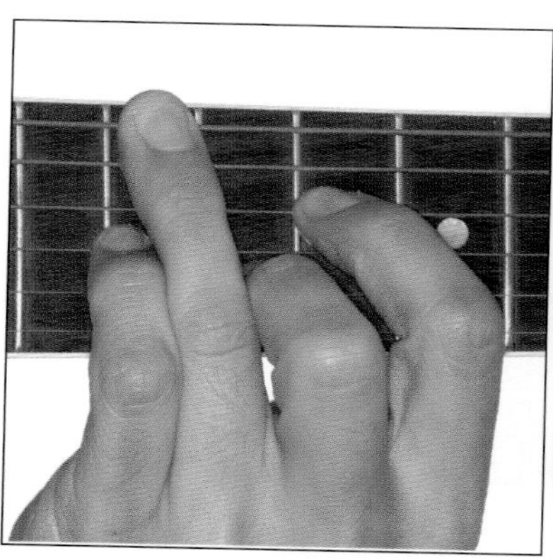

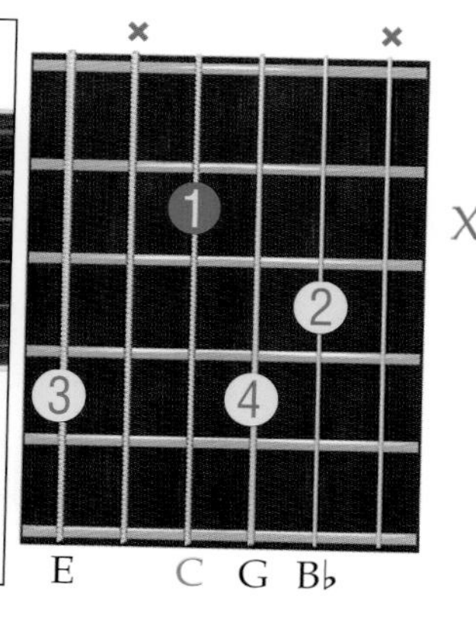
X
E C G B♭

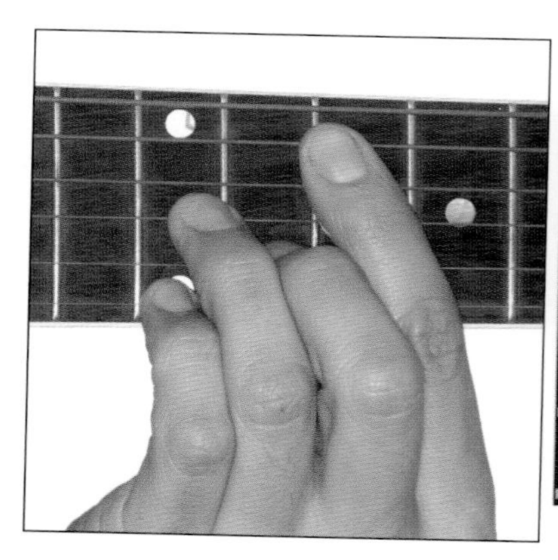

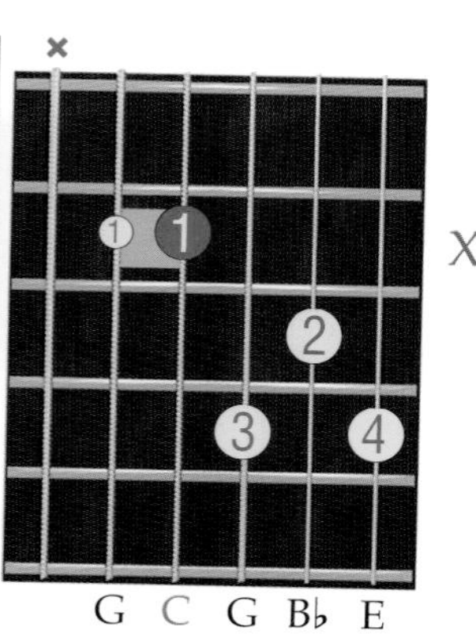
X
G C G B♭ E

C

C7sus4

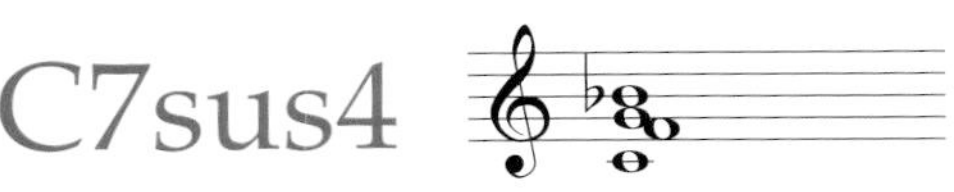

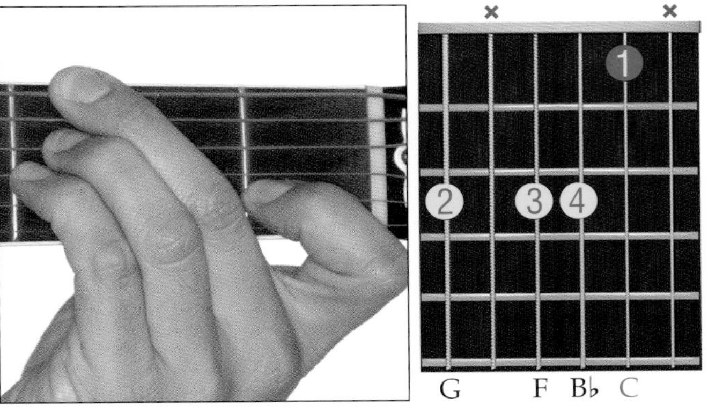
G F B♭ C

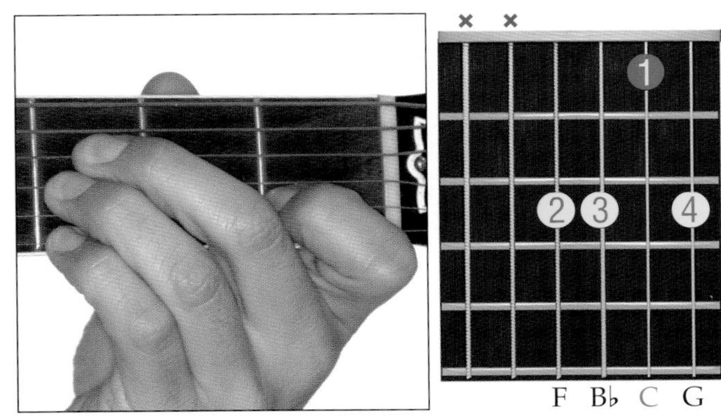
F B♭ C G

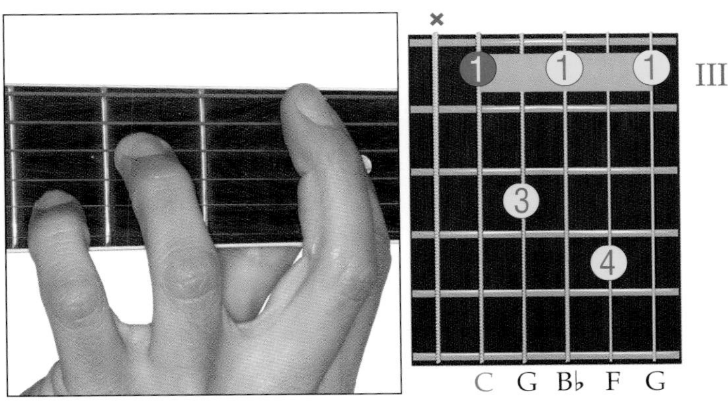
III
C G B♭ F G

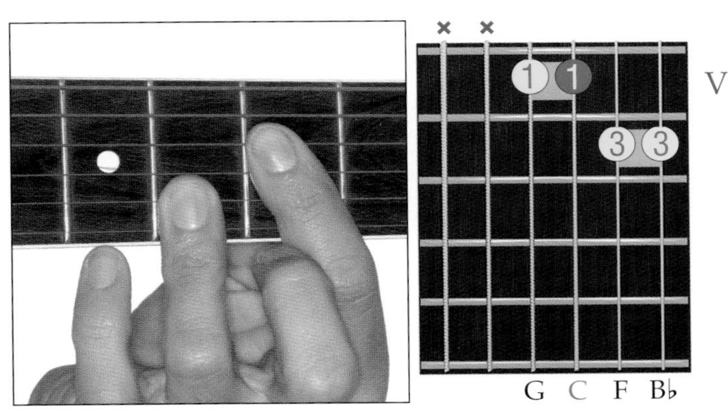
V
G C F B♭

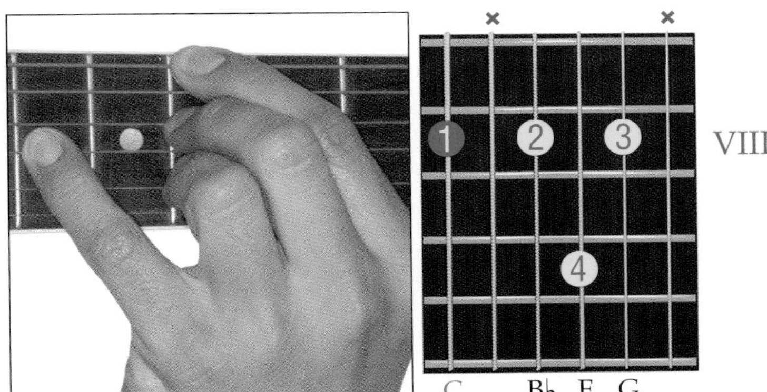
VIII
C B♭ F G

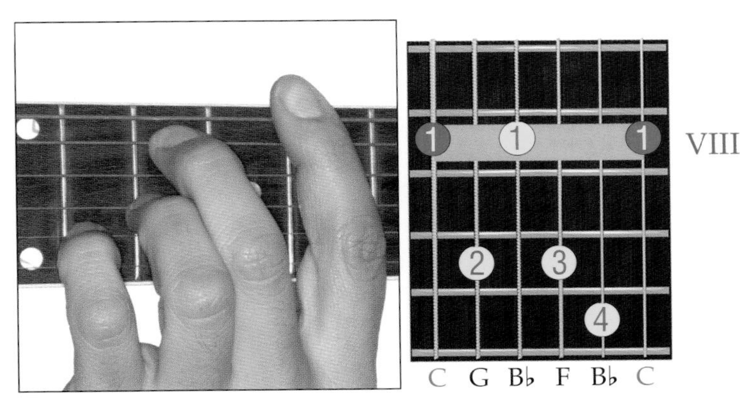
VIII
C G B♭ F B♭ C

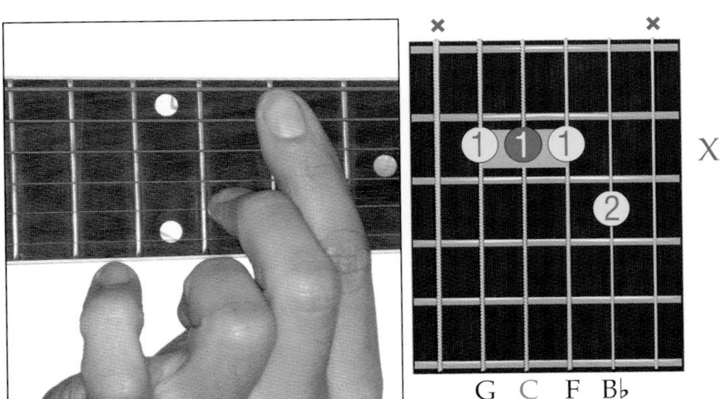
X
G C F B♭

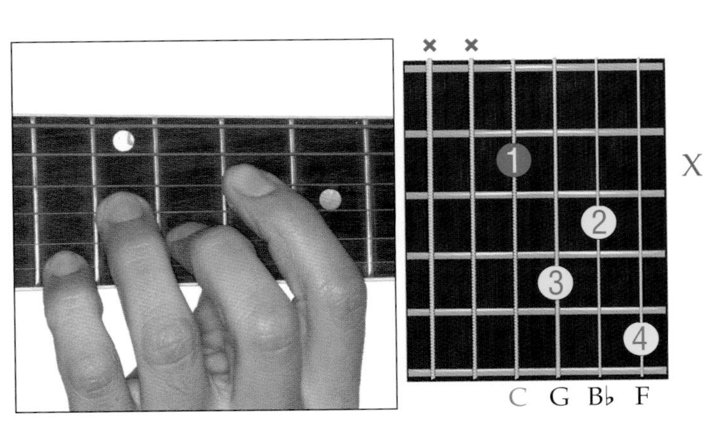
X
C G B♭ F

C

C7♭5

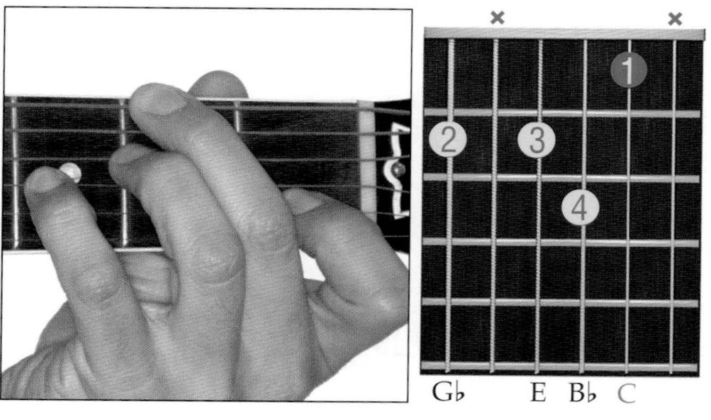
G♭ E B♭ C

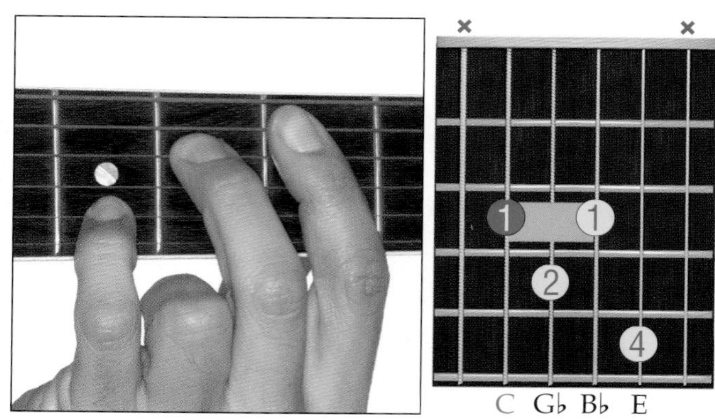
C G♭ B♭ E

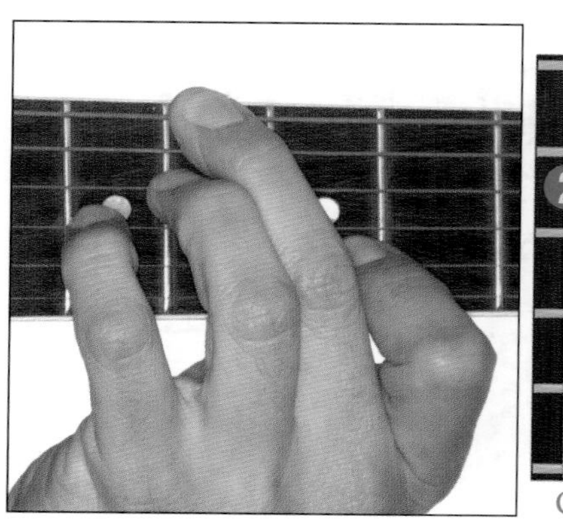

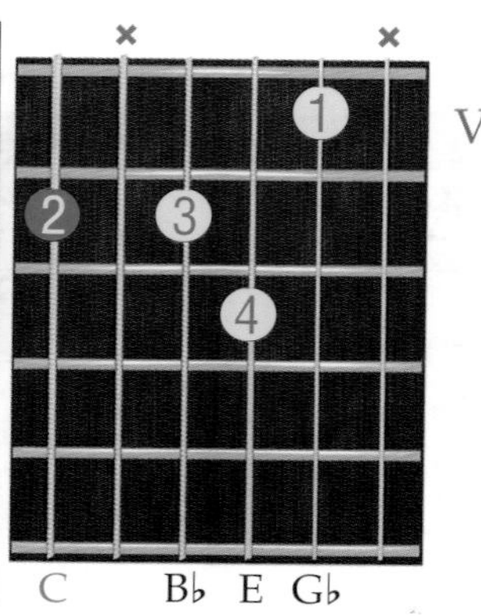
VII
C B♭ E G♭

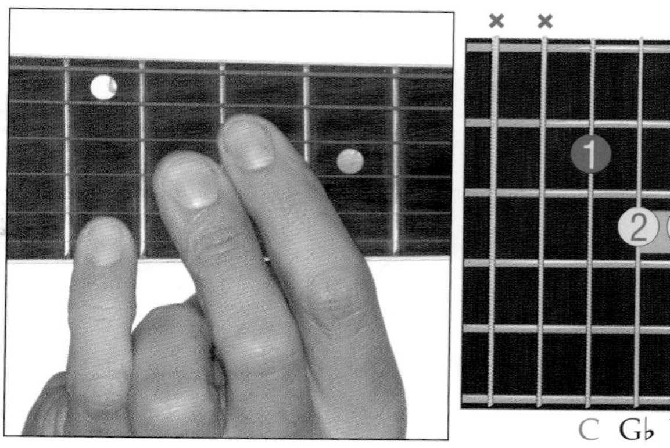
X
C G♭ B♭ E

C7+

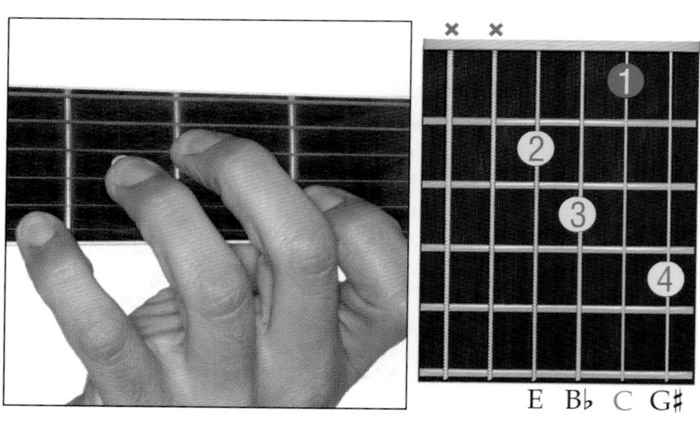
E B♭ C G♯

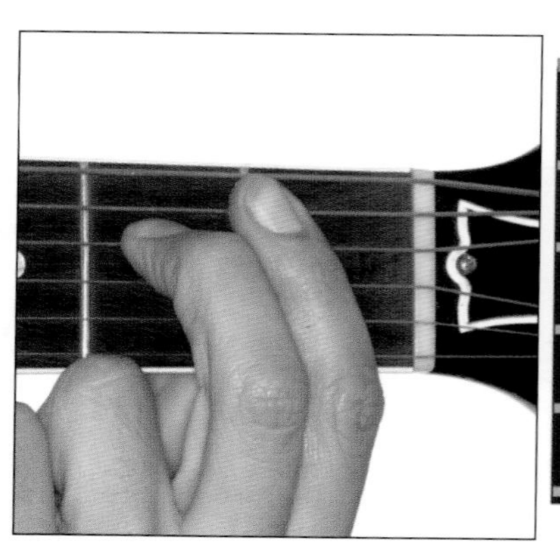

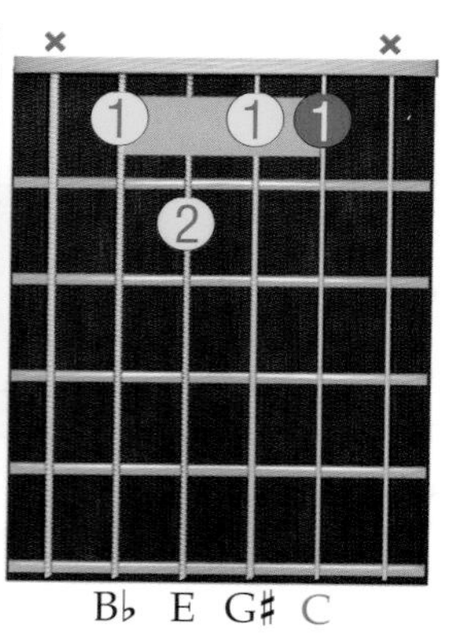
B♭ E G♯ C

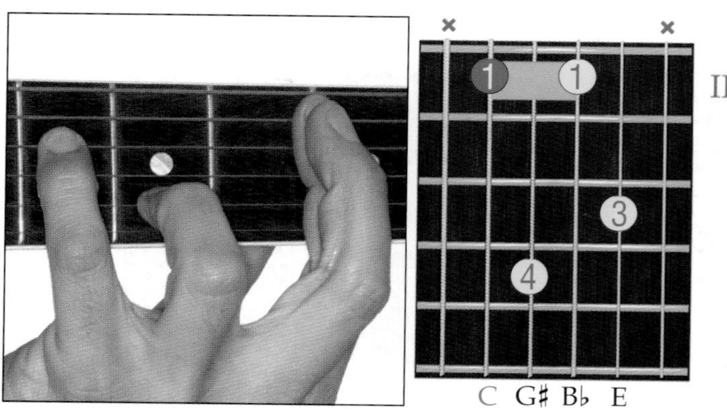
III
C G♯ B♭ E

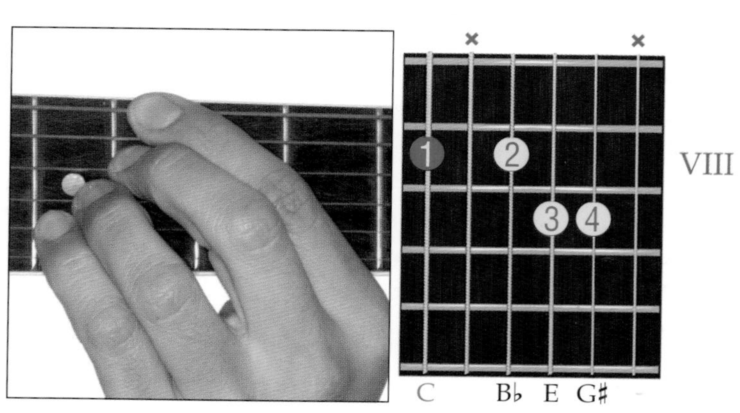
VIII
C B♭ E G♯

C

C9

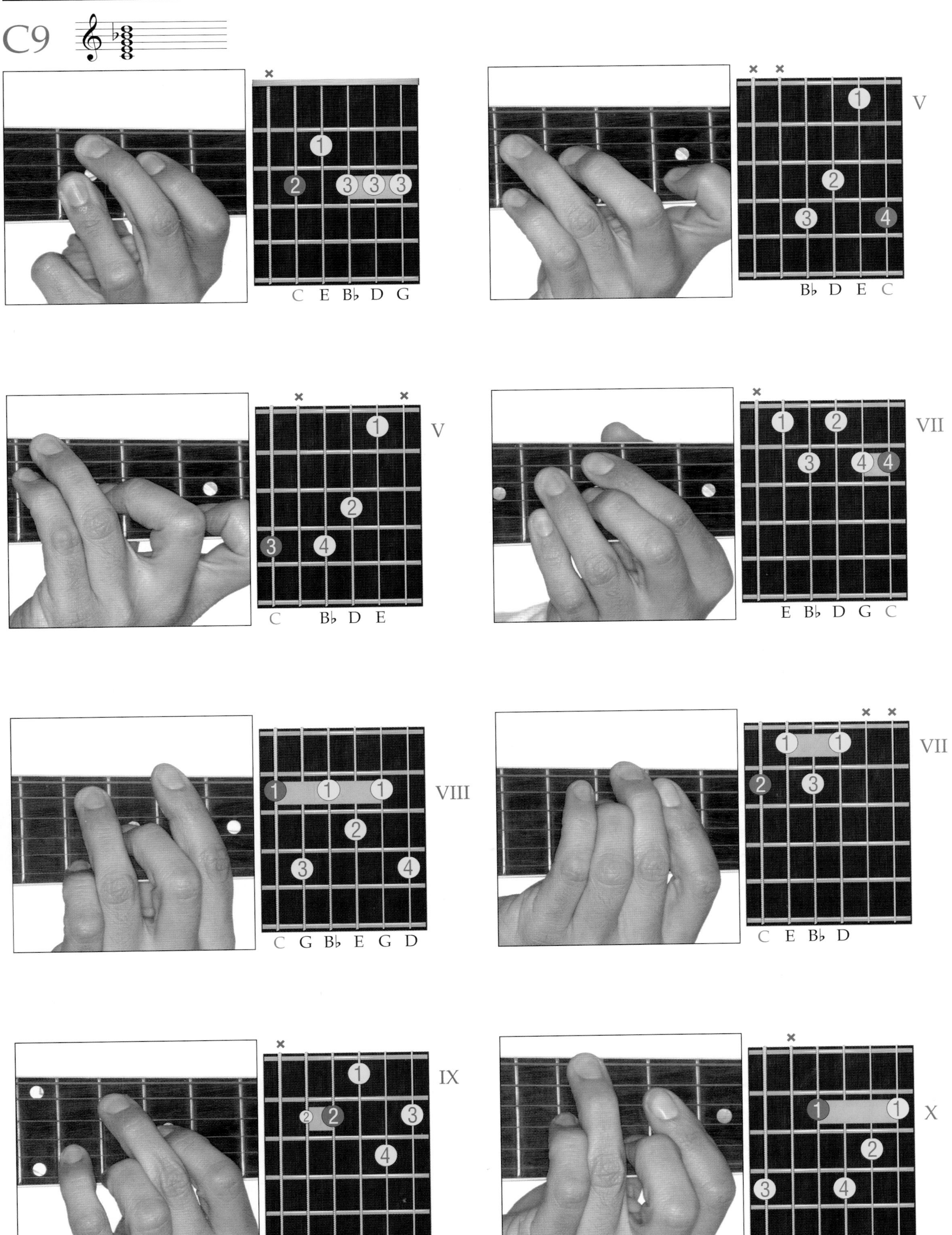
C E B♭ D G
V
B♭ D E C
V
C B♭ D E
VII
E B♭ D G C
VIII
C G B♭ E G D
VII
C E B♭ D
IX
G C E B♭ D
X
E C G B♭ D

C

C9sus4

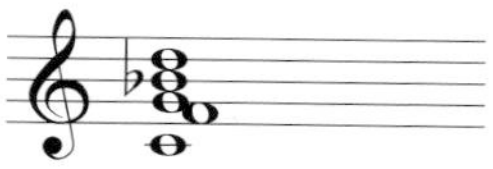

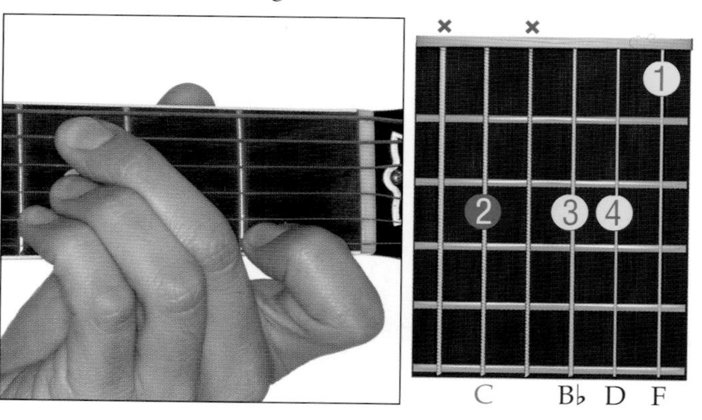
1
2 3 4
C Bb D F

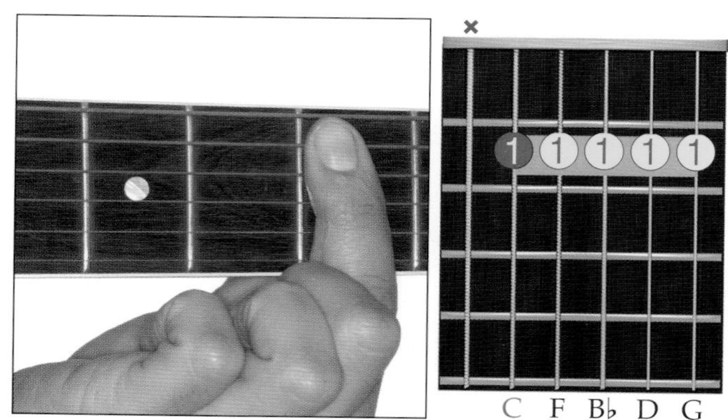
1 1 1 1 1
C F Bb D G

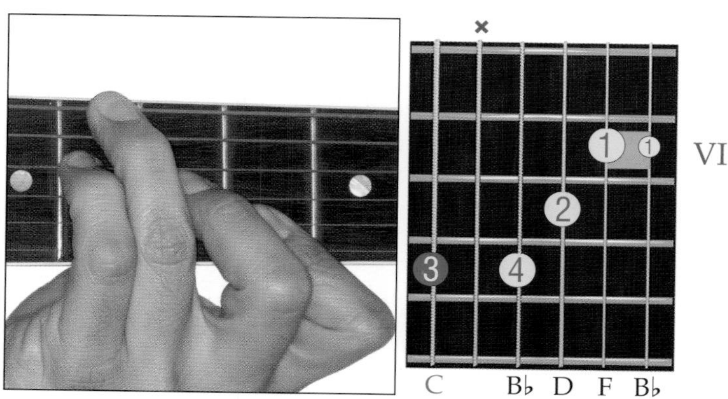
1 1
VI
2
3 4
C Bb D F Bb

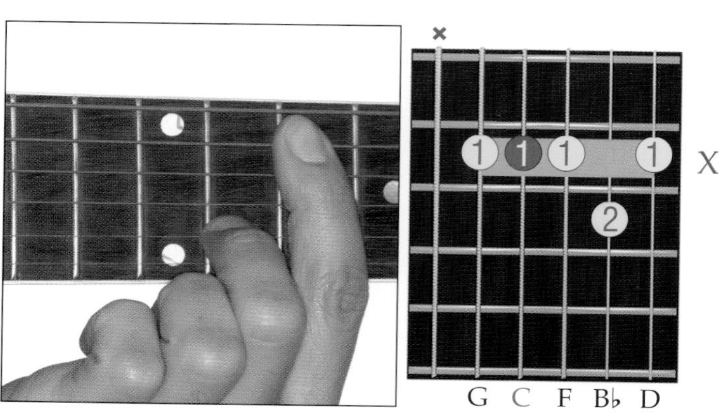
1 1 1 1
X
2
G C F Bb D

C

C9♭5

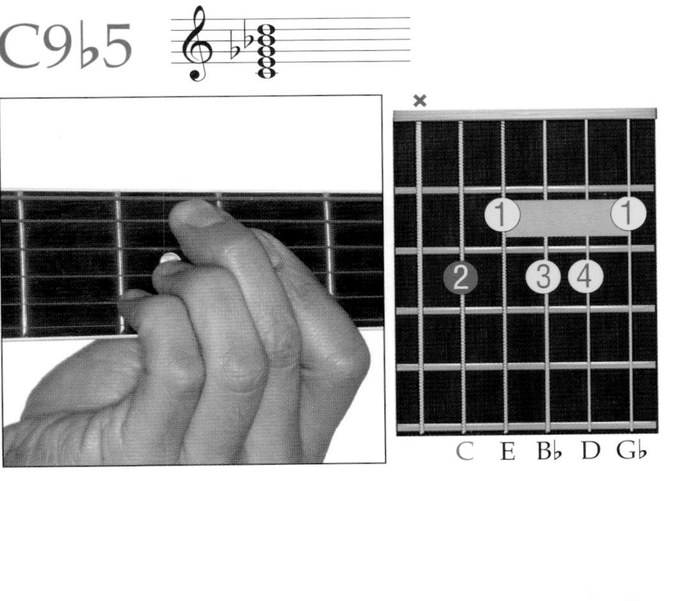
×
1 1
2 3 4
C E B♭ D G♭

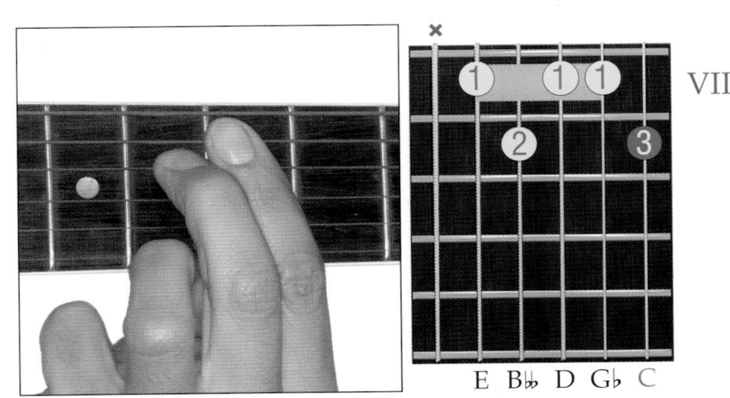
×
VII
1 1 1
2 3
E B♭♭ D G♭ C

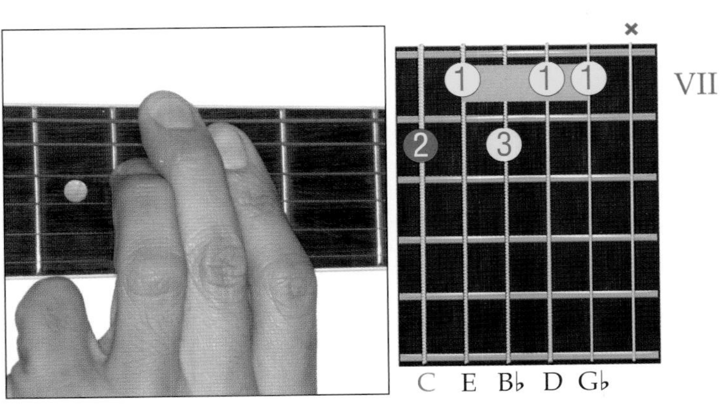
×
VII
1 1 1
2 3
C E B♭ D G♭

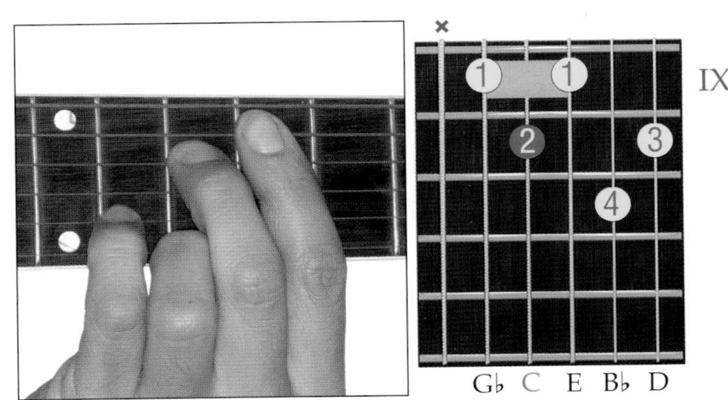
×
IX
1 1
2 3
4
G♭ C E B♭ D

C9+

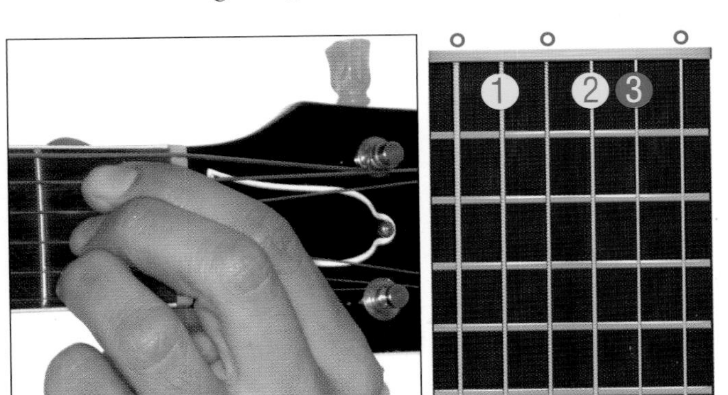
1 2 3
E B♭ D G♯ C E

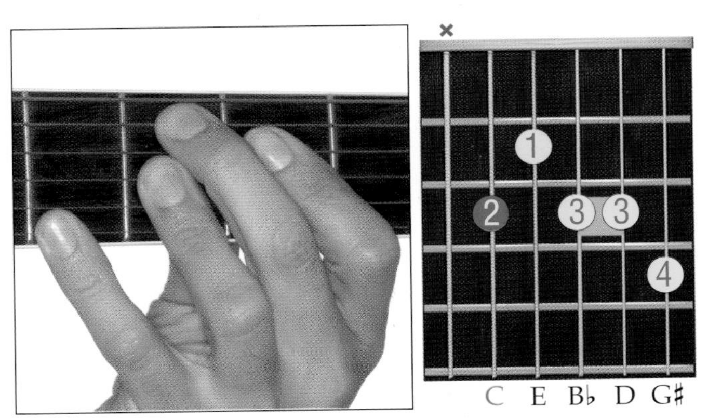
×
1
2 3 3
4
C E B♭ D G♯

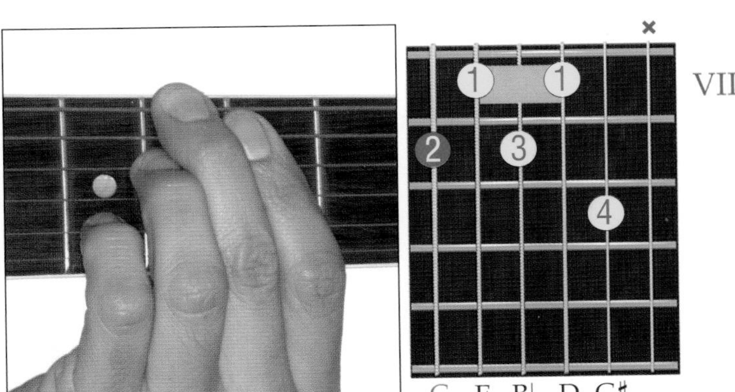
×
VII
1 1
2 3
4
C E B♭ D G♯

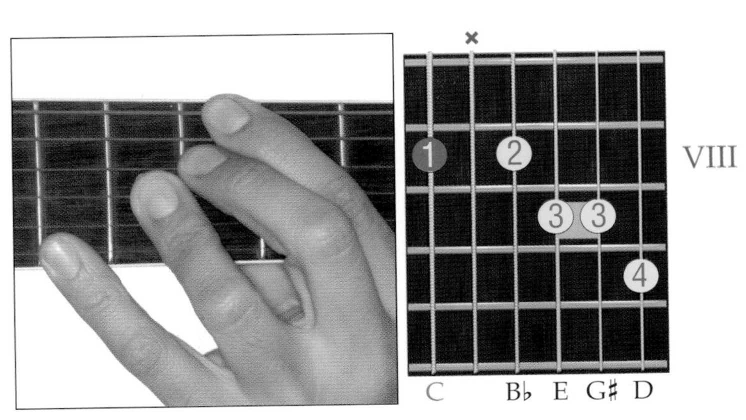
×
VIII
1 2
3 3
4
C B♭ E G♯ D

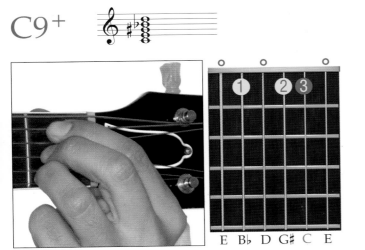

C

C13

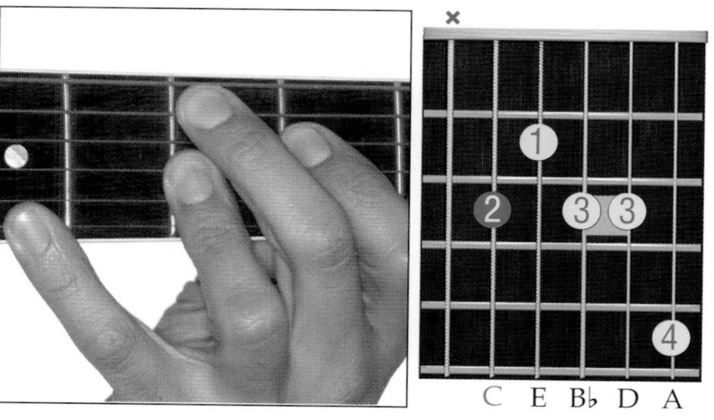
C E B♭ D A

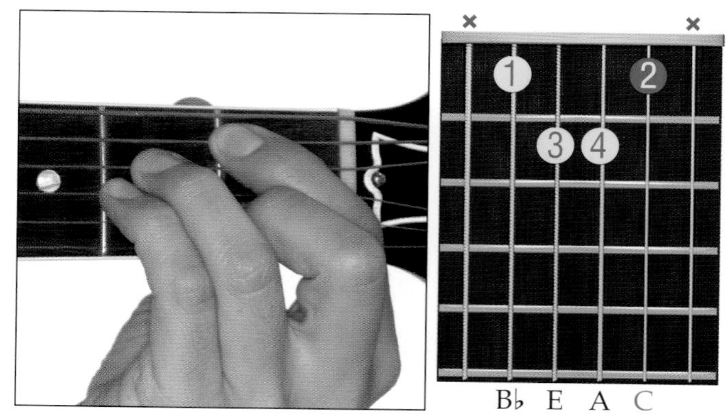
B♭ E A C

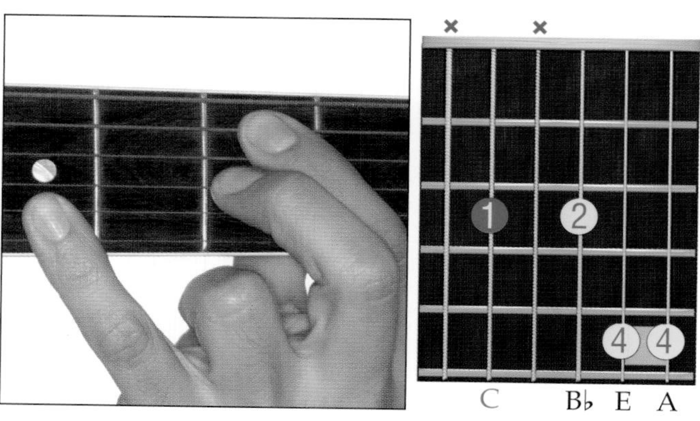
C B♭ E A

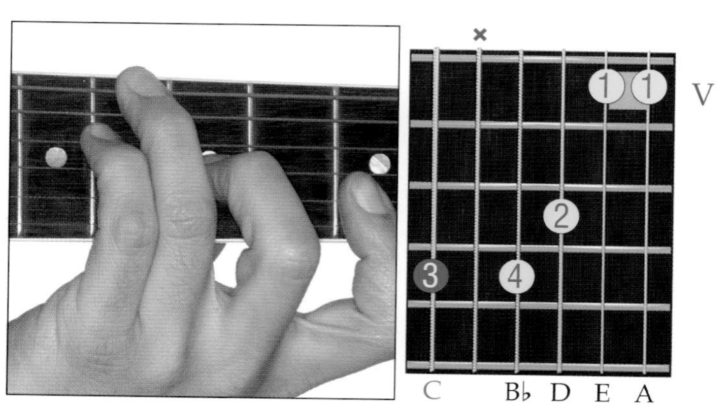
V
C B♭ D E A

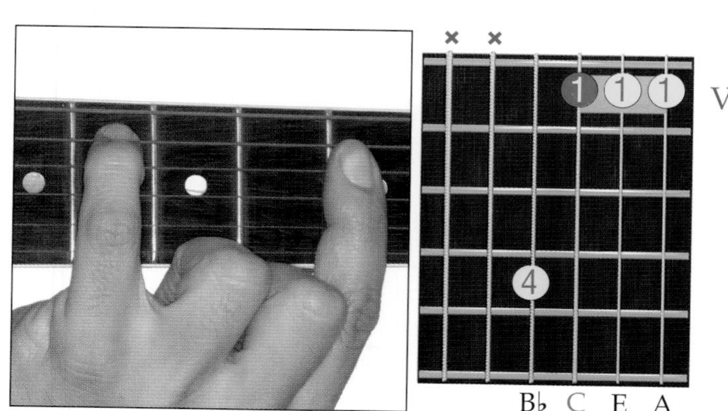
V
B♭ C E A

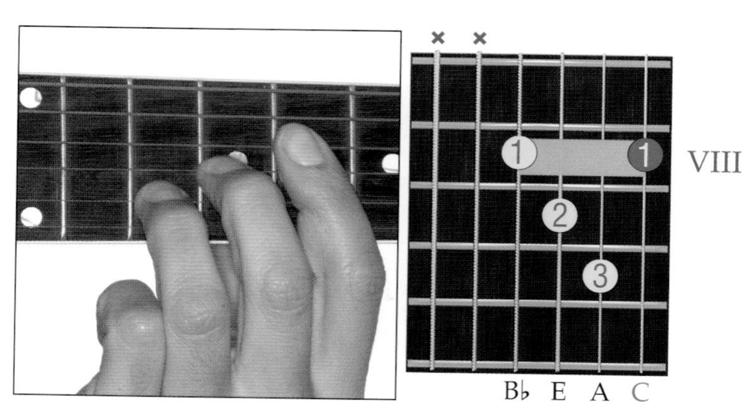
VIII
B♭ E A C

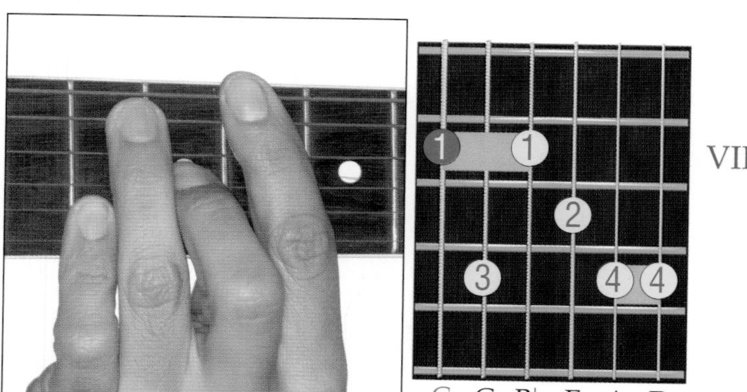
VIII
C G B♭ E A D

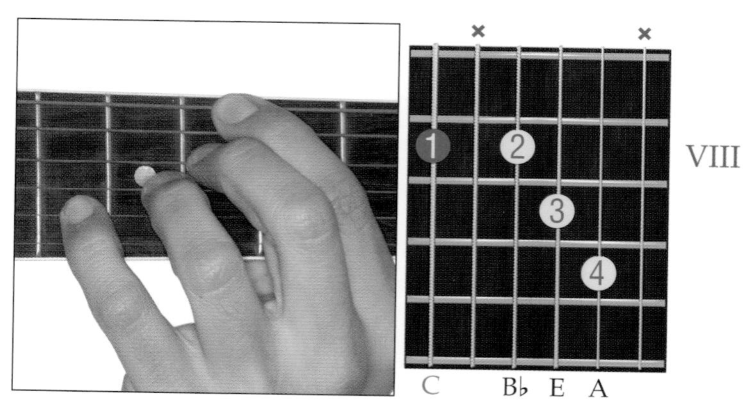
VIII
C B♭ E A

C♯

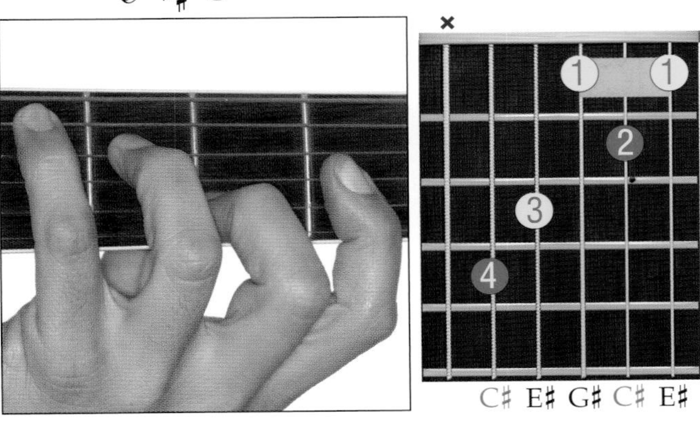

C♯ E♯ G♯ C♯ E♯

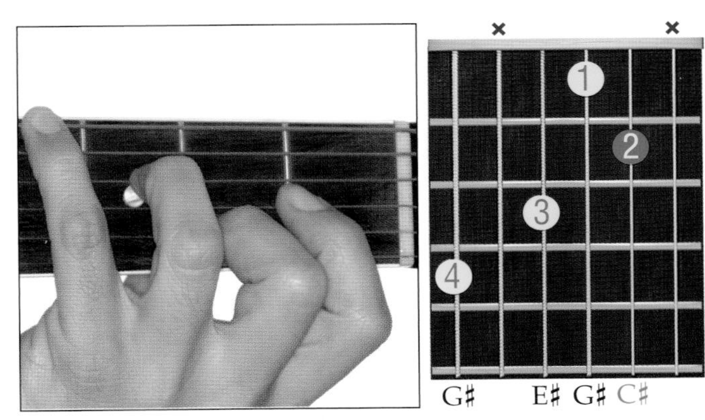

G♯ E♯ G♯ C♯

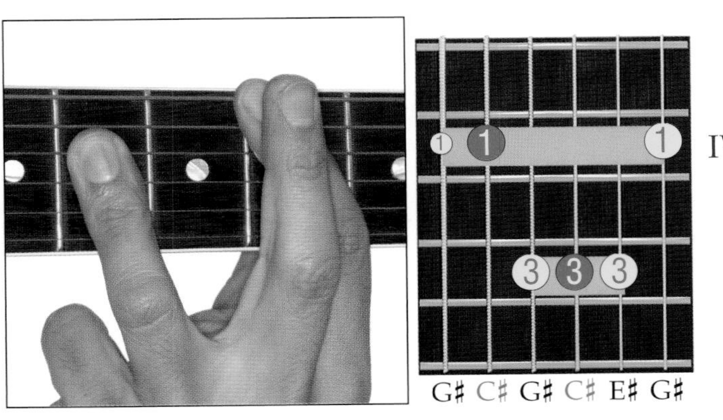

IV
G♯ C♯ G♯ C♯ E♯ G♯

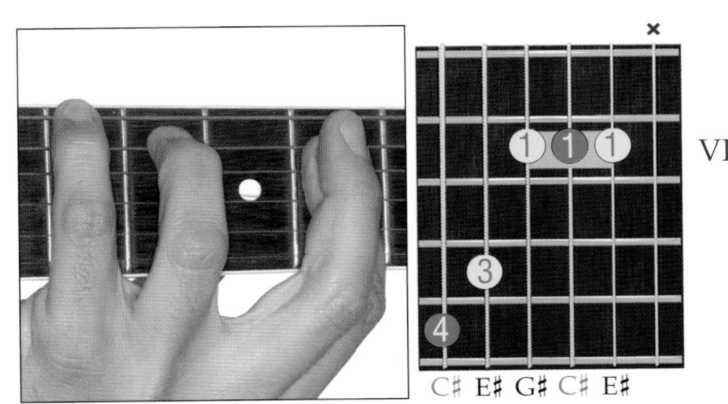

VI
C♯ E♯ G♯ C♯ E♯

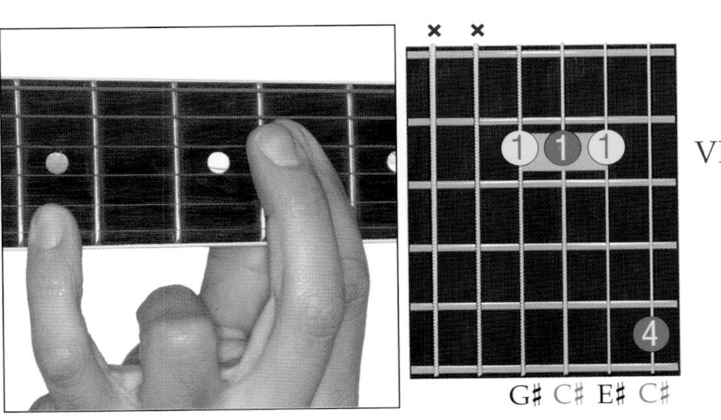

VI
G♯ C♯ E♯ C♯

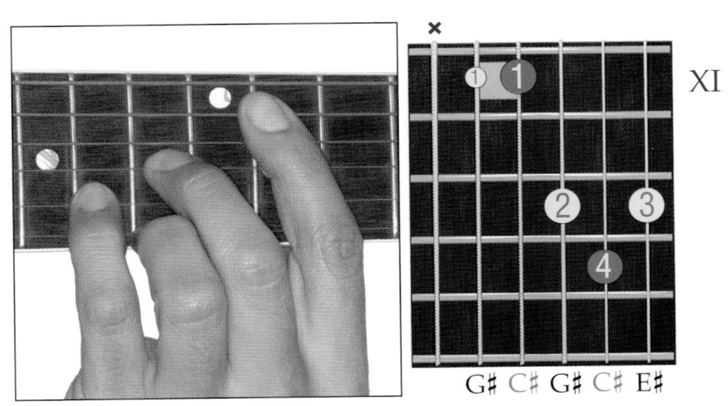

XI
G♯ C♯ G♯ C♯ E♯

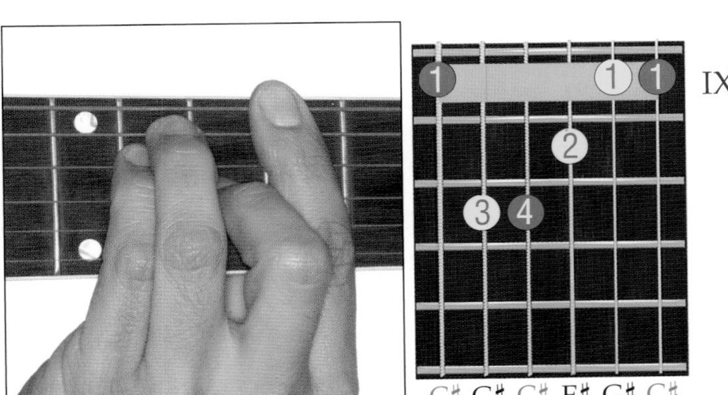

IX
C♯ G♯ C♯ E♯ G♯ C♯

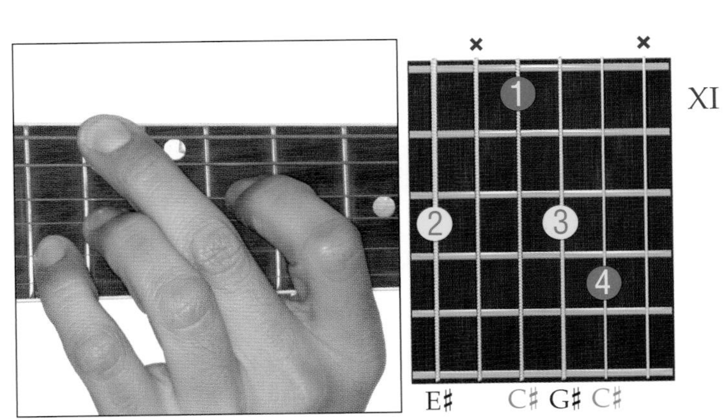

XI
E♯ C♯ G♯ C♯

C♯
D♭

C♯sus4

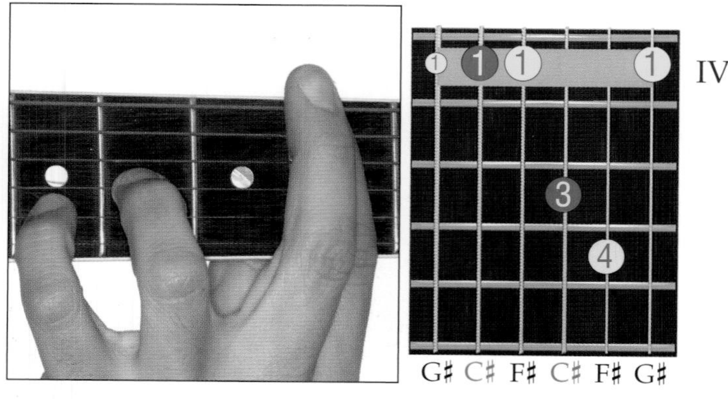
IV
G♯ C♯ F♯ C♯ F♯ G♯

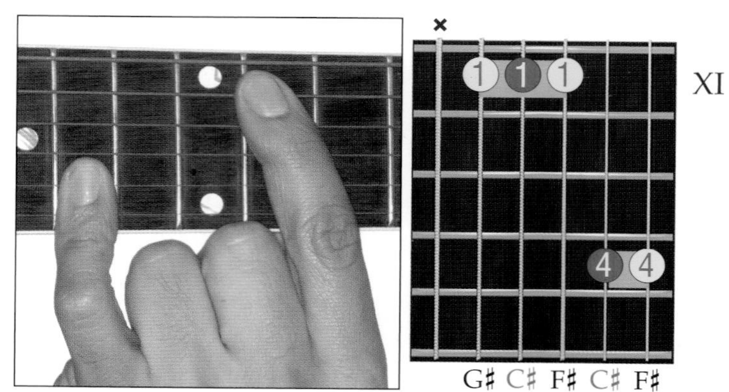
XI
G♯ C♯ F♯ C♯ F♯

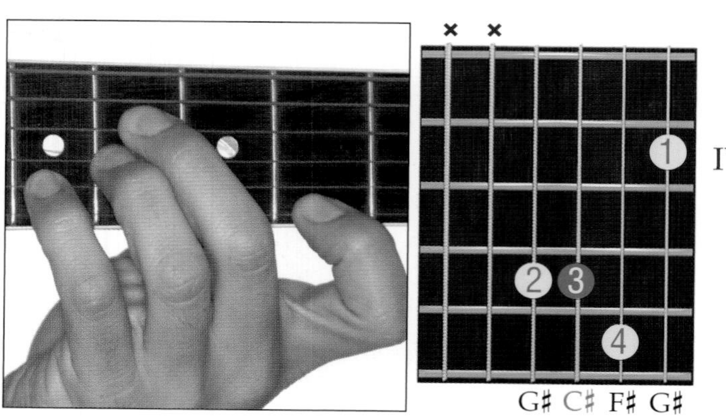
IV
G♯ C♯ F♯ G♯

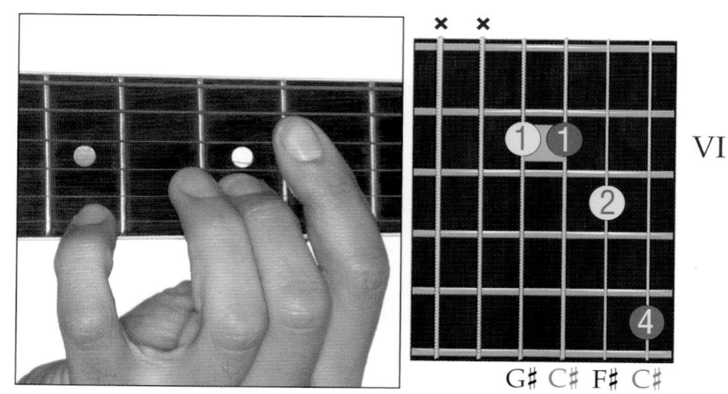
VI
G♯ C♯ F♯ C♯

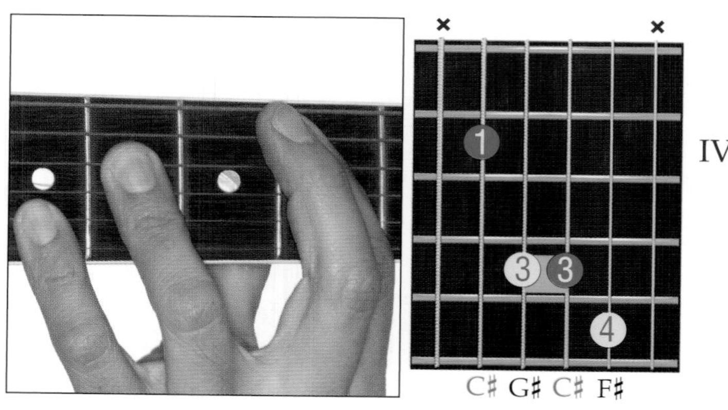
IV
C♯ G♯ C♯ F♯

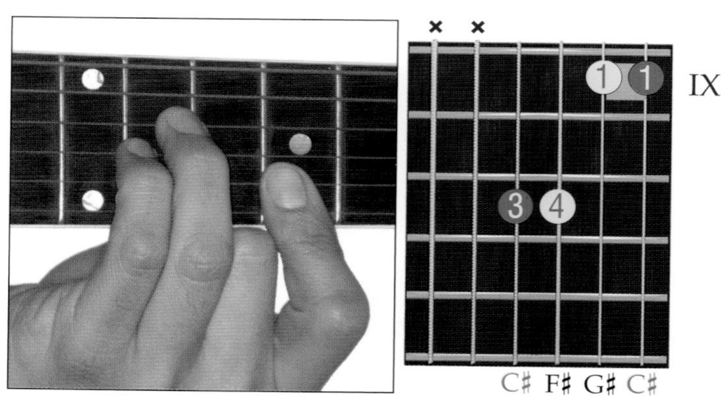
IX
C♯ F♯ G♯ C♯

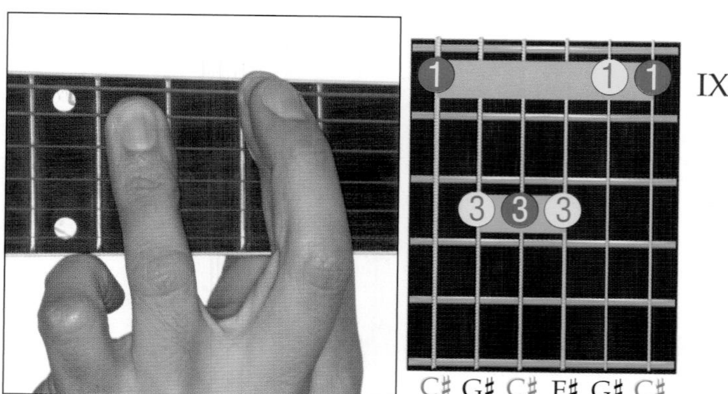
IX
C♯ G♯ C♯ F♯ G♯ C♯

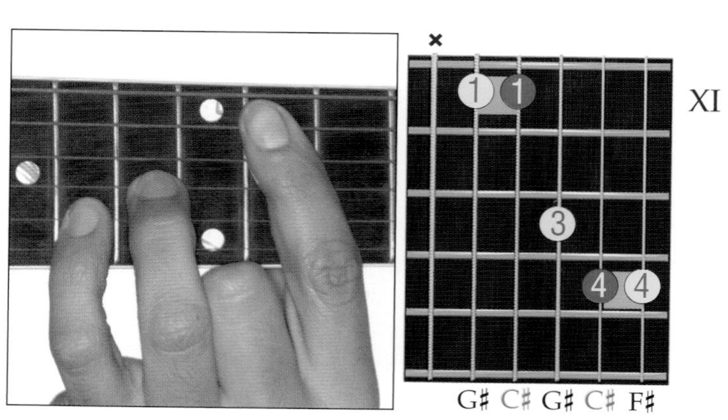
XI
G♯ C♯ G♯ C♯ F♯

C♯6

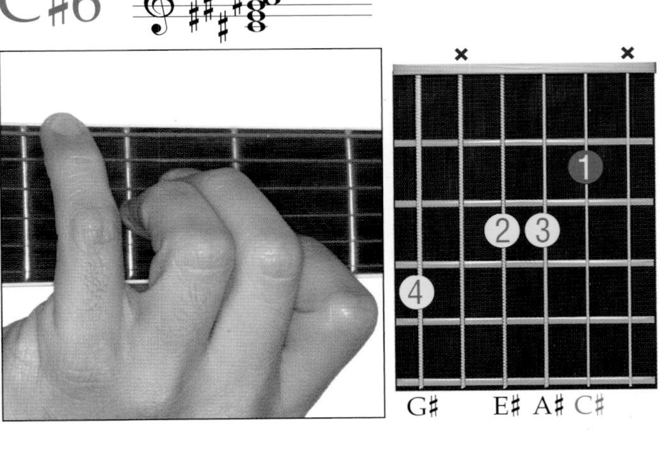
G♯ E♯ A♯ C♯

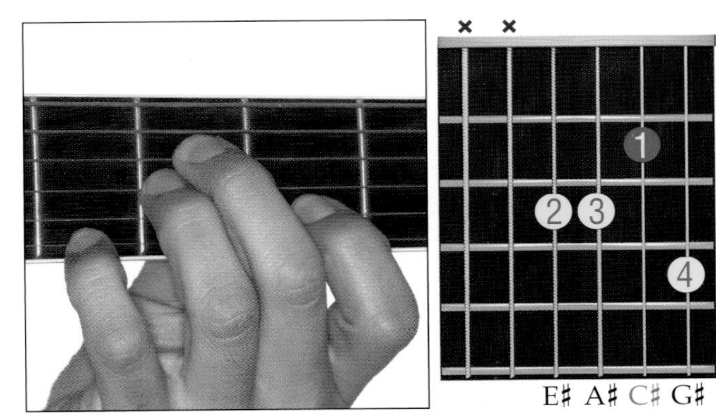
E♯ A♯ C♯ G♯

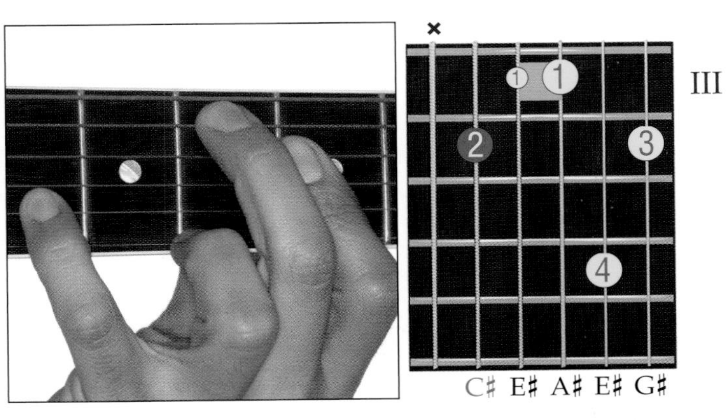
III
C♯ E♯ A♯ E♯ G♯

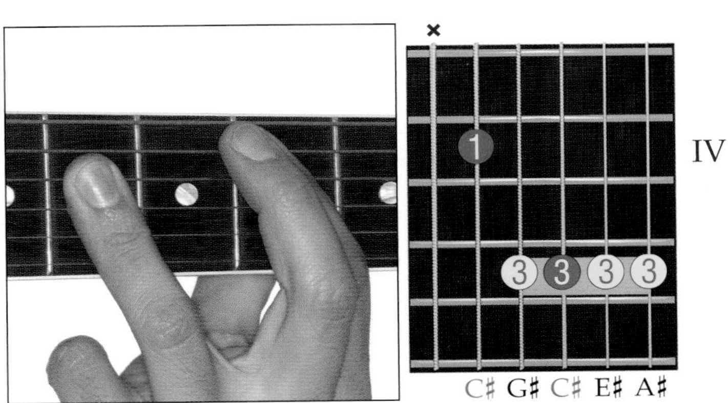
IV
C♯ G♯ C♯ E♯ A♯

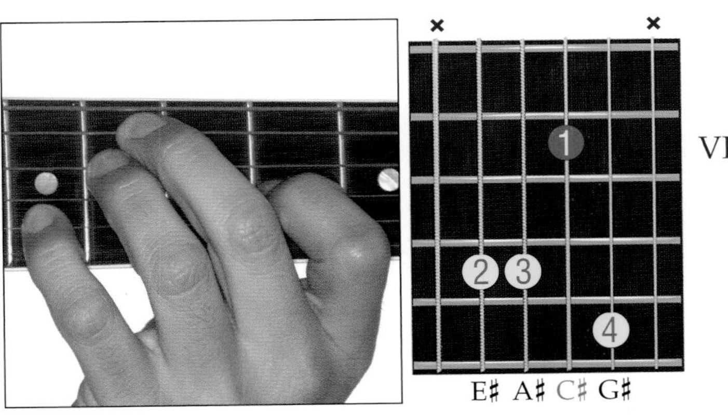
VI
E♯ A♯ C♯ G♯

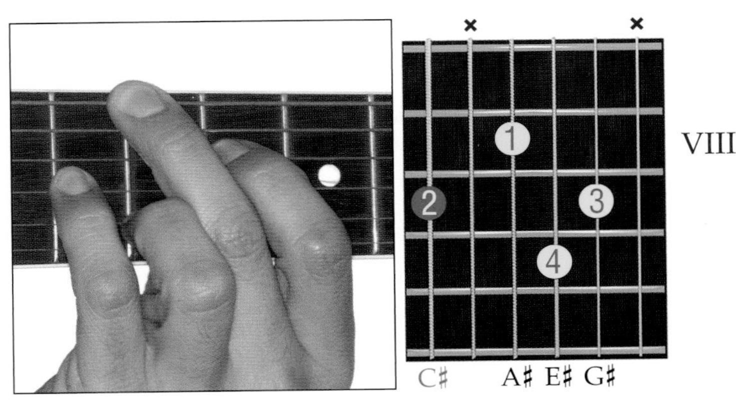
VIII
C♯ A♯ E♯ G♯

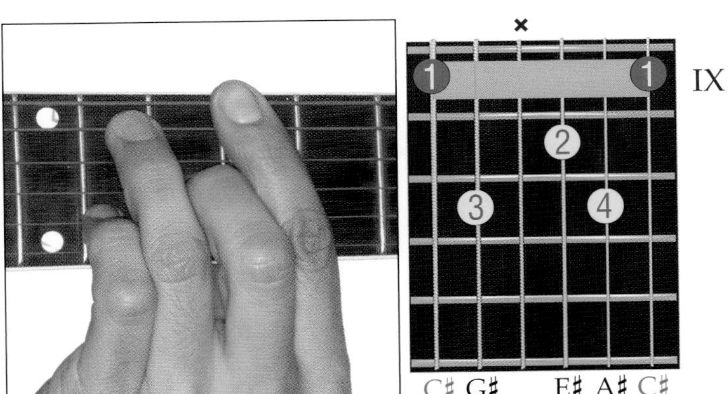
IX
C♯ G♯ E♯ A♯ C♯

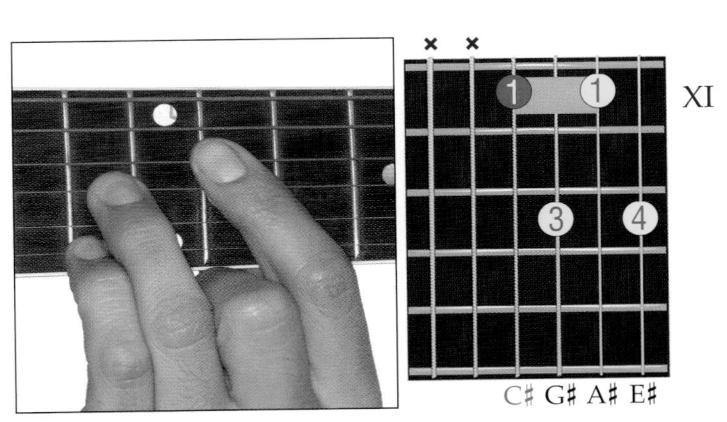
XI
C♯ G♯ A♯ E♯

C♯$^{6}_{9}$

C♯ D♭

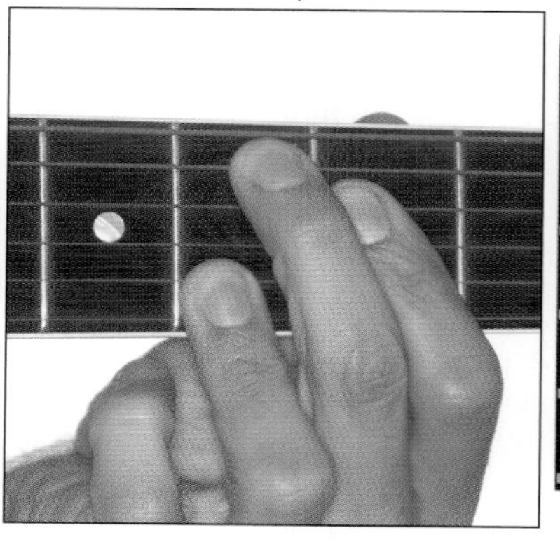

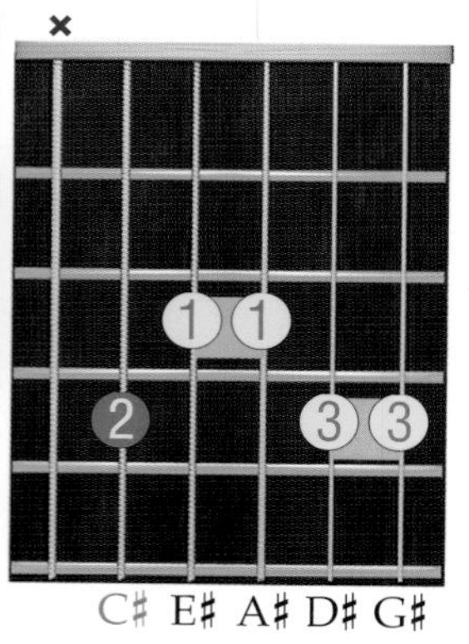
C♯ E♯ A♯ D♯ G♯

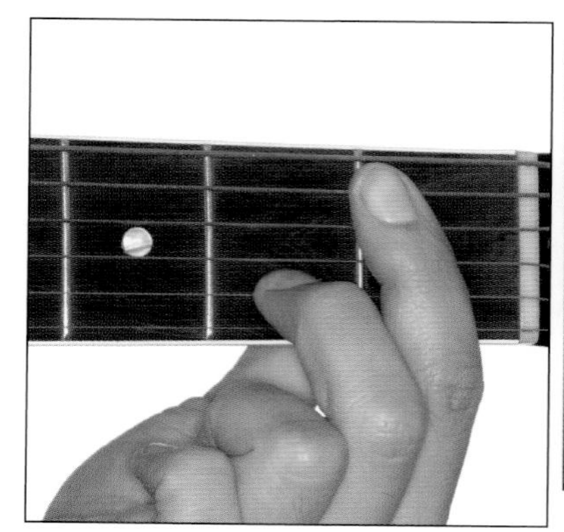

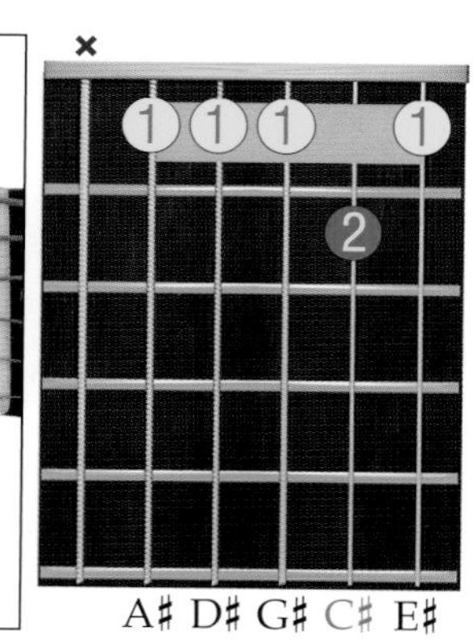
A♯ D♯ G♯ C♯ E♯

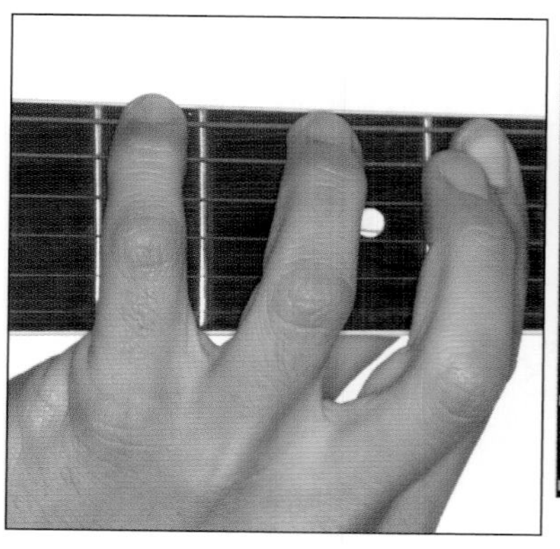

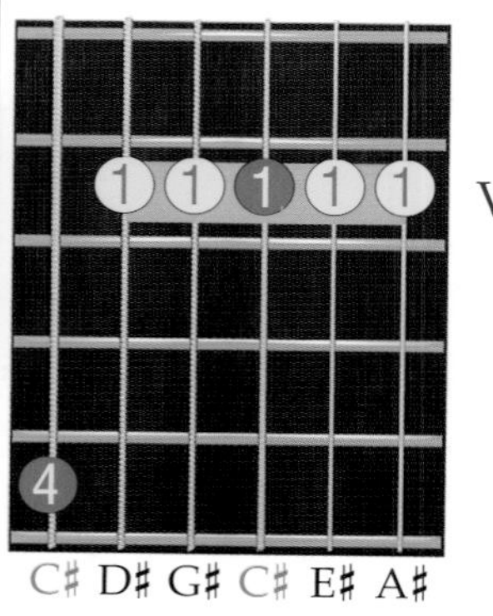
VI
C♯ D♯ G♯ C♯ E♯ A♯

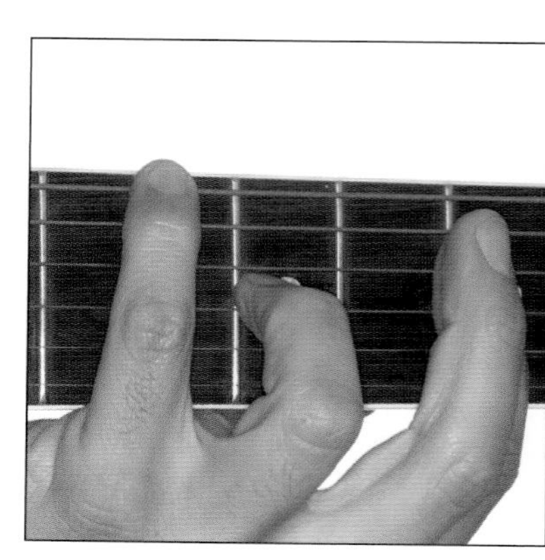

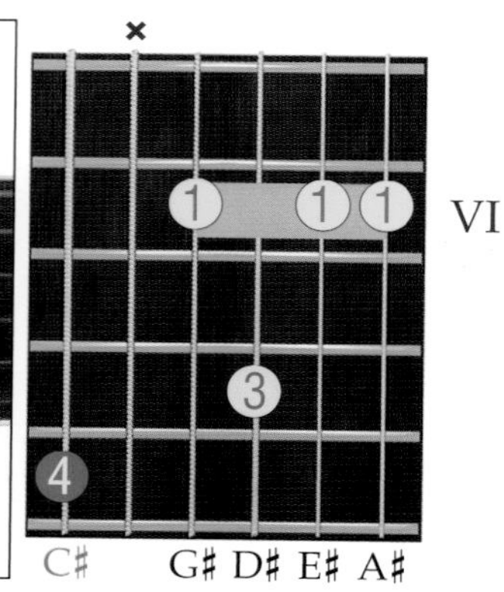
VI
C♯ G♯ D♯ E♯ A♯

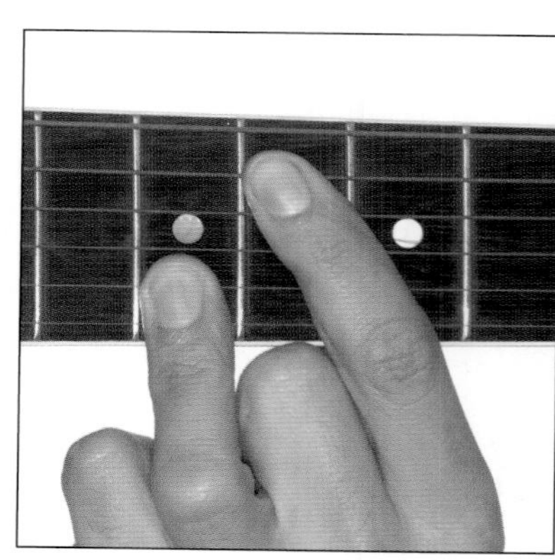

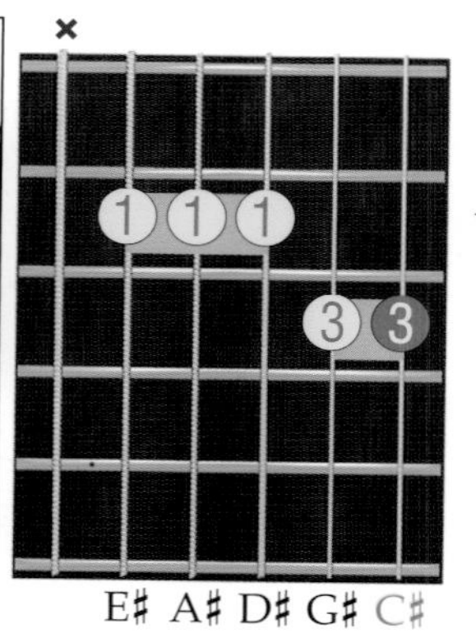
VIII
E♯ A♯ D♯ G♯ C♯

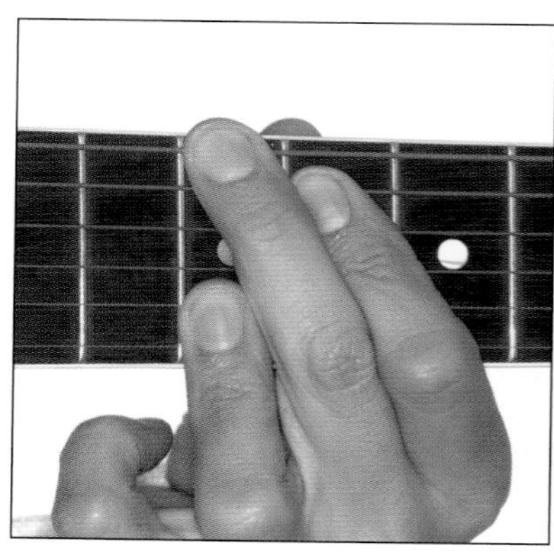

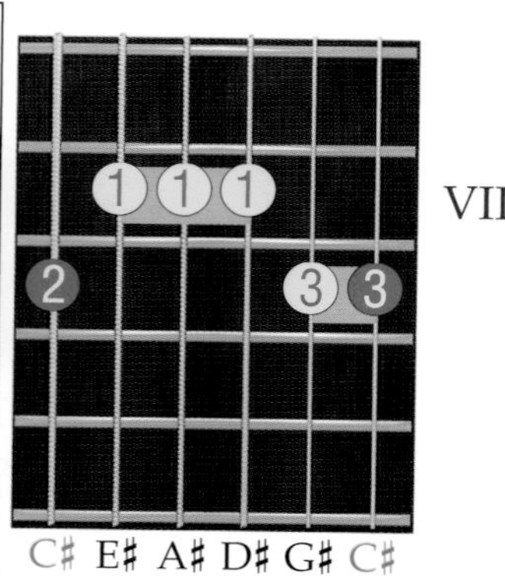
VIII
C♯ E♯ A♯ D♯ G♯ C♯

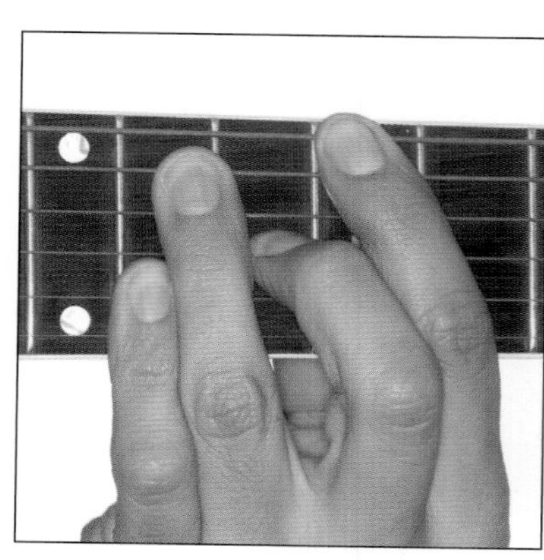

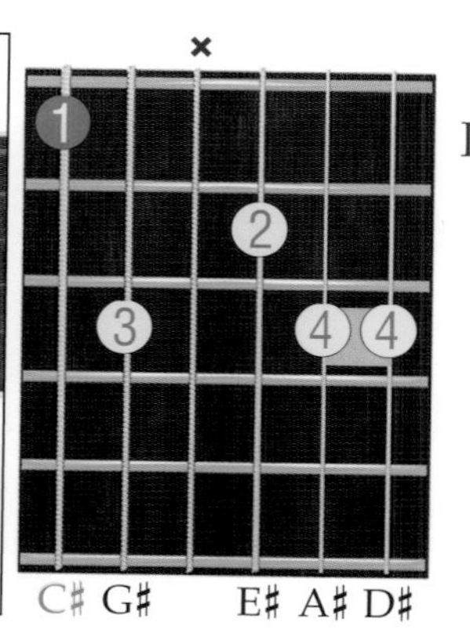
IX
C♯ G♯ E♯ A♯ D♯

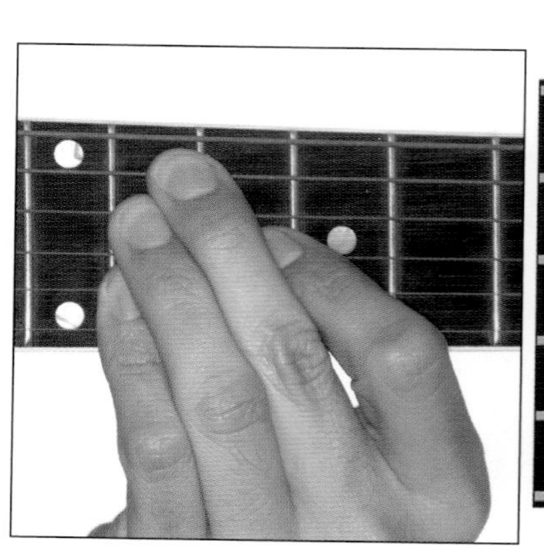

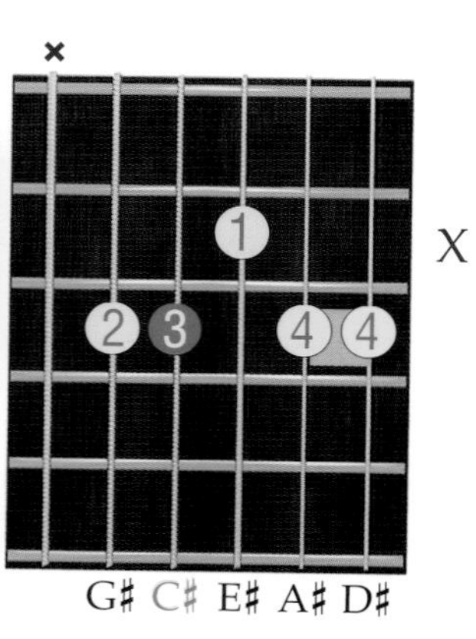
X
G♯ C♯ E♯ A♯ D♯

C♯
D♭

C♯maj7

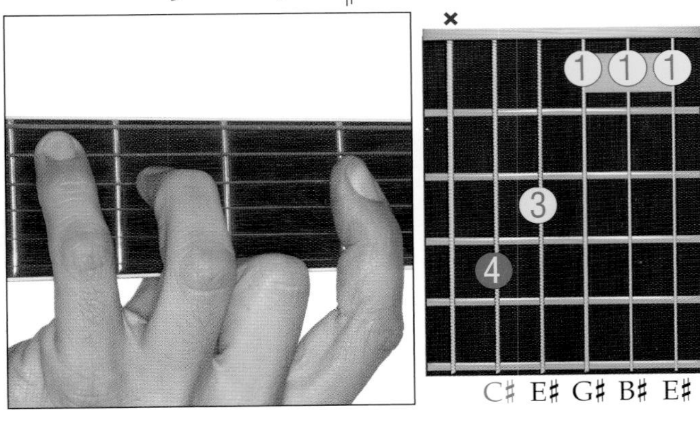
C♯ E♯ G♯ B♯ E♯

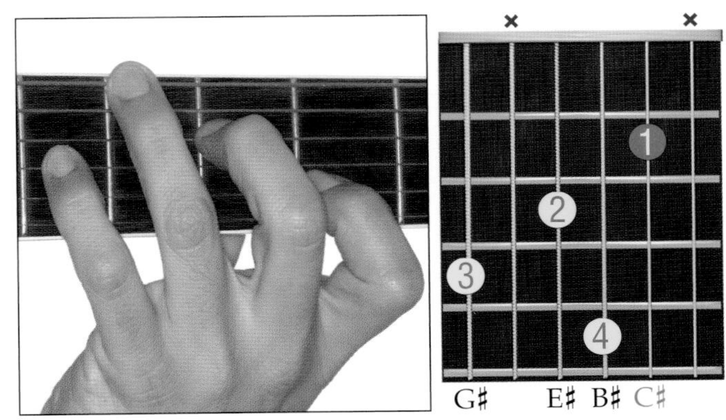
G♯ E♯ B♯ C♯

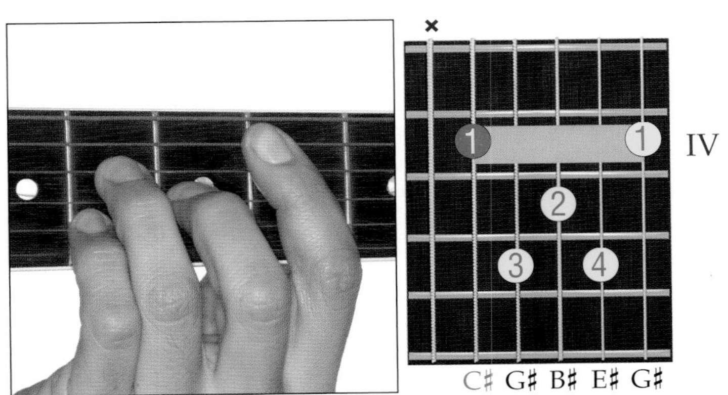
IV
C♯ G♯ B♯ E♯ G♯

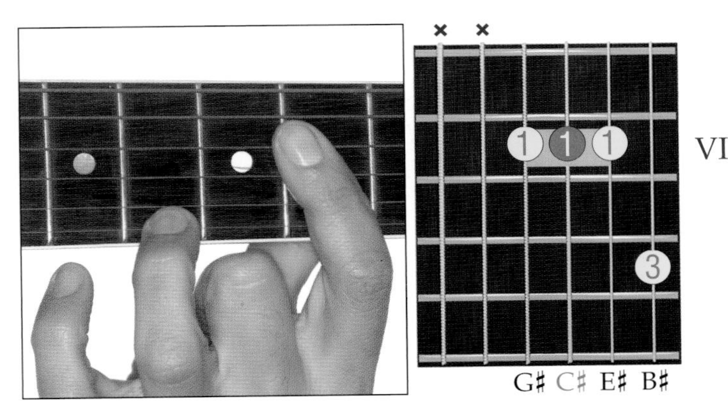
VI
G♯ C♯ E♯ B♯

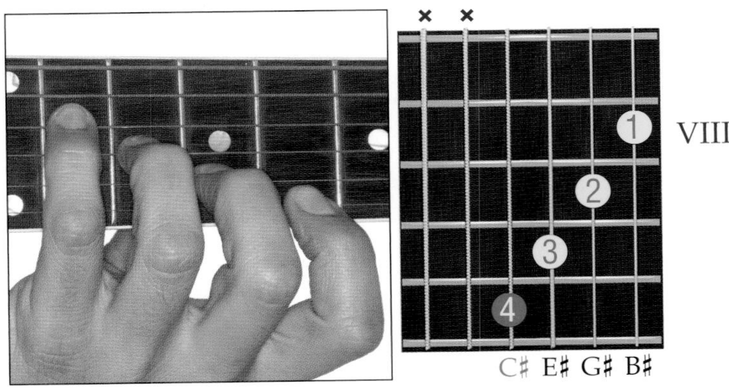
VIII
C♯ E♯ G♯ B♯

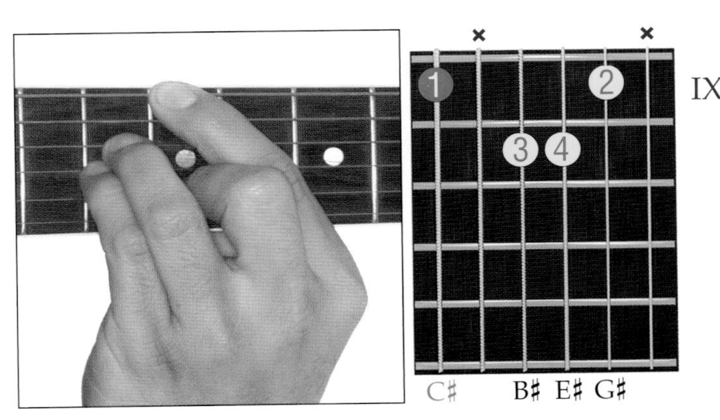
IX
C♯ B♯ E♯ G♯

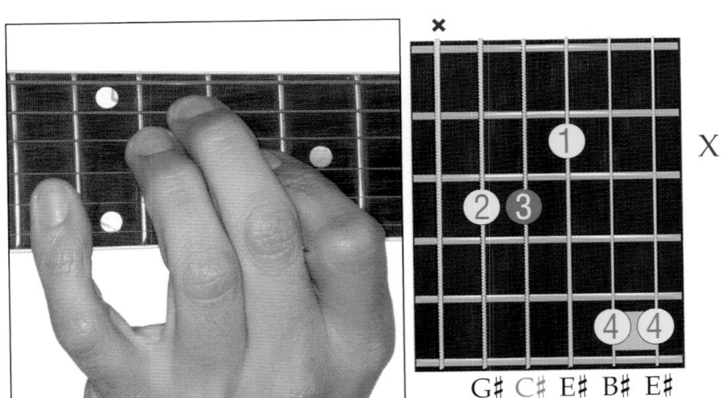
X
G♯ C♯ E♯ B♯ E♯

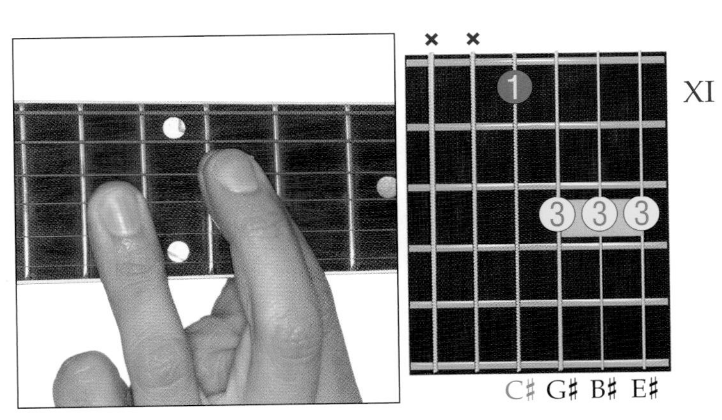
XI
C♯ G♯ B♯ E♯

C♯
D♭

C♯maj9

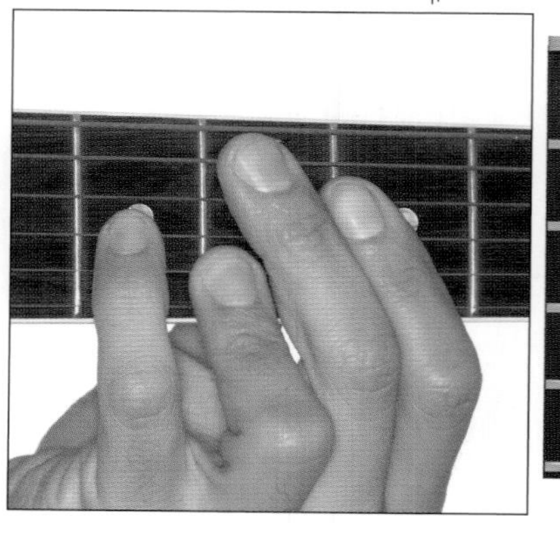

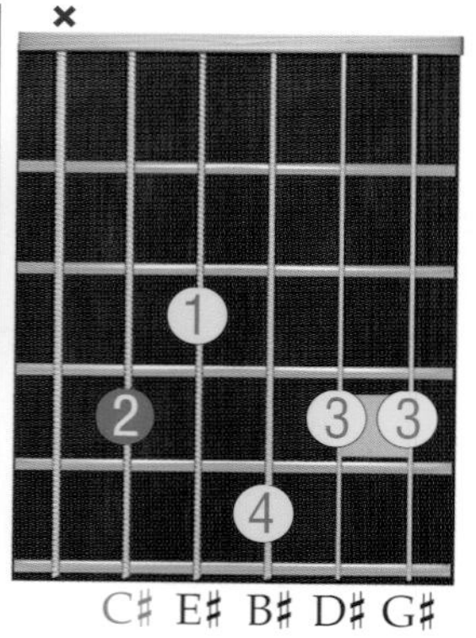
C♯ E♯ B♯ D♯ G♯

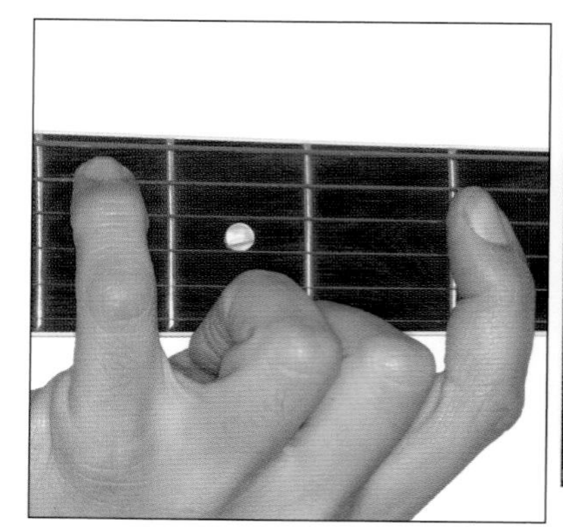

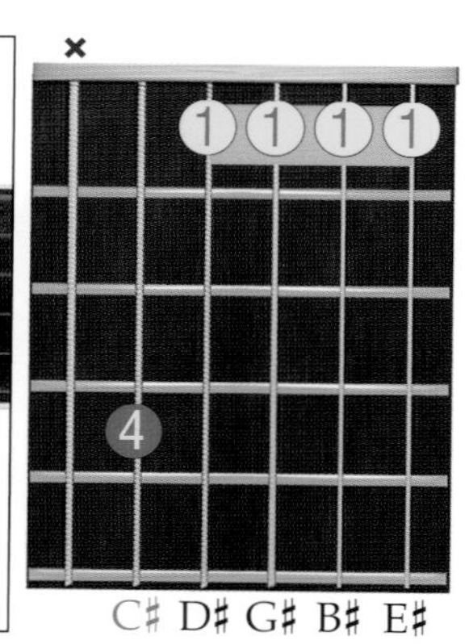
C♯ D♯ G♯ B♯ E♯

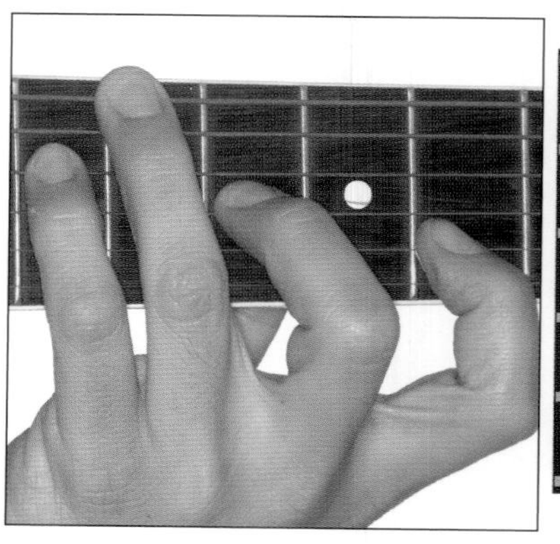

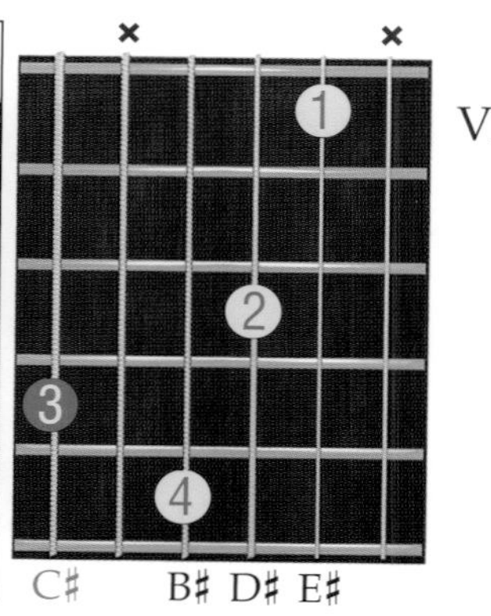
VI
C♯ B♯ D♯ E♯

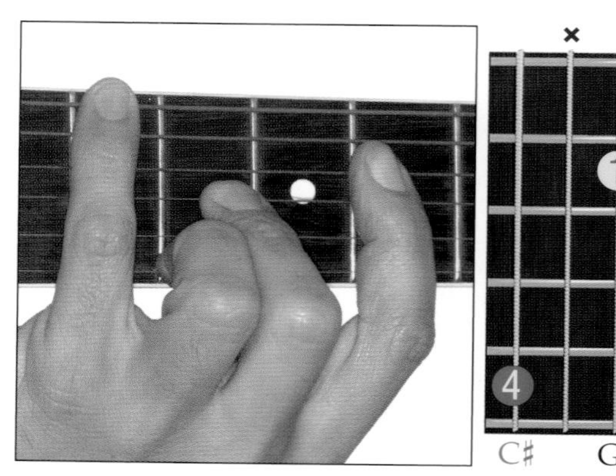

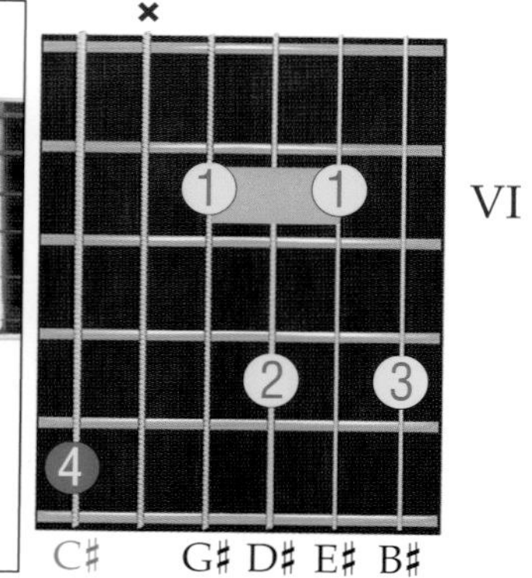
VI
C♯ G♯ D♯ E♯ B♯

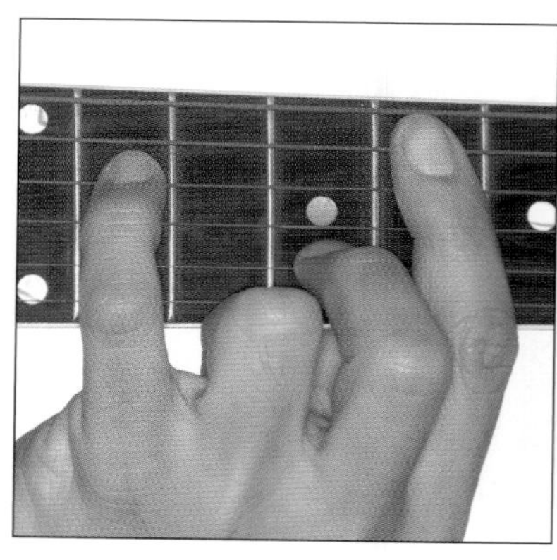

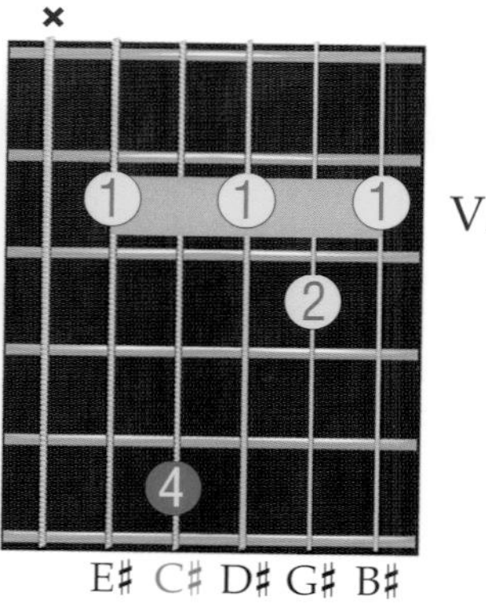
VIII
E♯ C♯ D♯ G♯ B♯

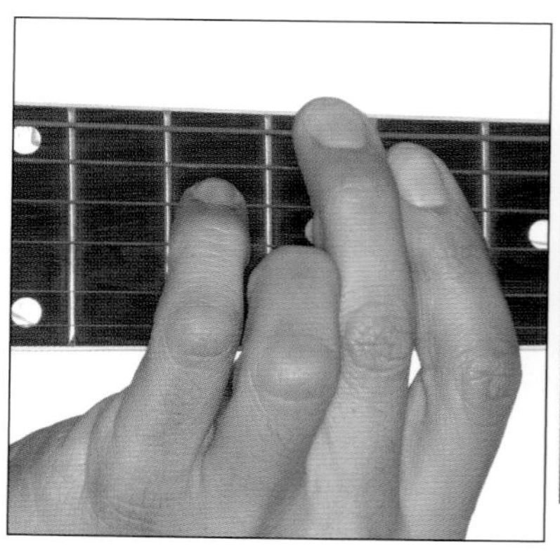

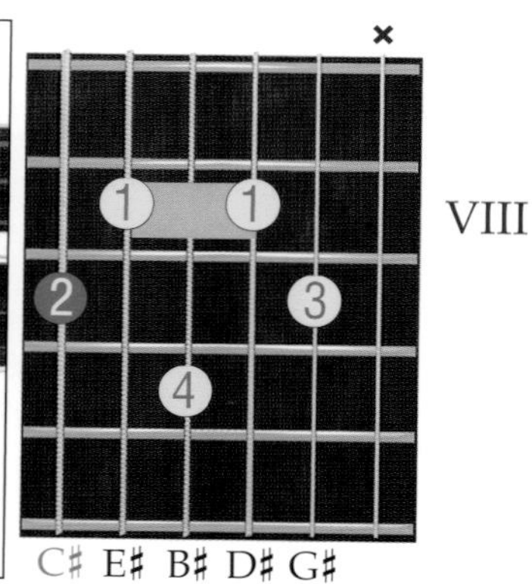
VIII
C♯ E♯ B♯ D♯ G♯

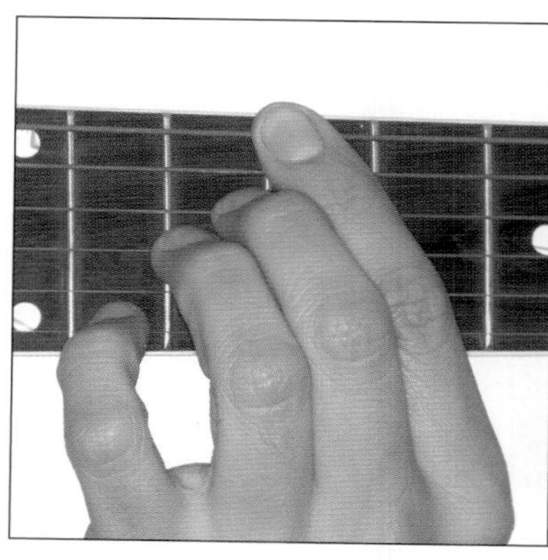

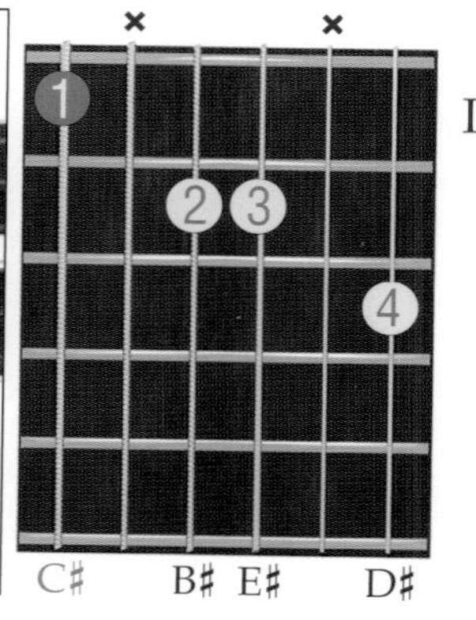
IX
C♯ B♯ E♯ D♯

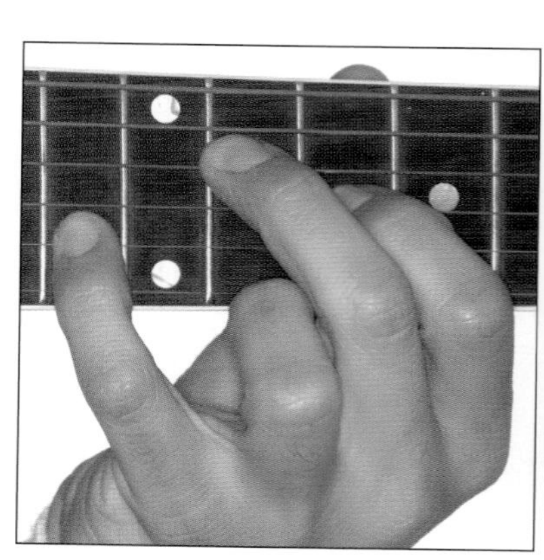

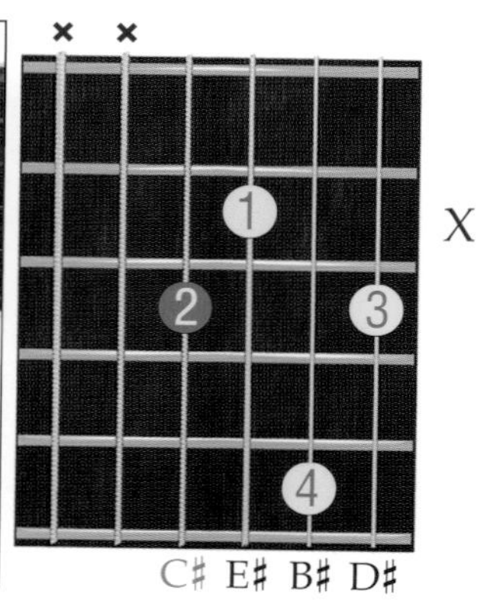
X
C♯ E♯ B♯ D♯

C♯
D♭

C♯maj13

IV
C♯ B♯ E♯ A♯

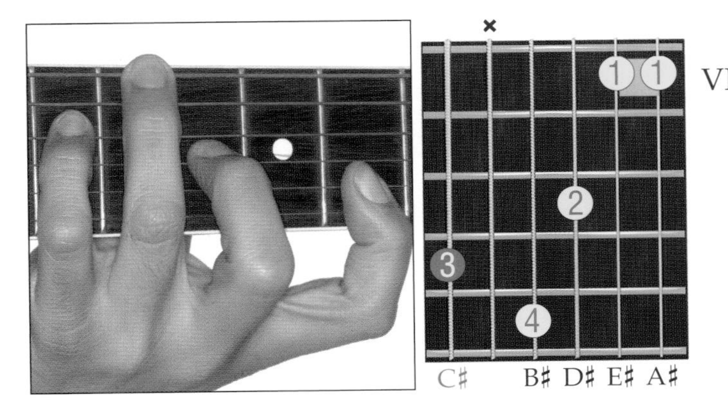
VI
C♯ B♯ D♯ E♯ A♯

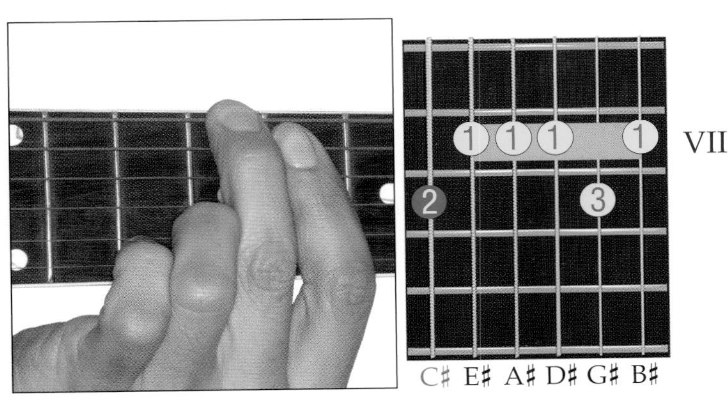
VIII
C♯ E♯ A♯ D♯ G♯ B♯

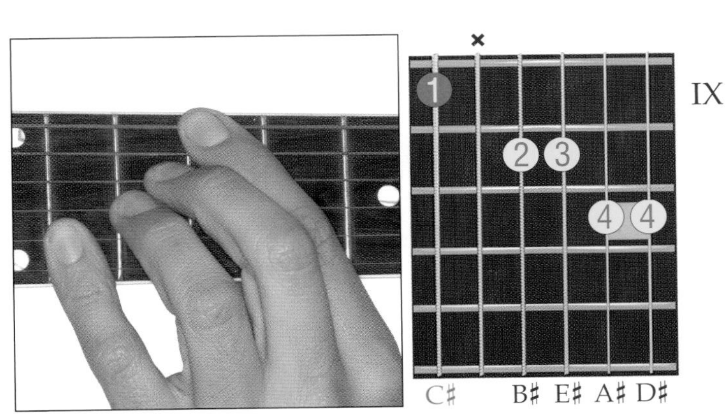
IX
C♯ B♯ E♯ A♯ D♯

C♯
D♭

C♯m

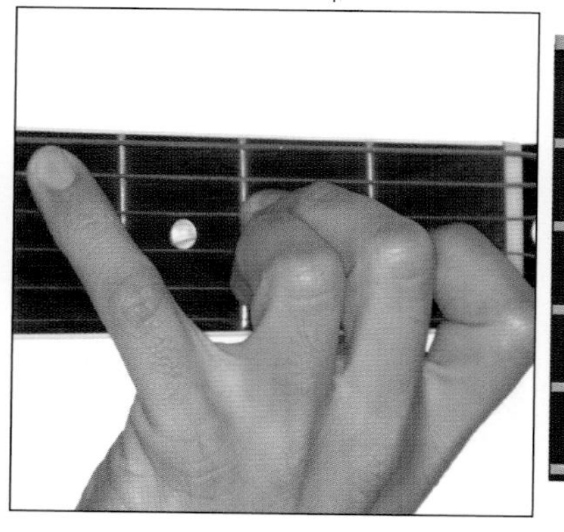

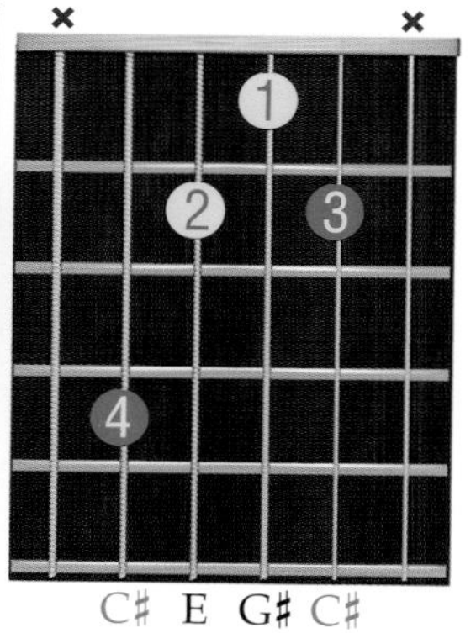
C♯ E G♯ C♯

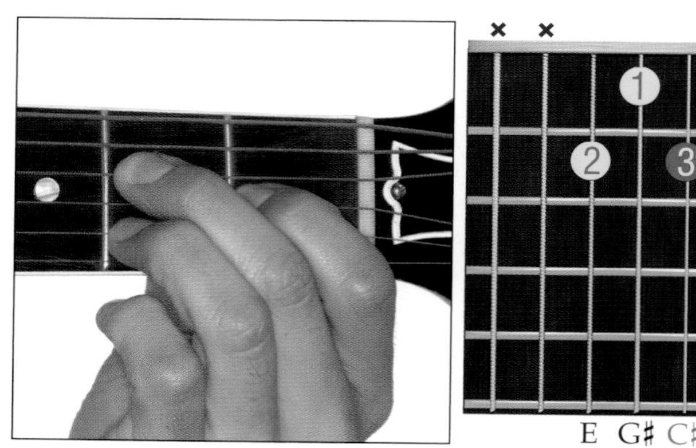
E G♯ C♯ E

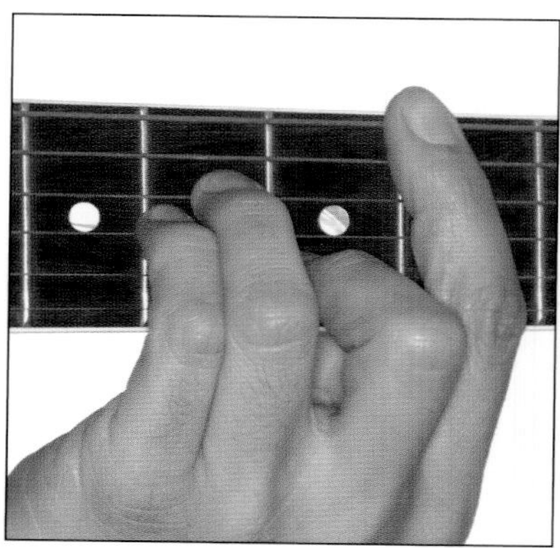

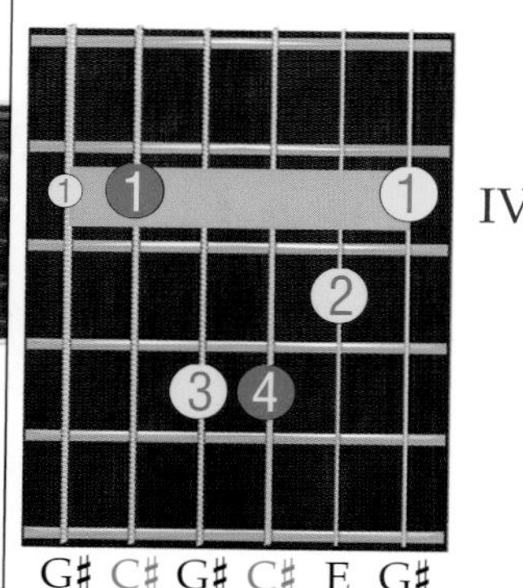
IV
G♯ C♯ G♯ C♯ E G♯

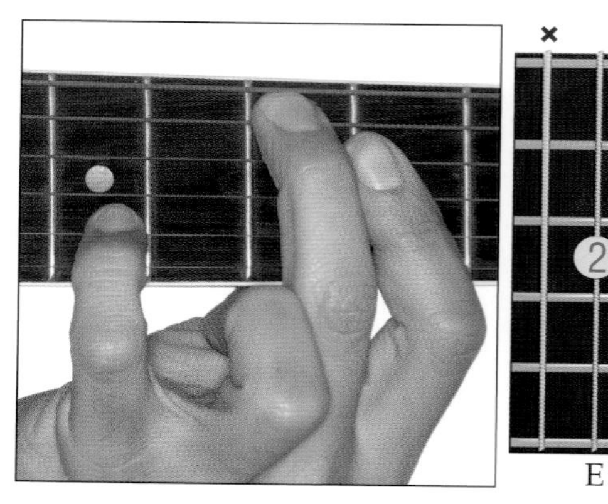

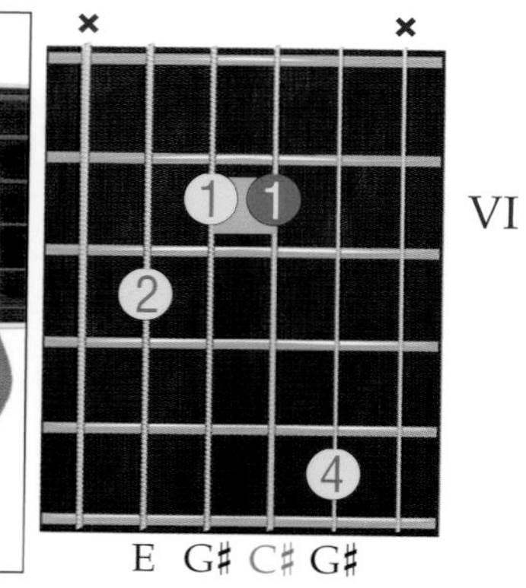
VI
E G♯ C♯ G♯

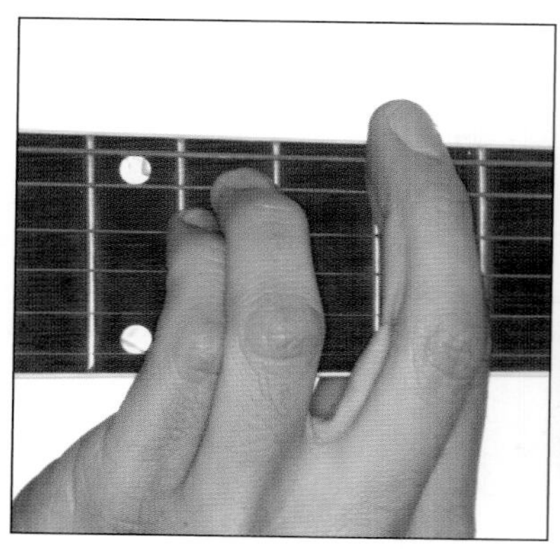

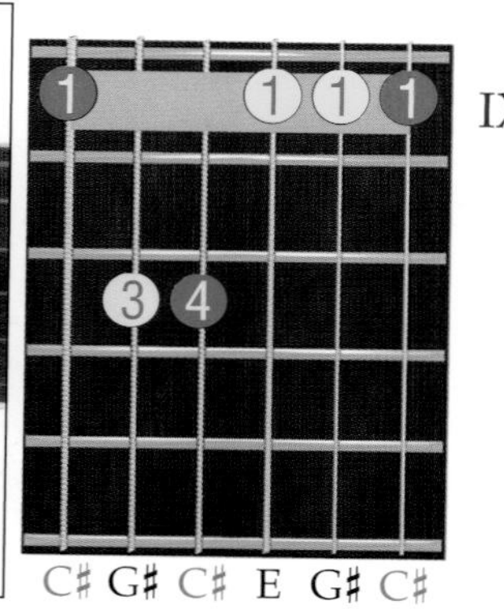
IX
C♯ G♯ C♯ E G♯ C♯

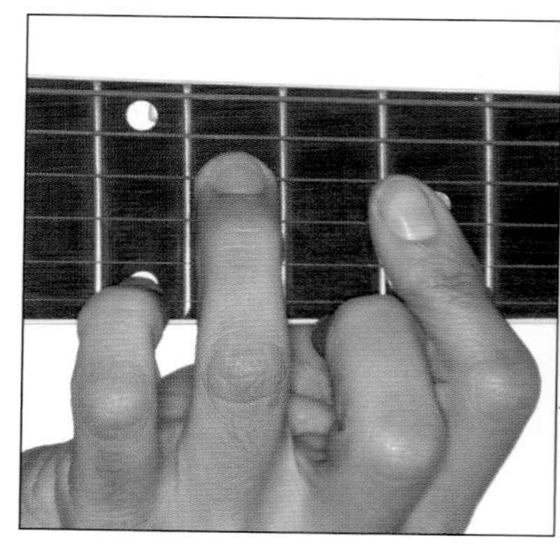

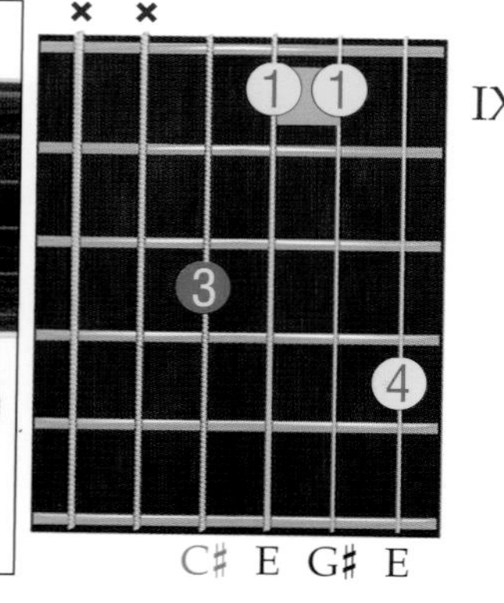
IX
C♯ E G♯ E

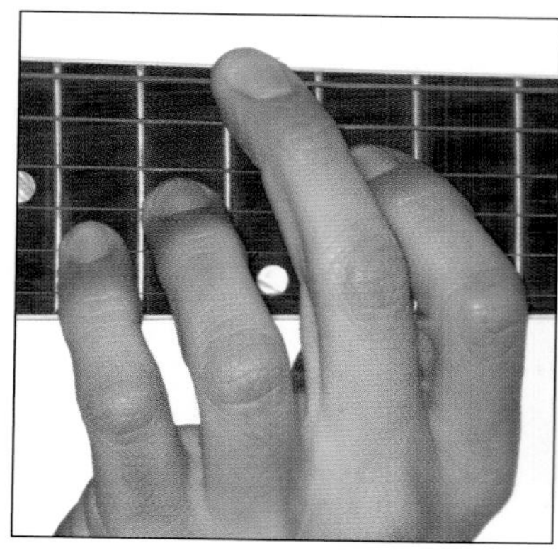

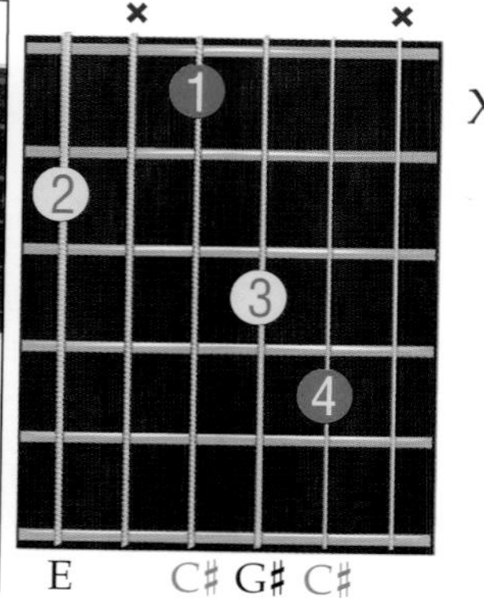
XI
E C♯ G♯ C♯

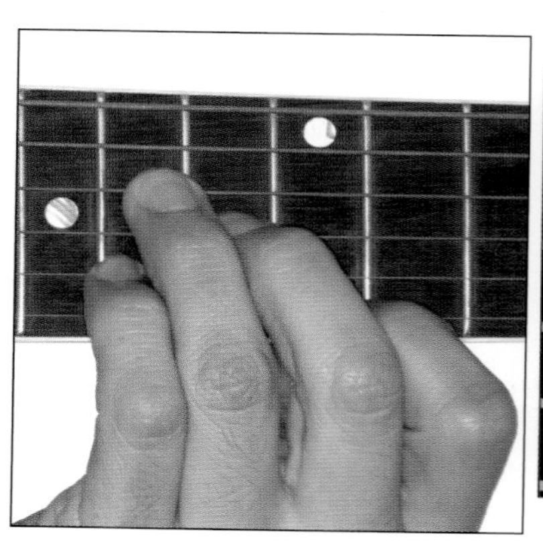

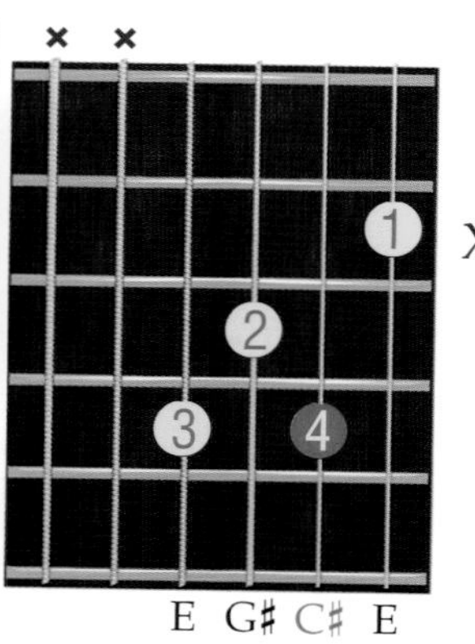
XII
E G♯ C♯ E

C♯m6

A♯ E G♯ C♯

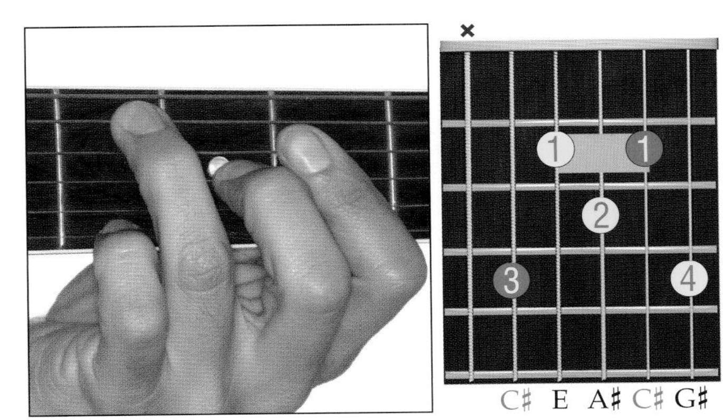
C♯ E A♯ C♯ G♯

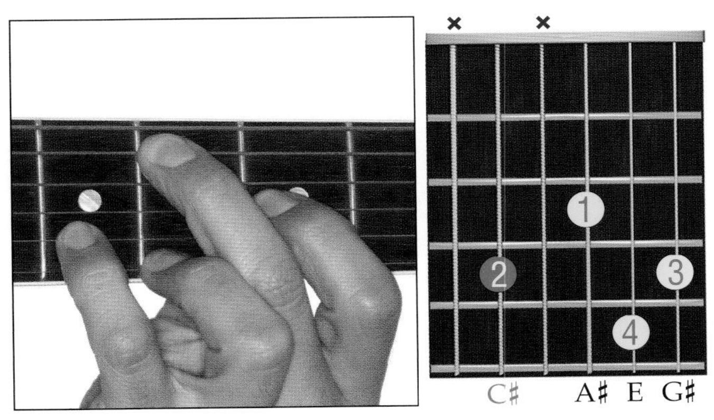
C♯ A♯ E G♯

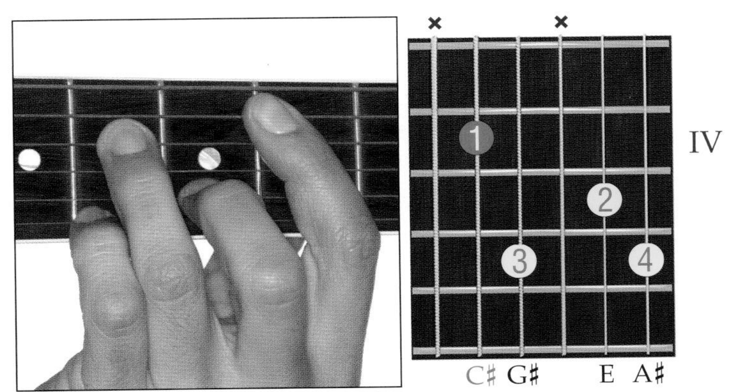
IV
C♯ G♯ E A♯

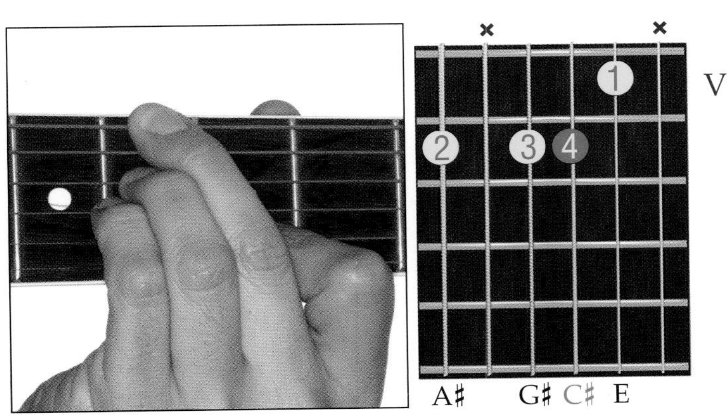
V
A♯ G♯ C♯ E

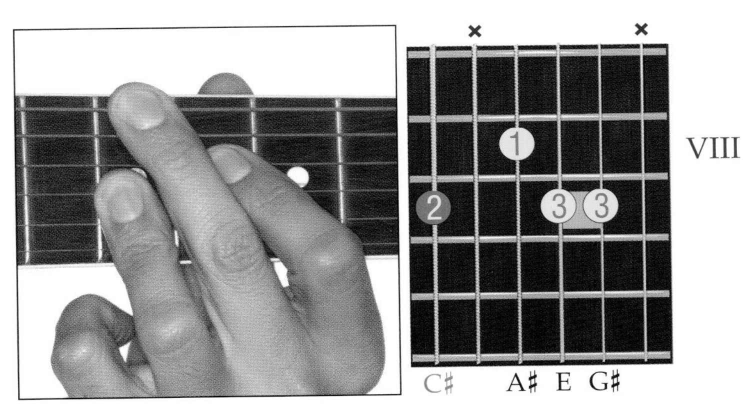
VIII
C♯ A♯ E G♯

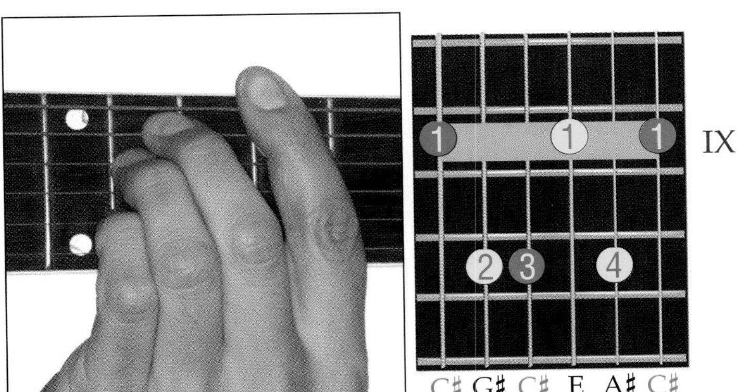
IX
C♯ G♯ C♯ E A♯ C♯

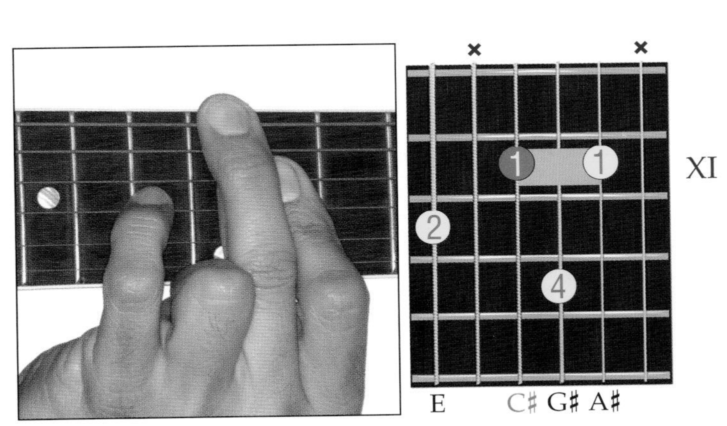
XI
E C♯ G♯ A♯

C♯
D♭

C♯m7

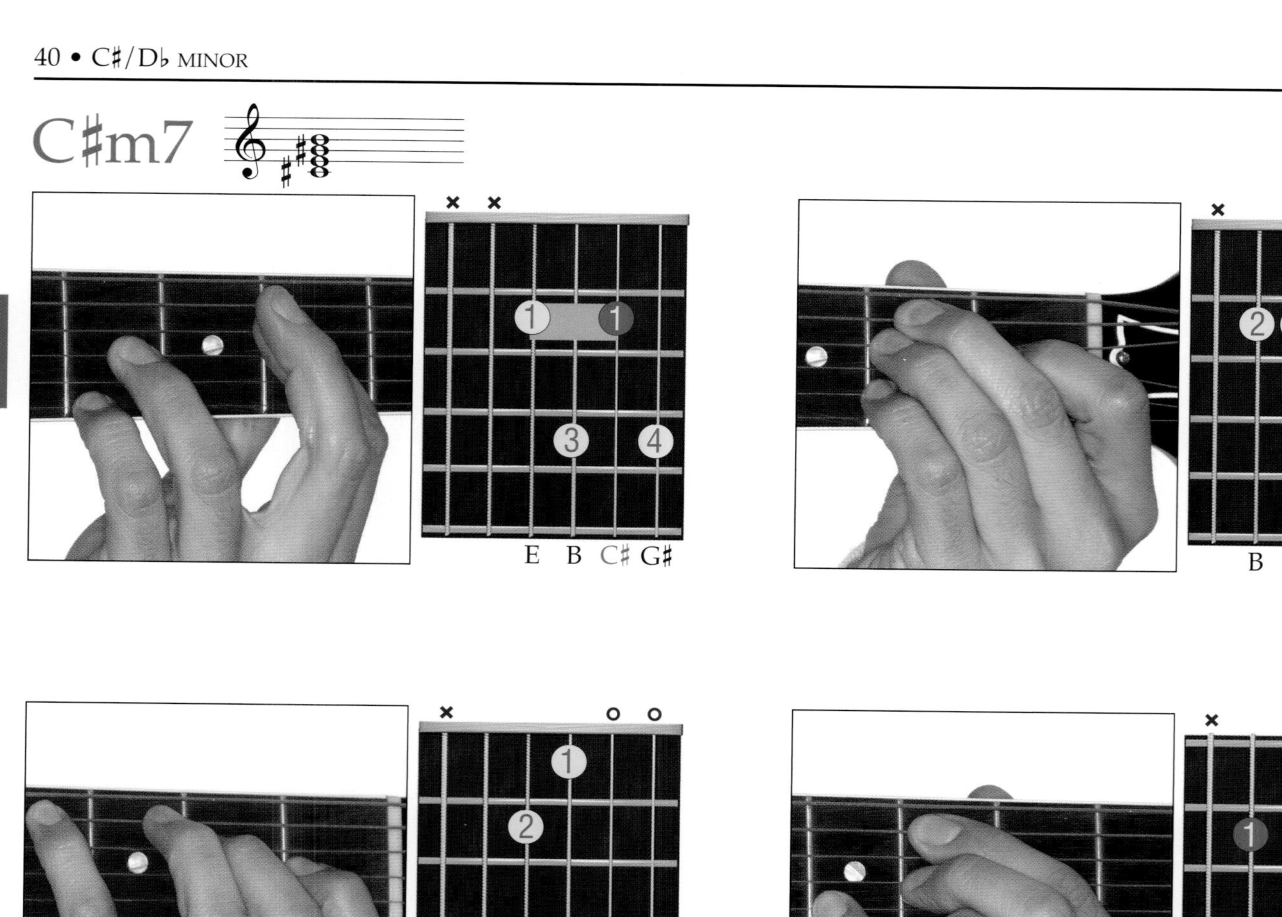
E B C♯ G♯
B E G♯ C♯

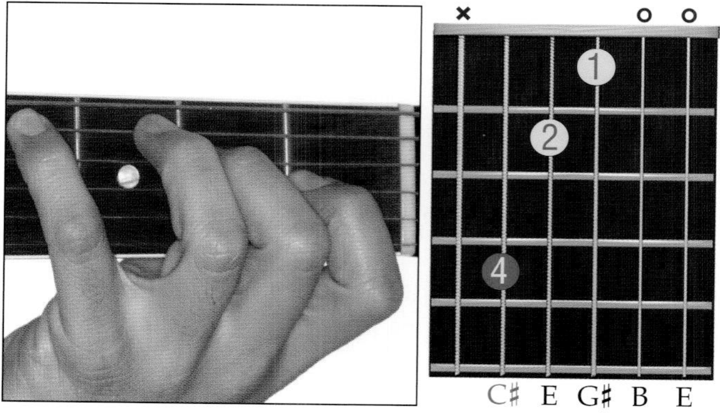
C♯ E G♯ B E

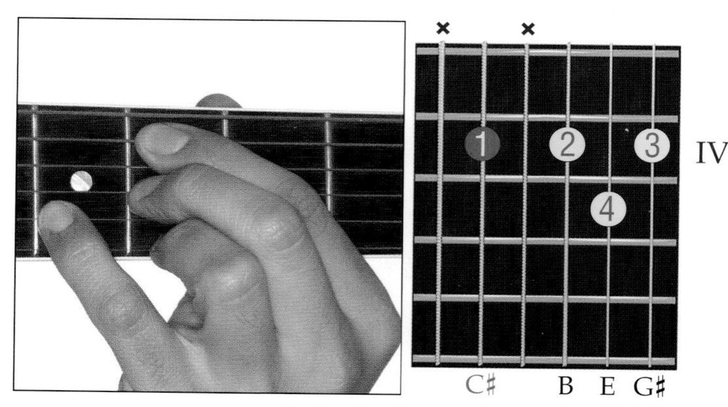
IV
C♯ B E G♯

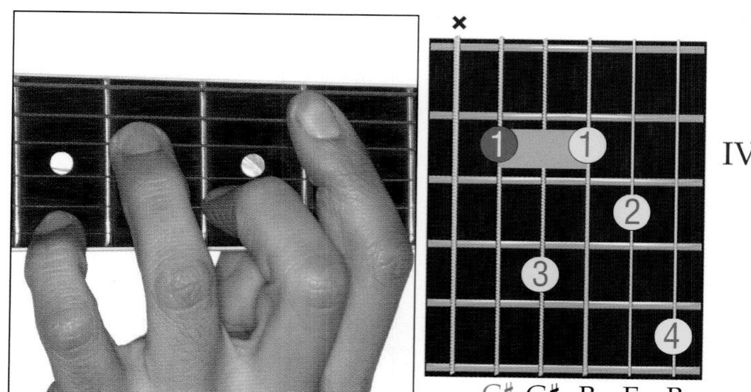
IV
C♯ G♯ B E B

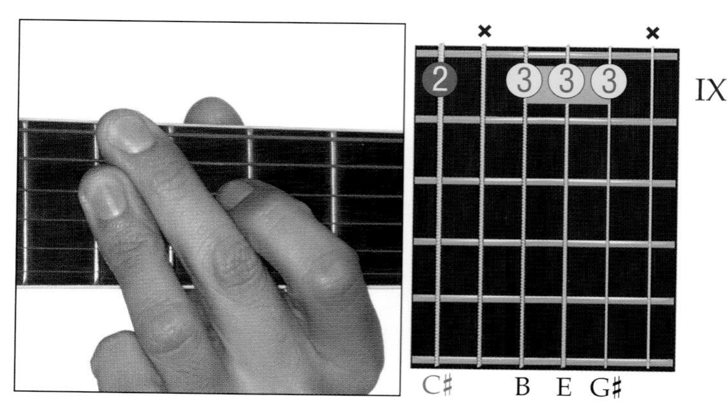
IX
C♯ B E G♯

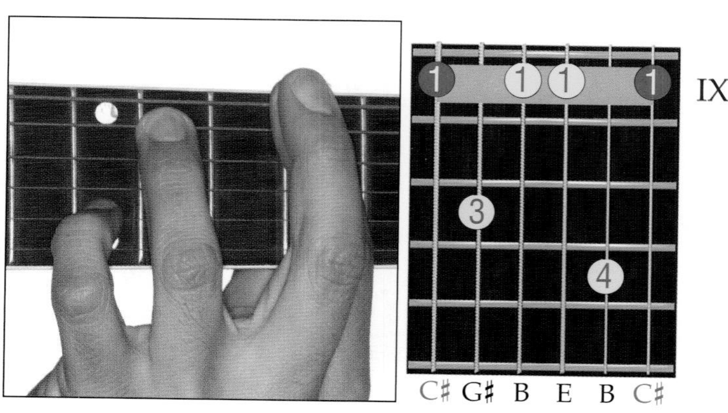
IX
C♯ G♯ B E B C♯

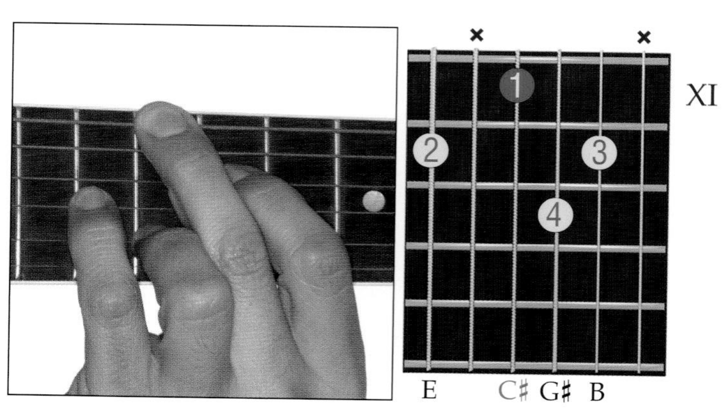
XI
E C♯ G♯ B

C♯m(maj7)

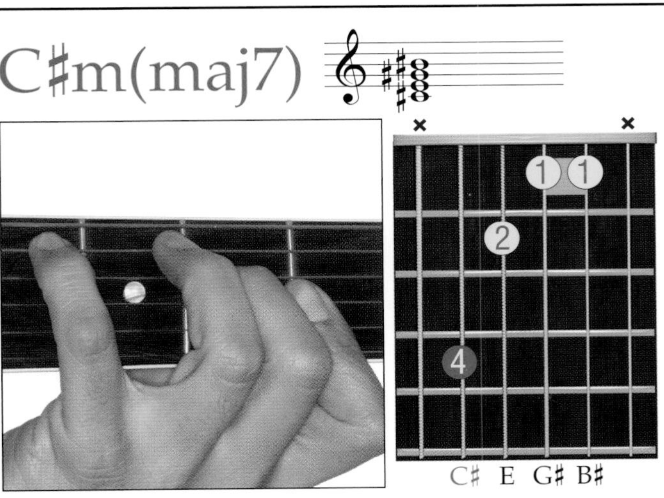
C♯ E G♯ B♯

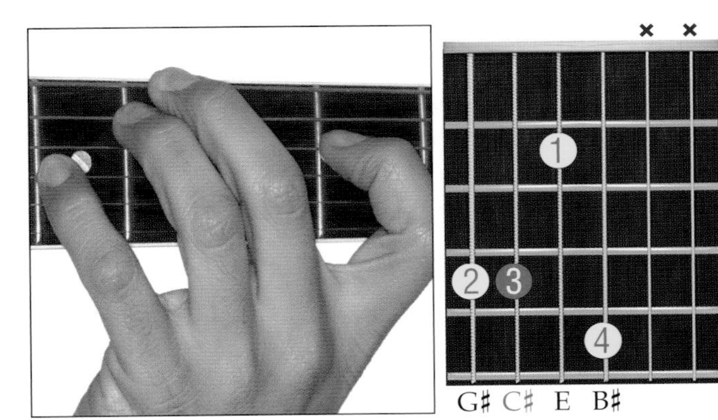
G♯ C♯ E B♯

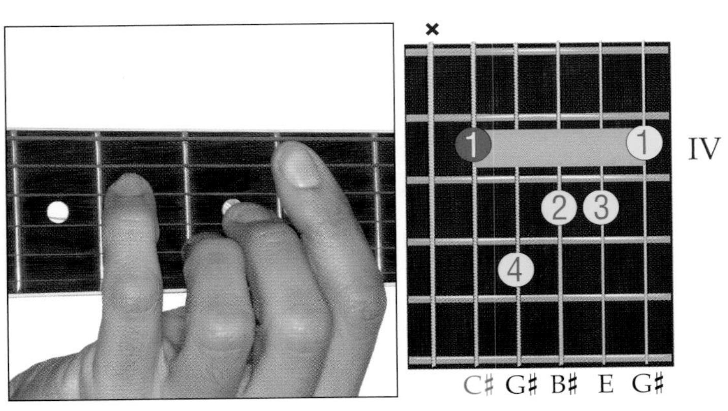
IV
C♯ G♯ B♯ E G♯

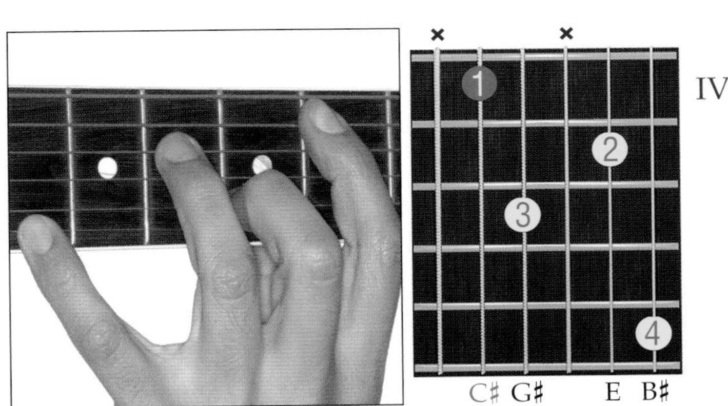
IV
C♯ G♯ E B♯

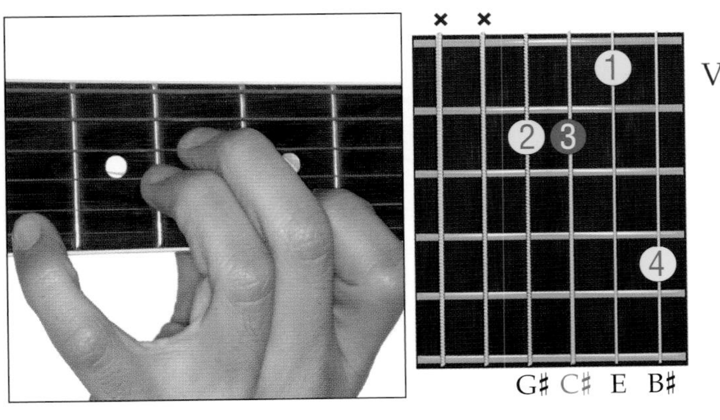
V
G♯ C♯ E B♯

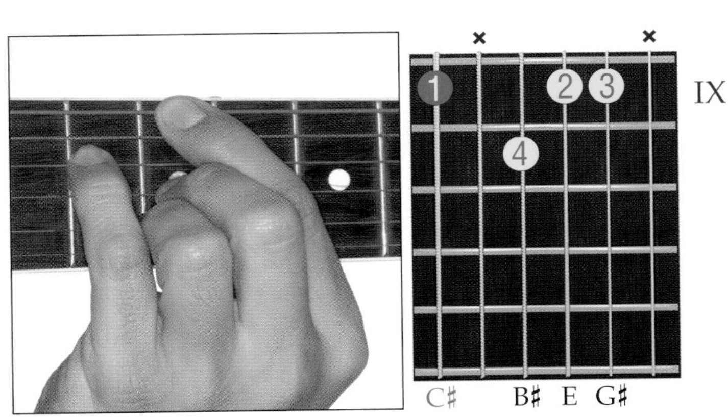
IX
C♯ B♯ E G♯

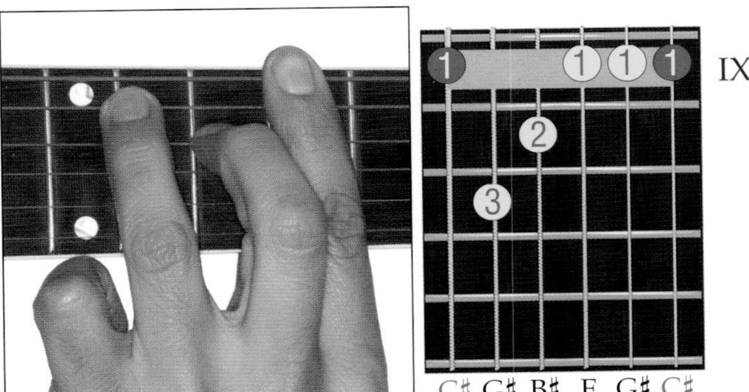
IX
C♯ G♯ B♯ E G♯ C♯

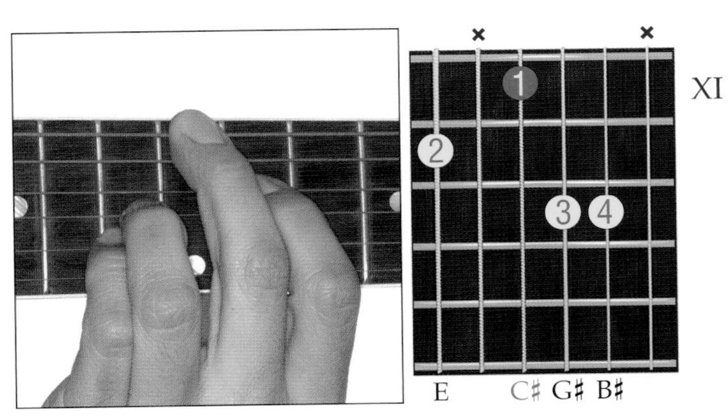
XI
E C♯ G♯ B♯

C♯m9

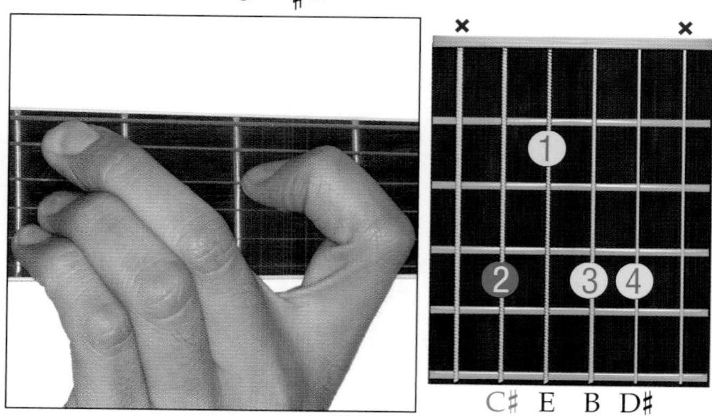
C♯ E B D♯

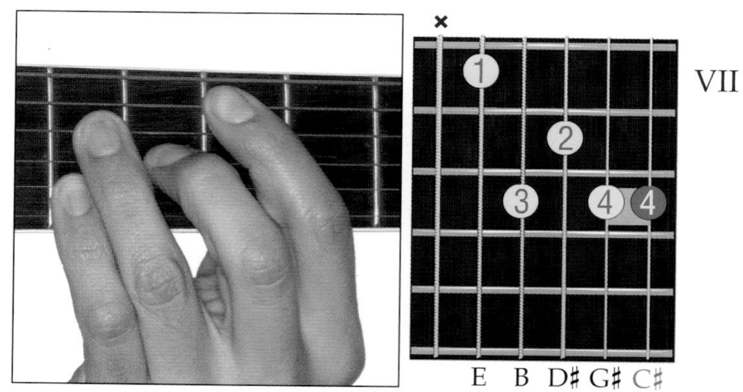
VII
E B D♯ G♯ C♯

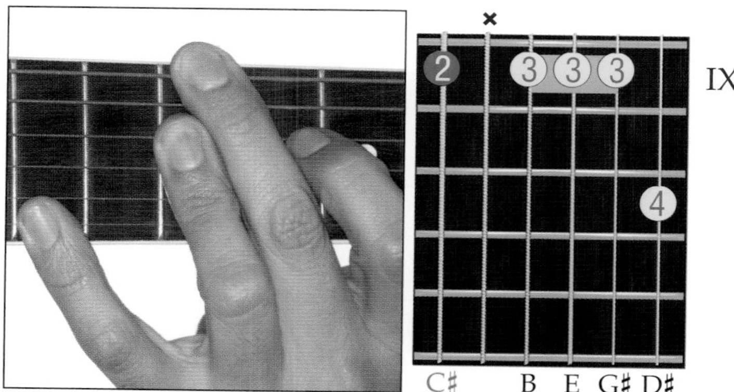
IX
C♯ B E G♯ D♯

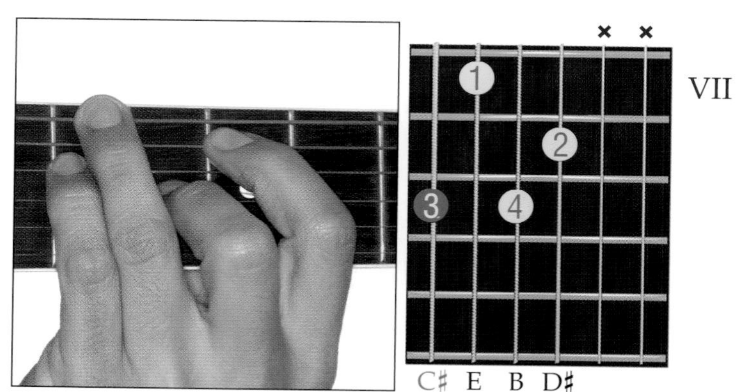
VII
C♯ E B D♯

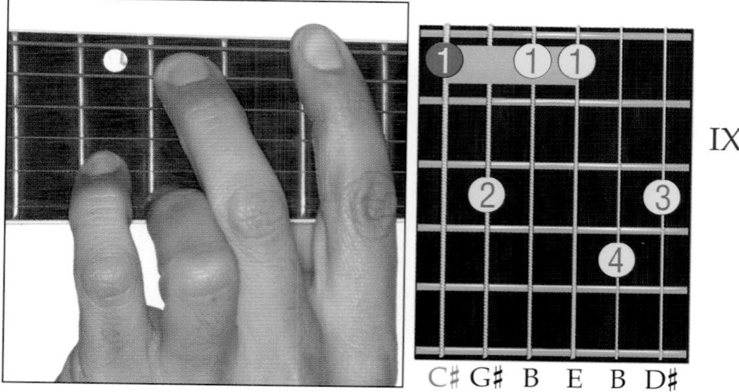
IX
C♯ G♯ B E B D♯

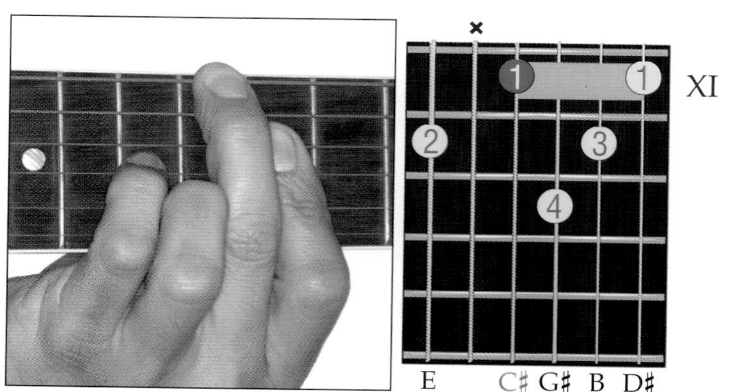
XI
E C♯ G♯ B D♯

C♯m11

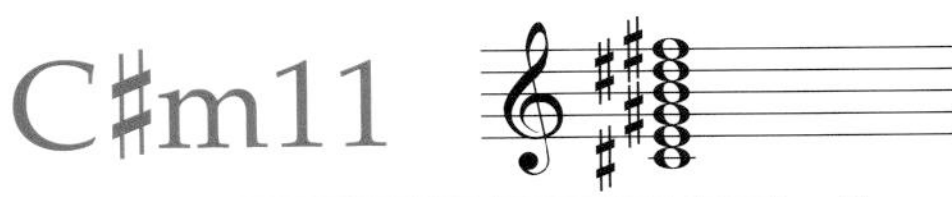

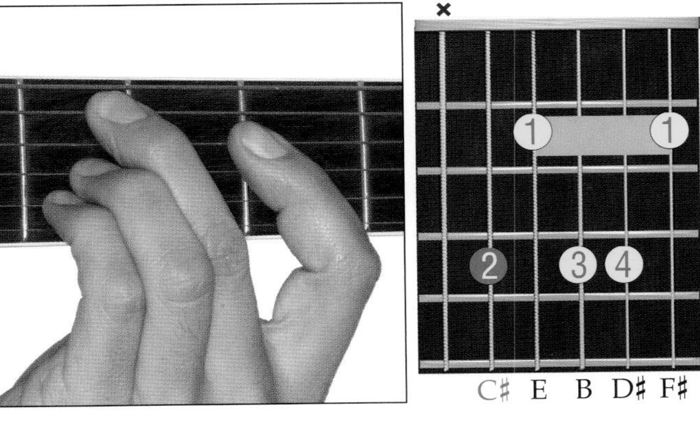
×
C♯ E B D♯ F♯

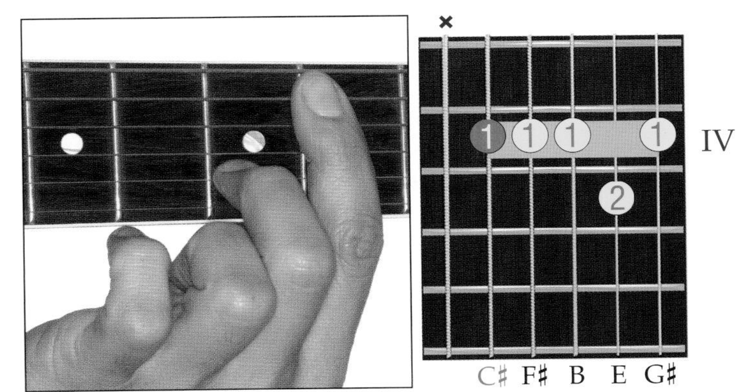
×
IV
C♯ F♯ B E G♯

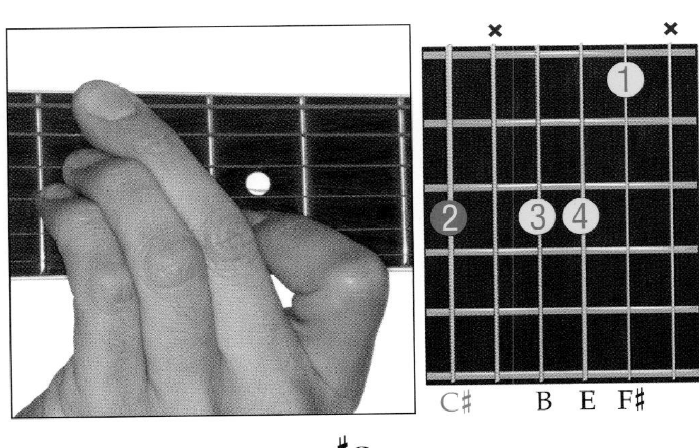
× ×
VII
C♯ B E F♯

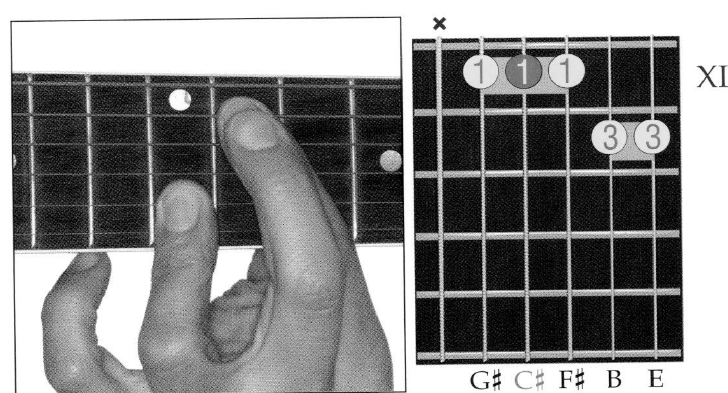
×
XI
G♯ C♯ F♯ B E

C♯m13

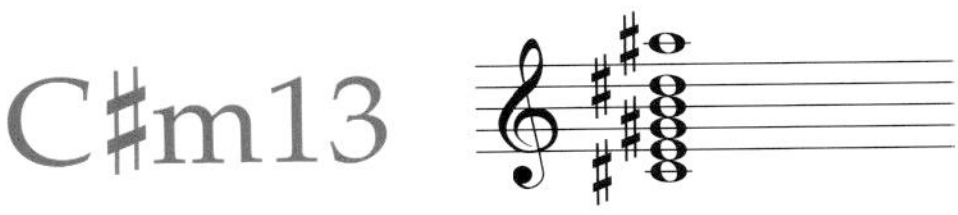

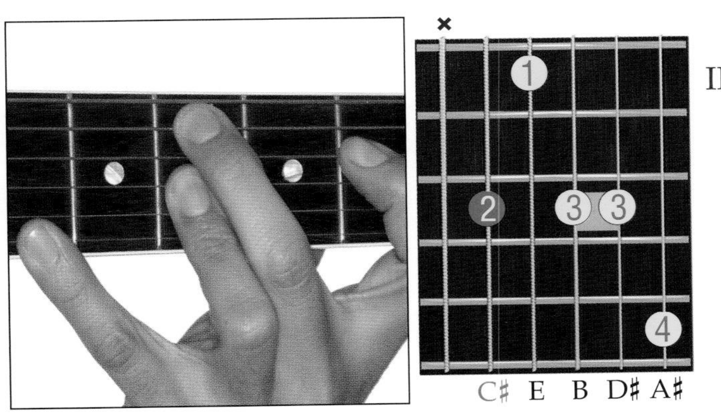
×
II
C♯ E B D♯ A♯

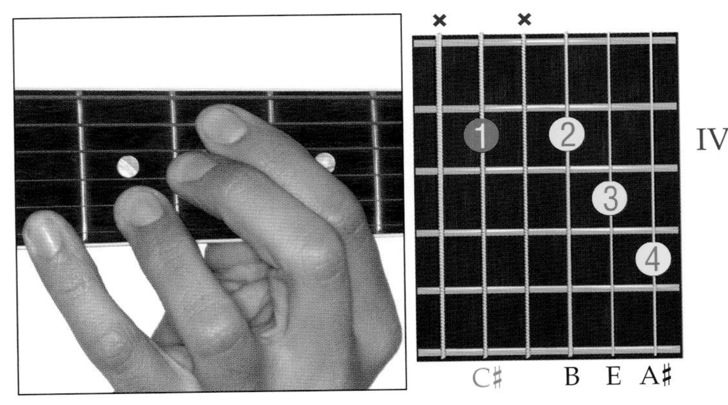
× ×
IV
C♯ B E A♯

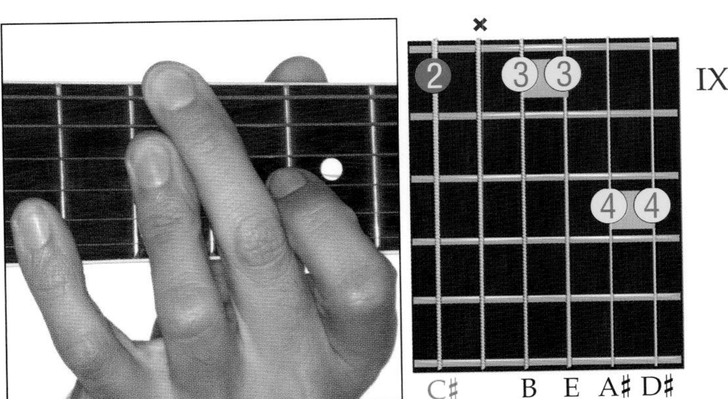
×
IX
C♯ B E A♯ D♯

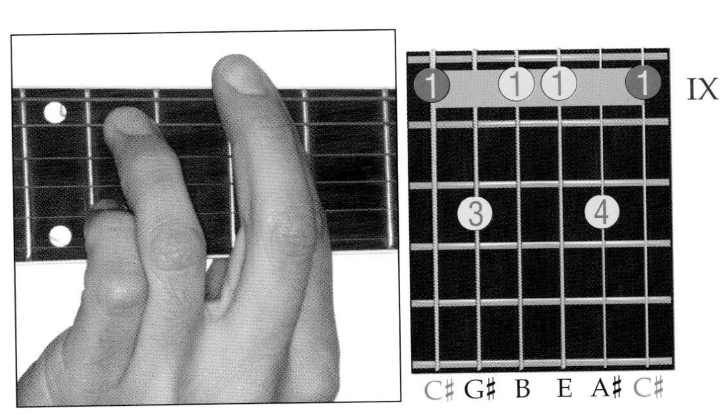
IX
C♯ G♯ B E A♯ C♯

C♯m7♭5

C♯°7

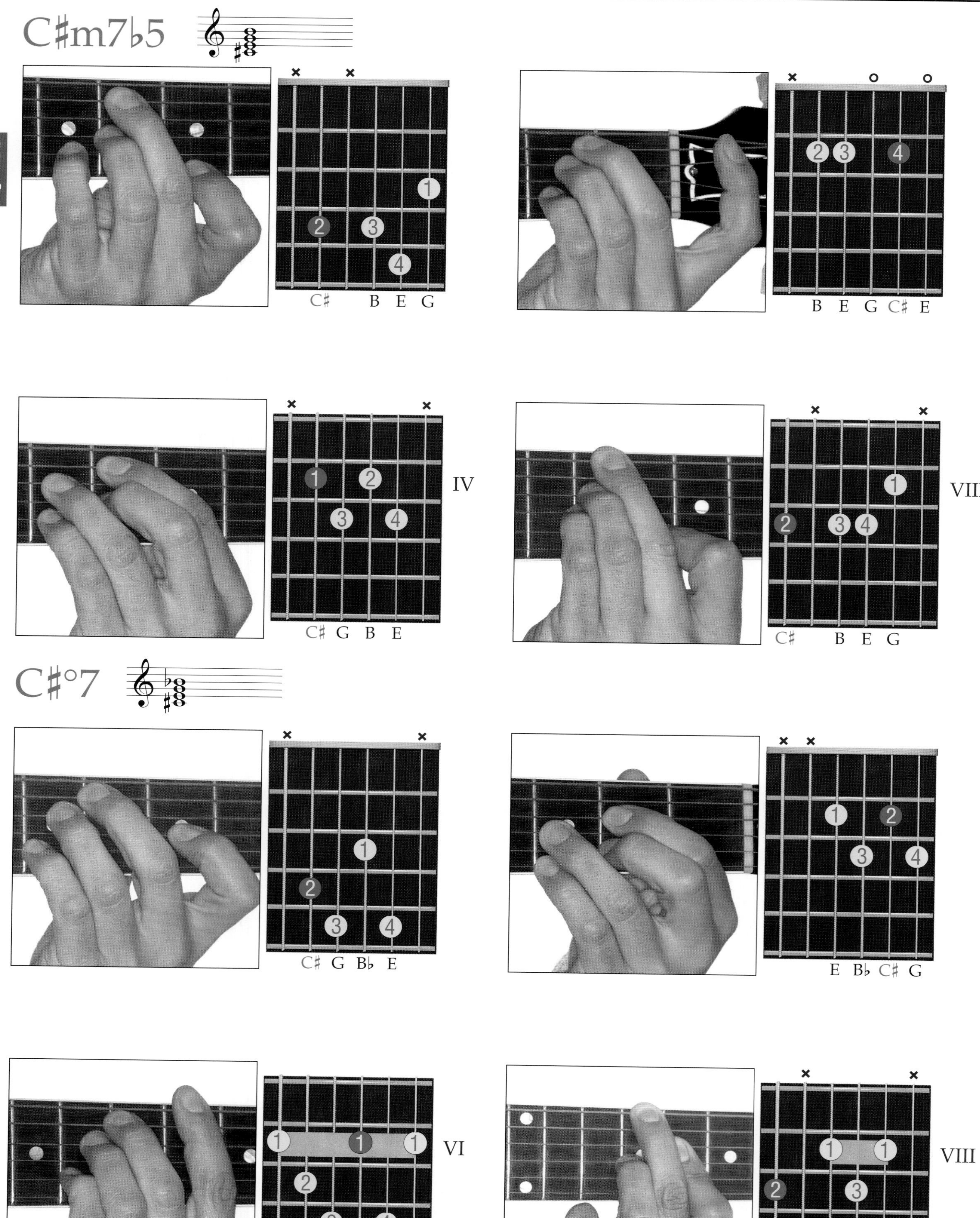
C♯ B E G
B E G C♯ E
IV
C♯ G B E
VIII
C♯ B E G
C♯ G B♭ E
E B♭ C♯ G
VI
B♭ E B♭ C♯ G B♭
VIII
C♯ B♭ E G

C♯7

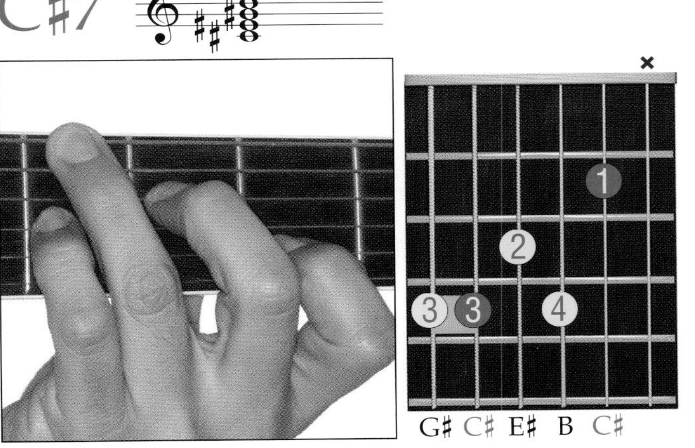
G♯ C♯ E♯ B C♯

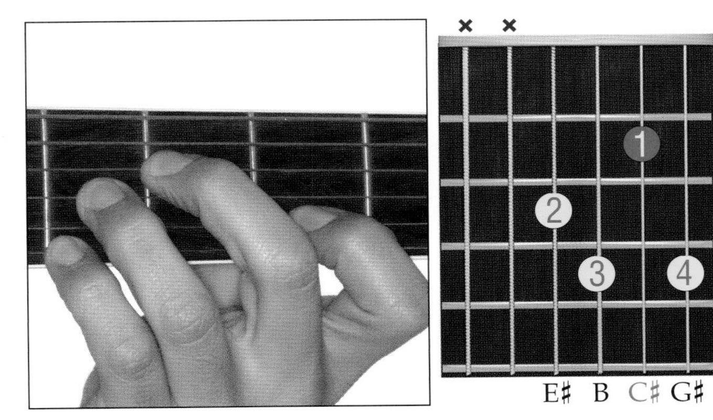
E♯ B C♯ G♯

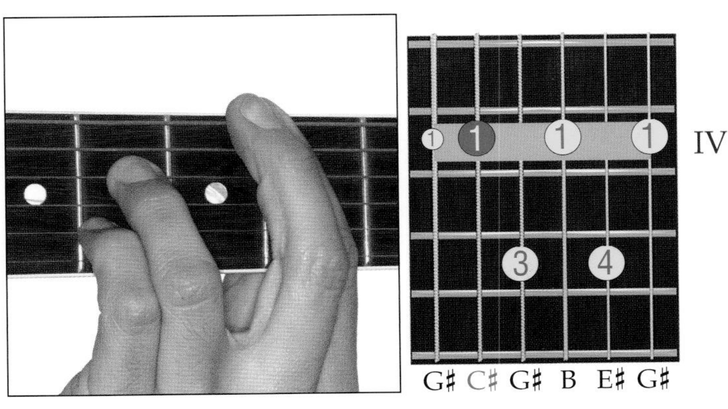
IV
G♯ C♯ G♯ B E♯ G♯

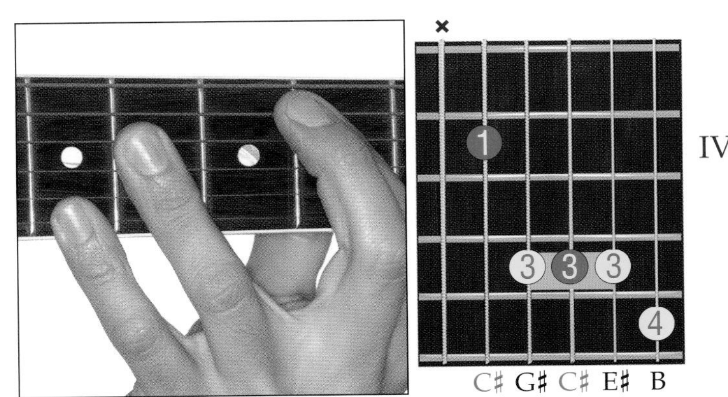
IV
C♯ G♯ C♯ E♯ B

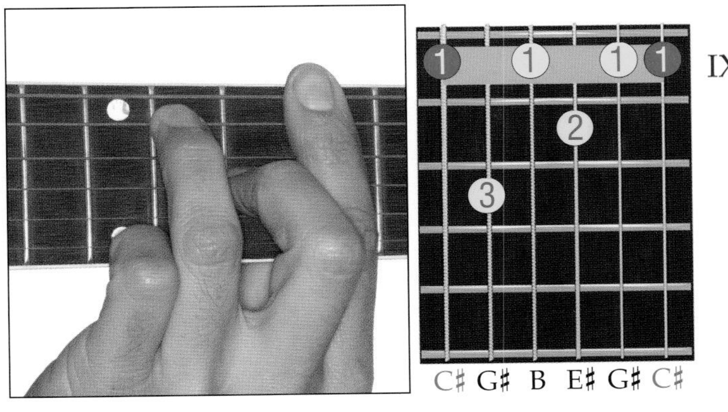
IX
C♯ G♯ B E♯ G♯ C♯

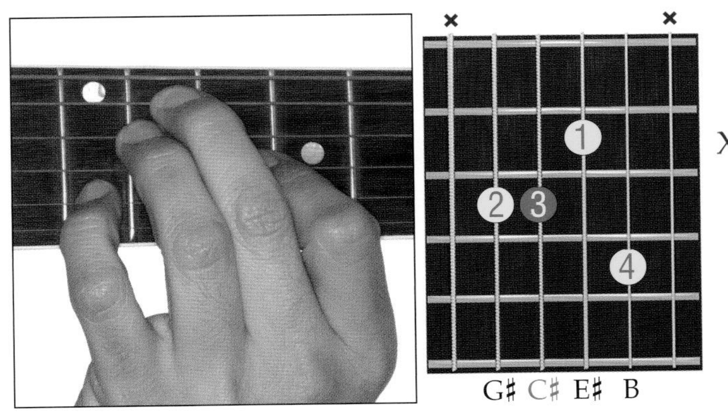
X
G♯ C♯ E♯ B

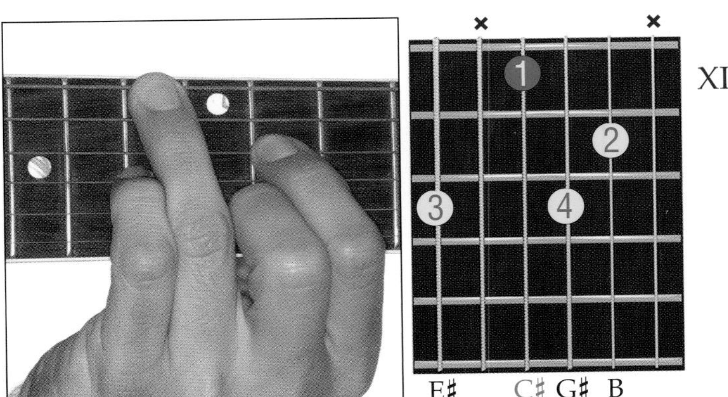
XI
E♯ C♯ G♯ B

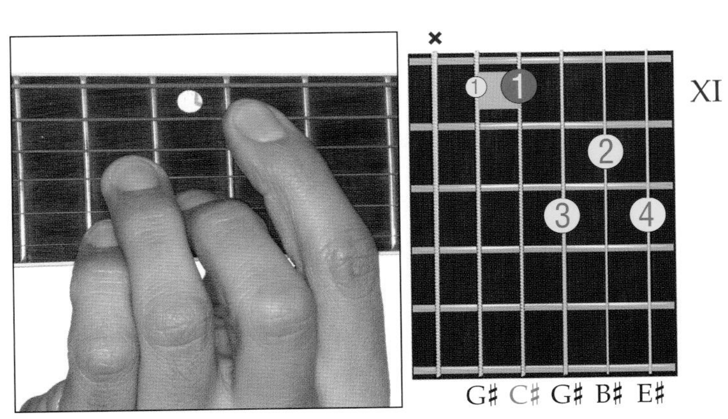
XI
G♯ C♯ G♯ B♯ E♯

C♯7sus4

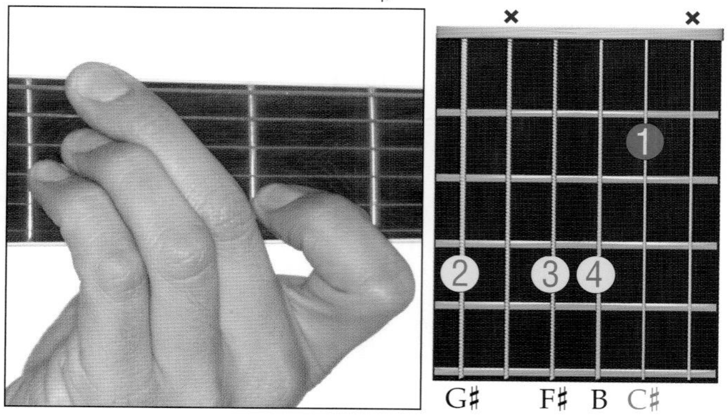

G♯ F♯ B C♯

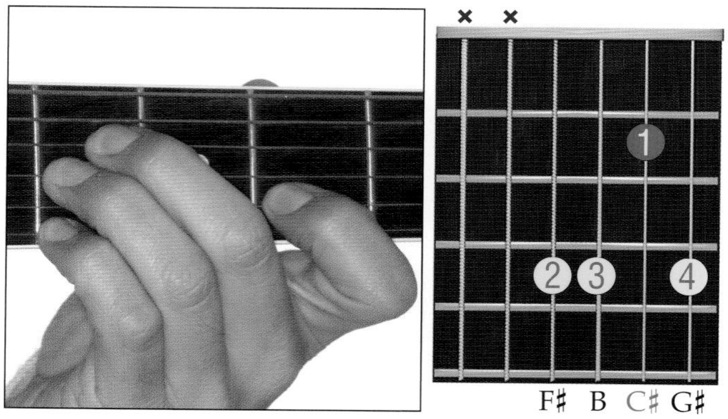

F♯ B C♯ G♯

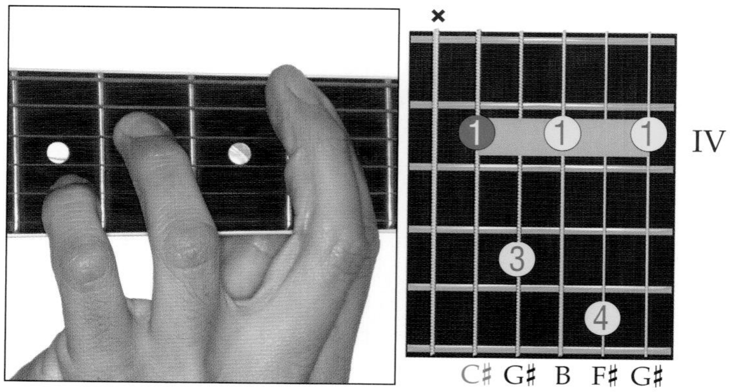

IV

C♯ G♯ B F♯ G♯

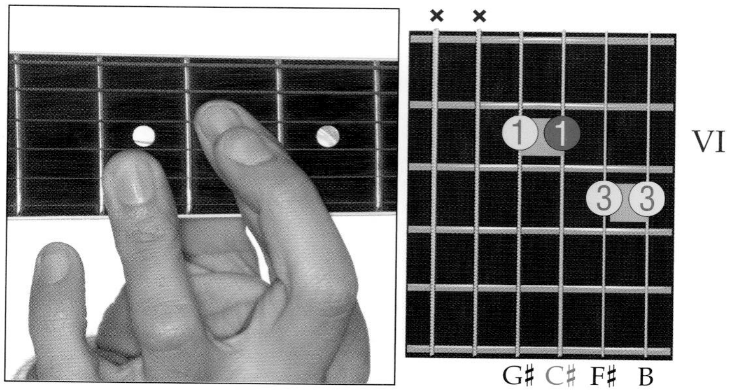

VI

G♯ C♯ F♯ B

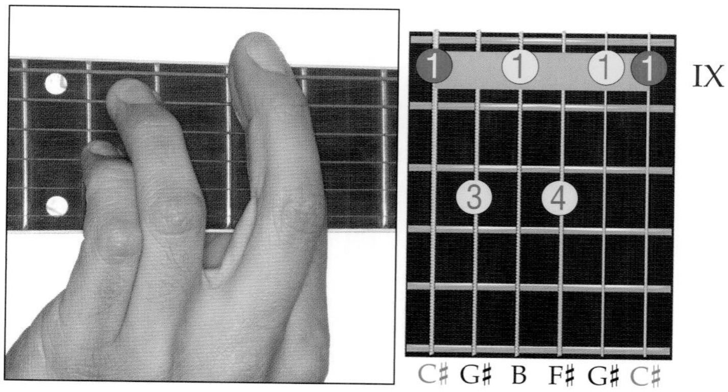

IX

C♯ G♯ B F♯ G♯ C♯

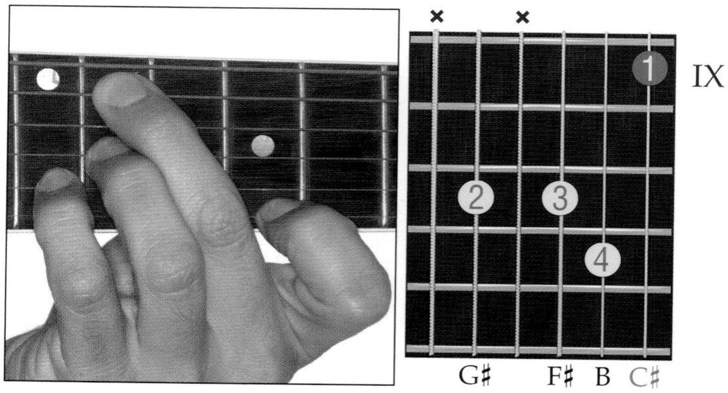

IX

G♯ F♯ B C♯

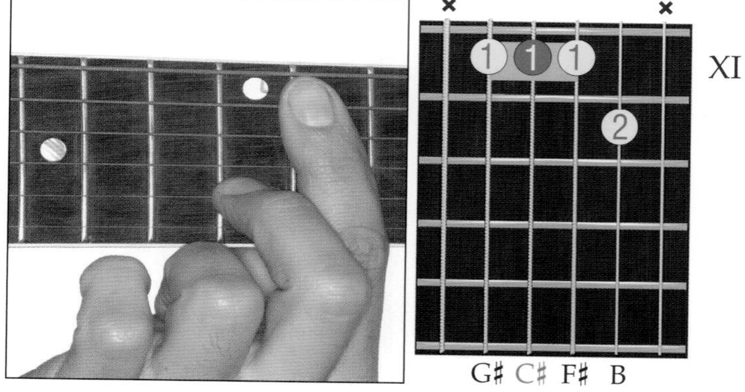

XI

G♯ C♯ F♯ B

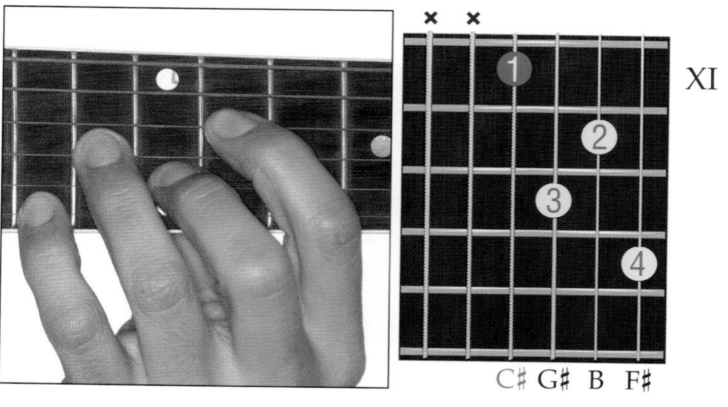

XI

C♯ G♯ B F♯

C♯7♭5

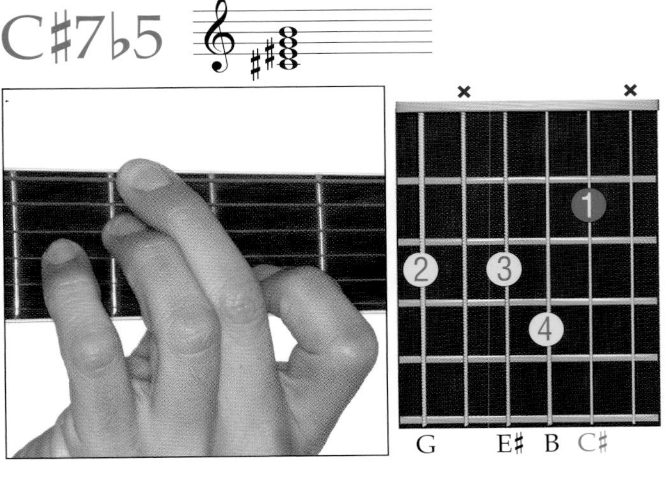
G E♯ B C♯

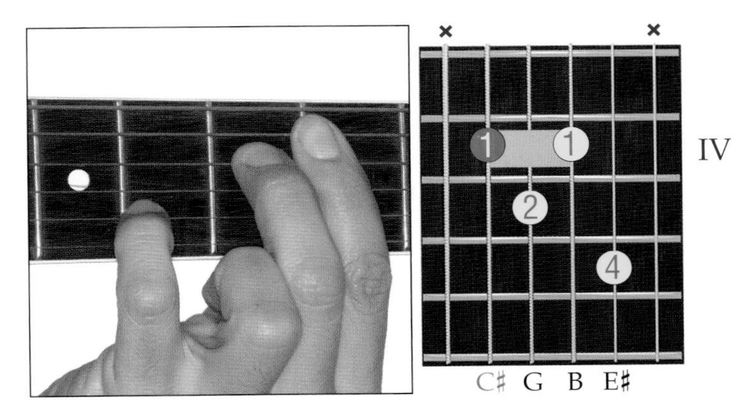
IV
C♯ G B E♯

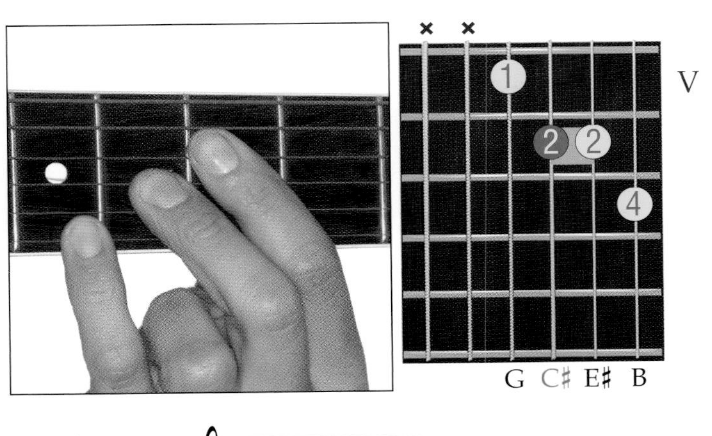
V
G C♯ E♯ B

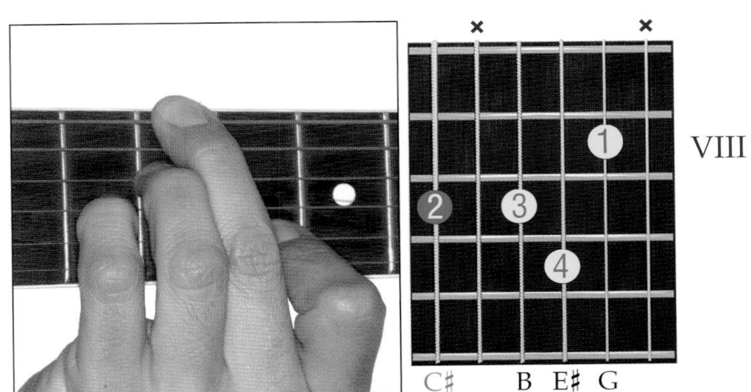
VIII
C♯ B E♯ G

C♯7+

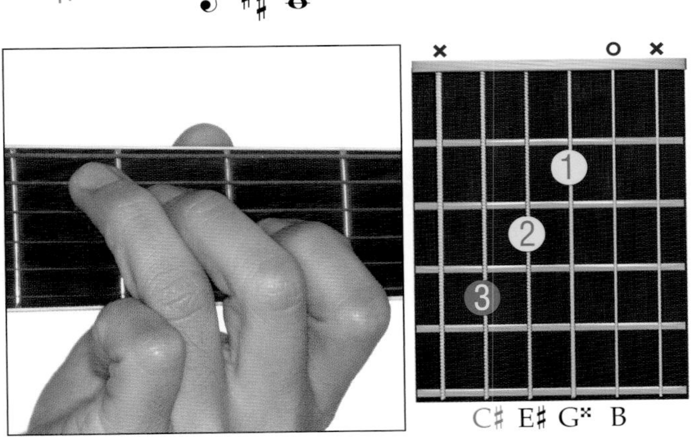
C♯ E♯ G𝄪 B

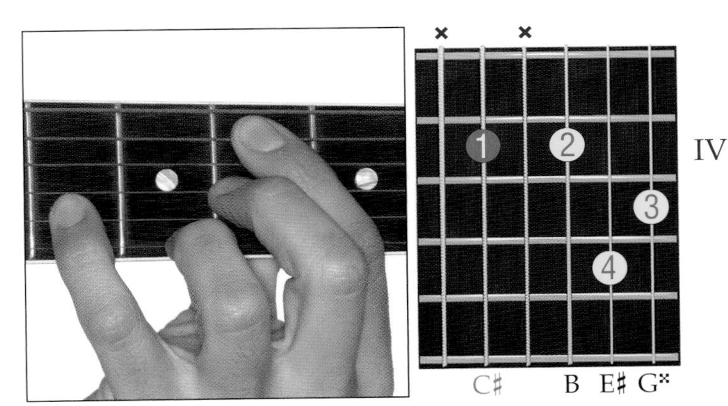
IV
C♯ B E♯ G𝄪

IX
C♯ B E♯ G𝄪

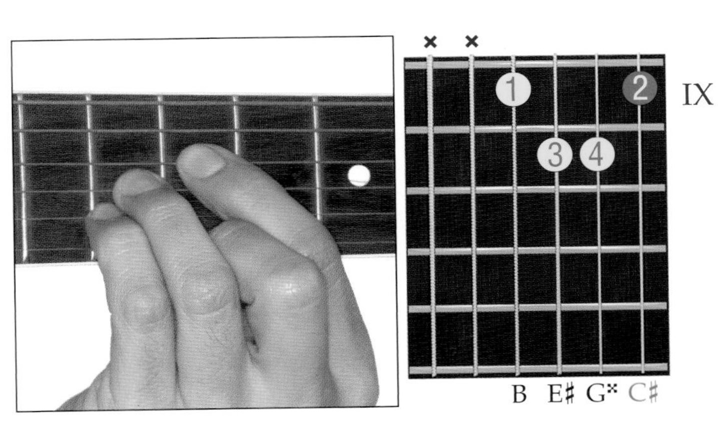
IX
B E♯ G𝄪 C♯

C♯
D♭

C♯9

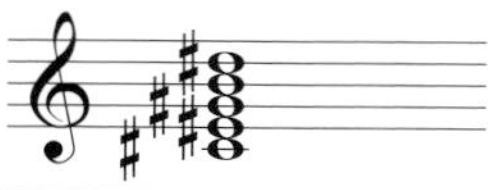

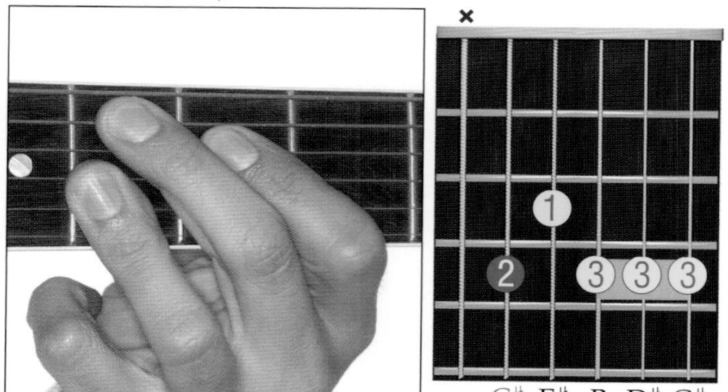

C♯ E♯ B D♯ G♯

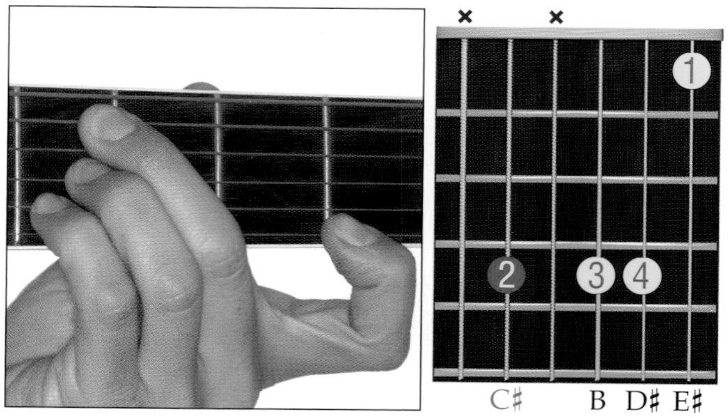

C♯ B D♯ E♯

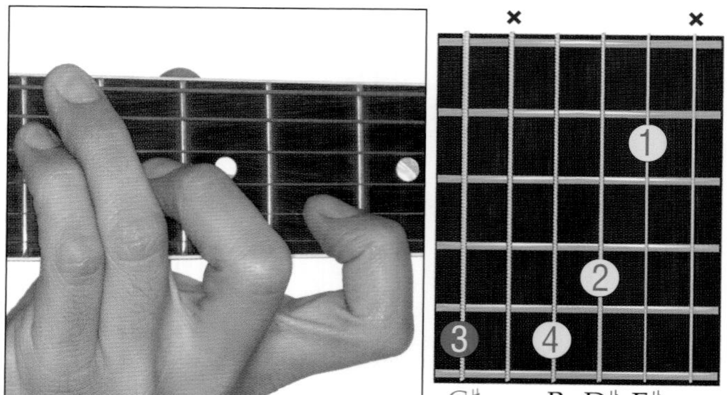

VI

C♯ B D♯ E♯

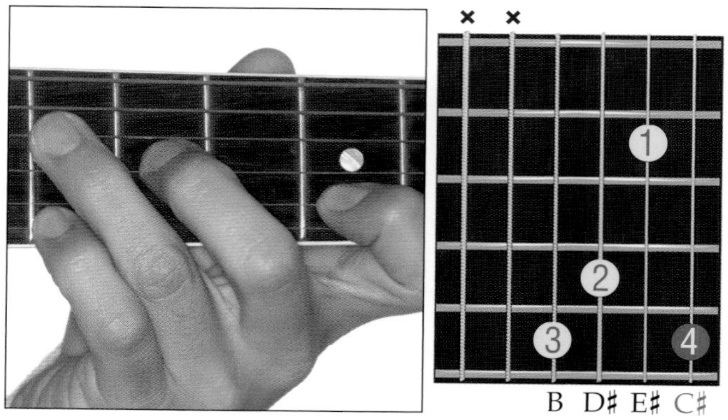

VI

B D♯ E♯ C♯

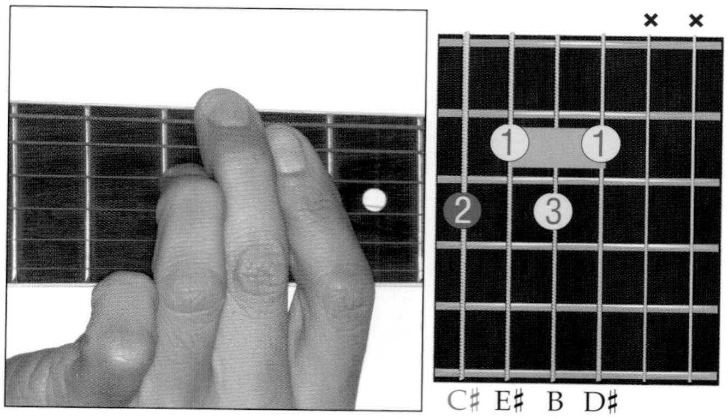

VIII

C♯ E♯ B D♯

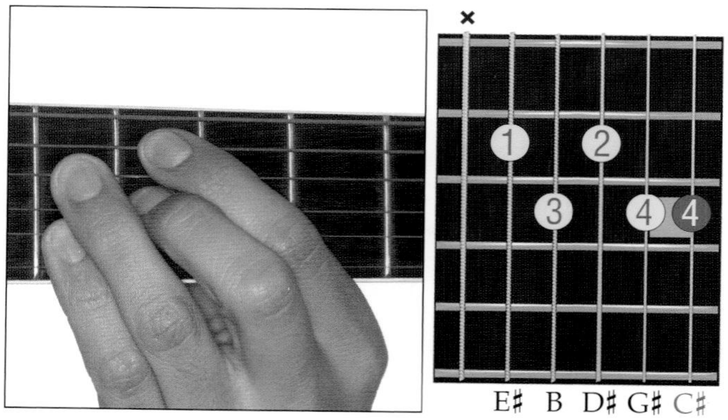

VIII

E♯ B D♯ G♯ C♯

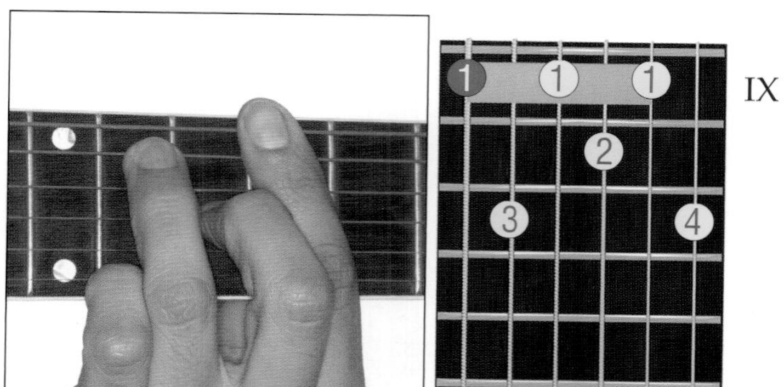

IX

C♯ G♯ B E♯ G♯ D♯

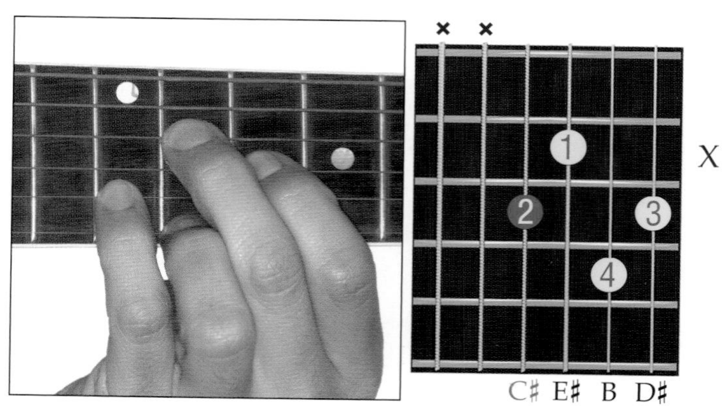

X

C♯ E♯ B D♯

C♯9sus4

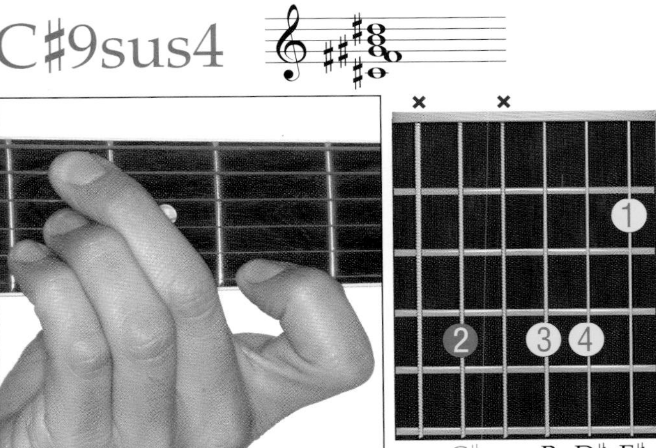
× ×
1
2 3 4
C♯ B D♯ F♯

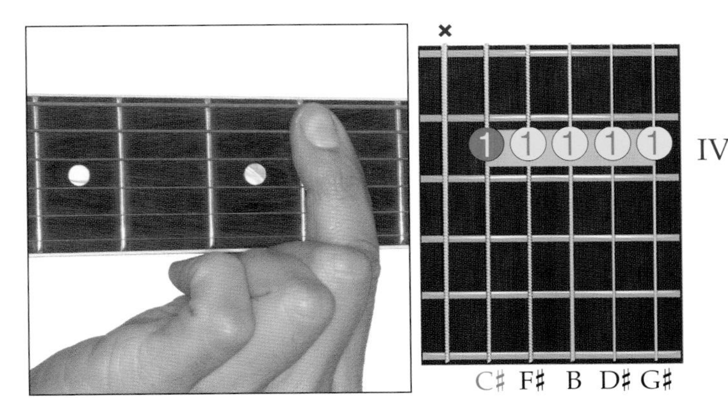
×
1 1 1 1 1
IV
C♯ F♯ B D♯ G♯

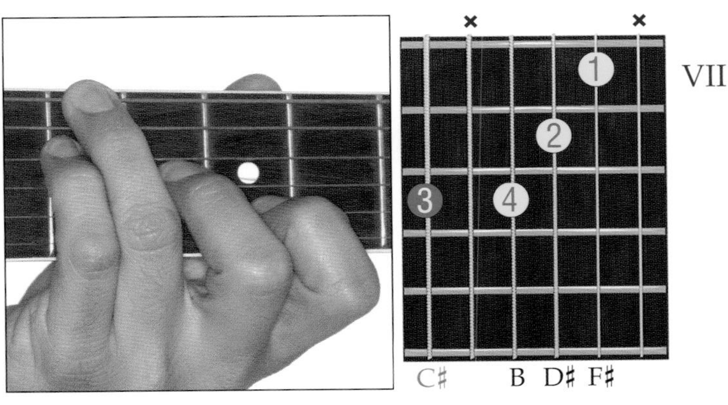
× ×
VII
1
2
3 4
C♯ B D♯ F♯

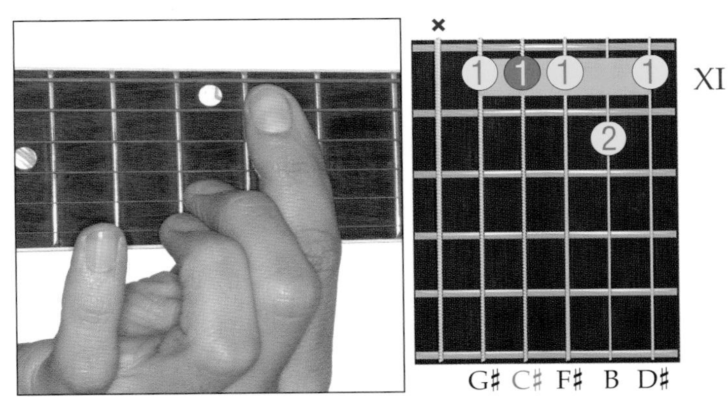
×
XI
1 1 1 1
2
G♯ C♯ F♯ B D♯

C♯
D♭

C♯9♭5

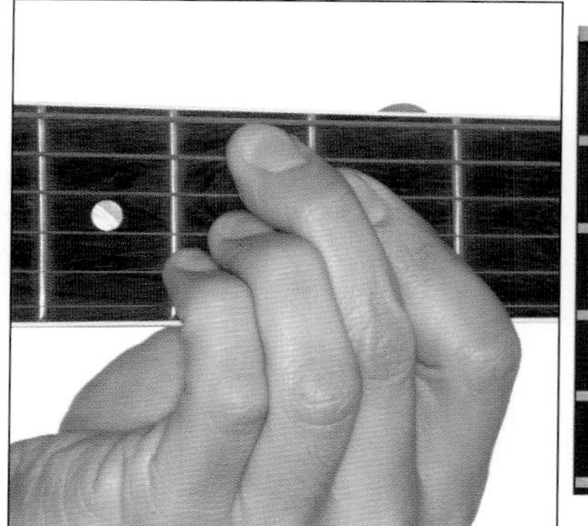

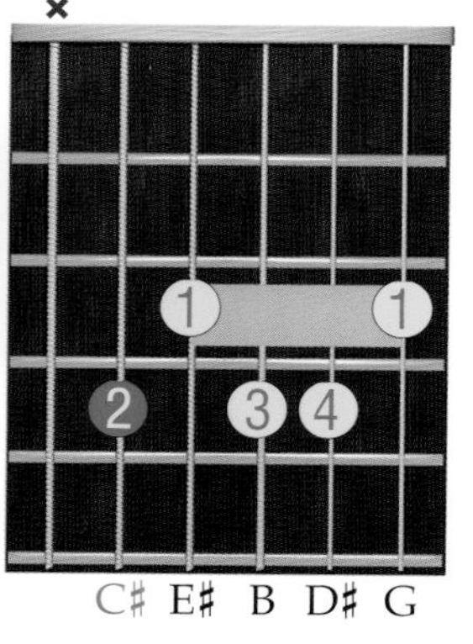
C♯ E♯ B D♯ G

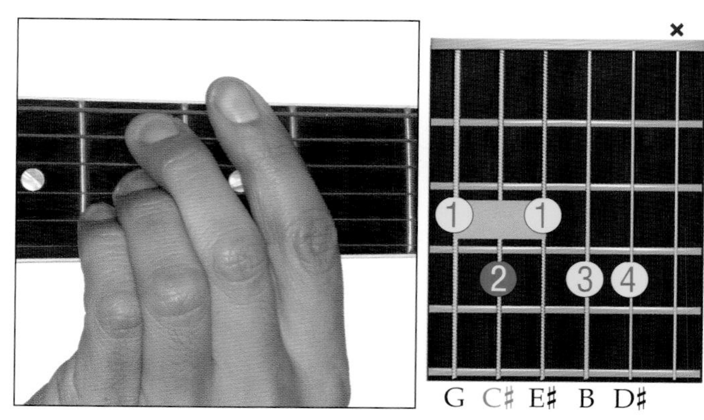
G C♯ E♯ B D♯

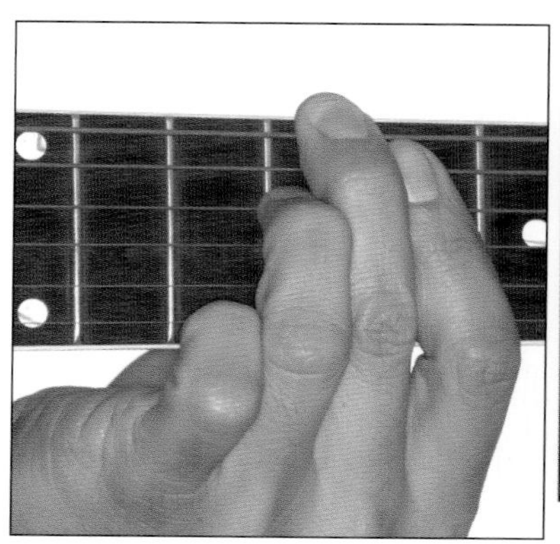

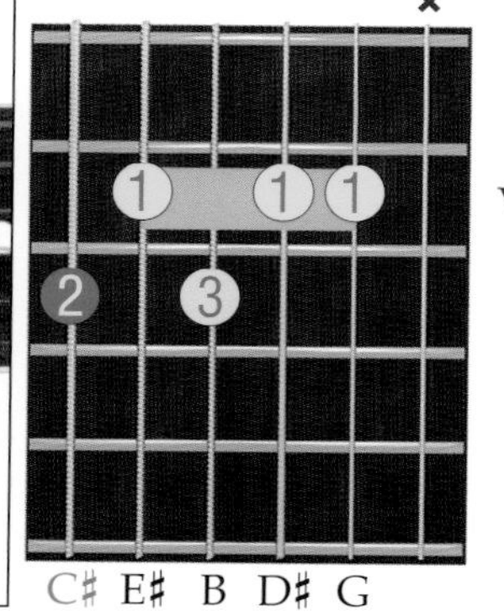
VIII
C♯ E♯ B D♯ G

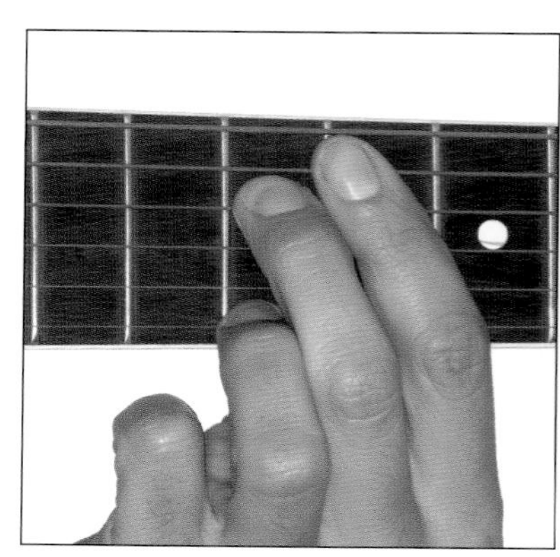

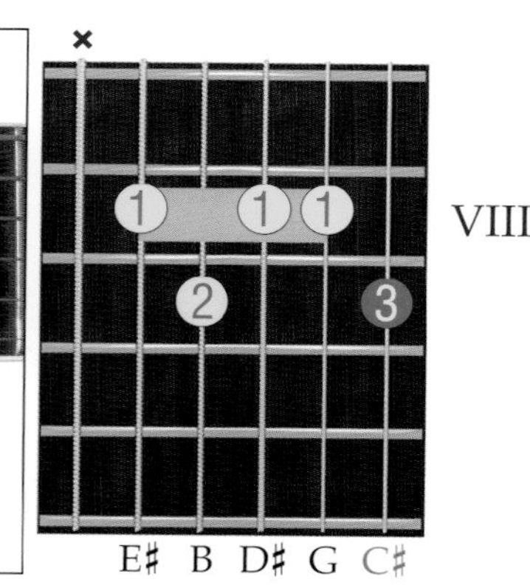
VIII
E♯ B D♯ G C♯

C♯9+

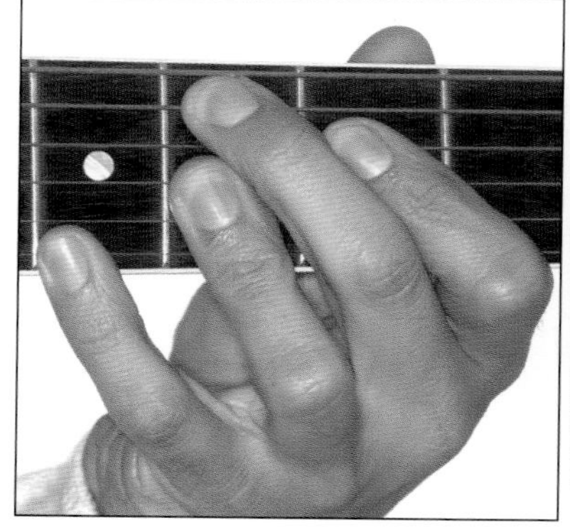

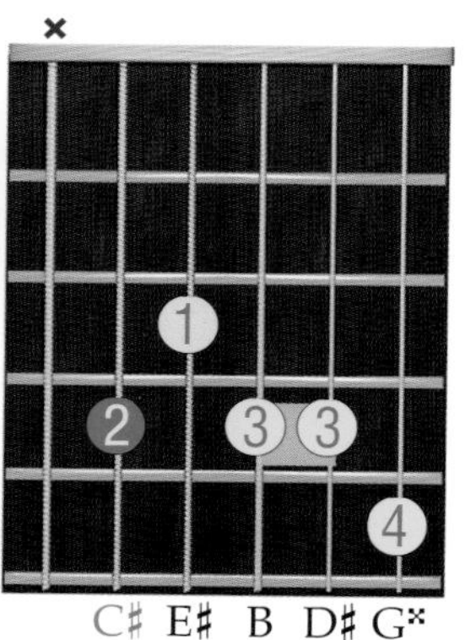
C♯ E♯ B D♯ G𝄪

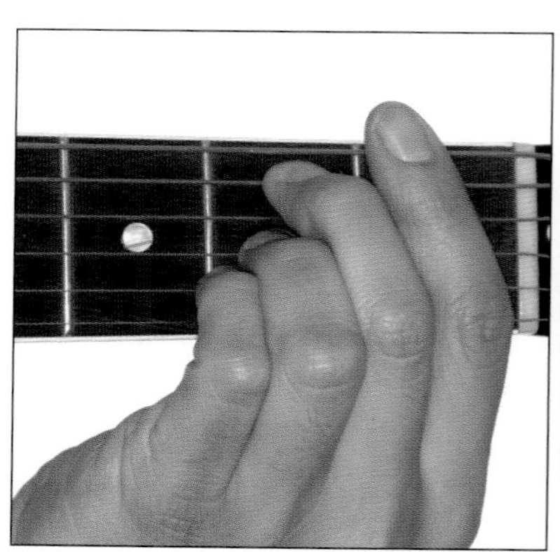

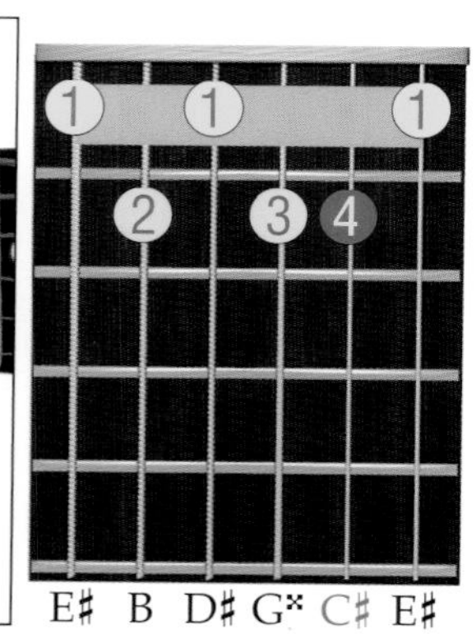
E♯ B D♯ G𝄪 C♯ E♯

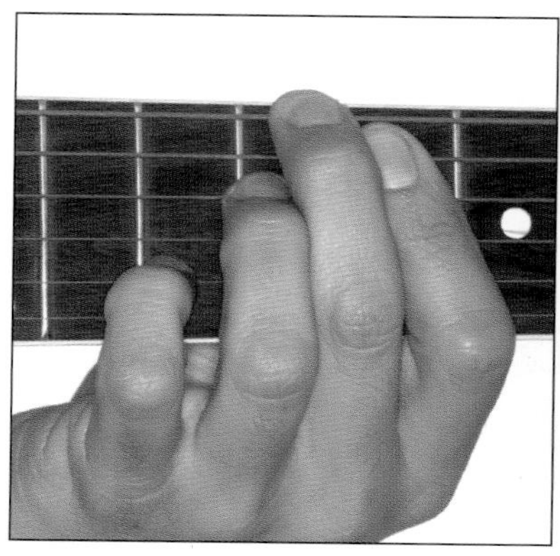

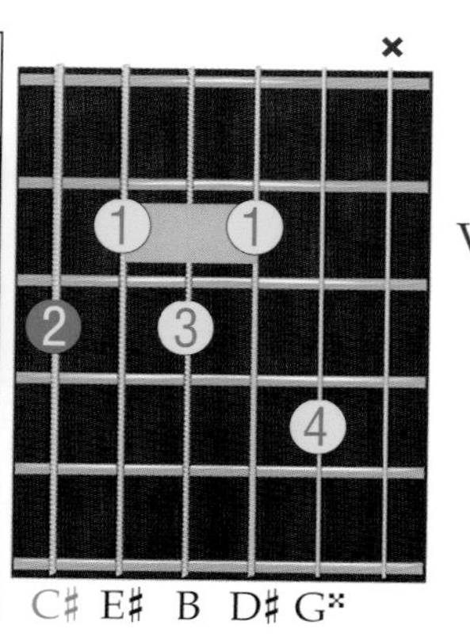
VIII
C♯ E♯ B D♯ G𝄪

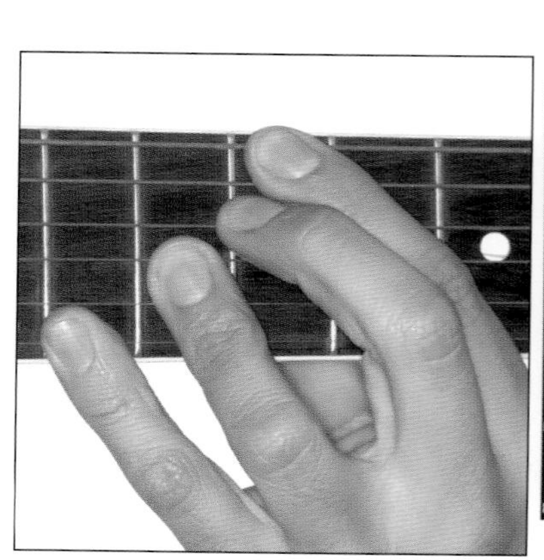

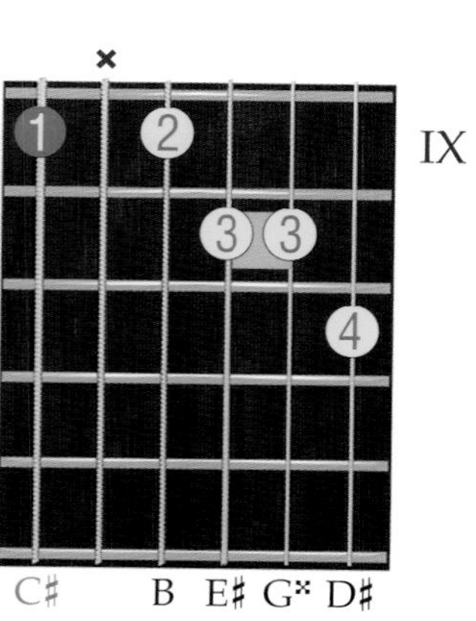
IX
C♯ B E♯ G𝄪 D♯

C♯13

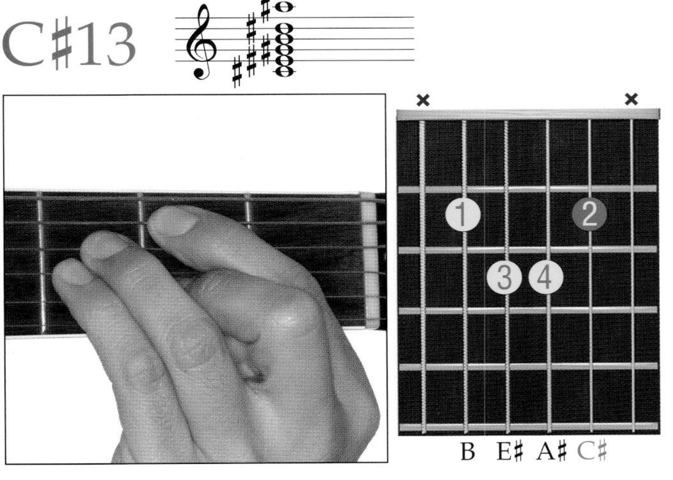

B E♯ A♯ C♯

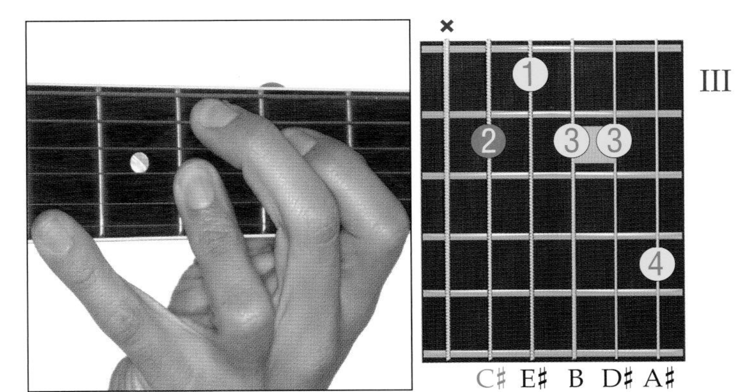

III
C♯ E♯ B D♯ A♯

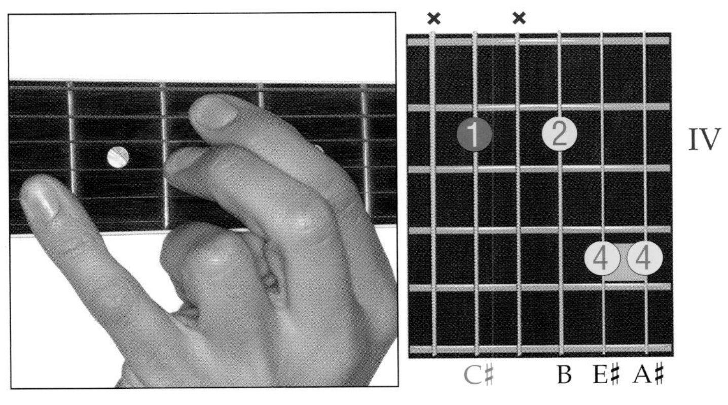

IV
C♯ B E♯ A♯

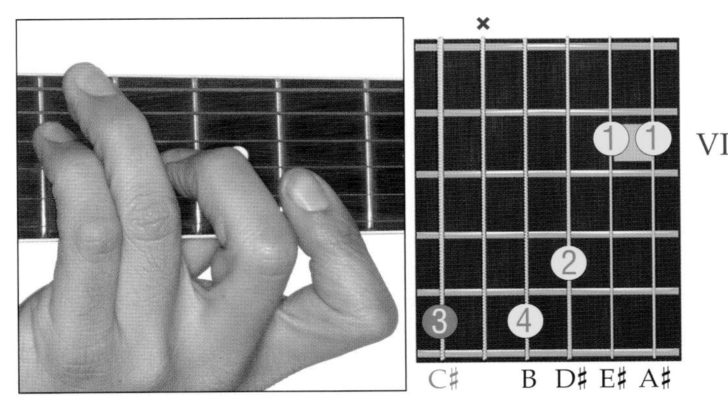

VI
C♯ B D♯ E♯ A♯

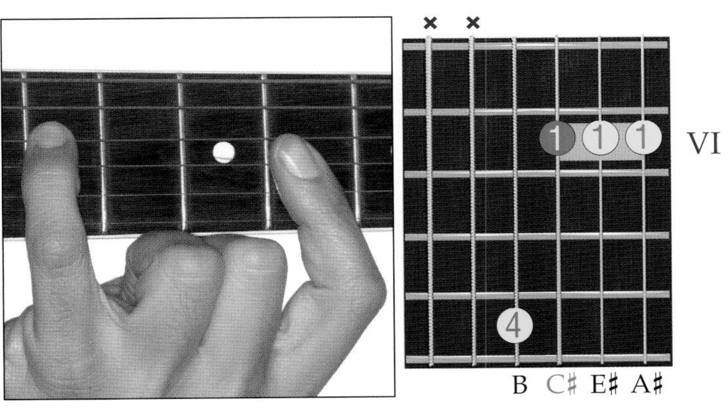

VI
B C♯ E♯ A♯

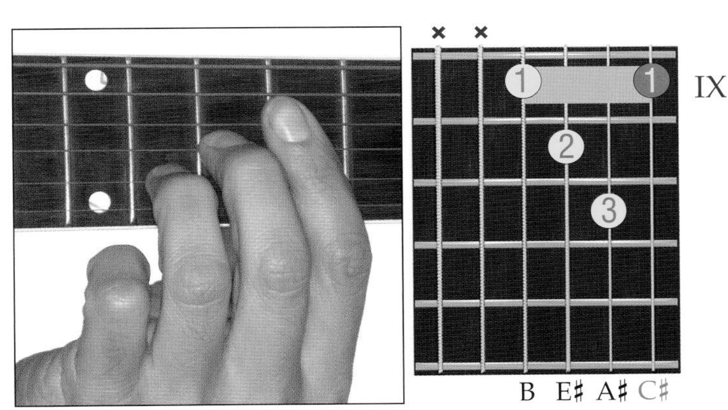

IX
B E♯ A♯ C♯

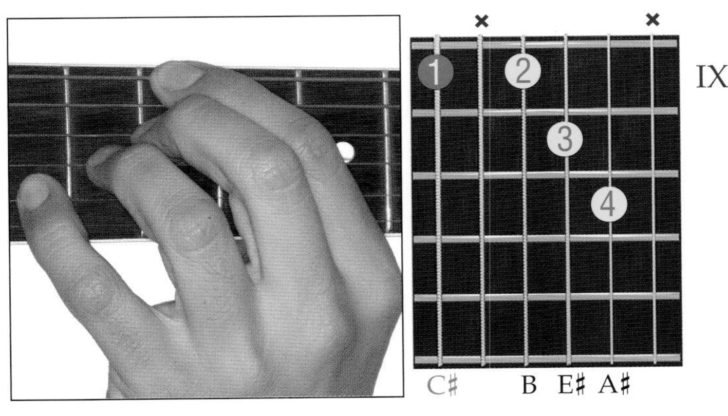

IX
C♯ B E♯ A♯

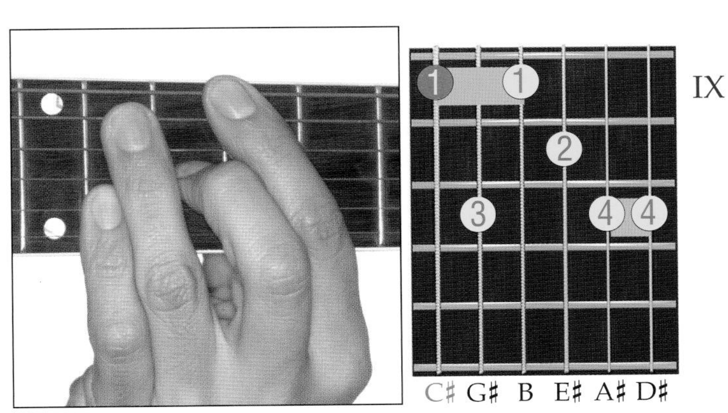

IX
C♯ G♯ B E♯ A♯ D♯

D

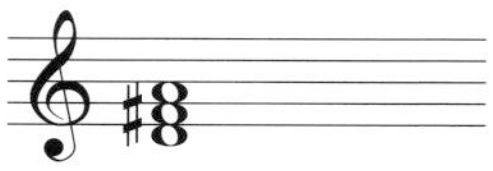

D

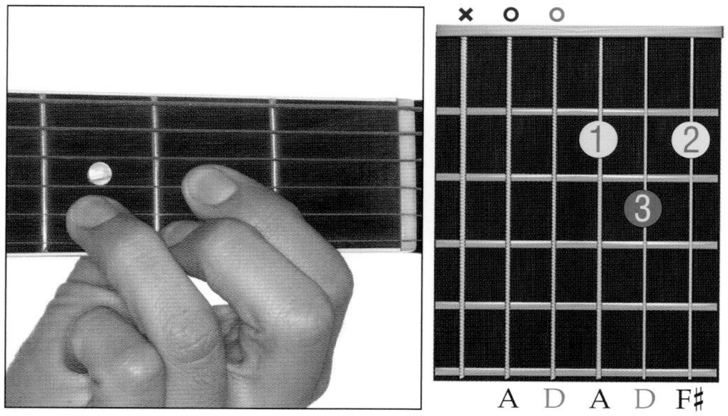

A D A D F♯

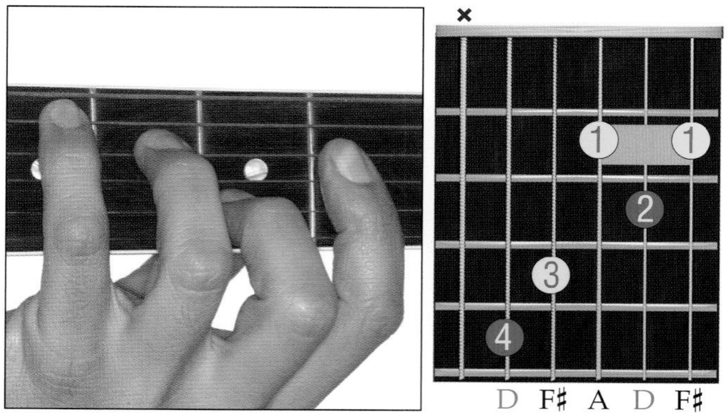

D F♯ A D F♯

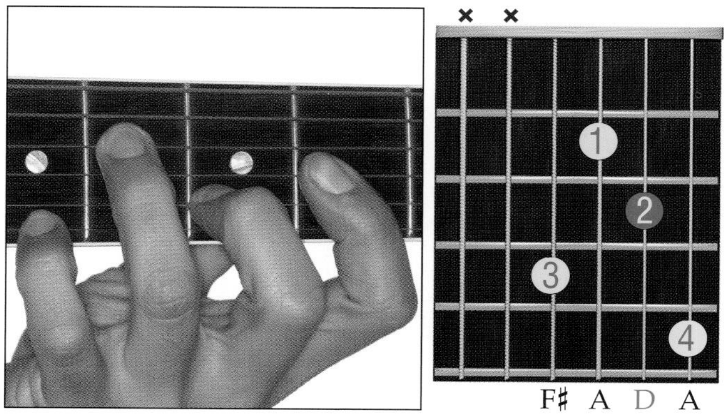

F♯ A D A

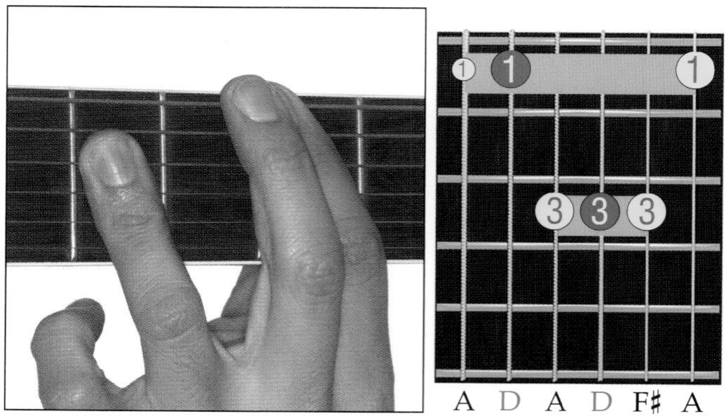

V

A D A D F♯ A

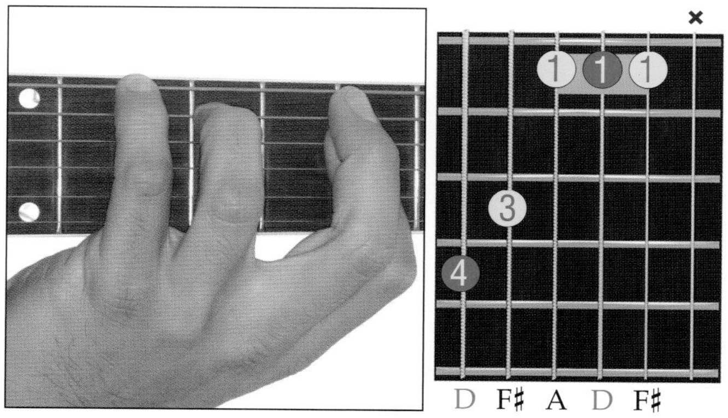

VII

D F♯ A D F♯

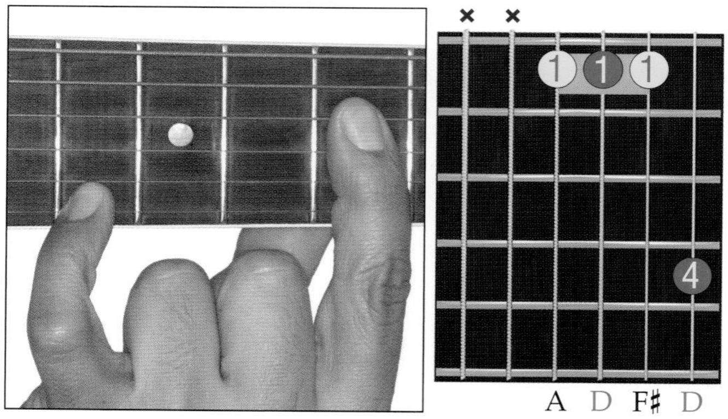

VII

A D F♯ D

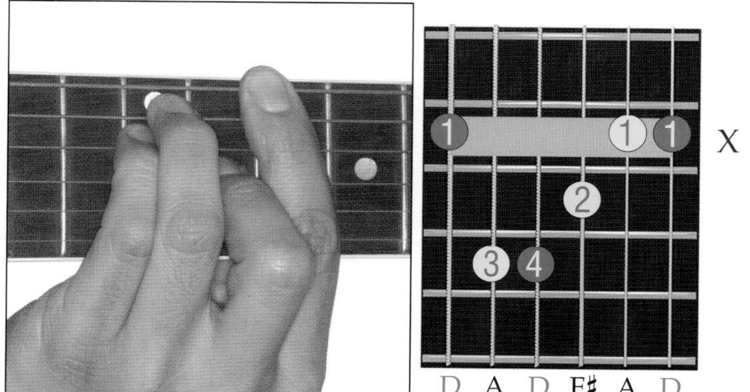
X
D A D F♯ A D

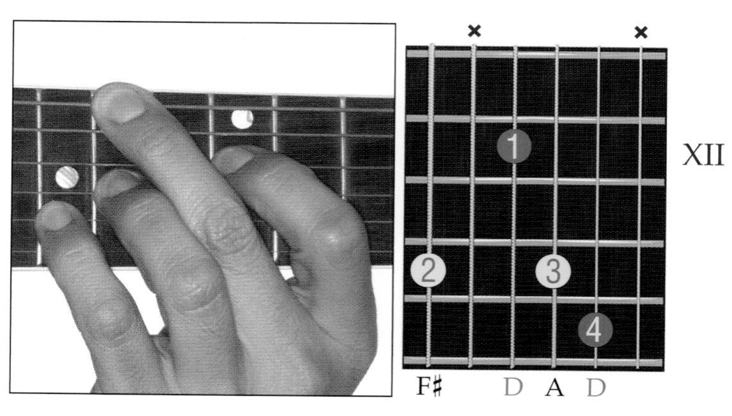
XII
F♯ D A D

Dsus4

D A D G

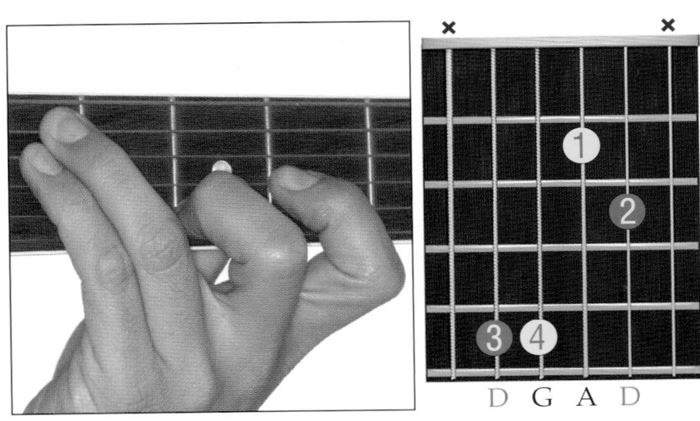

D G A D

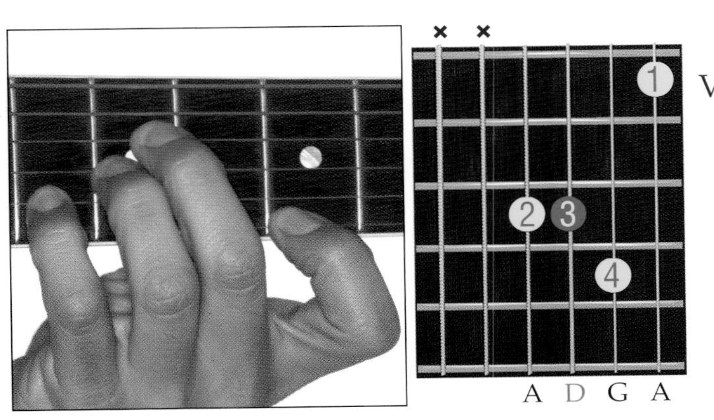

V

A D G A

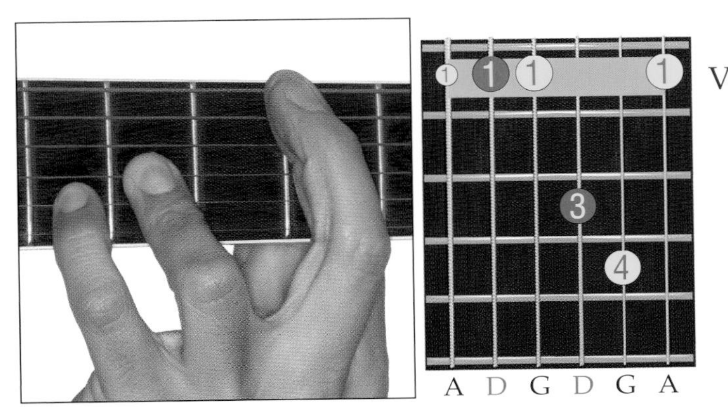

V

A D G D G A

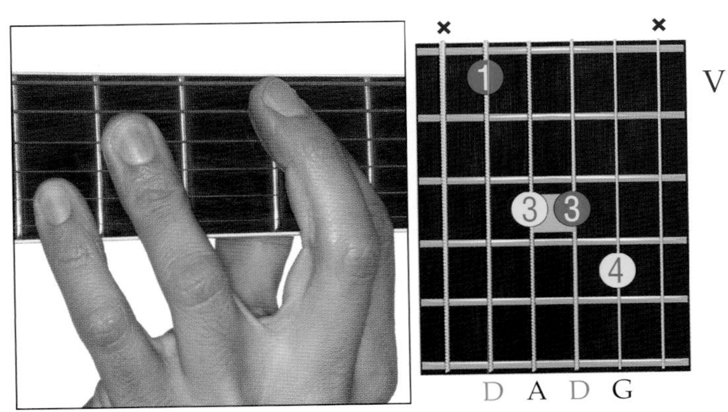

V

D A D G

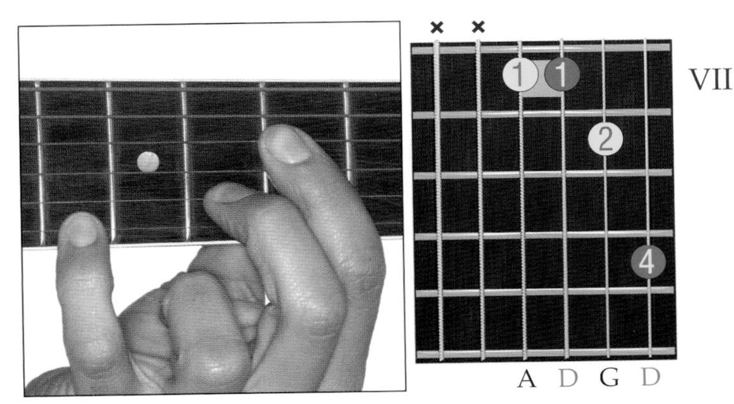

VII

A D G D

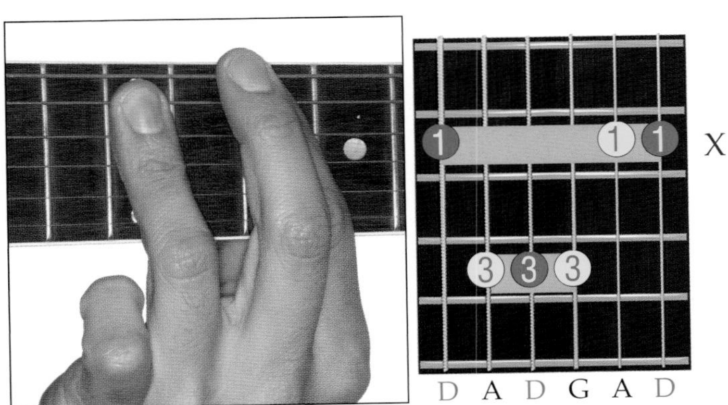

X

D A D G A D

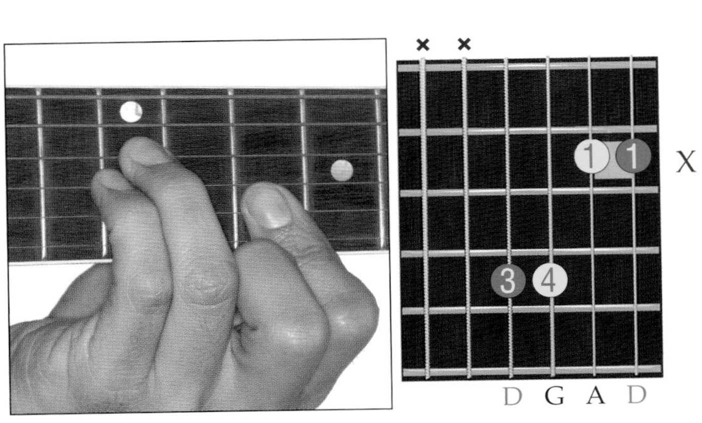

X

D G A D

D6

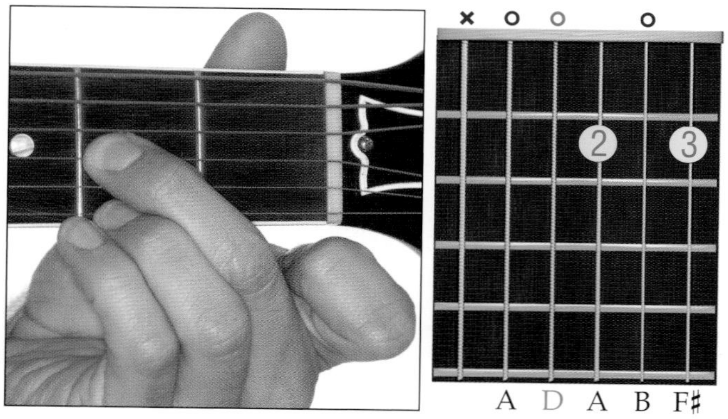

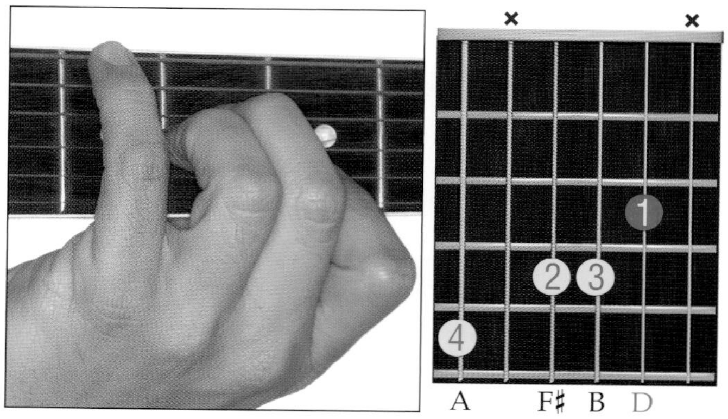

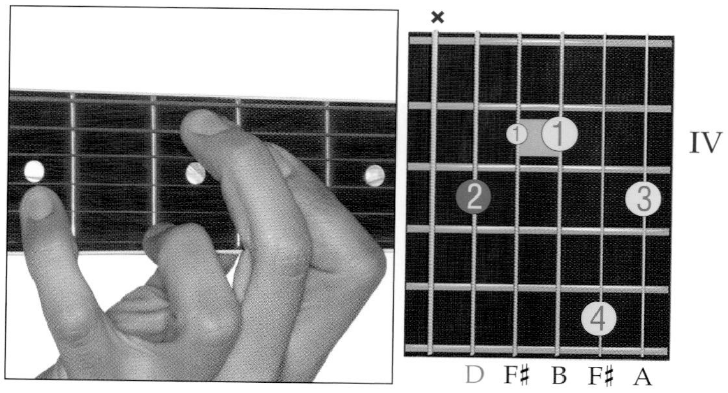

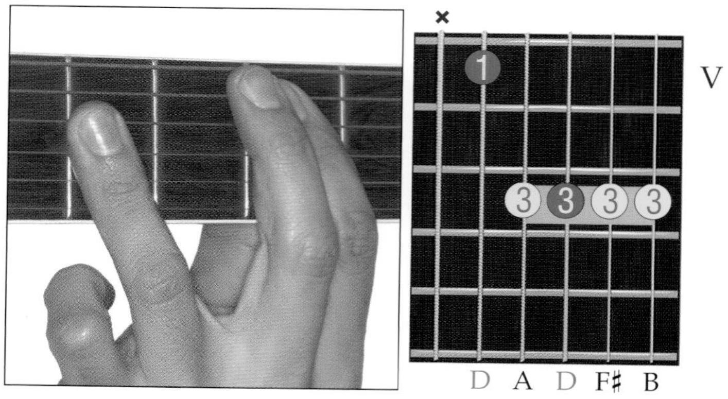

D

A D A B F♯

A F♯ B D

IV

D F♯ B F♯ A

V

D A D F♯ B

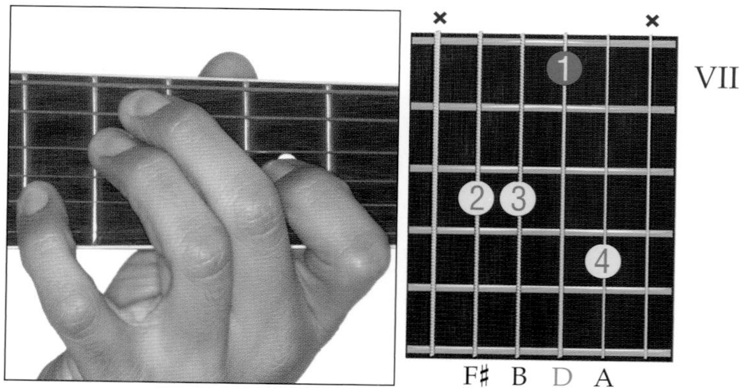

VII

F♯ B D A

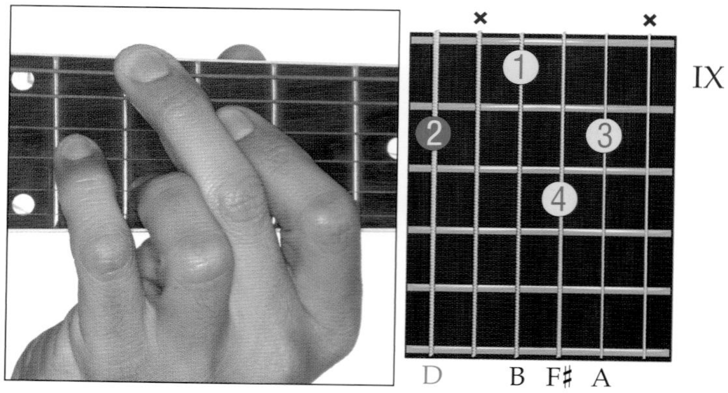

IX

D B F♯ A

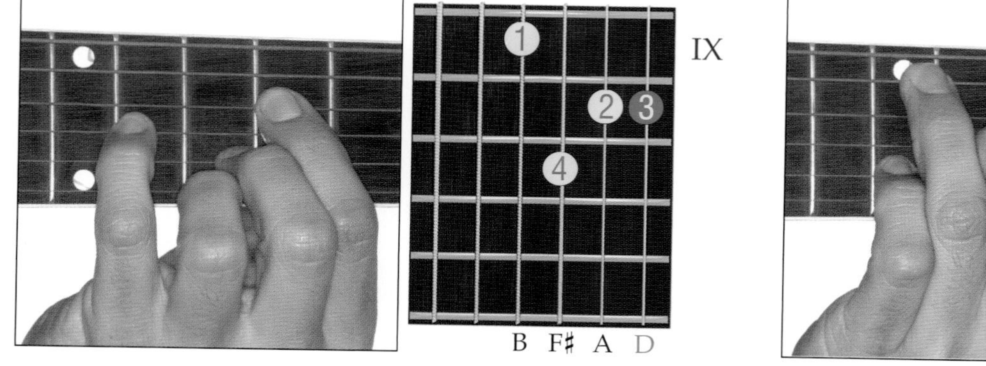
IX
B F♯ A D

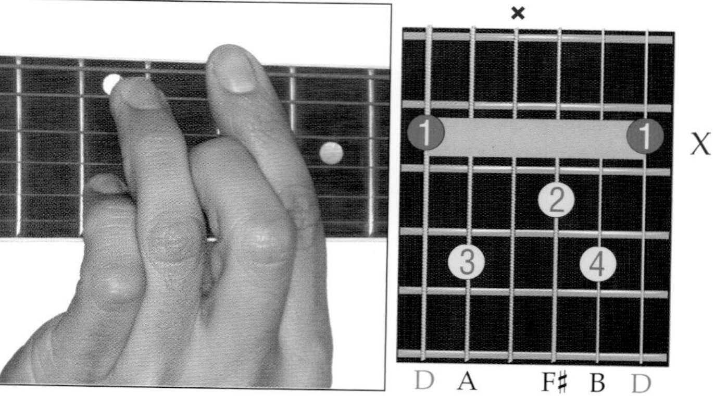
X
D A F♯ B D

D$^{6}_{9}$

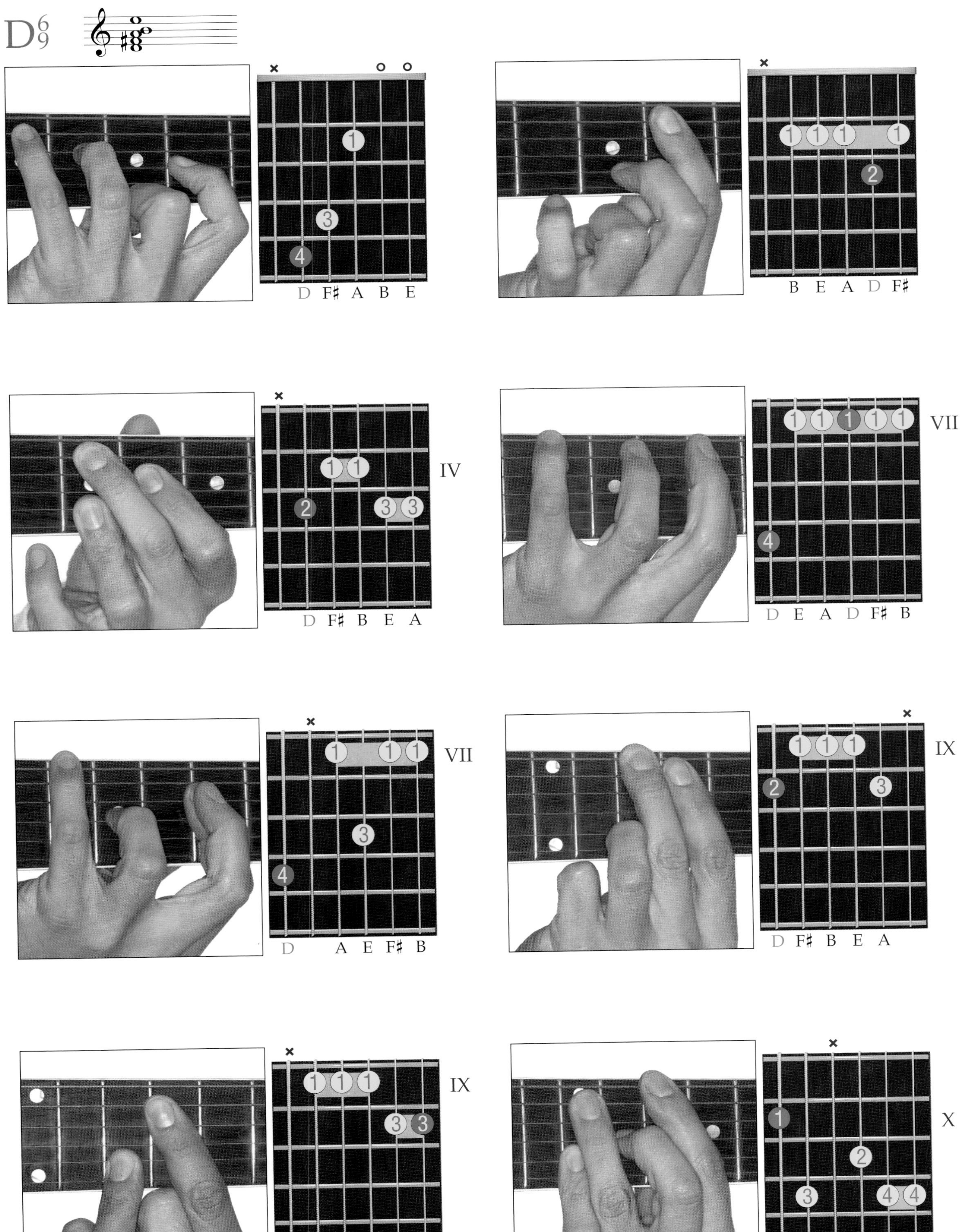
D F♯ A B E
B E A D F♯
IV
D F♯ B E A
VII
D E A D F♯ B
VII
D A E F♯ B
IX
D F♯ B E A
IX
F♯ B E A D
X
D A F♯ B E

D

Dmaj7

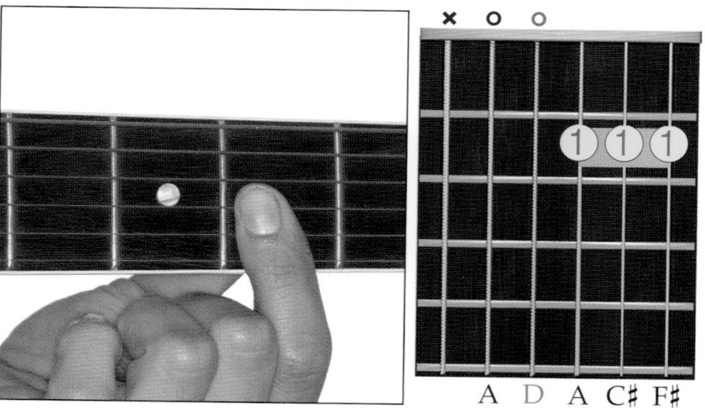
A D A C♯ F♯

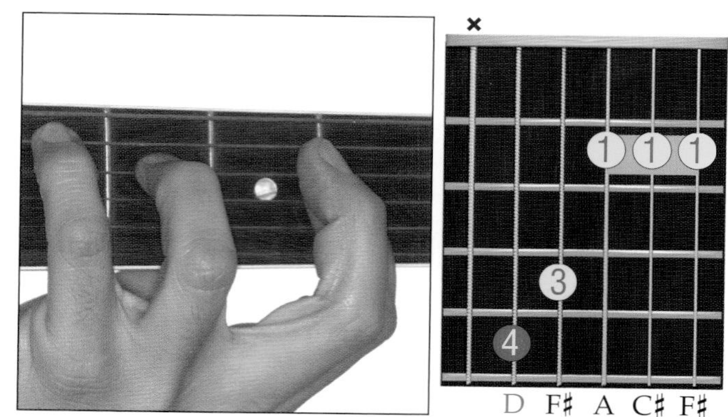
D F♯ A C♯ F♯

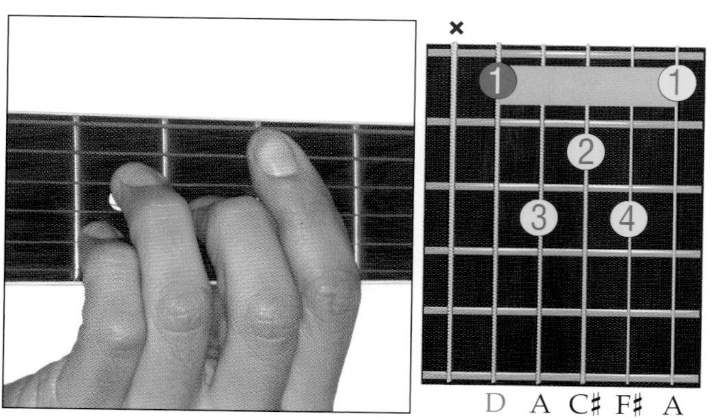
V
D A C♯ F♯ A

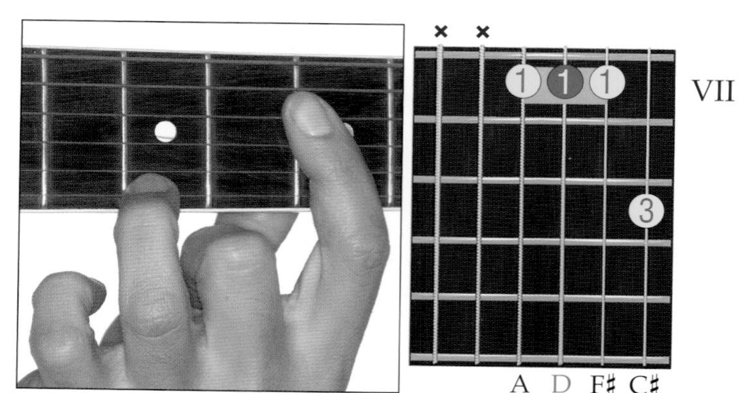
VII
A D F♯ C♯

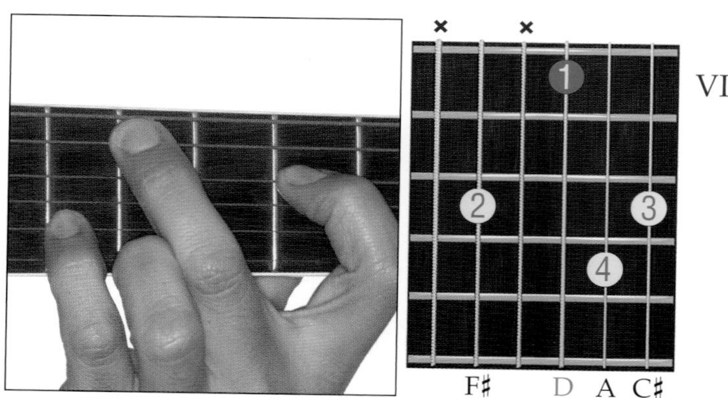
VII
F♯ D A C♯

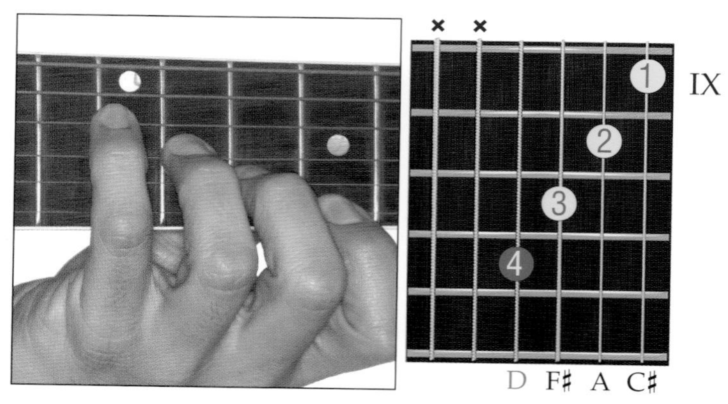
IX
D F♯ A C♯

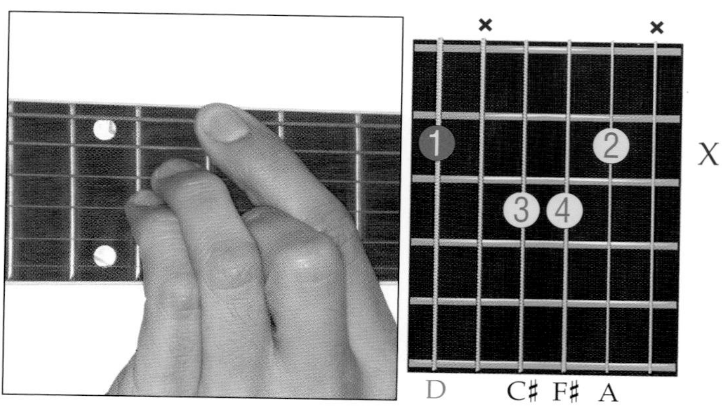
X
D C♯ F♯ A

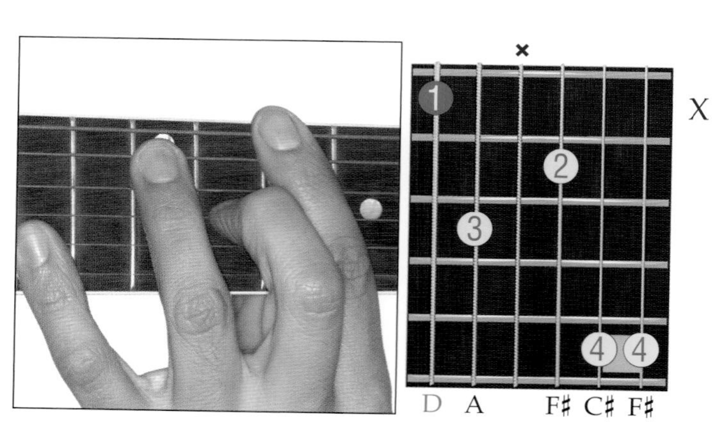
X
D A F♯ C♯ F♯

Dmaj9

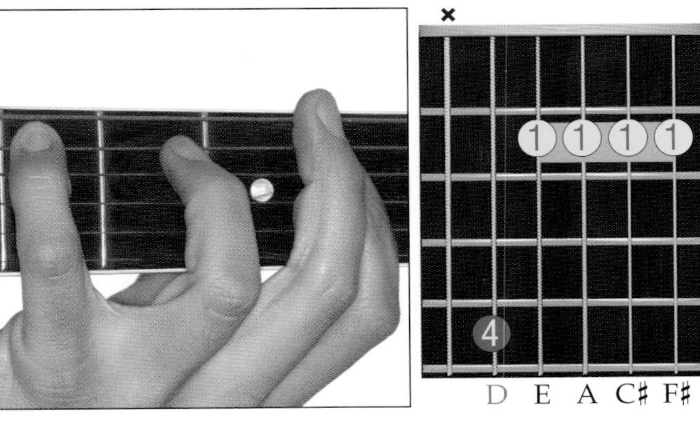
×
1 1 1 1
4
D E A C♯ F♯

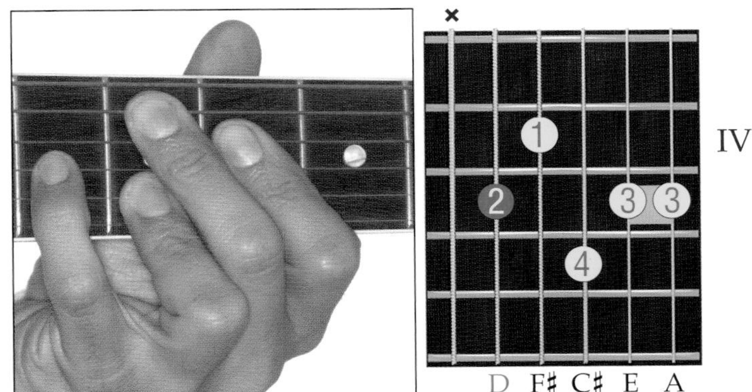
×
IV
1
2 3 3
4
D F♯ C♯ E A

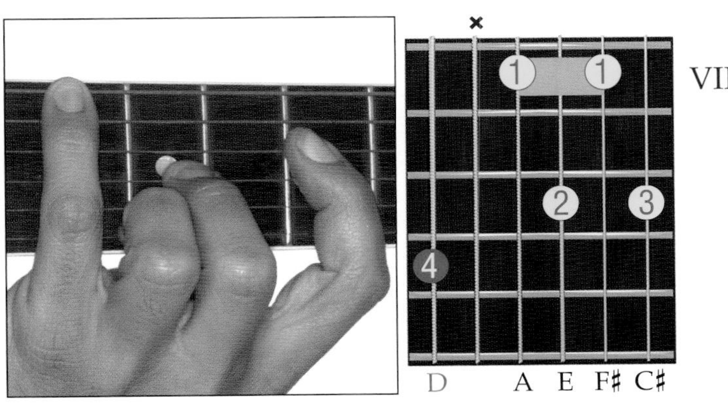
×
VII
1 1
2 3
4
D A E F♯ C♯

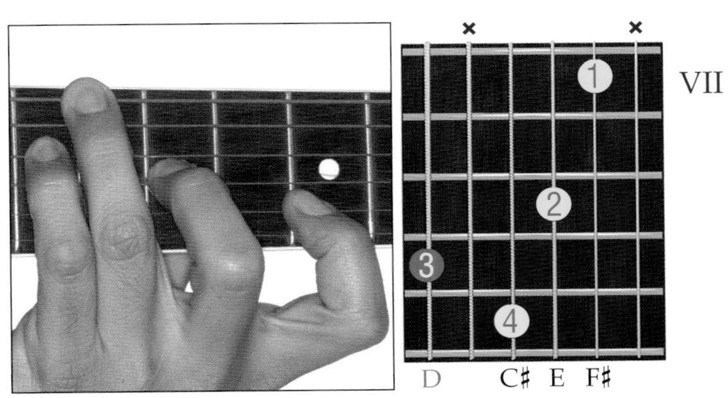
× ×
VII
1
2
3
4
D C♯ E F♯

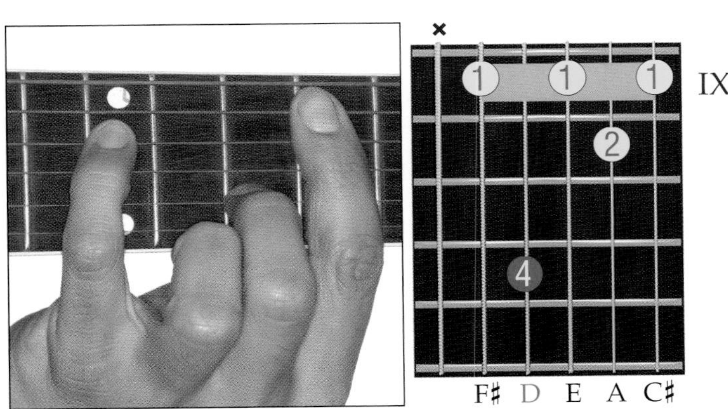
×
IX
1 1 1
2
4
F♯ D E A C♯

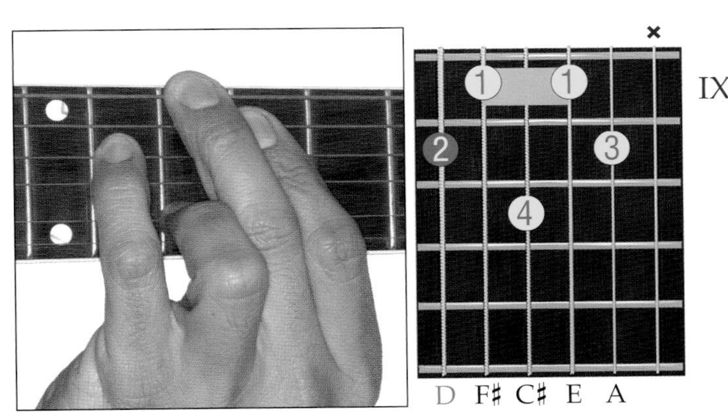
×
IX
1 1
2 3
4
D F♯ C♯ E A

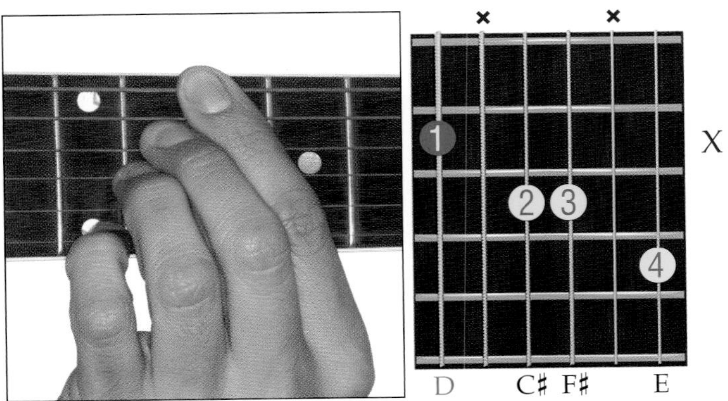
× ×
X
1
2 3
4
D C♯ F♯ E

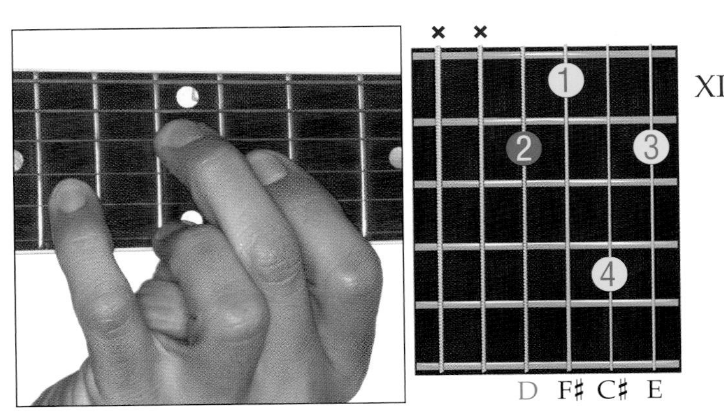
× ×
XI
1
2 3
4
D F♯ C♯ E

D

Dmaj13

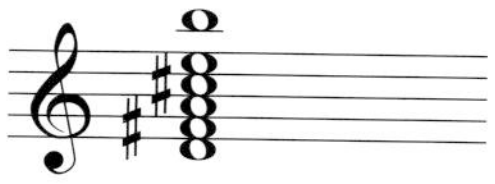

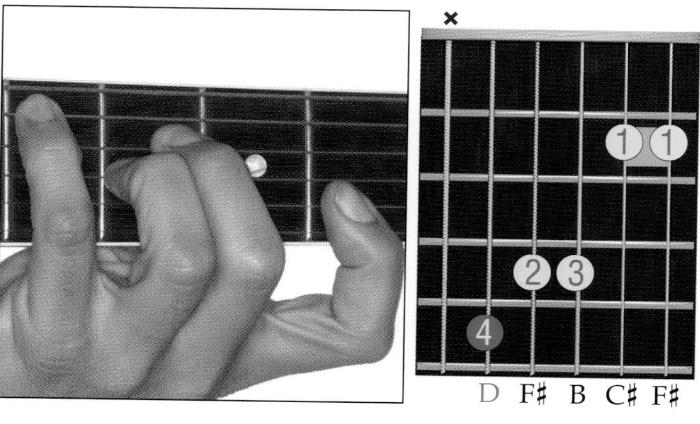
D F♯ B C♯ F♯

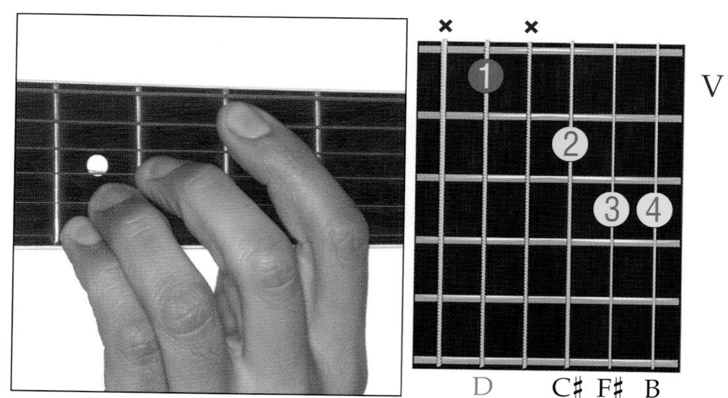
V
D C♯ F♯ B

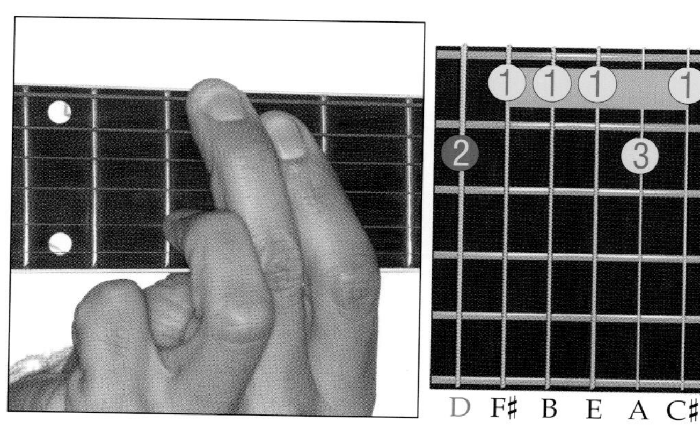
IX
D F♯ B E A C♯

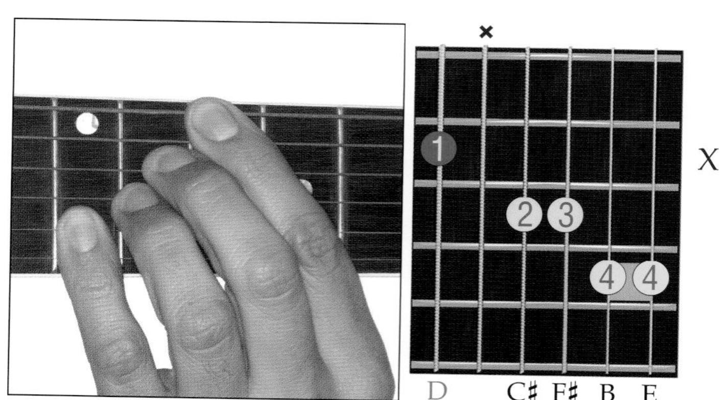
X
D C♯ F♯ B E

Dm

A D A D F

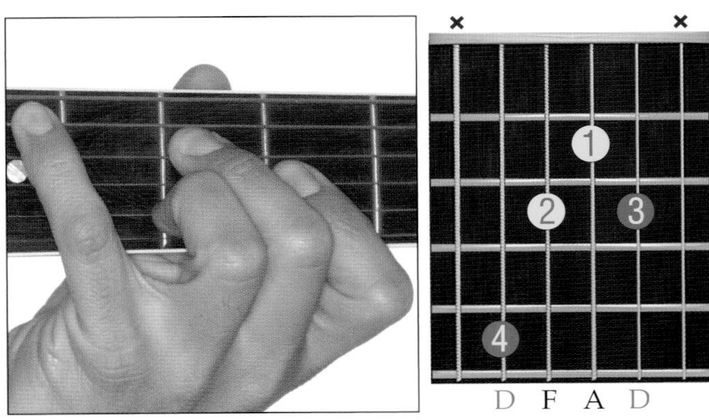

D F A D

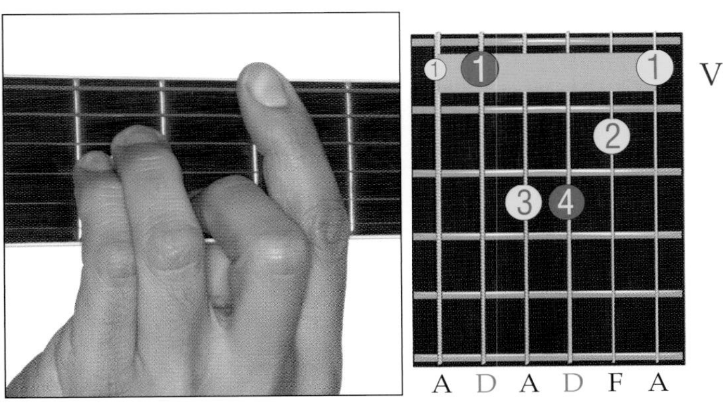

V

A D A D F A

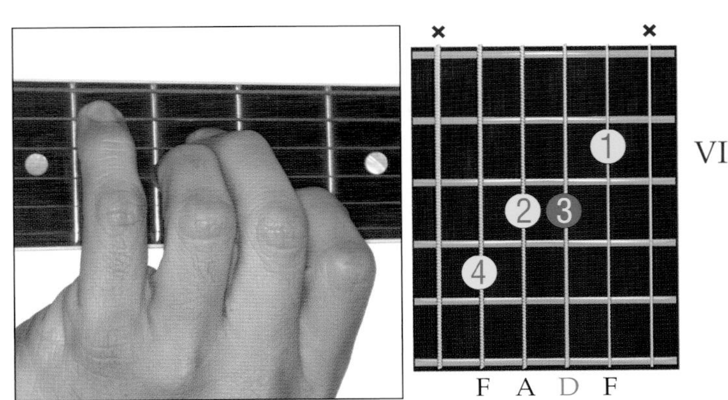

VI

F A D F

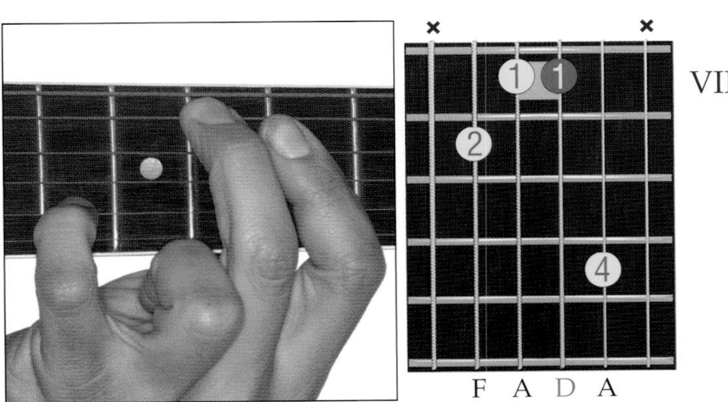

VII

F A D A

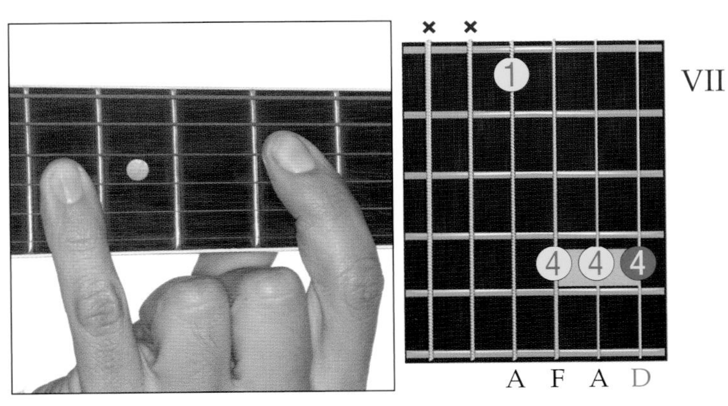

VII

A F A D

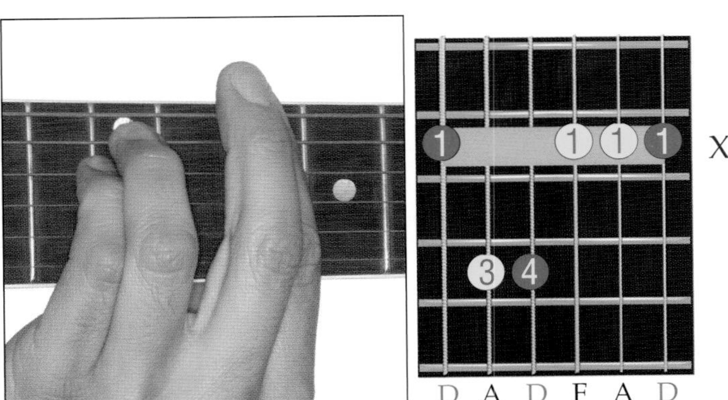

X

D A D F A D

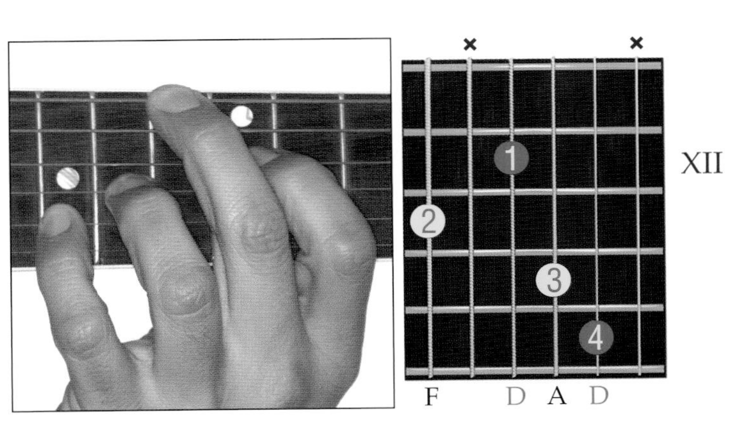

XII

F D A D

D

Dm6

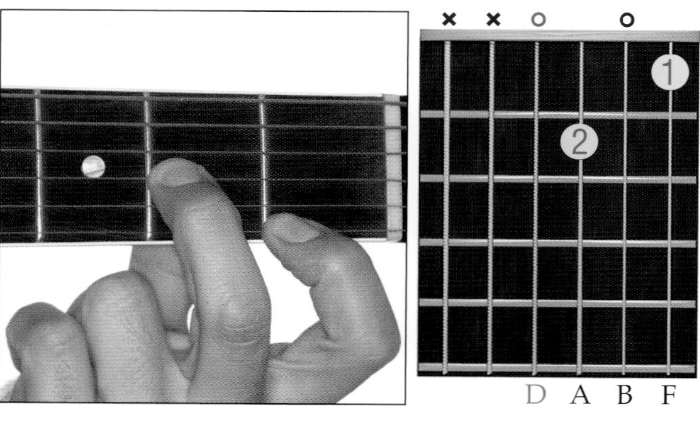

D A B F

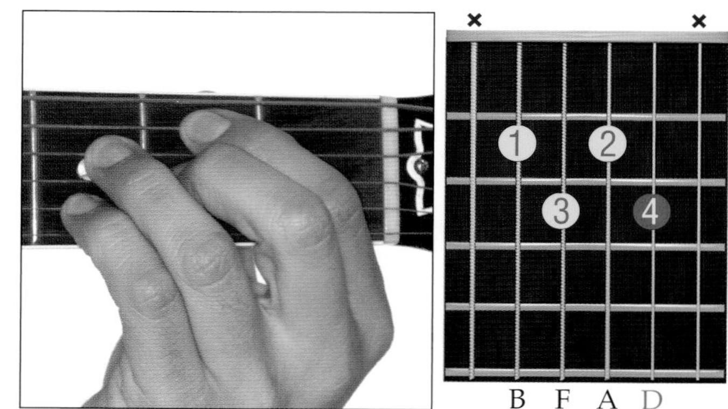

B F A D

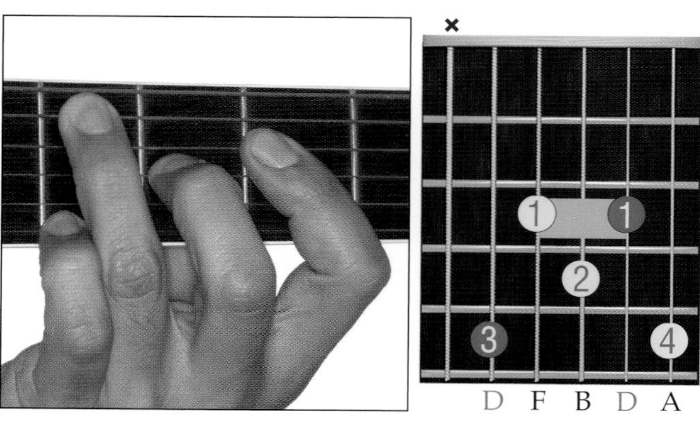

D F B D A

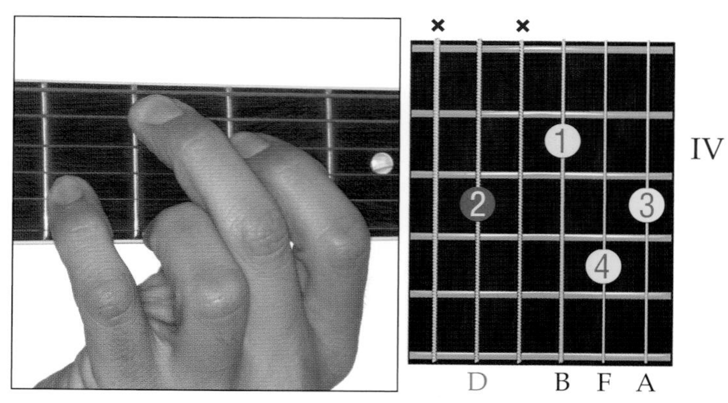

IV

D B F A

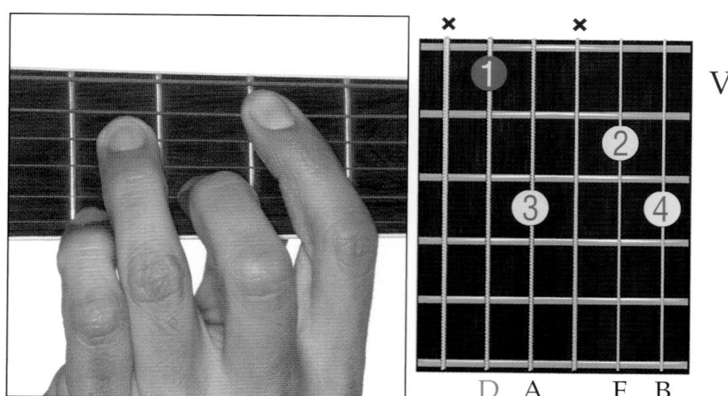

V

D A F B

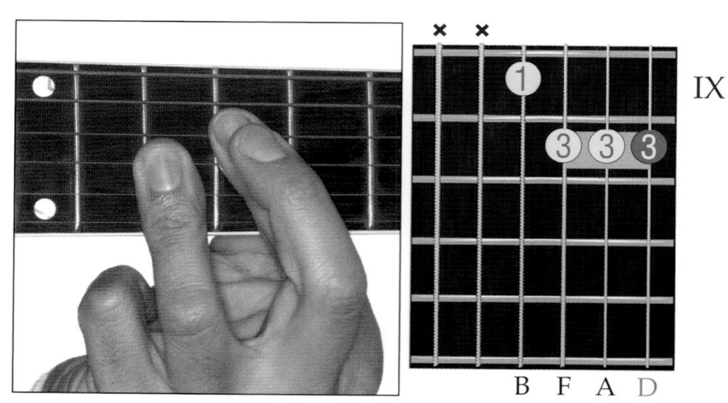

IX

B F A D

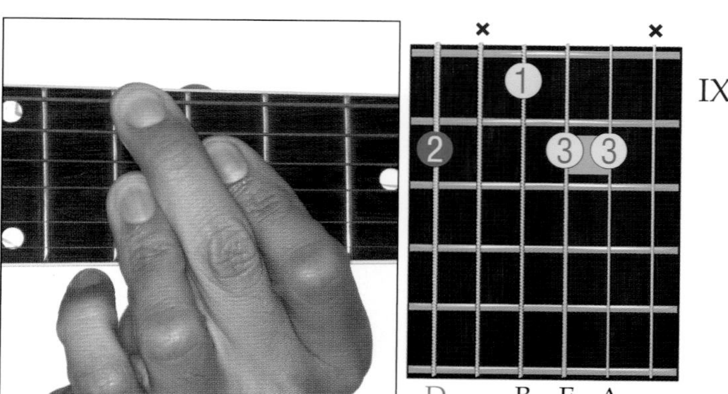

IX

D B F A

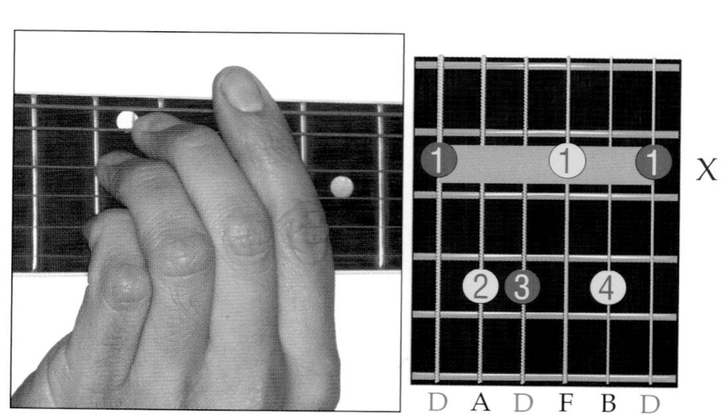

X

D A D F B D

Dm7

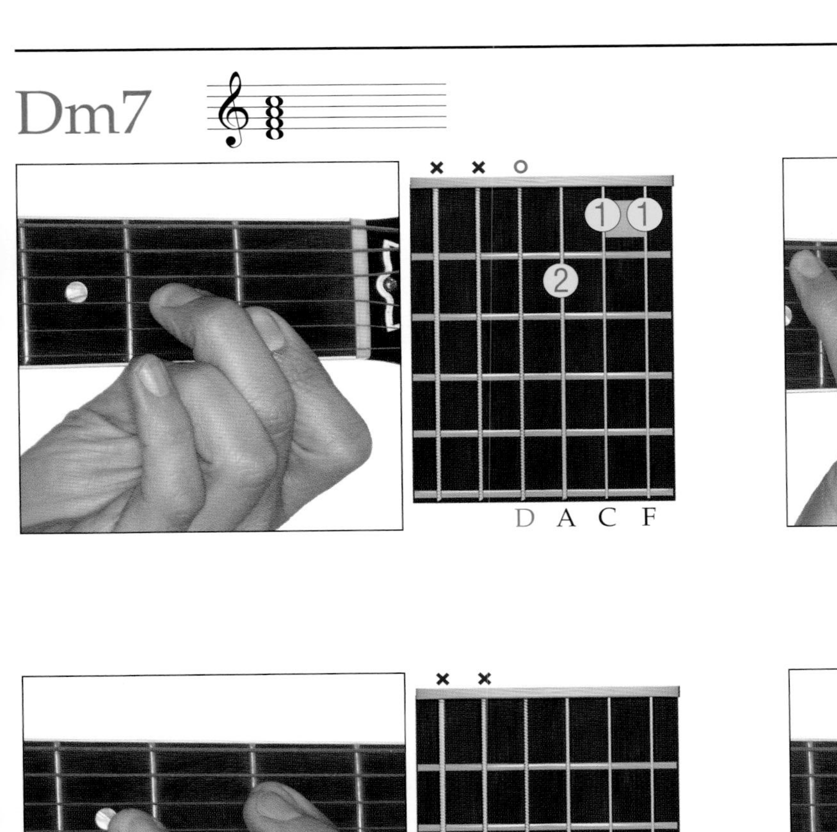
D A C F

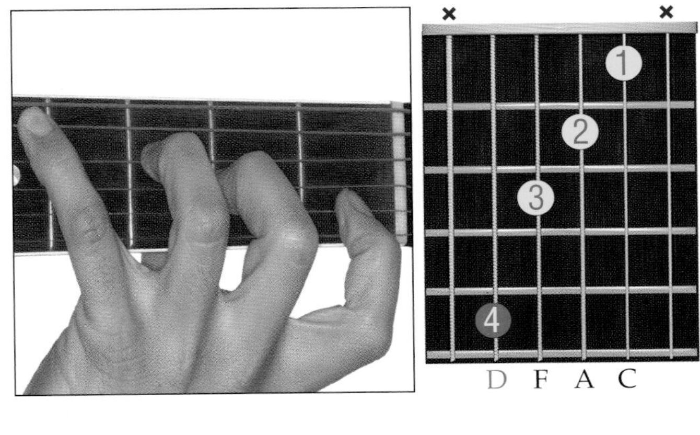
D F A C

D

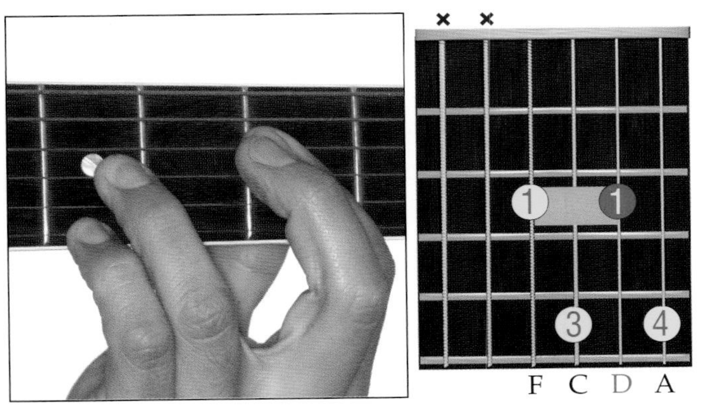
F C D A

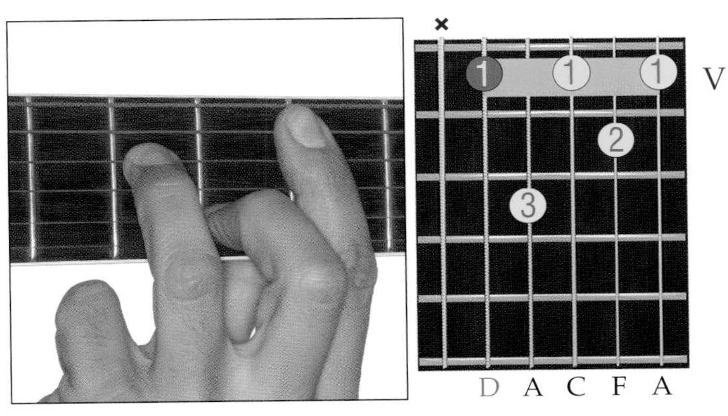
V
D A C F A

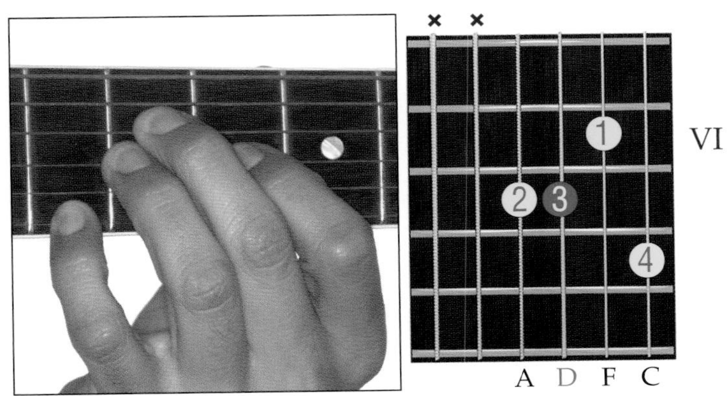
VI
A D F C

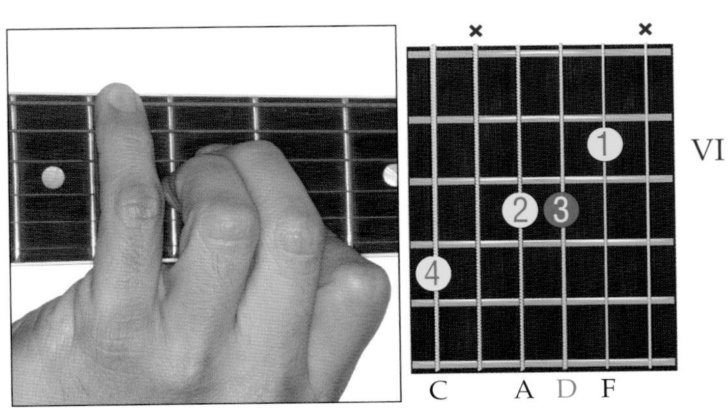
VI
C A D F

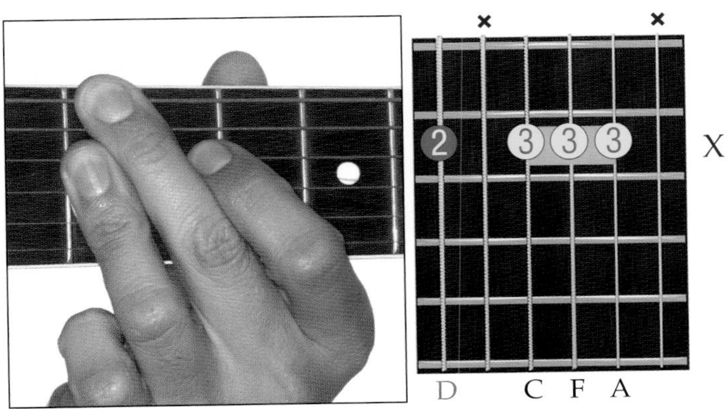
X
D C F A

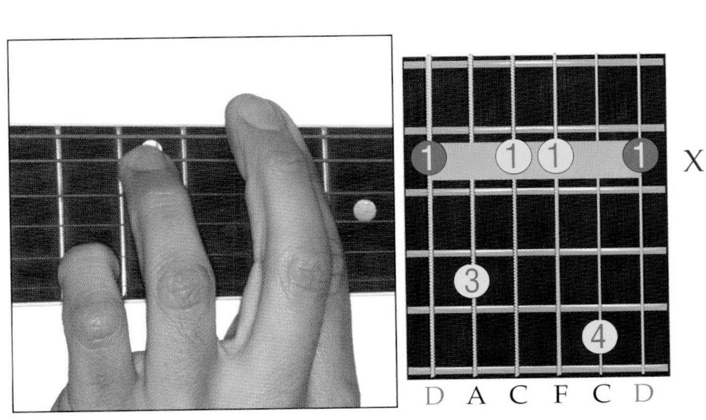
X
D A C F C D

D

Dm(maj7)

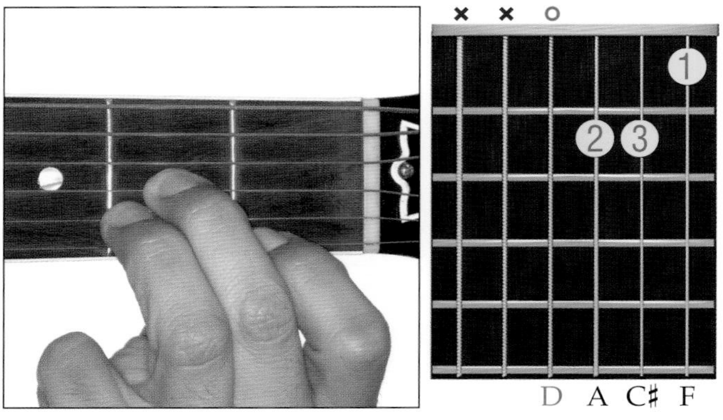
D A C♯ F

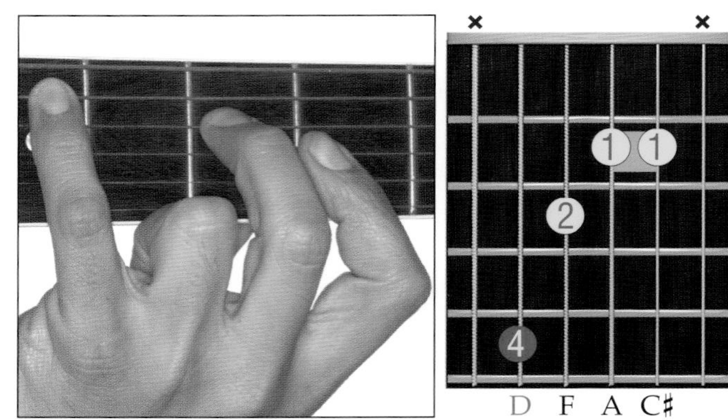
D F A C♯

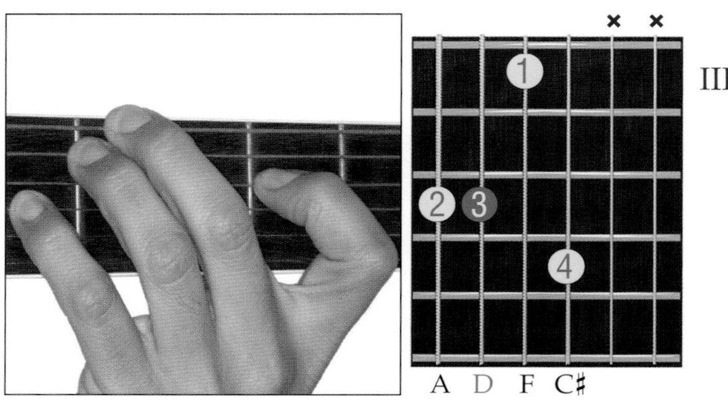
III
A D F C♯

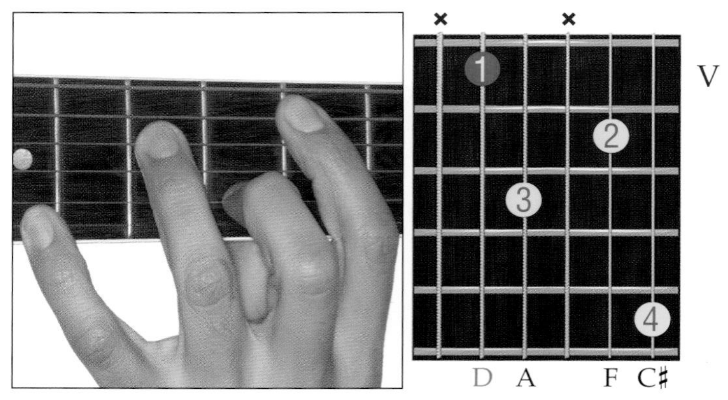
V
D A F C♯

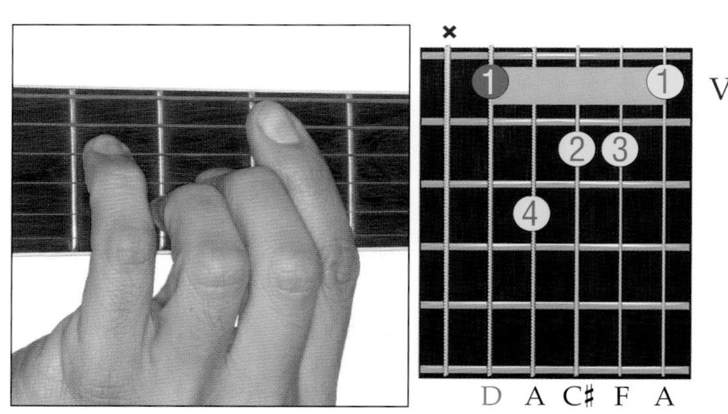
V
D A C♯ F A

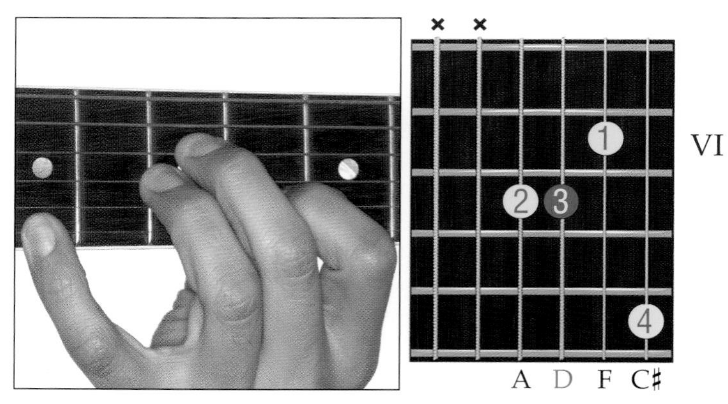
VI
A D F C♯

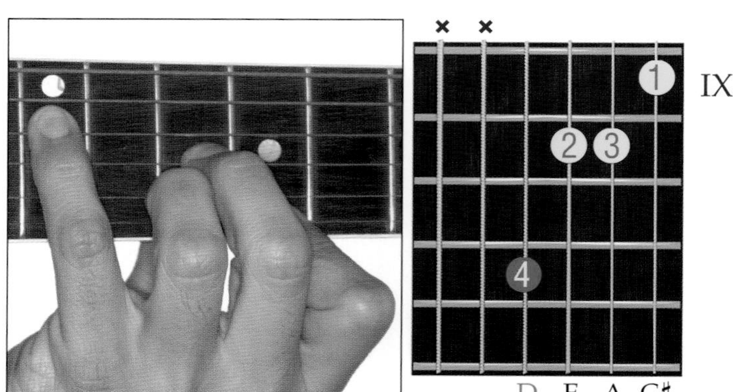
IX
D F A C♯

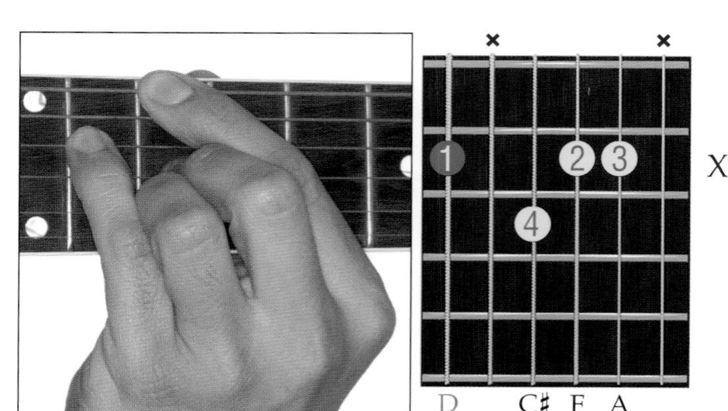
X
D C♯ F A

Dm9

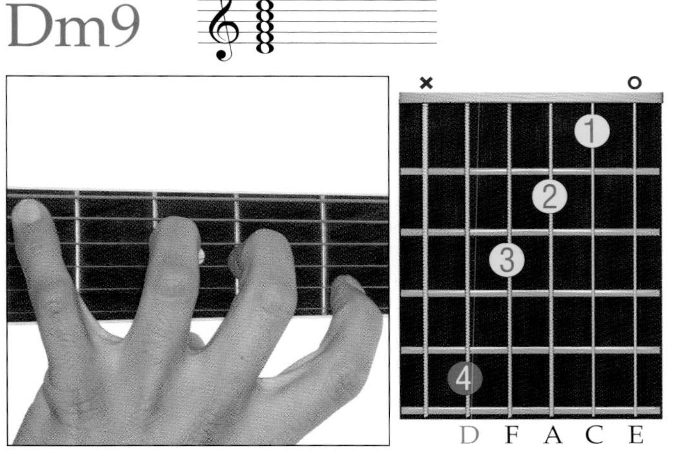
D F A C E

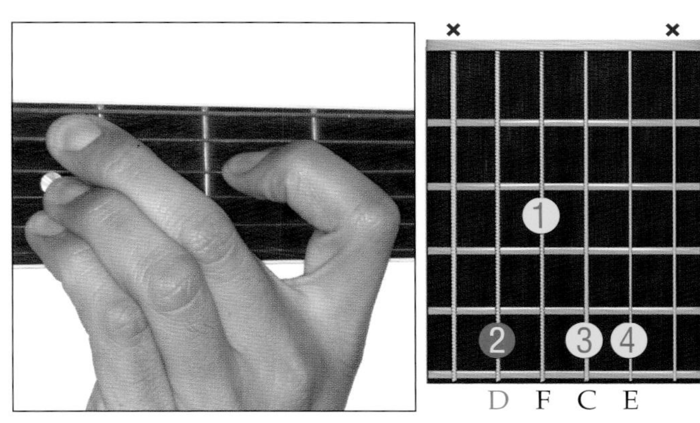
D F C E

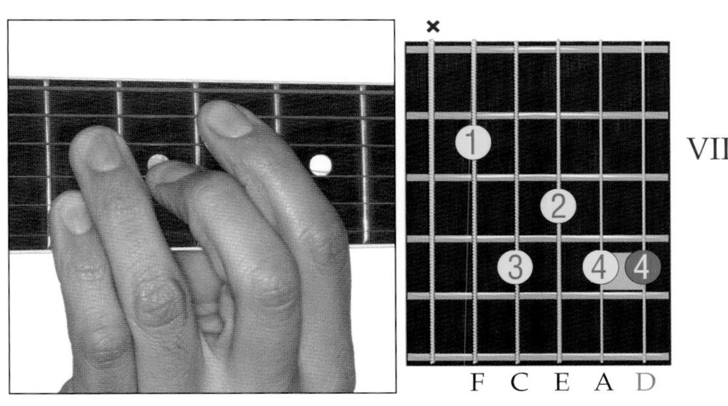
VIII
F C E A D

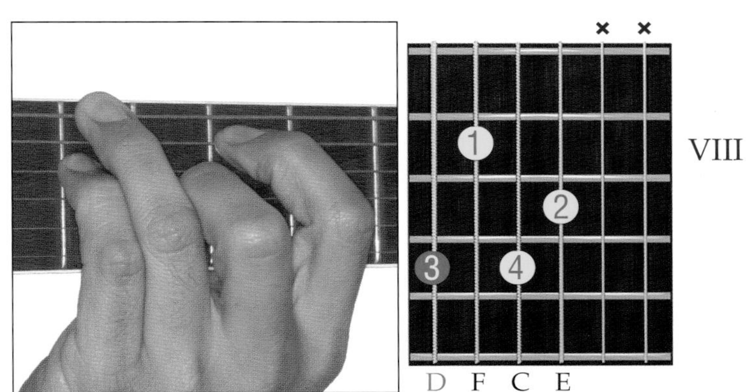
VIII
D F C E

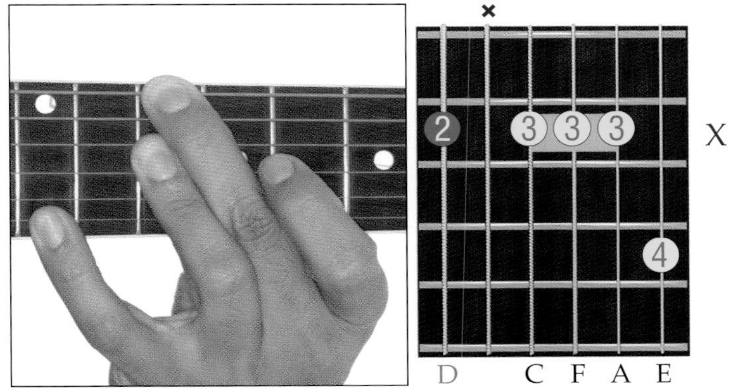
X
D C F A E

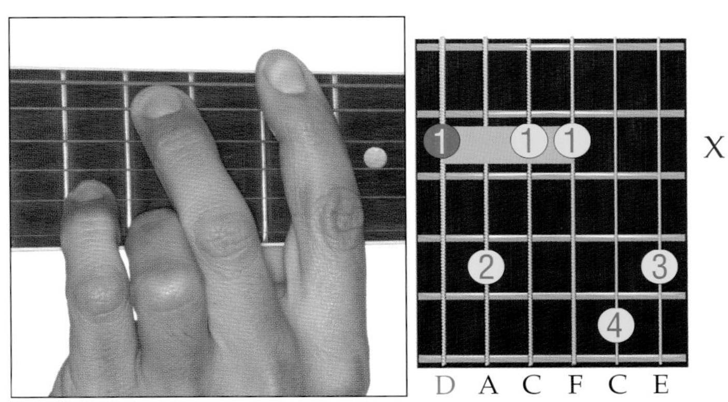
X
D A C F C E

Dm11

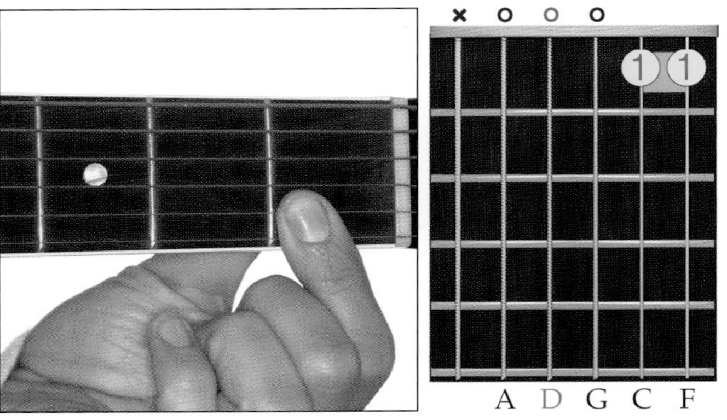
A D G C F

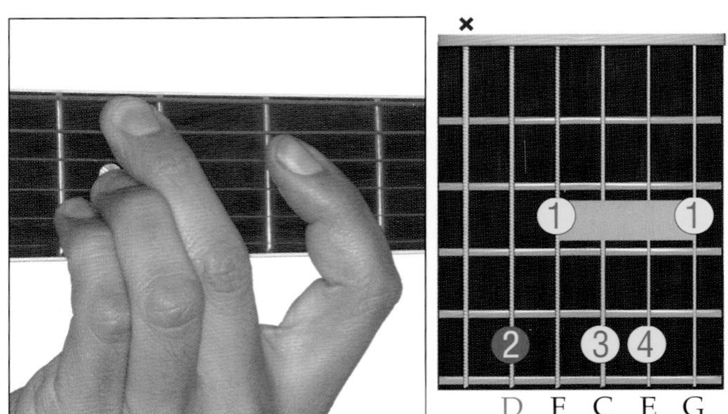
D F C E G

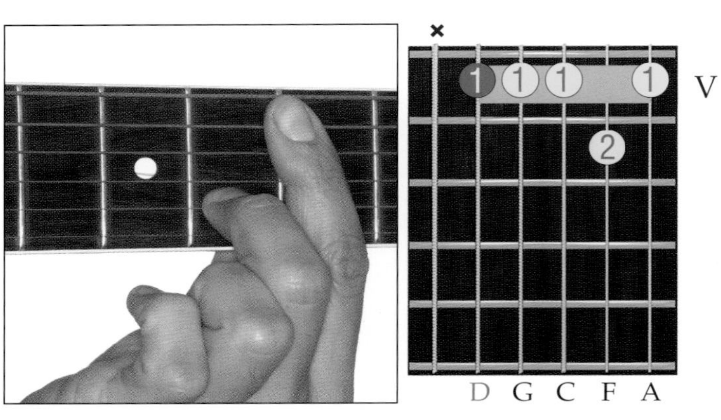
V
D G C F A

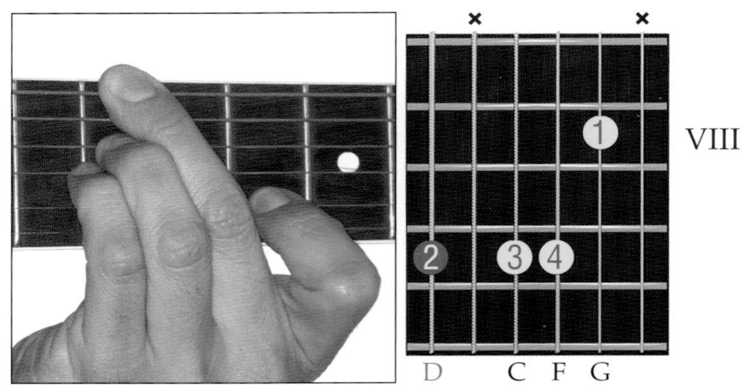
VIII
D C F G

Dm13

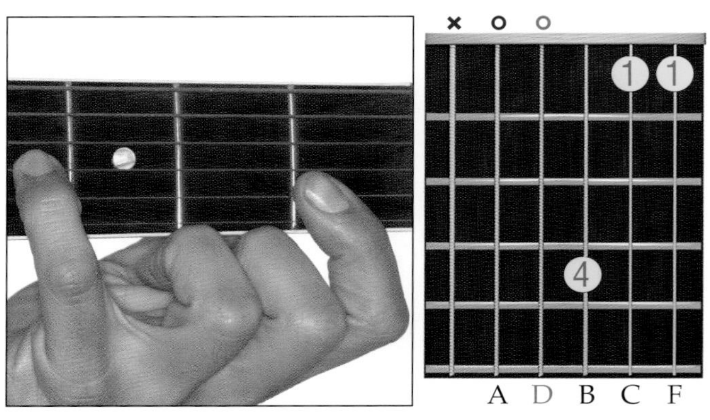
A D B C F

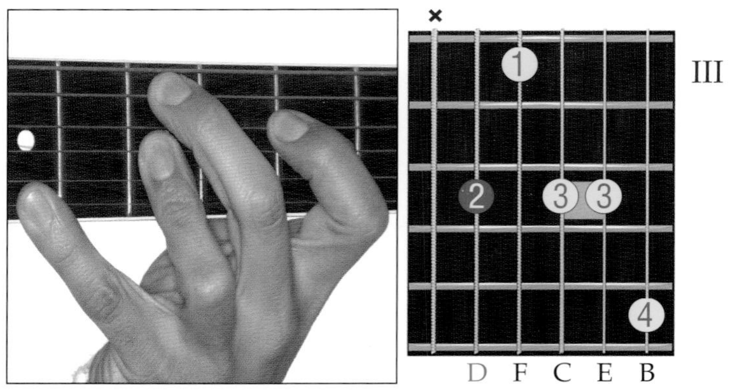
III
D F C E B

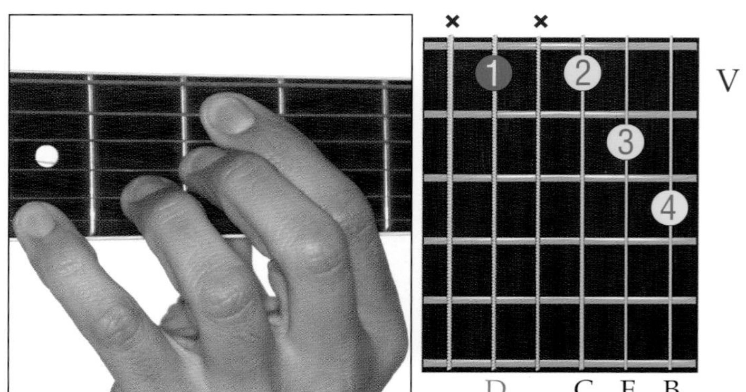
V
D C F B

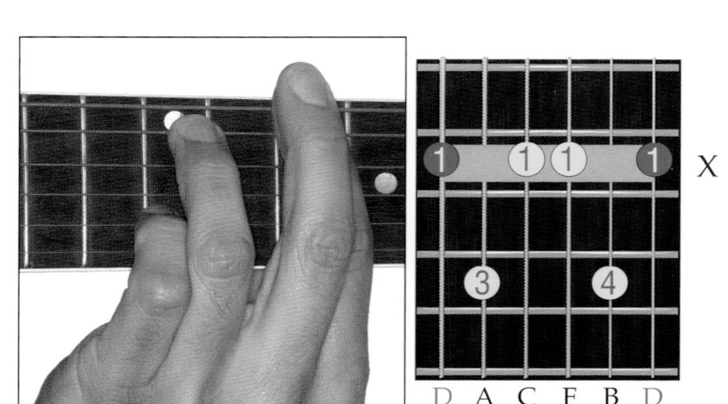
X
D A C F B D

Dm7♭5

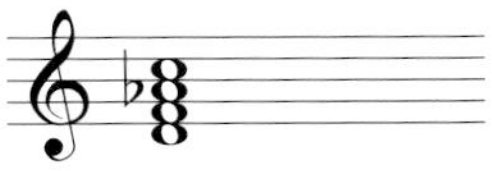

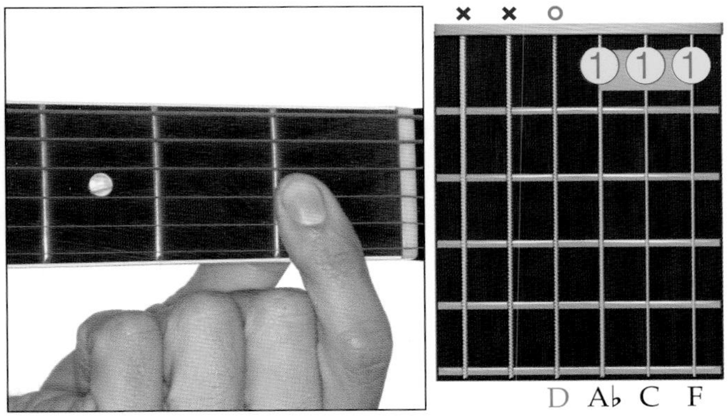

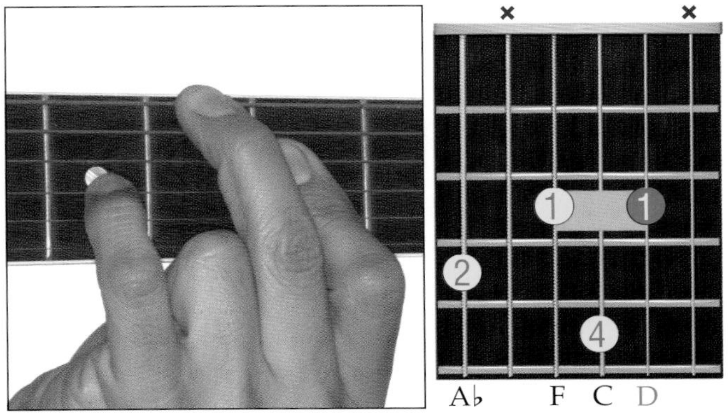

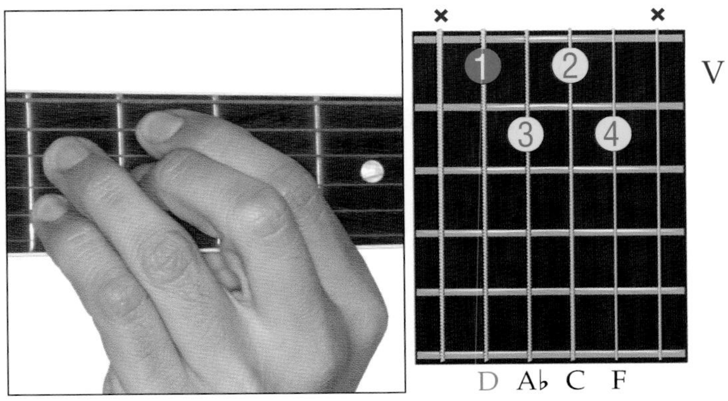

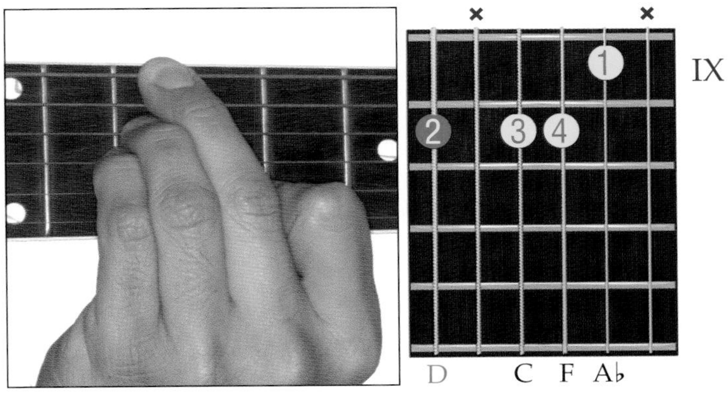

V

D A♭ C F

A♭ F C D

D A♭ C F

IX

D C F A♭

D

D°7

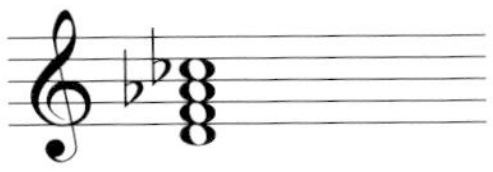

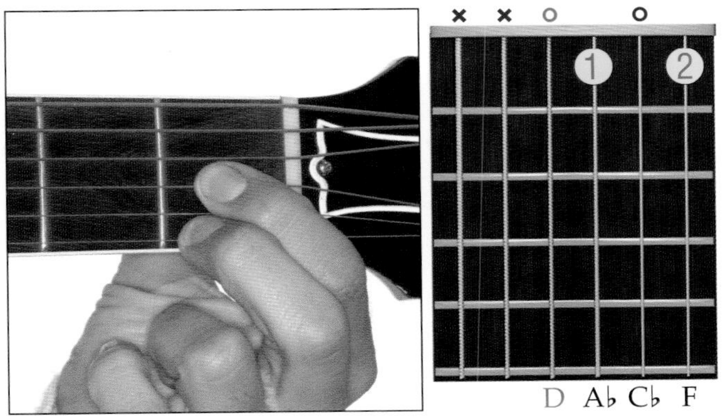

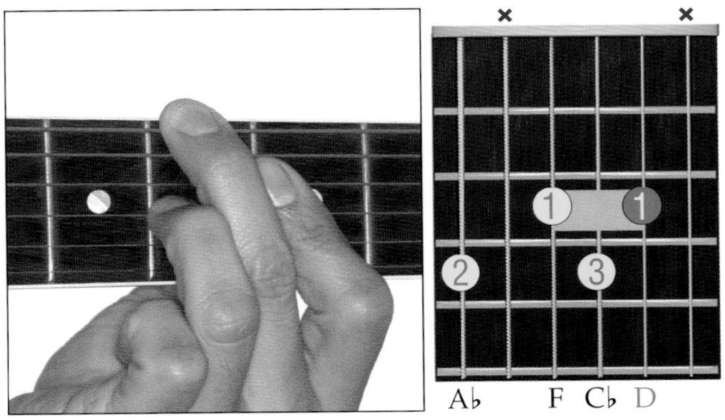

D A♭ C♭ F

A♭ F C♭ D

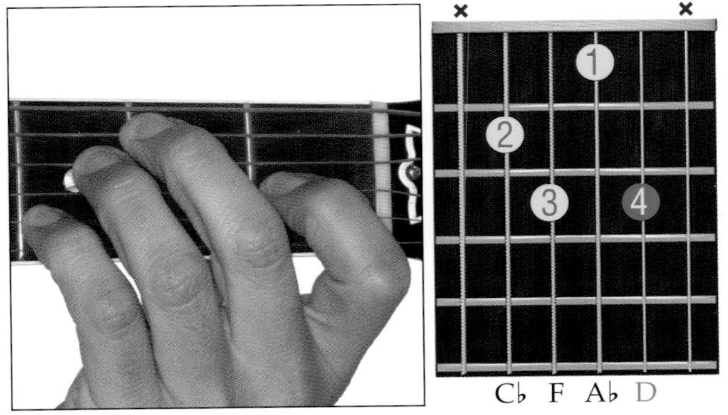
C♭ F A♭ D

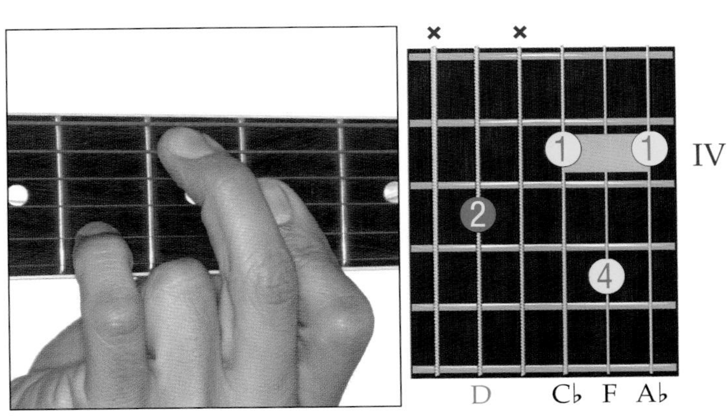
IV
D C♭ F A♭

D7

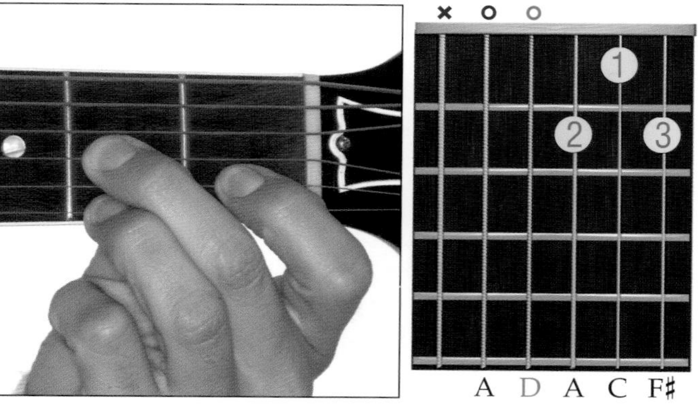
A D A C F♯

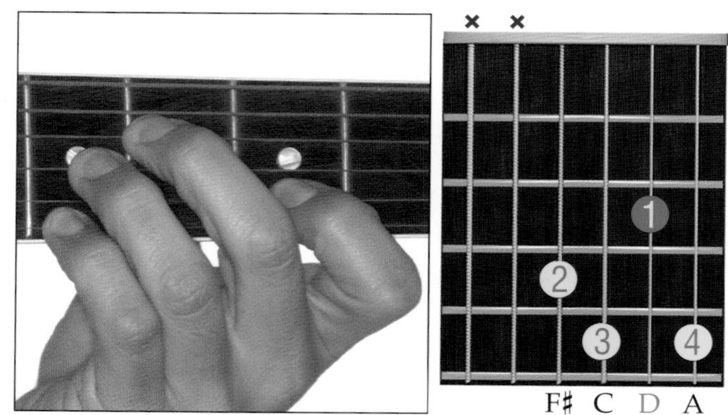
F♯ C D A

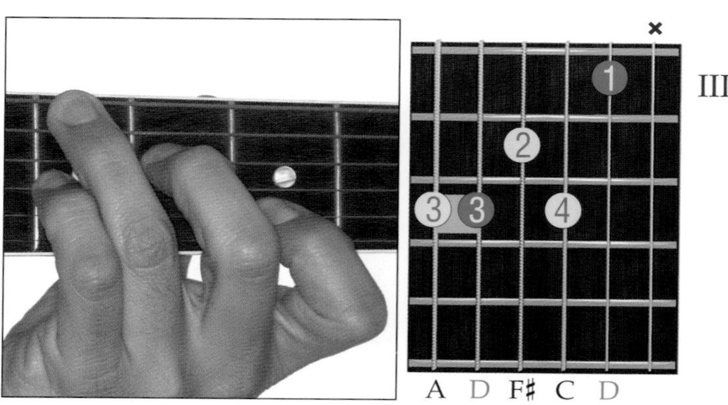
III
A D F♯ C D

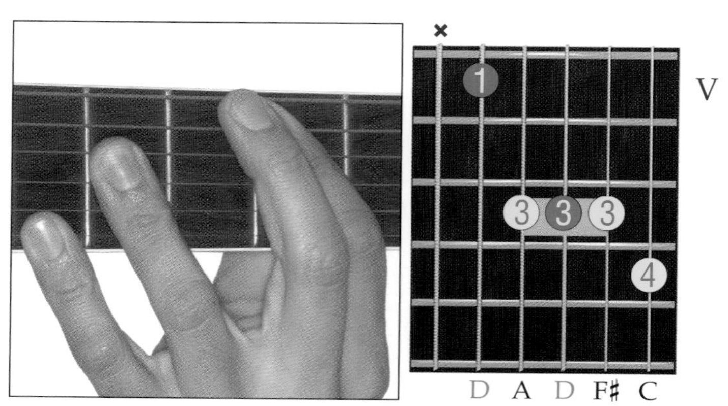
V
D A D F♯ C

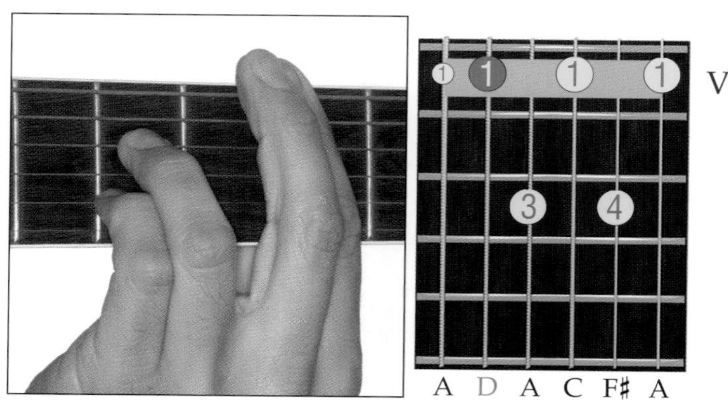
V
A D A C F♯ A

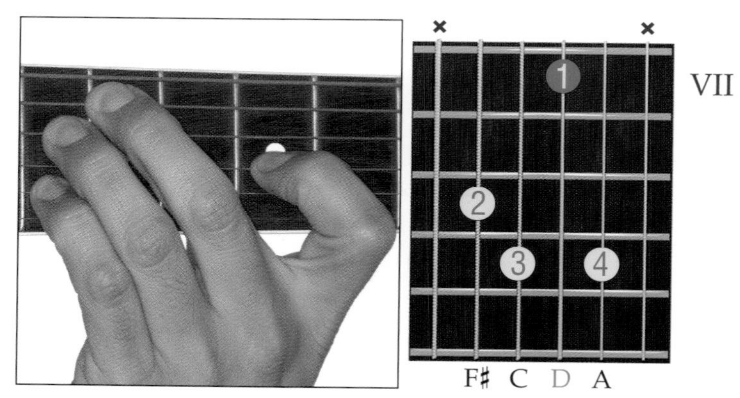
VII
F♯ C D A

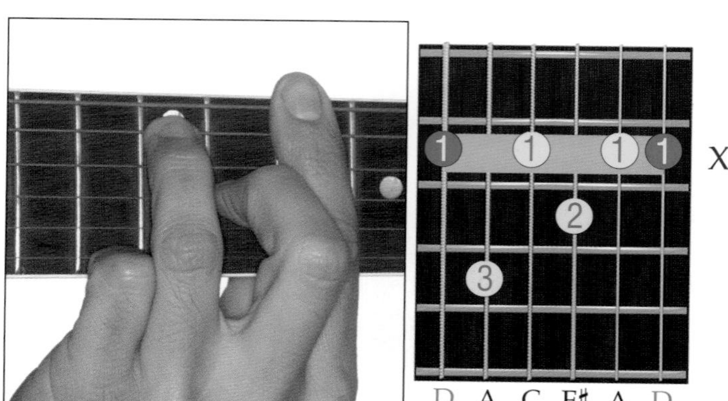
X
D A C F♯ A D

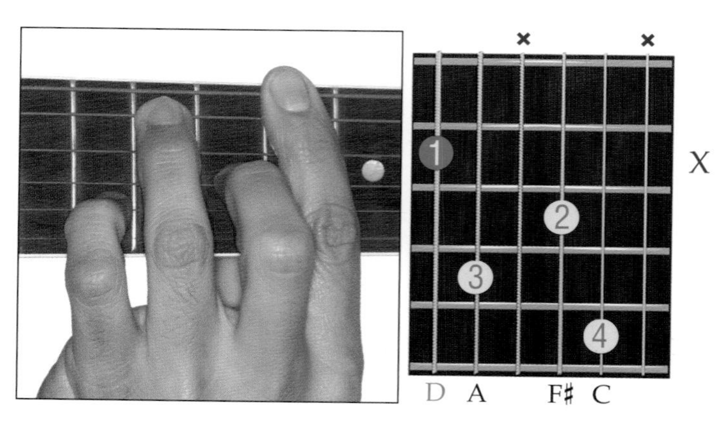
X
D A F♯ C

D7sus4

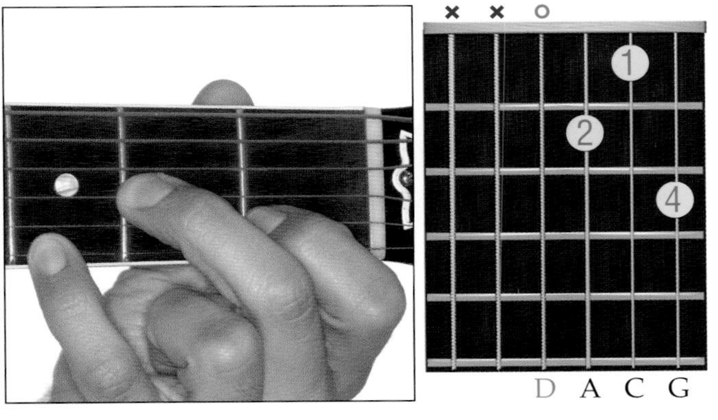
D A C G

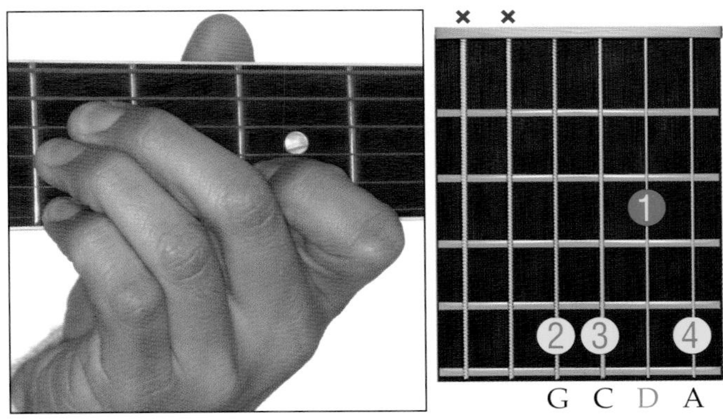
G C D A

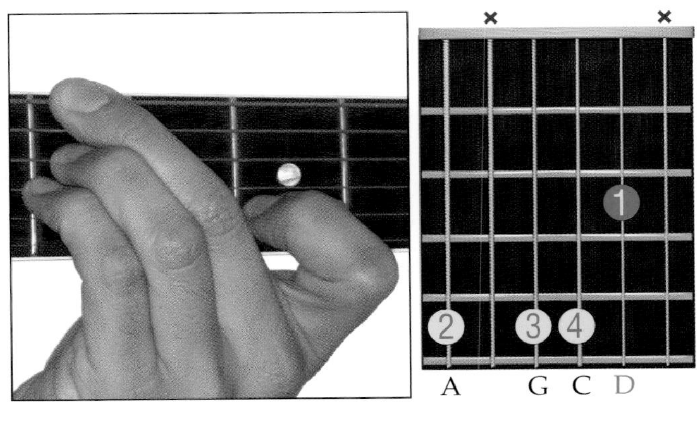
A G C D

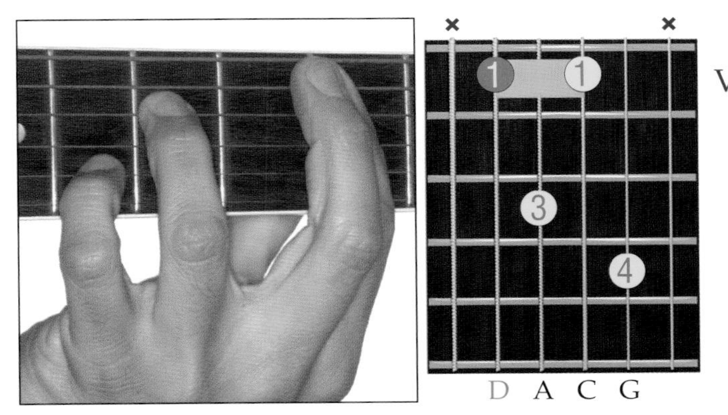
V
D A C G

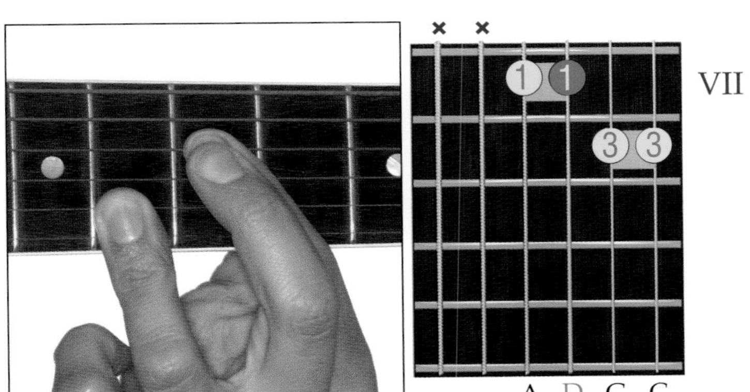
VII
A D G C

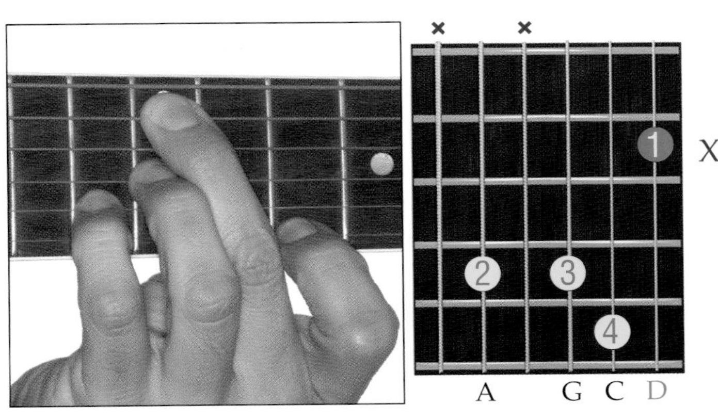
X
A G C D

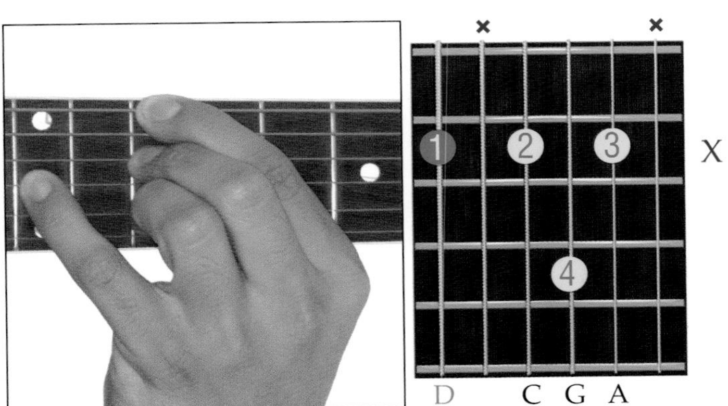
X
D C G A

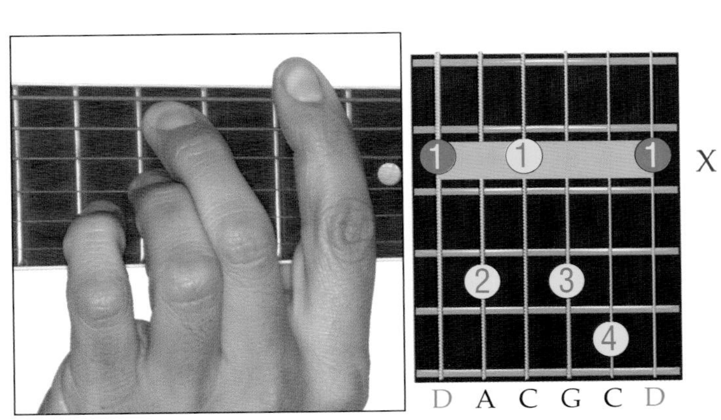
X
D A C G C D

D

D7♭5

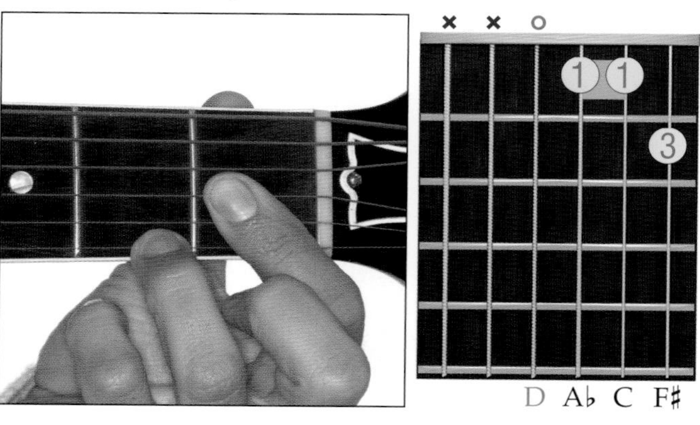
D A♭ C F♯

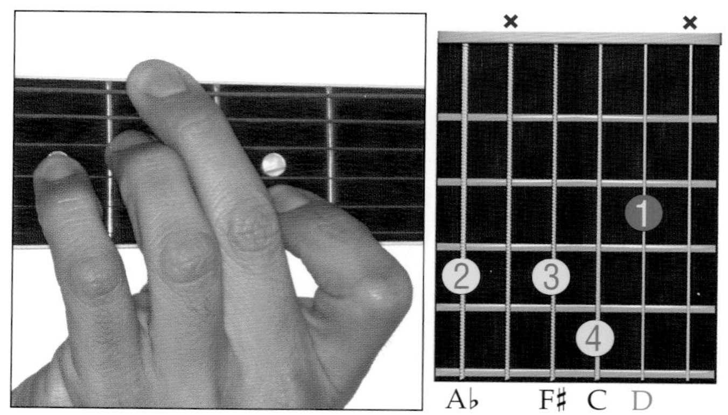
A♭ F♯ C D

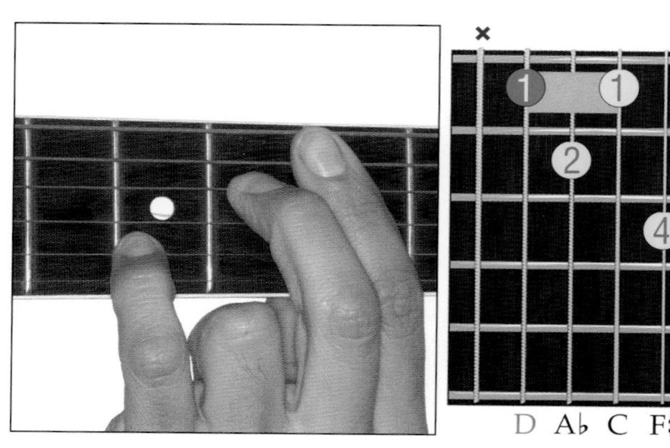
V
D A♭ C F♯

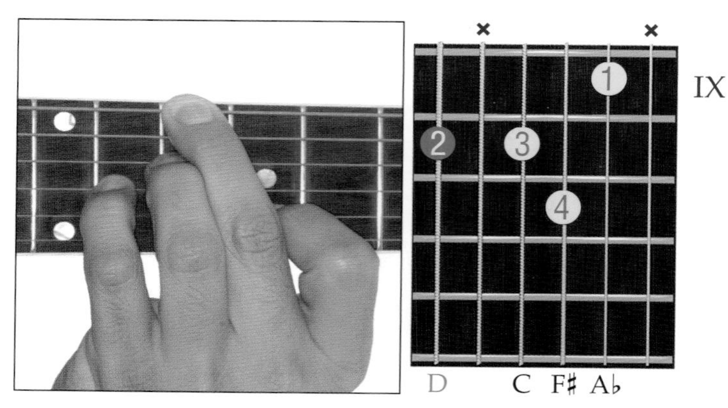
IX
D C F♯ A♭

D7+

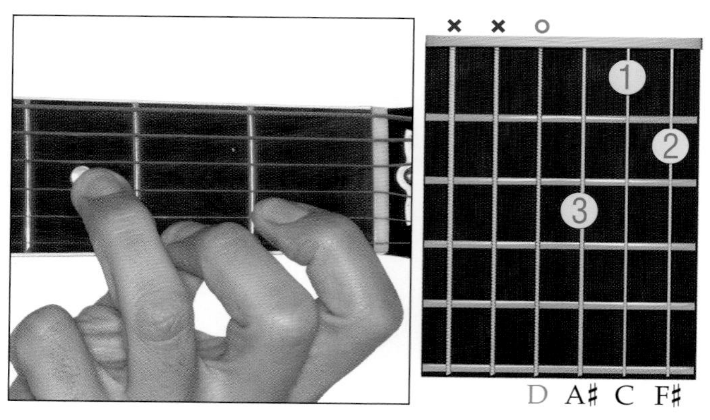
D A♯ C F♯

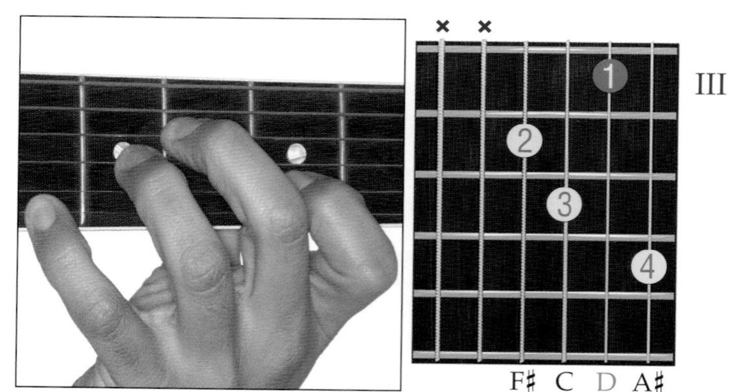
III
F♯ C D A♯

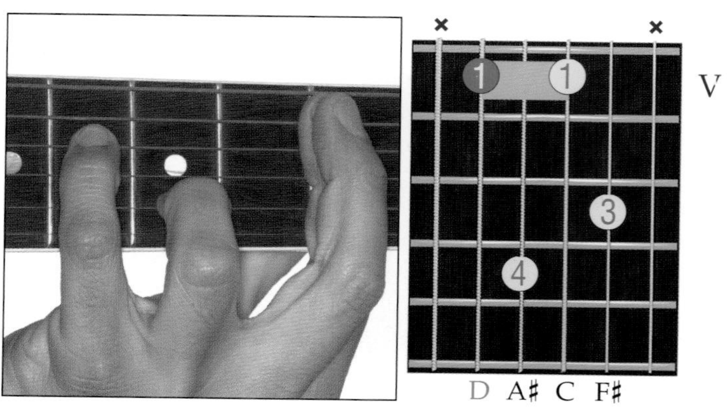
V
D A♯ C F♯

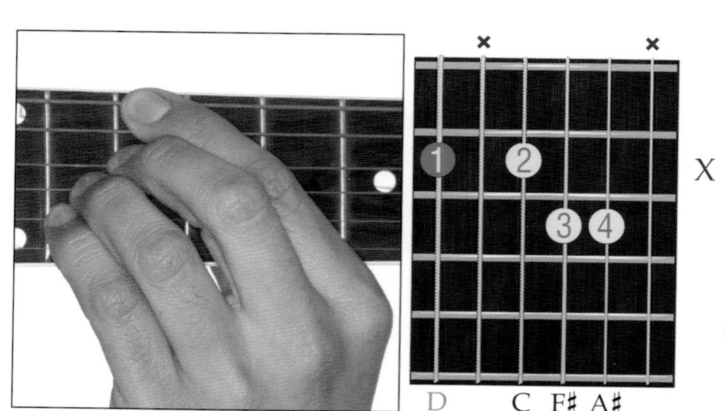
X
D C F♯ A♯

D

D9

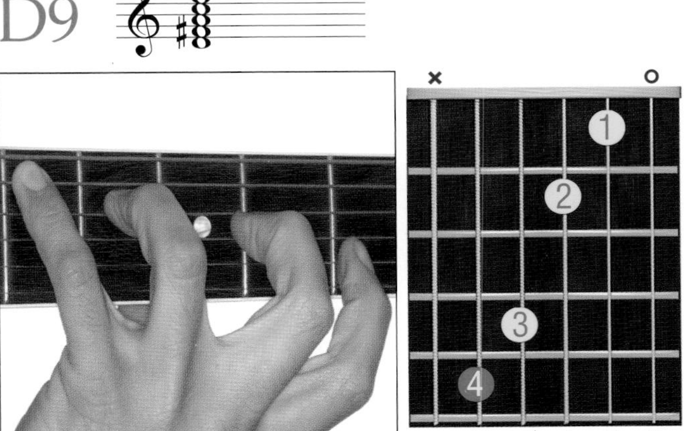
D F♯ A C E

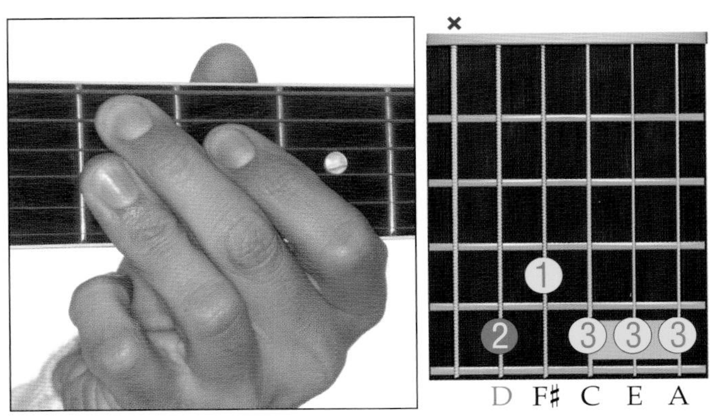
D F♯ C E A

D

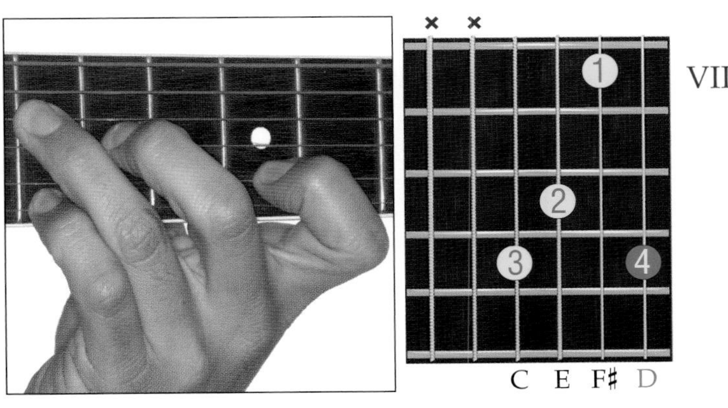
VII
C E F♯ D

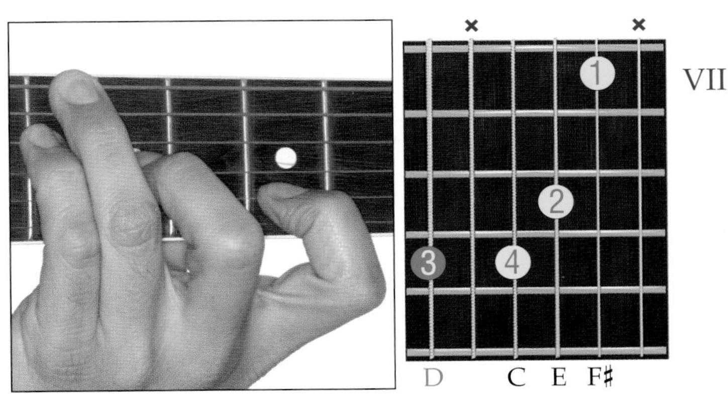
VII
D C E F♯

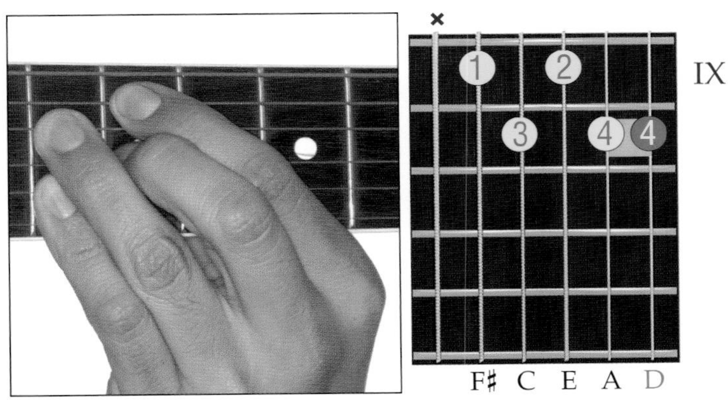
IX
F♯ C E A D

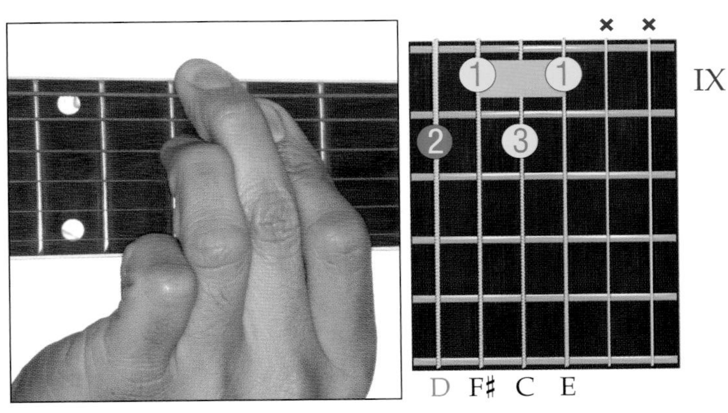
IX
D F♯ C E

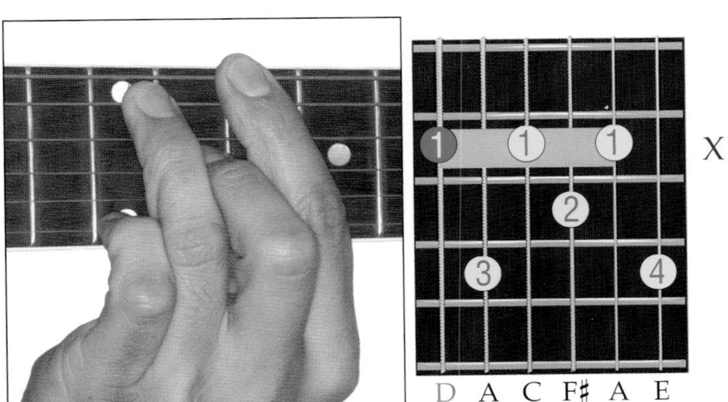
X
D A C F♯ A E

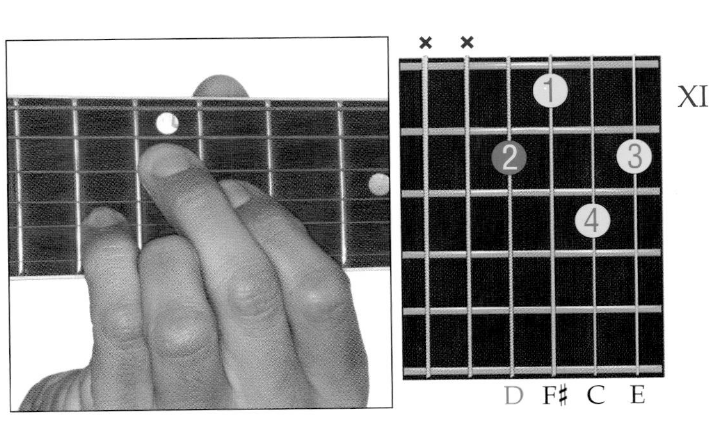
XI
D F♯ C E

D9sus4

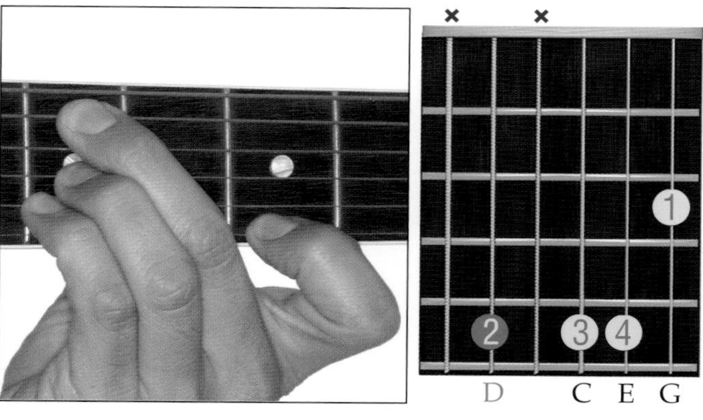
D C E G

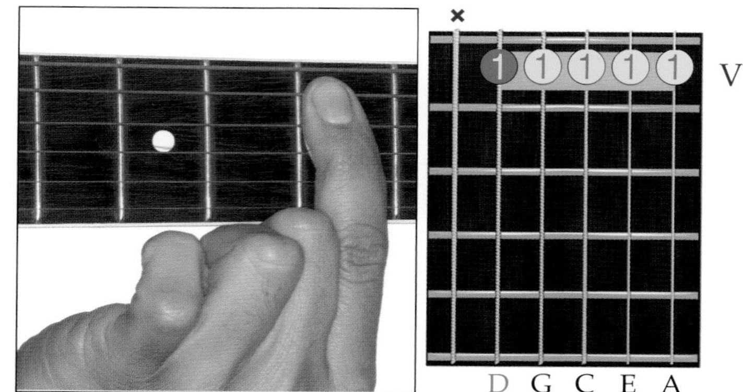
V
D G C E A

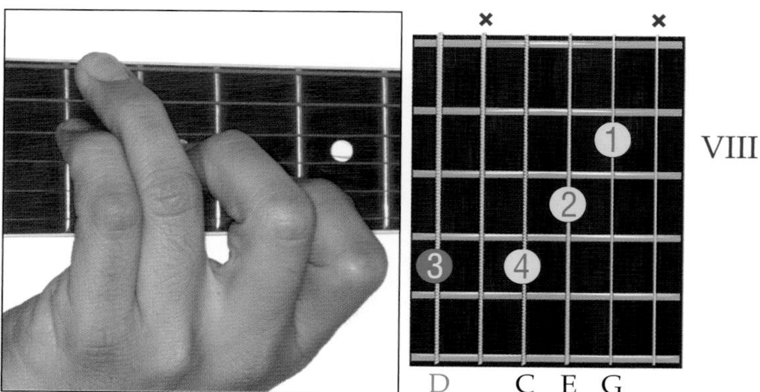
VIII
D C E G

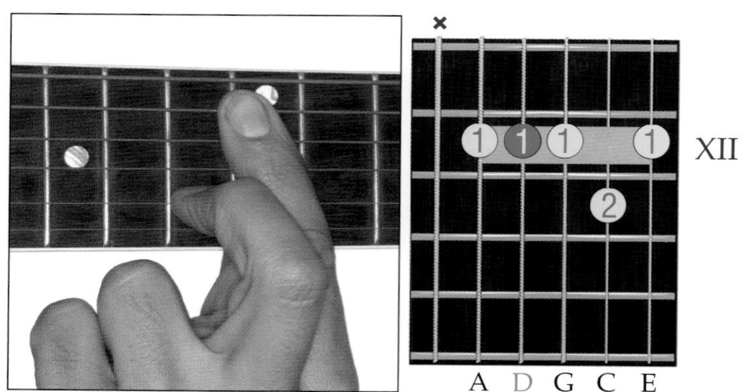
XII
A D G C E

D9♭5

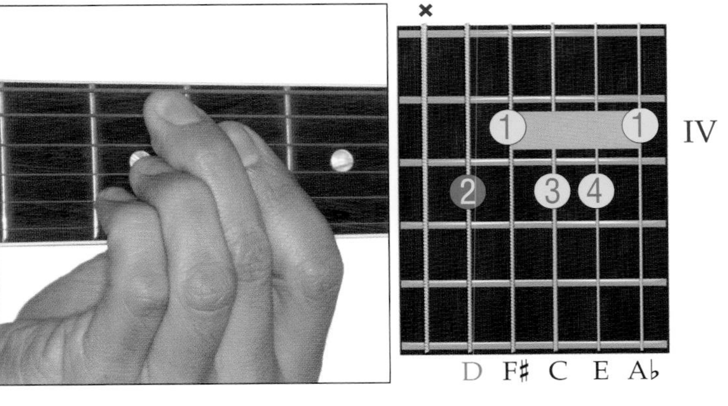
IV
D F♯ C E A♭

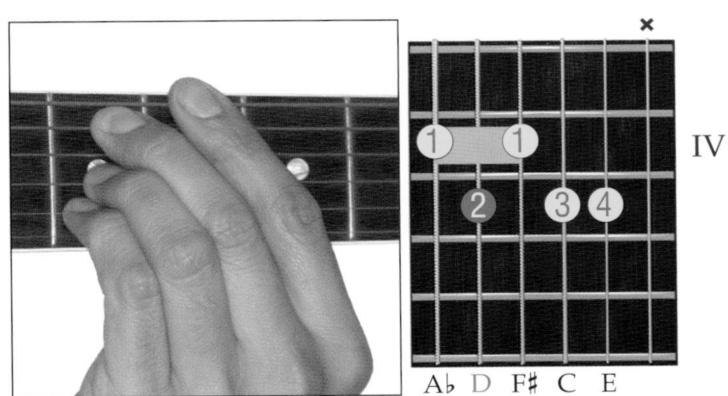
IV
A♭ D F♯ C E

D

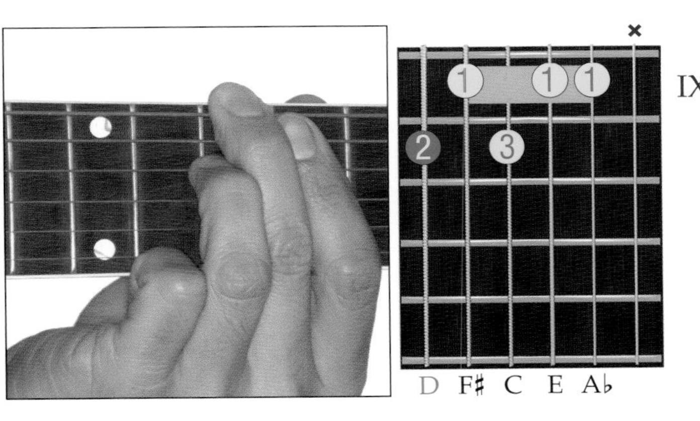
IX
D F♯ C E A♭

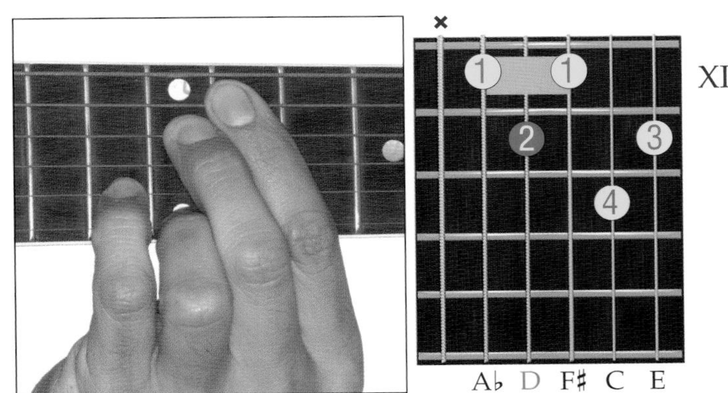
XI
A♭ D F♯ C E

D9+

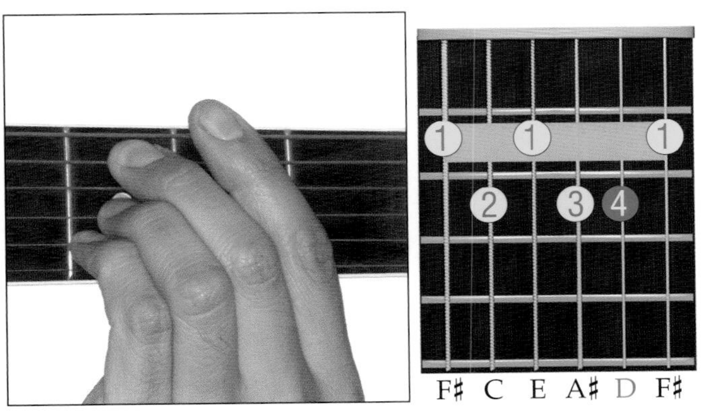
F♯ C E A♯ D F♯

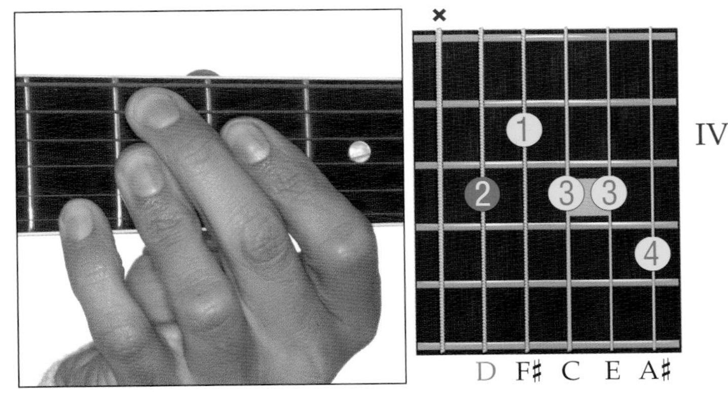
IV
D F♯ C E A♯

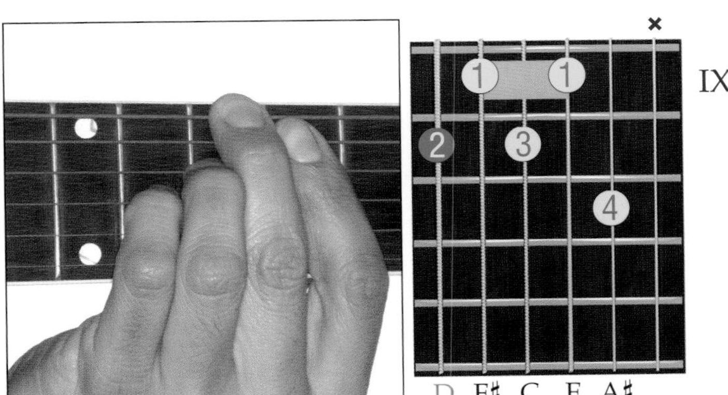
IX
D F♯ C E A♯

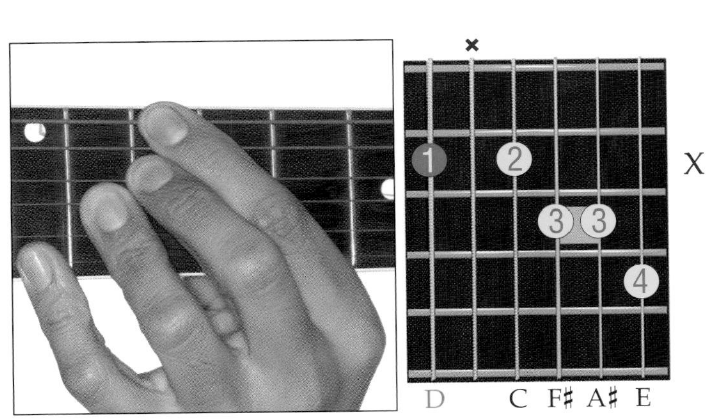
X
D C F♯ A♯ E

D13

D

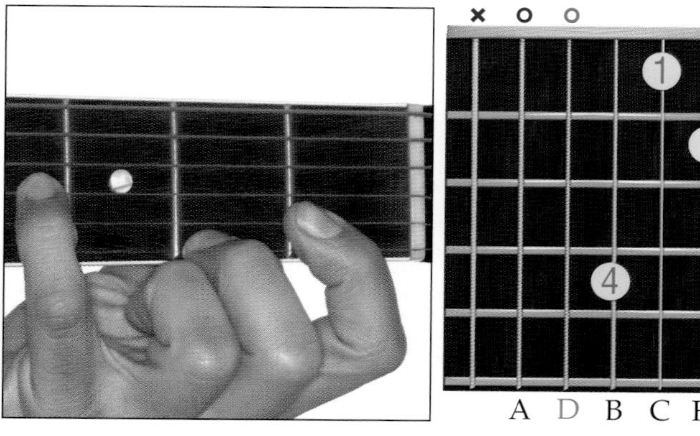
A D B C F♯

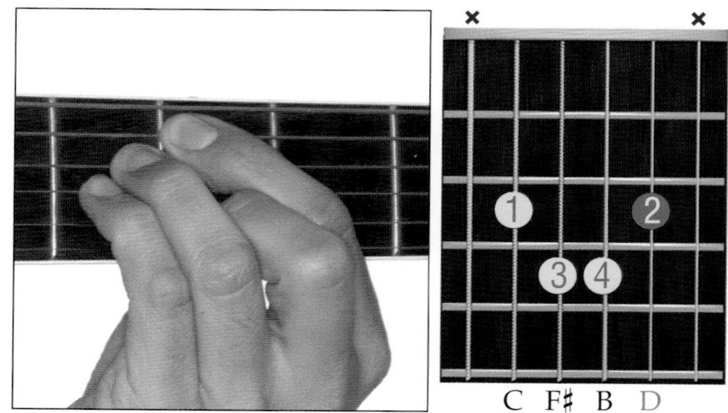
C F♯ B D

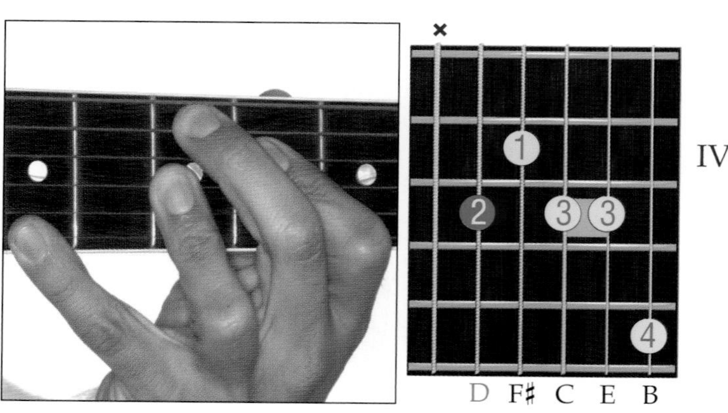
IV
D F♯ C E B

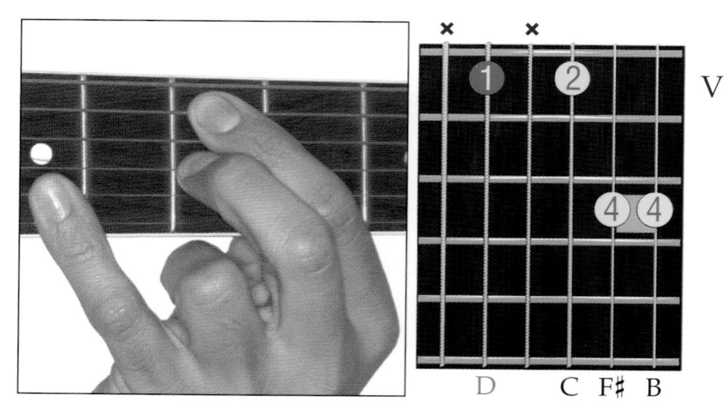
V
D C F♯ B

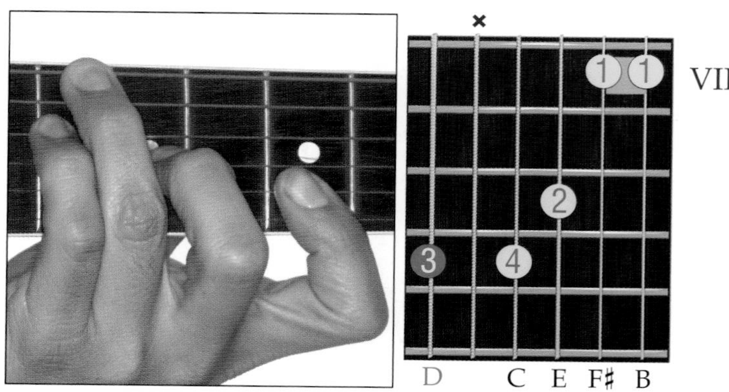
VII
D C E F♯ B

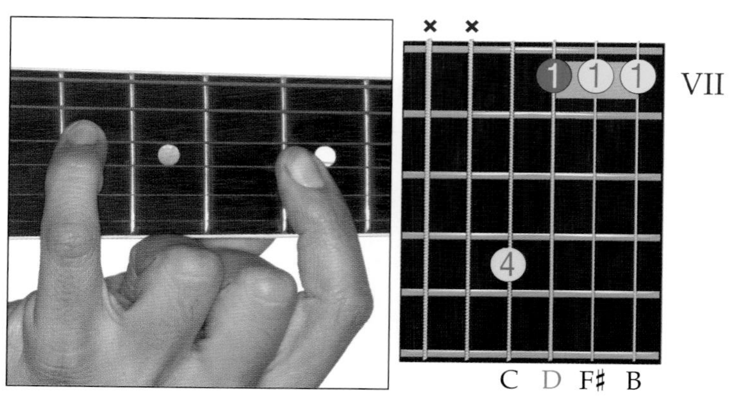
VII
C D F♯ B

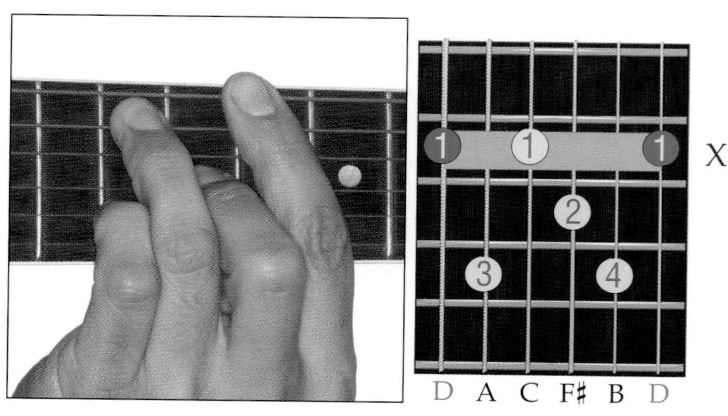
X
D A C F♯ B D

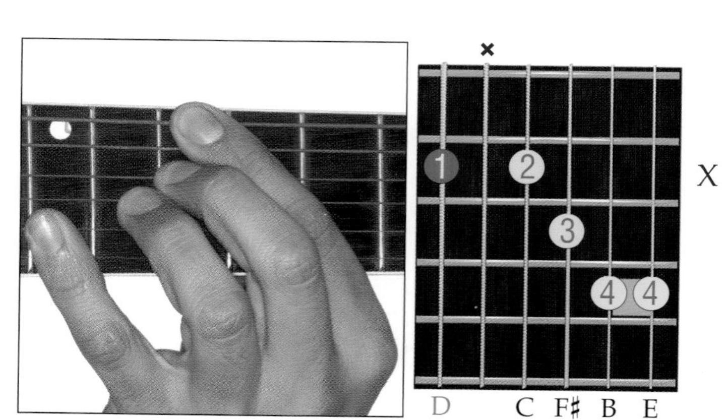
X
D C F♯ B E

E♭

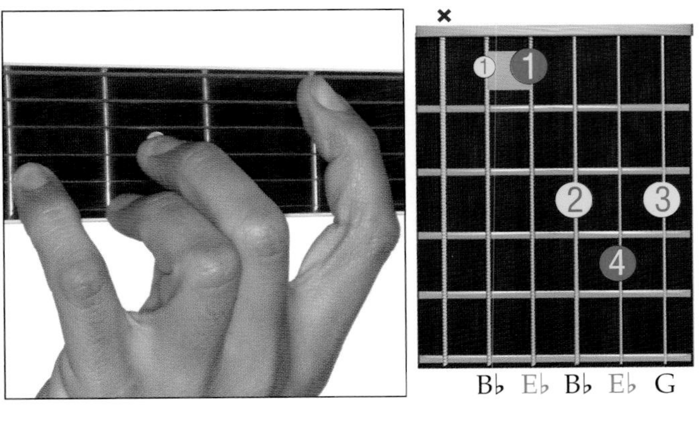
B♭ E♭ B♭ E♭ G

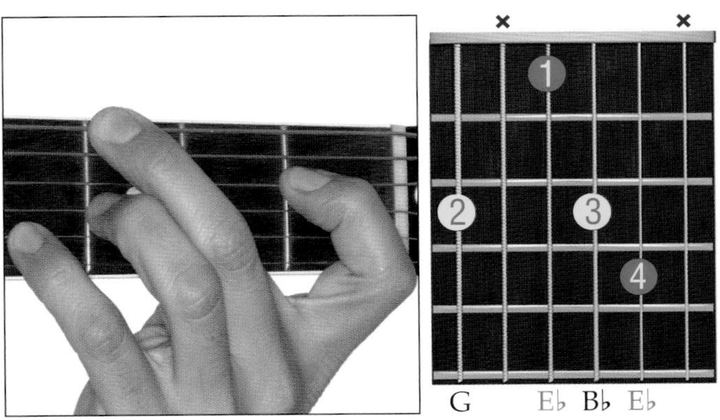
G E♭ B♭ E♭

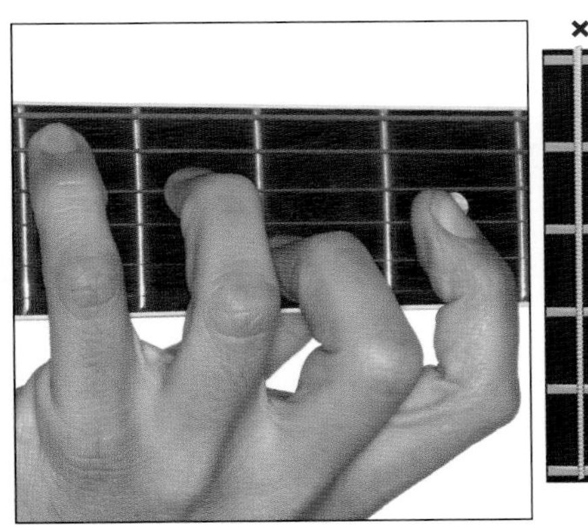

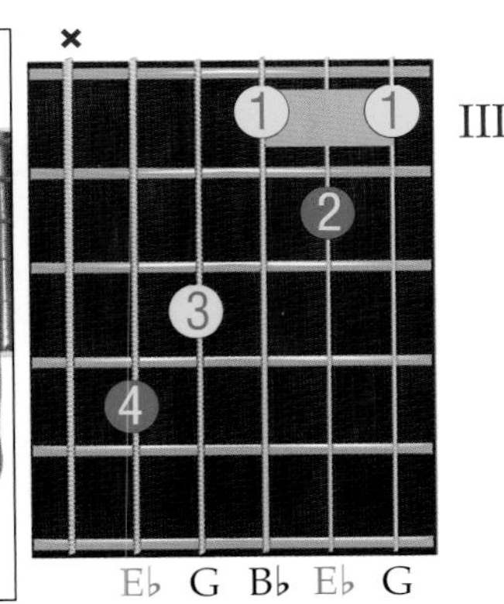
III
E♭ G B♭ E♭ G

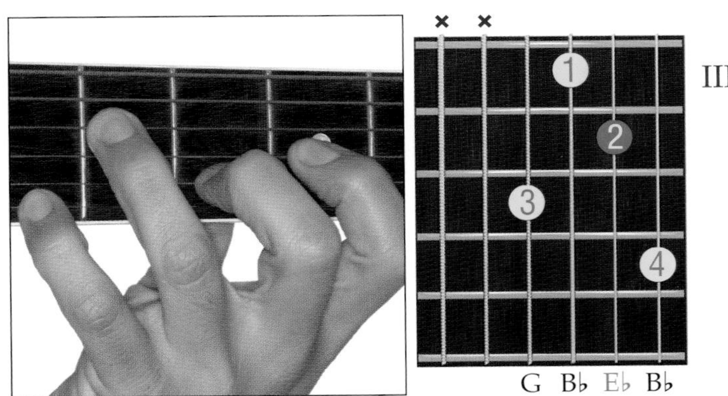
III
G B♭ E♭ B♭

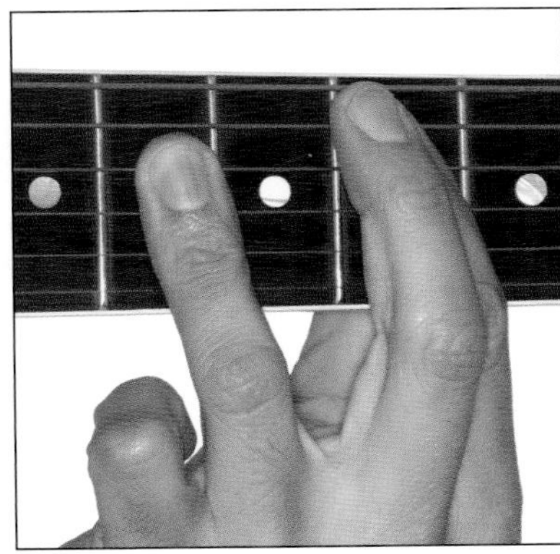

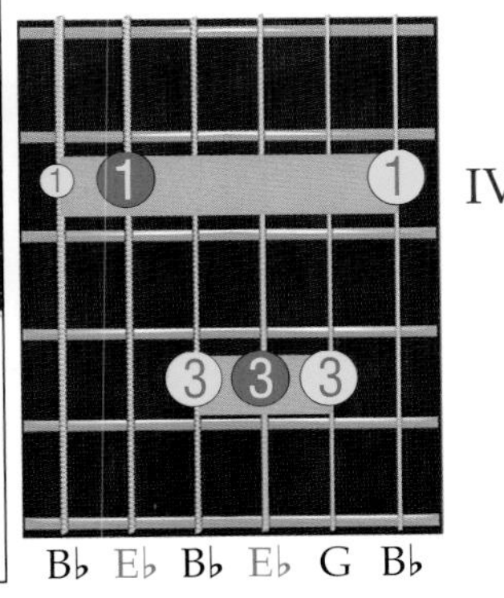
IV
B♭ E♭ B♭ E♭ G B♭

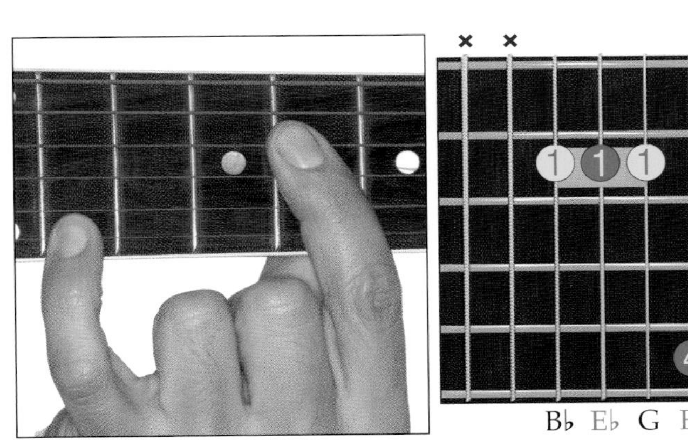
VIII
B♭ E♭ G E♭

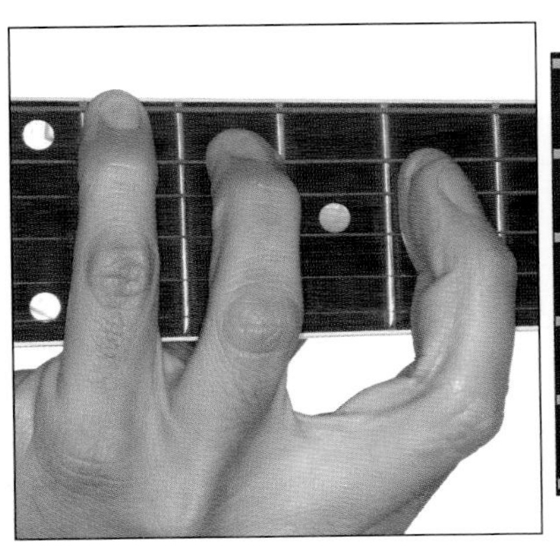

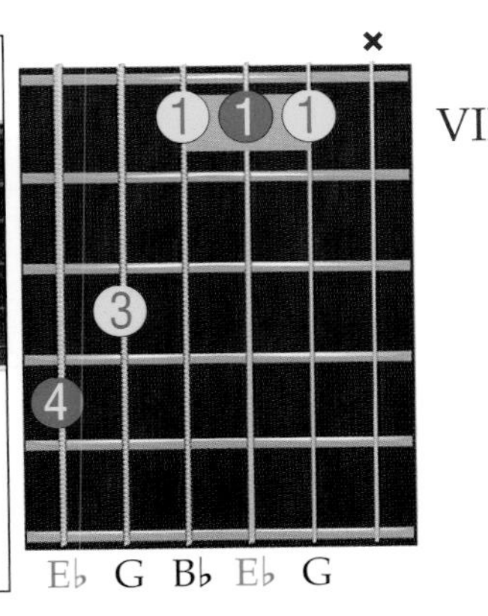
VIII
E♭ G B♭ E♭ G

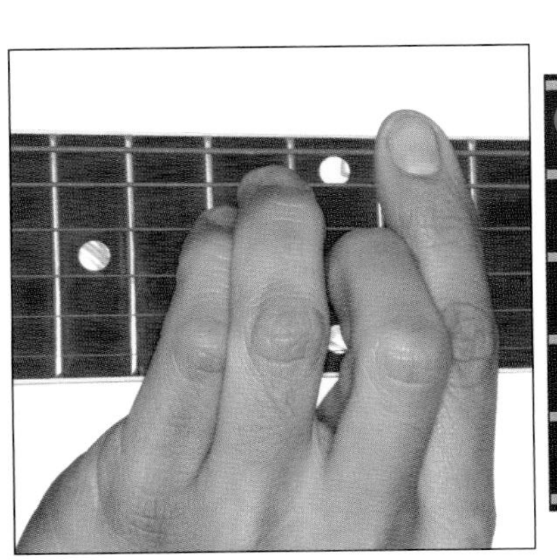

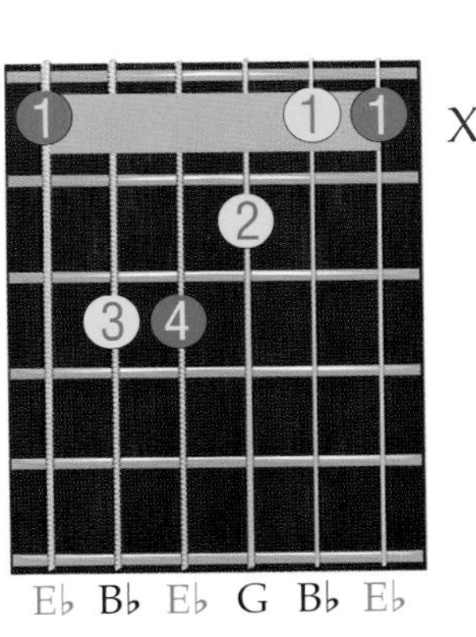
XI
E♭ B♭ E♭ G B♭ E♭

E♭sus4

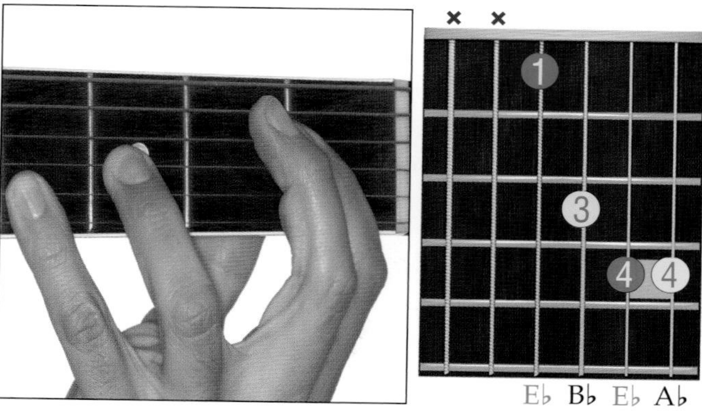
E♭ B♭ E♭ A♭

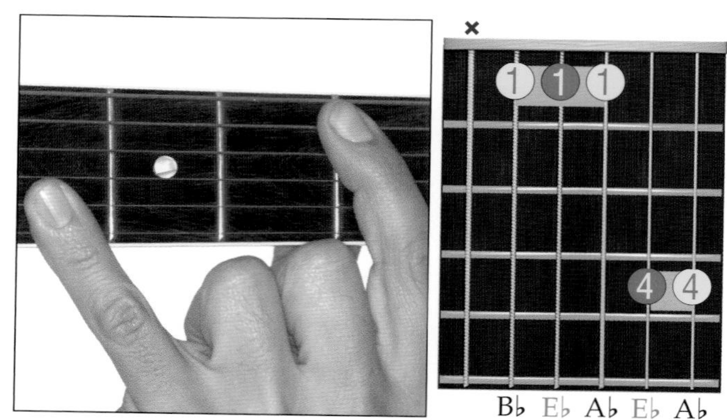
B♭ E♭ A♭ E♭ A♭

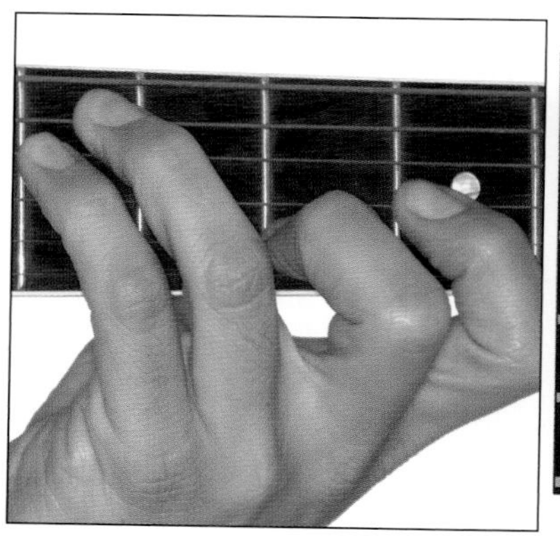

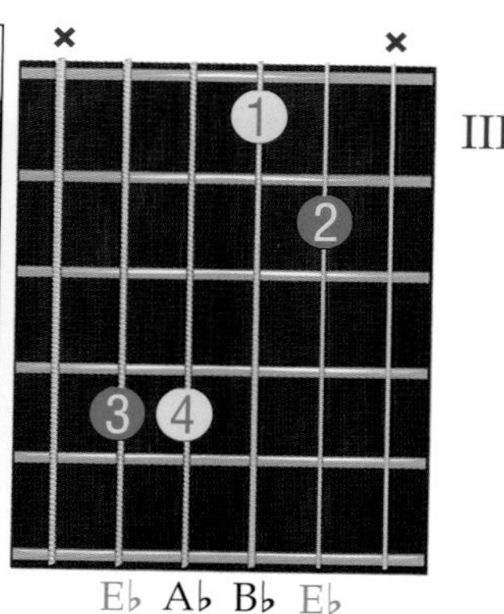
III
E♭ A♭ B♭ E♭

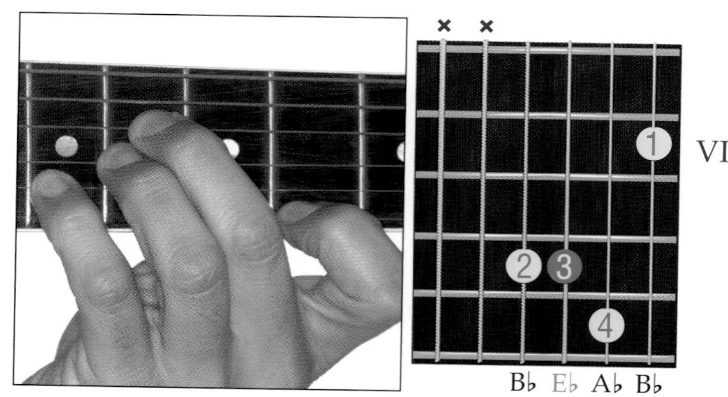
VI
B♭ E♭ A♭ B♭

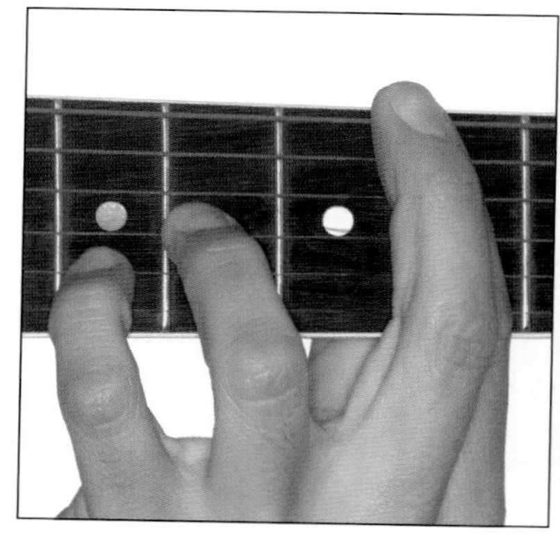

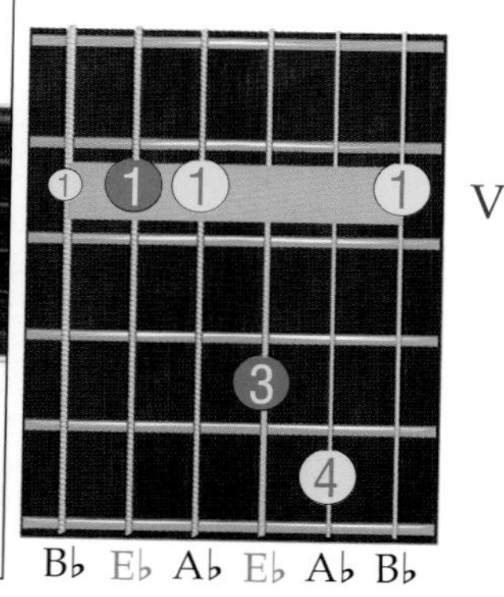
VI
B♭ E♭ A♭ E♭ A♭ B♭

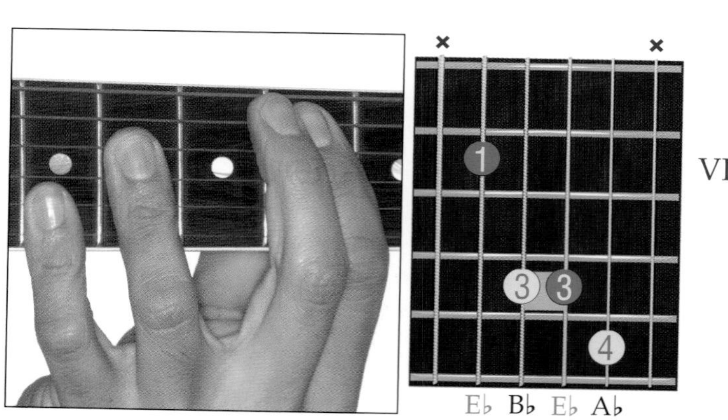
VI
E♭ B♭ E♭ A♭

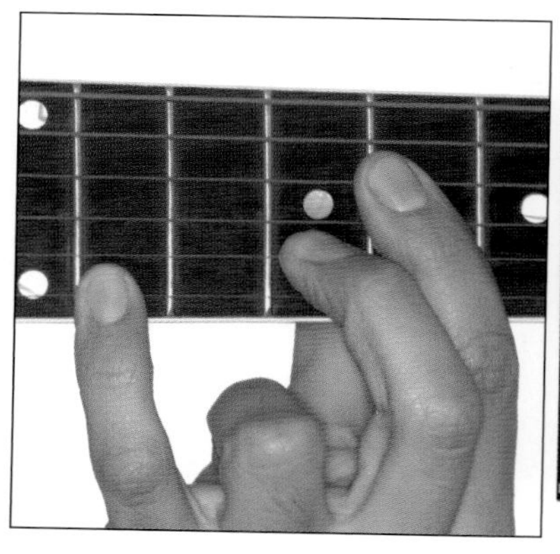

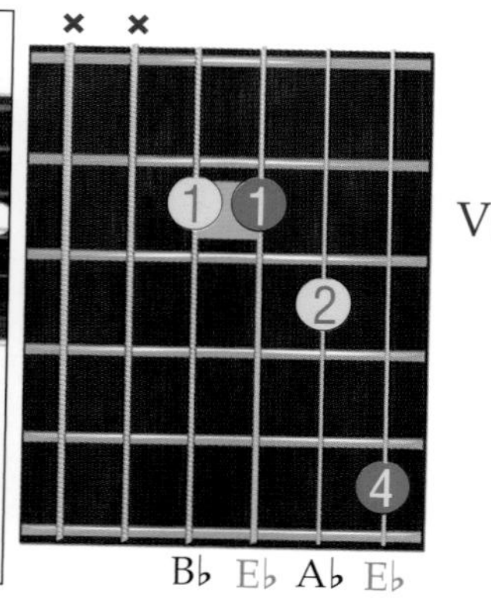
VIII
B♭ E♭ A♭ E♭

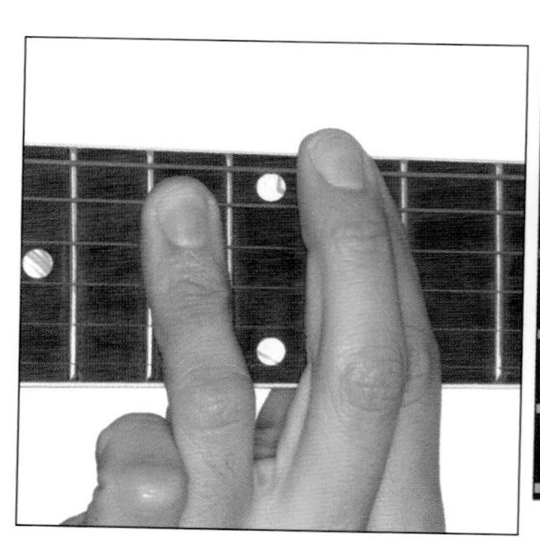

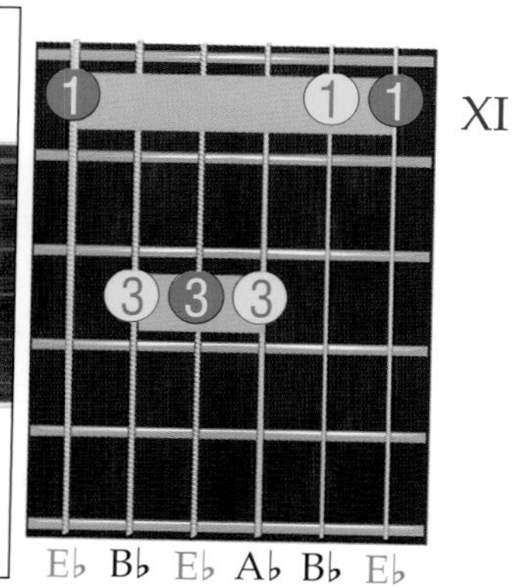
XI
E♭ B♭ E♭ A♭ B♭ E♭

E♭6

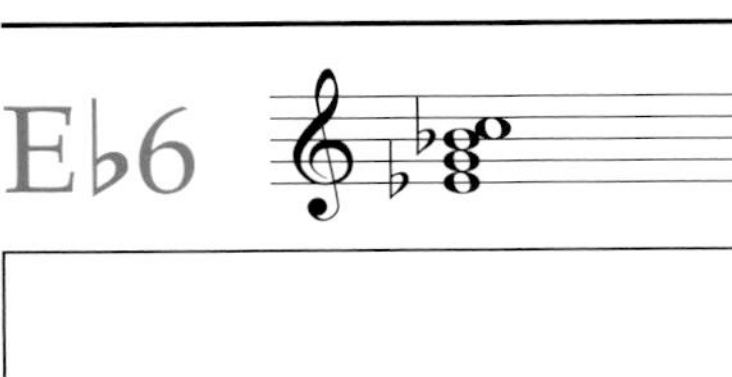

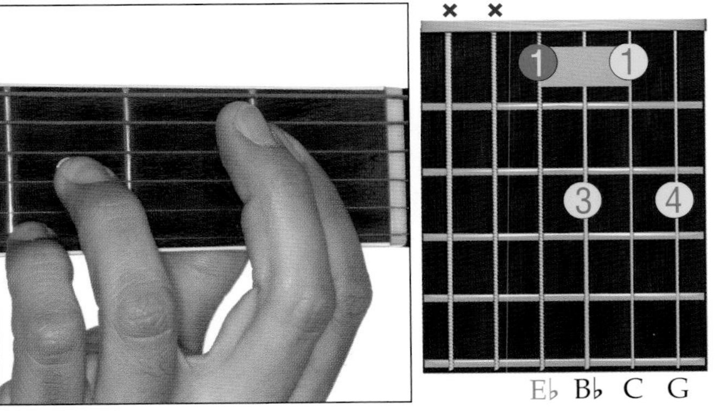
E♭ B♭ C G

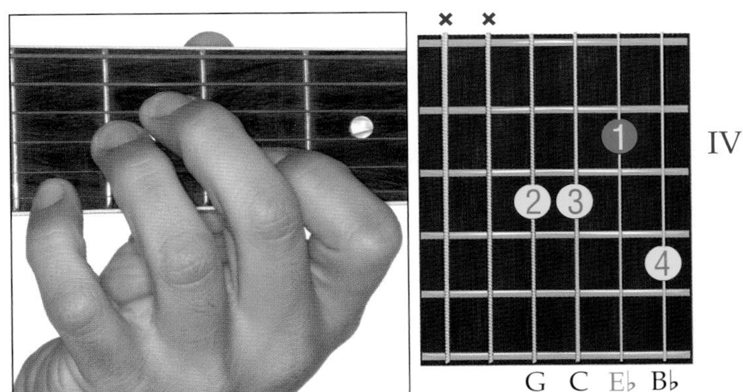
IV
G C E♭ B♭

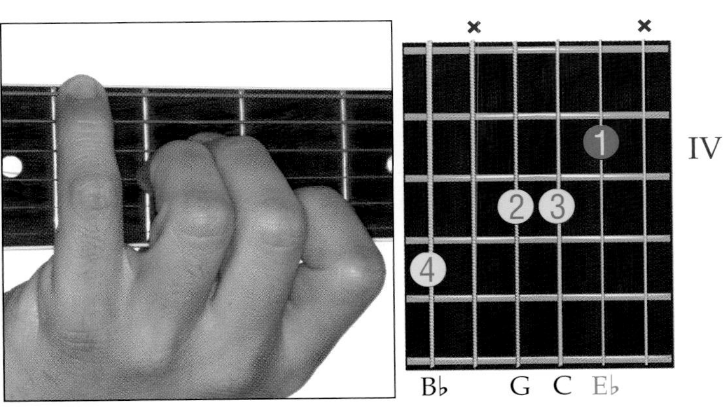
IV
B♭ G C E♭

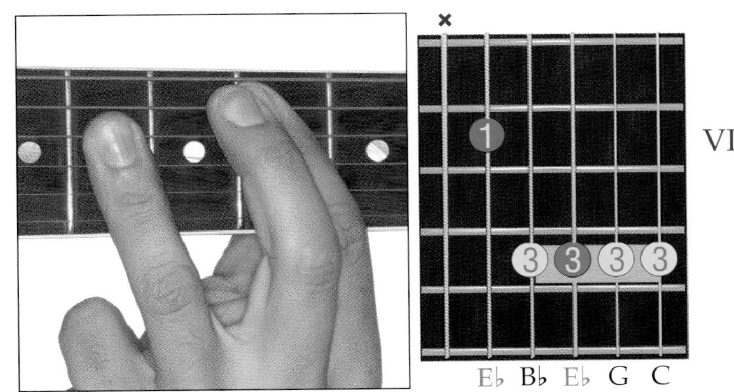
VI
E♭ B♭ E♭ G C

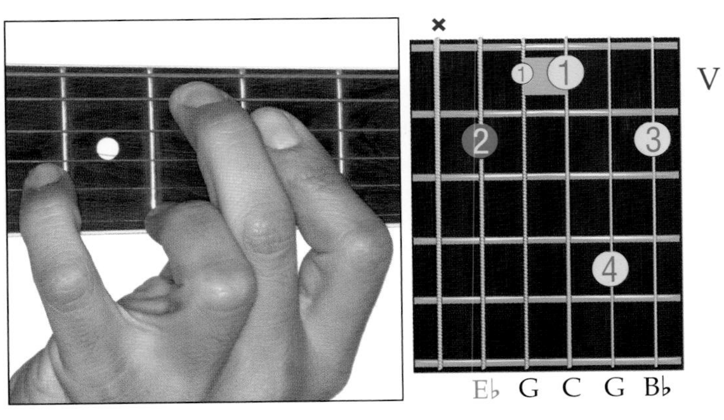
V
E♭ G C G B♭

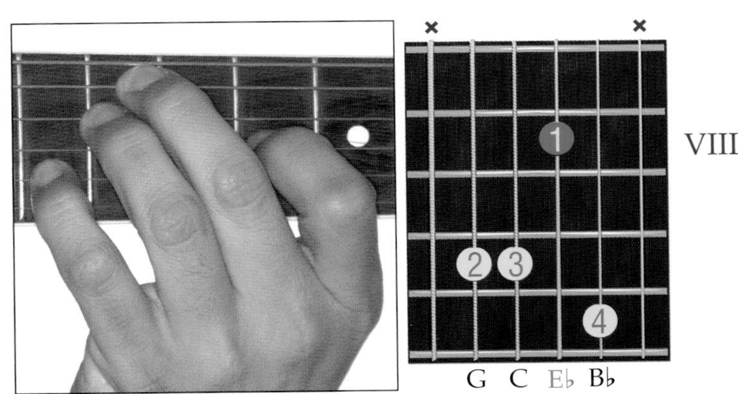
VIII
G C E♭ B♭

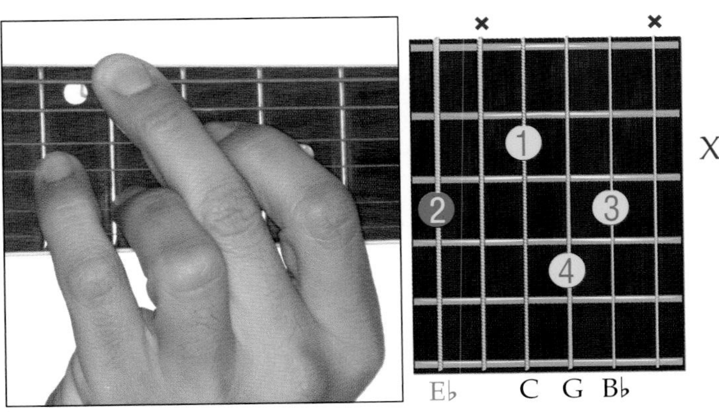
X
E♭ C G B♭

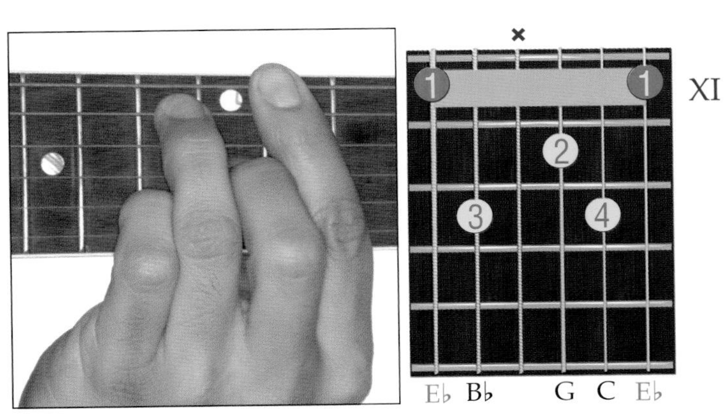
XI
E♭ B♭ G C E♭

E♭ 6/9

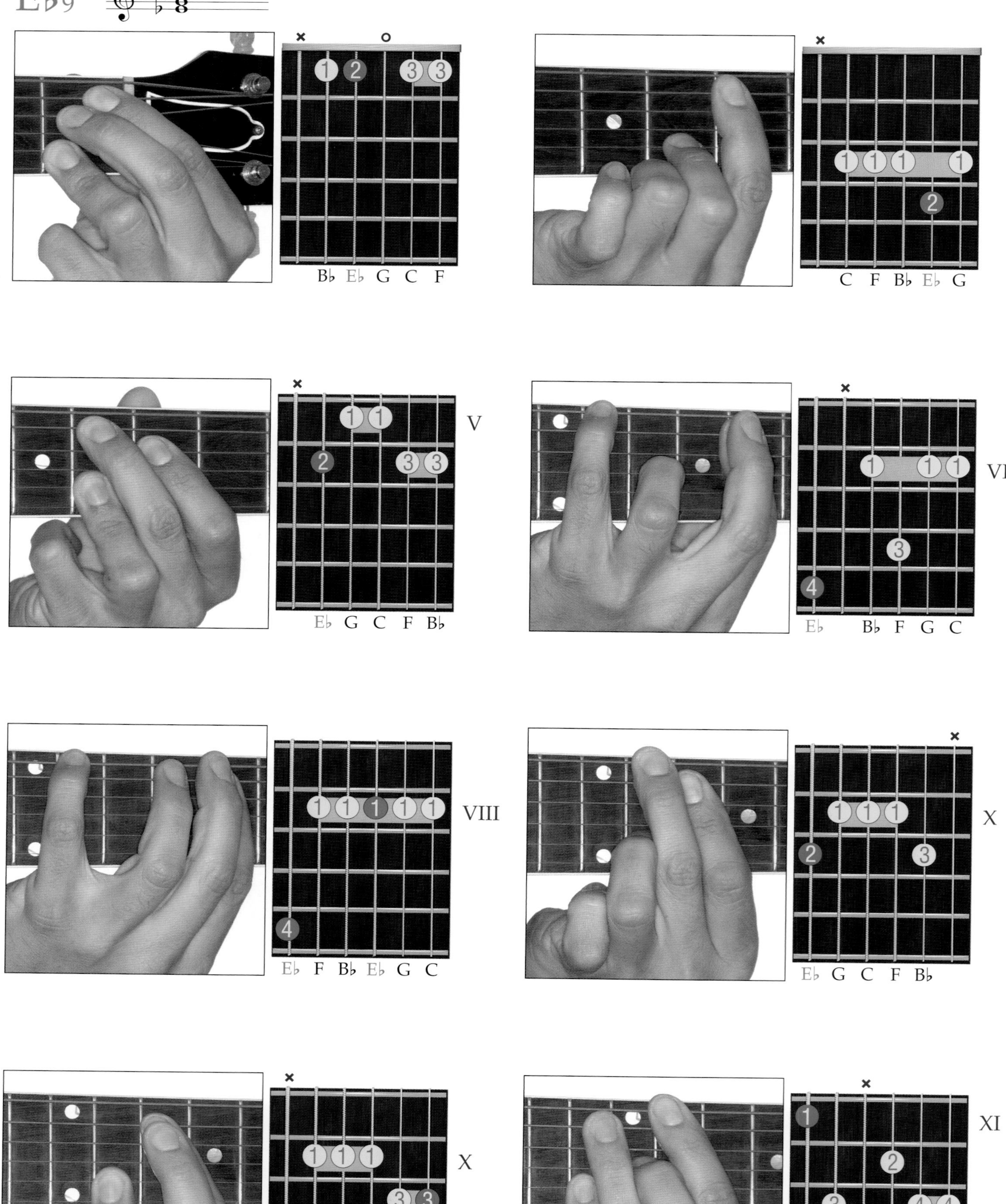

B♭ E♭ G C F
C F B♭ E♭ G
V
E♭ G C F B♭
VIII
E♭ B♭ F G C
VIII
E♭ F B♭ E♭ G C
X
E♭ G C F B♭
X
G C F B♭ E♭
XI
E♭ B♭ G C F

E♭
D♯

E♭maj7

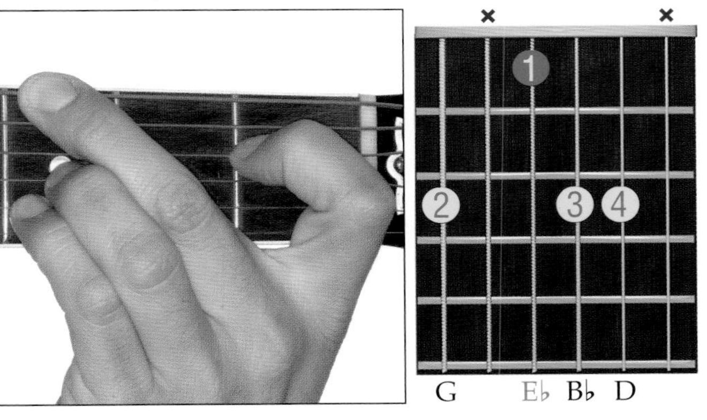
G E♭ B♭ D

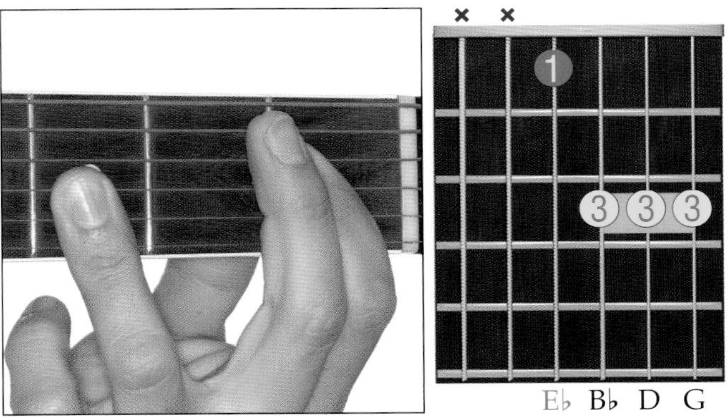
E♭ B♭ D G

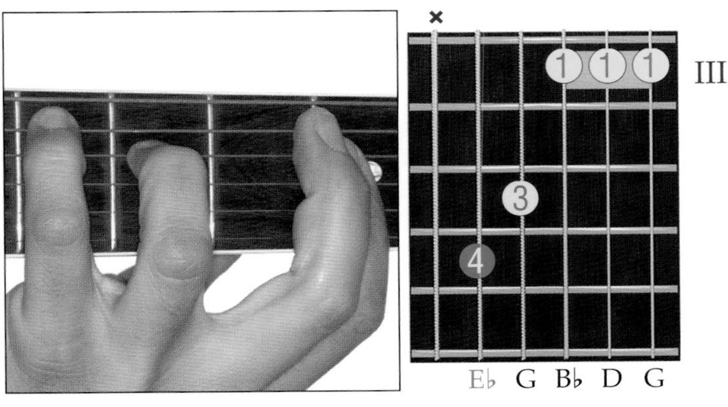
III
E♭ G B♭ D G

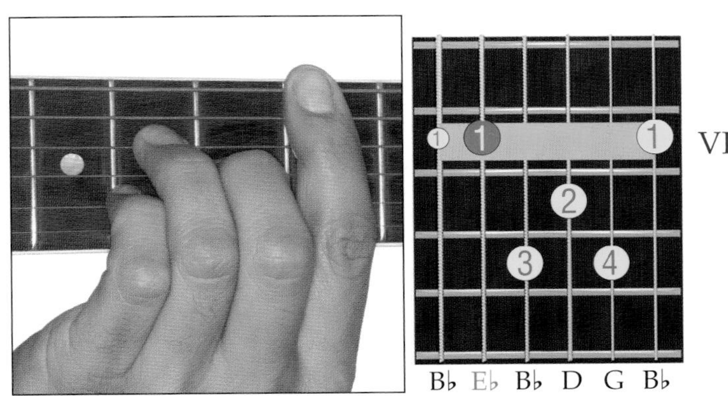
VI
B♭ E♭ B♭ D G B♭

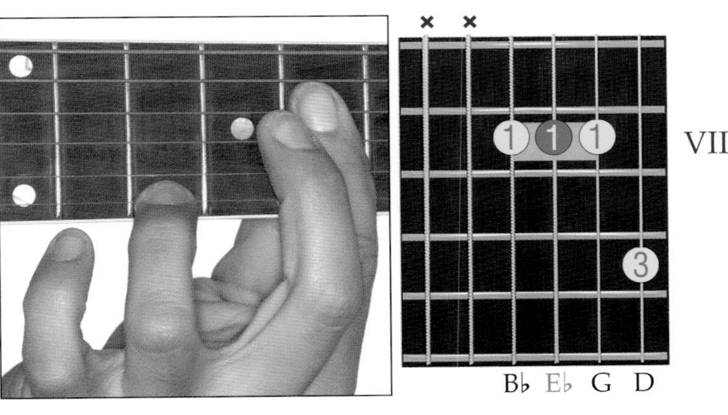
VIII
B♭ E♭ G D

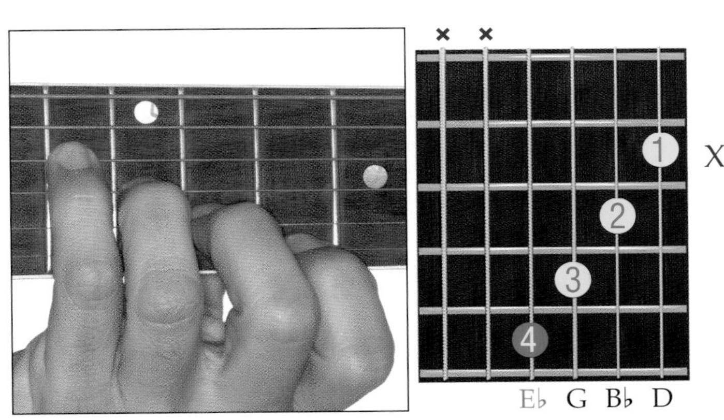
X
E♭ G B♭ D

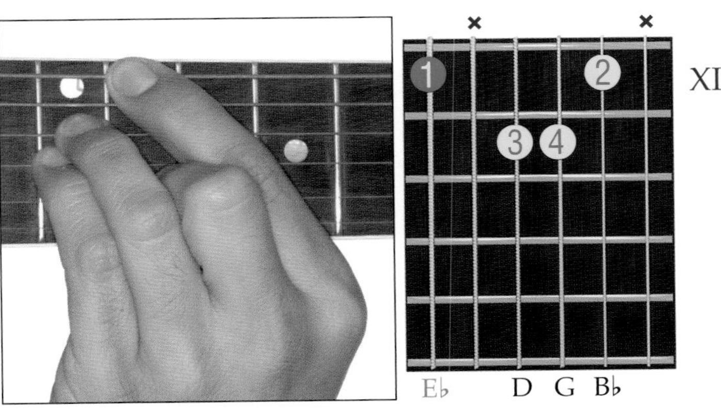
XI
E♭ D G B♭

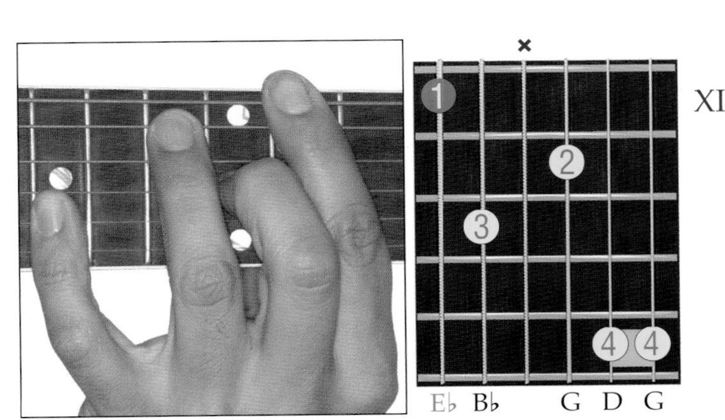
XI
E♭ B♭ G D G

E♭maj9

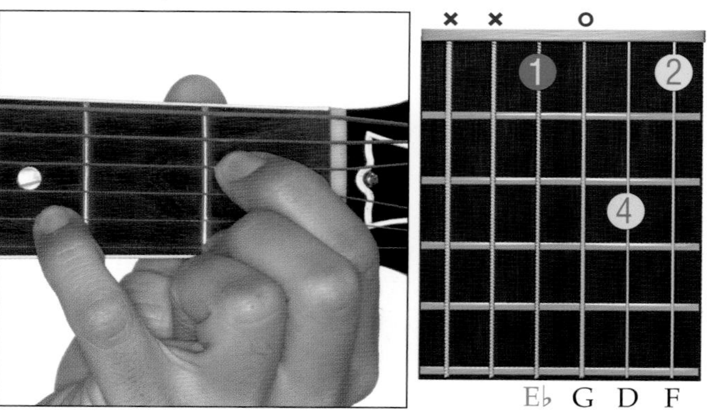
E♭ G D F

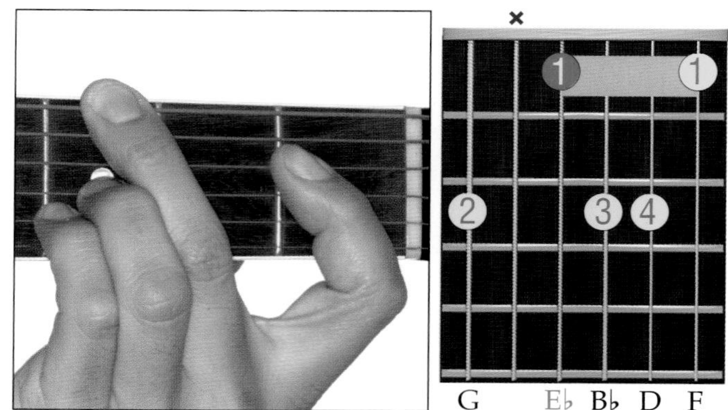
G E♭ B♭ D F

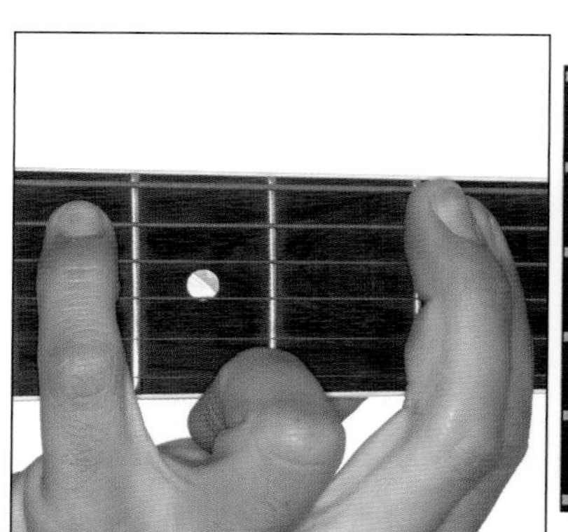

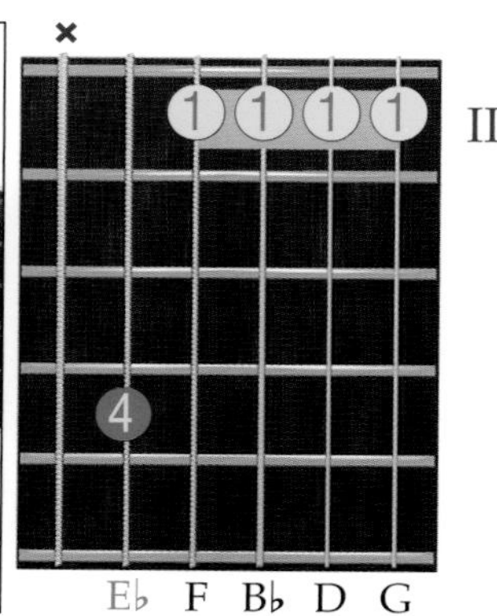
III
E♭ F B♭ D G

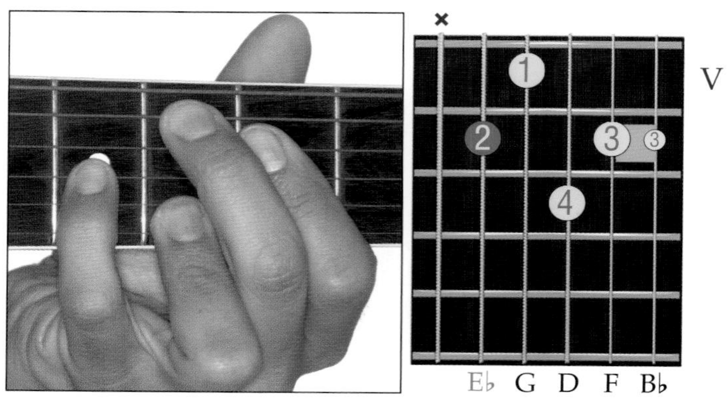
V
E♭ G D F B♭

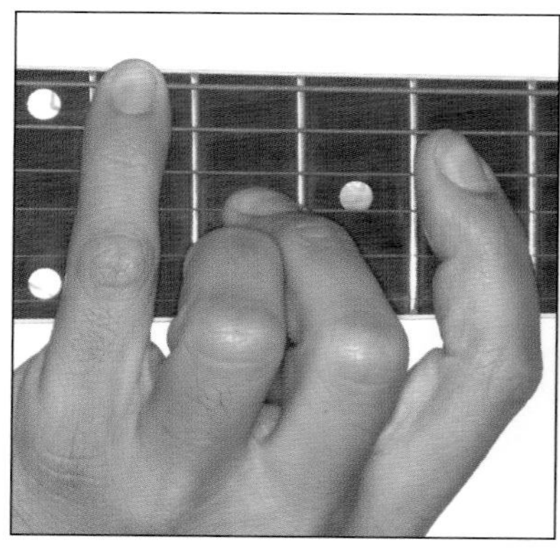

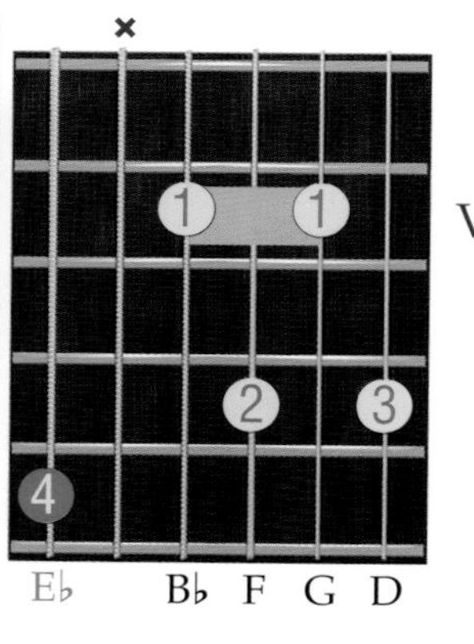
VIII
E♭ B♭ F G D

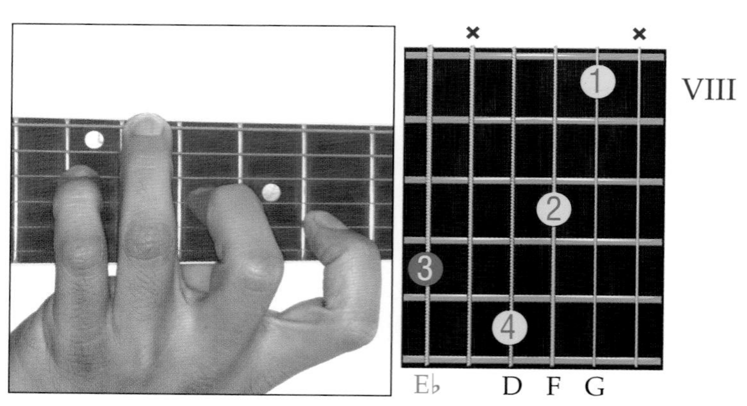
VIII
E♭ D F G

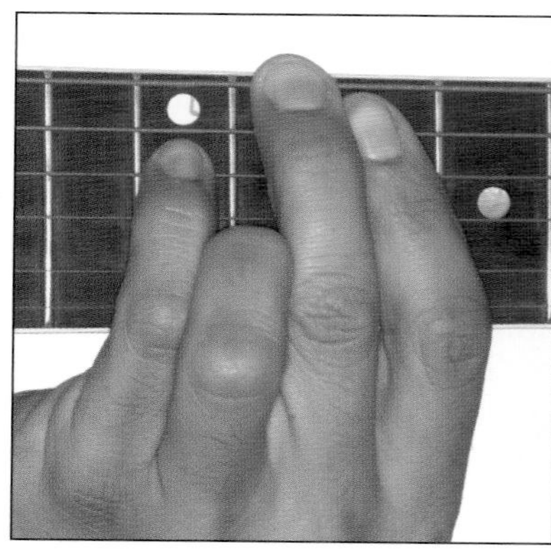

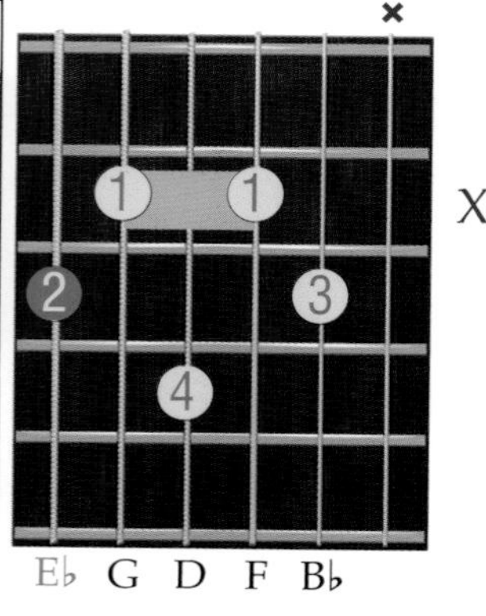
X
E♭ G D F B♭

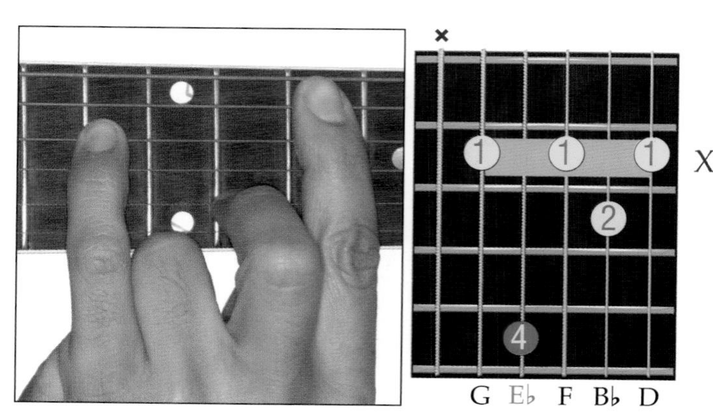
X
G E♭ F B♭ D

E♭maj13

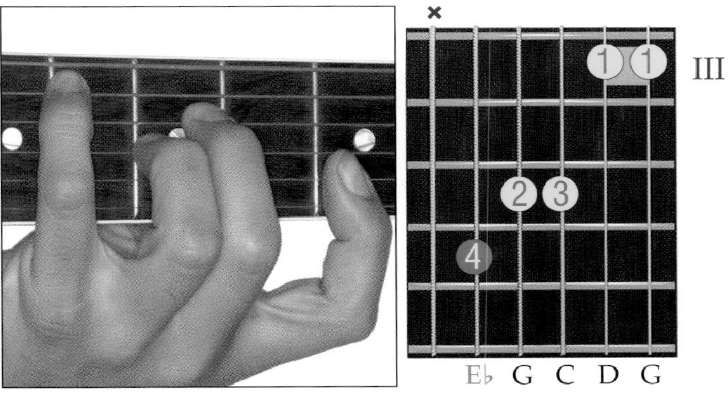
×
1 1
2 3
4
III
E♭ G C D G

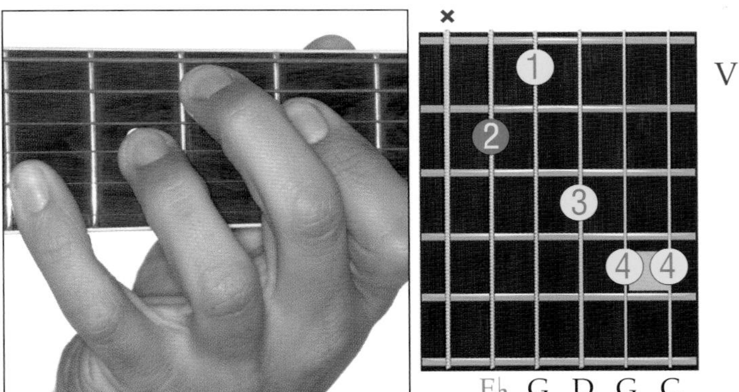
×
1
2
3
4 4
V
E♭ G D G C

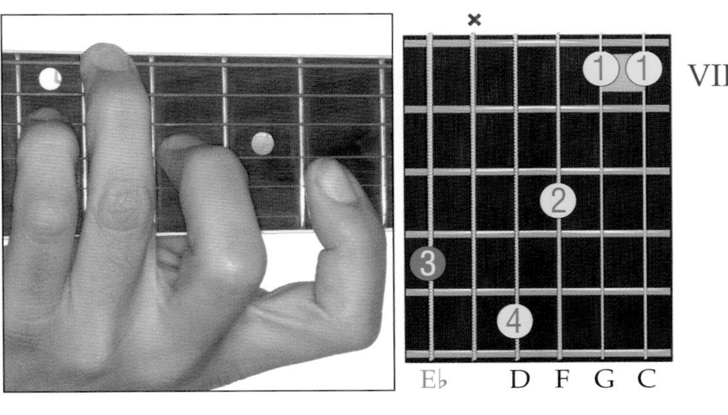
×
1 1
2
3
4
VIII
E♭ D F G C

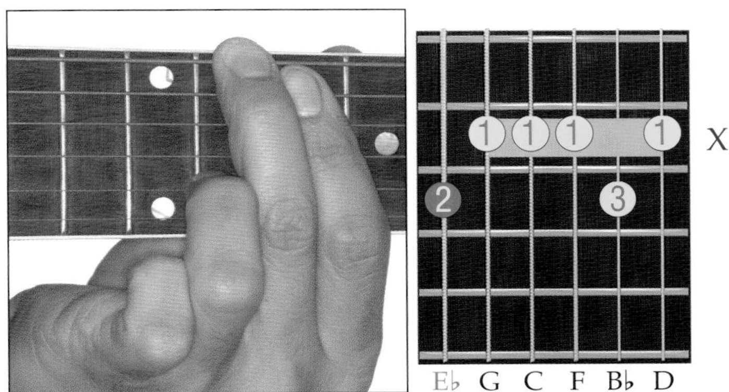
1 1 1 1
2
3
X
E♭ G C F B♭ D

E♭m

E♭
D♯

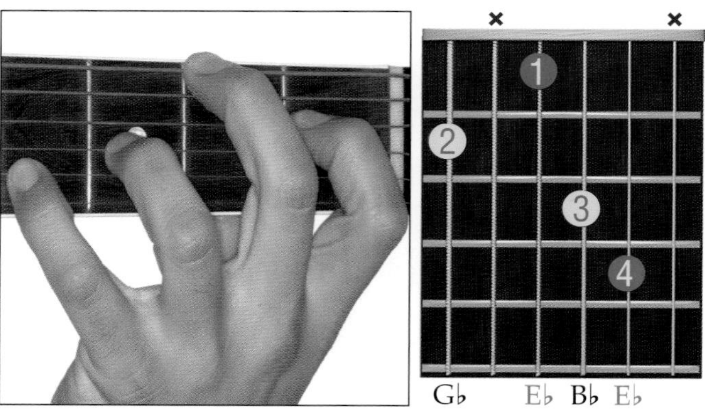
G♭ E♭ B♭ E♭

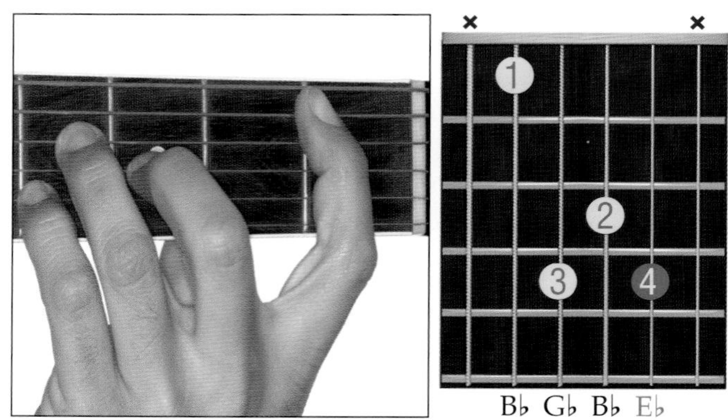
B♭ G♭ B♭ E♭

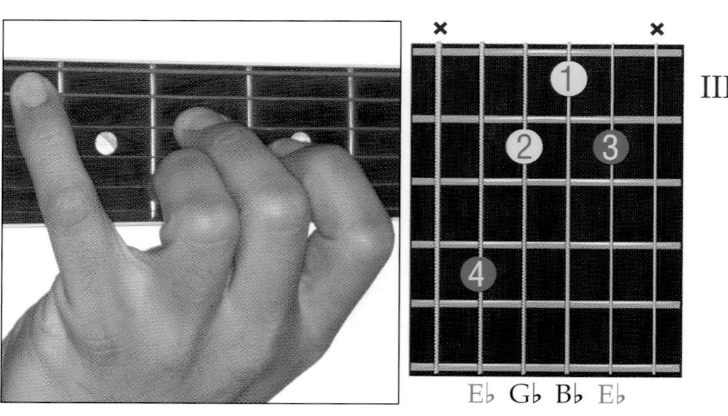
III
E♭ G♭ B♭ E♭

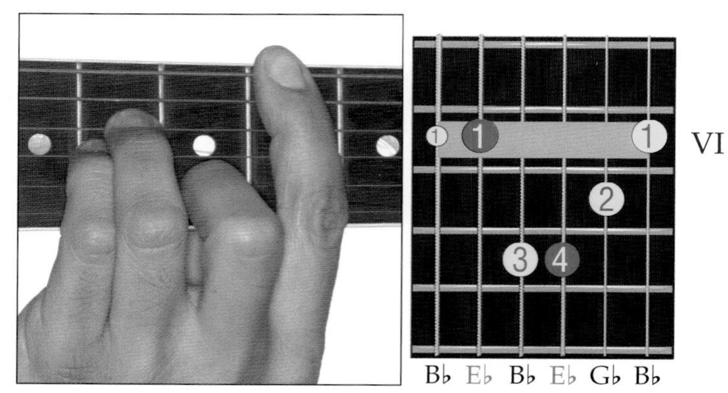
VI
B♭ E♭ B♭ E♭ G♭ B♭

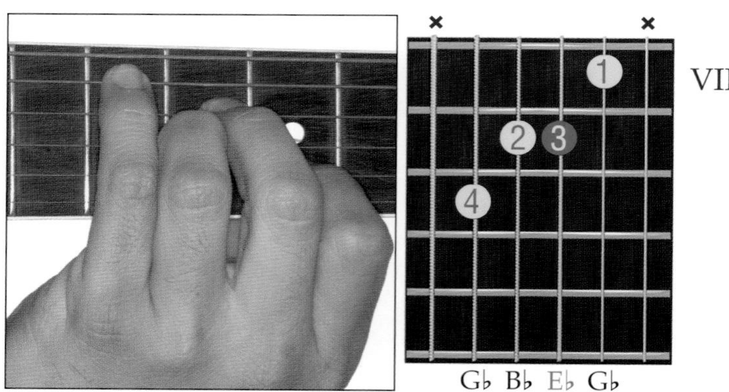
VII
G♭ B♭ E♭ G♭

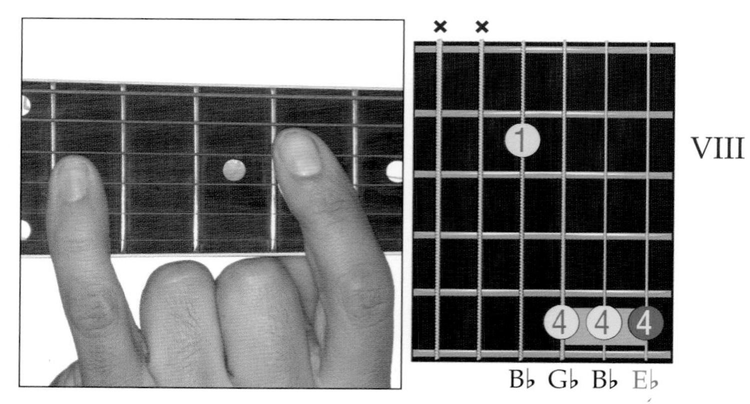
VIII
B♭ G♭ B♭ E♭

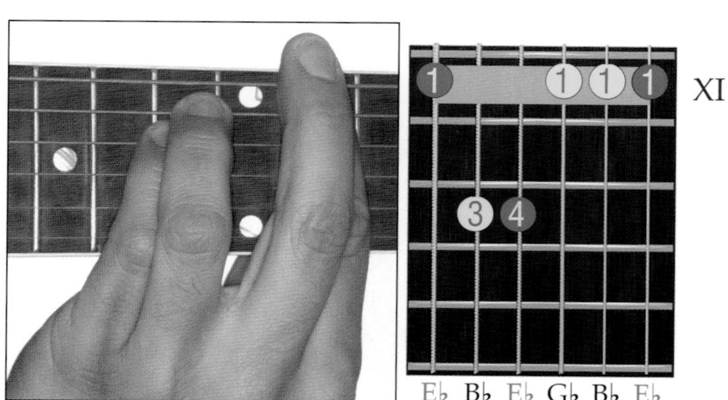
XI
E♭ B♭ E♭ G♭ B♭ E♭

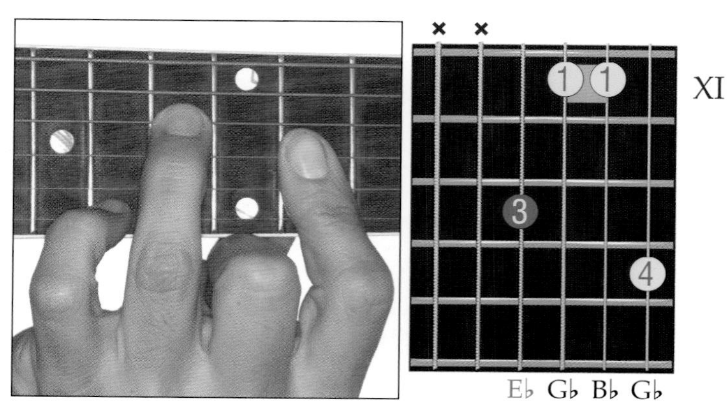
XI
E♭ G♭ B♭ G♭

E♭m6

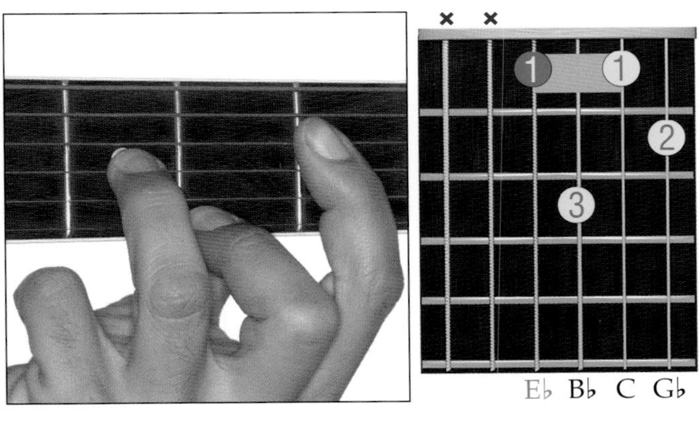
E♭ B♭ C G♭

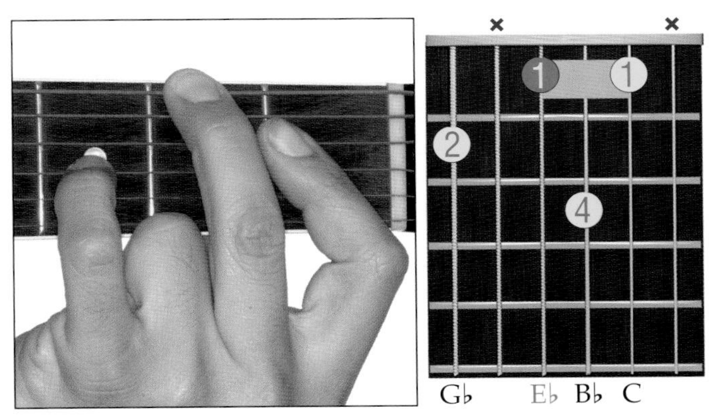
G♭ E♭ B♭ C

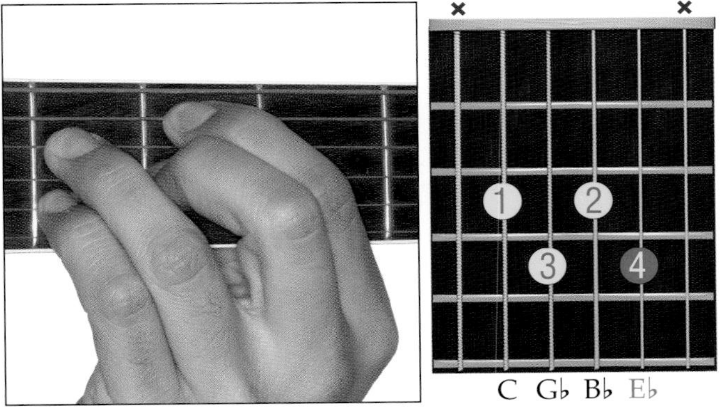
C G♭ B♭ E♭

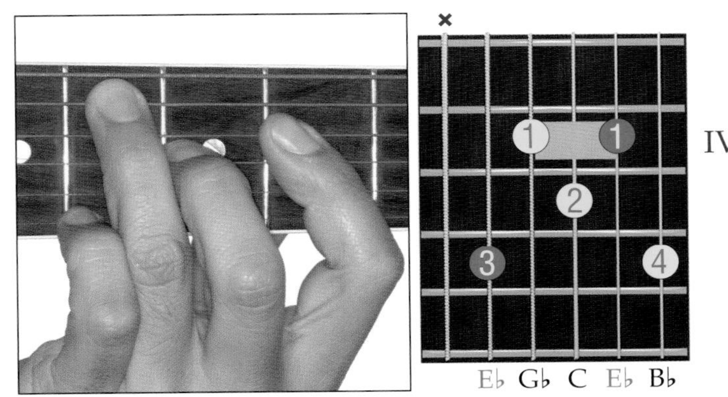
IV
E♭ G♭ C E♭ B♭

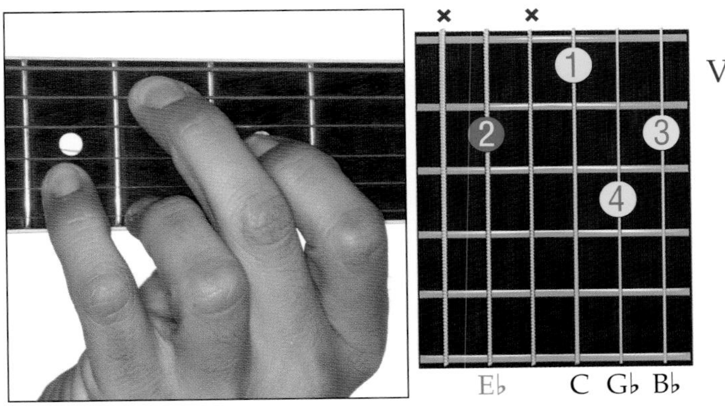
V
E♭ C G♭ B♭

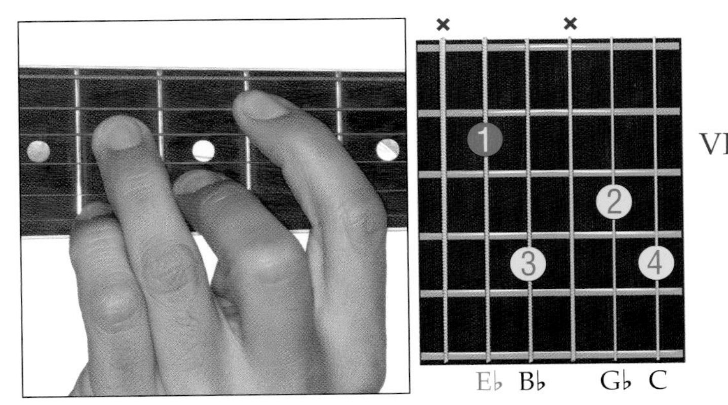
VI
E♭ B♭ G♭ C

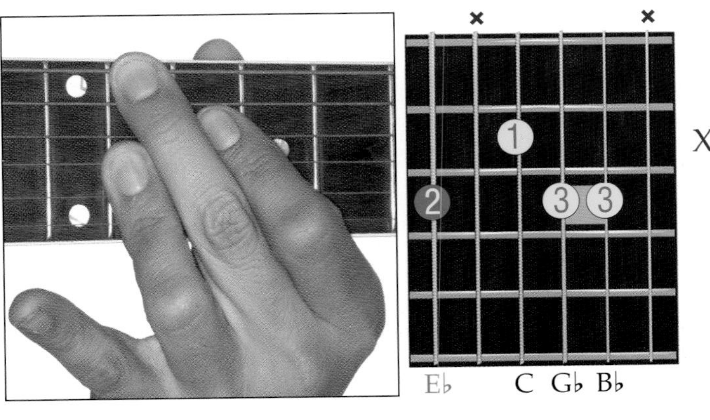
X
E♭ C G♭ B♭

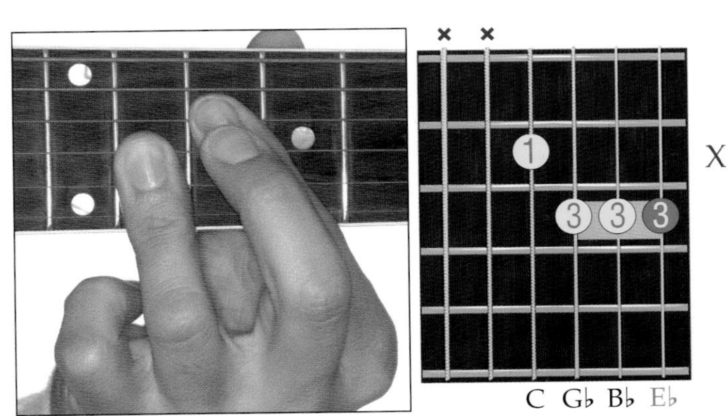
X
C G♭ B♭ E♭

E♭m7

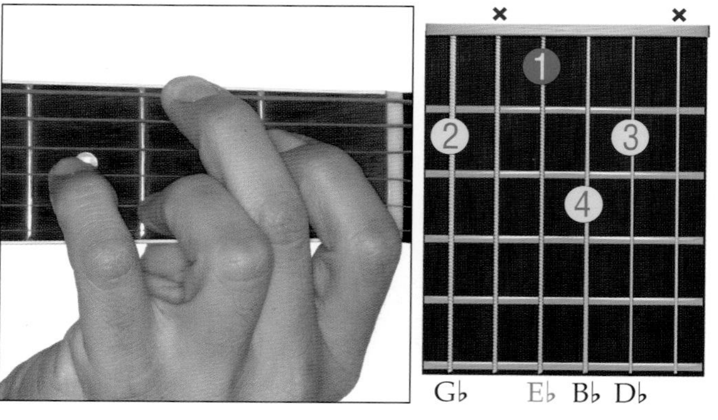
G♭ E♭ B♭ D♭

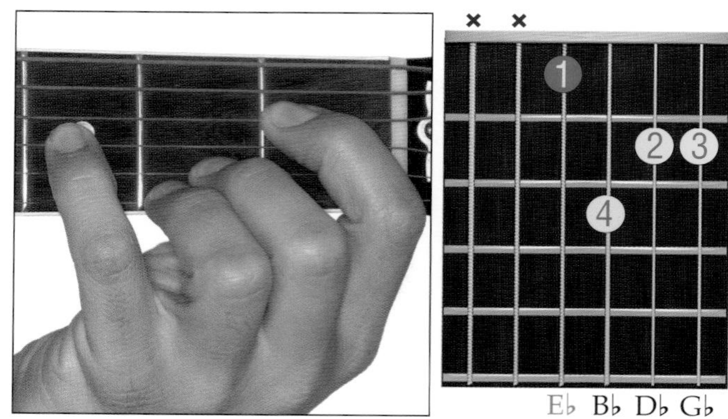
E♭ B♭ D♭ G♭

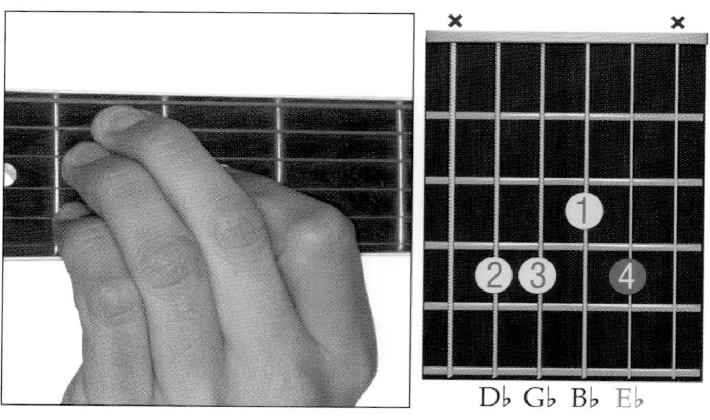
D♭ G♭ B♭ E♭

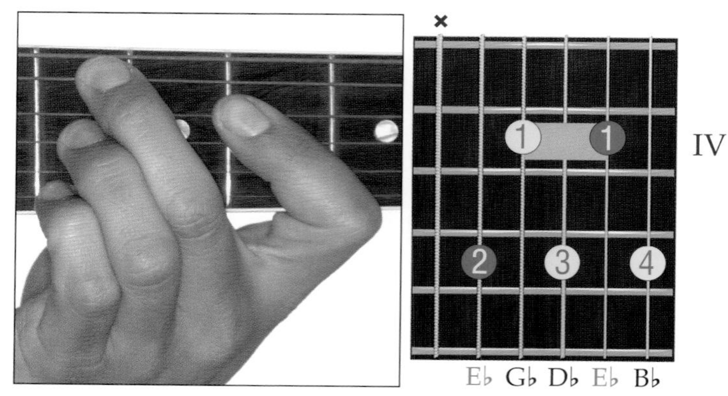
IV
E♭ G♭ D♭ E♭ B♭

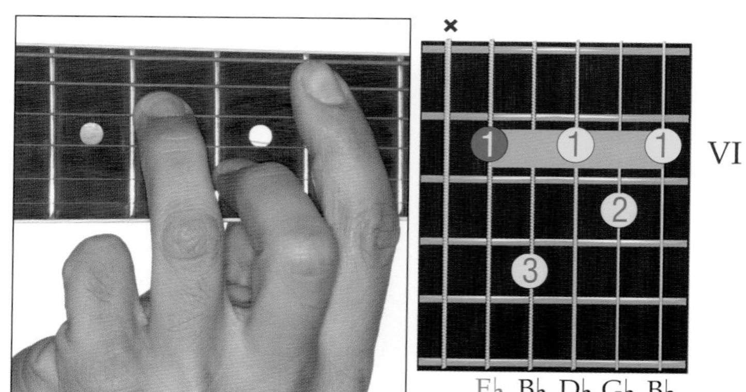
VI
E♭ B♭ D♭ G♭ B♭

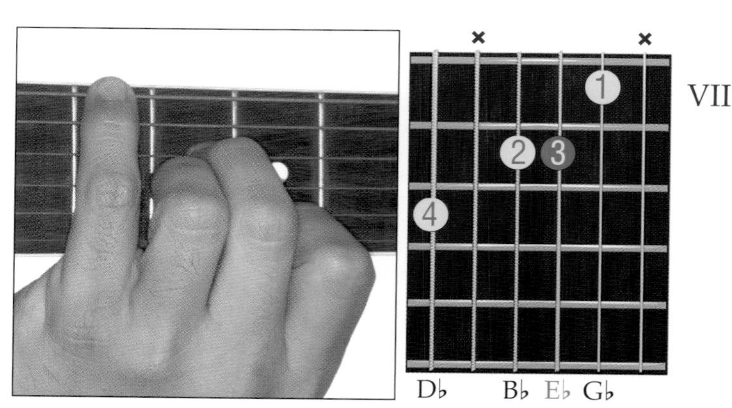
VII
D♭ B♭ E♭ G♭

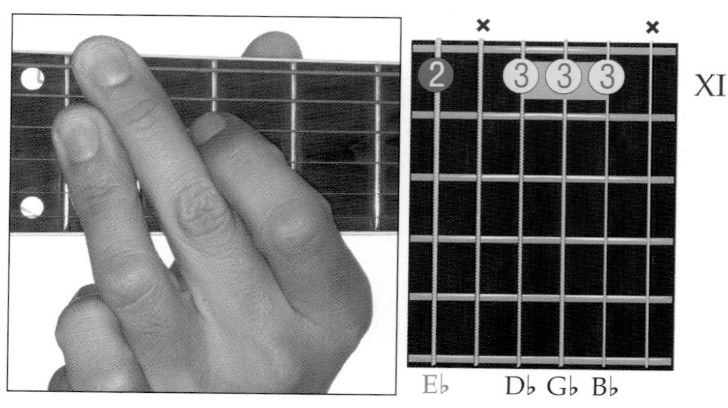
XI
E♭ D♭ G♭ B♭

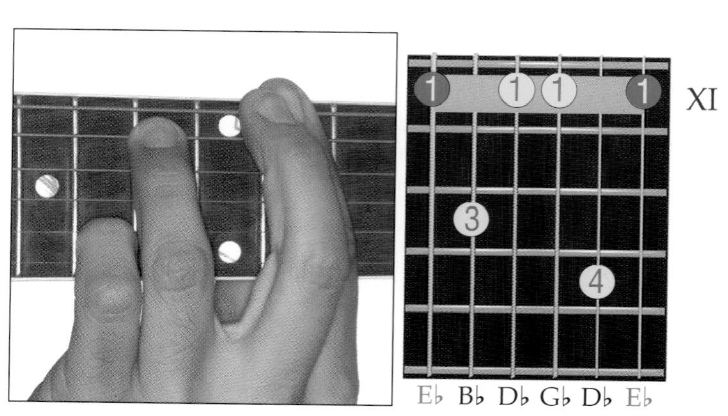
XI
E♭ B♭ D♭ G♭ D♭ E♭

E♭m(maj7)

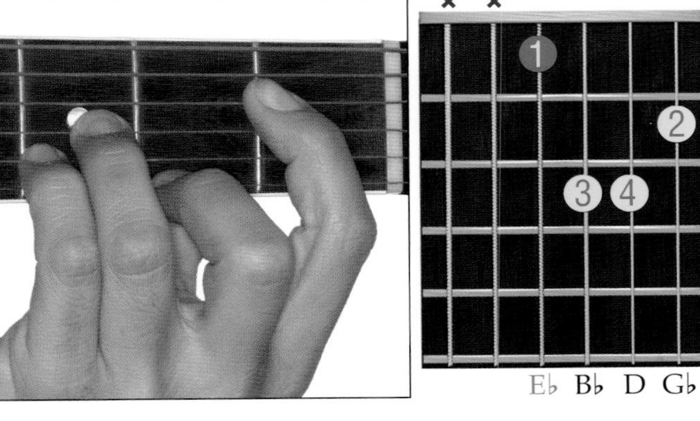
E♭ B♭ D G♭

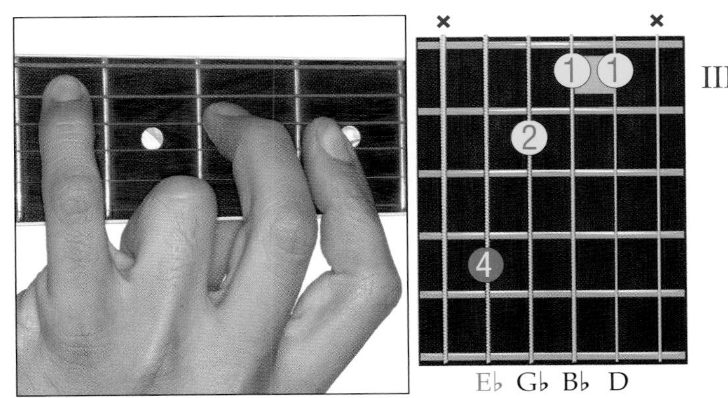
III
E♭ G♭ B♭ D

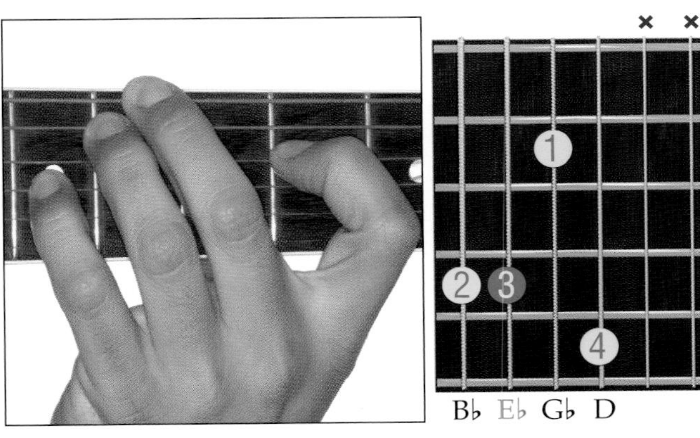
IV
B♭ E♭ G♭ D

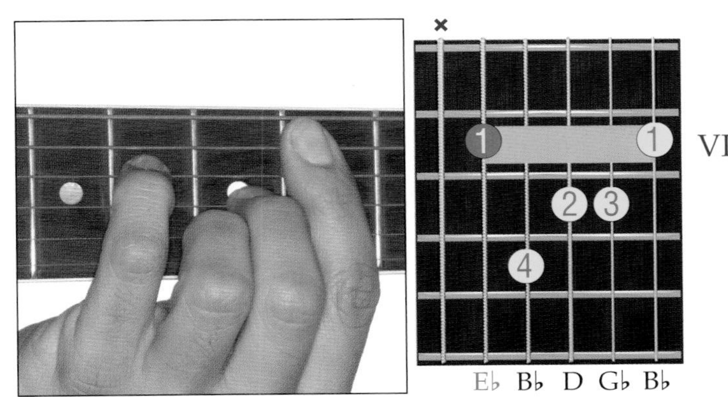
VI
E♭ B♭ D G♭ B♭

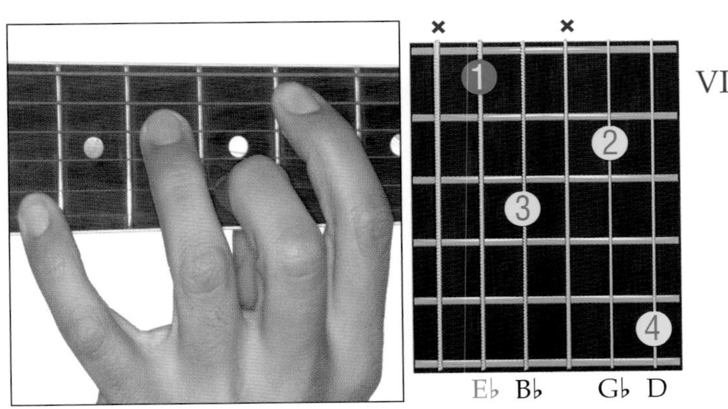
VI
E♭ B♭ G♭ D

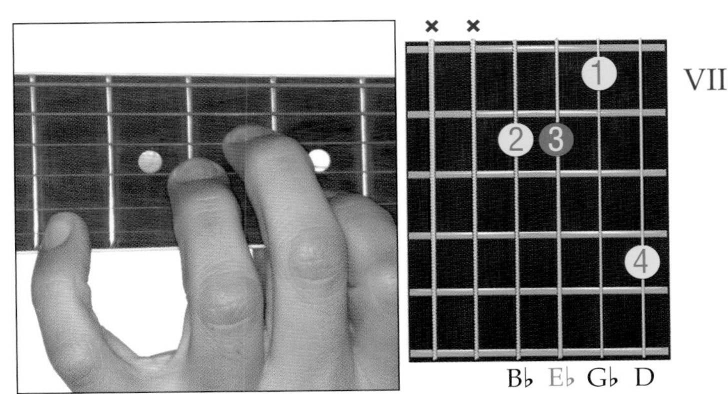
VII
B♭ E♭ G♭ D

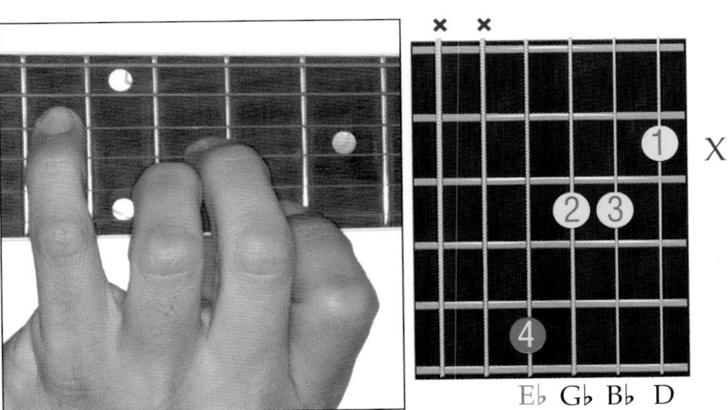
X
E♭ G♭ B♭ D

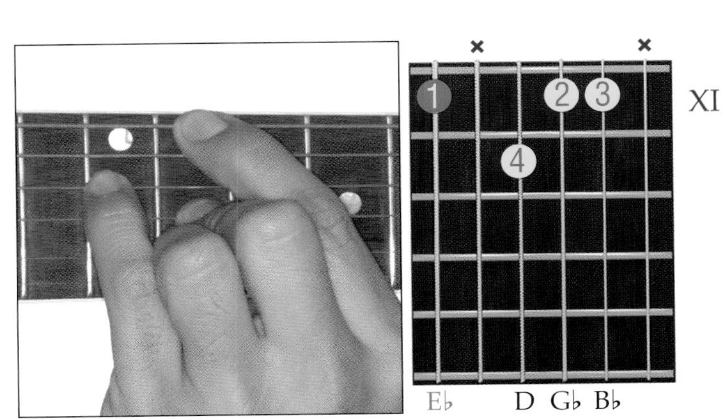
XI
E♭ D G♭ B♭

E♭m9

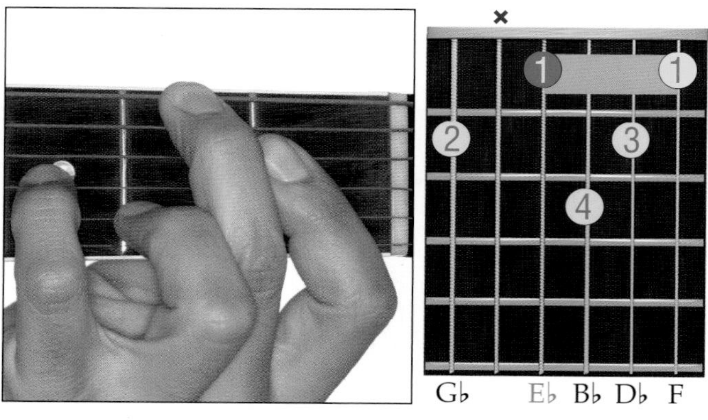
G♭ E♭ B♭ D♭ F

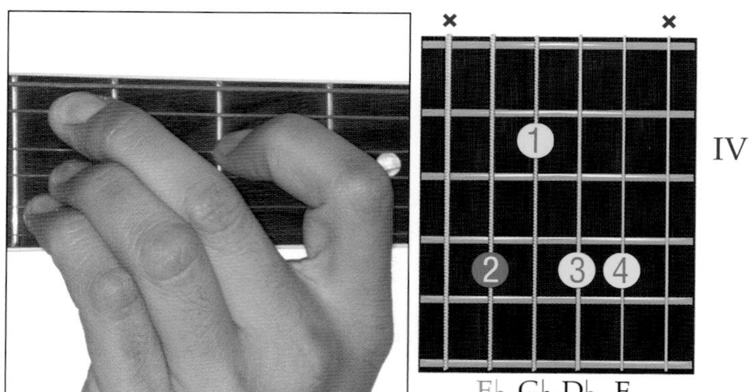
IV
E♭ G♭ D♭ F

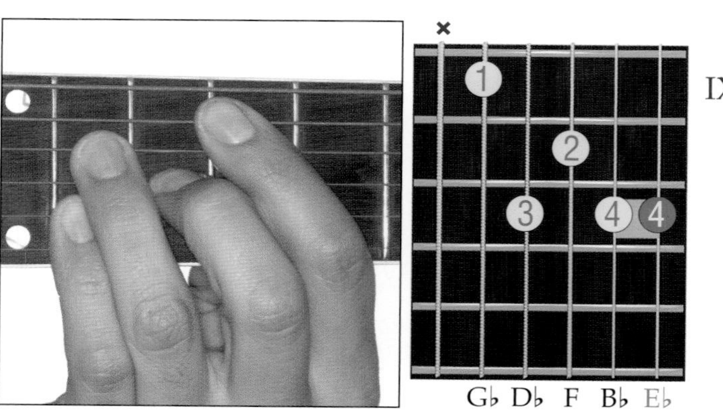
IX
G♭ D♭ F B♭ E♭

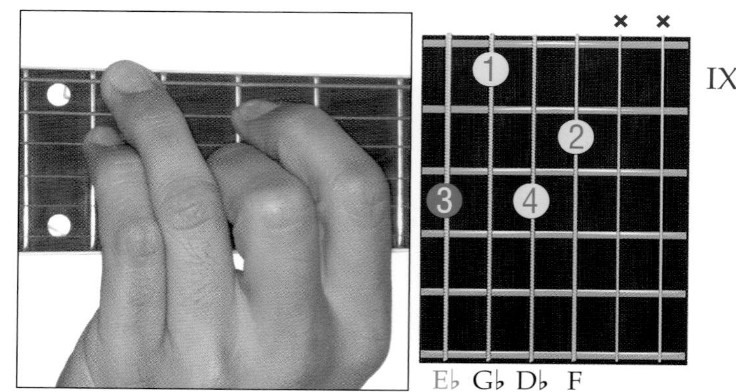
IX
E♭ G♭ D♭ F

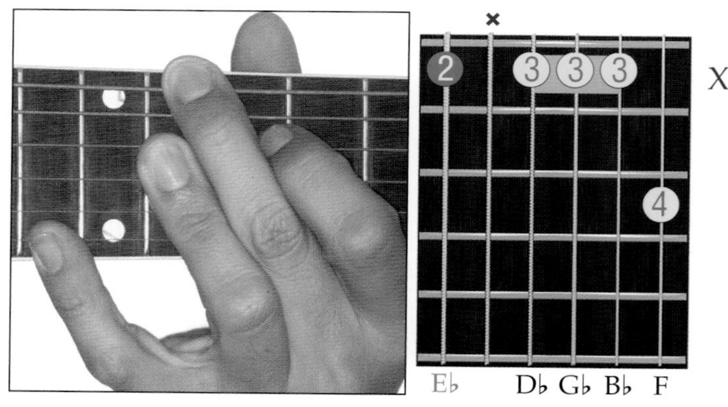
XI
E♭ D♭ G♭ B♭ F

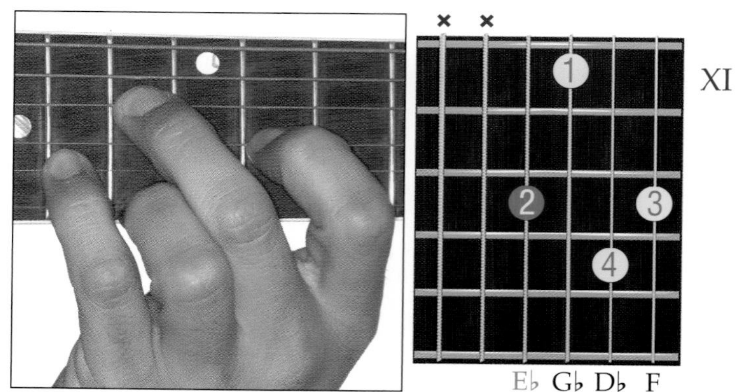
XI
E♭ G♭ D♭ F

E♭m11

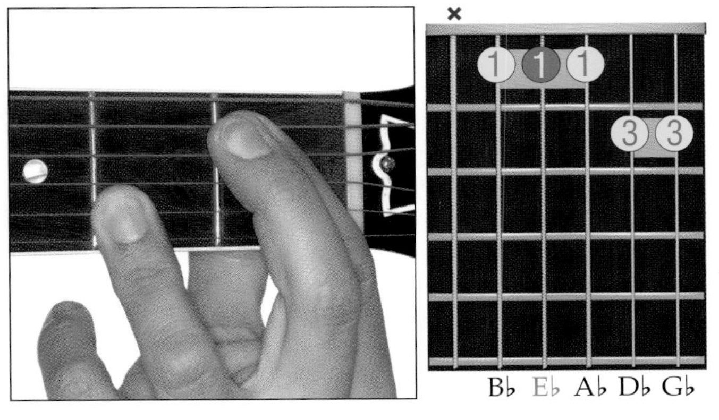
×
1 1 1
3 3
B♭ E♭ A♭ D♭ G♭

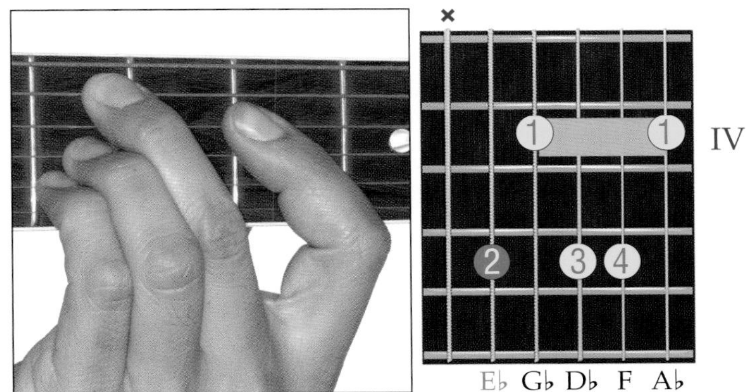
×
1 1
IV
2 3 4
E♭ G♭ D♭ F A♭

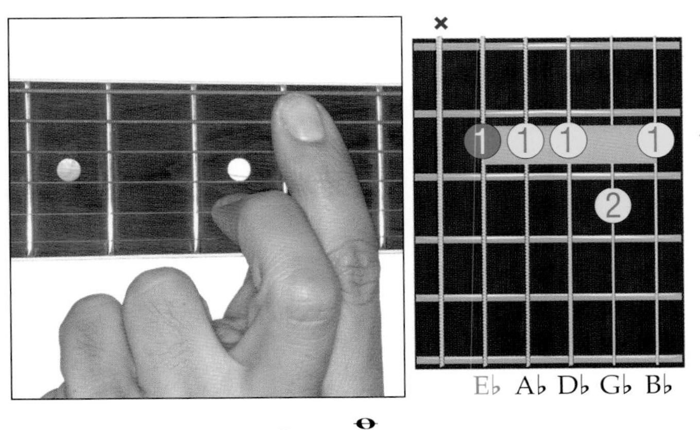
×
1 1 1 1
VI
2
E♭ A♭ D♭ G♭ B♭

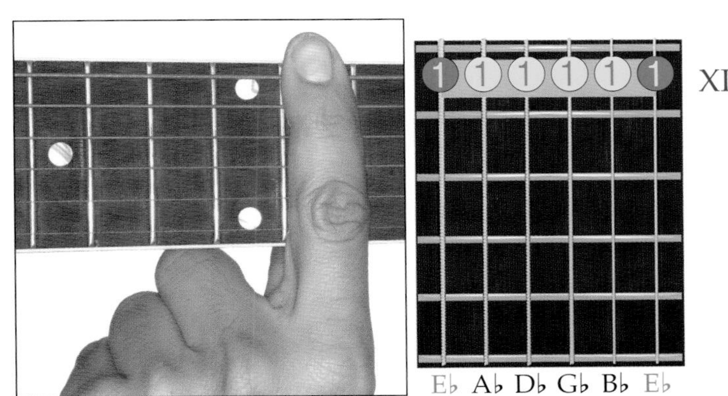
1 1 1 1 1 1
XI
E♭ A♭ D♭ G♭ B♭ E♭

E♭m13

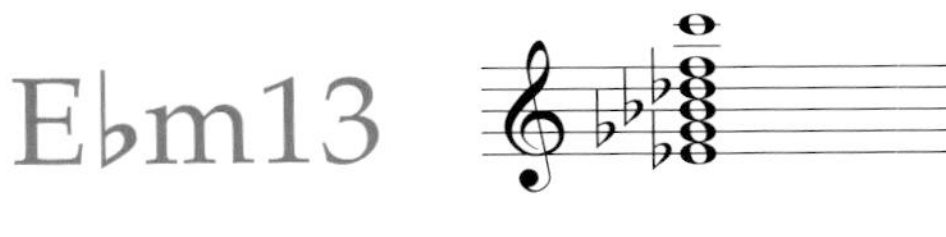

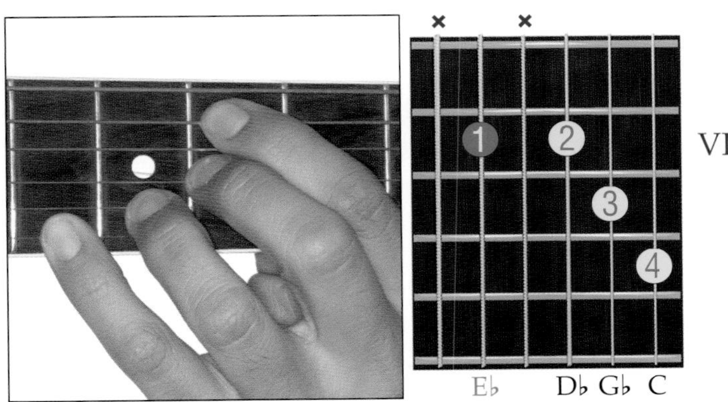
× ×
1 2
VI
3
4
E♭ D♭ G♭ C

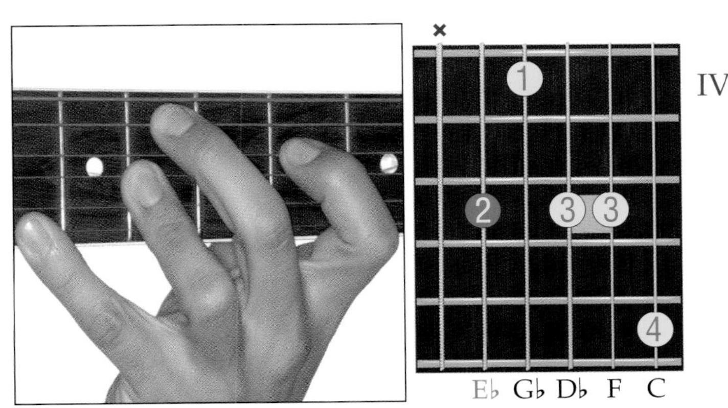
×
1
IV
2 3 3
4
E♭ G♭ D♭ F C

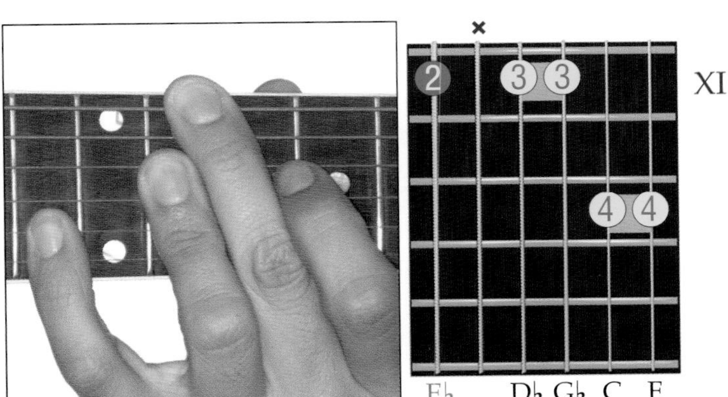
×
2 3 3
XI
4 4
E♭ D♭ G♭ C F

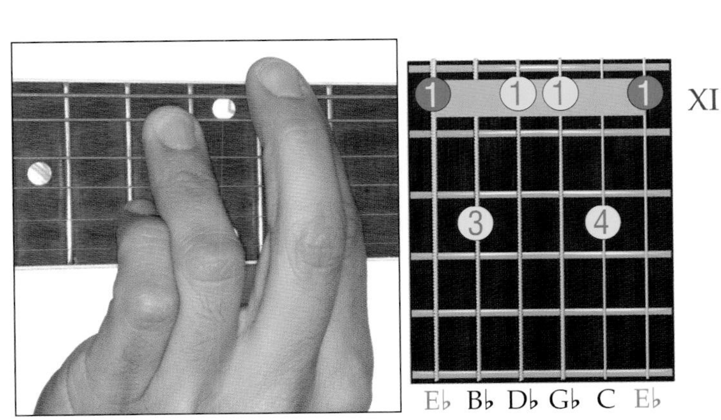
1 1 1 1
XI
3 4
E♭ B♭ D♭ G♭ C E♭

E♭m7♭5

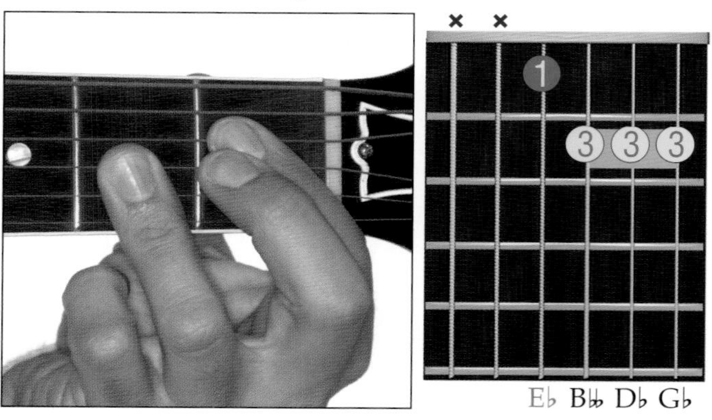
E♭ B♭♭ D♭ G♭

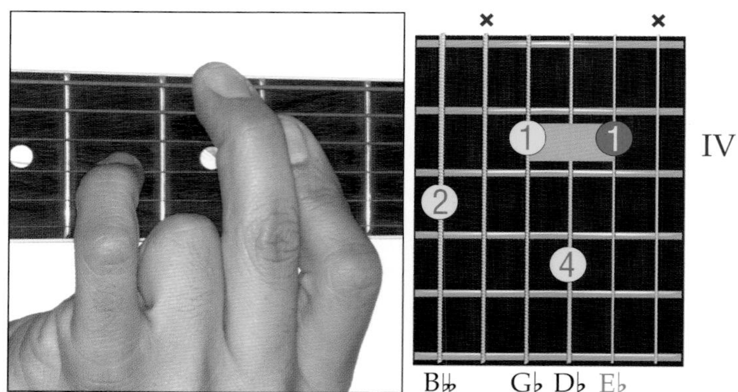
IV
B♭♭ G♭ D♭ E♭

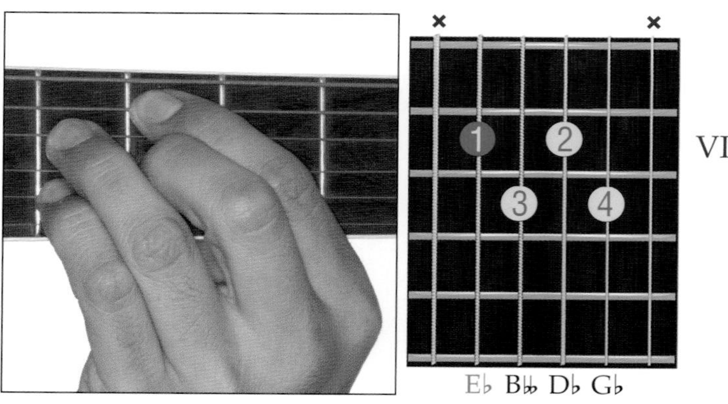
VI
E♭ B♭♭ D♭ G♭

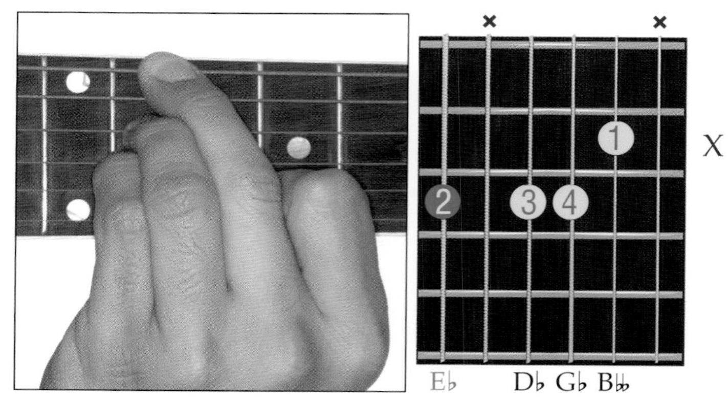
X
E♭ D♭ G♭ B♭♭

E♭°7

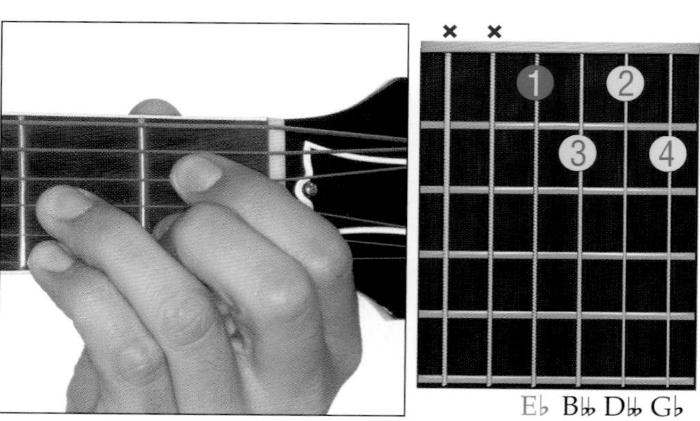
E♭ B♭♭ D♭♭ G♭

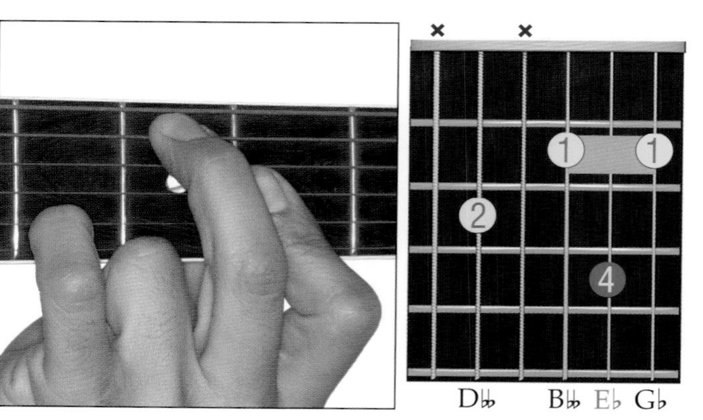
D♭♭ B♭♭ E♭ G♭

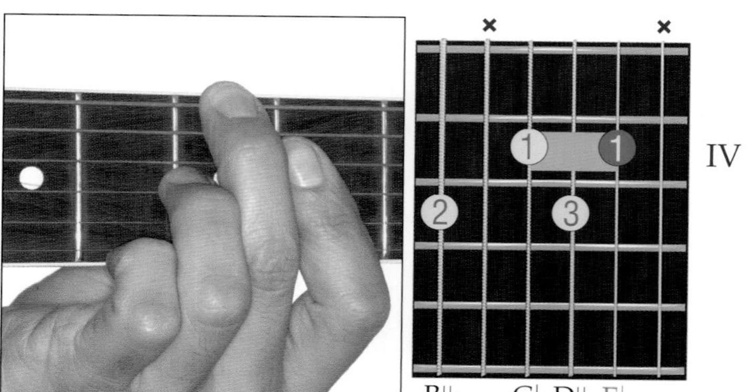
IV
B♭♭ G♭ D♭♭ E♭

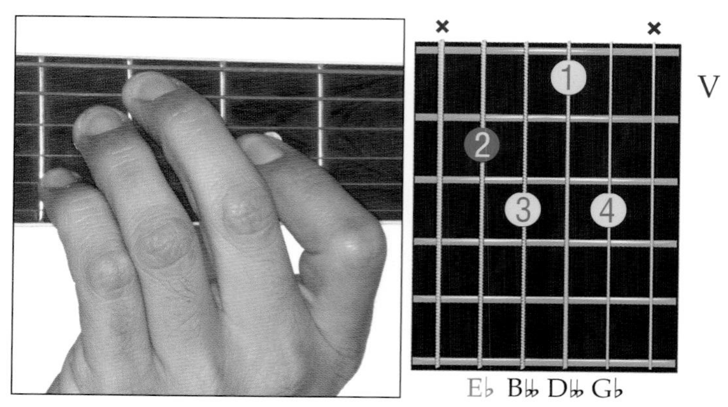
V
E♭ B♭♭ D♭♭ G♭

E♭7

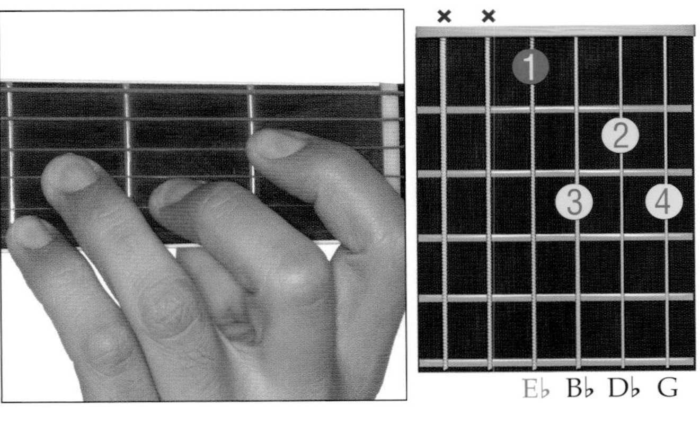
E♭ B♭ D♭ G

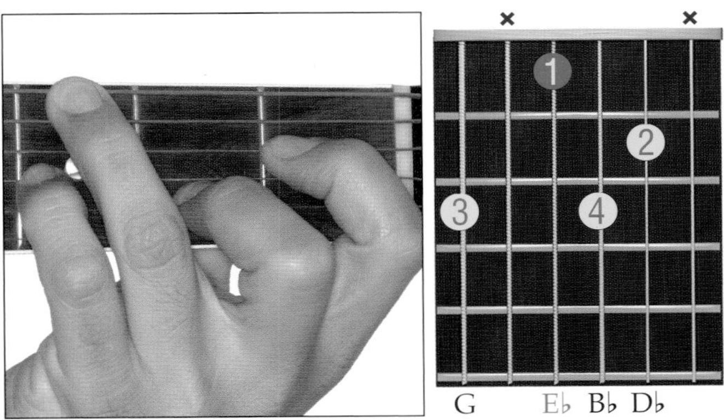
G E♭ B♭ D♭

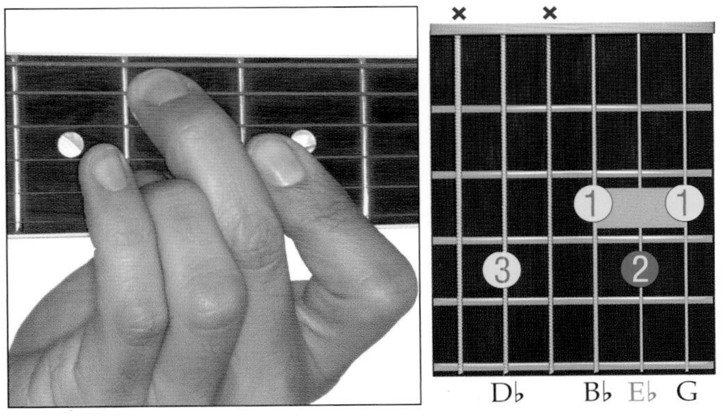
D♭ B♭ E♭ G

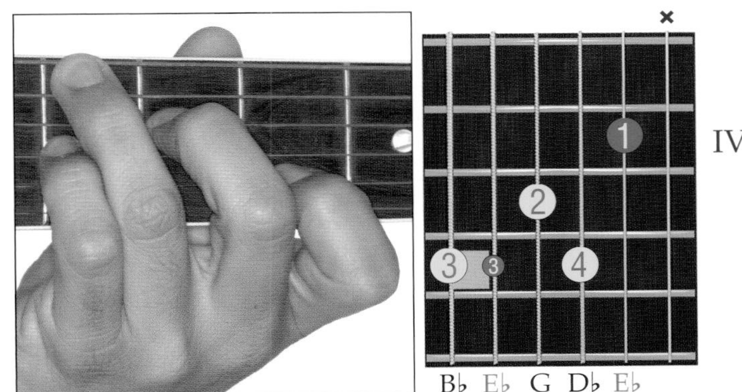
IV
B♭ E♭ G D♭ E♭

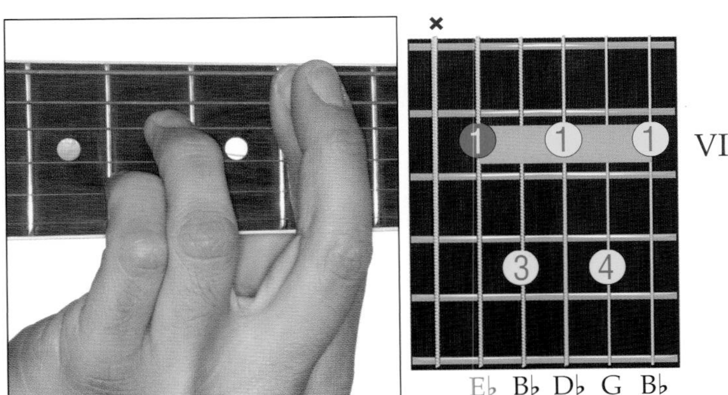
VI
E♭ B♭ D♭ G B♭

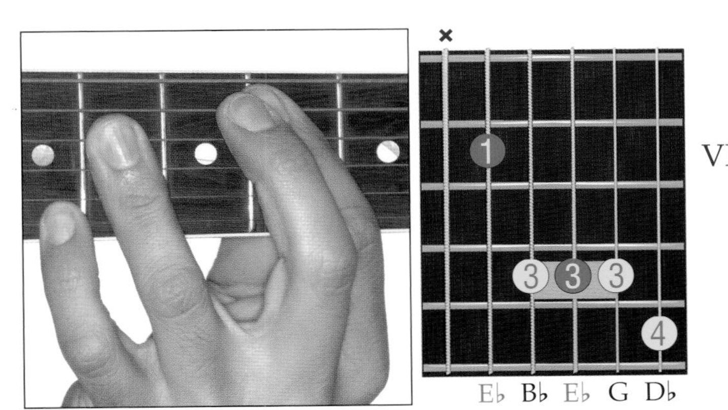
VI
E♭ B♭ E♭ G D♭

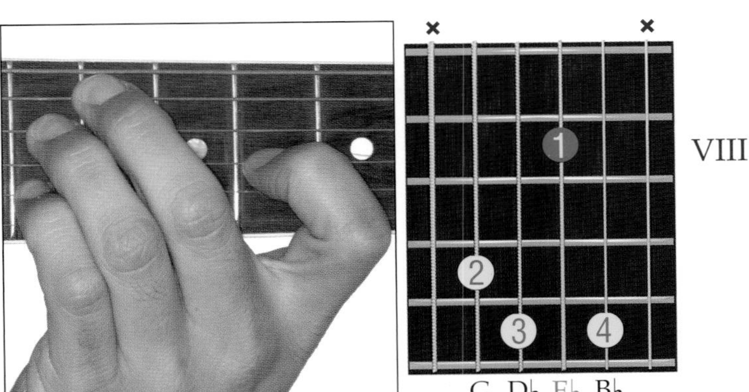
VIII
G D♭ E♭ B♭

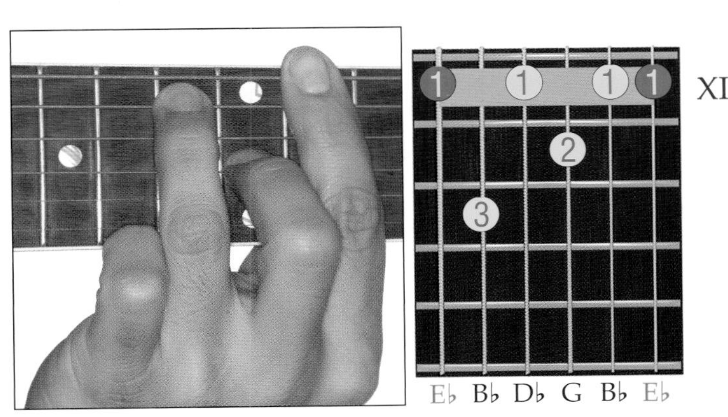
XI
E♭ B♭ D♭ G B♭ E♭

E♭7sus4

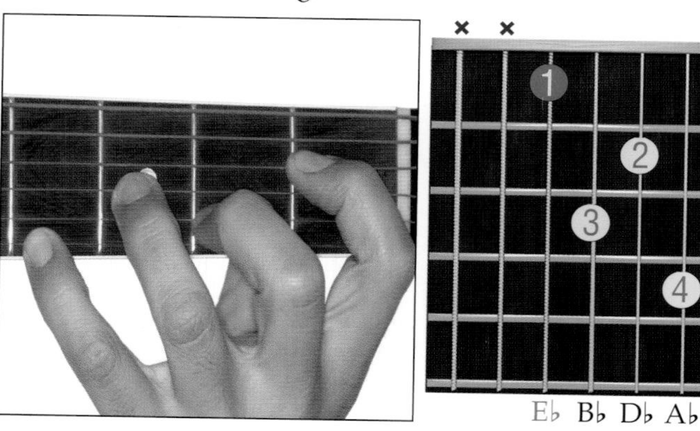
1
2
3
4
E♭ B♭ D♭ A♭

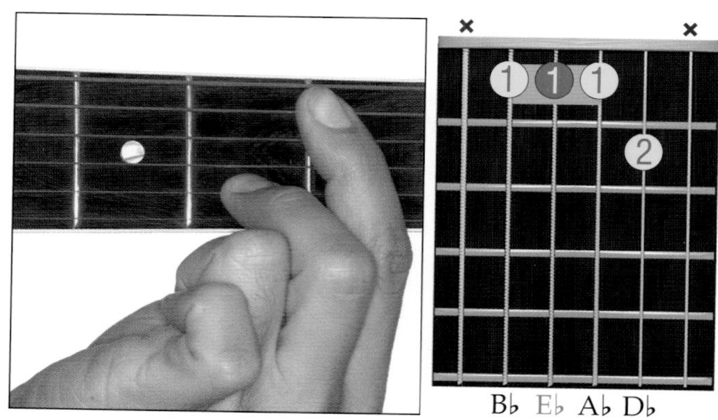
1 1 1
2
B♭ E♭ A♭ D♭

E♭
D♯

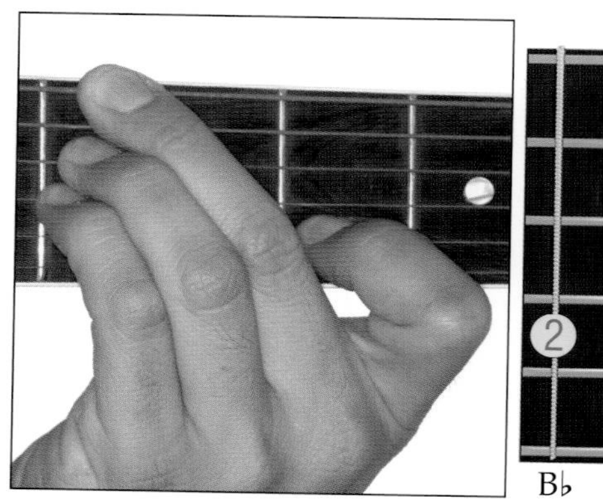
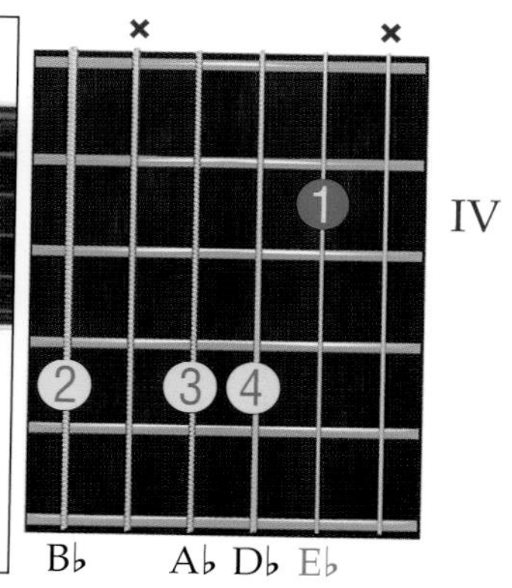
1
2 3 4
B♭ A♭ D♭ E♭

IV

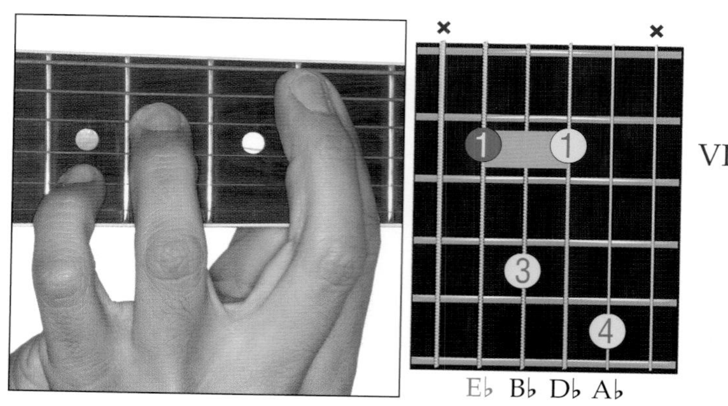
1 1
3
4
E♭ B♭ D♭ A♭

VI

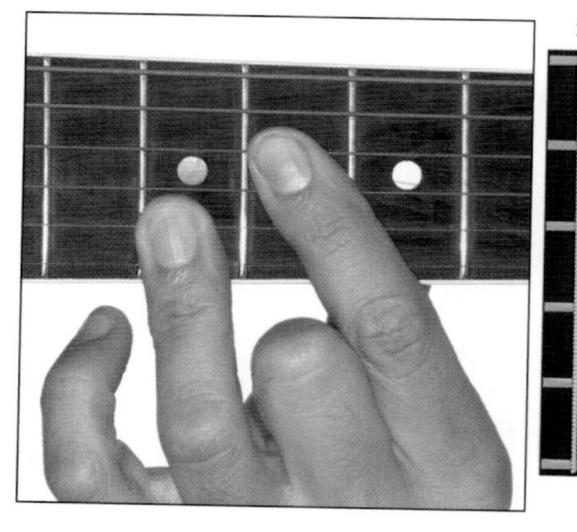
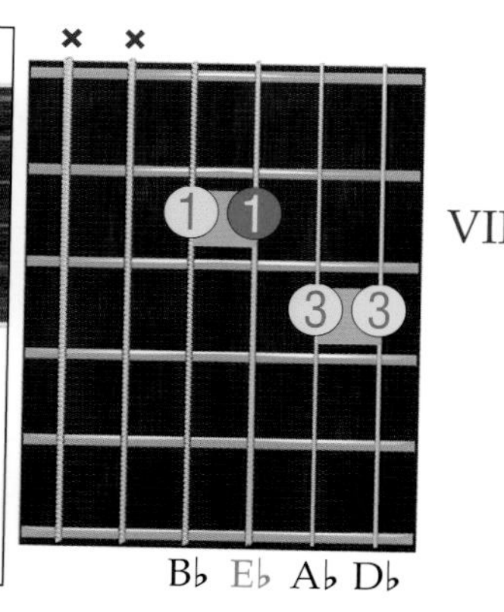
1 1
3 3
B♭ E♭ A♭ D♭

VIII

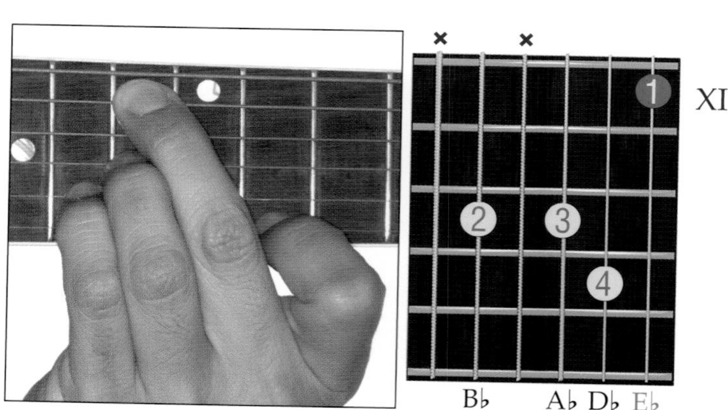
1
2 3
4
B♭ A♭ D♭ E♭

XI

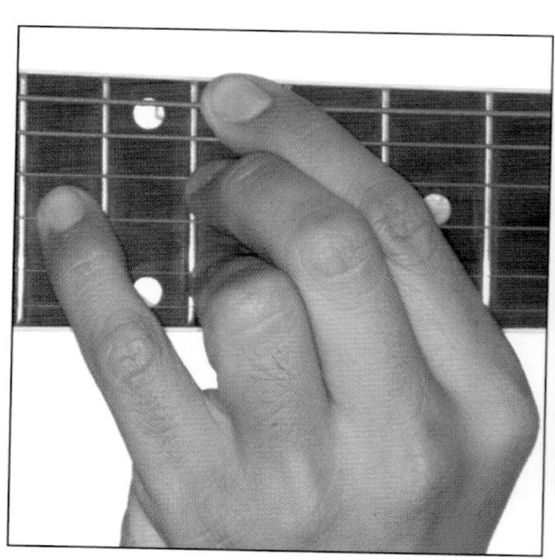
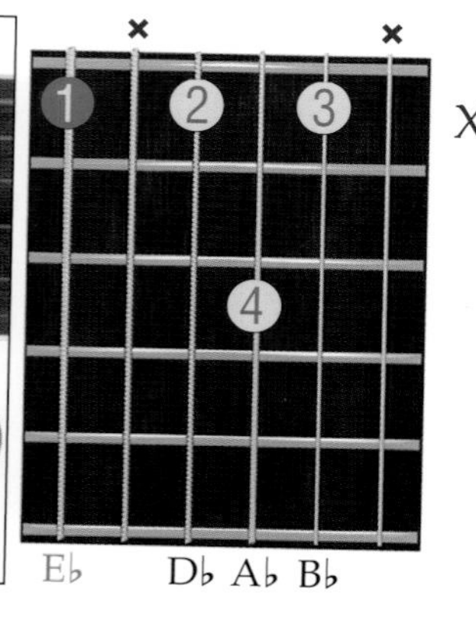
1 2 3
4
E♭ D♭ A♭ B♭

XI

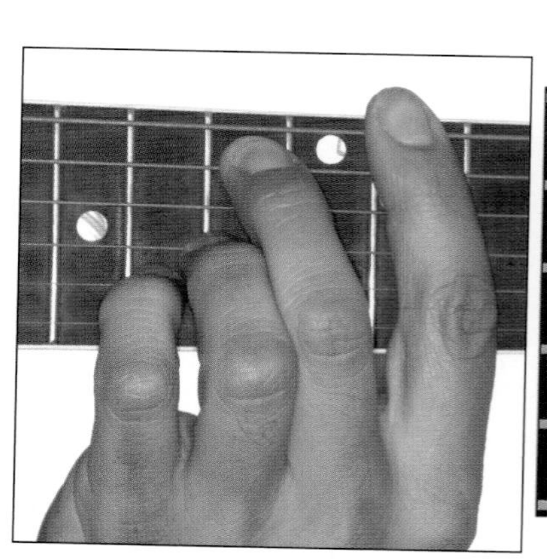
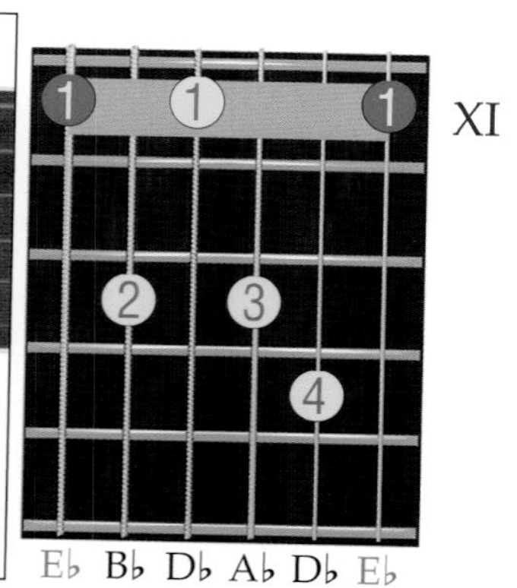
1 1 1
2 3
4
E♭ B♭ D♭ A♭ D♭ E♭

XI

E♭
D♯

E♭7♭5

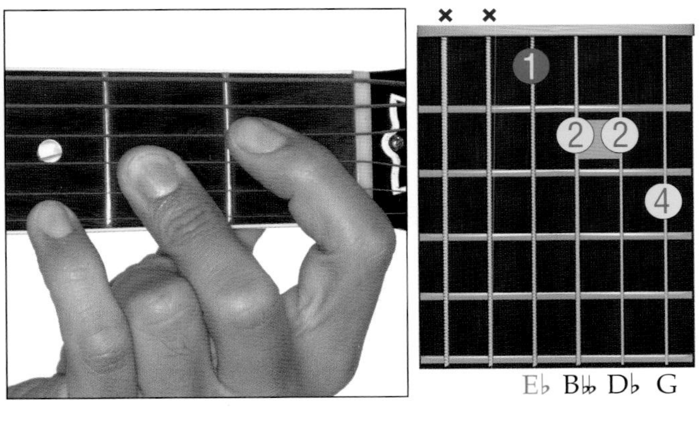
E♭ B♭♭ D♭ G

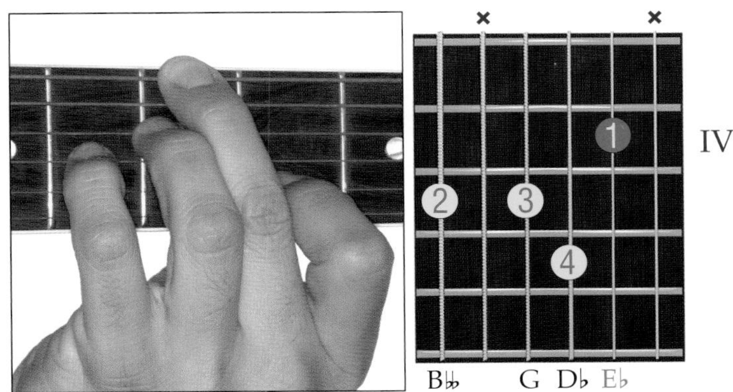
IV
B♭♭ G D♭ E♭

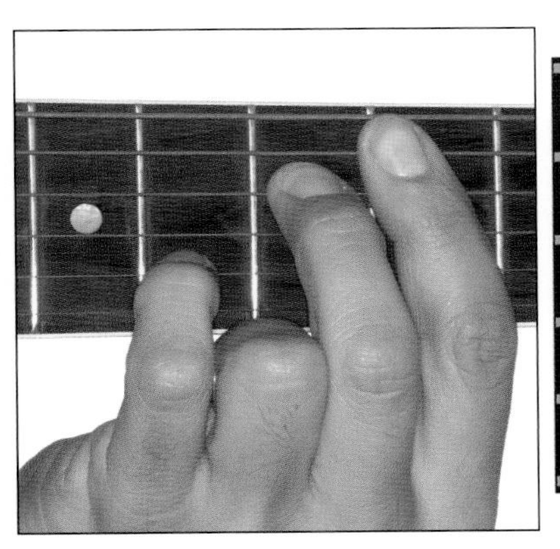

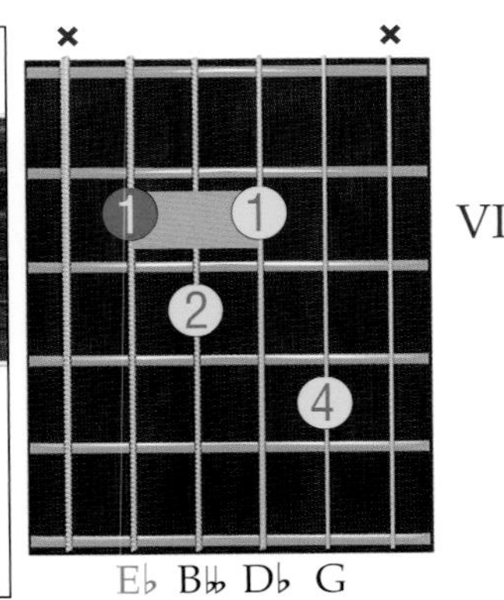
VI
E♭ B♭♭ D♭ G

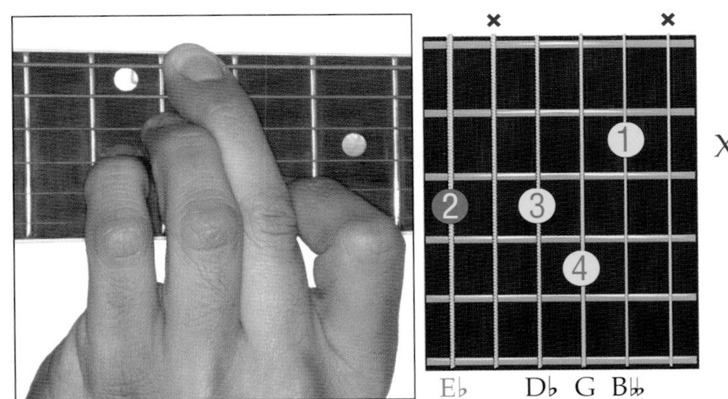
X
E♭ D♭ G B♭♭

E♭7+

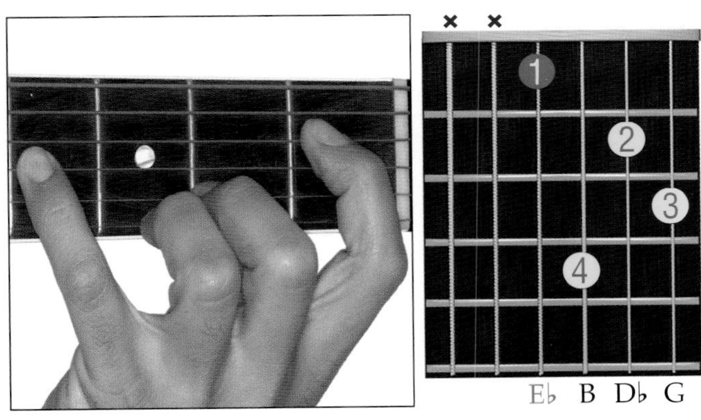
E♭ B D♭ G

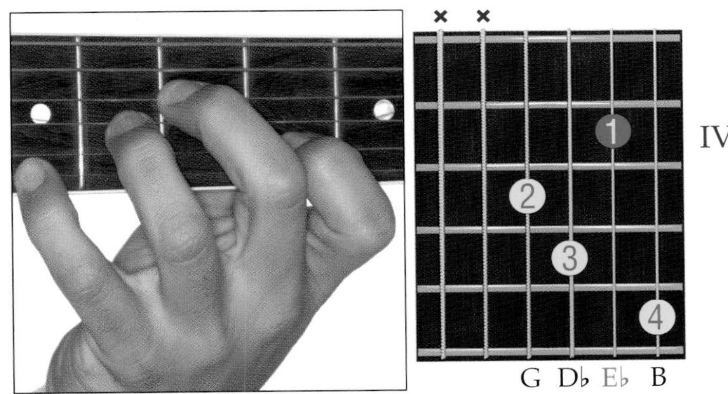
IV
G D♭ E♭ B

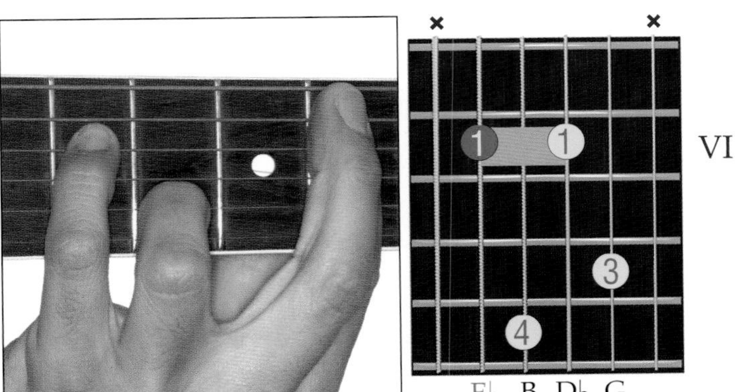
VI
E♭ B D♭ G

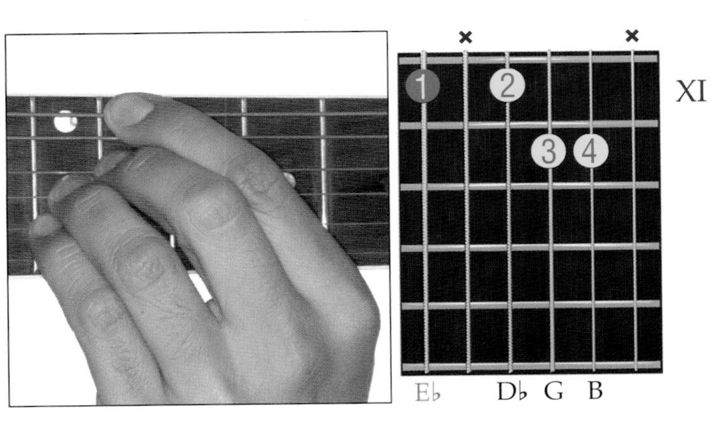
XI
E♭ D♭ G B

E♭9

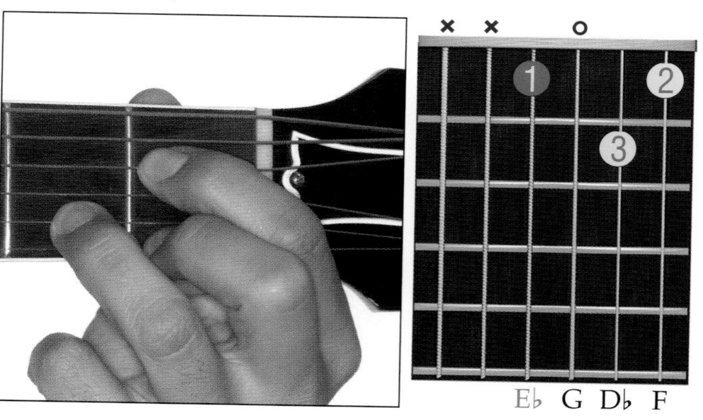
E♭ G D♭ F

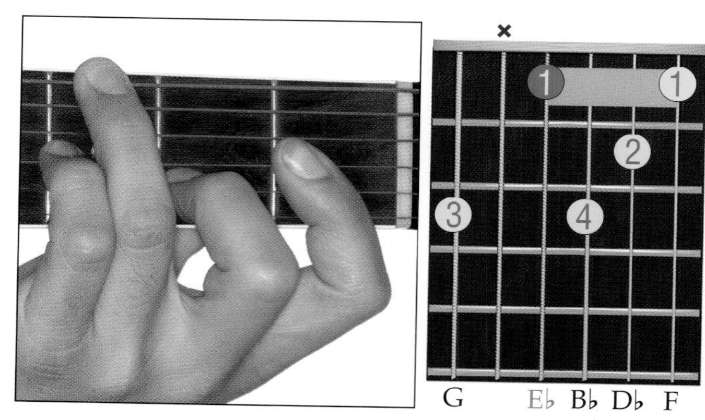
G E♭ B♭ D♭ F

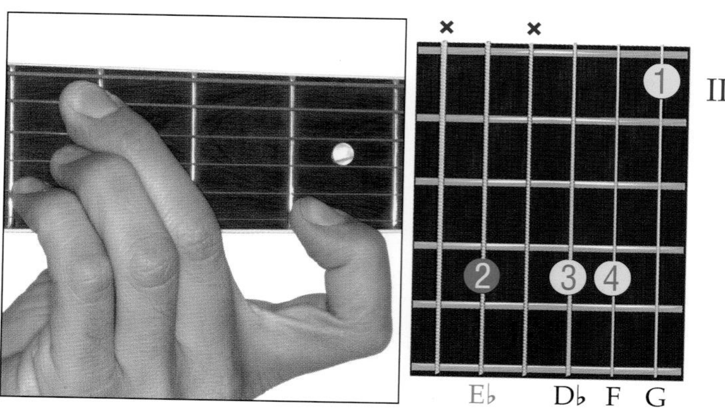
III
E♭ D♭ F G

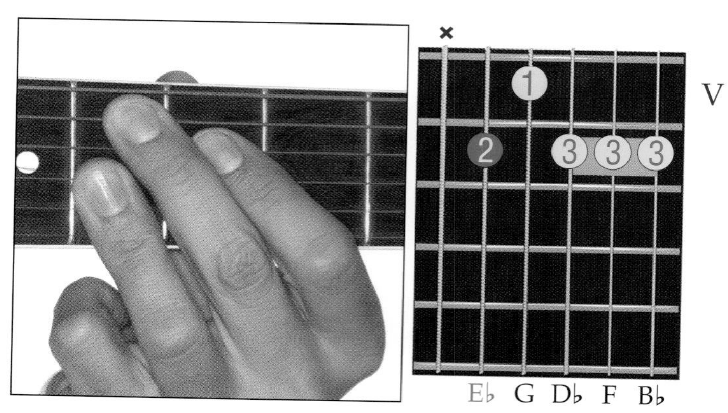
V
E♭ G D♭ F B♭

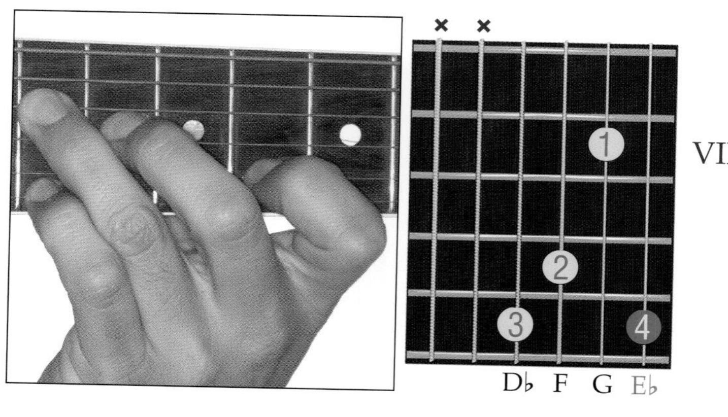
VIII
D♭ F G E♭

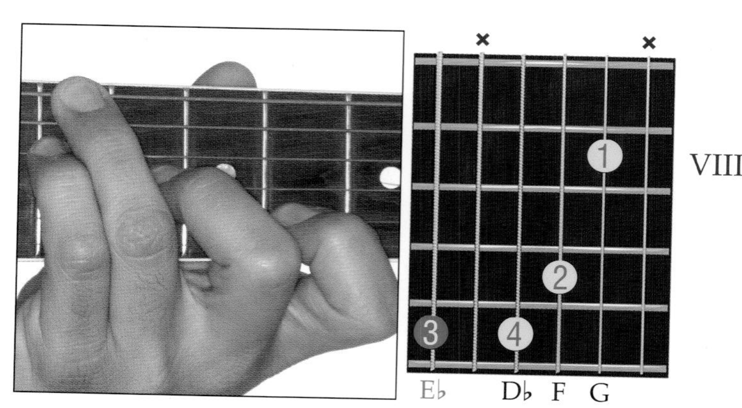
VIII
E♭ D♭ F G

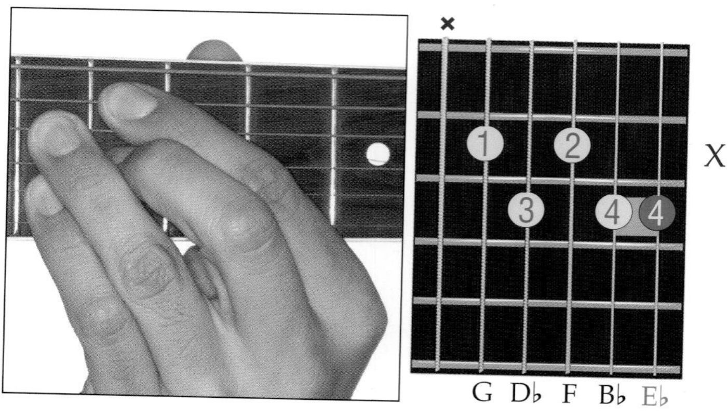
X
G D♭ F B♭ E♭

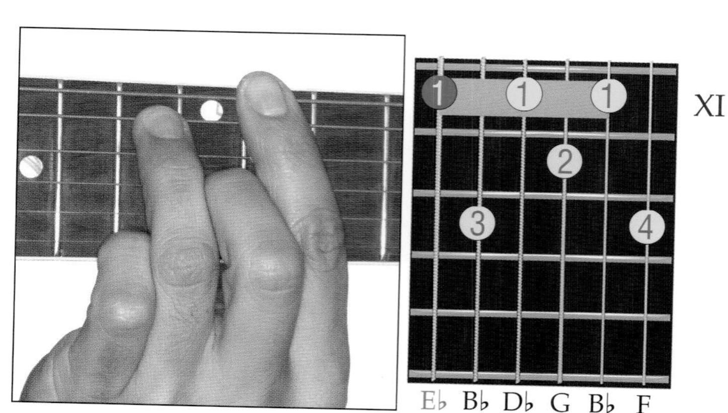
XI
E♭ B♭ D♭ G B♭ F

E♭9sus4

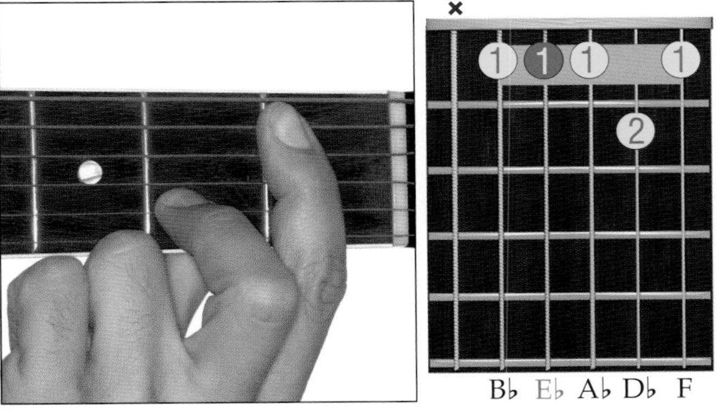
B♭ E♭ A♭ D♭ F

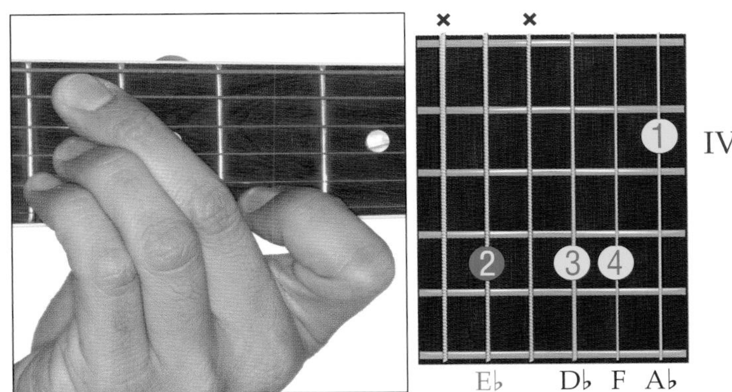
IV
E♭ D♭ F A♭

E♭
D♯

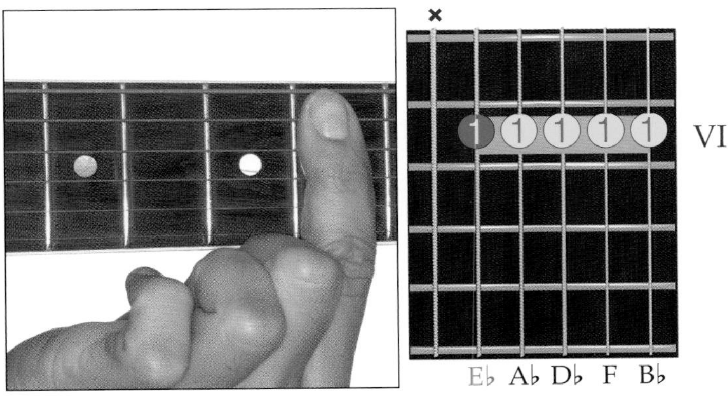
VI
E♭ A♭ D♭ F B♭

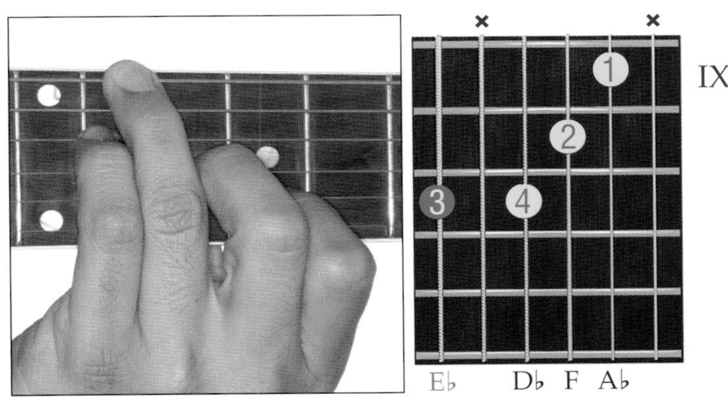
IX
E♭ D♭ F A♭

E♭9♭5

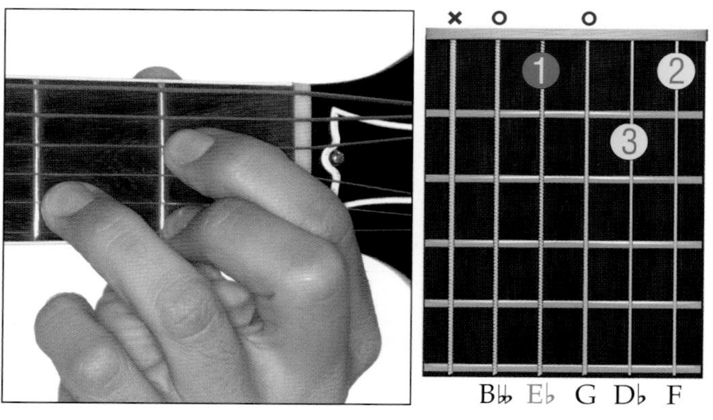
B♭♭ E♭ G D♭ F

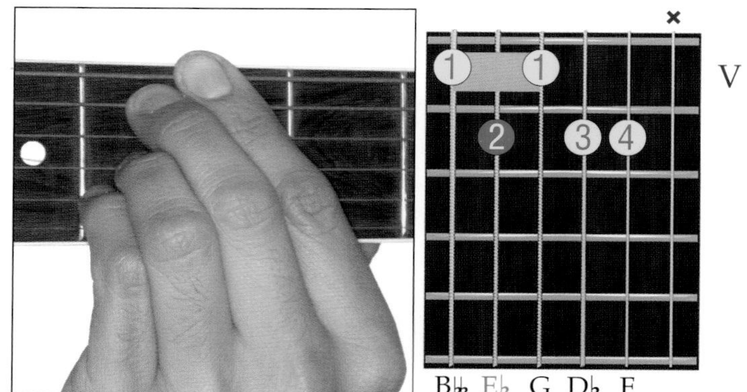
V
B♭♭ E♭ G D♭ F

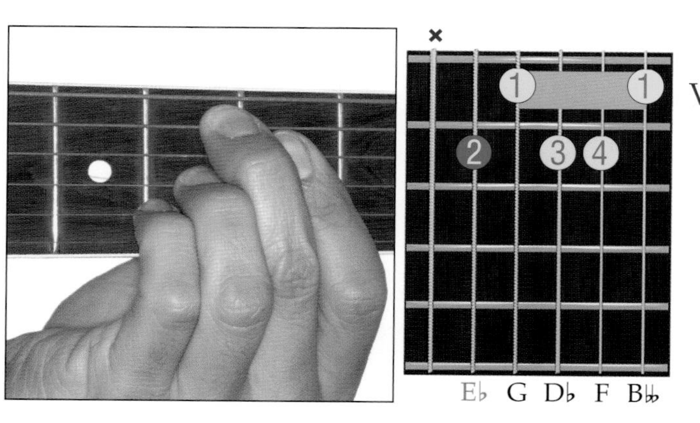
V
E♭ G D♭ F B♭♭

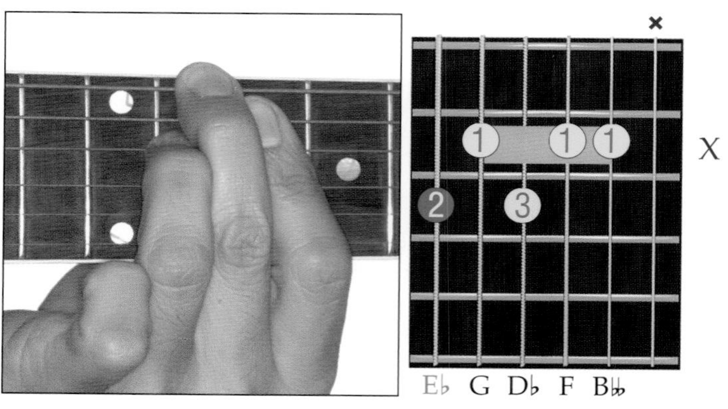
X
E♭ G D♭ F B♭♭

E♭9^{+}

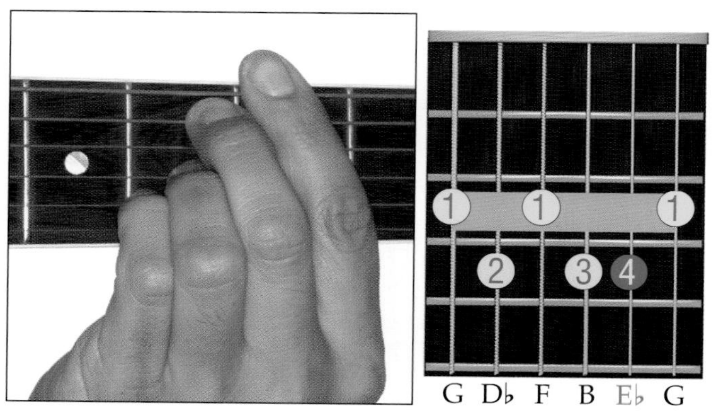
G D♭ F B E♭ G

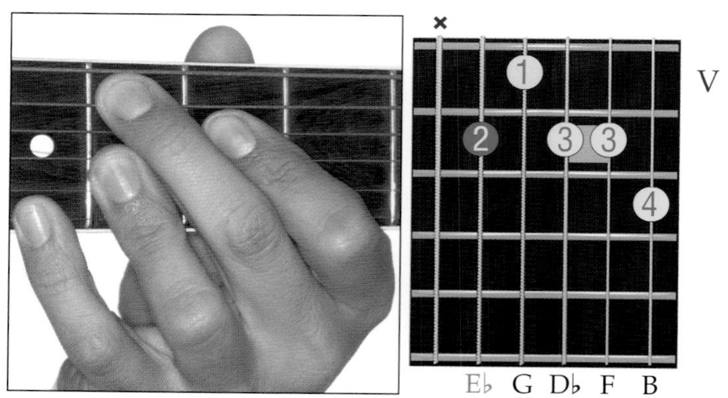
V
E♭ G D♭ F B

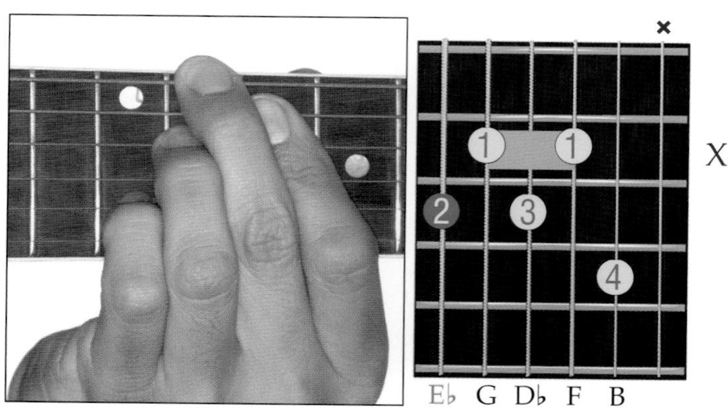
X
E♭ G D♭ F B

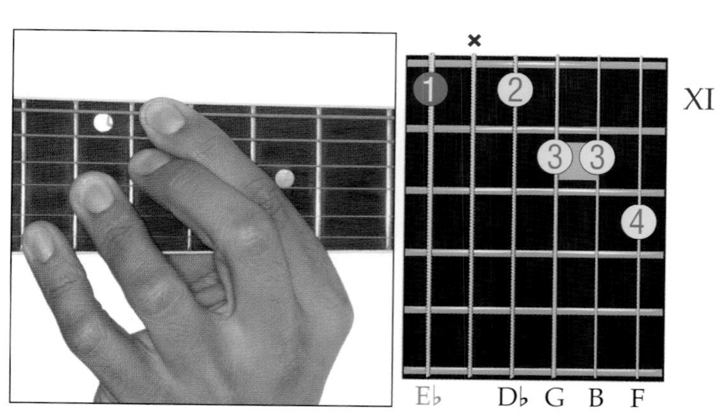
XI
E♭ D♭ G B F

E♭13

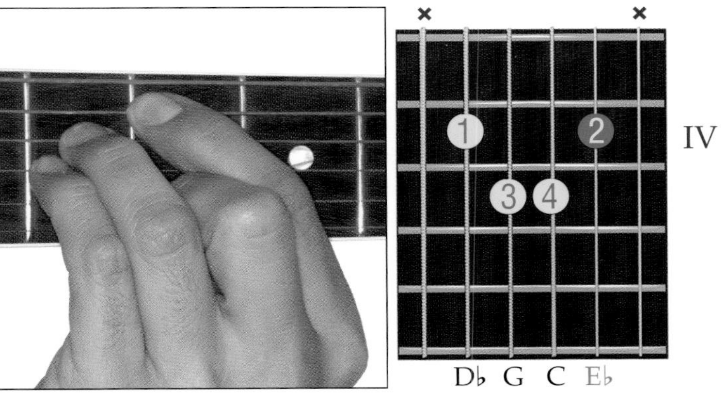
IV
D♭ G C E♭

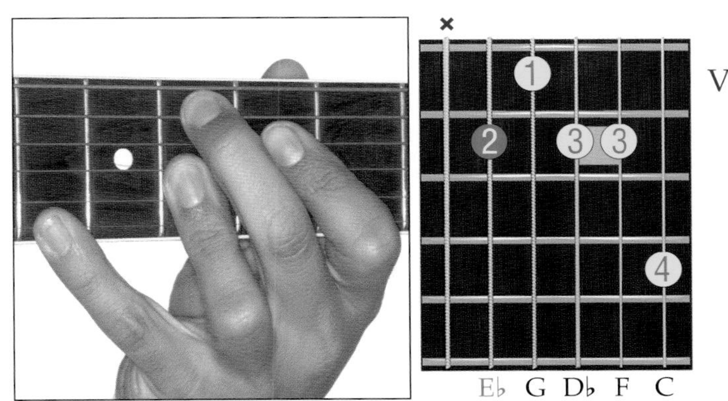
V
E♭ G D♭ F C

E♭
D♯

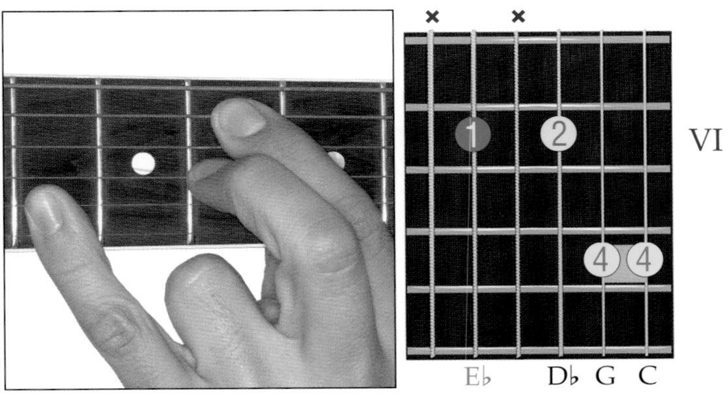
VI
E♭ D♭ G C

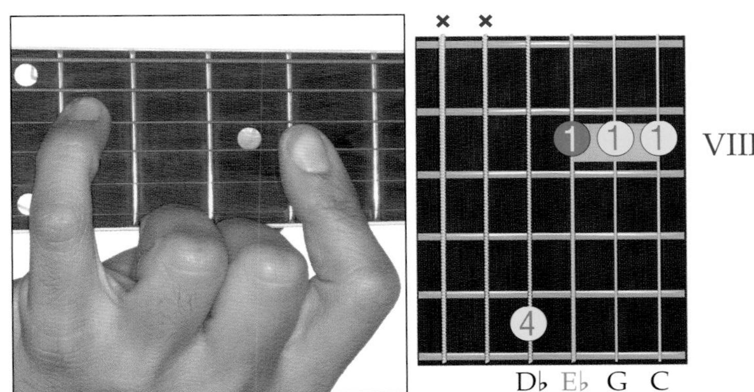
VIII
D♭ E♭ G C

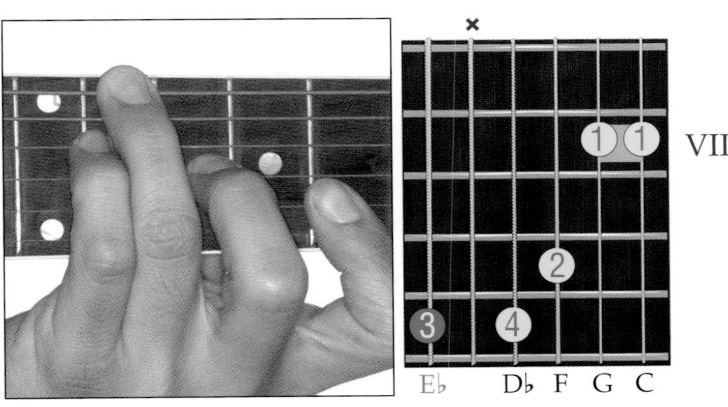
VIII
E♭ D♭ F G C

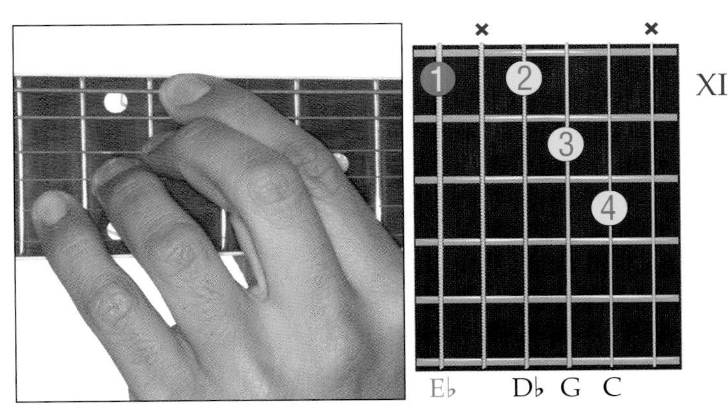
XI
E♭ D♭ G C

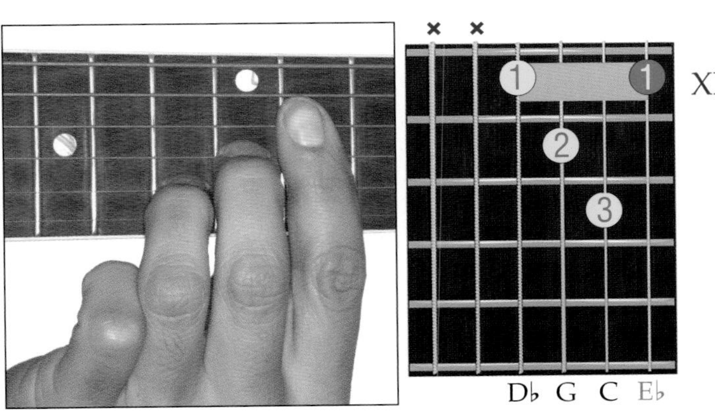
XI
D♭ G C E♭

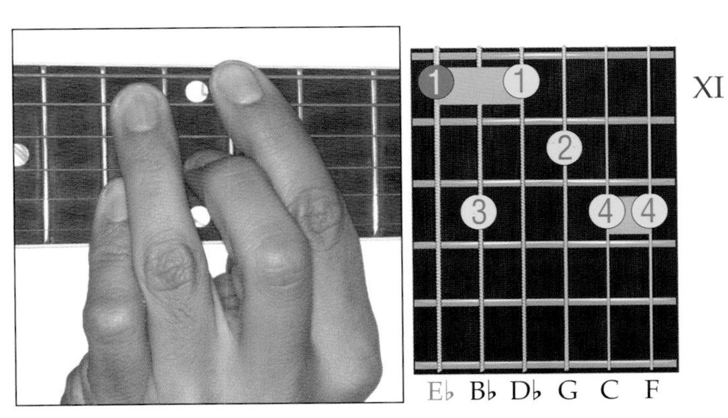
XI
E♭ B♭ D♭ G C F

E

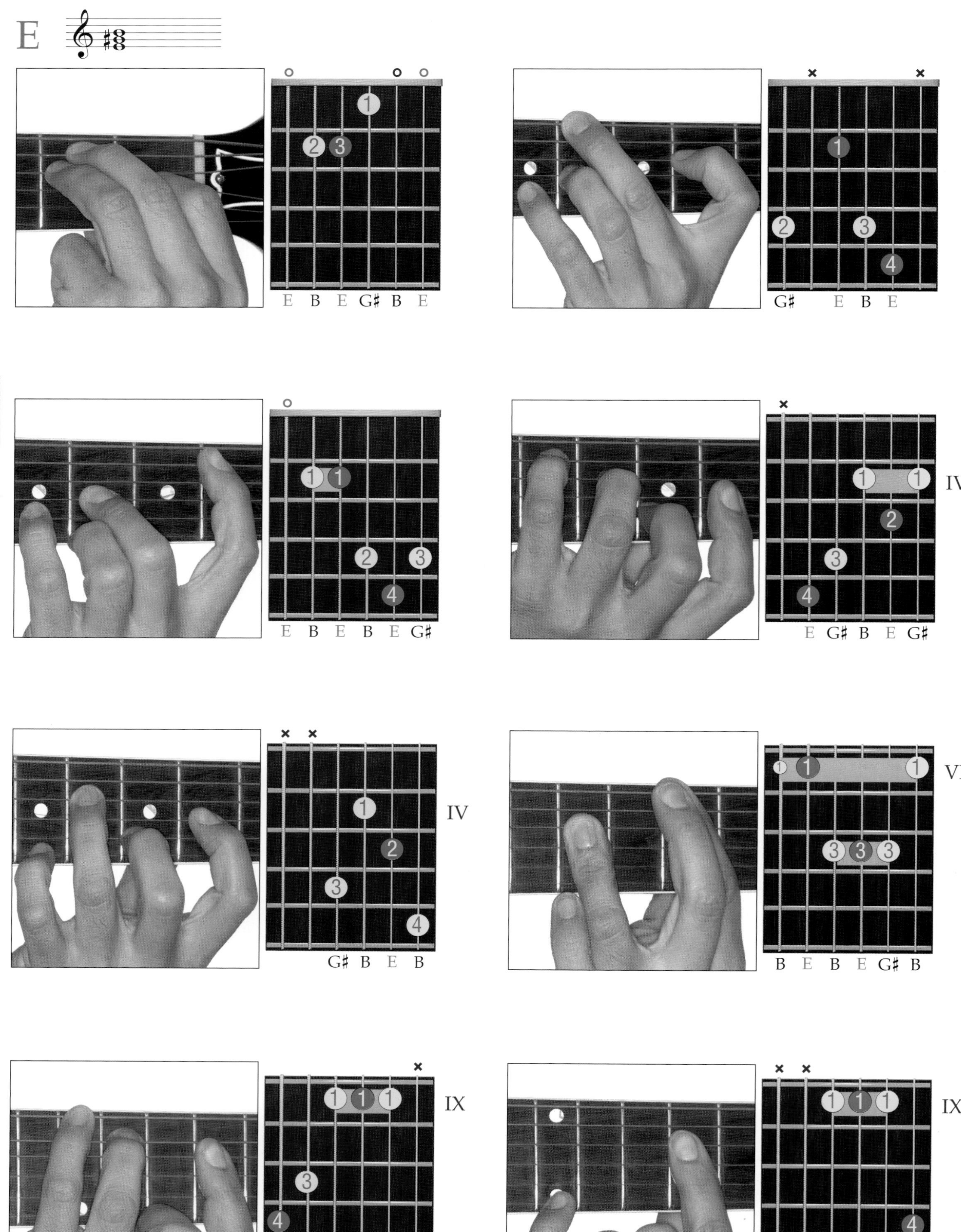
E
E B E G♯ B E
G♯ E B E
E B E B E G♯
IV
E G♯ B E G♯
IV
G♯ B E B
VII
B E B E G♯ B
IX
E G♯ B E G♯
IX
B E G♯ E

Esus4

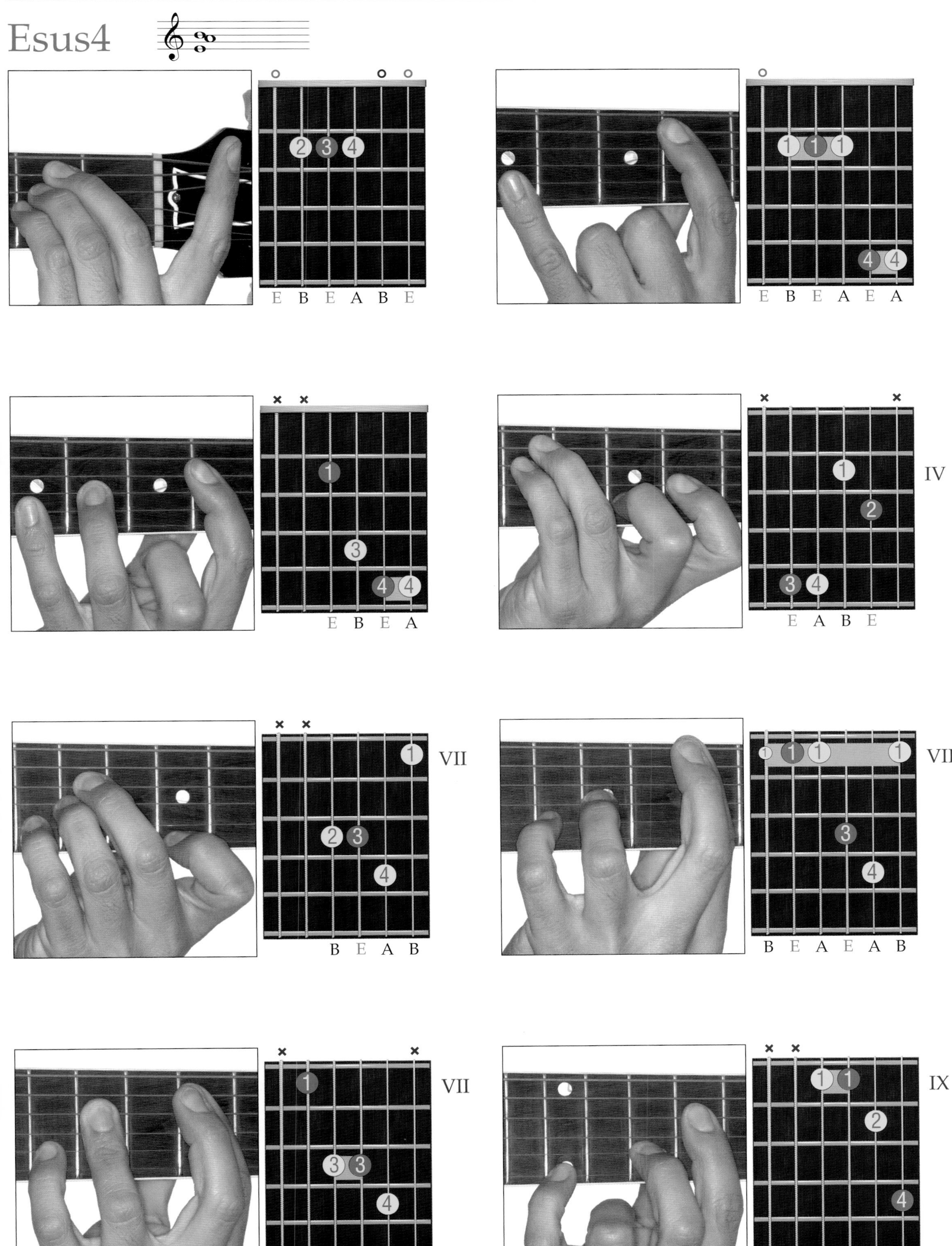

2 3 4
E B E A B E
1 1 1
4 4
E B E A E A
1
3
4 4
E B E A
E
IV
1
2
3 4
E A B E
VII
1
2 3
4
B E A B
VII
1 1 1 1
3
4
B E A E A B
VII
1
3 3
4
E B E A
IX
1 1
2
4
B E A E

E

E6

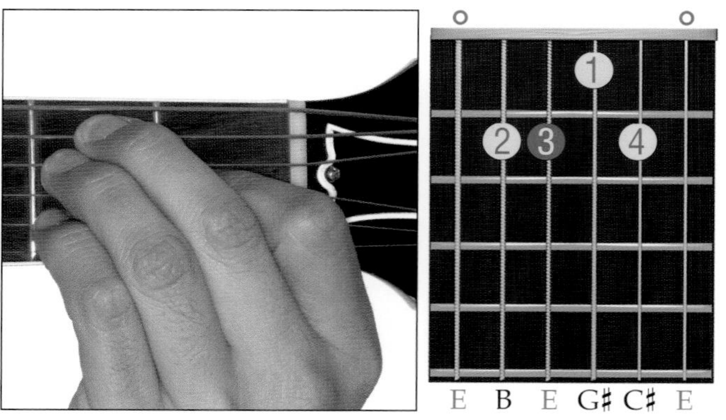
E B E G♯ C♯ E

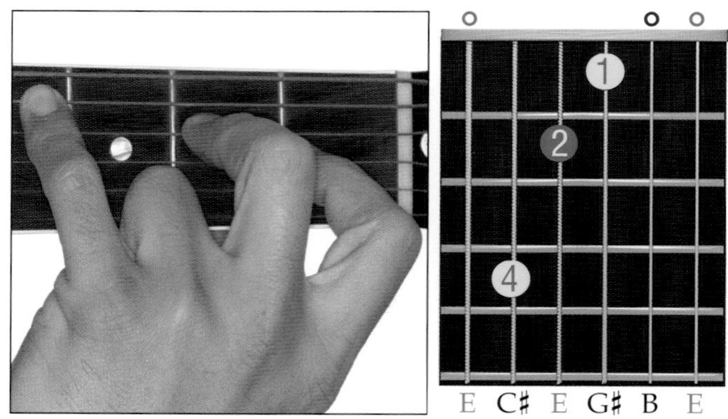
E C♯ E G♯ B E

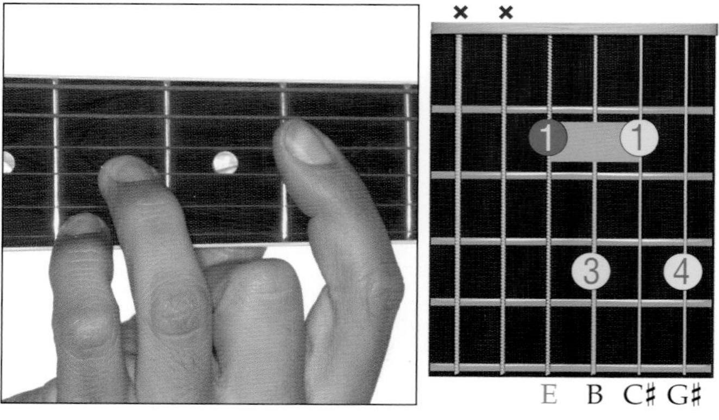
E B C♯ G♯

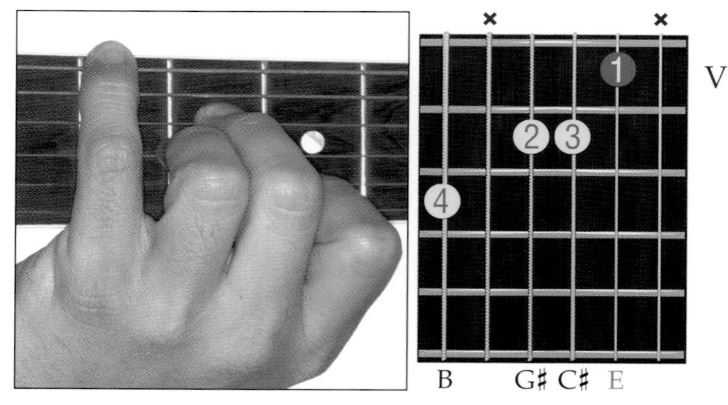
V
B G♯ C♯ E

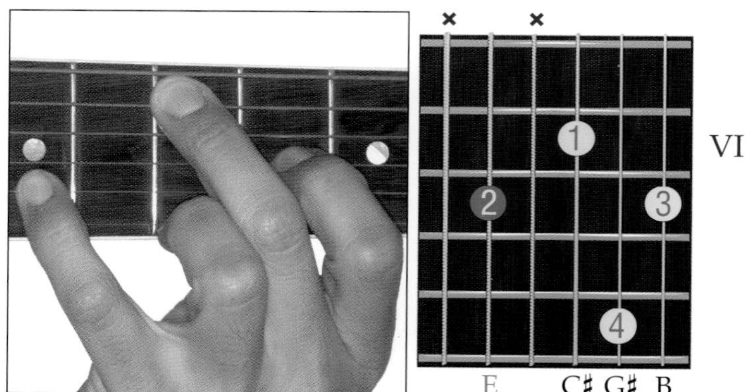
VI
E C♯ G♯ B

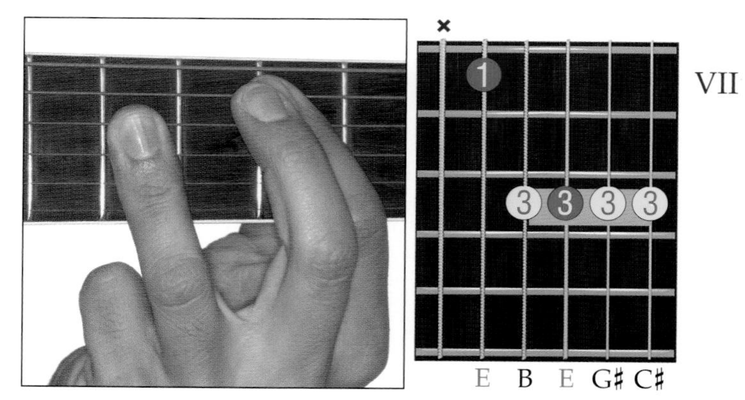
VII
E B E G♯ C♯

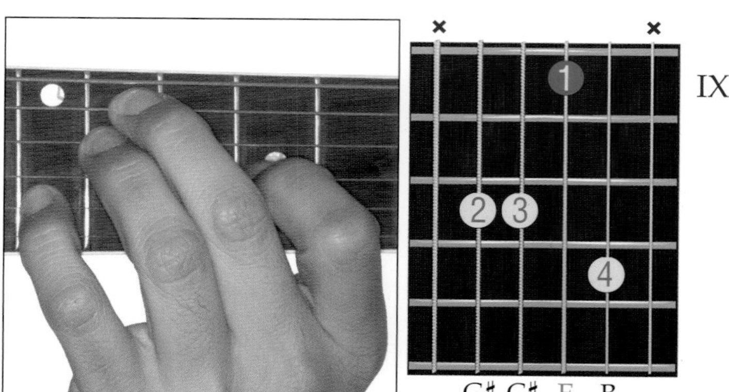
IX
G♯ C♯ E B

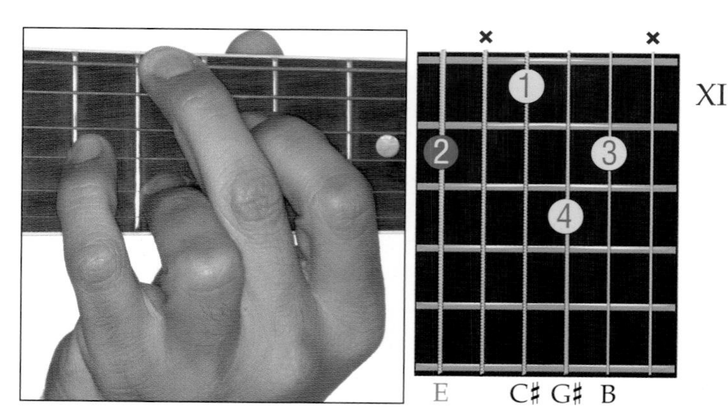
XI
E C♯ G♯ B

E6/9

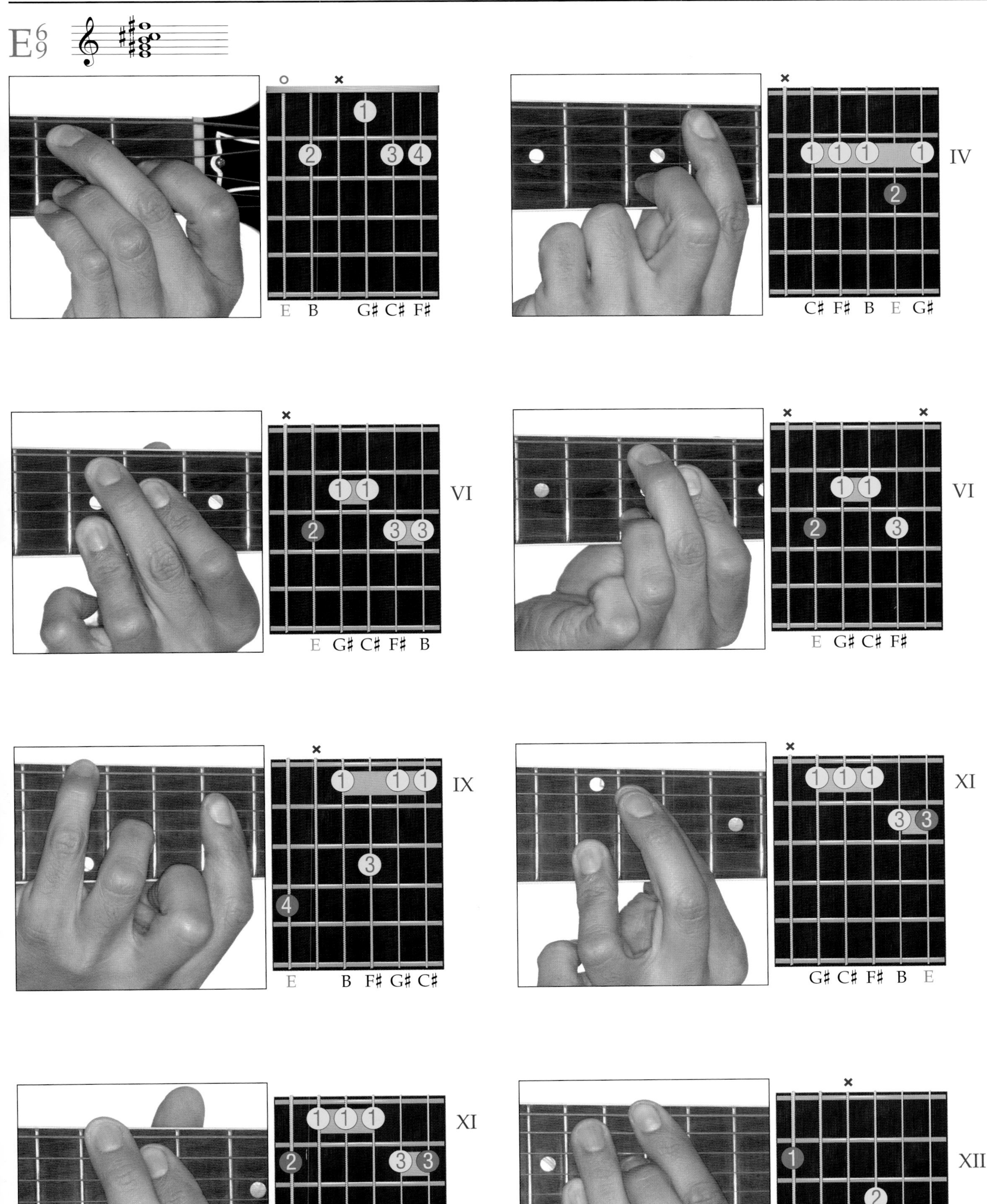
E 6 9
E B G♯ C♯ F♯
IV
C♯ F♯ B E G♯
VI
E G♯ C♯ F♯ B
VI
E G♯ C♯ F♯
IX
E B F♯ G♯ C♯
XI
G♯ C♯ F♯ B E
XI
E G♯ C♯ F♯ B E
XII
E B G♯ C♯ F♯

E

Emaj7

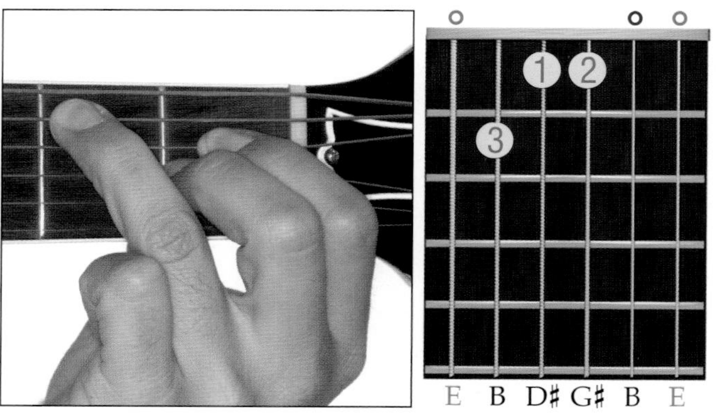
E B D♯ G♯ B E

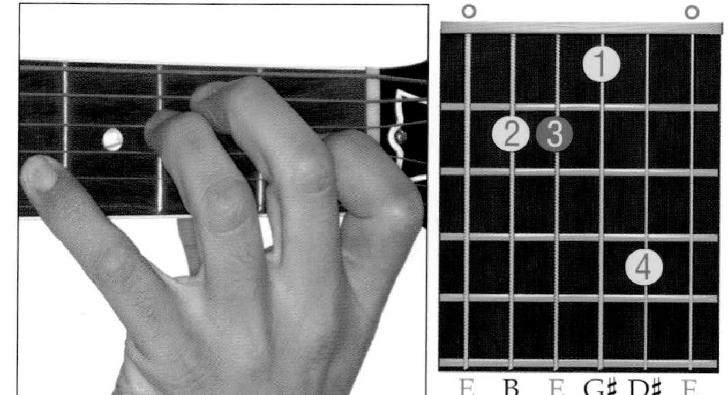
E B E G♯ D♯ E

E

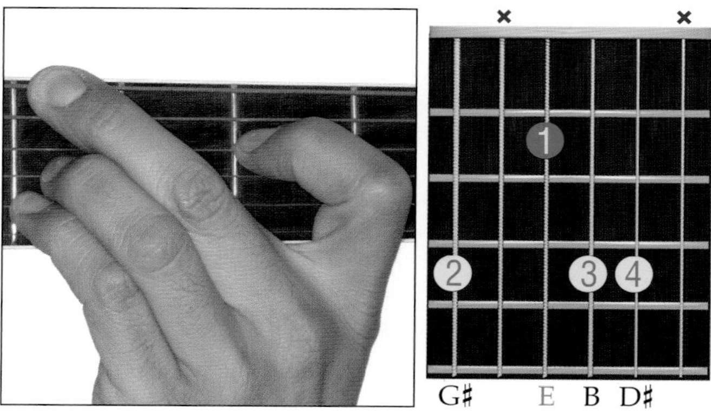
G♯ E B D♯

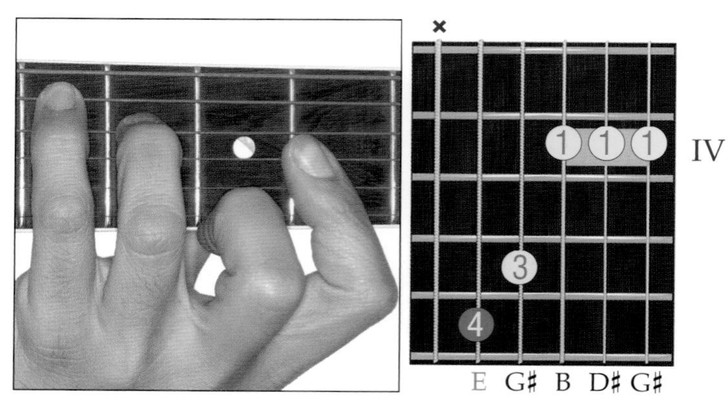
IV
E G♯ B D♯ G♯

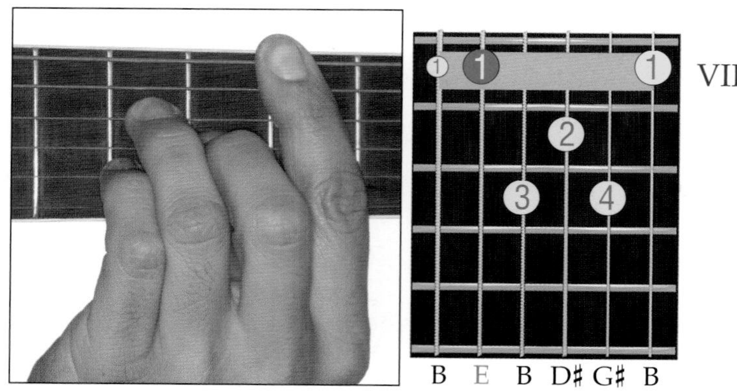
VII
B E B D♯ G♯ B

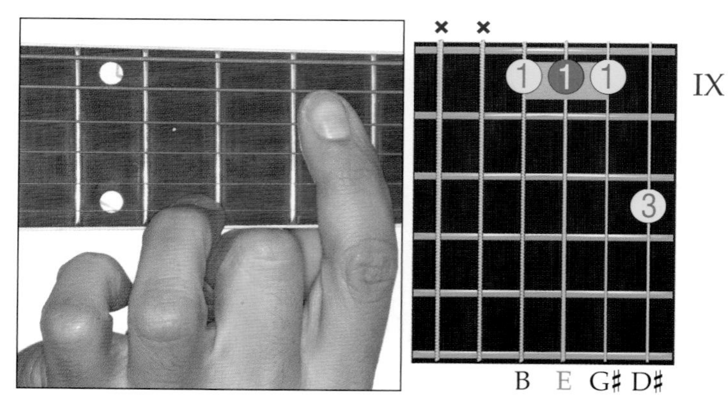
IX
B E G♯ D♯

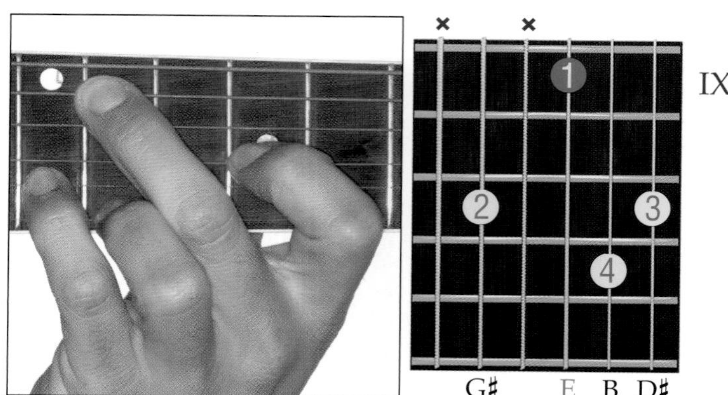
IX
G♯ E B D♯

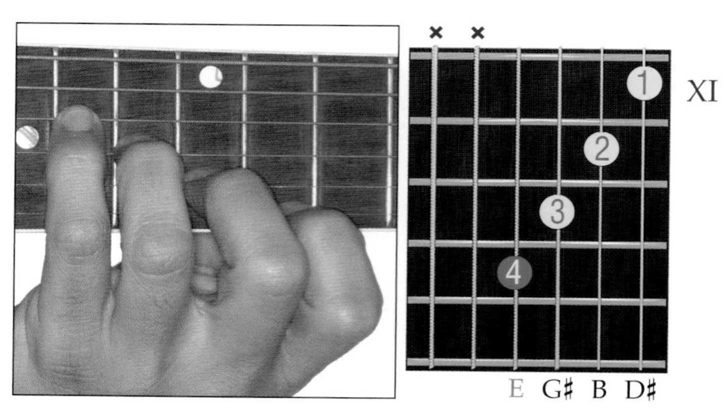
XI
E G♯ B D♯

Emaj9

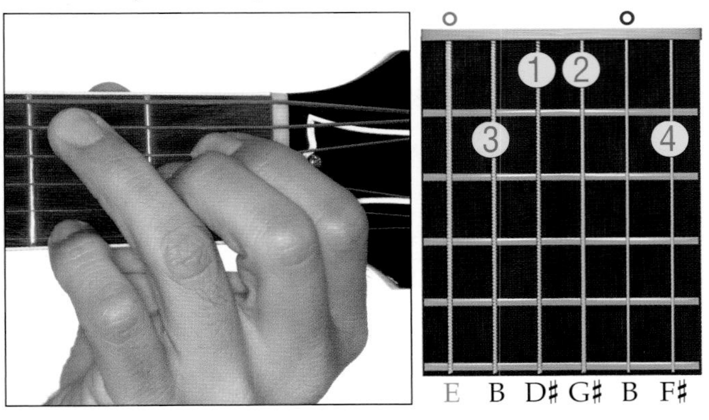
E B D♯ G♯ B F♯

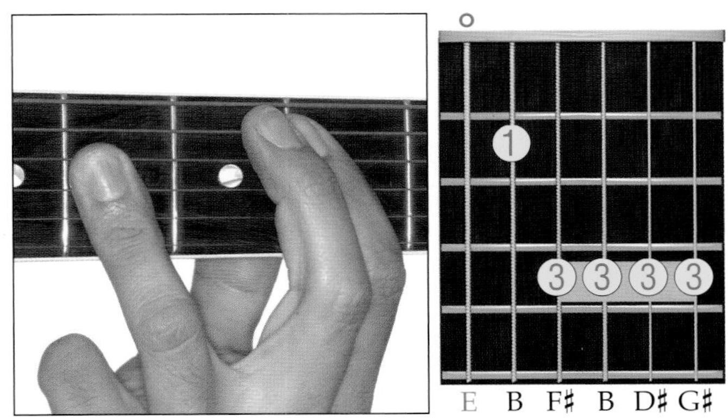
E B F♯ B D♯ G♯

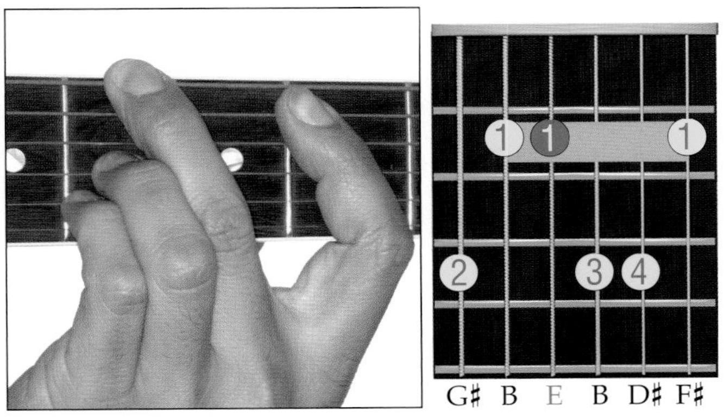
G♯ B E B D♯ F♯

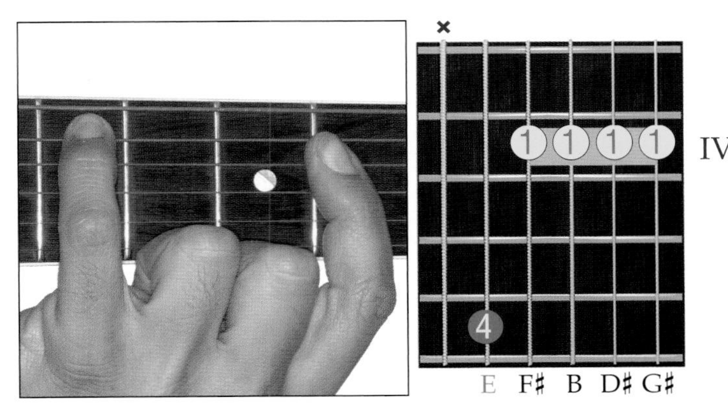
IV
E F♯ B D♯ G♯

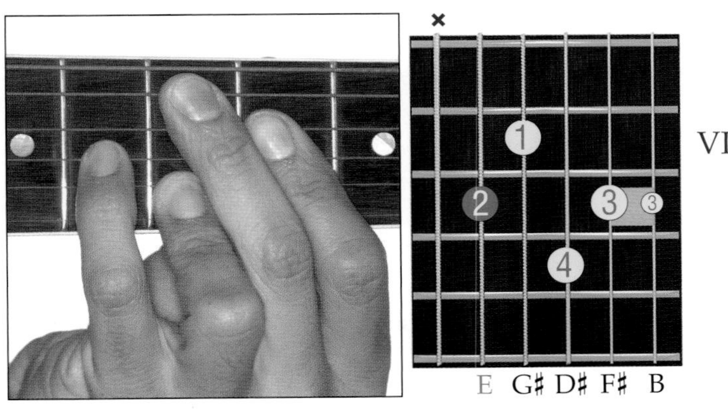
VI
E G♯ D♯ F♯ B

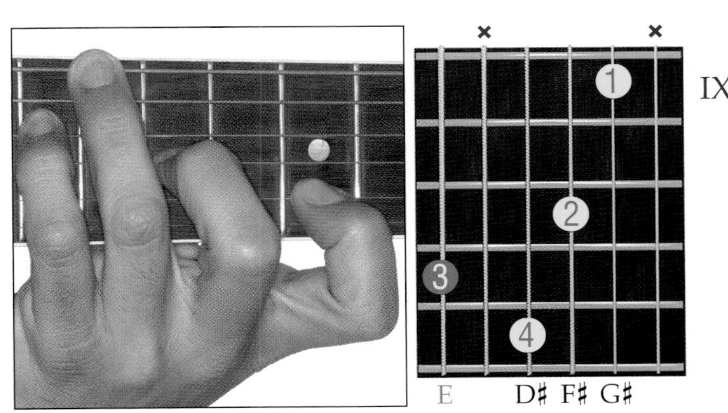
IX
E D♯ F♯ G♯

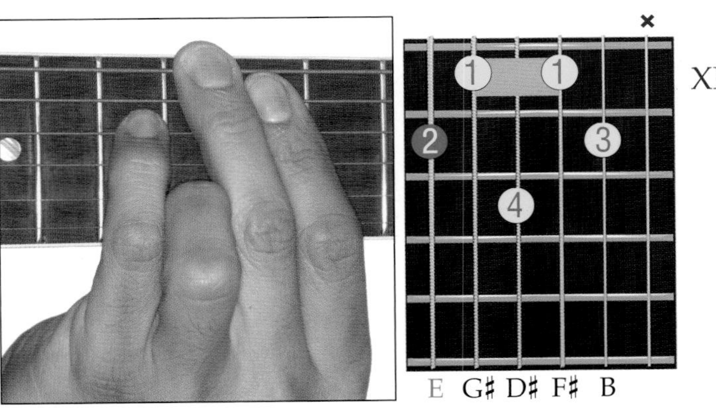
XI
E G♯ D♯ F♯ B

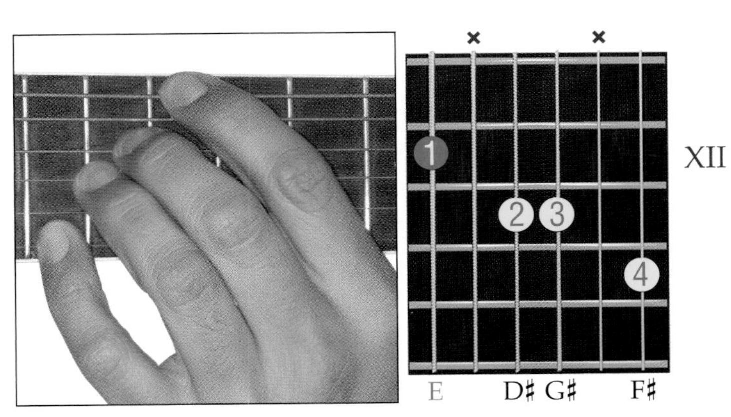
XII
E D♯ G♯ F♯

Emaj13

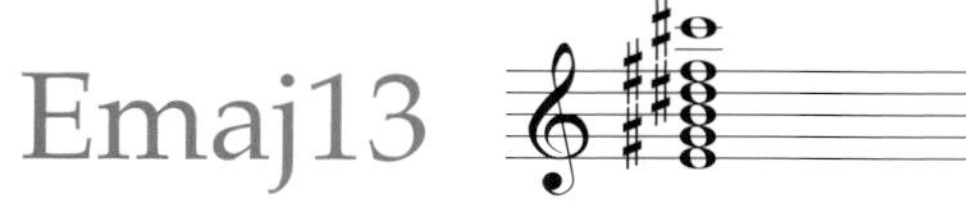

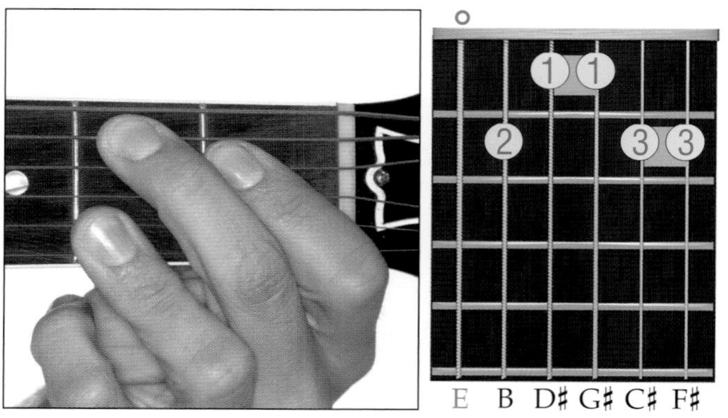
E B D♯ G♯ C♯ F♯

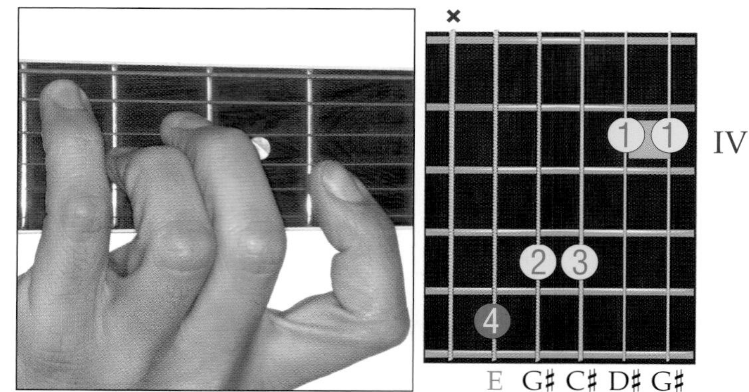
IV
E G♯ C♯ D♯ G♯

E

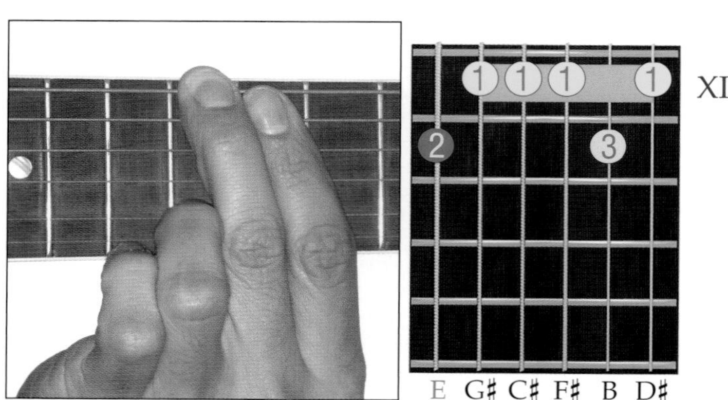
XI
E G♯ C♯ F♯ B D♯

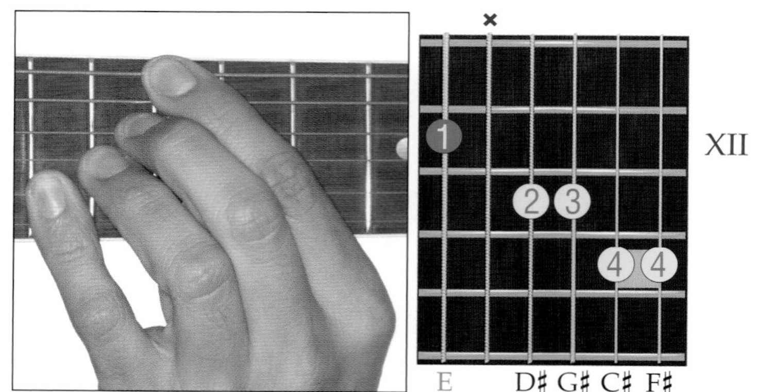
XII
E D♯ G♯ C♯ F♯

Em

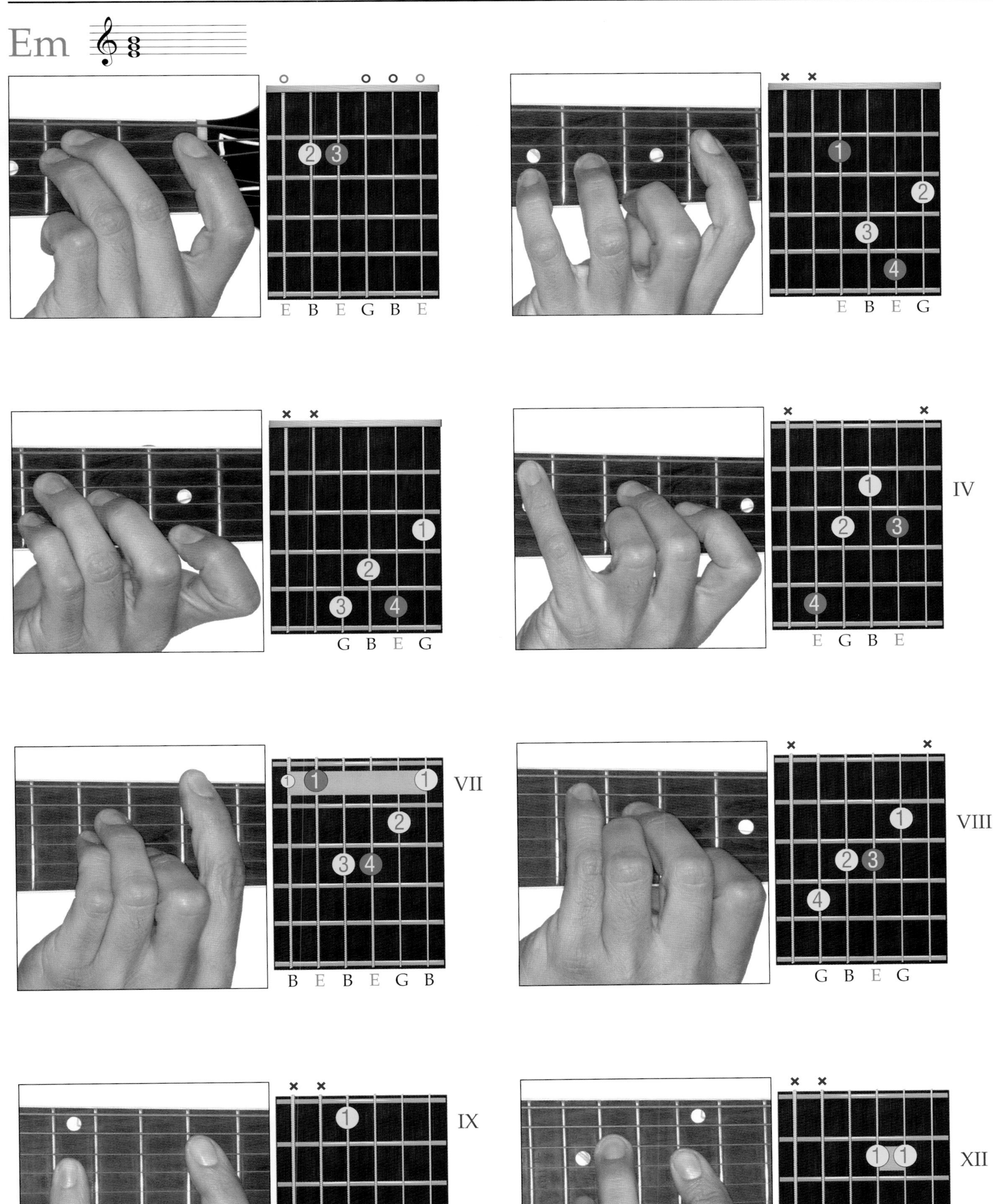
E B E G B E
E B E G
G B E G
IV
E G B E
VII
B E B E G B
VIII
G B E G
IX
B G B E
XII
E G B G

Em6

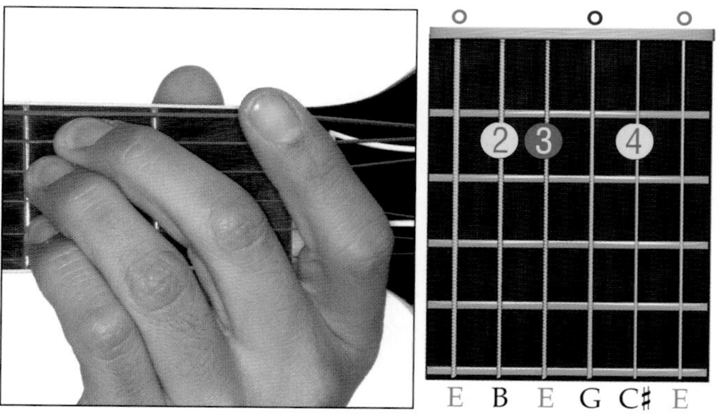
E B E G C♯ E

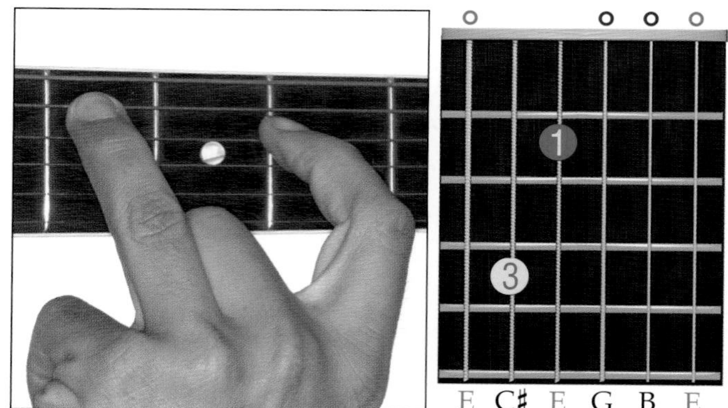
E C♯ E G B E

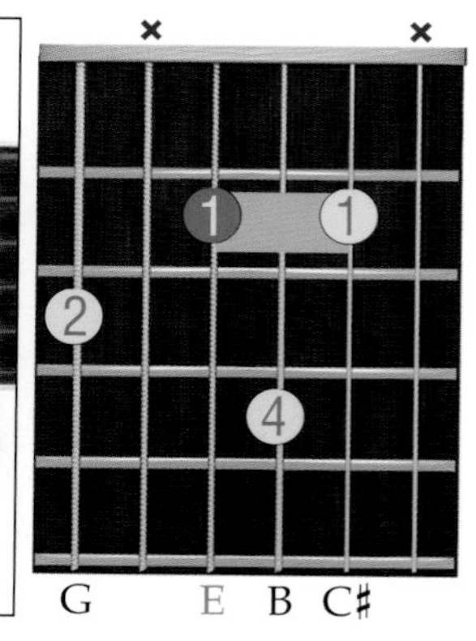
G E B C♯

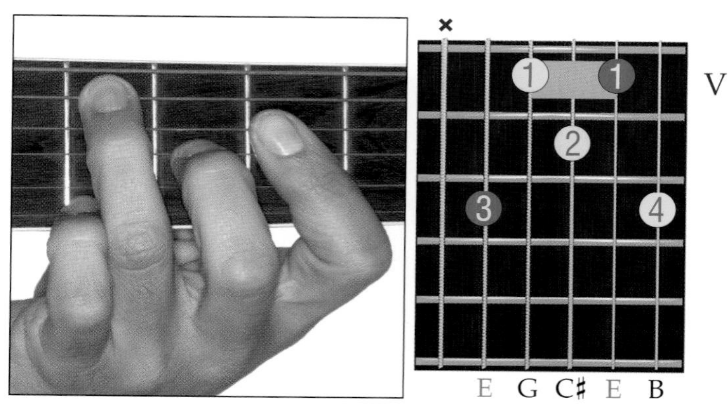
V
E G C♯ E B

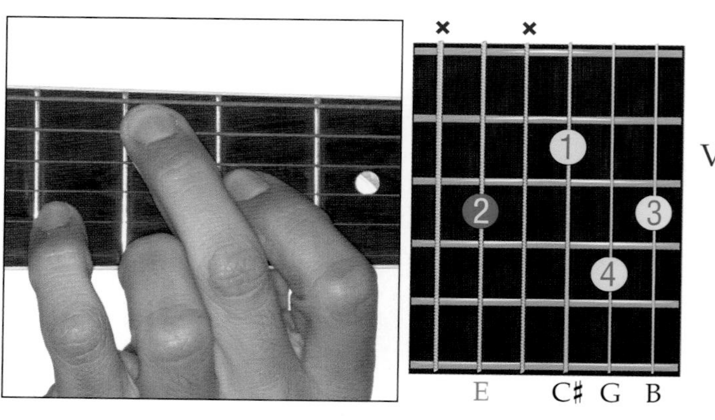
VI
E C♯ G B

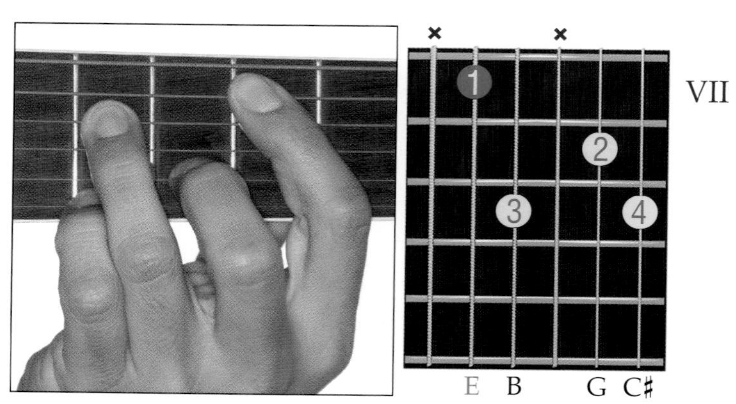
VII
E B G C♯

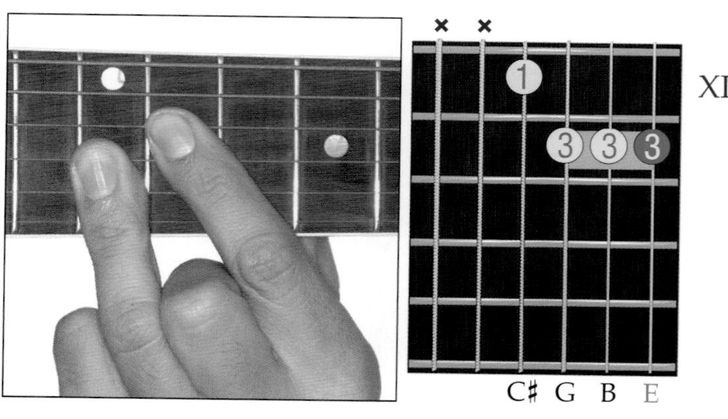
XI
C♯ G B E

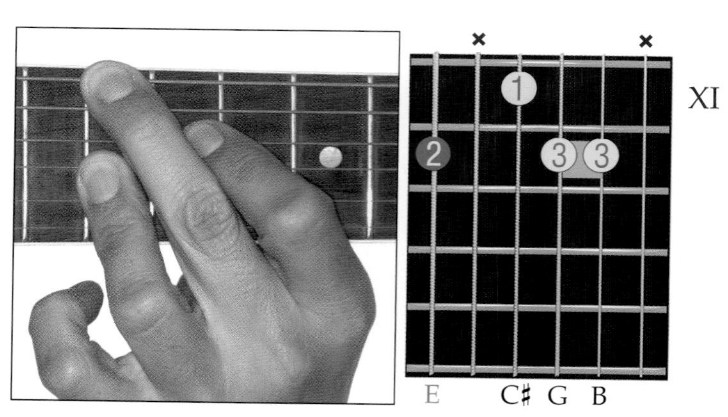
XI
E C♯ G B

Em7

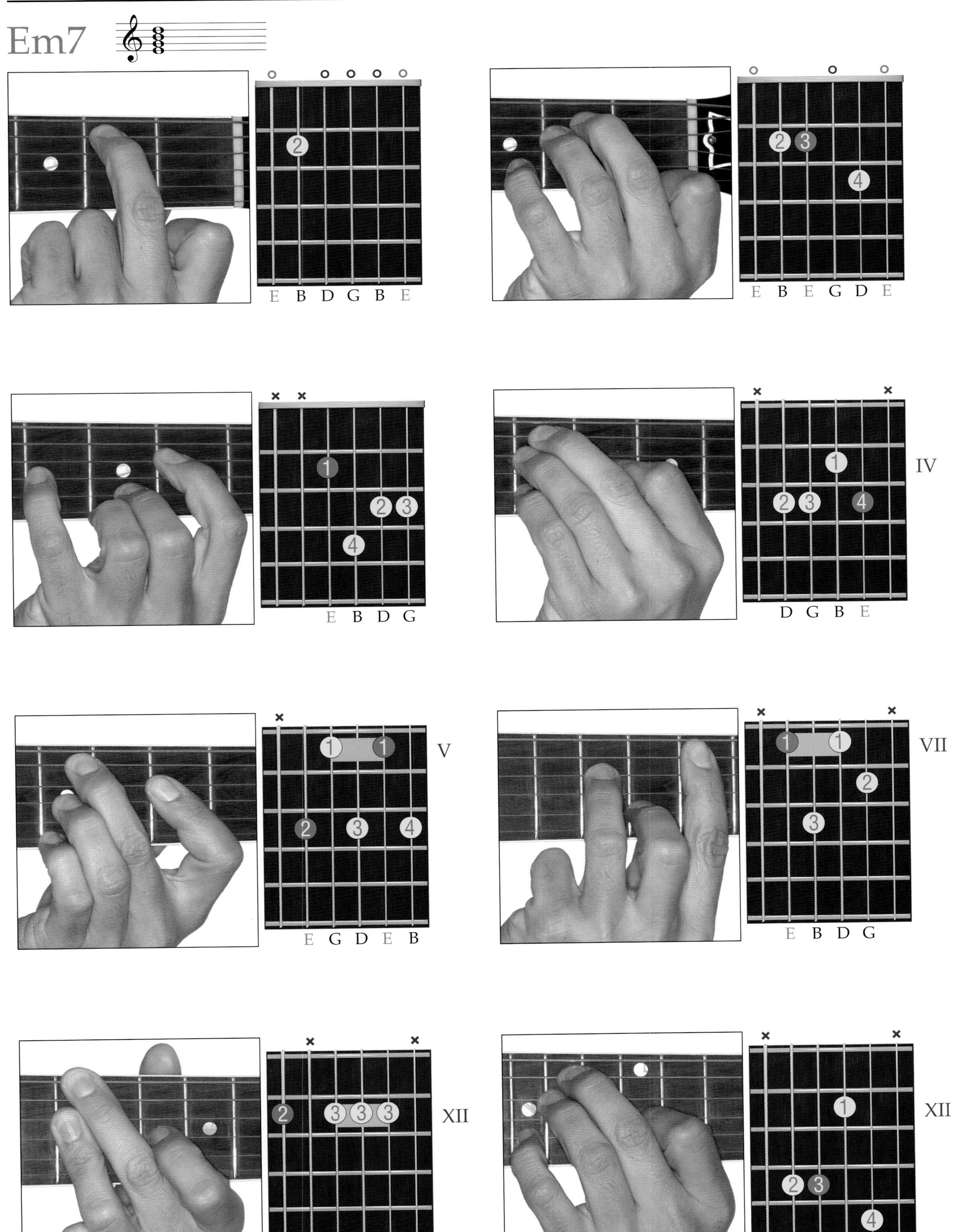
E B D G B E
E B E G D E
E B D G
IV
D G B E
V
E G D E B
VII
E B D G
XII
E D G B
XII
B E G D

E

E

Em(maj7)

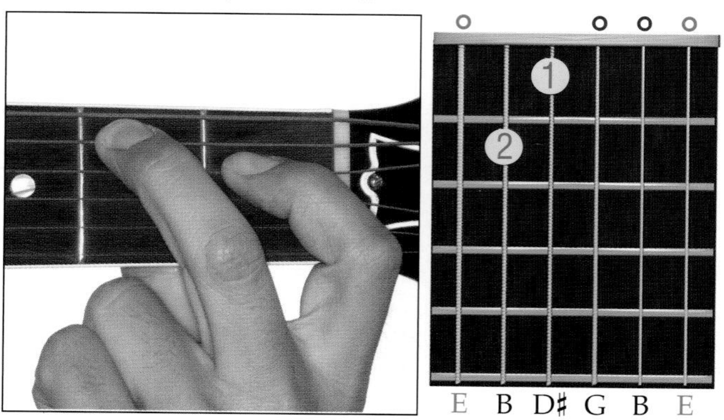
E B D♯ G B E

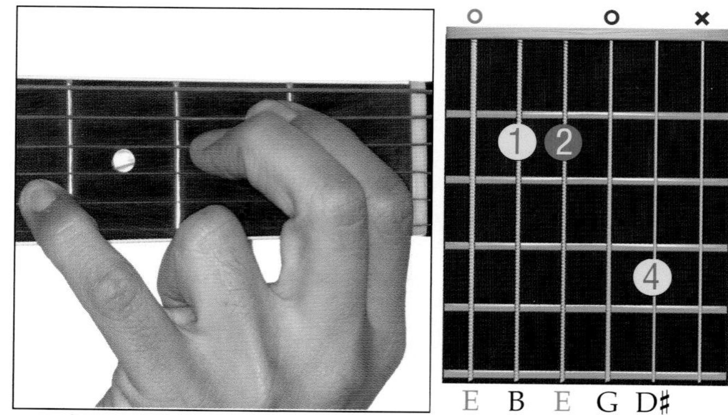
E B E G D♯

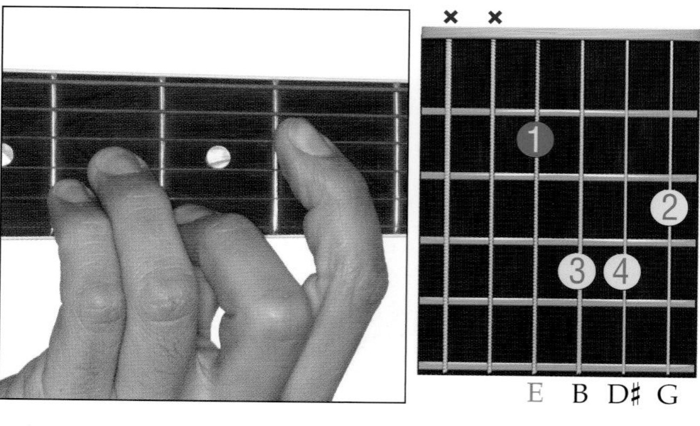
E B D♯ G

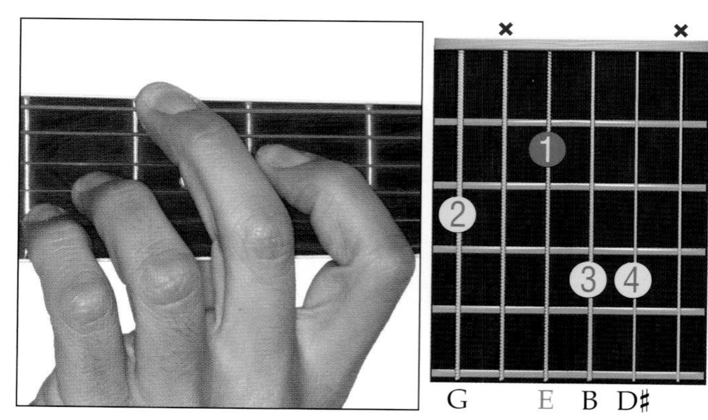
G E B D♯

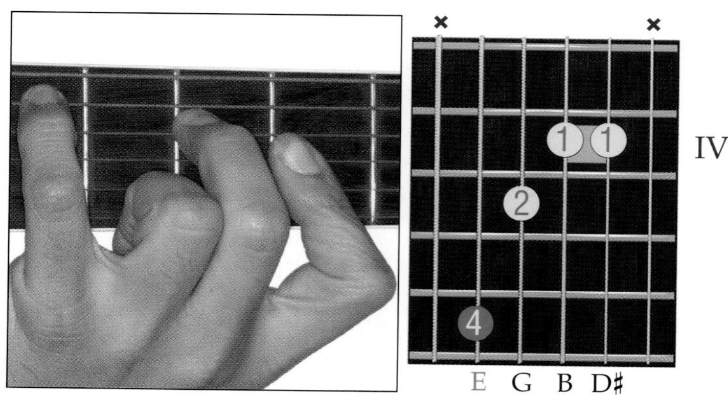
IV
E G B D♯

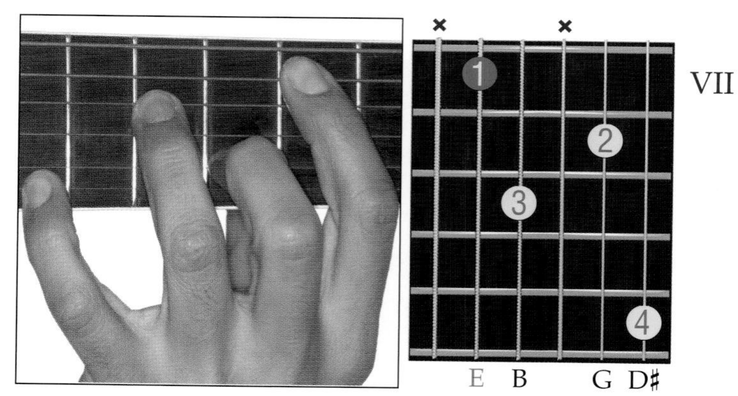
VII
E B G D♯

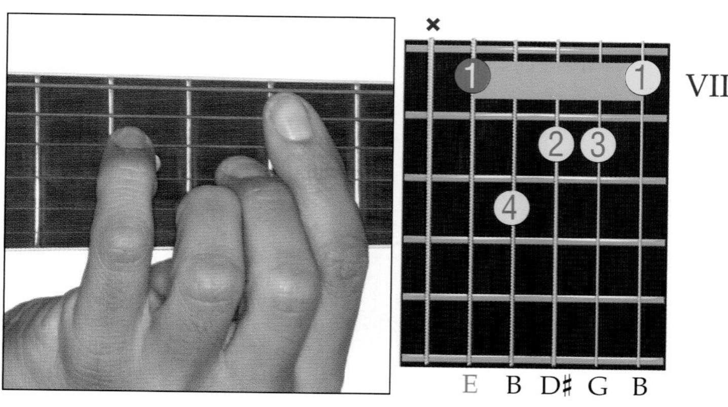
VII
E B D♯ G B

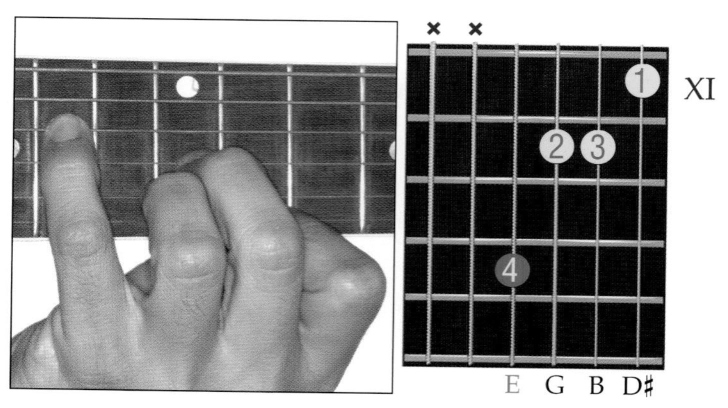
XI
E G B D♯

Em9

E B D G B F♯

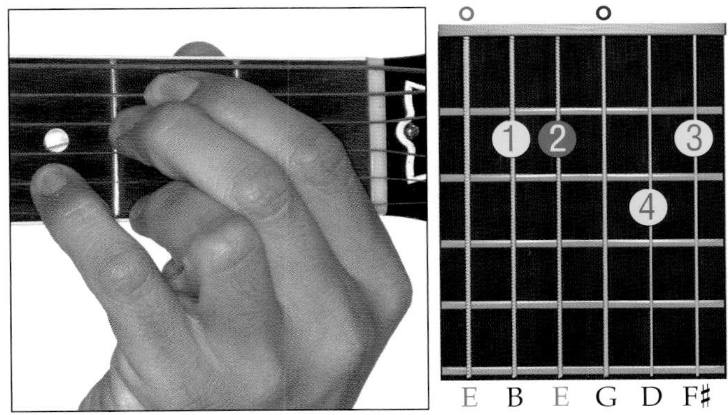
E B E G D F♯

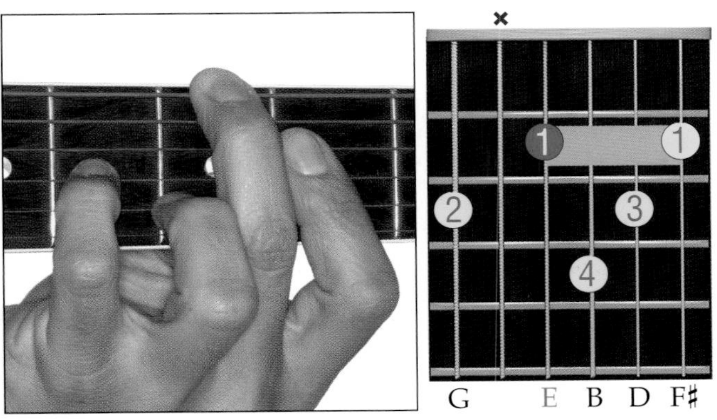
G E B D F♯

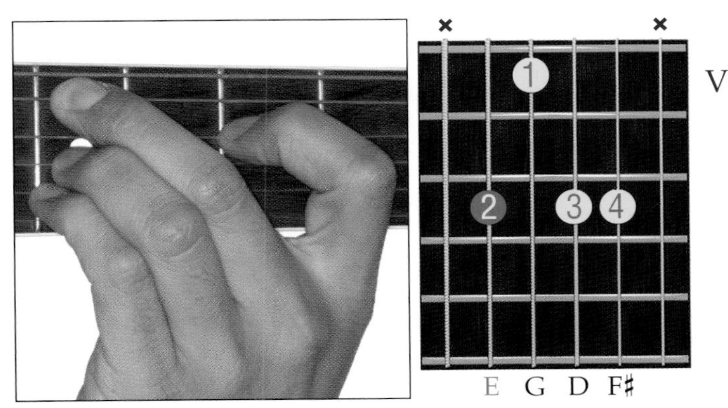
V
E G D F♯

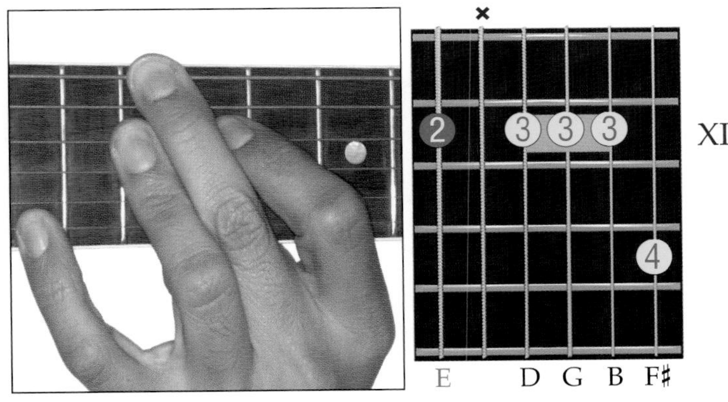
XII
E D G B F♯

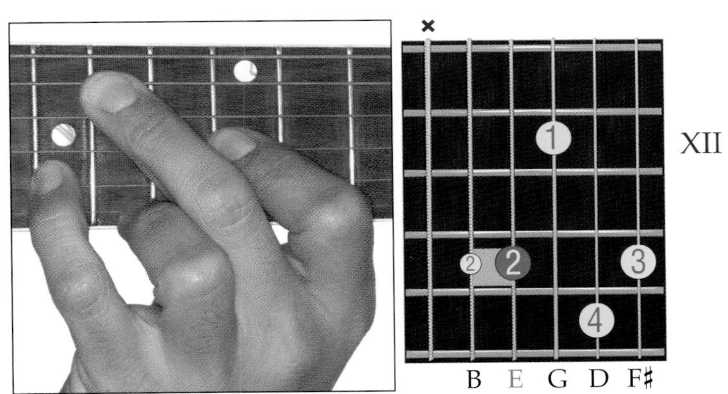
XII
B E G D F♯

Em11

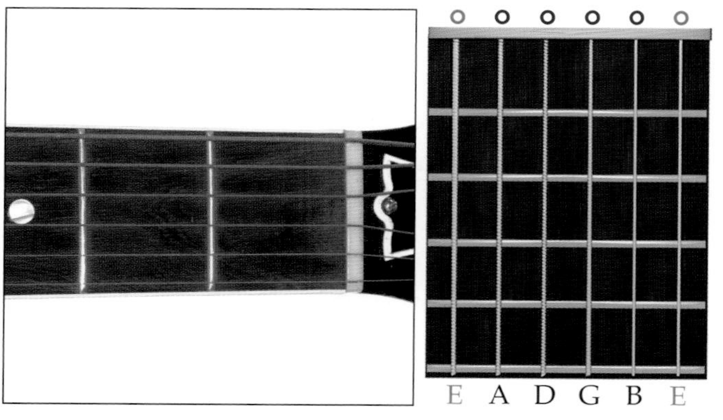
E A D G B E

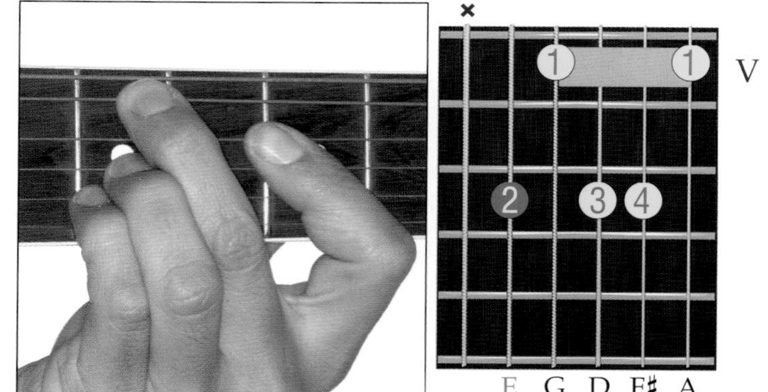
V
E G D F♯ A

E

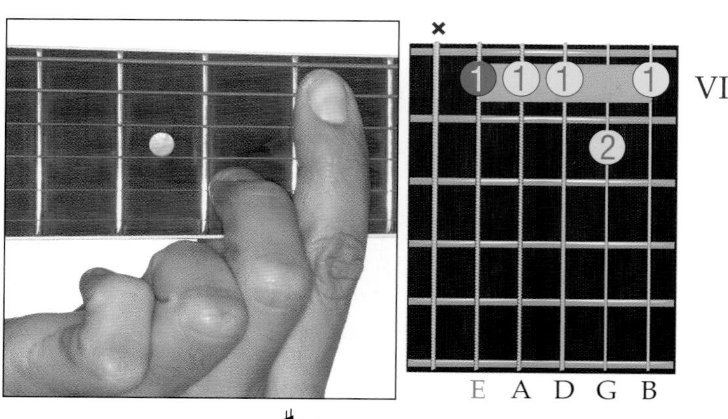
VII
E A D G B

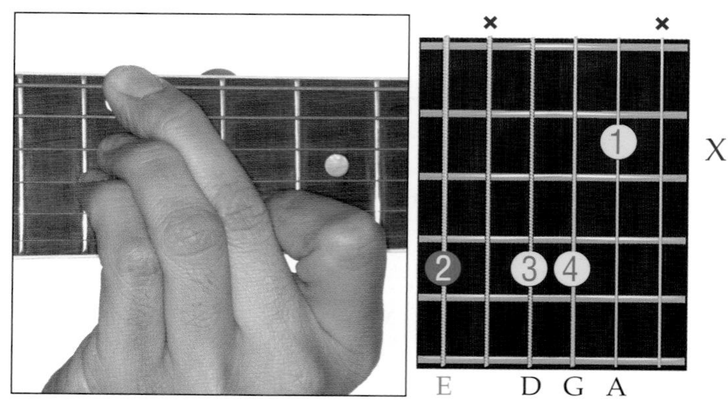
X
E D G A

Em13

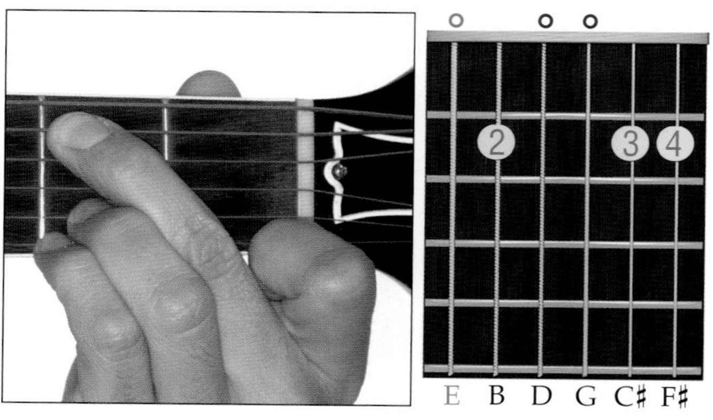
E B D G C♯ F♯

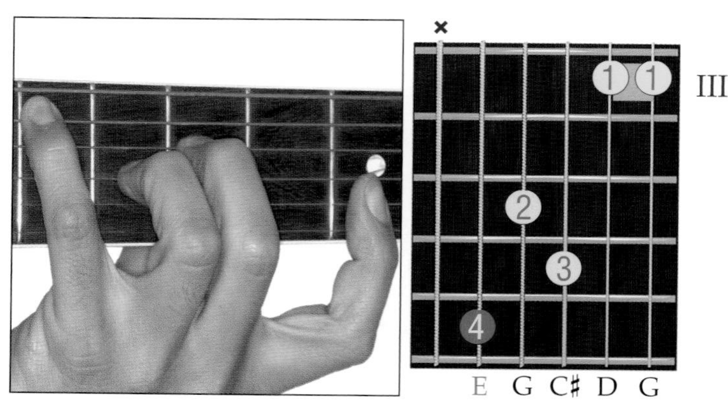
III
E G C♯ D G

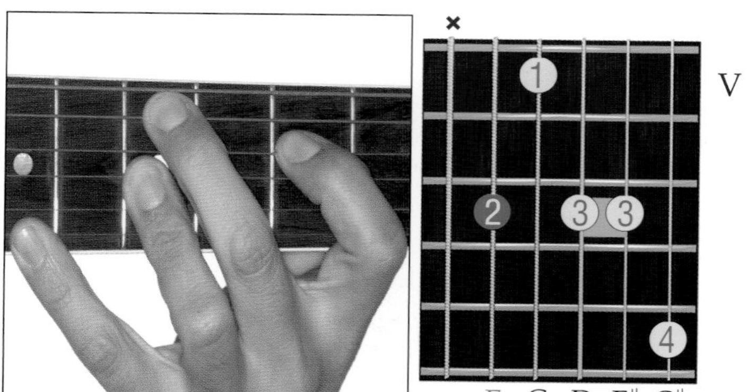
V
E G D F♯ C♯

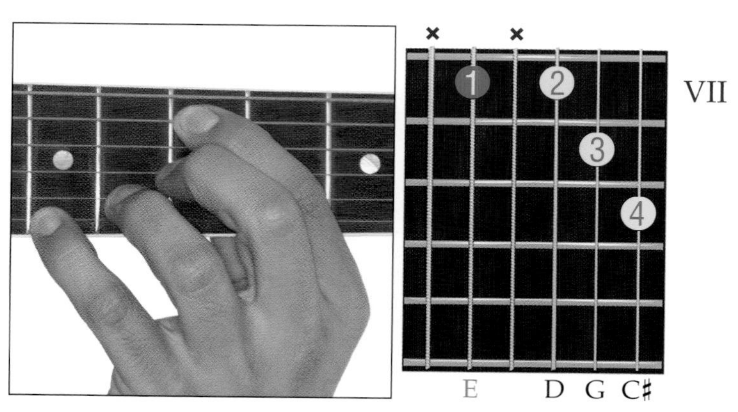
VII
E D G C♯

Em7♭5

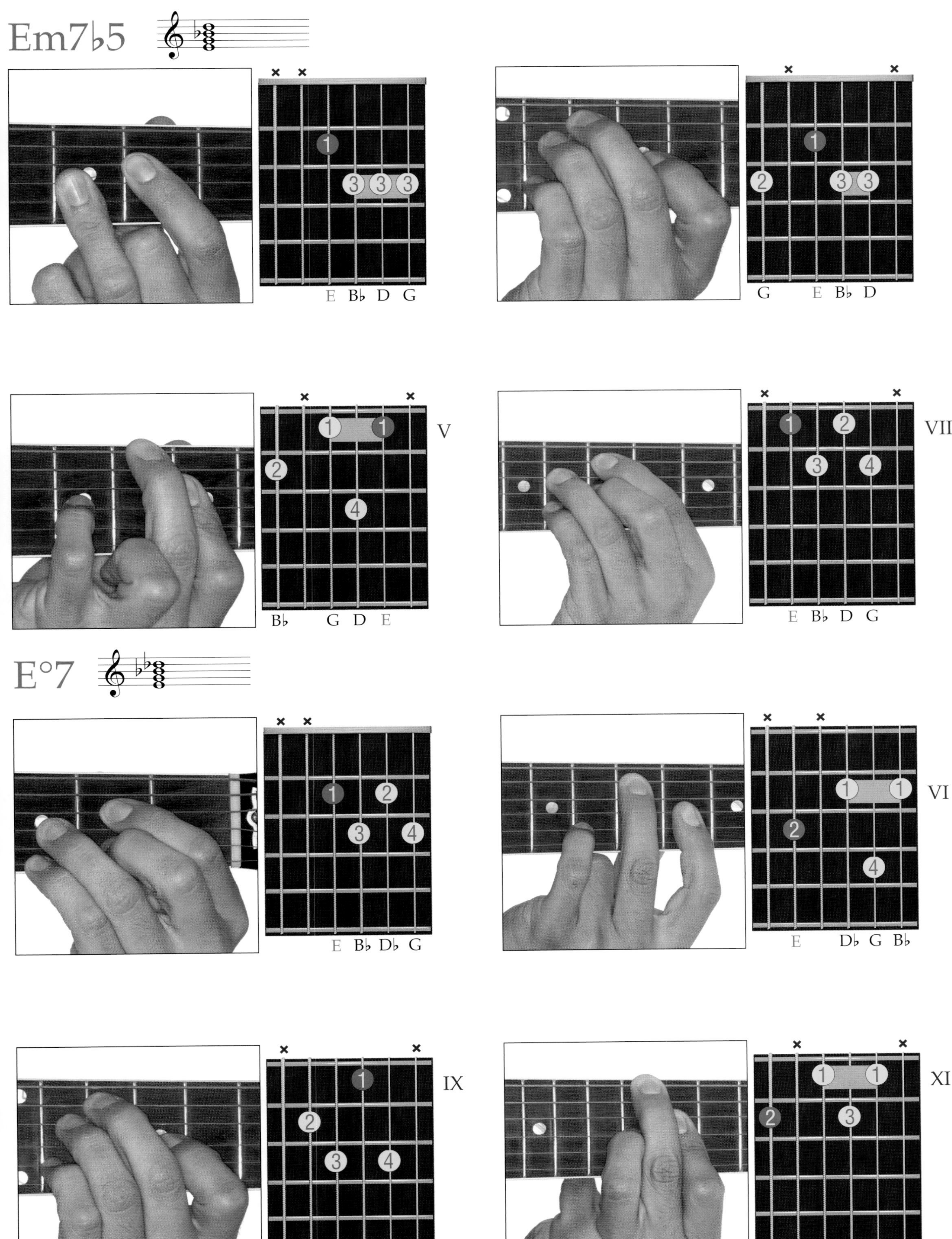
E Bb D G
G E Bb D
V
Bb G D E
VII
E Bb D G
E°7
E Bb Db G
VI
E Db G Bb
IX
G Db E Bb
XI
E Db G Bb
E

E7

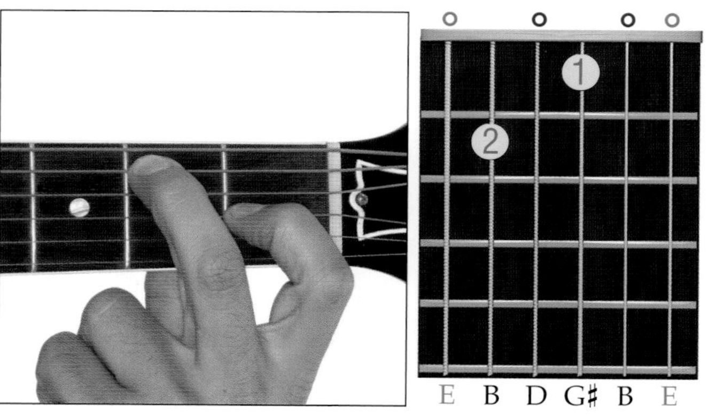

1
2
E B D G♯ B E

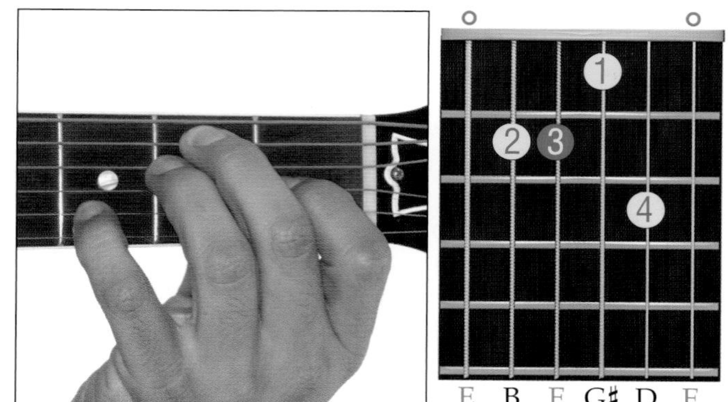

1
2 3
4
E B E G♯ D E

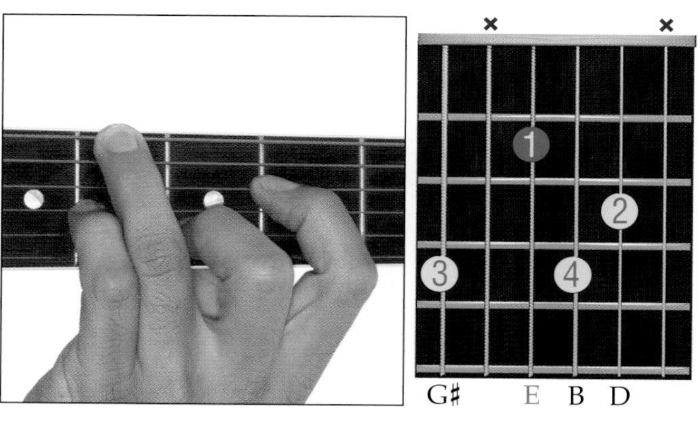

1
2
3 4
G♯ E B D

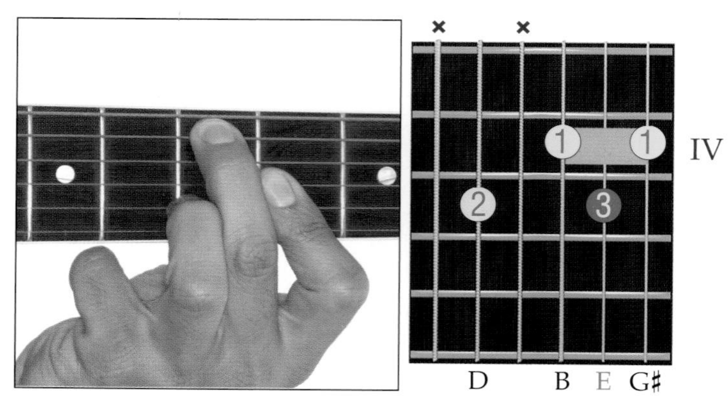

1 1
IV
2 3
D B E G♯

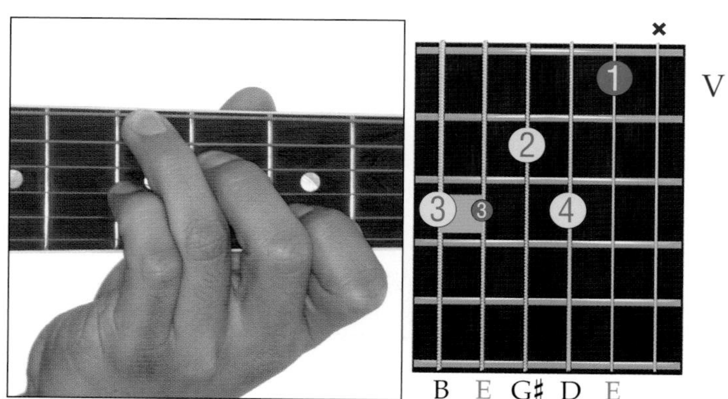

1
V
2
3 3 4
B E G♯ D E

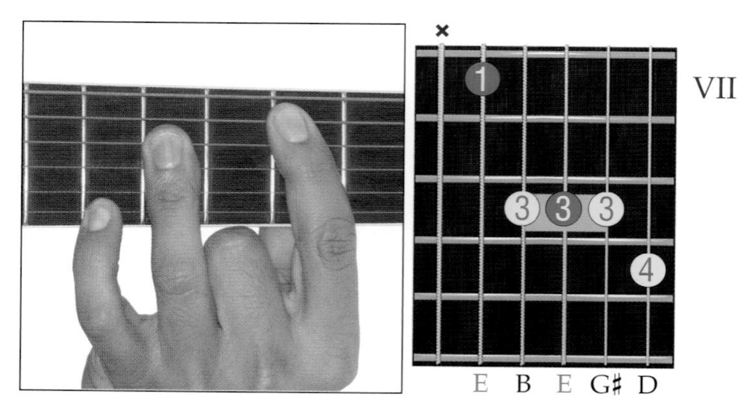

1
VII
3 3 3
4
E B E G♯ D

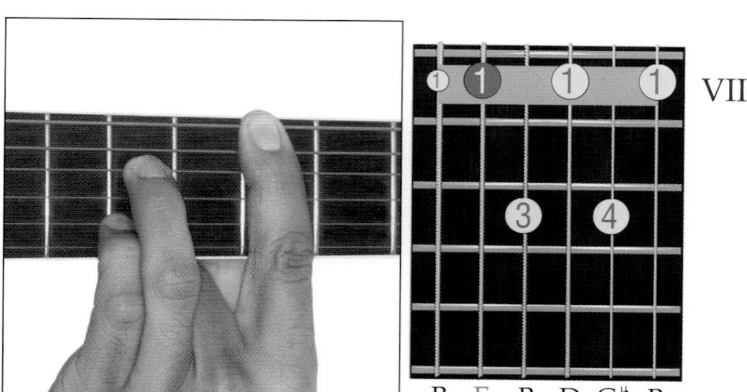

1 1 1 1
VII
3 4
B E B D G♯ B

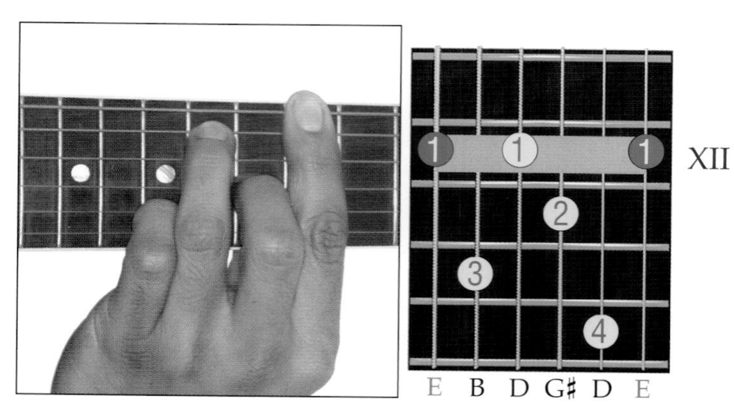

1 1 1
XII
2
3
4
E B D G♯ D E

E

E7sus4

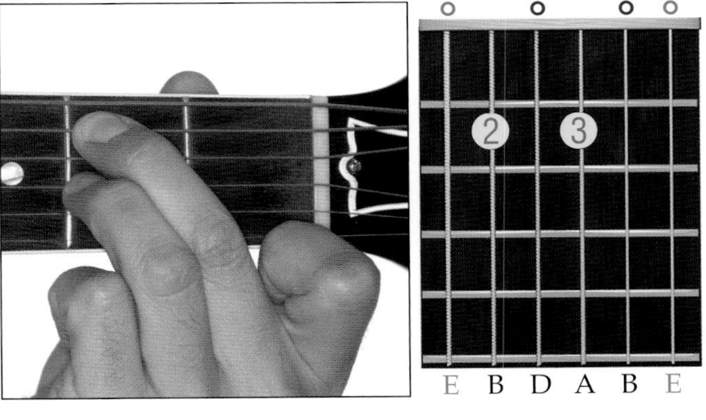
E B D A B E

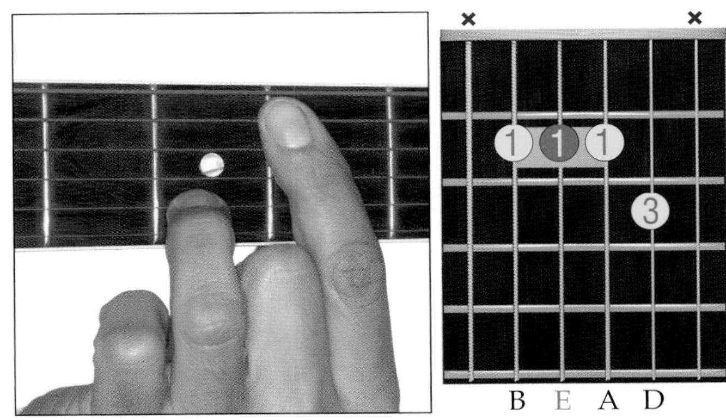
B E A D

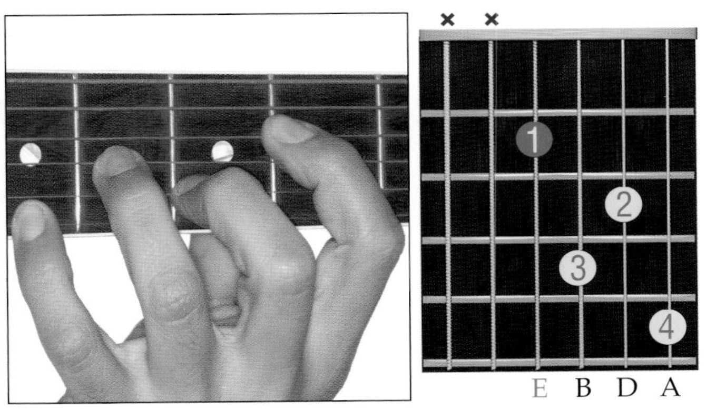
E B D A

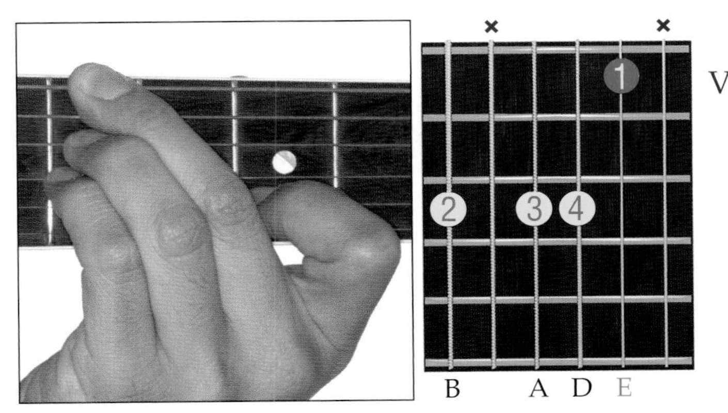
V
B A D E

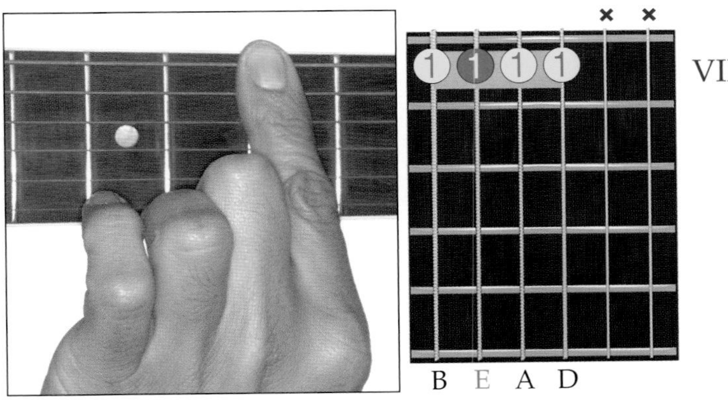
VII
B E A D

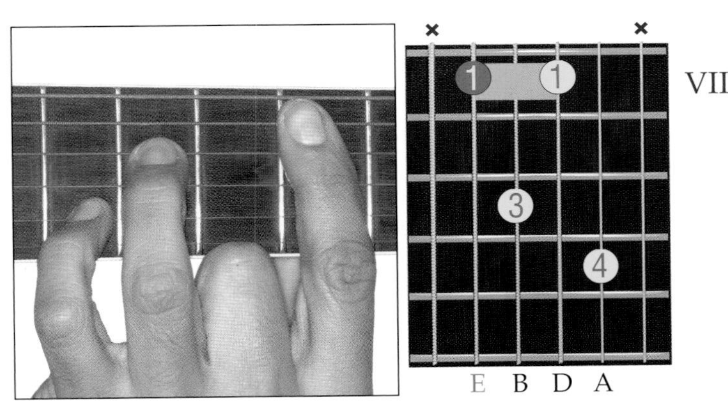
VII
E B D A

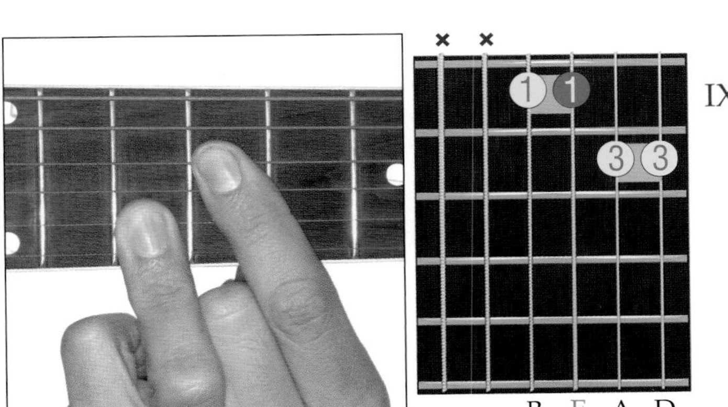
IX
B E A D

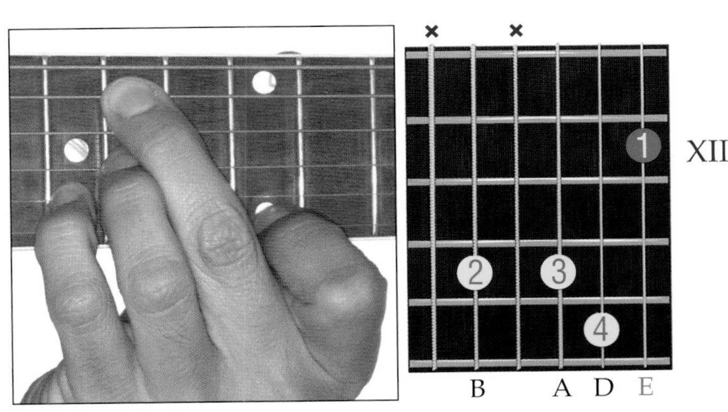
XII
B A D E

E7♭5

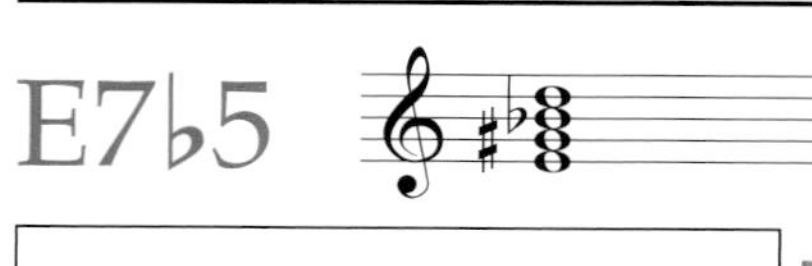

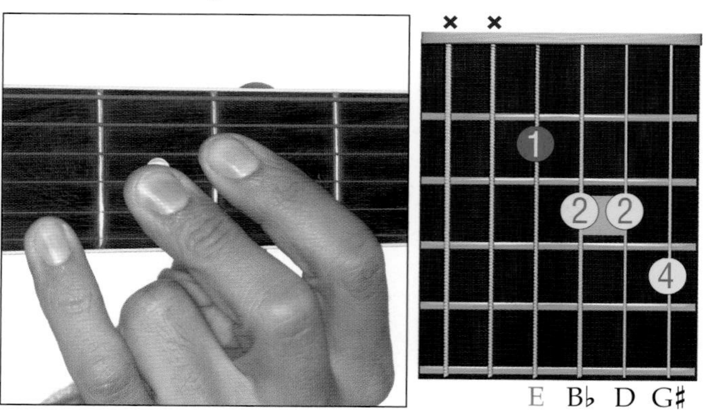
E B♭ D G♯

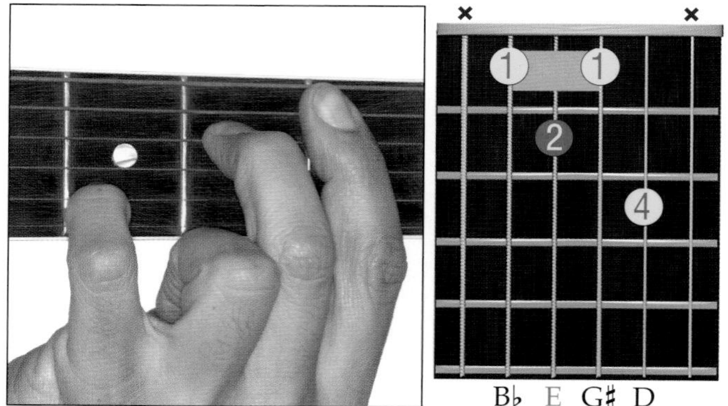
B♭ E G♯ D

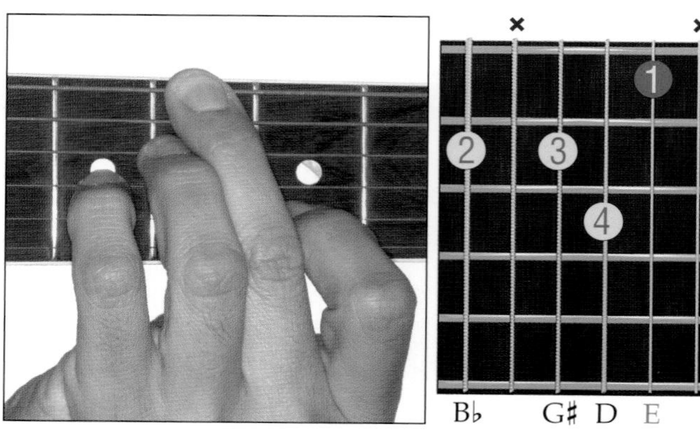
V
B♭ G♯ D E

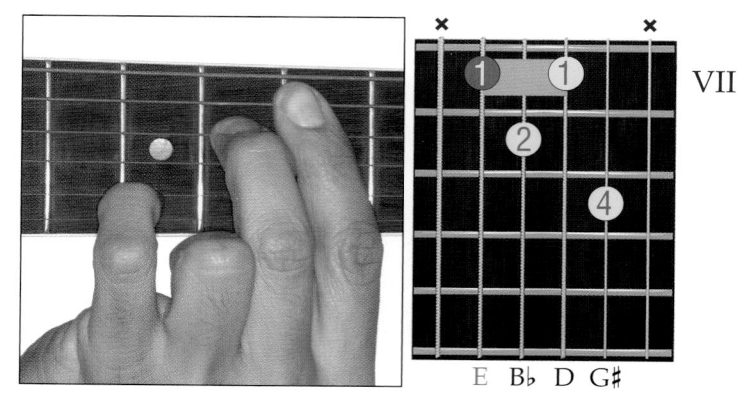
VII
E B♭ D G♯

E7+

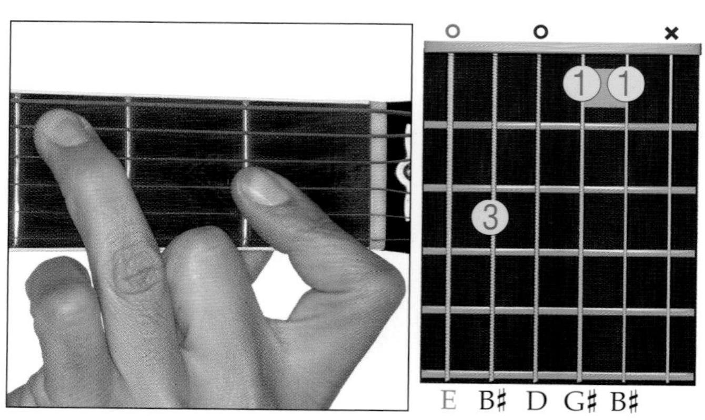
E B♯ D G♯ B♯

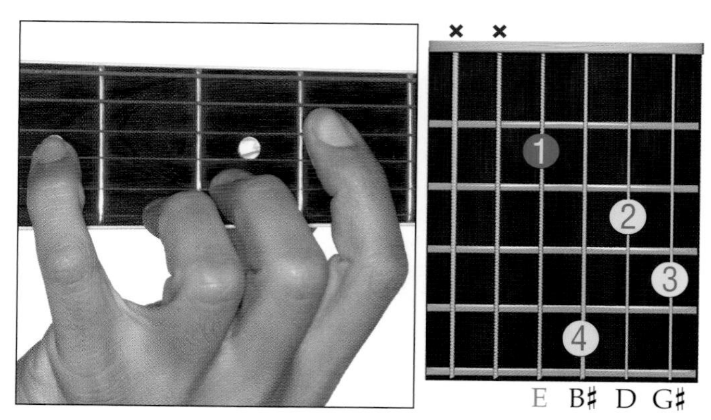
E B♯ D G♯

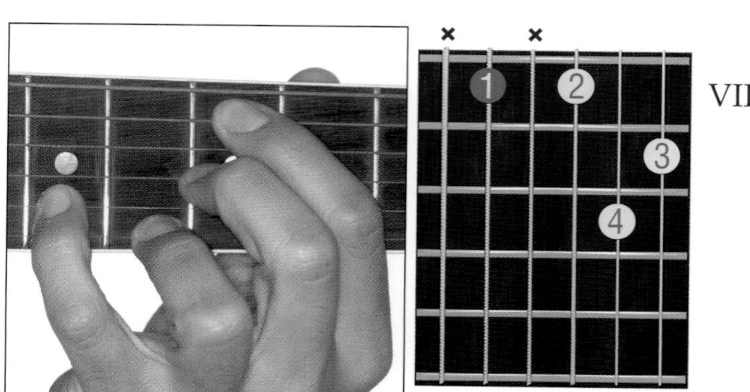
VII
E D G♯ B♯

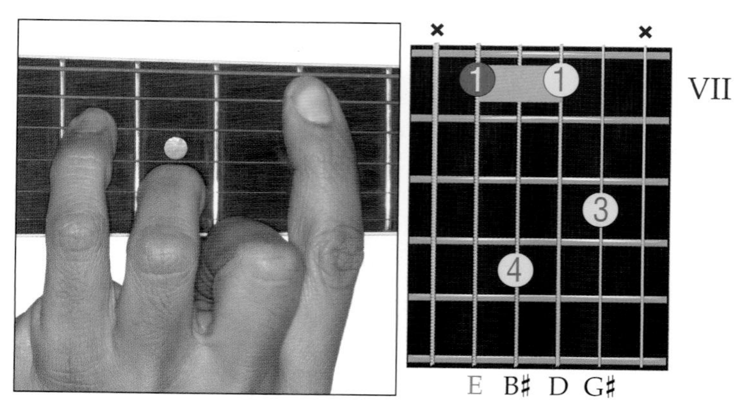
VII
E B♯ D G♯

E9

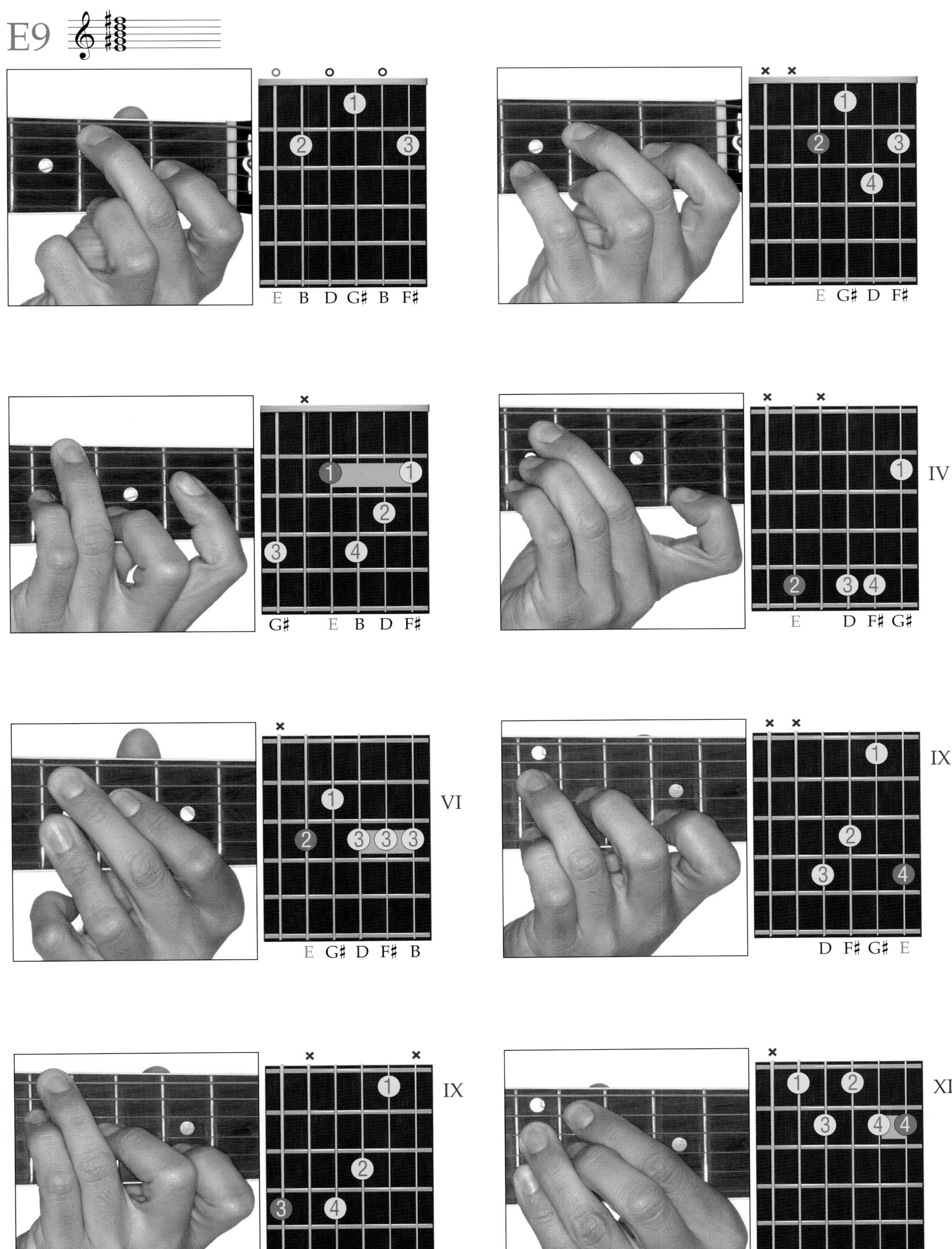
E B D G♯ B F♯
E G♯ D F♯
G♯ E B D F♯
IV
E D F♯ G♯
VI
E G♯ D F♯ B
IX
D F♯ G♯ E
IX
E D F♯ G♯
XI
G♯ D F♯ B E

E

E9sus4

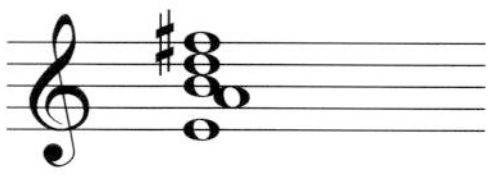

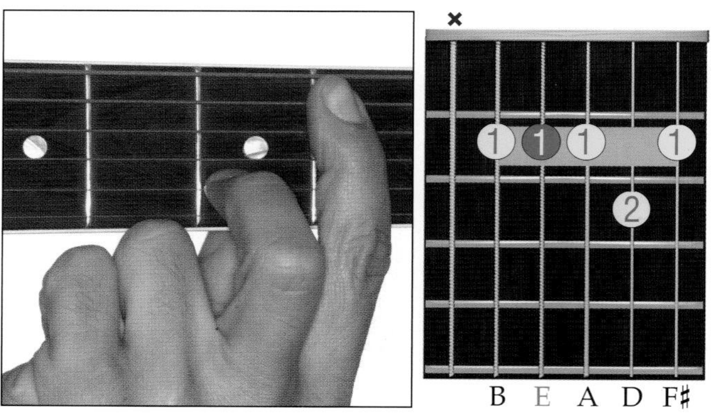
B E A D F♯

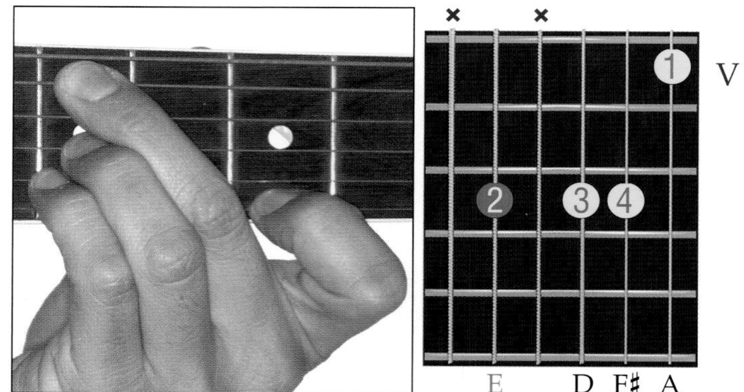
V
E D F♯ A

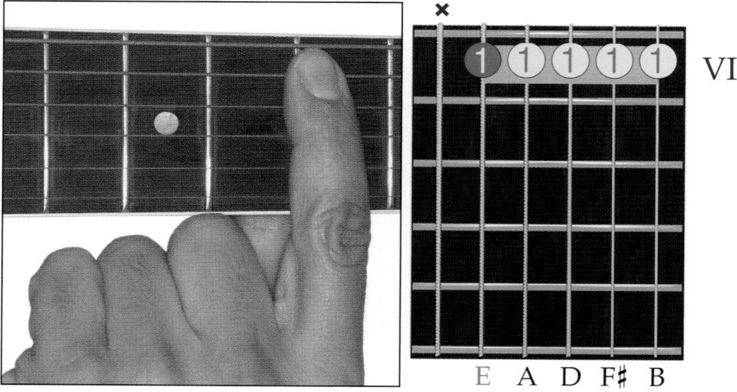
VII
E A D F♯ B

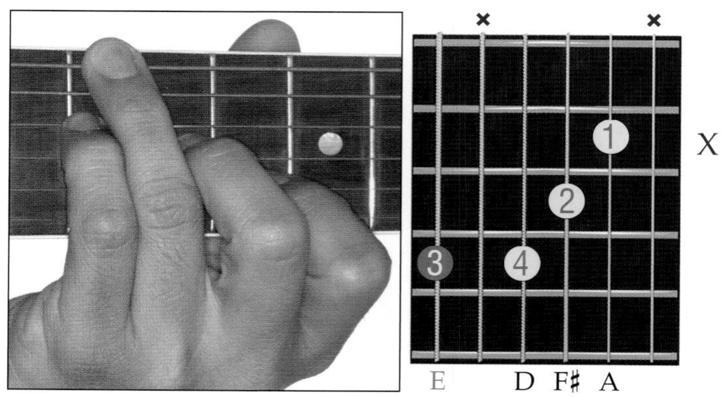
X
E D F♯ A

E9♭5

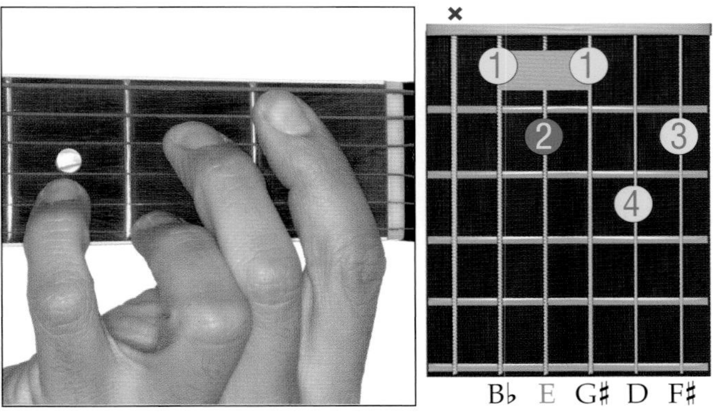
1 1
2 3
4
B♭ E G♯ D F♯

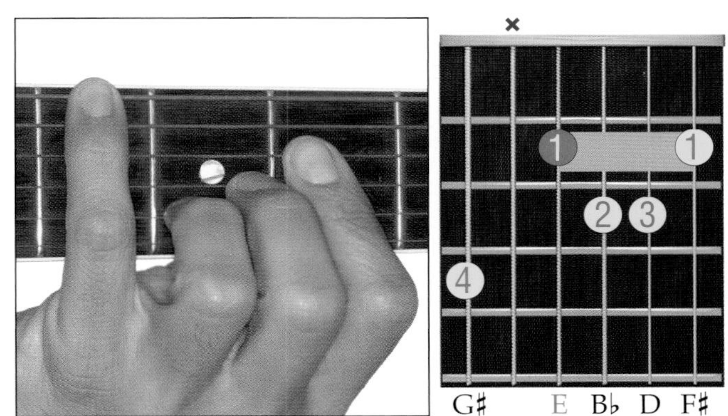
1 1
2 3
4
G♯ E B♭ D F♯

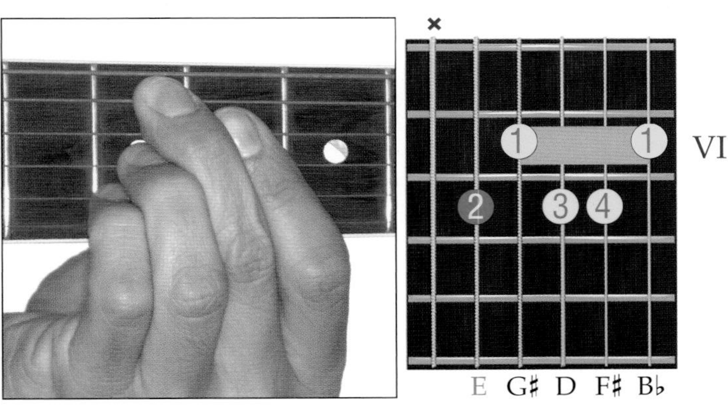
1 1
2 3 4
VI
E G♯ D F♯ B♭

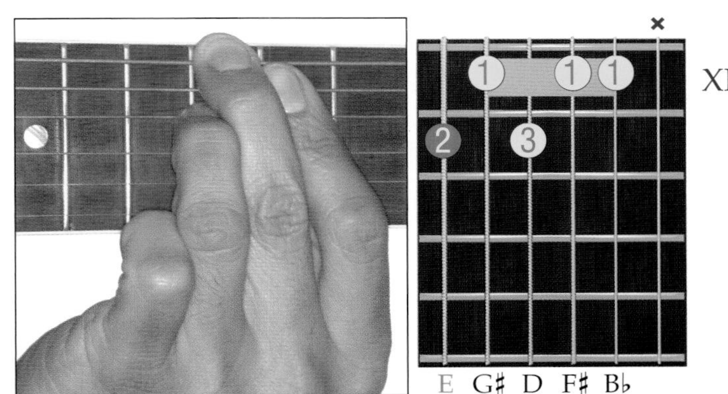
1 1 1
2 3
XI
E G♯ D F♯ B♭

E

E9+

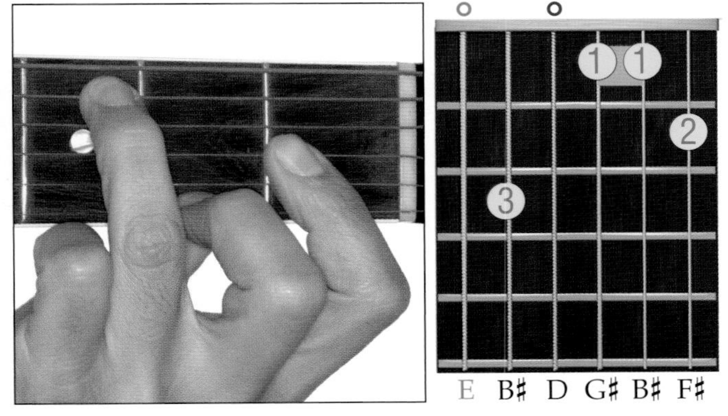
1 1
2
3
E B♯ D G♯ B♯ F♯

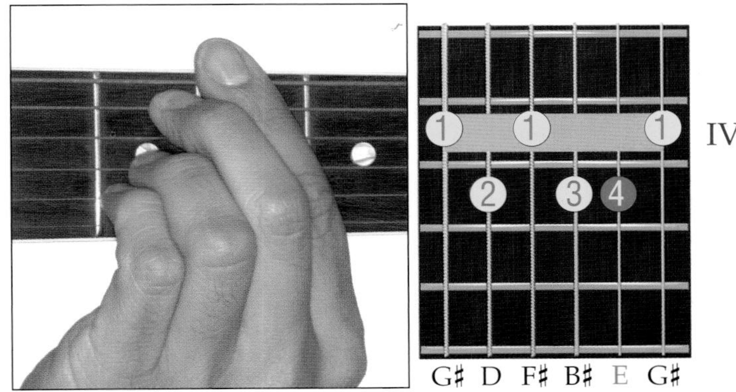
1 1 1
2 3 4
IV
G♯ D F♯ B♯ E G♯

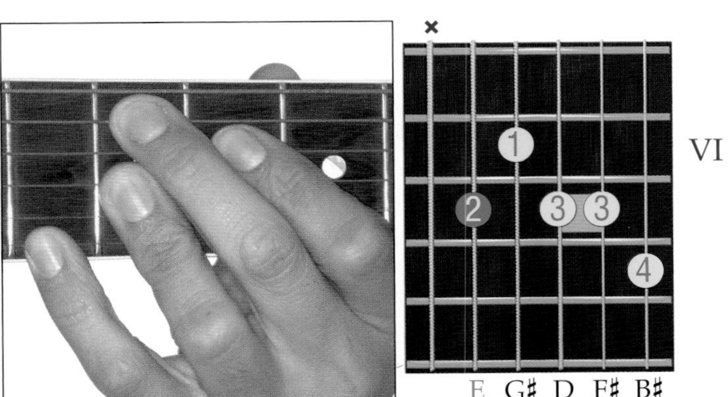
1
2 3 3
4
VI
E G♯ D F♯ B♯

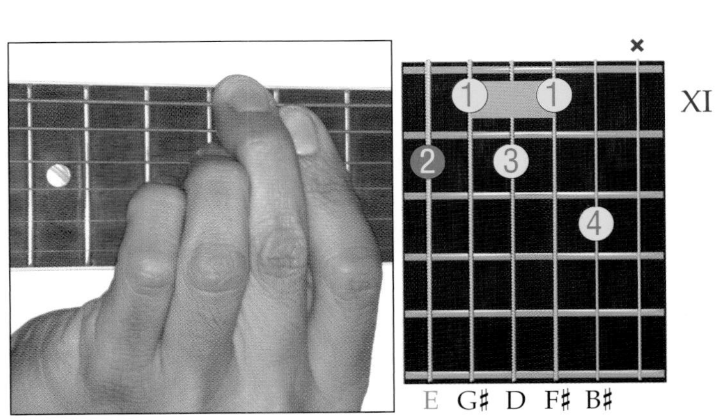
1 1
2 3
4
XI
E G♯ D F♯ B♯

E13

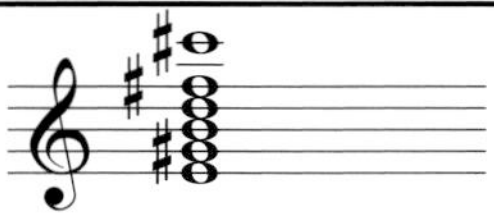

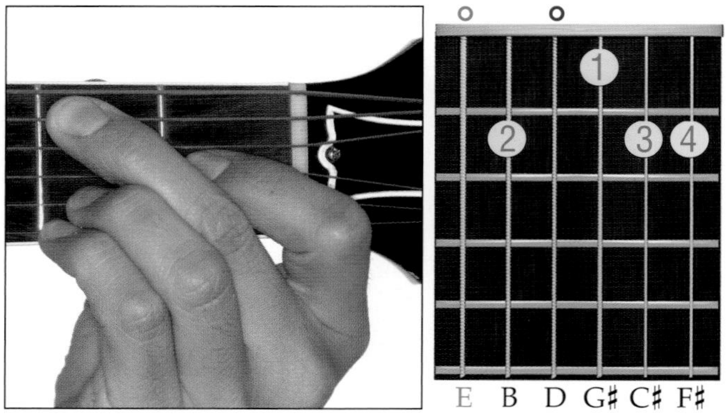

E B D G♯ C♯ F♯

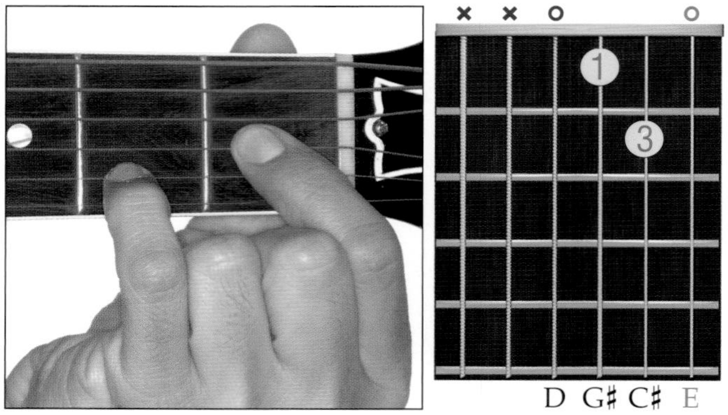

D G♯ C♯ E

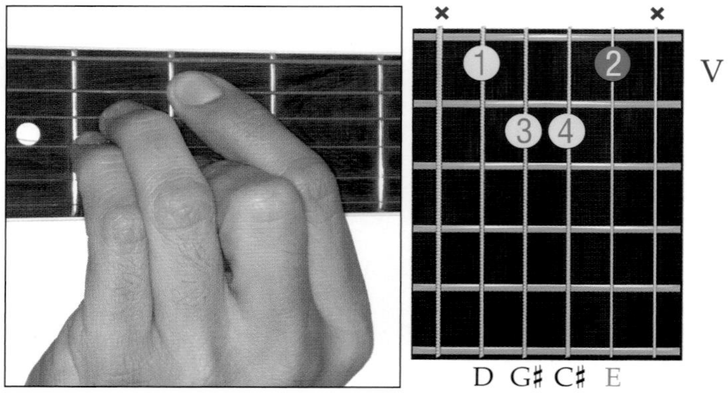

V

D G♯ C♯ E

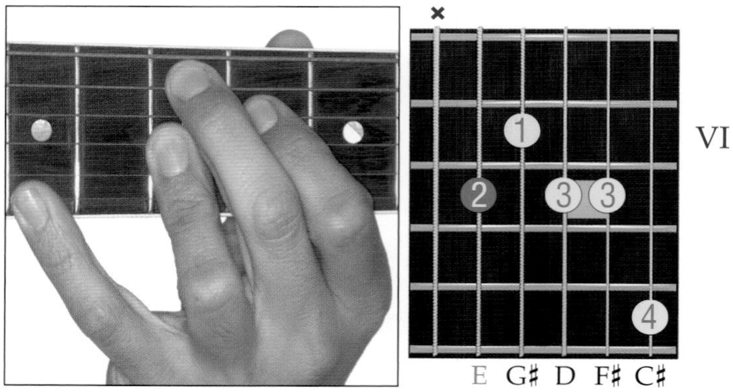

VI

E G♯ D F♯ C♯

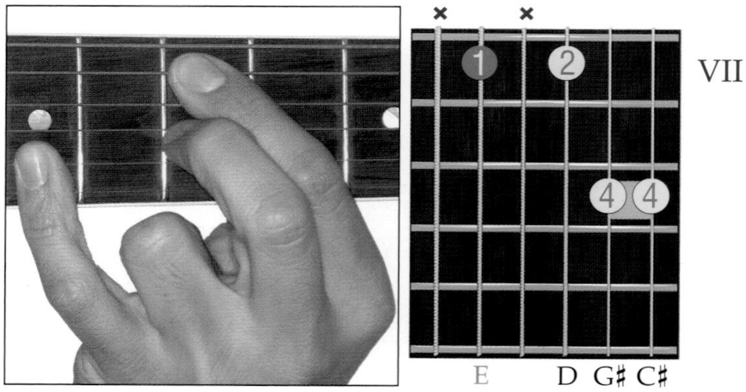

VII

E D G♯ C♯

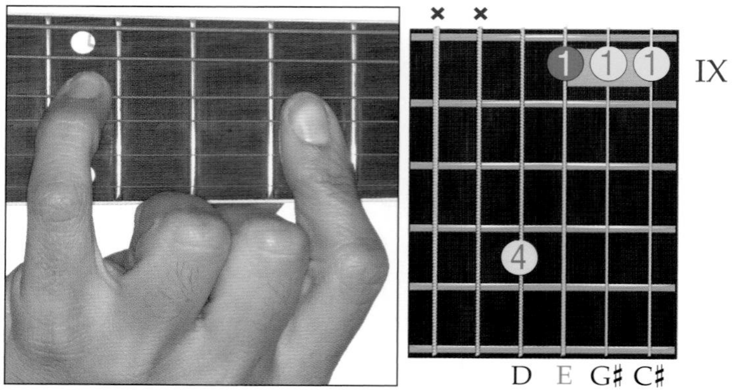

IX

D E G♯ C♯

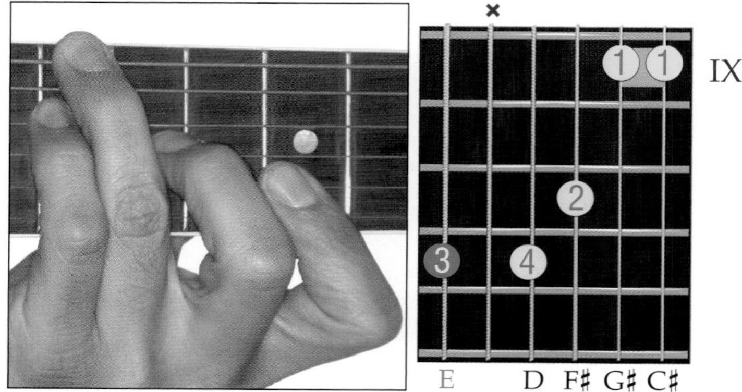

IX

E D F♯ G♯ C♯

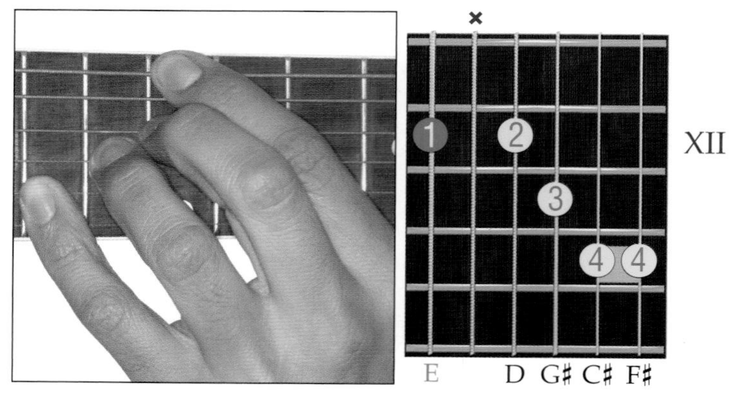

XII

E D G♯ C♯ F♯

F

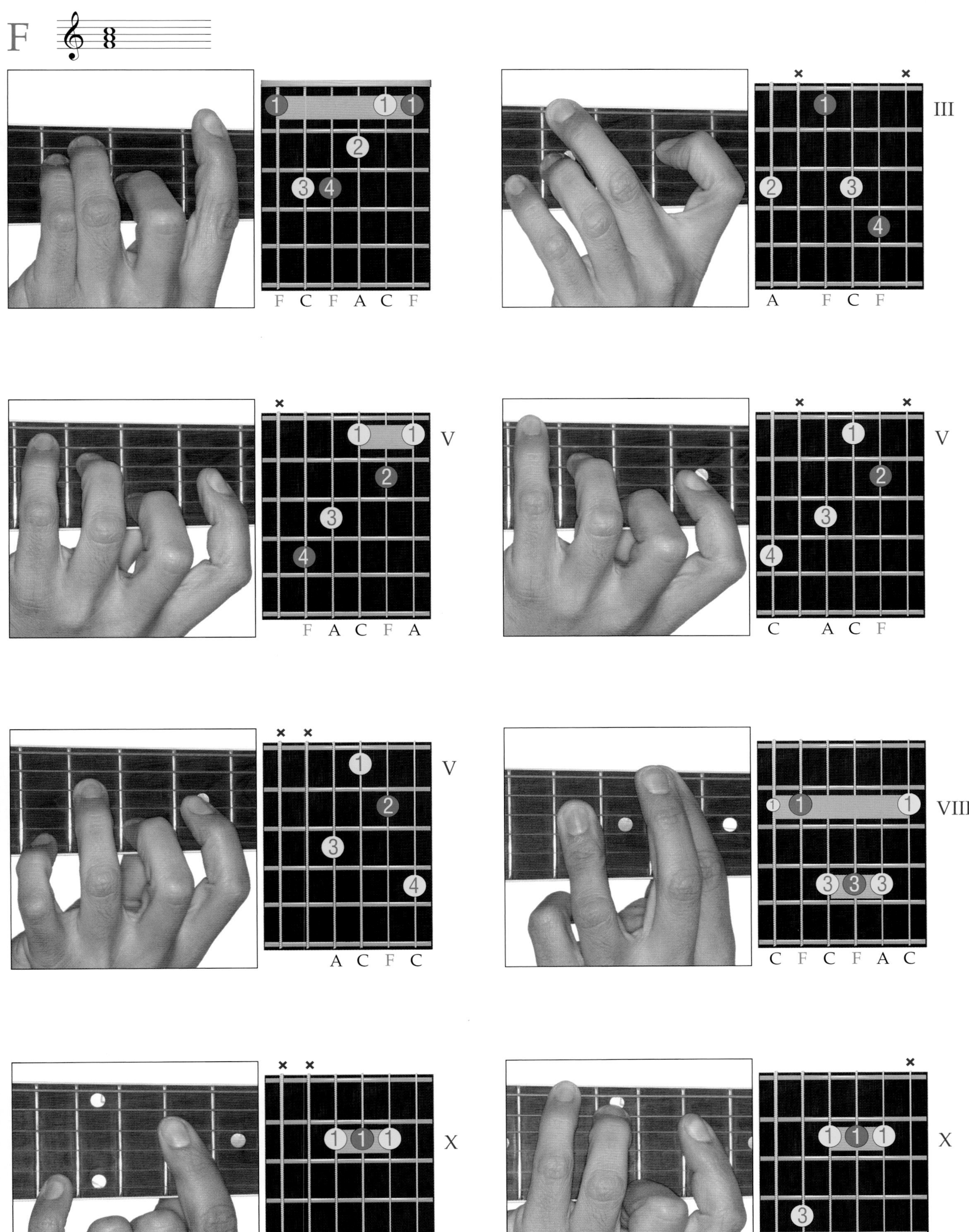
F C F A C F
III
A F C F
V
F A C F A
V
C A C F
V
A C F C
VIII
C F C F A C
X
C F A F
X
F A C F A

Fsus4

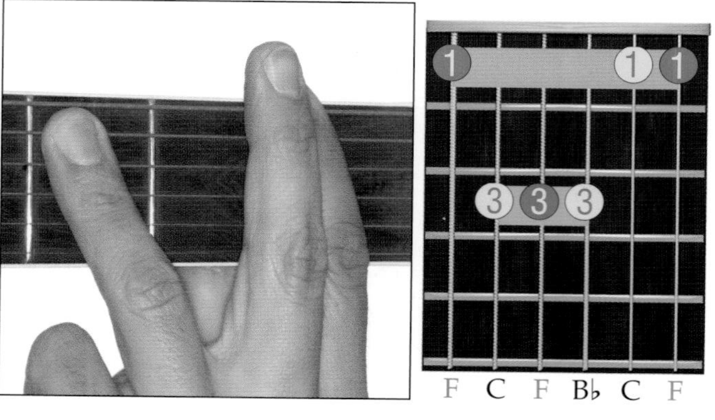

F C F B♭ C F

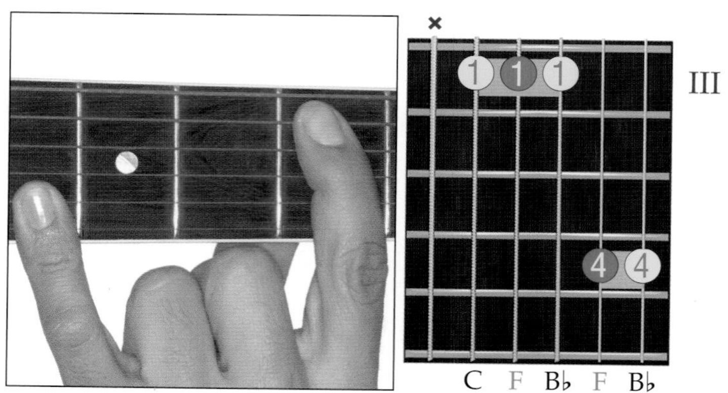

III
C F B♭ F B♭

F

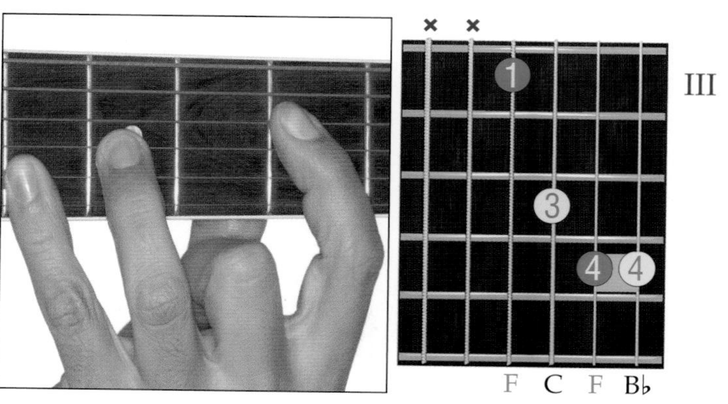

III
F C F B♭

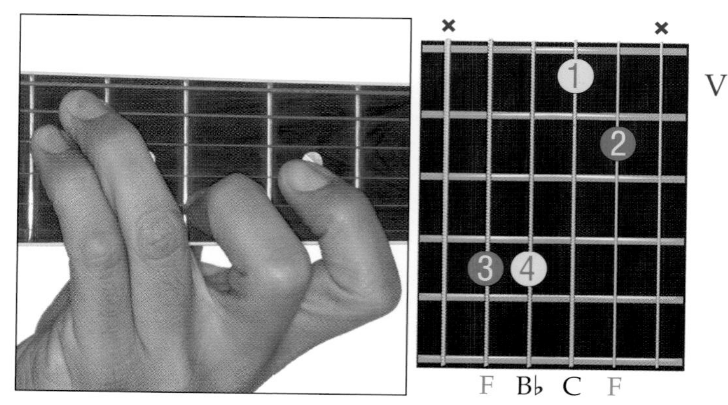

V
F B♭ C F

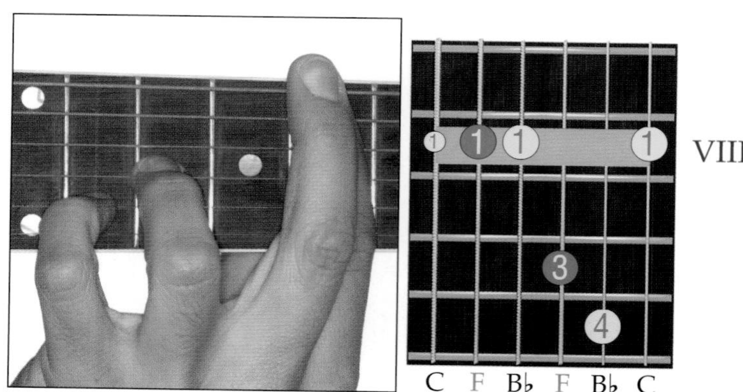

VIII
C F B♭ F B♭ C

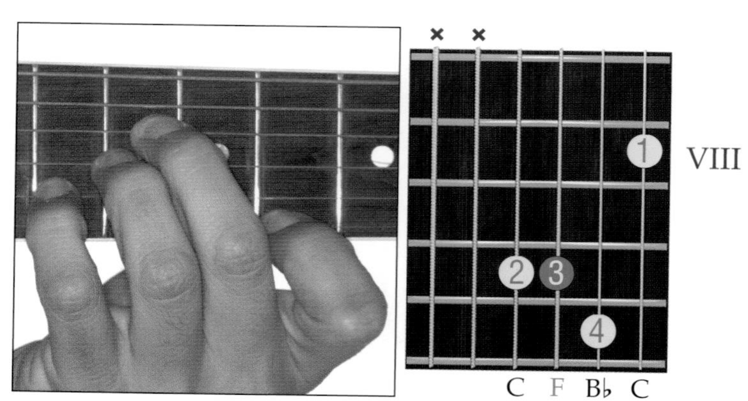

VIII
C F B♭ C

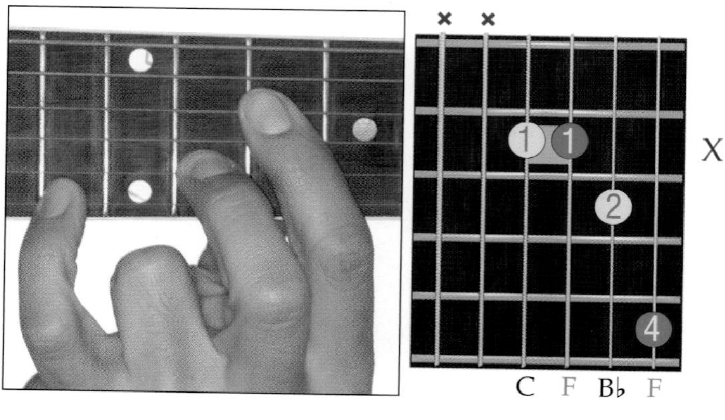

X
C F B♭ F

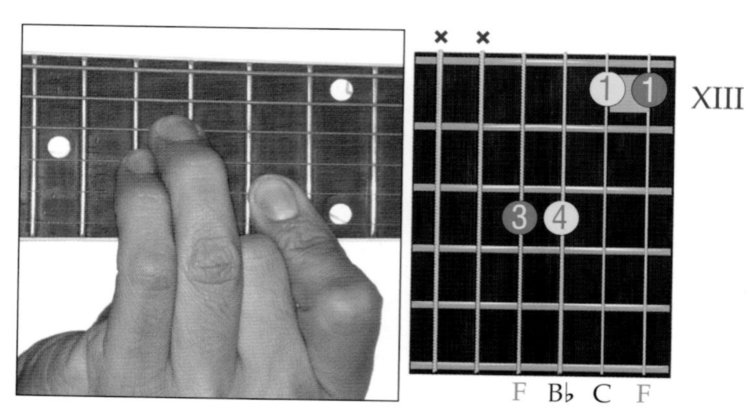

XIII
F B♭ C F

F6

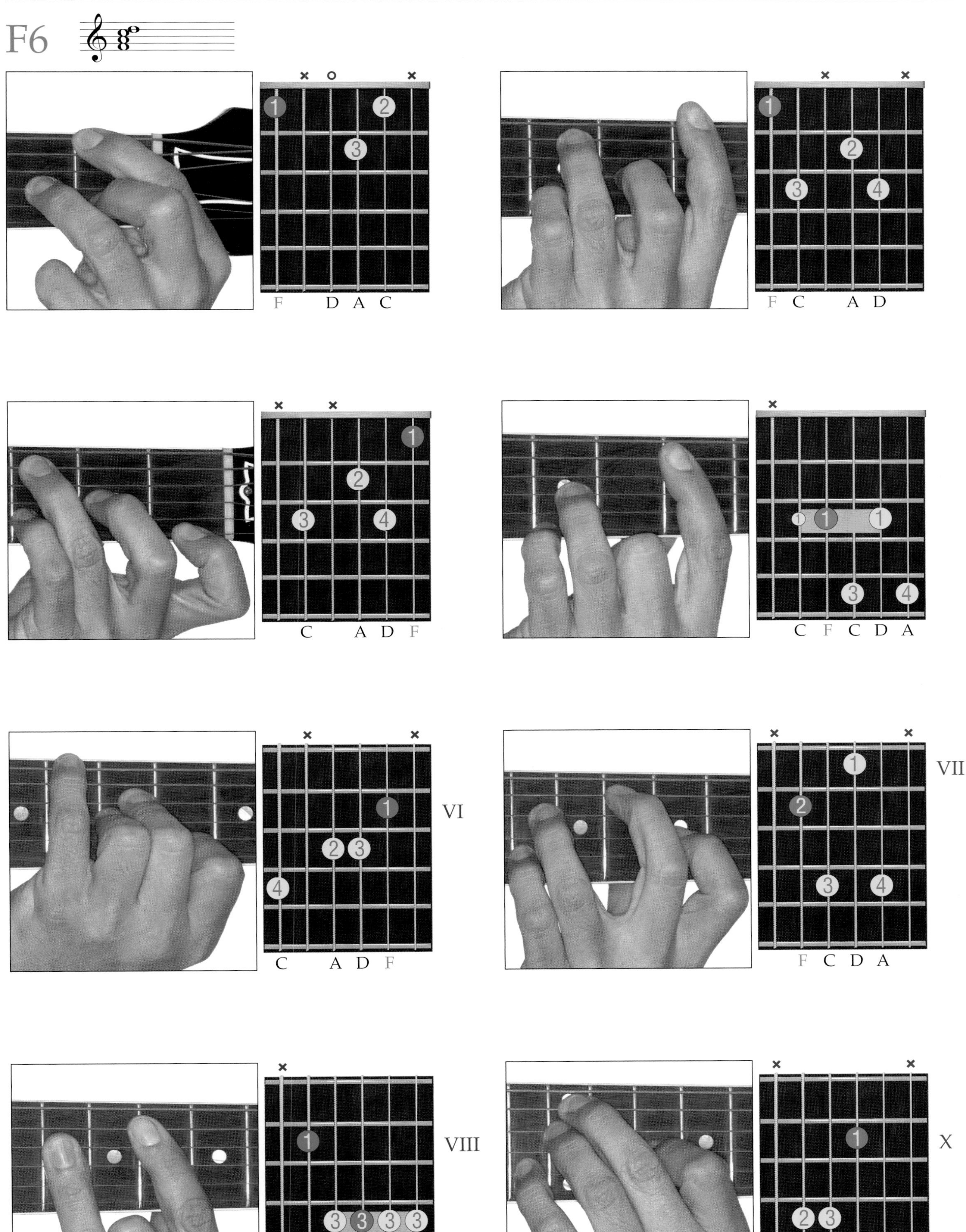
F D A C
F C A D
C A D F
C F C D A
VI
C A D F
VII
F C D A
VIII
F C F A D
X
A D F C

F

F$^{6}_{9}$

F A D G C F

F C A D G

C F A D G

V

D G C F A

VII

F A D G C

X

F G C F A D

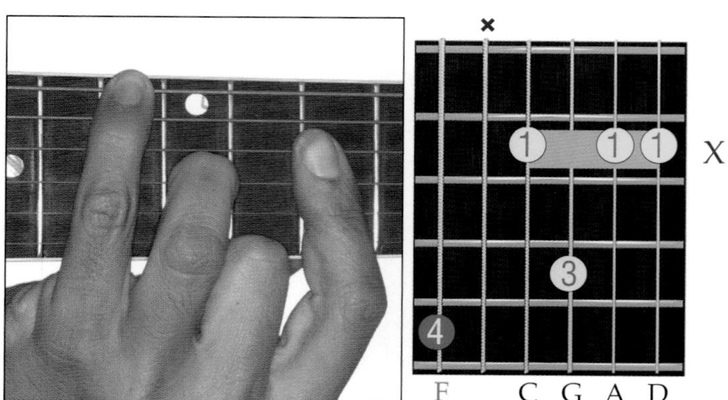

X

F C G A D

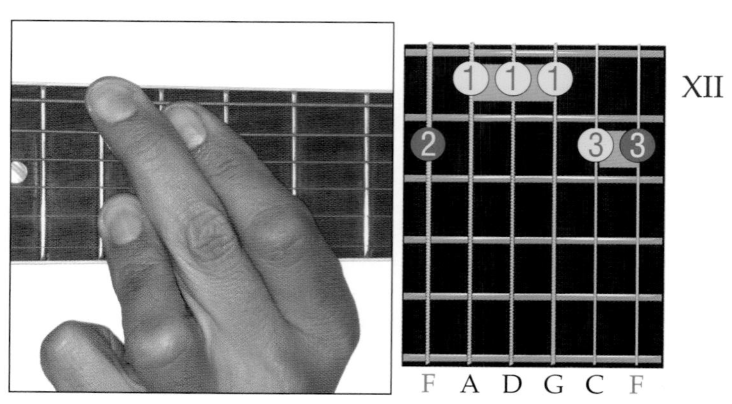

XII

F A D G C F

F

Fmaj7

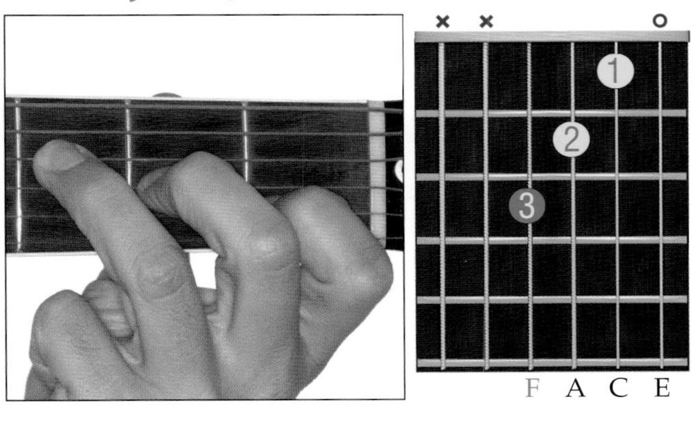
F A C E

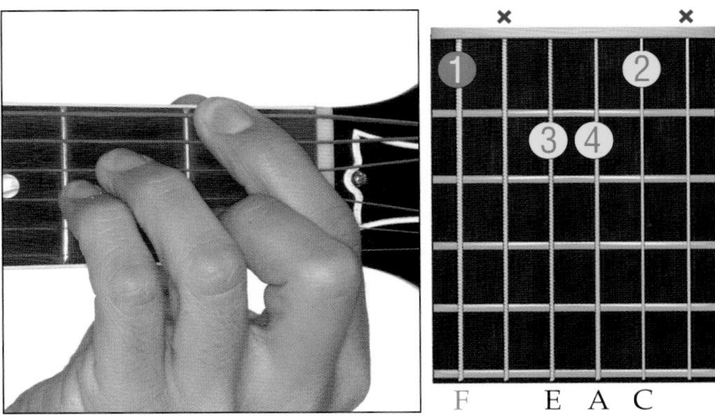
F E A C

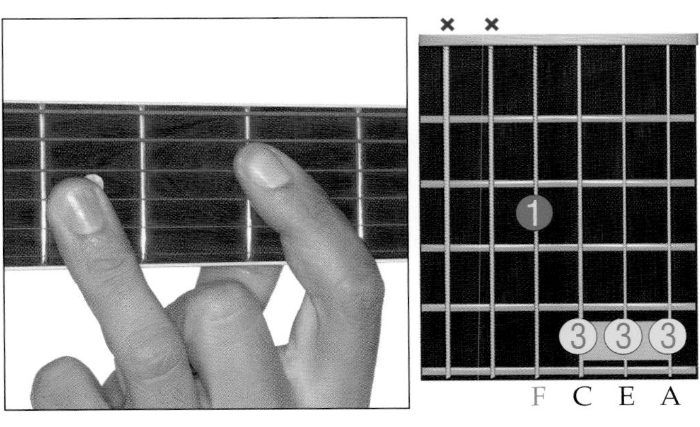
F C E A

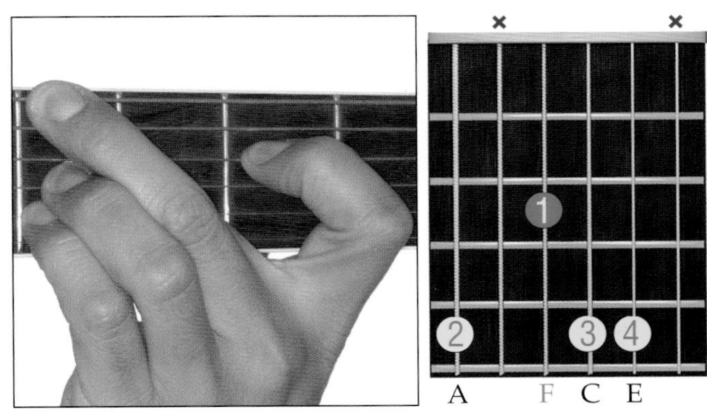
A F C E

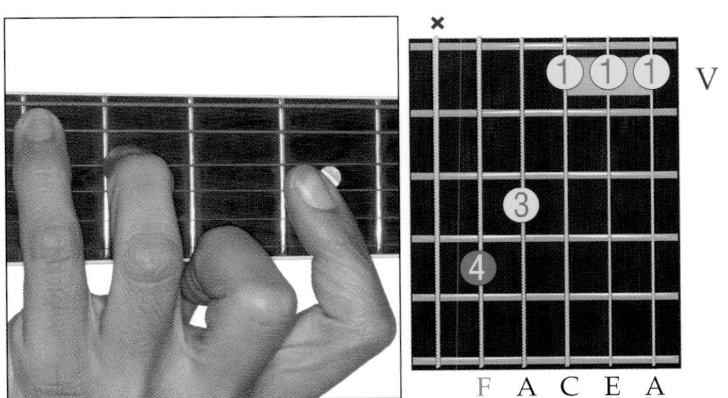
V
F A C E A

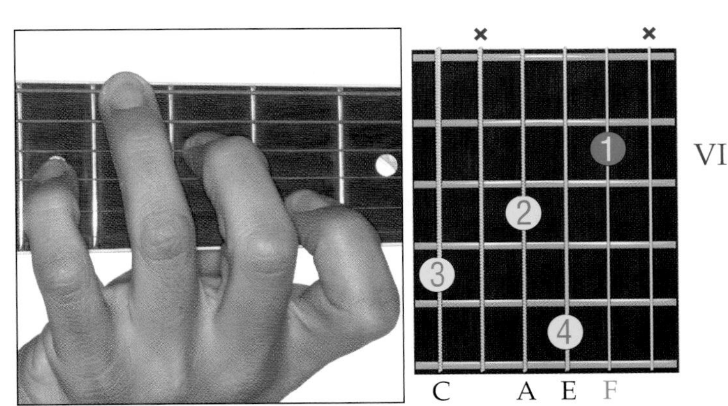
VI
C A E F

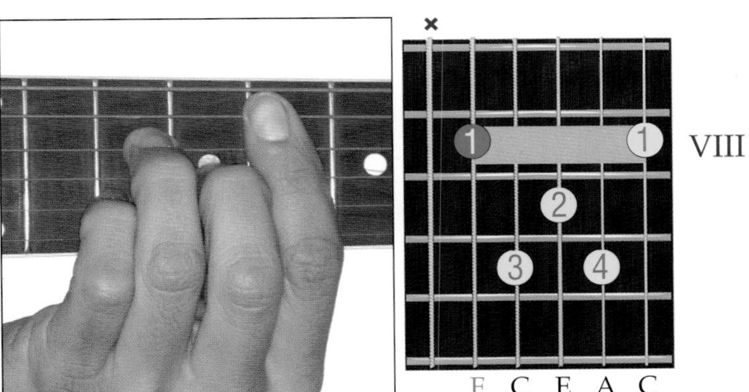
VIII
F C E A C

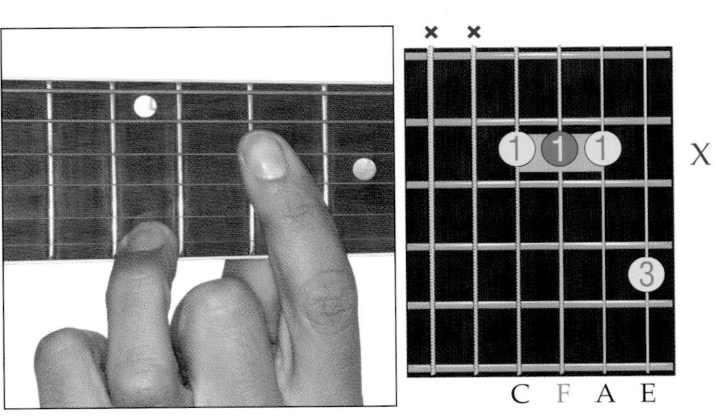
X
C F A E

Fmaj9

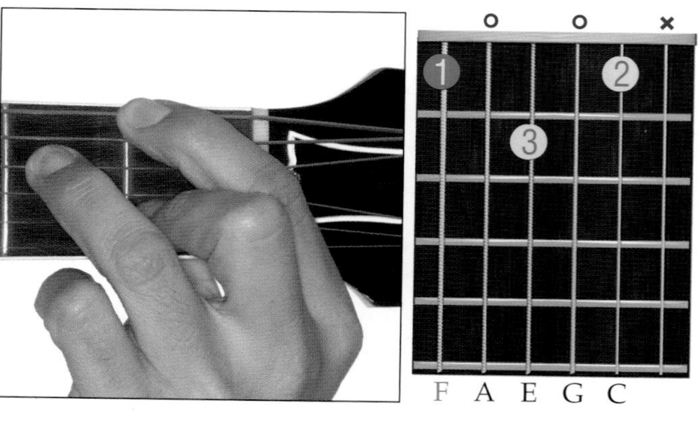
F A E G C

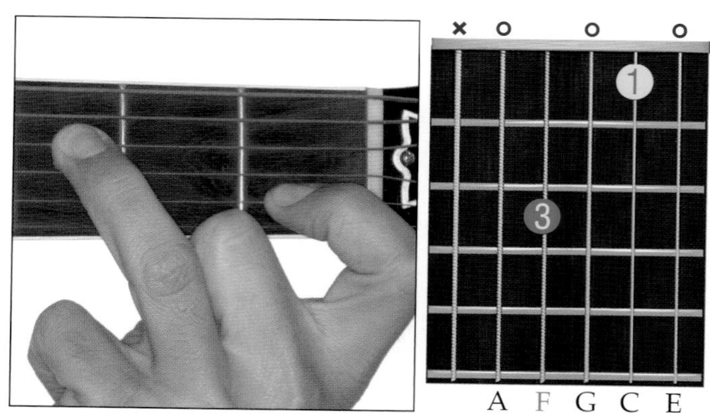
A F G C E

F

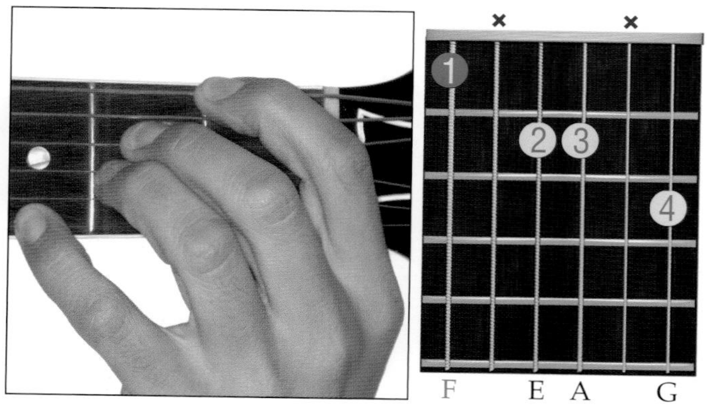
F E A G

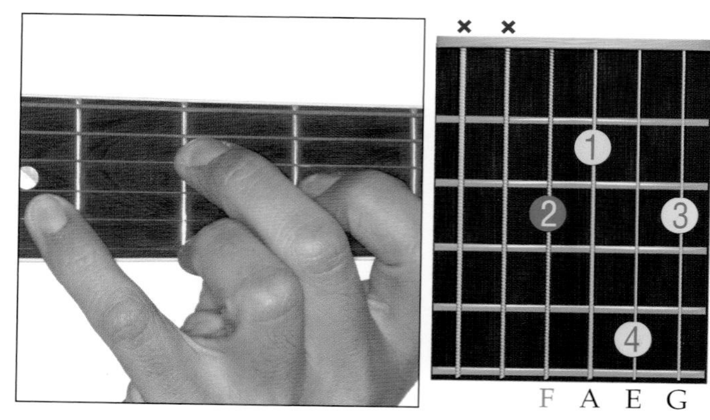
F A E G

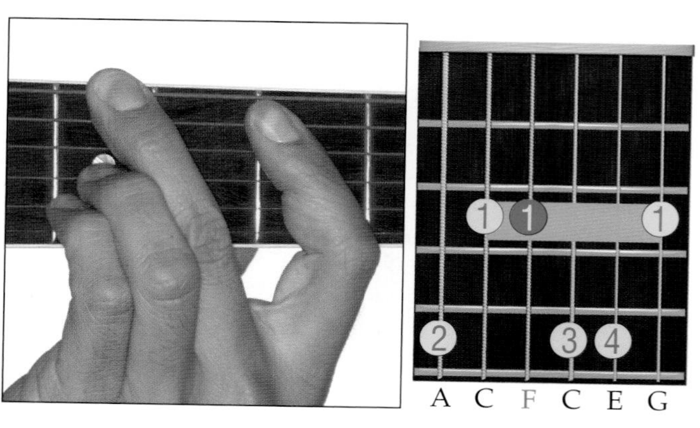
A C F C E G

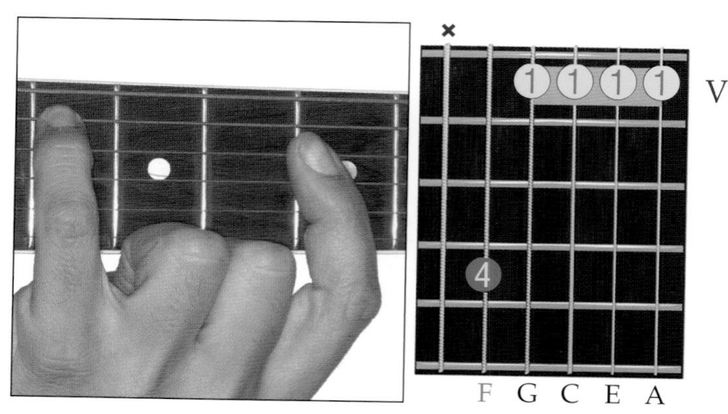
V
F G C E A

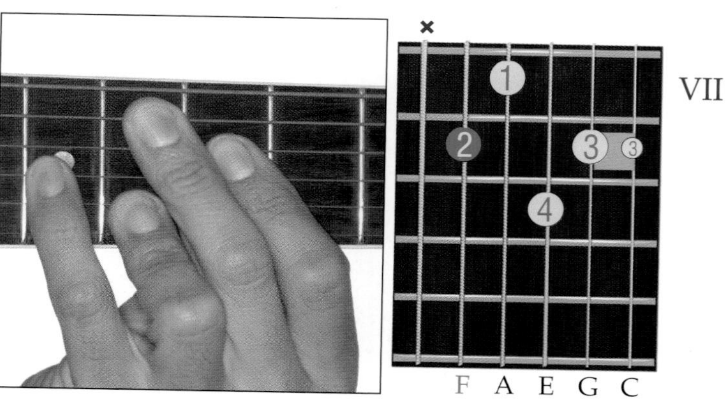
VII
F A E G C

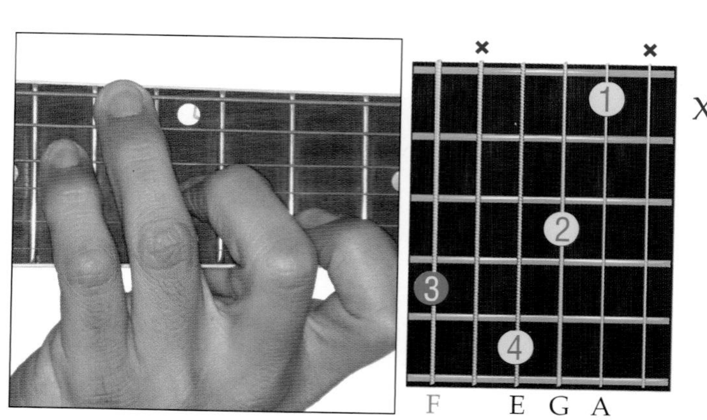
X
F E G A

Fmaj13

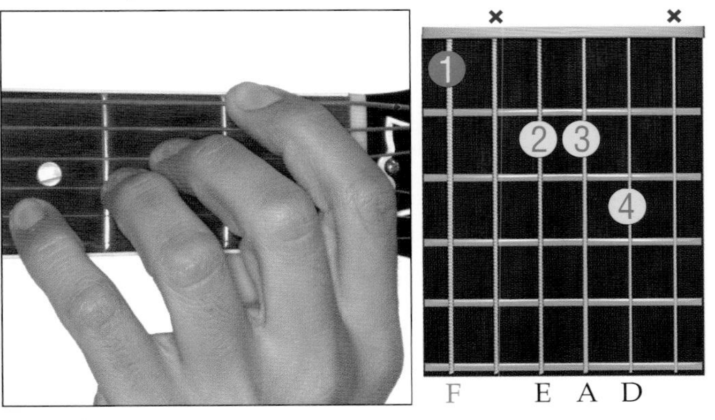
F E A D

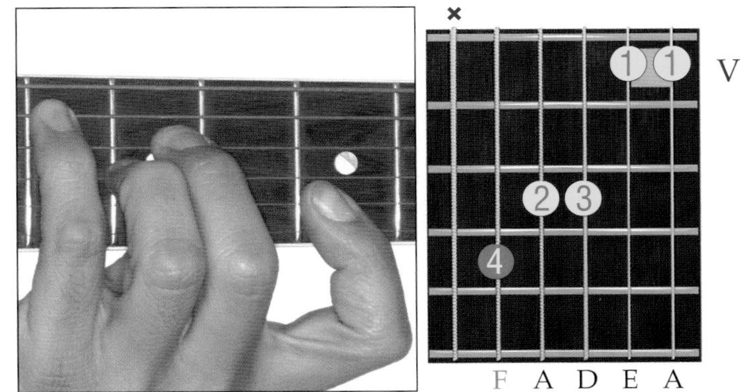
V
F A D E A

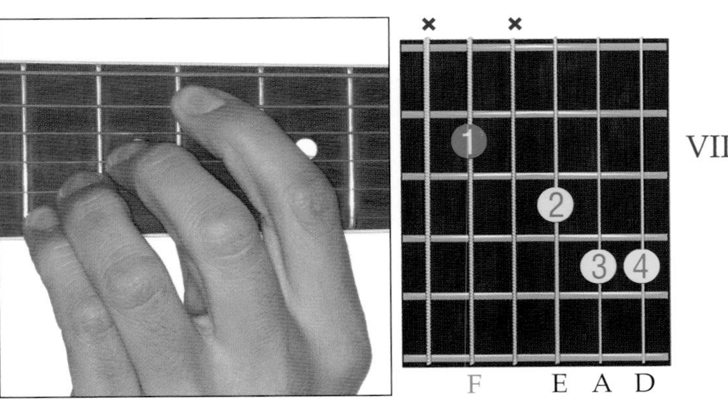
VIII
F E A D

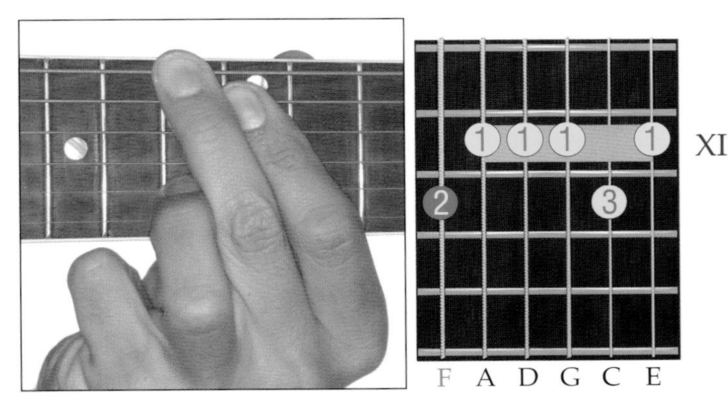
XII
F A D G C E

Fm

F C F A♭ C F

III

A♭ F C F

III

C F C F A♭

IV

A♭ C F A♭

V

F A♭ C F

VIII

C F C F A♭ C

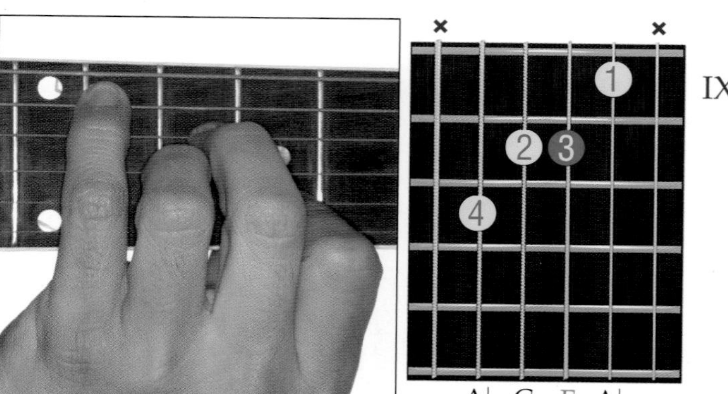
IX
A♭ C F A♭

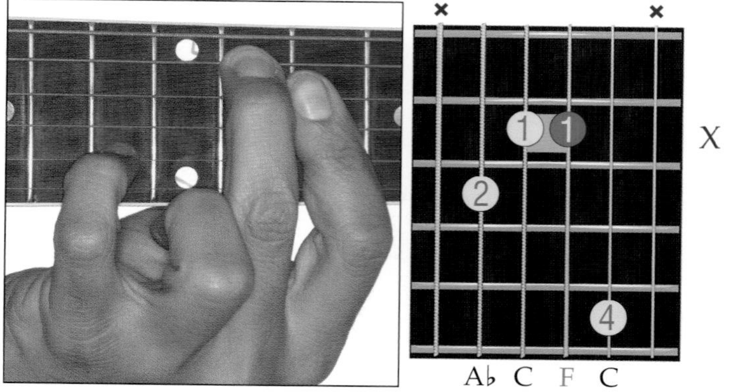
X
A♭ C F C

F

Fm6

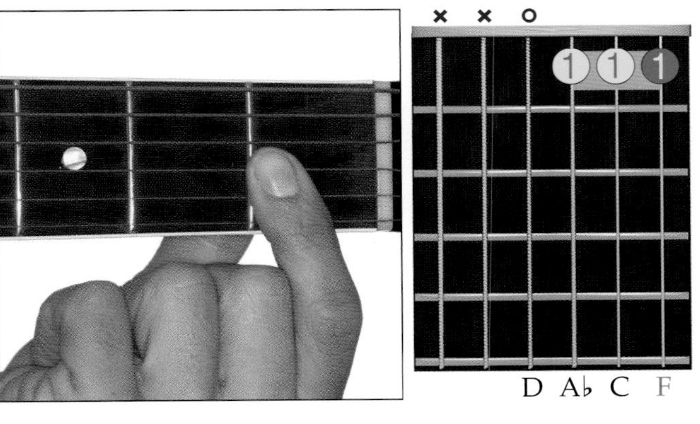
× × o
1 1 1
D A♭ C F

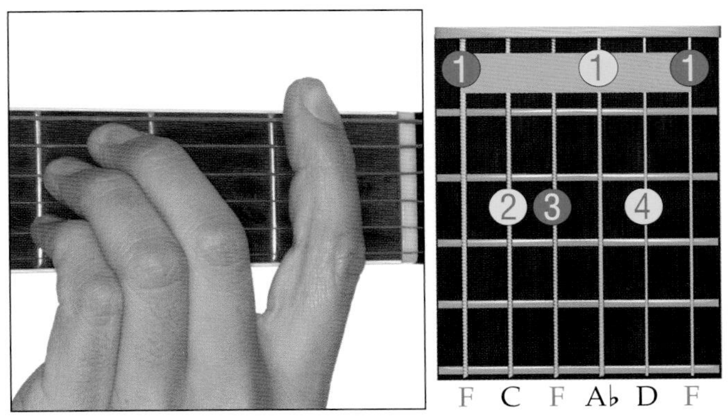
1 1 1
2 3 4
F C F A♭ D F

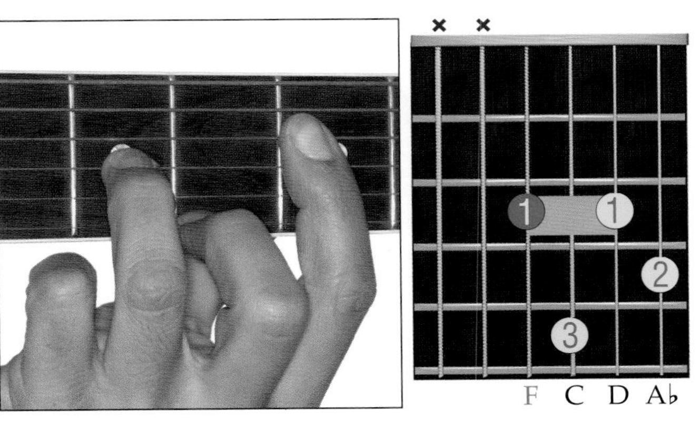
× ×
1 1
2
3
F C D A♭

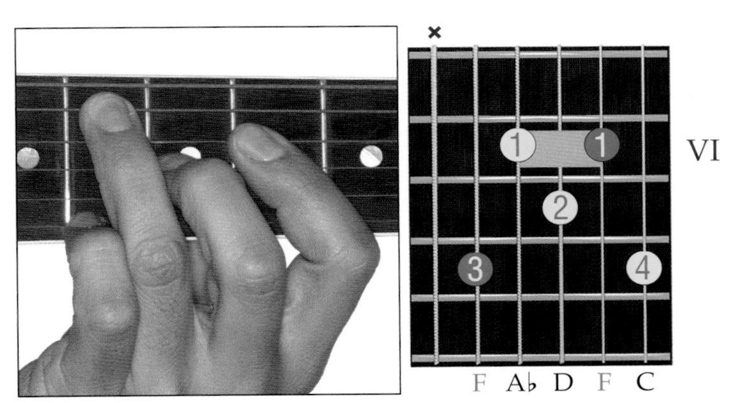
×
1 1
2
3 4
F A♭ D F C
VI

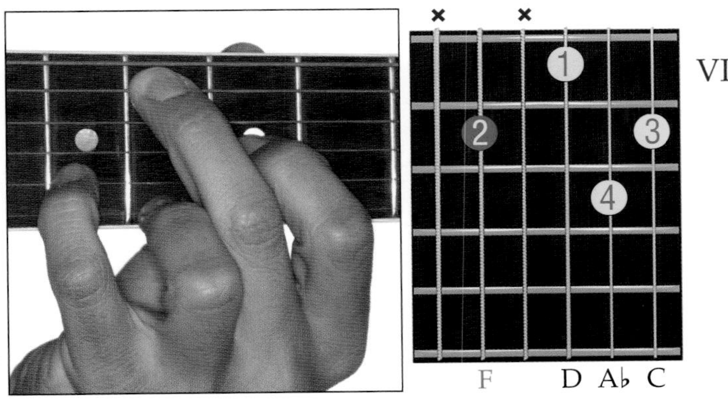
× ×
1
2 3
4
F D A♭ C
VII

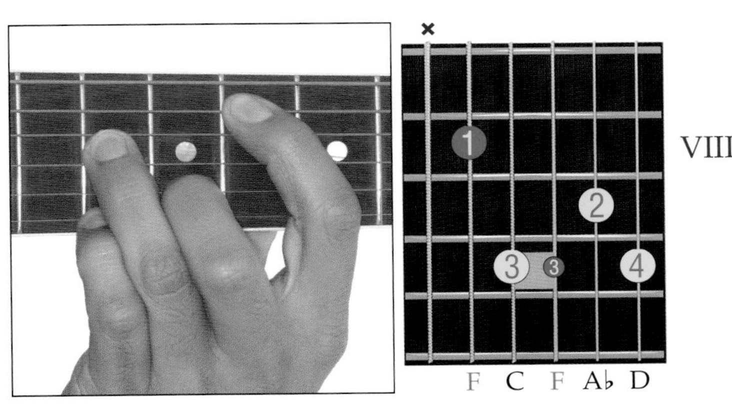
×
1
2
3 3 4
F C F A♭ D
VIII

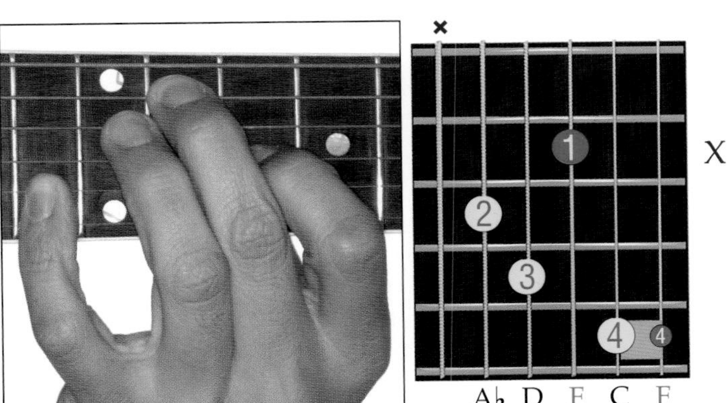
×
1
2
3
4 4
A♭ D F C F
X

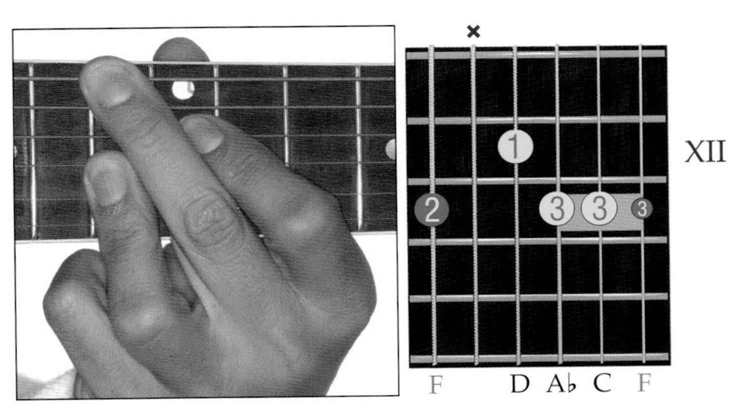
×
1
2 3 3 3
F D A♭ C F
XII

F

Fm7

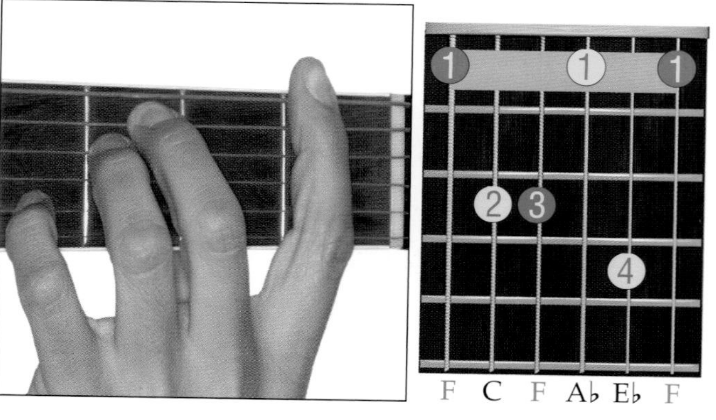
1
1
1
2
3
4
F C F A♭ E♭ F

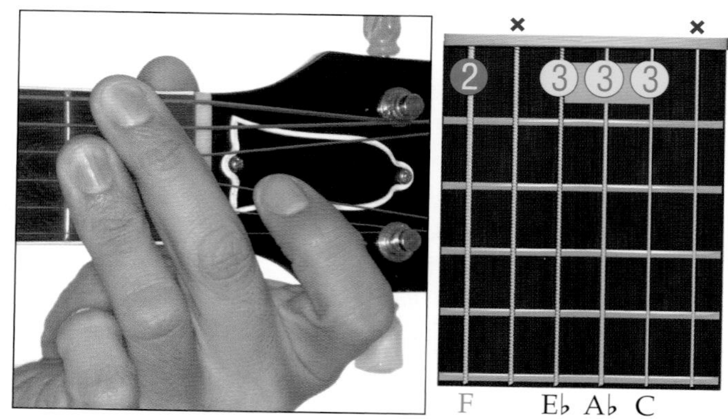
2
3
3
3
F E♭ A♭ C

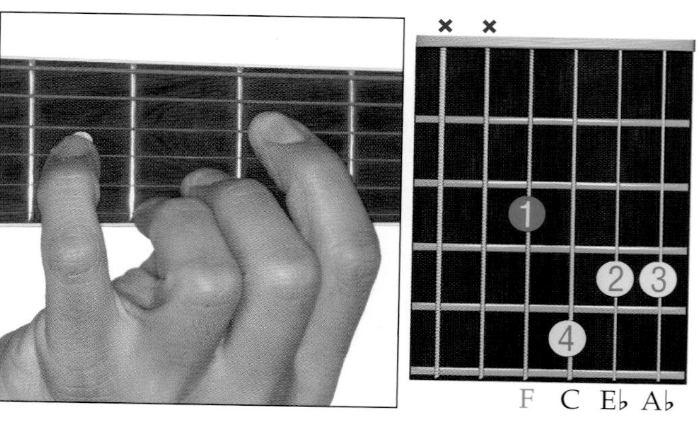
1
2
3
4
F C E♭ A♭

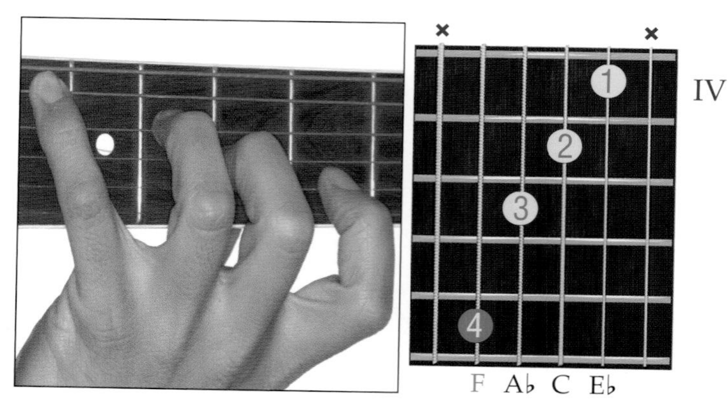
IV
1
2
3
4
F A♭ C E♭

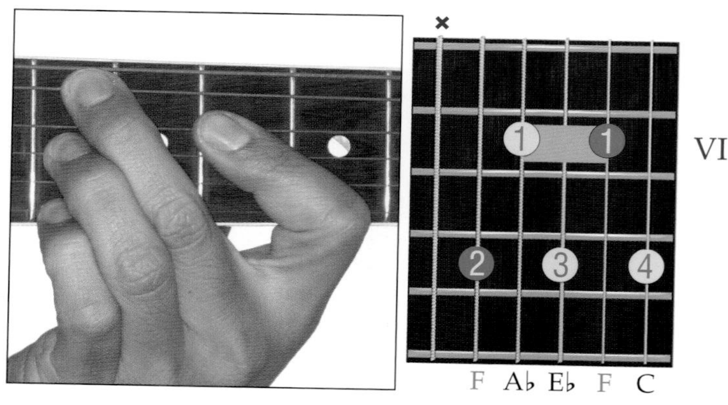
VI
1
1
2
3
4
F A♭ E♭ F C

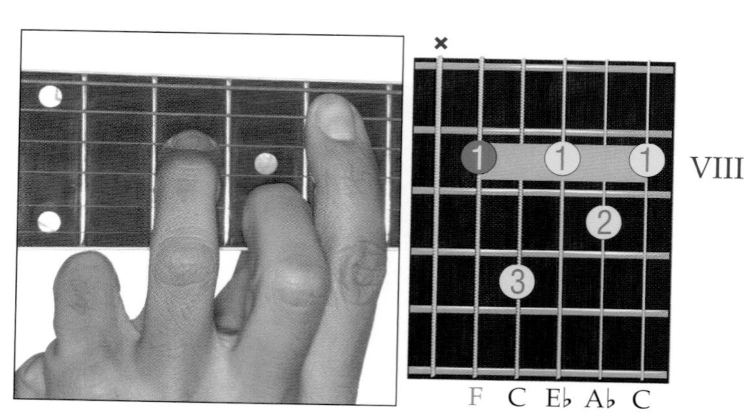
VIII
1
1
1
2
3
F C E♭ A♭ C

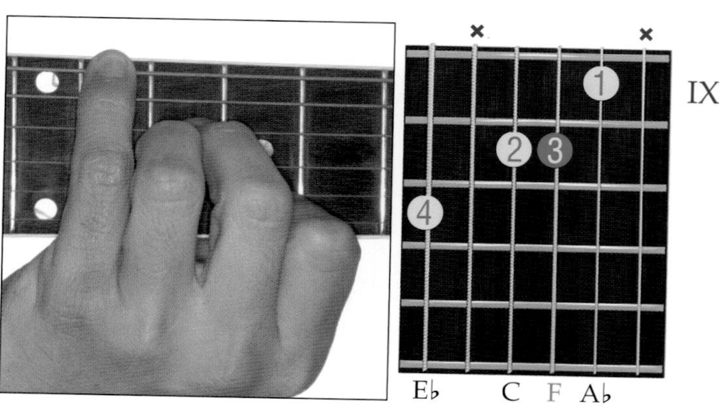
IX
1
2
3
4
E♭ C F A♭

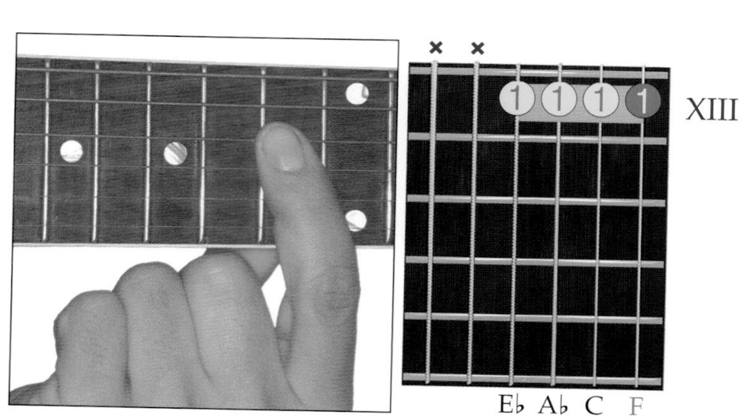
XIII
1
1
1
1
E♭ A♭ C F

F

Fm(maj7)

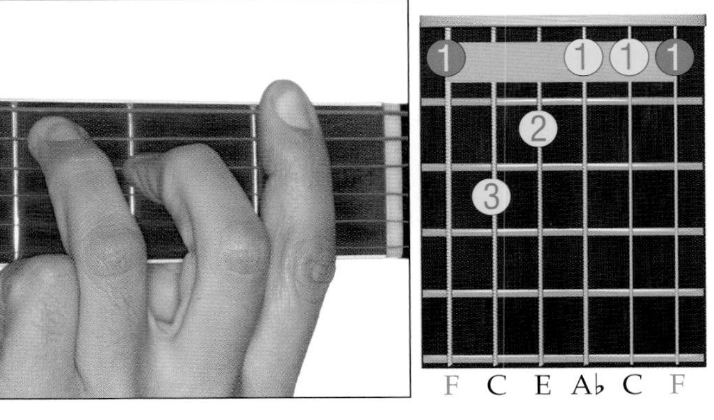
F C E A♭ C F

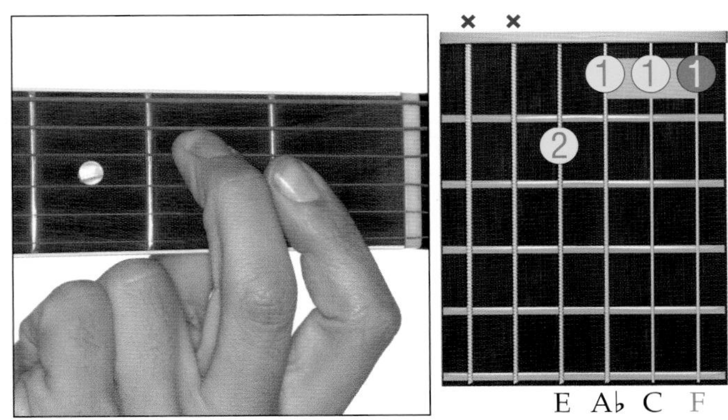
E A♭ C F

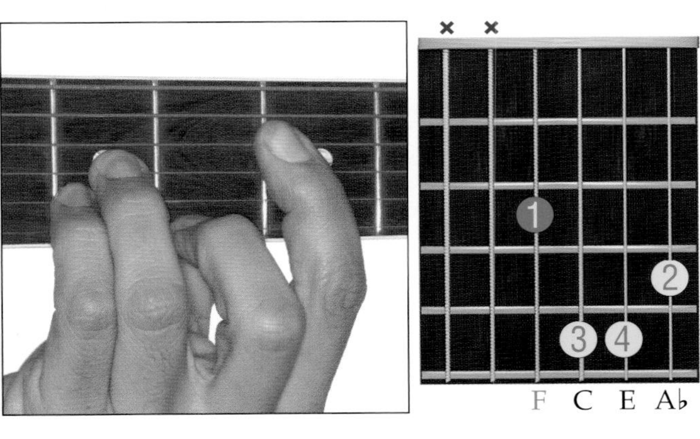
F C E A♭

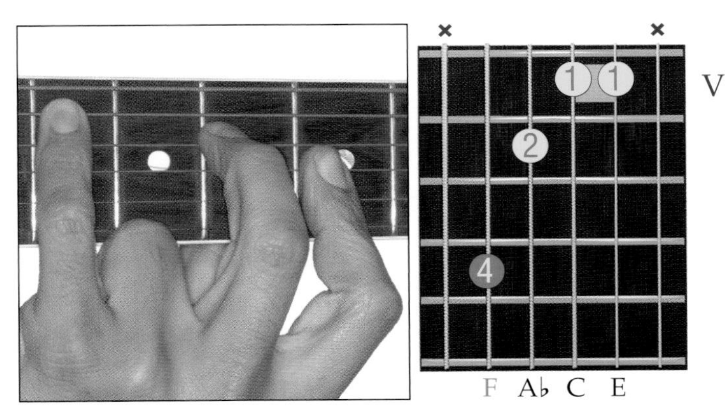
V
F A♭ C E

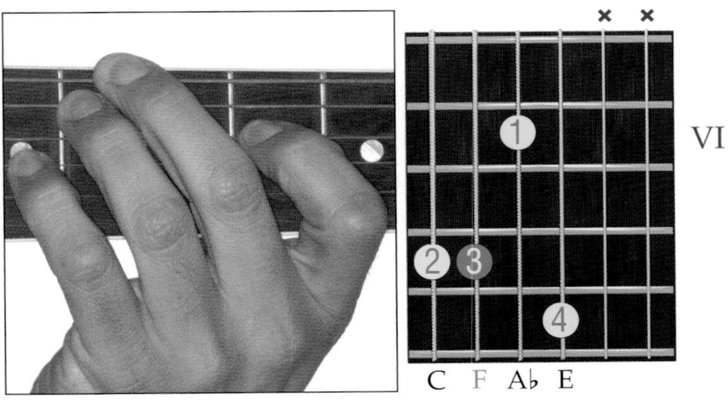
VI
C F A♭ E

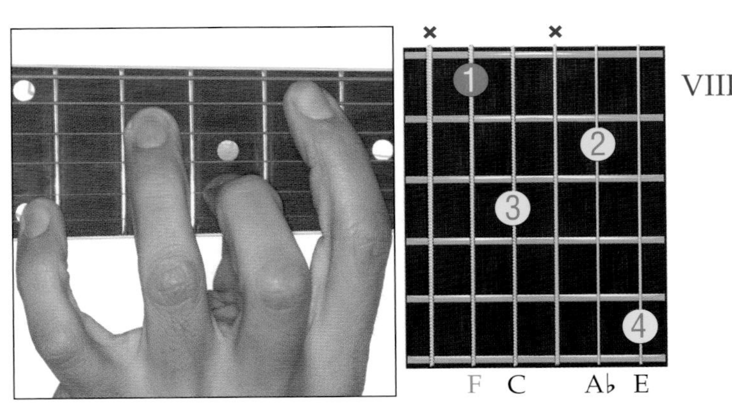
VIII
F C A♭ E

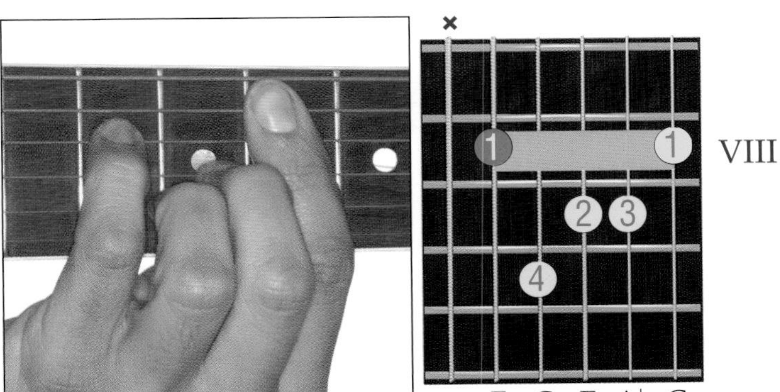
VIII
F C E A♭ C

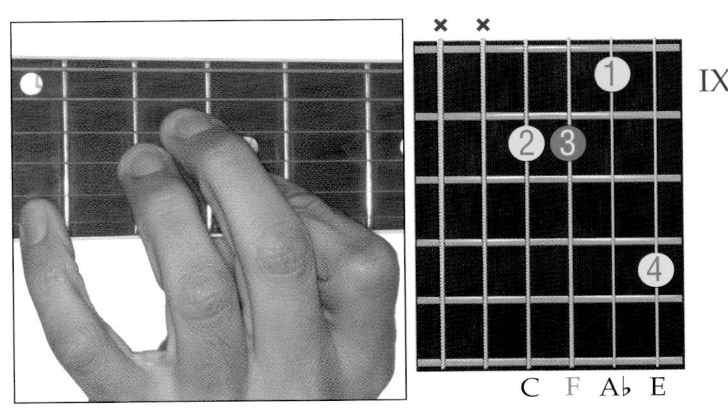
IX
C F A♭ E

Fm9

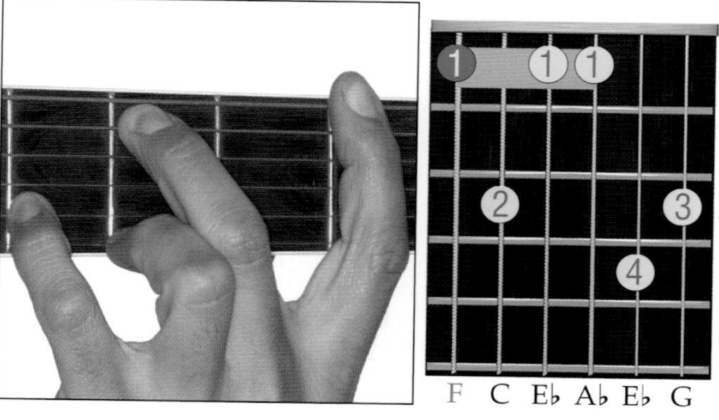
F C E♭ A♭ E♭ G

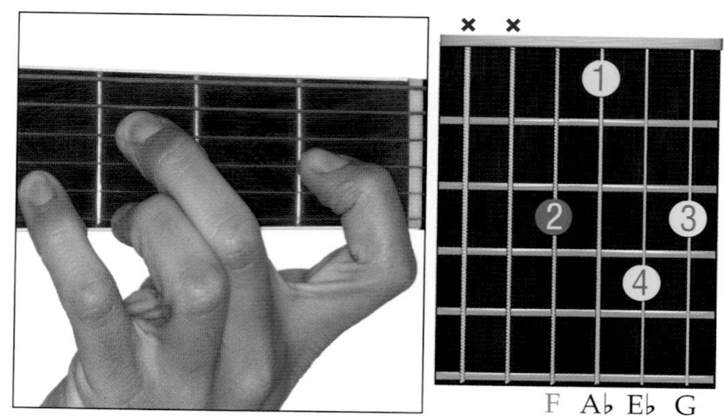
F A♭ E♭ G

F

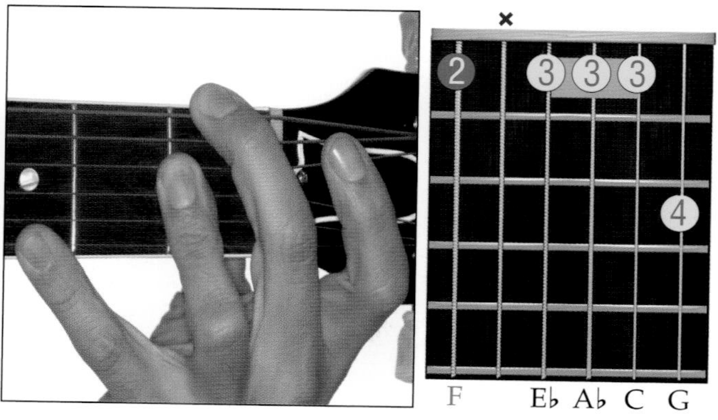
F E♭ A♭ C G

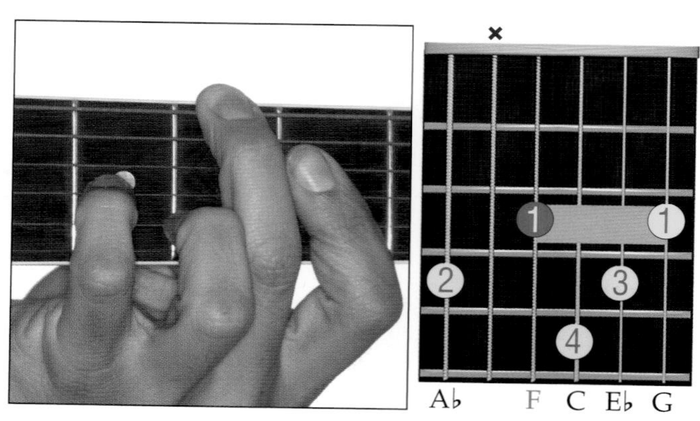
A♭ F C E♭ G

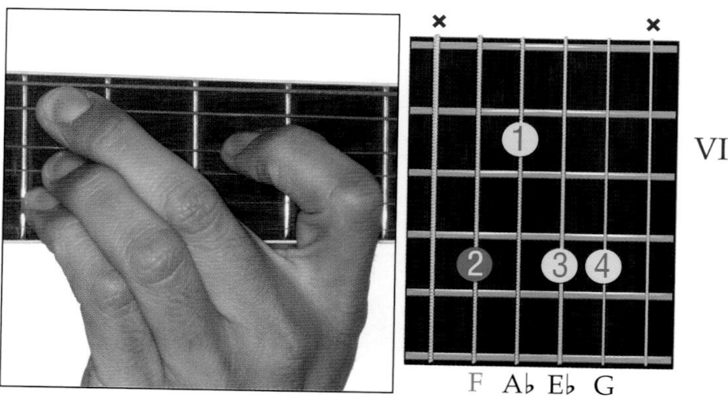
VI
F A♭ E♭ G

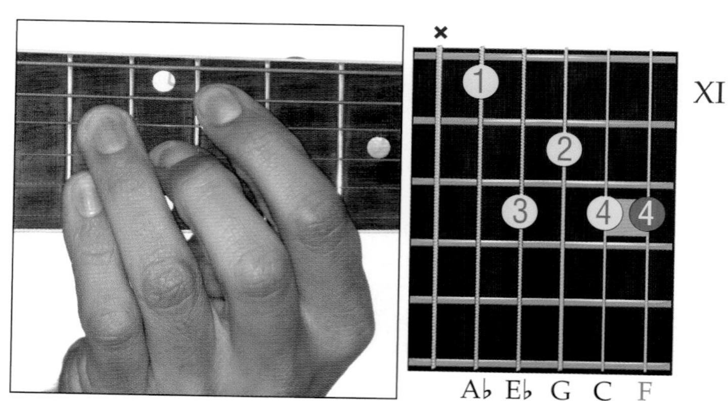
XI
A♭ E♭ G C F

Fm11

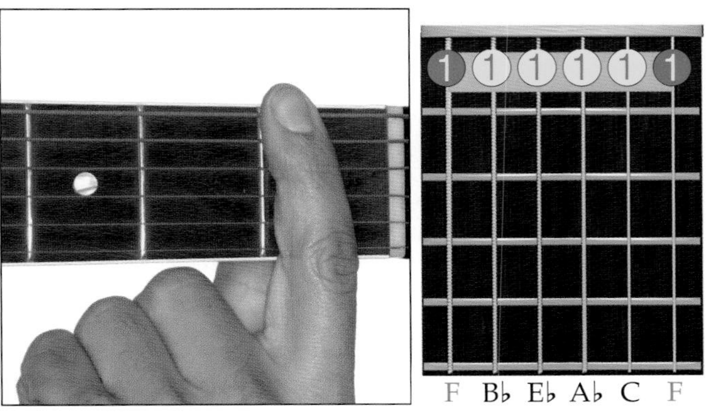
F B♭ E♭ A♭ C F

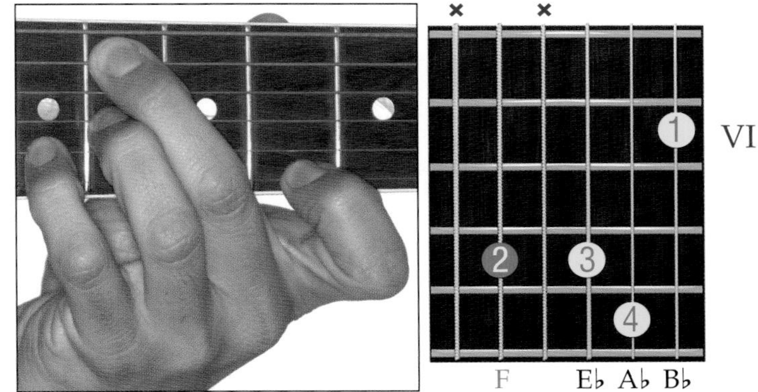
VI
F E♭ A♭ B♭

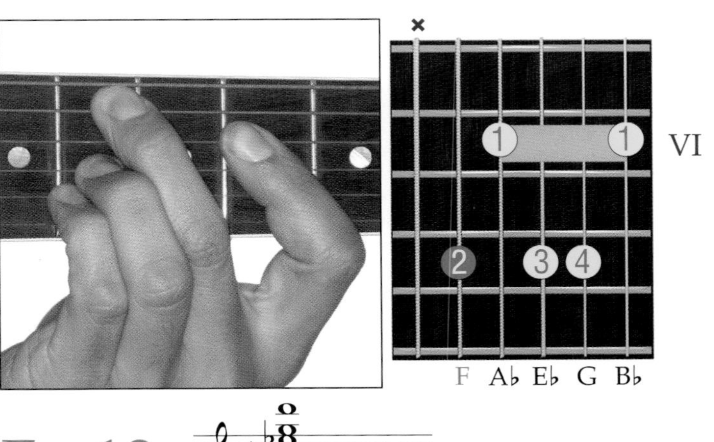
VI
F A♭ E♭ G B♭

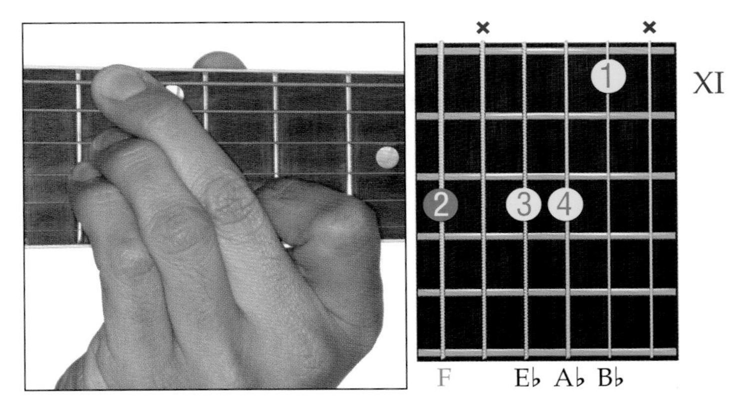
XI
F E♭ A♭ B♭

Fm13

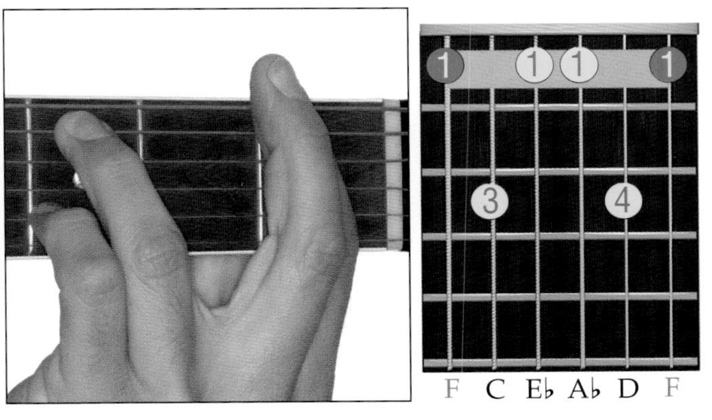
F C E♭ A♭ D F

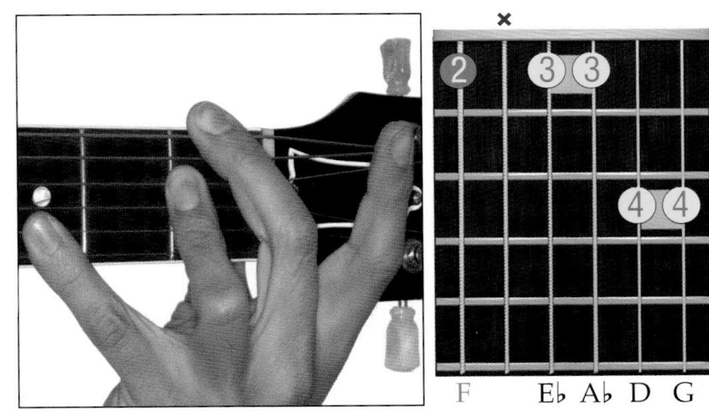
F E♭ A♭ D G

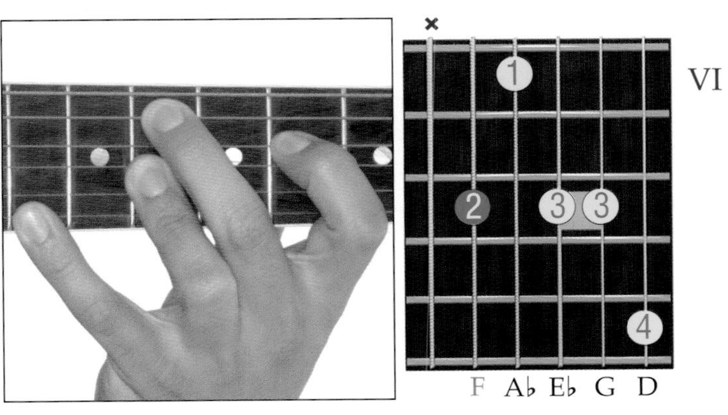
VI
F A♭ E♭ G D

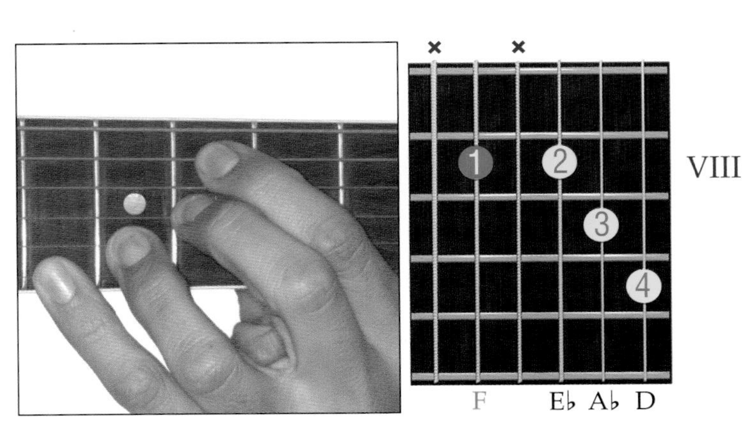
VIII
F E♭ A♭ D

Fm7♭5

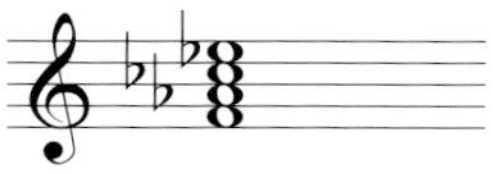

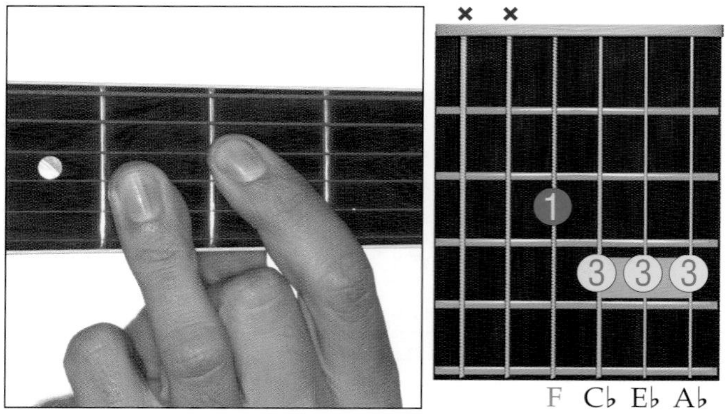

F C♭ E♭ A♭

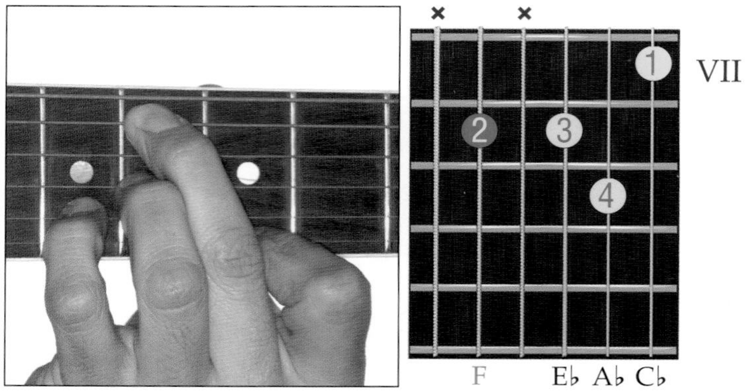

VII

F E♭ A♭ C♭

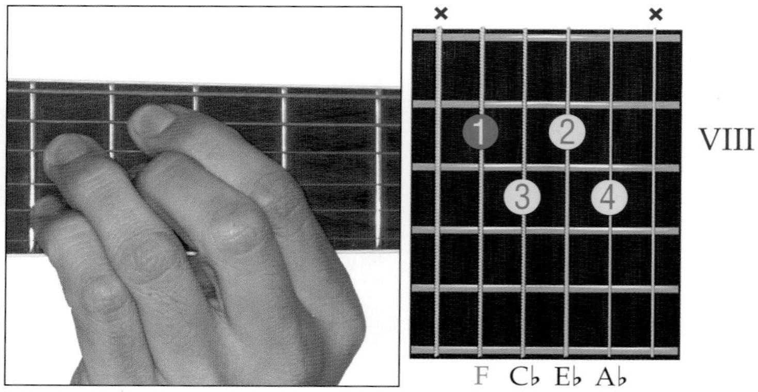

VIII

F C♭ E♭ A♭

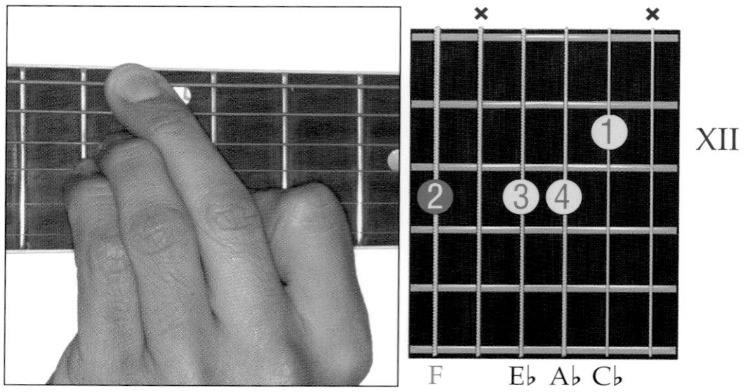

XII

F E♭ A♭ C♭

F

F°7

A♭ F C♭ E𝄫

F C♭ E𝄫 A♭

VII

F C♭ E𝄫 A♭

X

A♭ F C♭ E𝄫

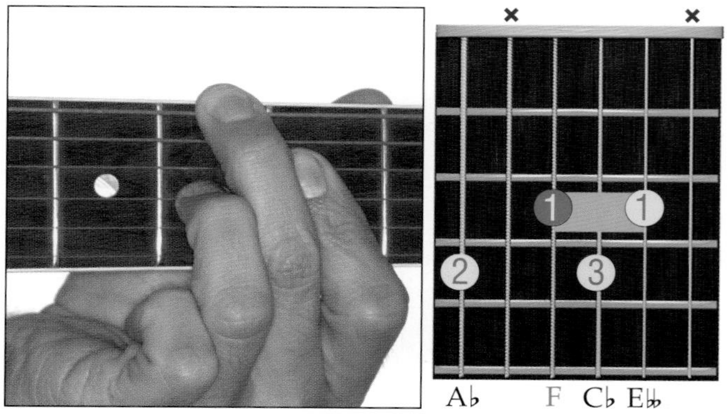

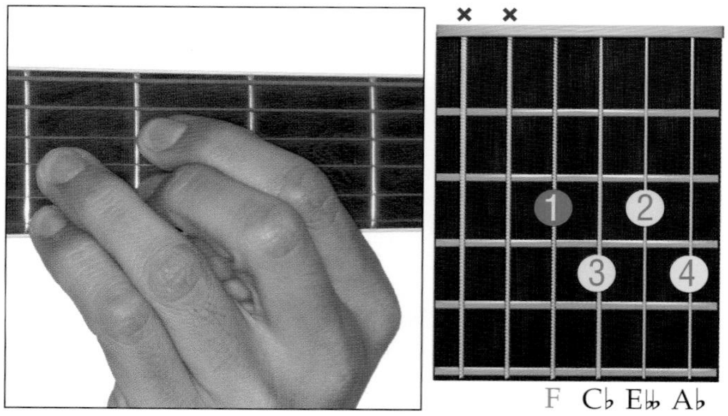

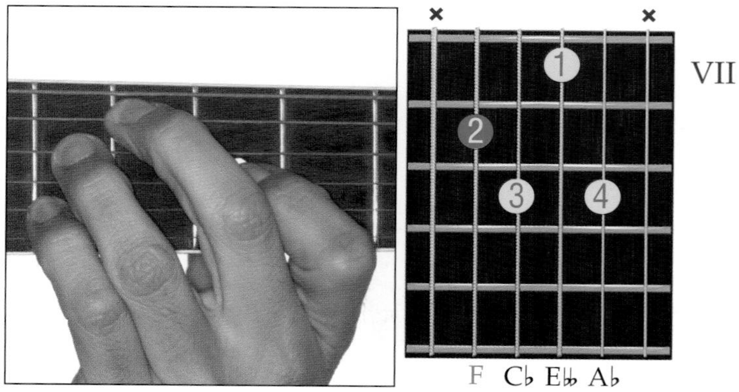

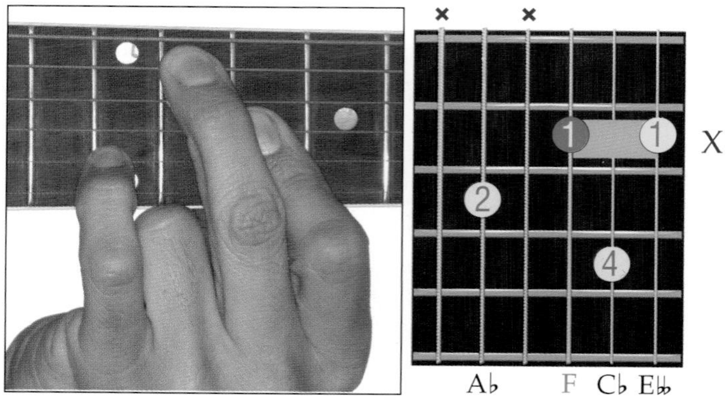

F7

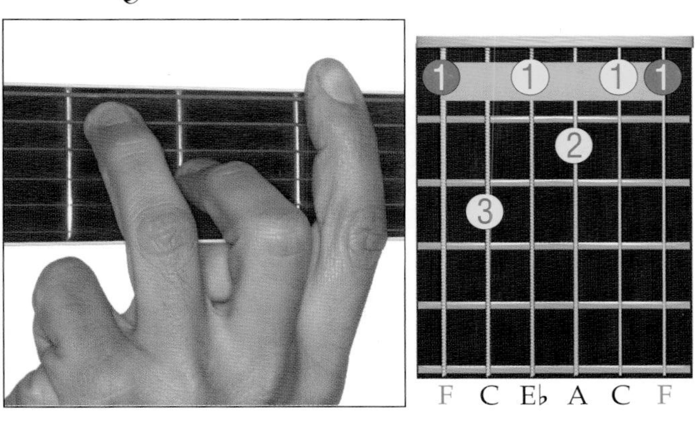
F C E♭ A C F

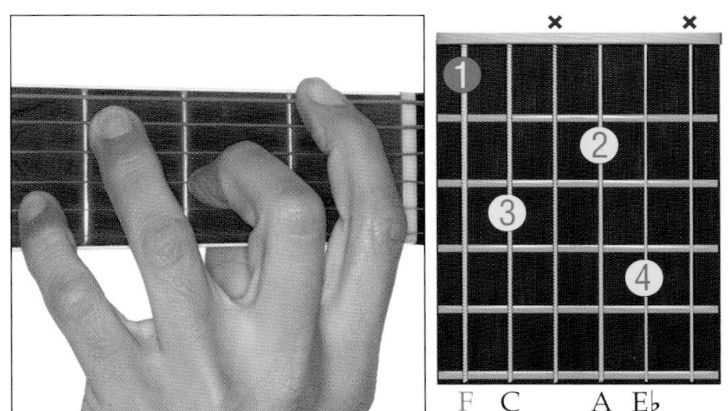
F C A E♭

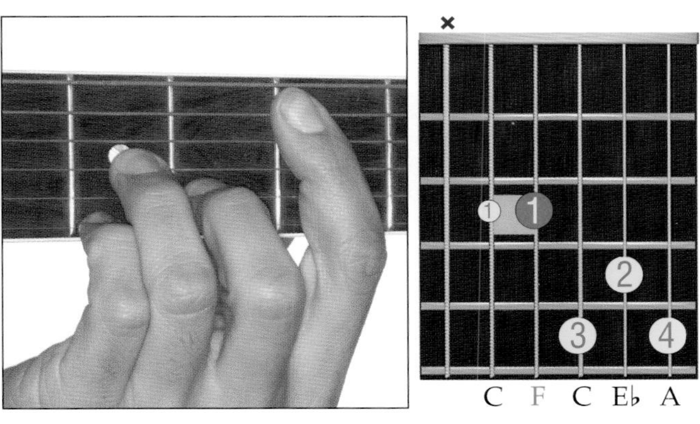
C F C E♭ A

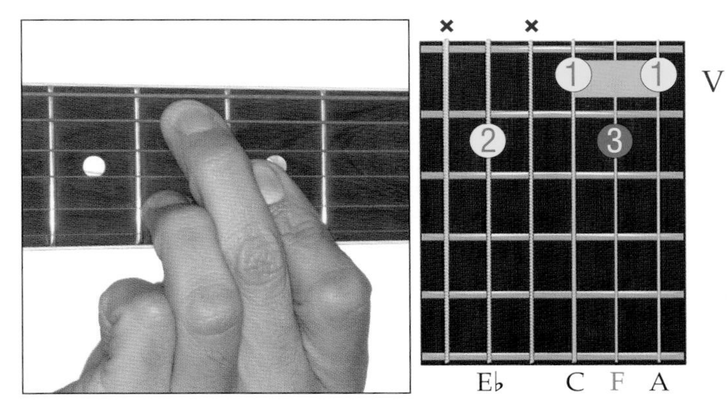
V
E♭ C F A

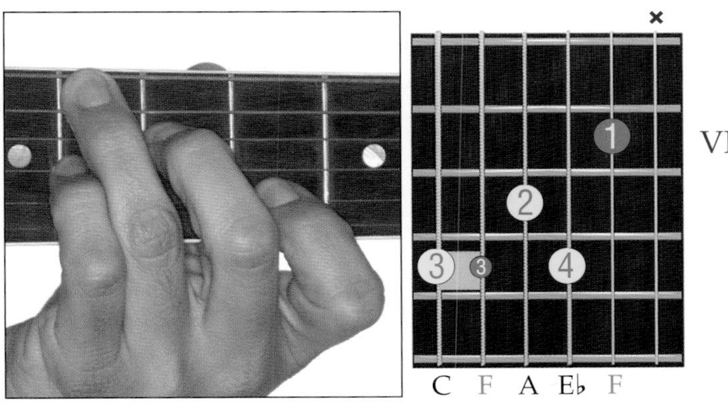
VI
C F A E♭ F

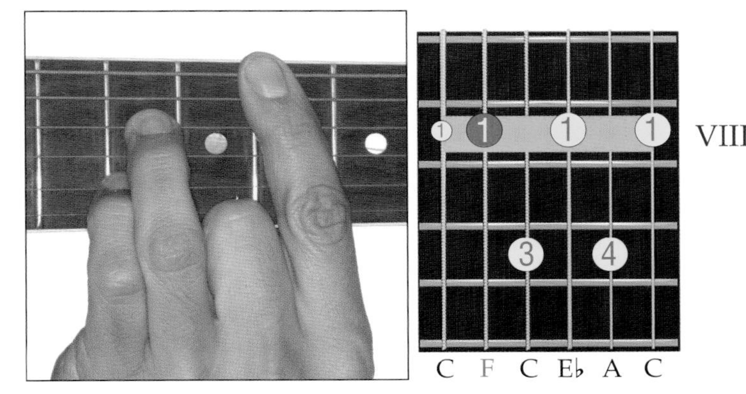
VIII
C F C E♭ A C

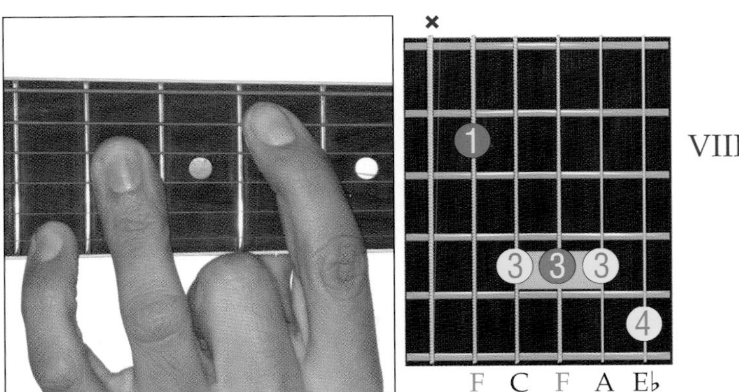
VIII
F C F A E♭

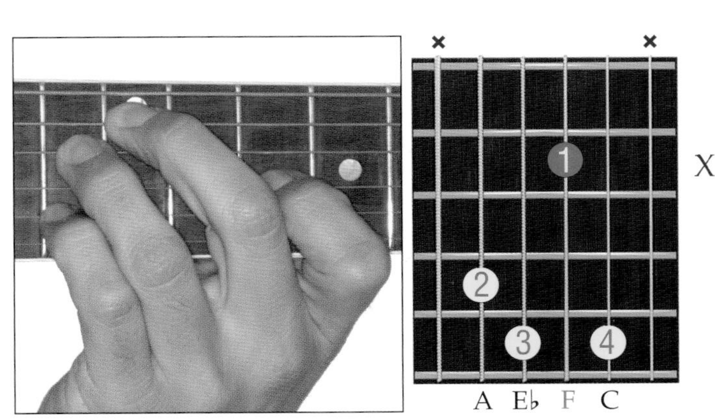
X
A E♭ F C

F7sus4

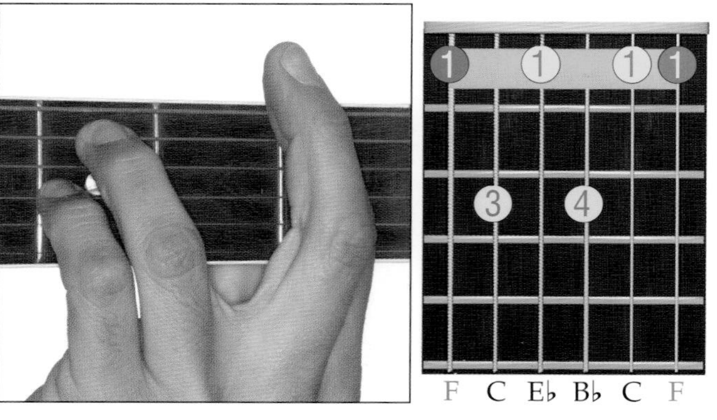
F C E♭ B♭ C F

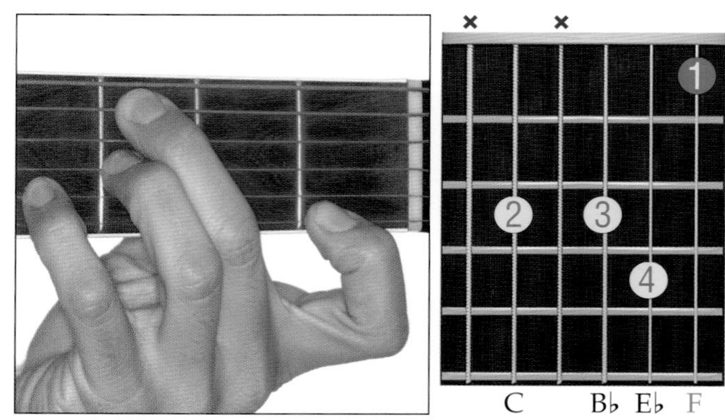
C B♭ E♭ F

F

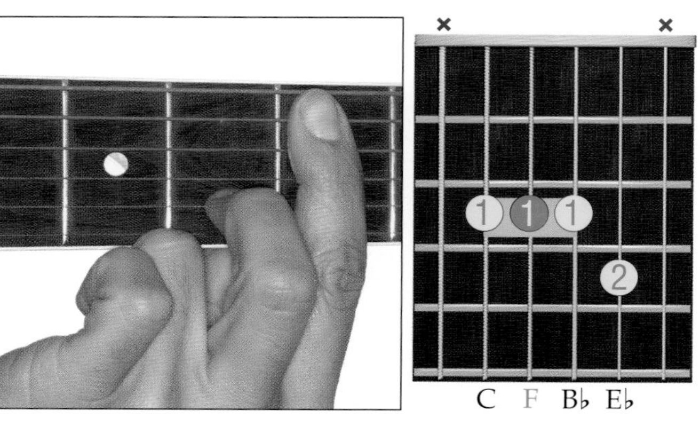
C F B♭ E♭

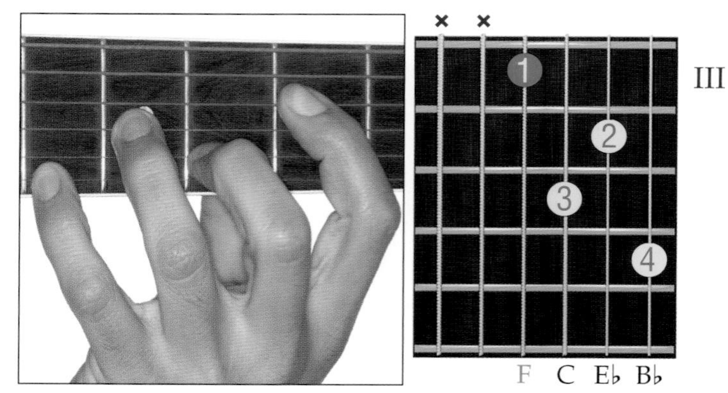
III
F C E♭ B♭

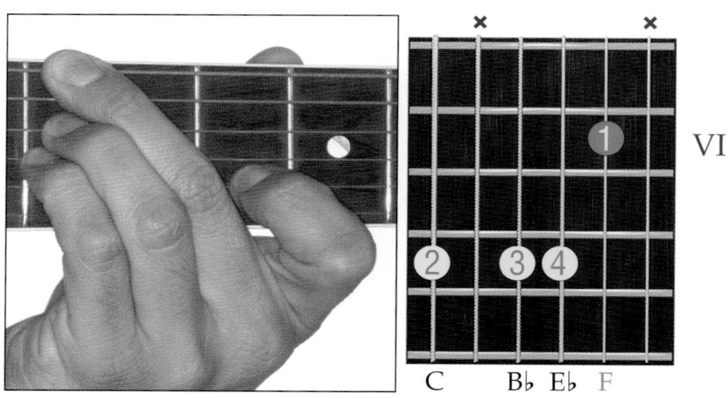
VI
C B♭ E♭ F

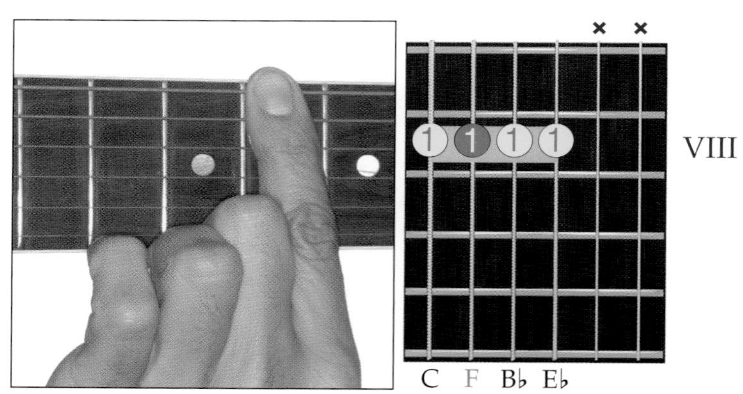
VIII
C F B♭ E♭

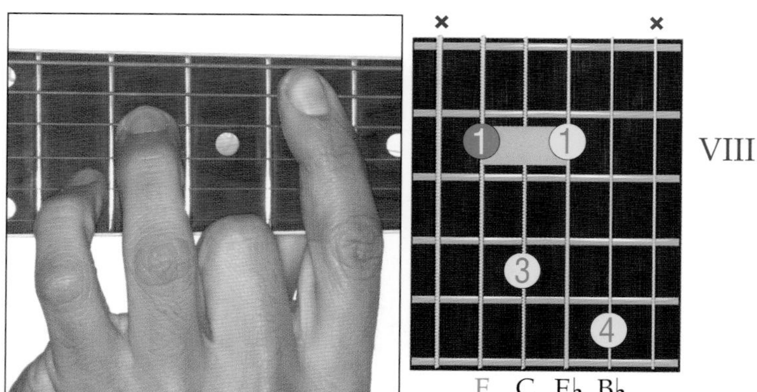
VIII
F C E♭ B♭

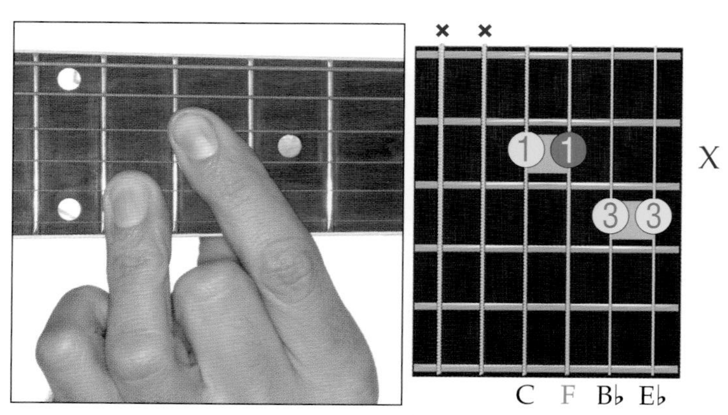
X
C F B♭ E♭

F7♭5

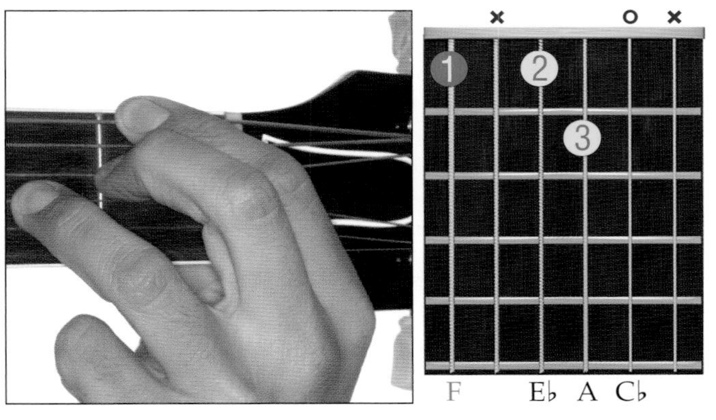
F
E♭
A
C♭

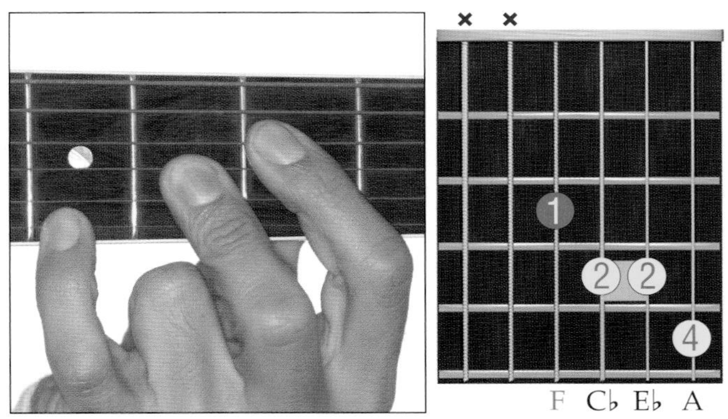
F
C♭
E♭
A

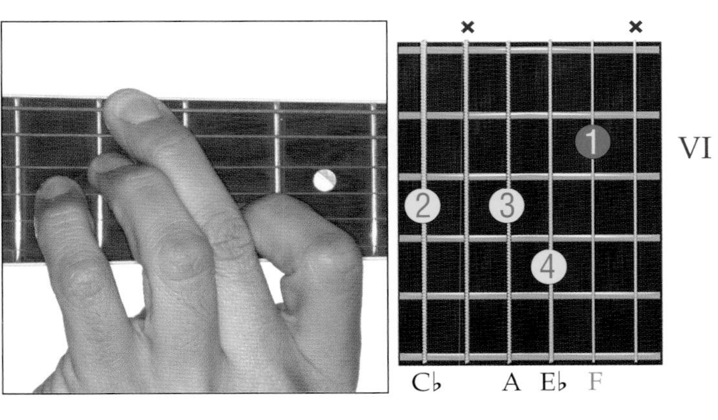
VI
C♭
A
E♭
F

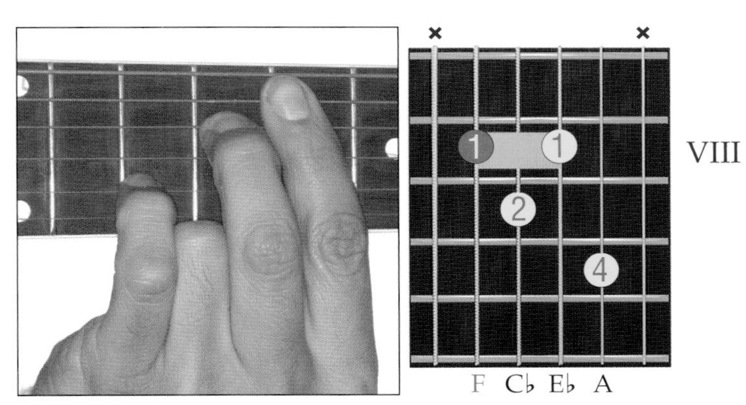
VIII
F
C♭
E♭
A

F

F7+

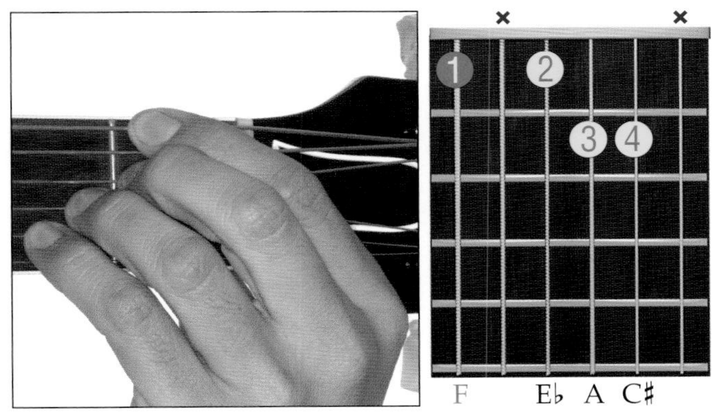
F
E♭
A
C♯

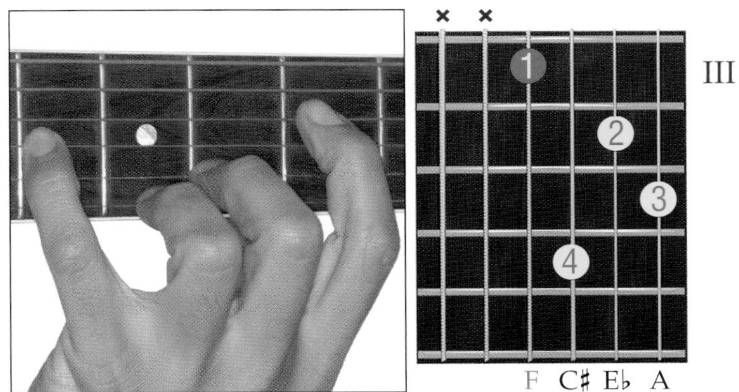
III
F
C♯
E♭
A

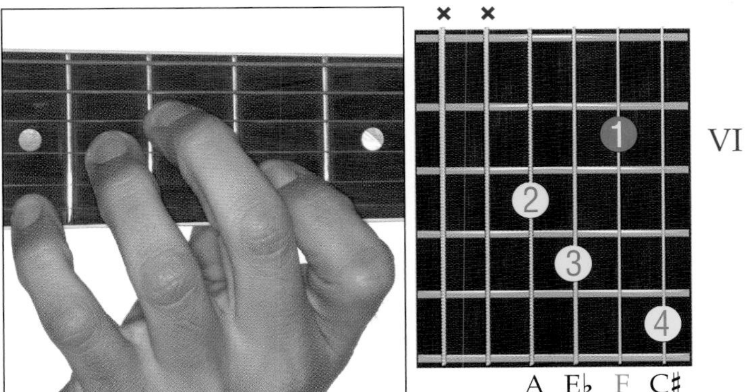
VI
A
E♭
F
C♯

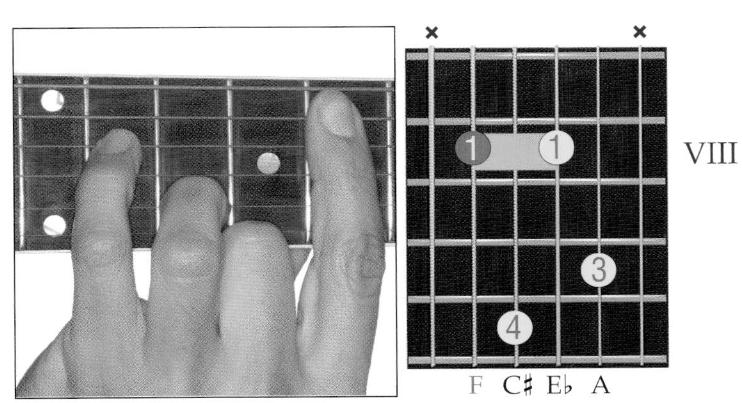
VIII
F
C♯
E♭
A

F9

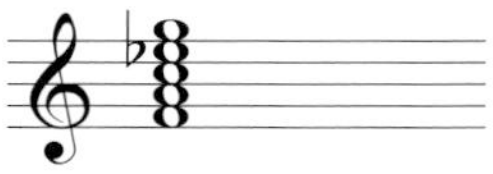

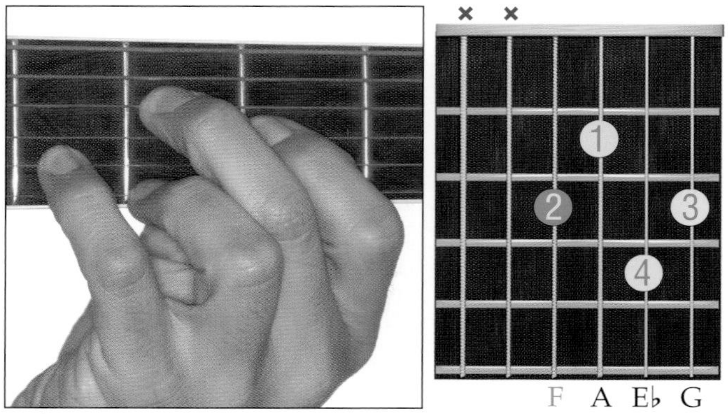

F A E♭ G

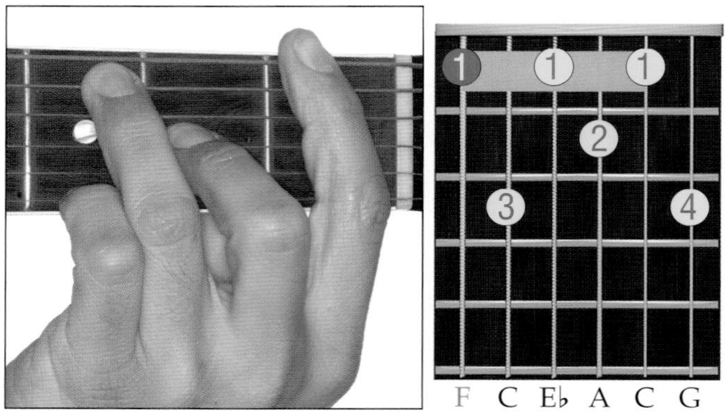

F C E♭ A C G

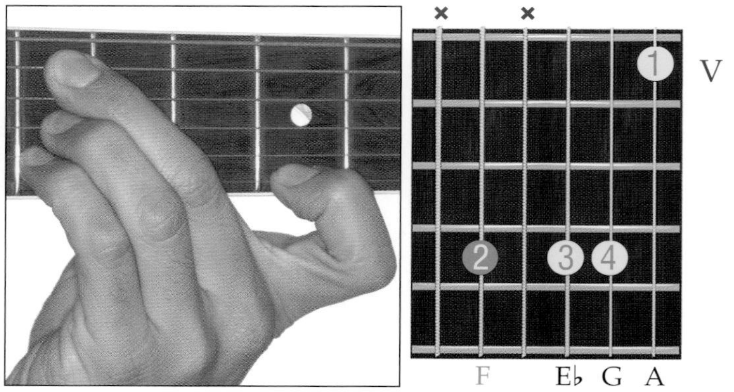

V

F E♭ G A

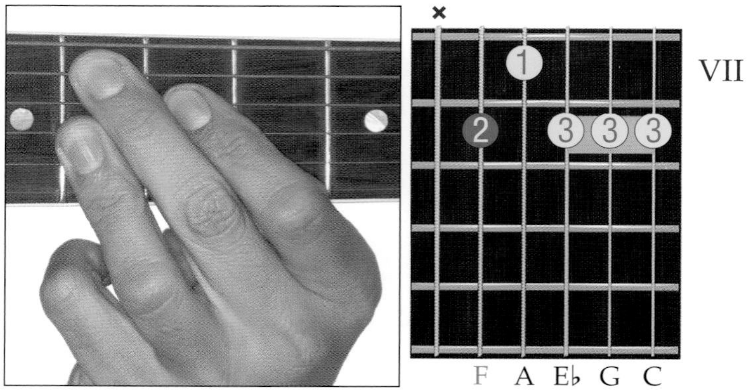

VII

F A E♭ G C

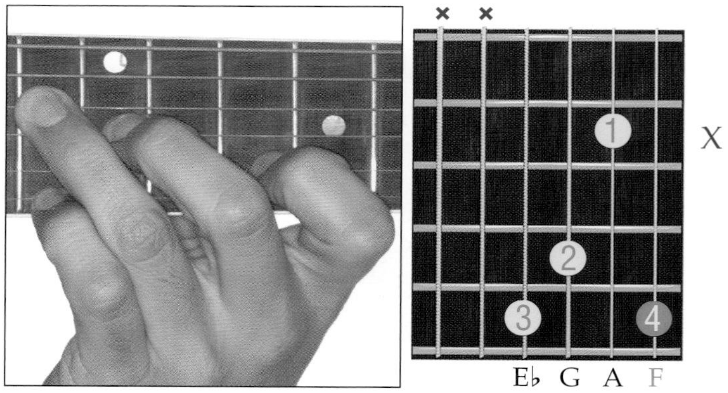

X

E♭ G A F

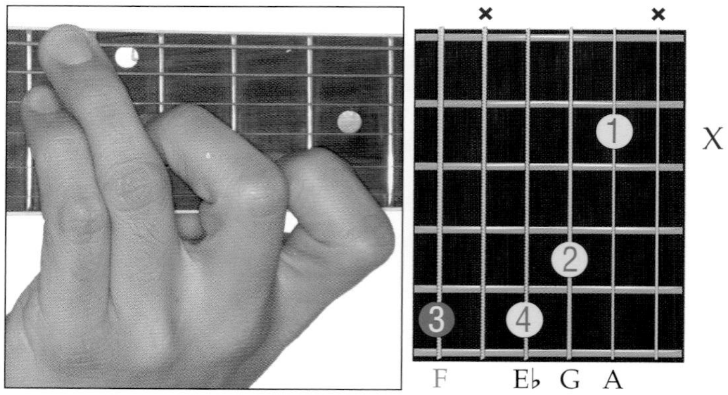

X

F E♭ G A

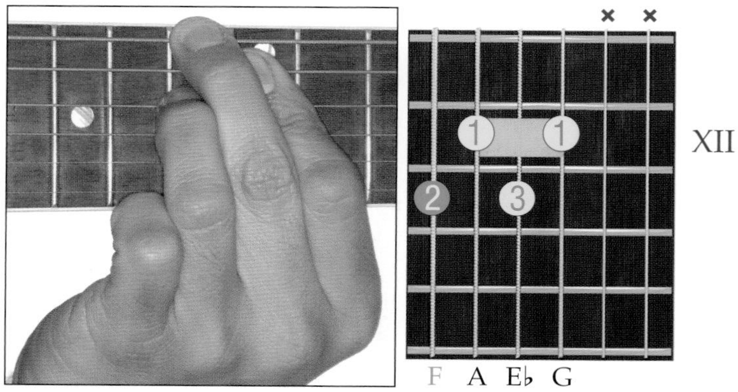

XII

F A E♭ G

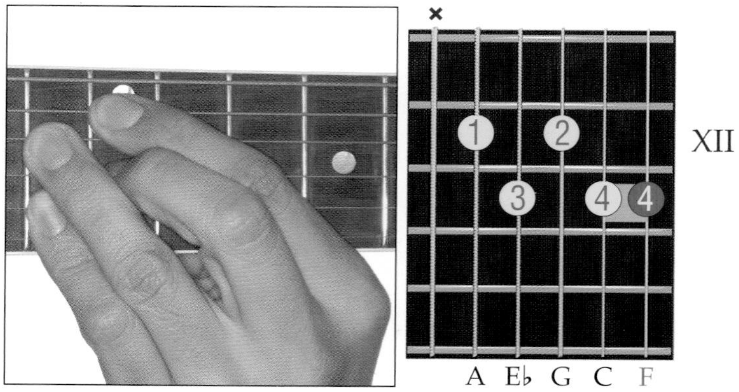

XII

A E♭ G C F

F

F9sus4

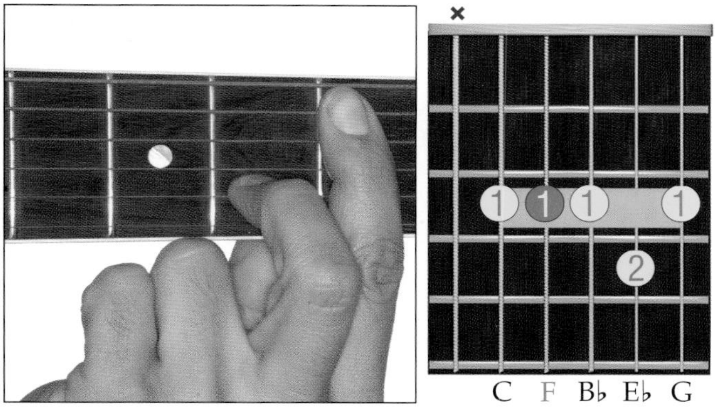
×
1 1 1 1
2
C F B♭ E♭ G

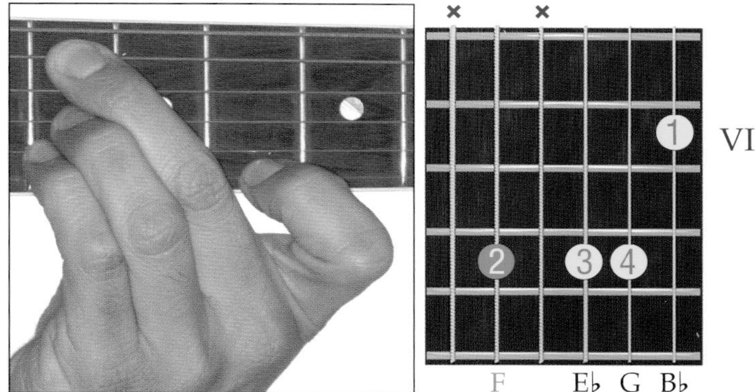
× ×
1
VI
2 3 4
F E♭ G B♭

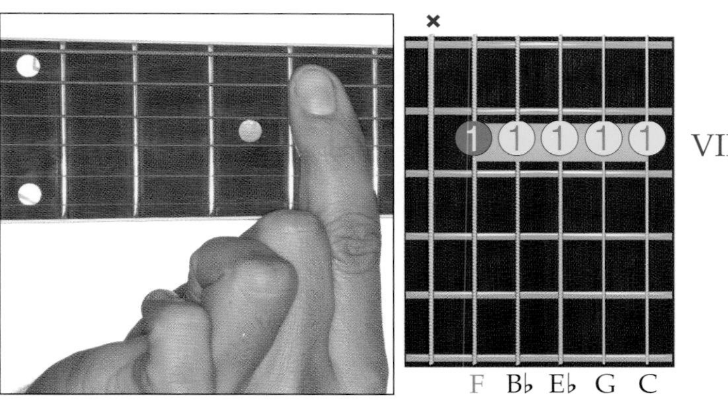
×
1 1 1 1 1
VIII
F B♭ E♭ G C

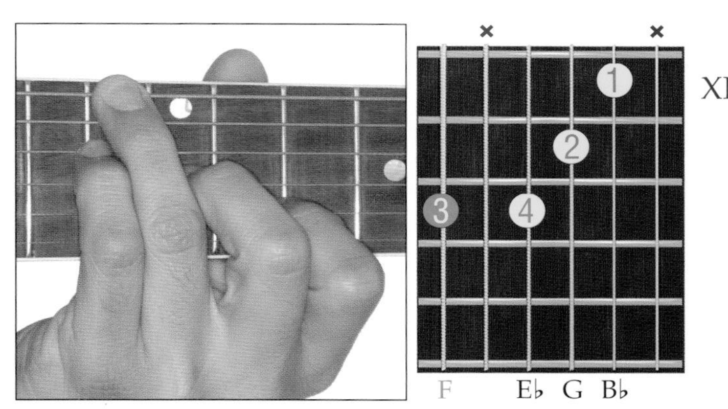
× ×
1
XI
2
3 4
F E♭ G B♭

F9♭5

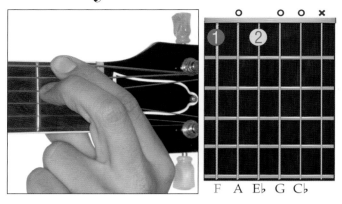

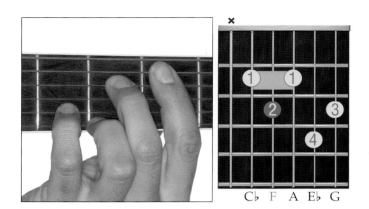

F A E♭ G C♭

C♭ F A E♭ G

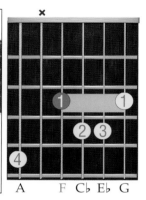

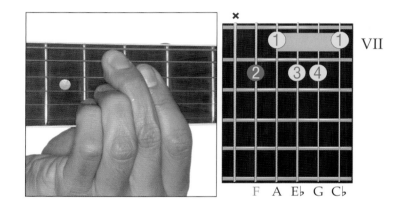

A F C♭ E♭ G

VII

F A E♭ G C♭

F9+

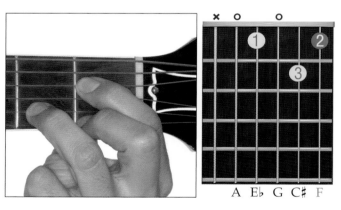

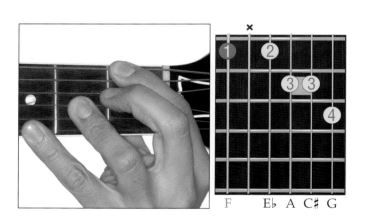

A E♭ G C♯ F

F E♭ A C♯ G

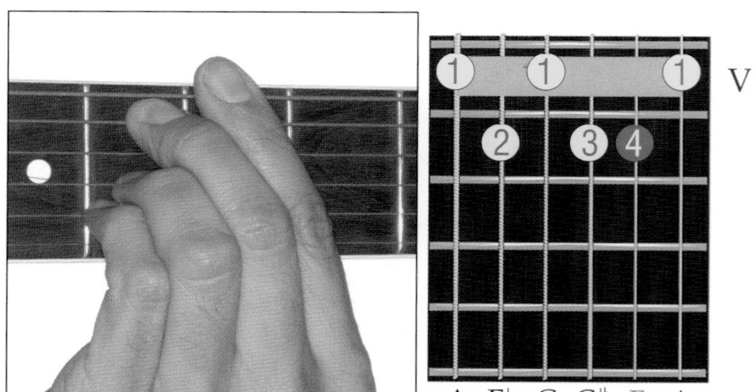
V
A E♭ G C♯ F A

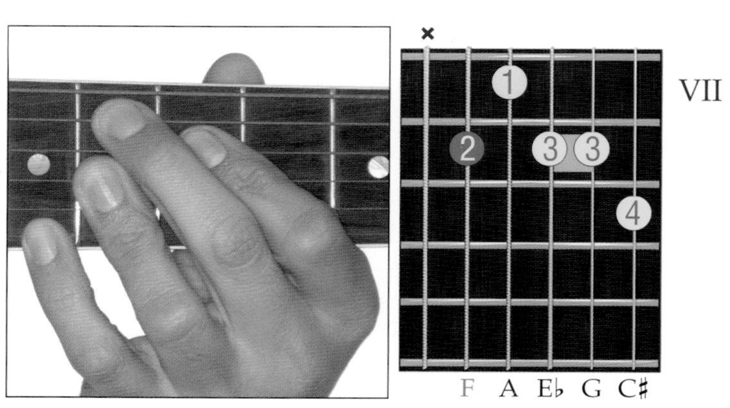
VII
F A E♭ G C♯

F

F13

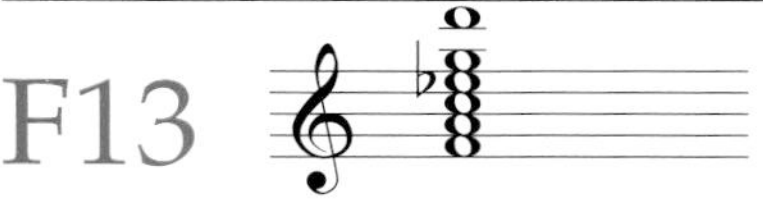

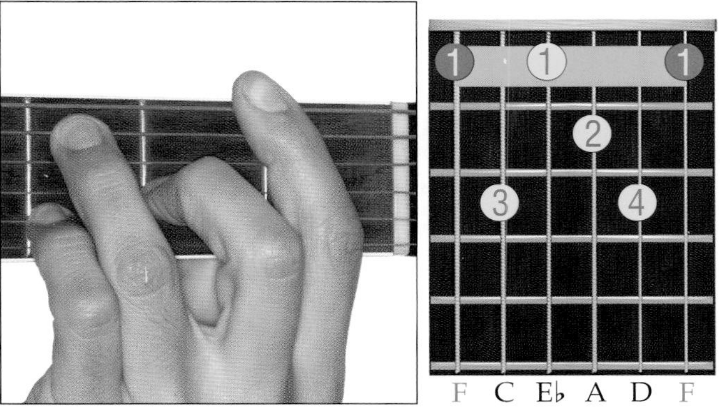
F C E♭ A D F

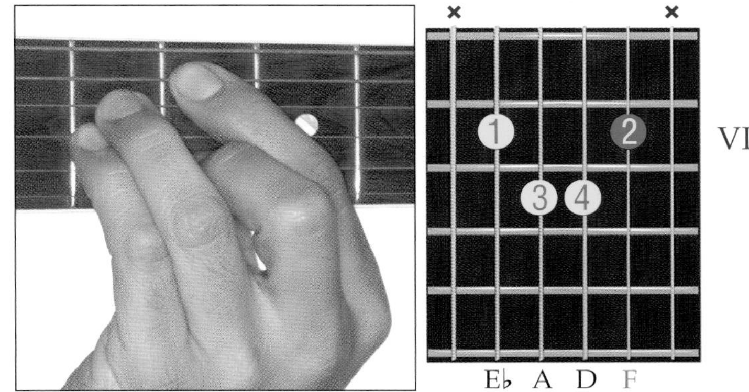
VI
E♭ A D F

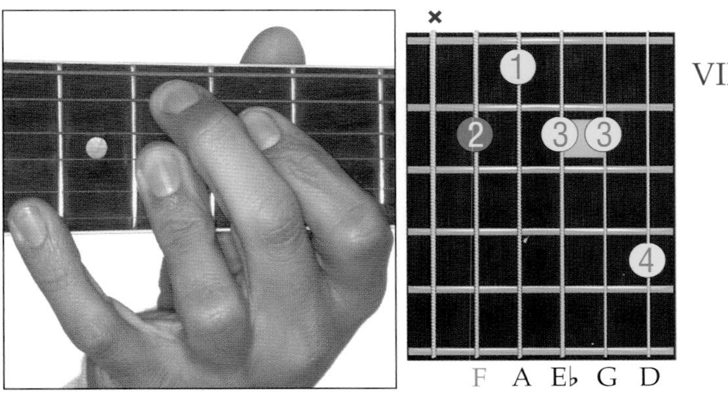
VII
F A E♭ G D

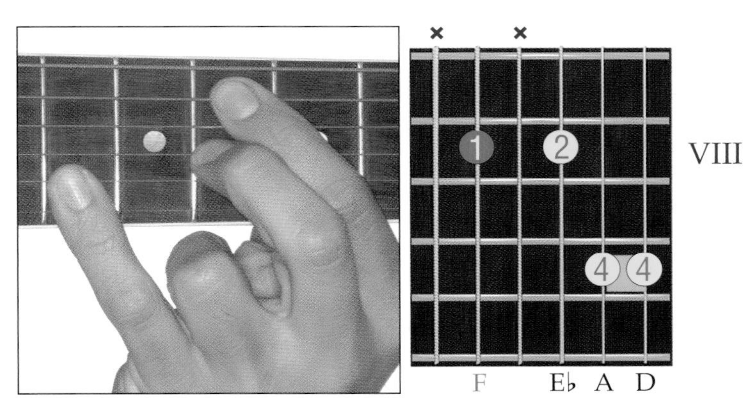
VIII
F E♭ A D

F

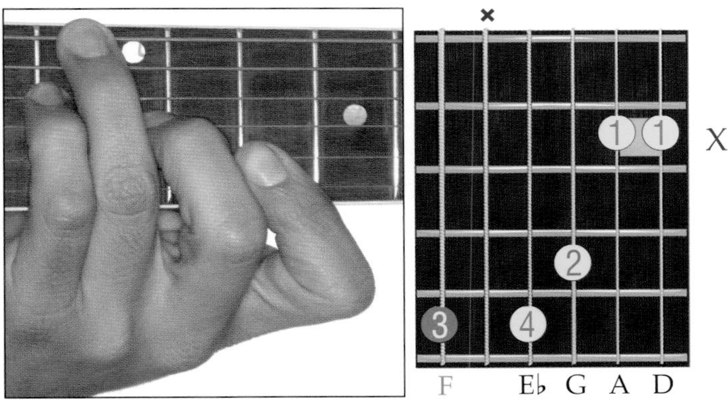
X
F E♭ G A D

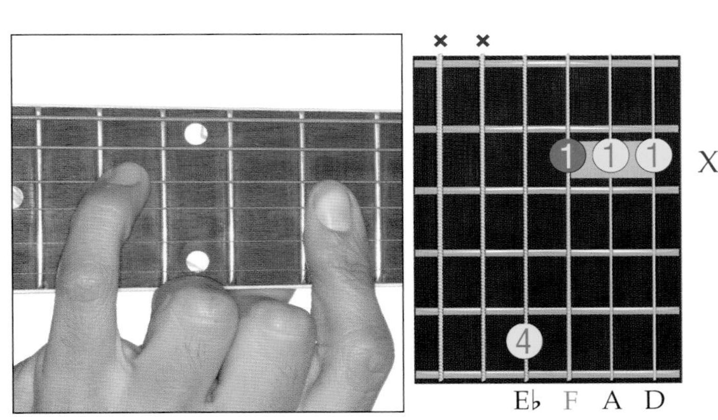
X
E♭ F A D

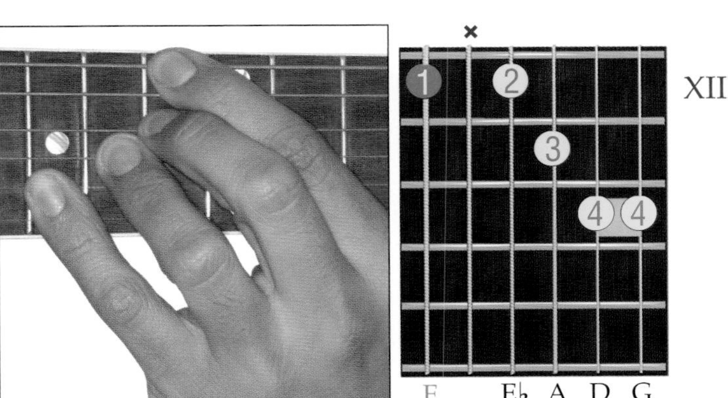
XIII
F E♭ A D G

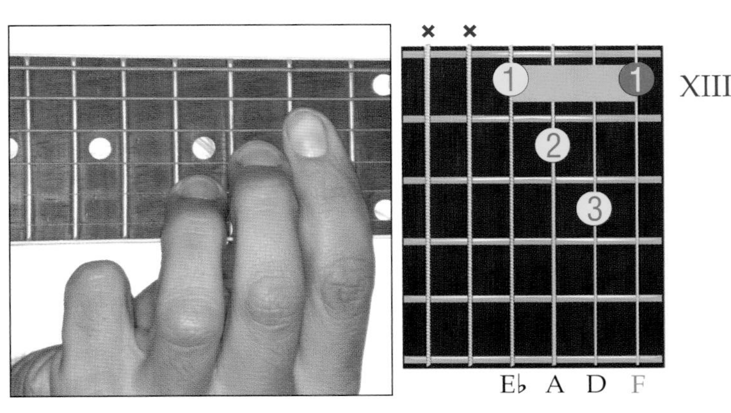
XIII
E♭ A D F

F♯

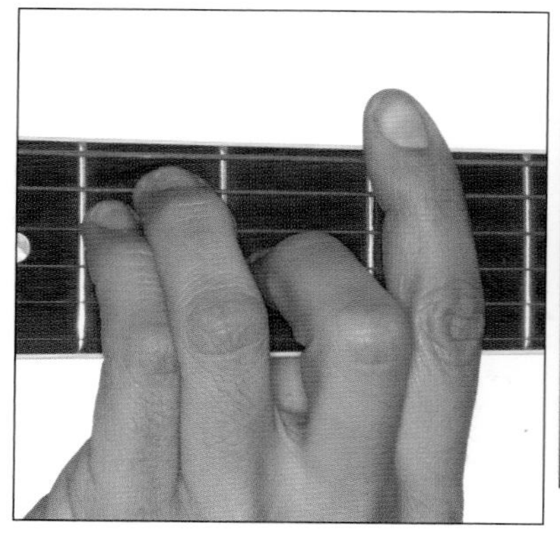

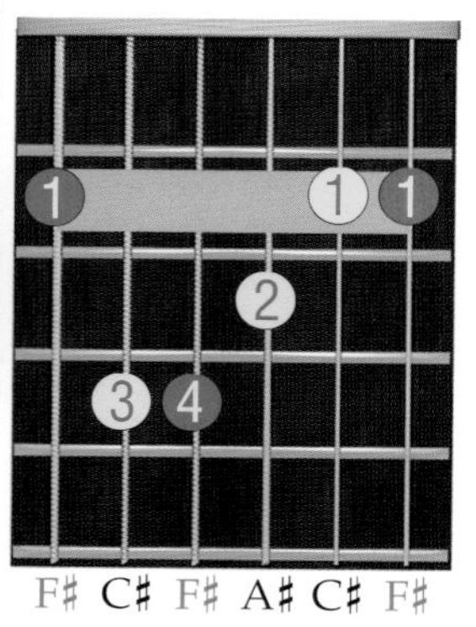
F♯ C♯ F♯ A♯ C♯ F♯

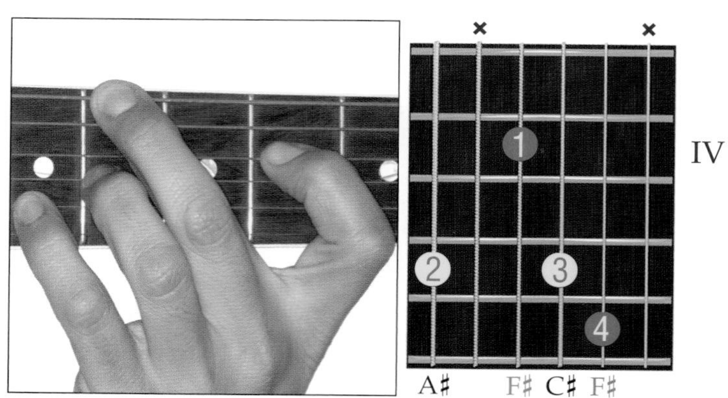
IV
A♯ F♯ C♯ F♯

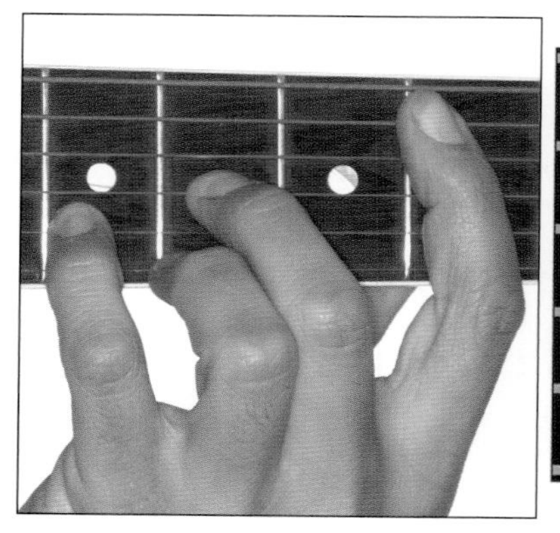

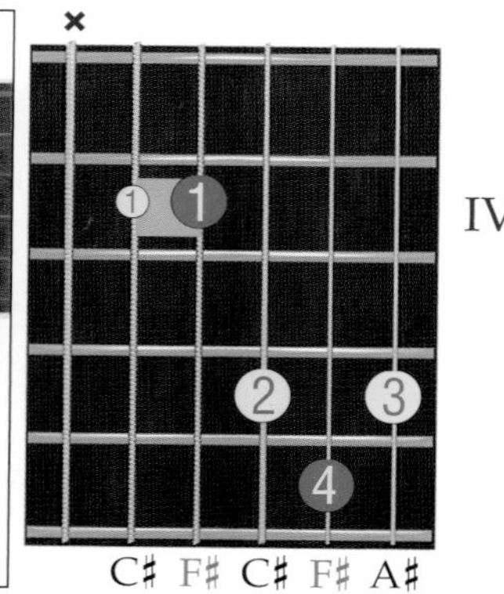
IV
C♯ F♯ C♯ F♯ A♯

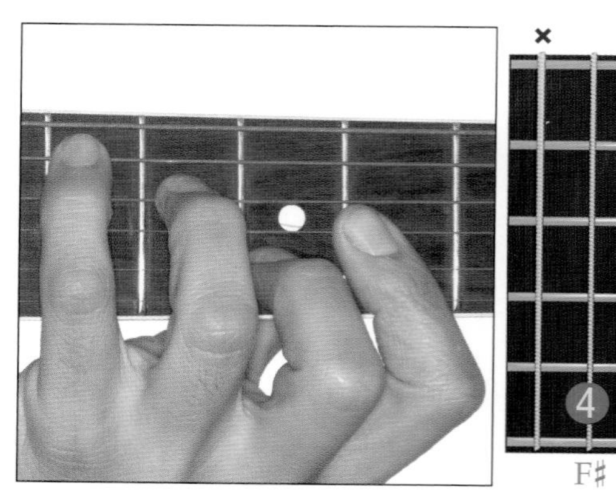

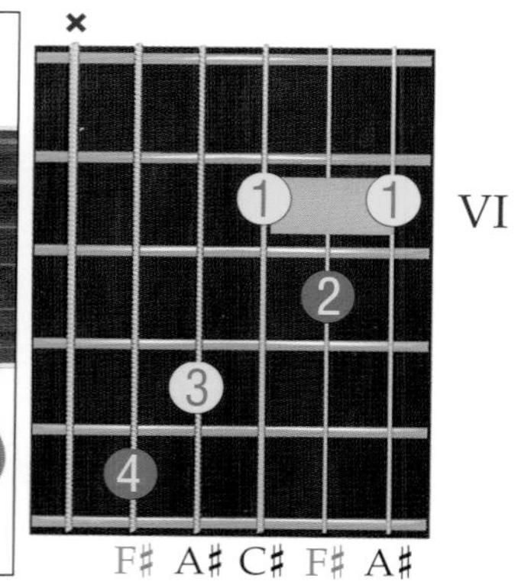
VI
F♯ A♯ C♯ F♯ A♯

F♯
G♭

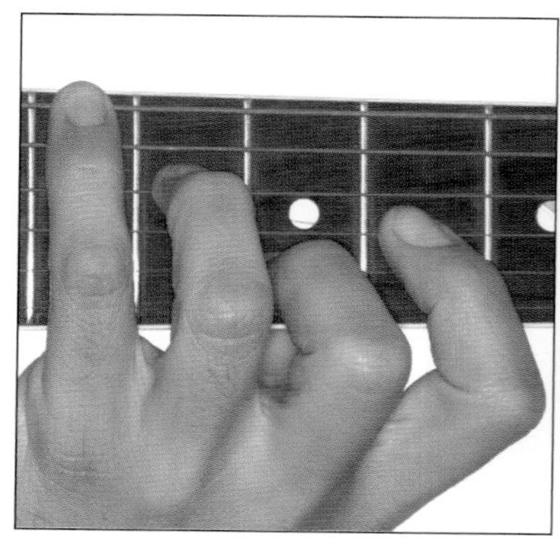

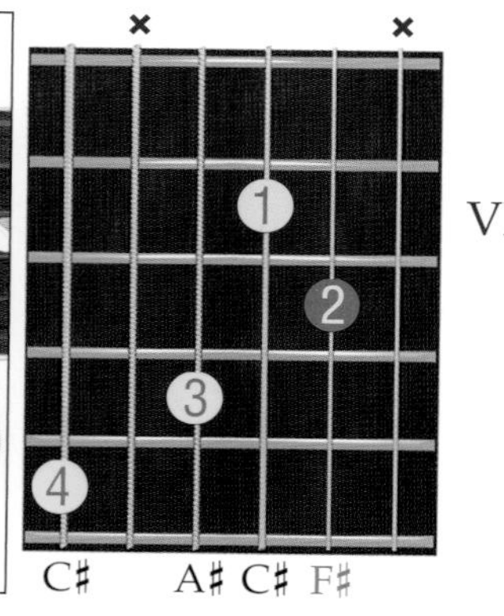
VI
C♯ A♯ C♯ F♯

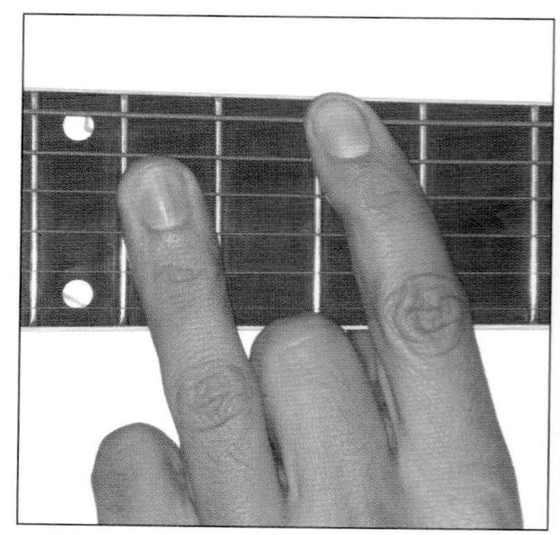

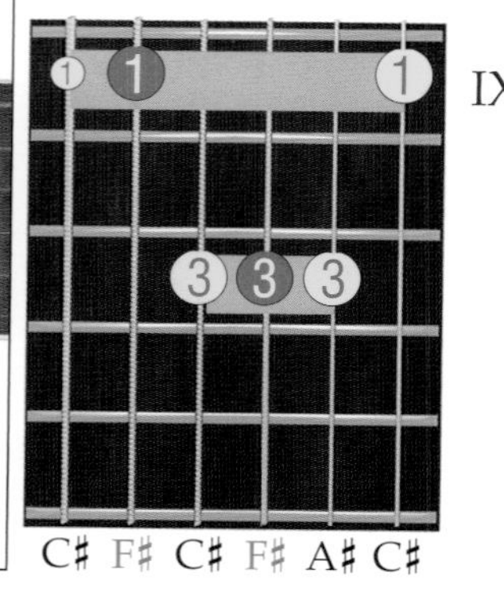
IX
C♯ F♯ C♯ F♯ A♯ C♯

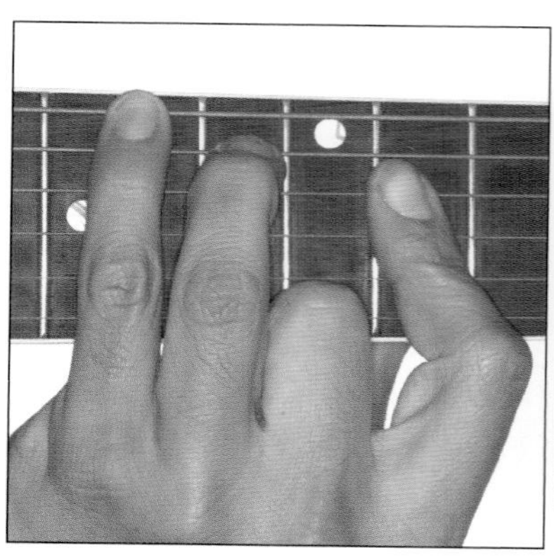

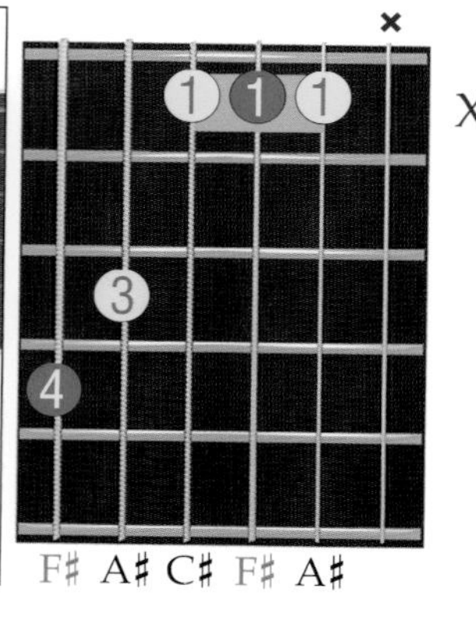
XI
F♯ A♯ C♯ F♯ A♯

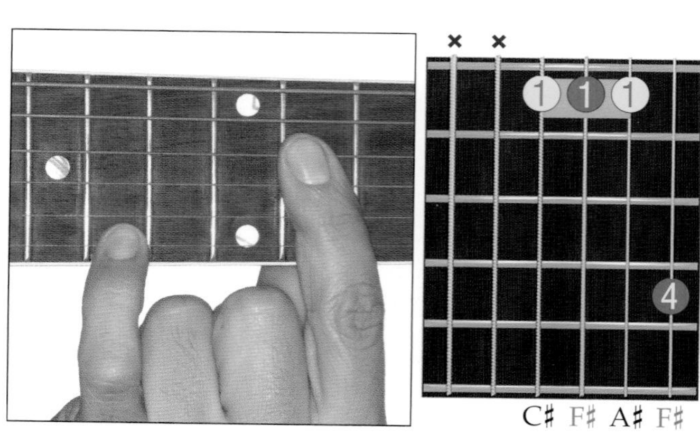
XI
C♯ F♯ A♯ F♯

F♯sus4

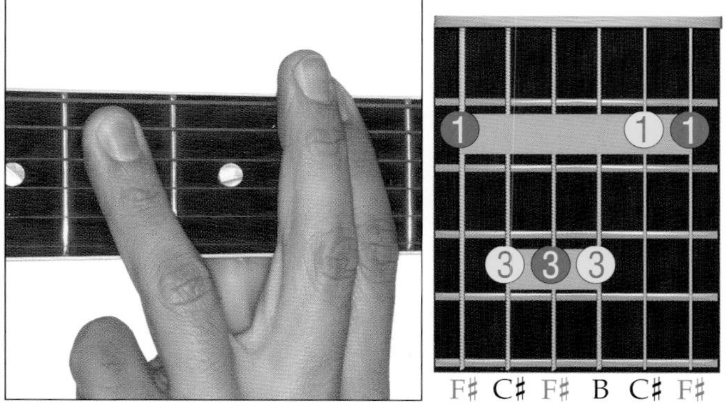
F♯ C♯ F♯ B C♯ F♯

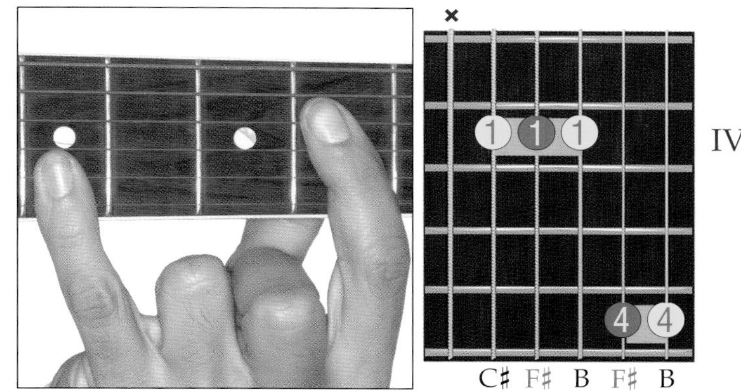
IV
C♯ F♯ B F♯ B

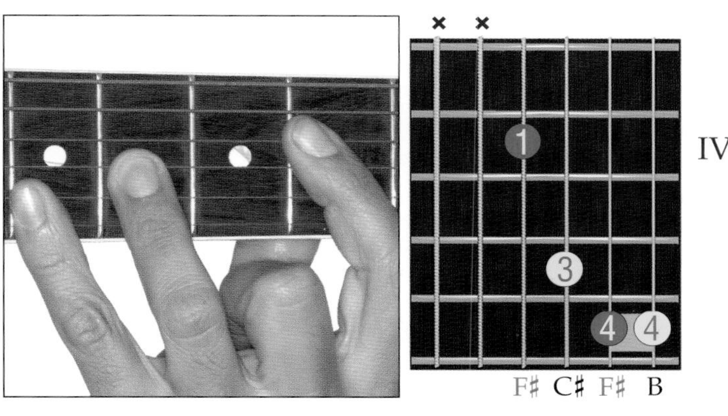
IV
F♯ C♯ F♯ B

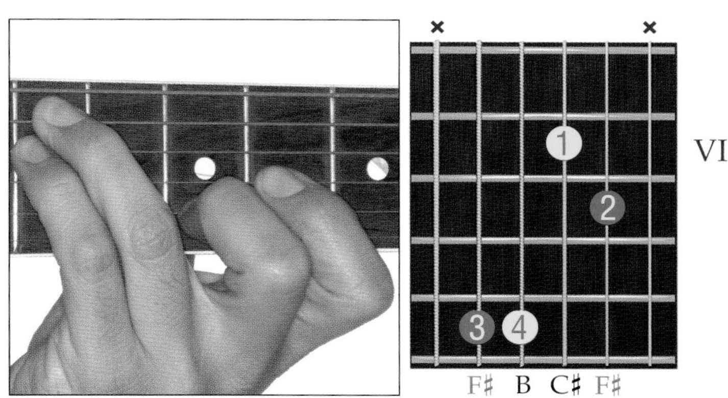
VI
F♯ B C♯ F♯

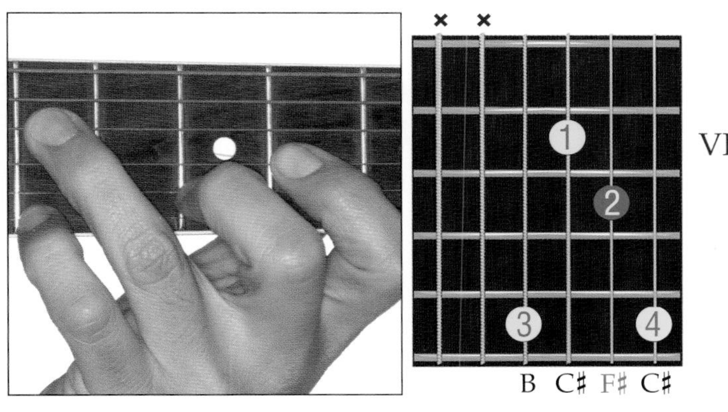
VI
B C♯ F♯ C♯

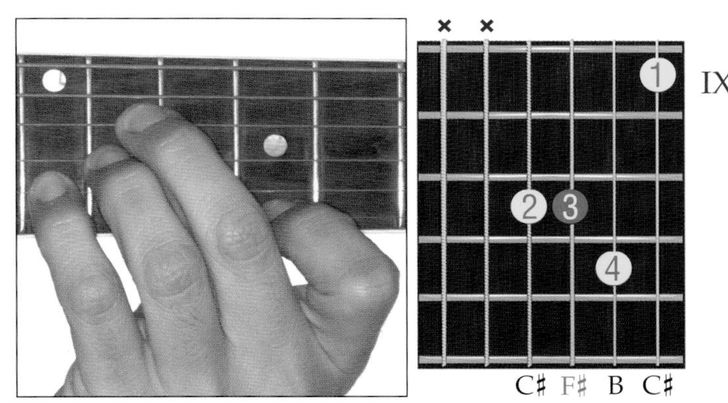
IX
C♯ F♯ B C♯

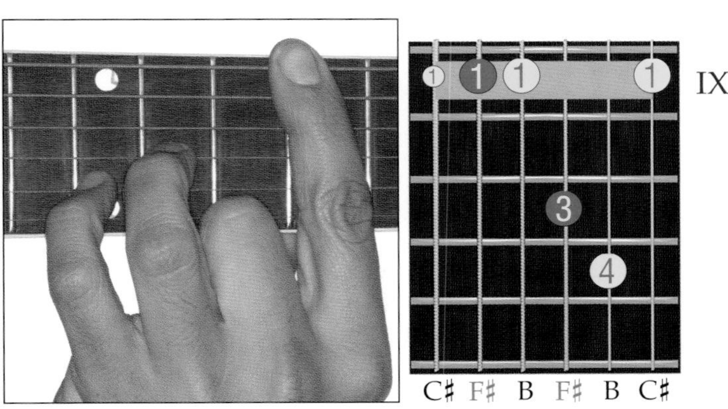
IX
C♯ F♯ B F♯ B C♯

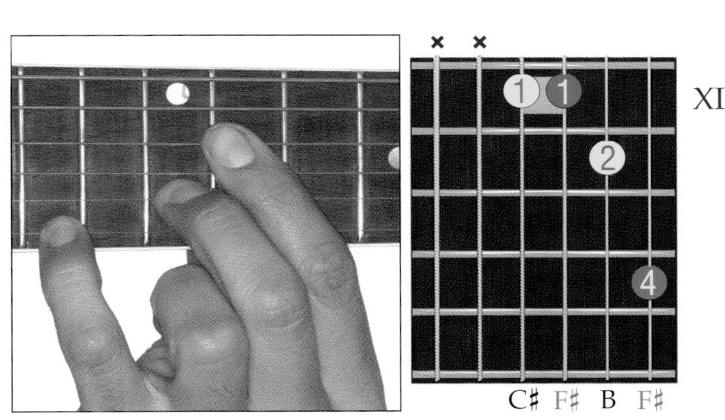
XI
C♯ F♯ B F♯

F♯6

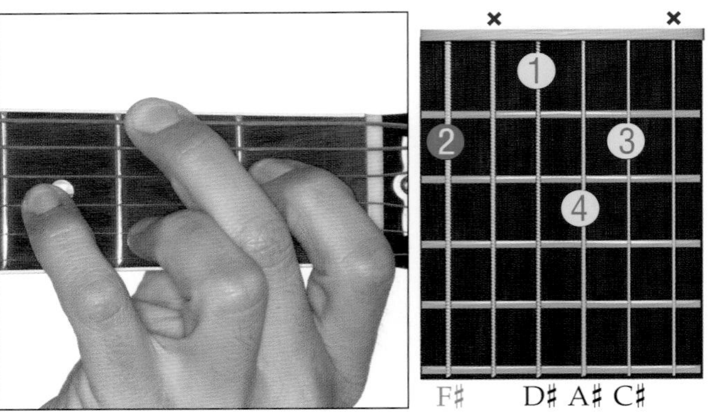
1
2
3
4
F♯ D♯ A♯ C♯

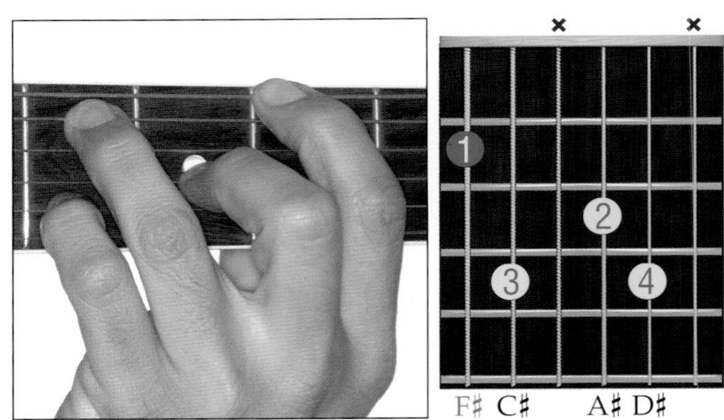
1
2
3
4
F♯ C♯ A♯ D♯

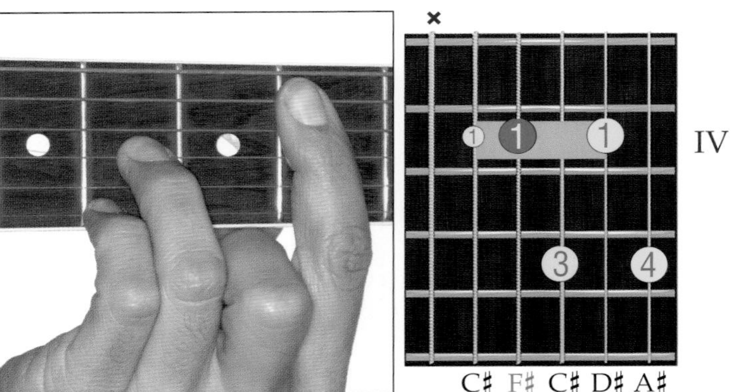
IV
1
1
1
3
4
C♯ F♯ C♯ D♯ A♯

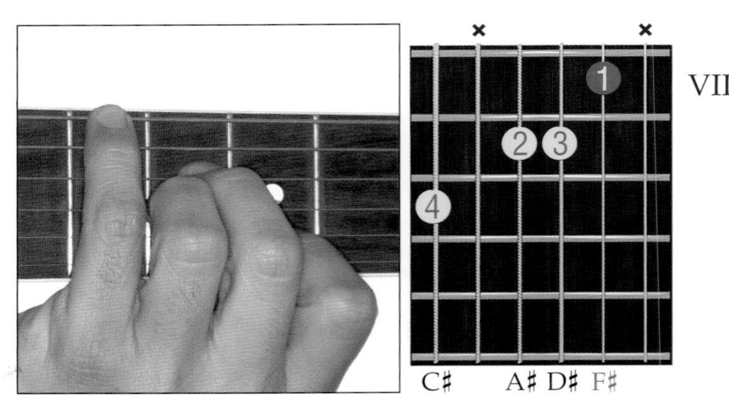
VII
1
2
3
4
C♯ A♯ D♯ F♯

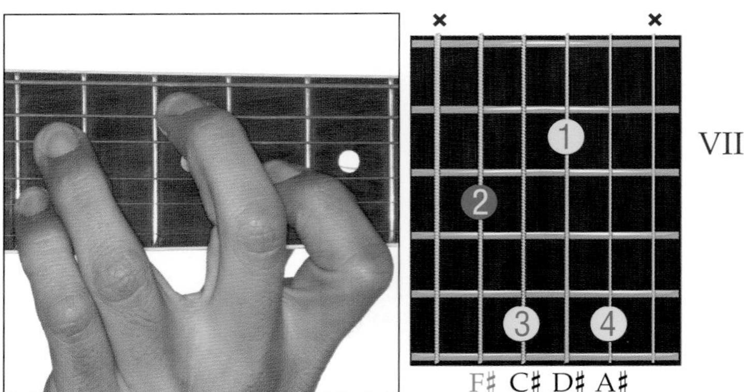
VIII
1
2
3
4
F♯ C♯ D♯ A♯

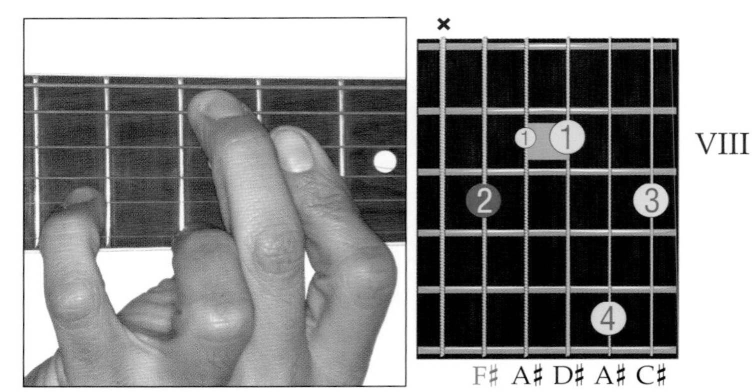
VIII
1
1
2
3
4
F♯ A♯ D♯ A♯ C♯

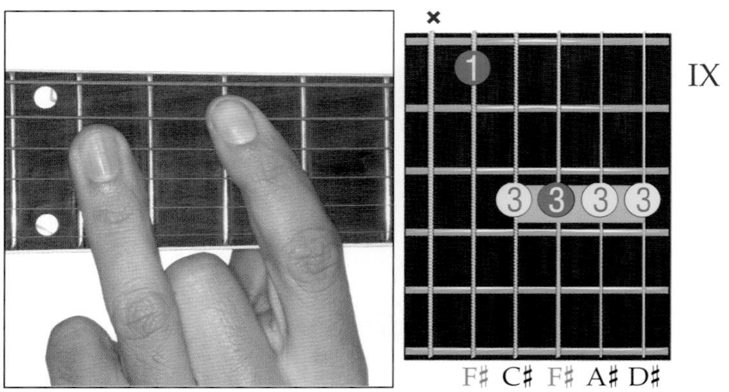
IX
1
3
3
3
3
F♯ C♯ F♯ A♯ D♯

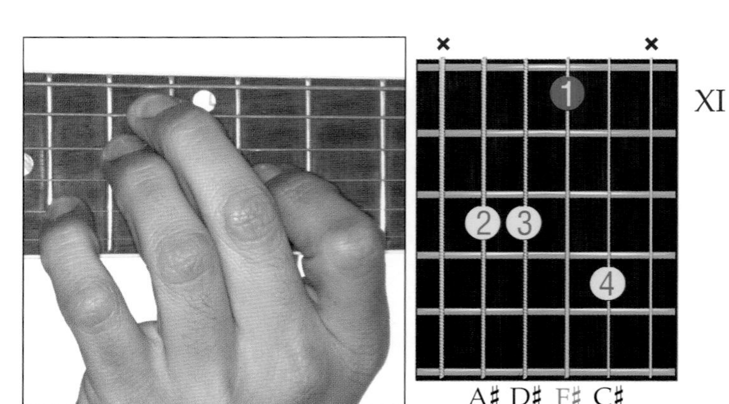
XI
1
2
3
4
A♯ D♯ F♯ C♯

F♯
G♭

F♯$^{6}_{9}$

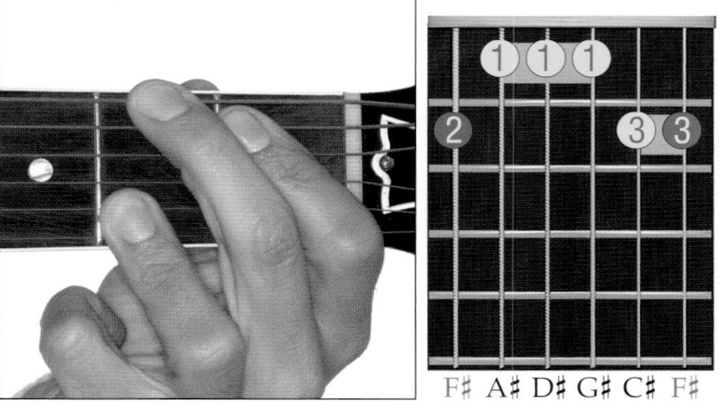
F♯ A♯ D♯ G♯ C♯ F♯

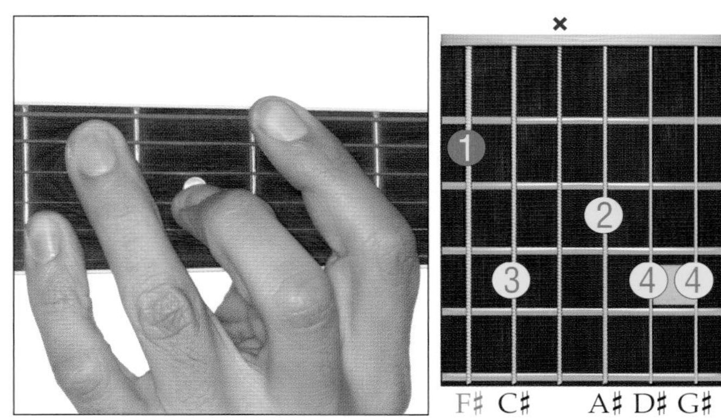
F♯ C♯ A♯ D♯ G♯

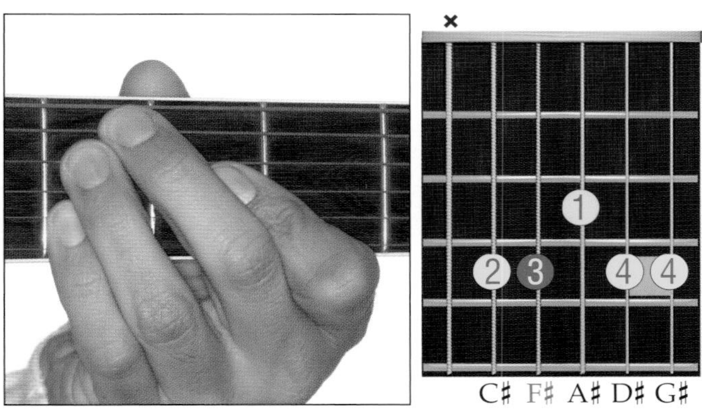
C♯ F♯ A♯ D♯ G♯

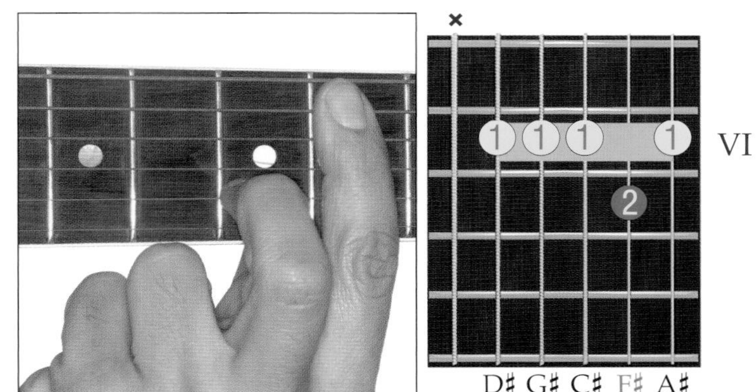
VI
D♯ G♯ C♯ F♯ A♯

F♯
G♭

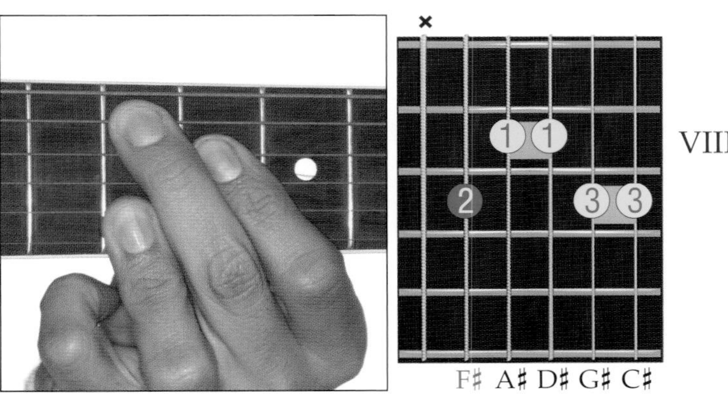
VIII
F♯ A♯ D♯ G♯ C♯

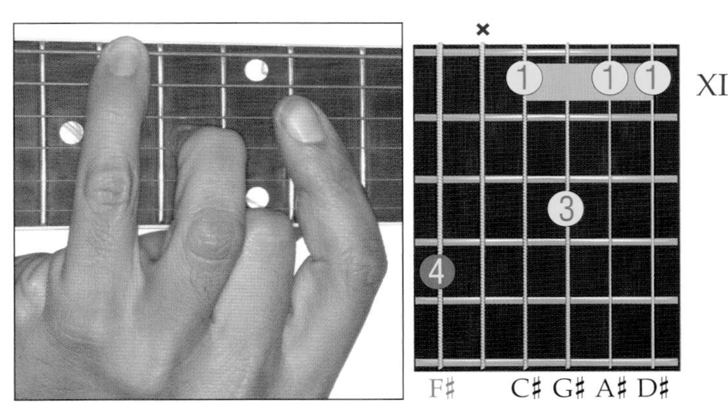
XI
F♯ C♯ G♯ A♯ D♯

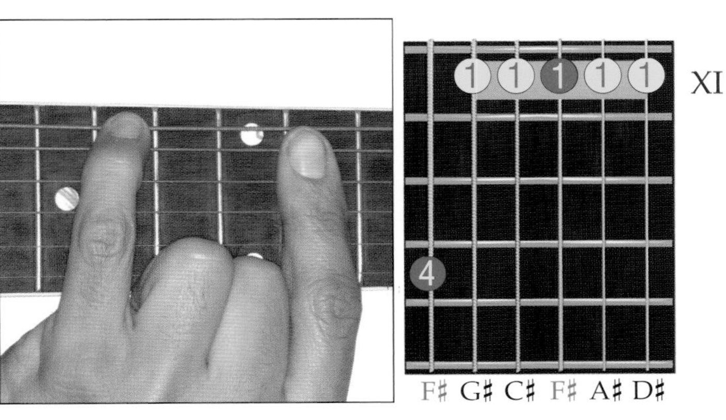
XI
F♯ G♯ C♯ F♯ A♯ D♯

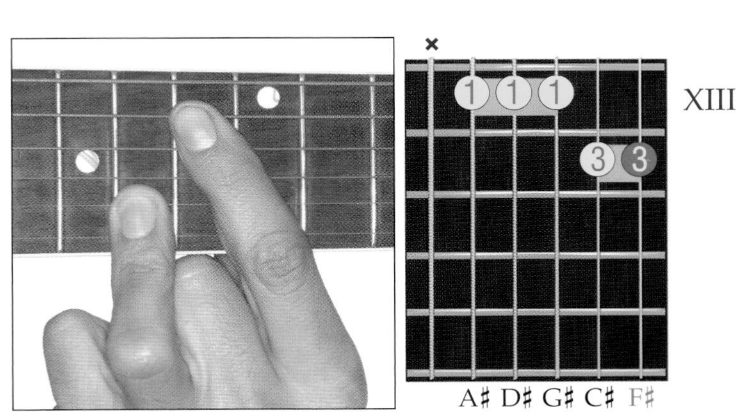
XIII
A♯ D♯ G♯ C♯ F♯

F♯maj7

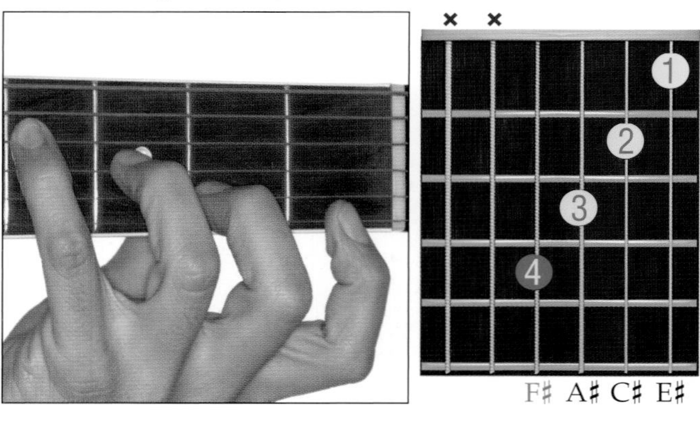
F♯ A♯ C♯ E♯

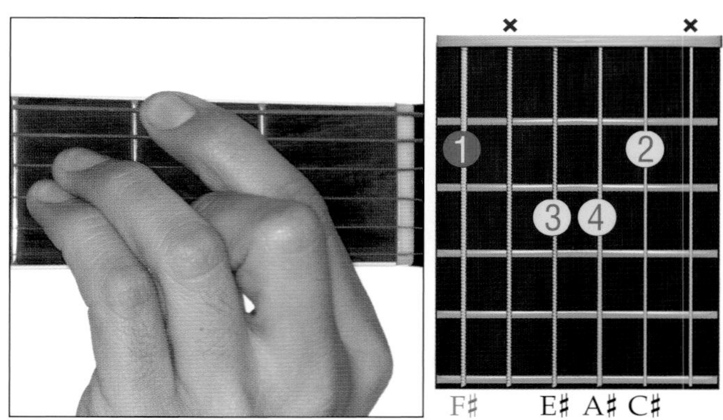
F♯ E♯ A♯ C♯

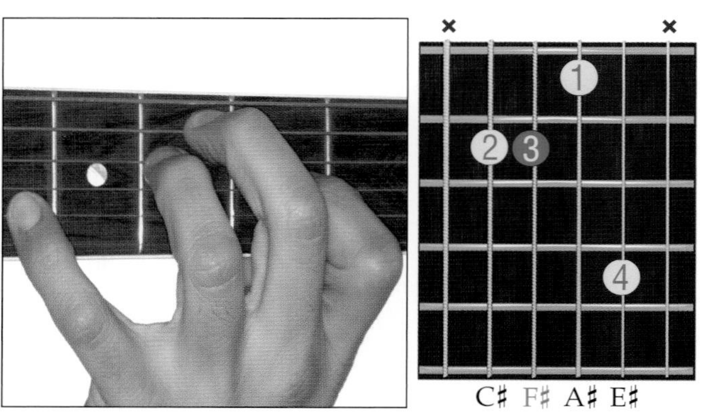
III
C♯ F♯ A♯ E♯

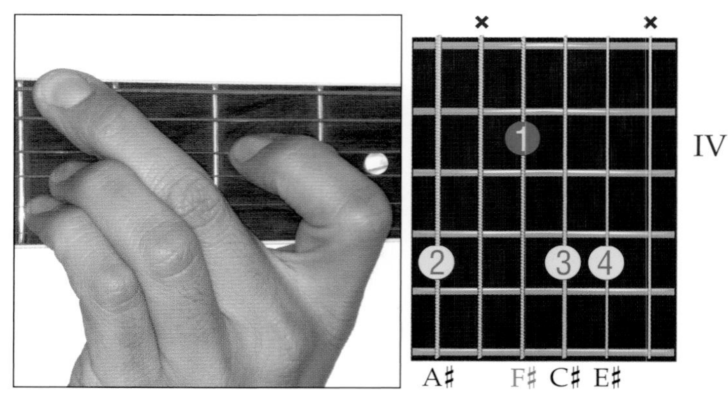
IV
A♯ F♯ C♯ E♯

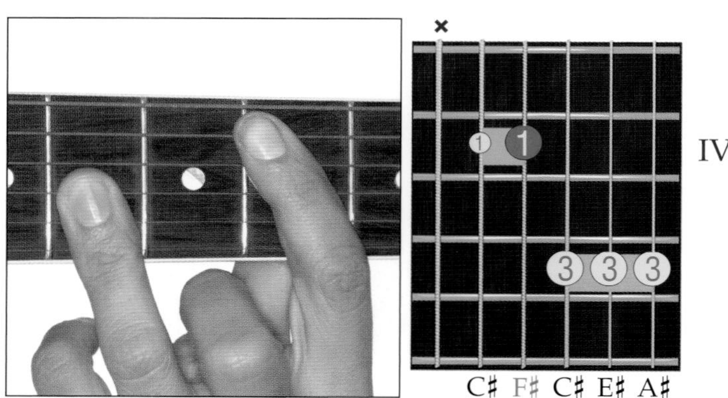
IV
C♯ F♯ C♯ E♯ A♯

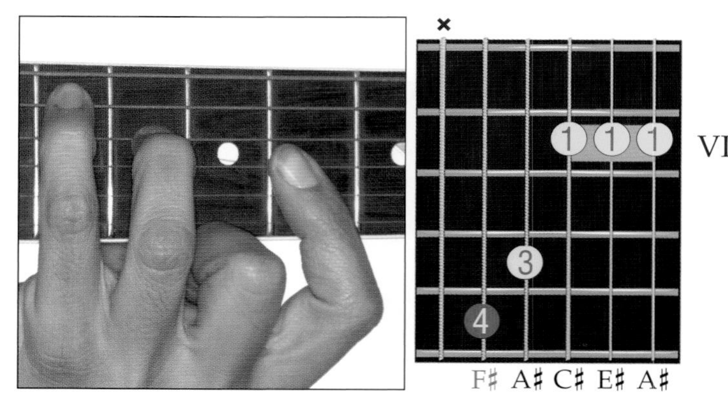
VI
F♯ A♯ C♯ E♯ A♯

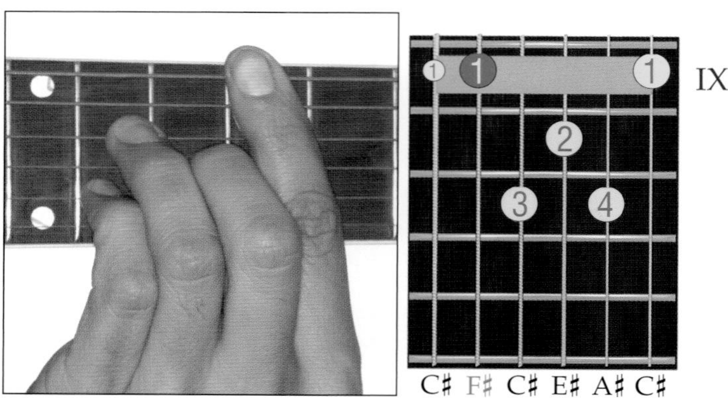
IX
C♯ F♯ C♯ E♯ A♯ C♯

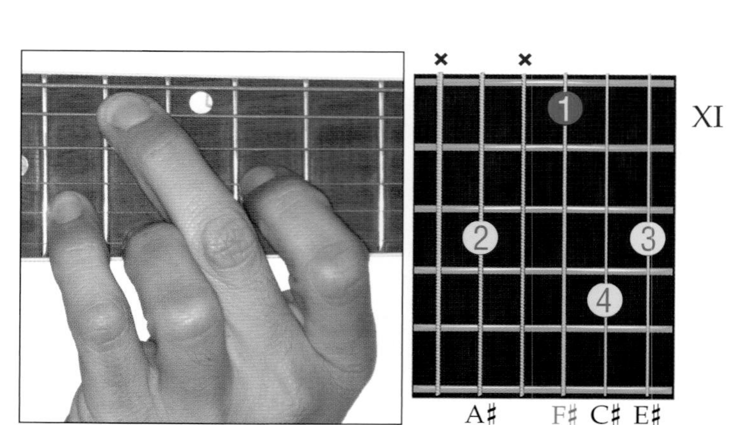
XI
A♯ F♯ C♯ E♯

F♯maj9

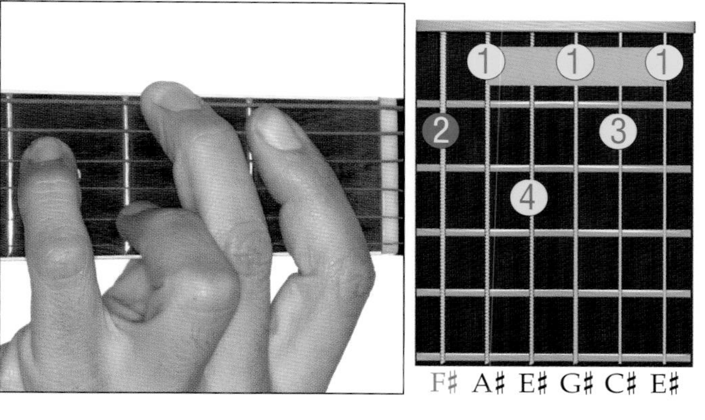
F♯ A♯ E♯ G♯ C♯ E♯

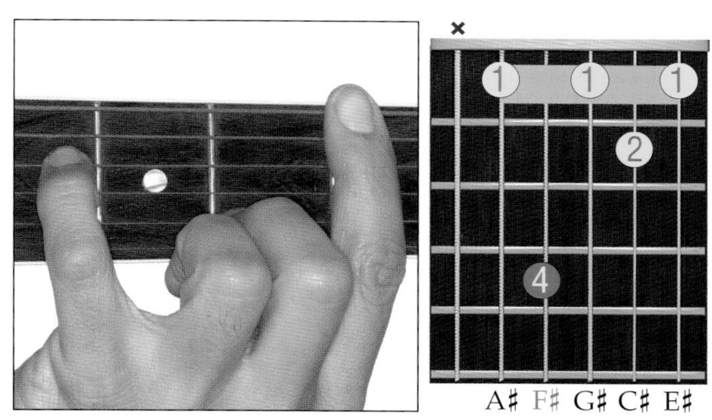
A♯ F♯ G♯ C♯ E♯

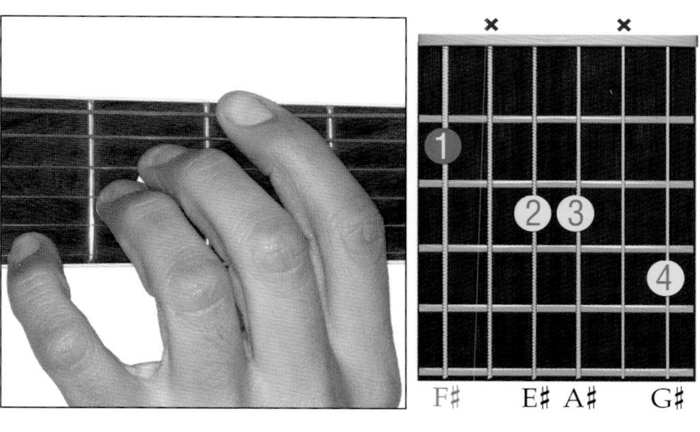
F♯ E♯ A♯ G♯

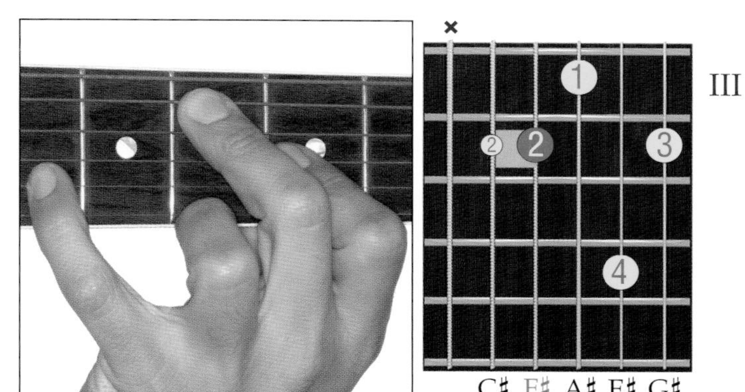
III
C♯ F♯ A♯ E♯ G♯

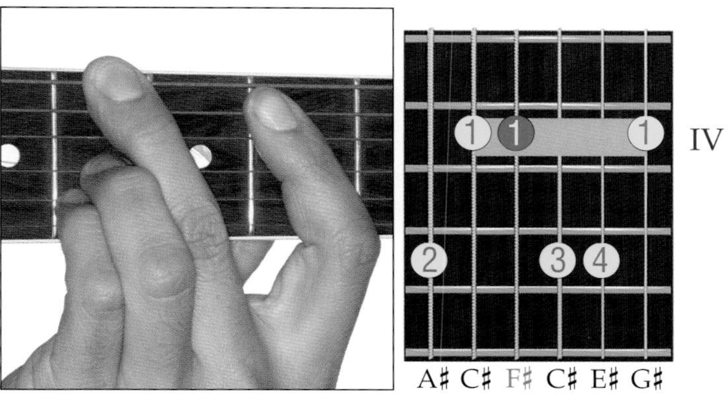
IV
A♯ C♯ F♯ C♯ E♯ G♯

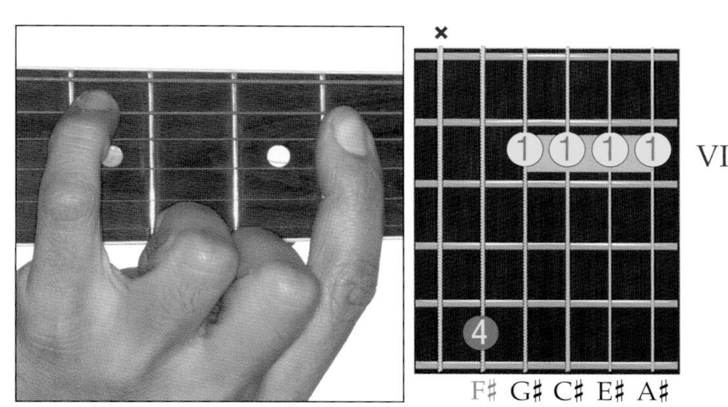
VI
F♯ G♯ C♯ E♯ A♯

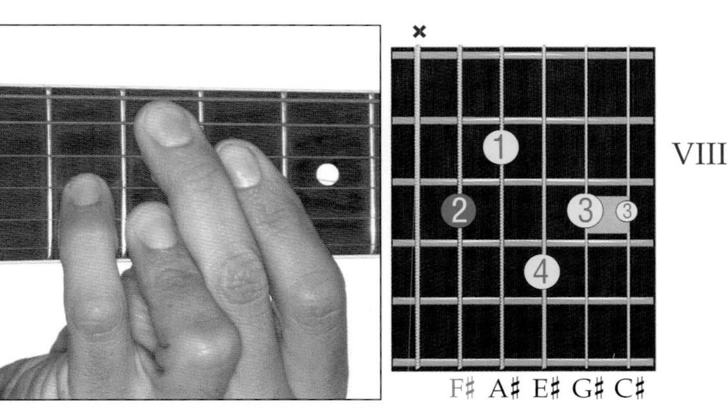
VIII
F♯ A♯ E♯ G♯ C♯

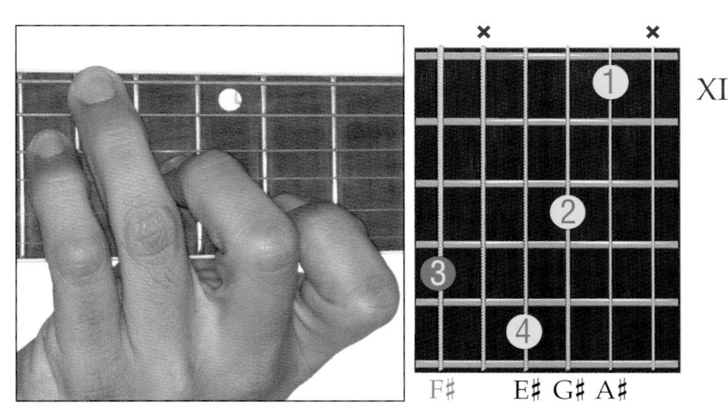
XI
F♯ E♯ G♯ A♯

F♯maj13

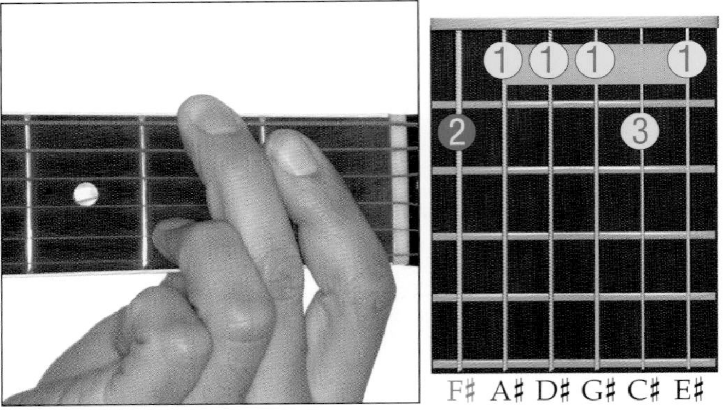
F♯ A♯ D♯ G♯ C♯ E♯

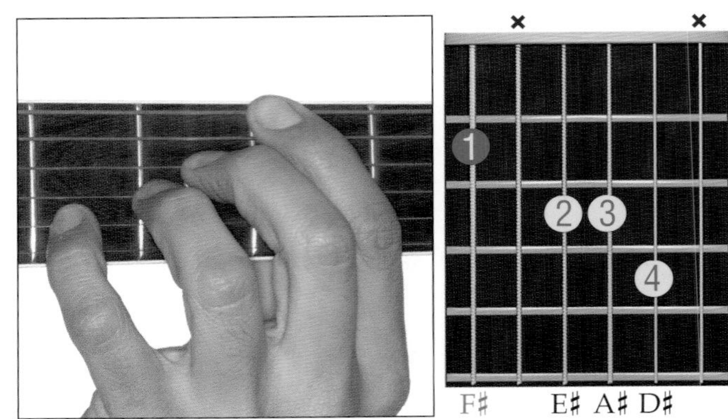
F♯ E♯ A♯ D♯

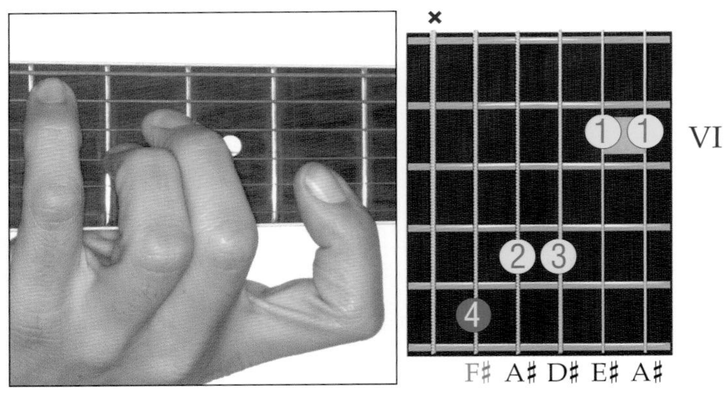
VI
F♯ A♯ D♯ E♯ A♯

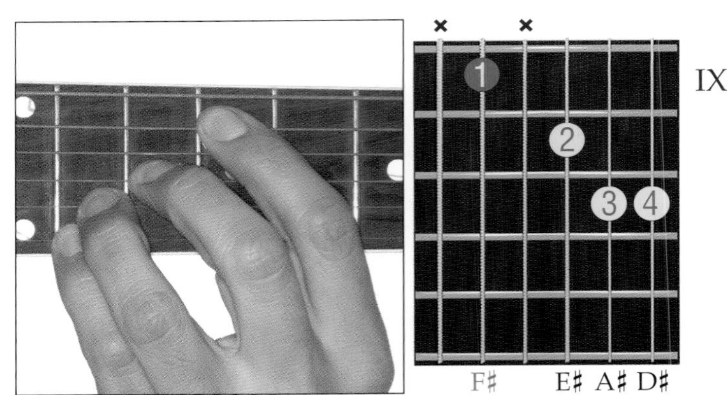
IX
F♯ E♯ A♯ D♯

F♯m

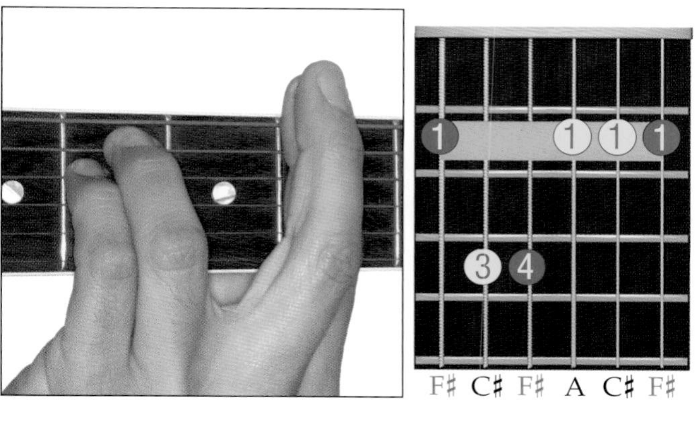
1 1 1 1
3 4
F♯ C♯ F♯ A C♯ F♯

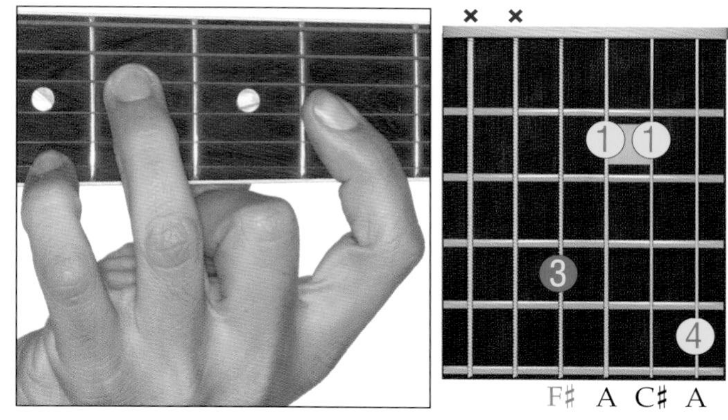
× ×
1 1
3
4
F♯ A C♯ A

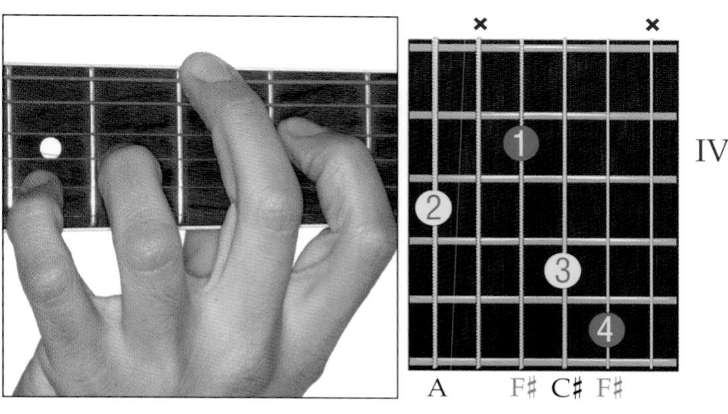
× ×
1
2
3
4
IV
A F♯ C♯ F♯

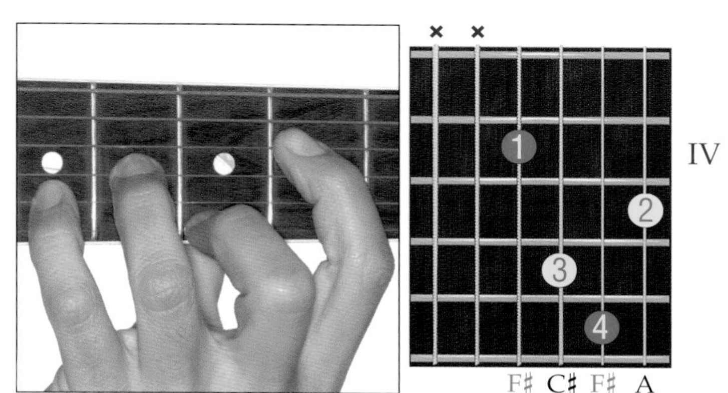
× ×
1
2
3
4
IV
F♯ C♯ F♯ A

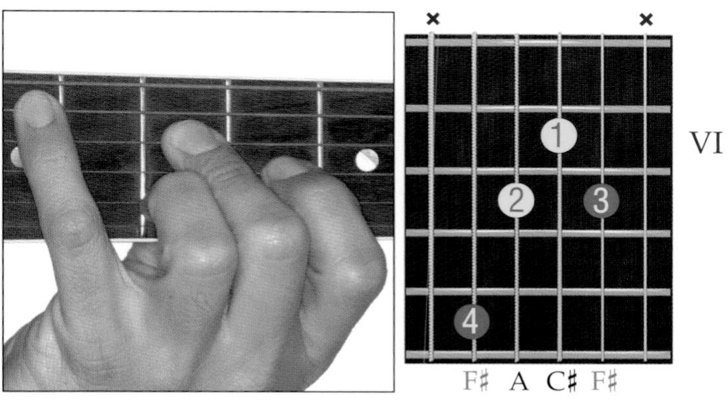
× ×
1
2 3
4
VI
F♯ A C♯ F♯

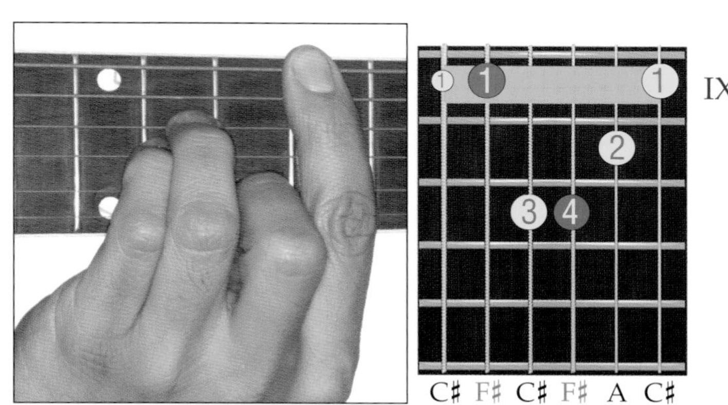
1 1 1
2
3 4
IX
C♯ F♯ C♯ F♯ A C♯

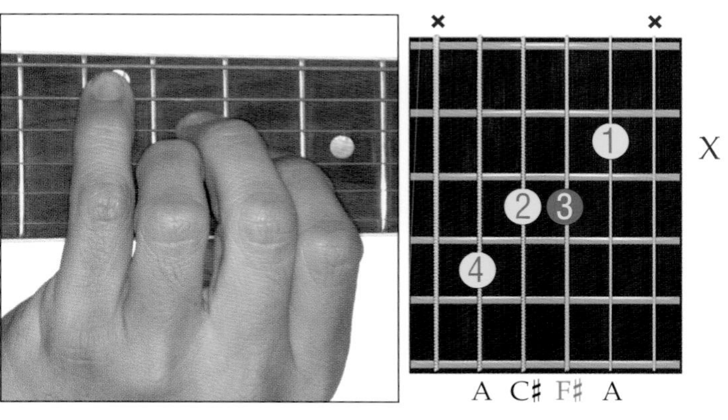
× ×
1
2 3
4
X
A C♯ F♯ A

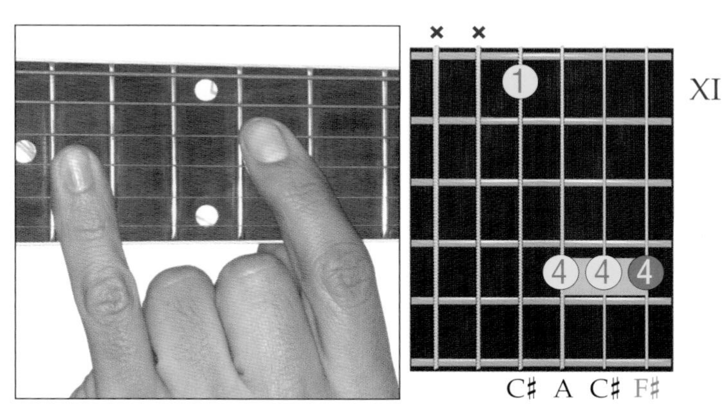
× ×
1
4 4 4
XI
C♯ A C♯ F♯

F♯
G♭

F♯m6

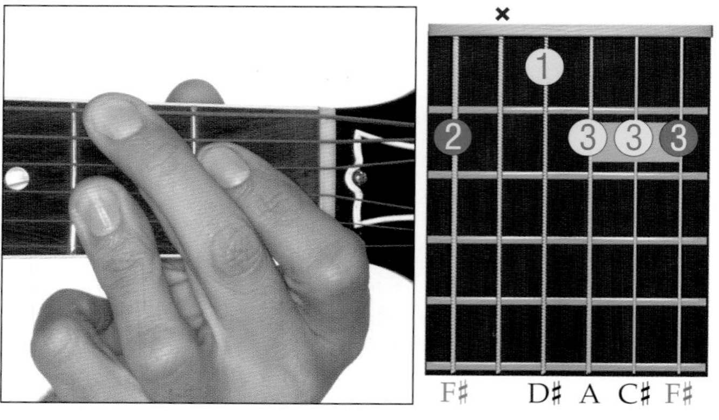
F♯ D♯ A C♯ F♯

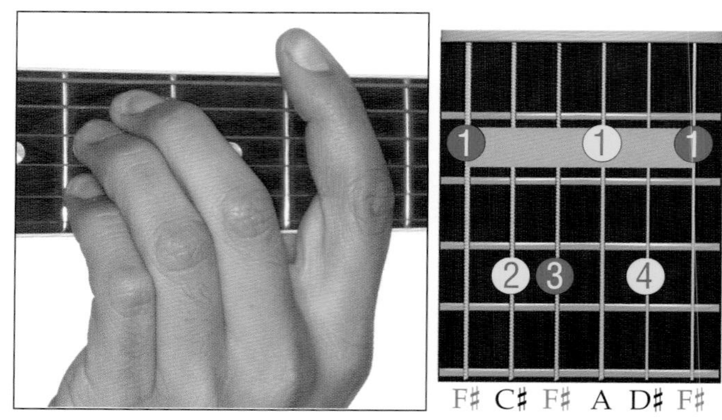
F♯ C♯ F♯ A D♯ F♯

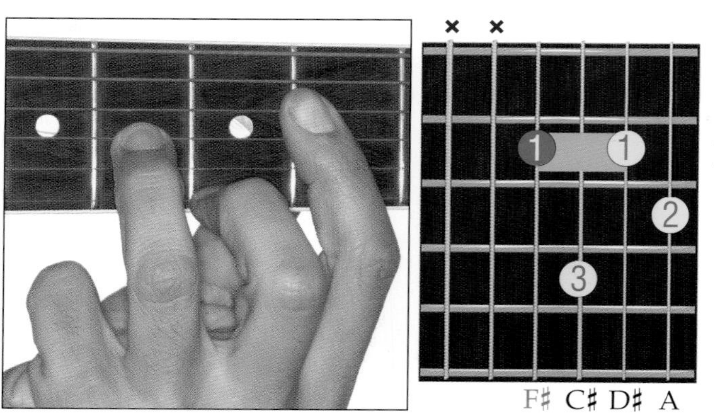
IV
F♯ C♯ D♯ A

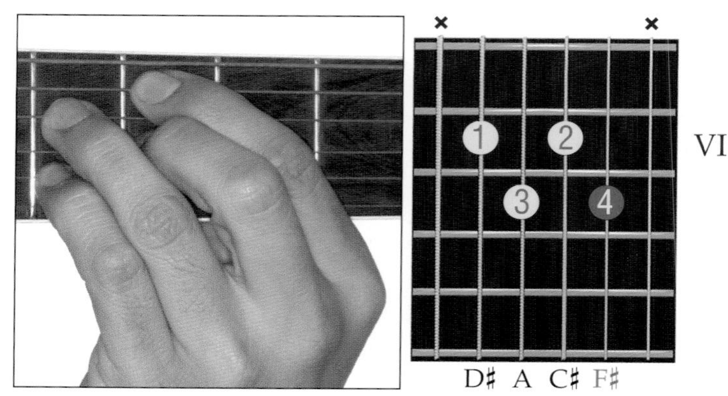
VI
D♯ A C♯ F♯

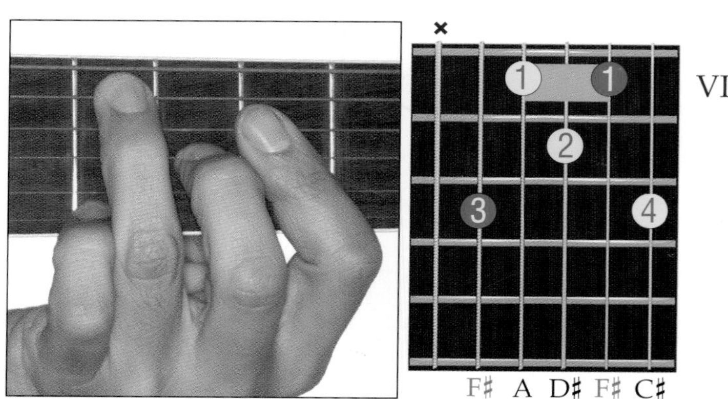
VII
F♯ A D♯ F♯ C♯

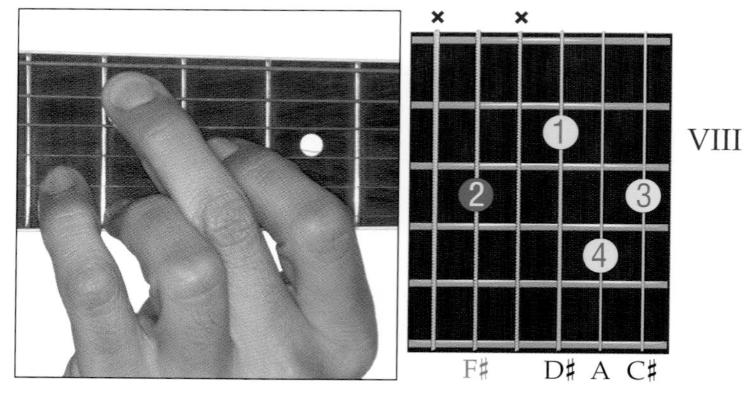
VIII
F♯ D♯ A C♯

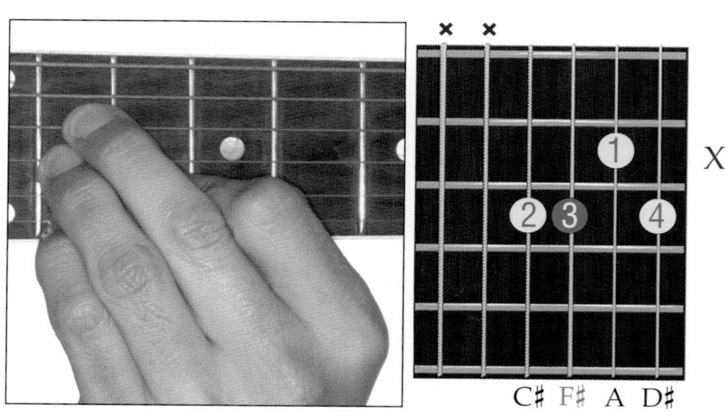
X
C♯ F♯ A D♯

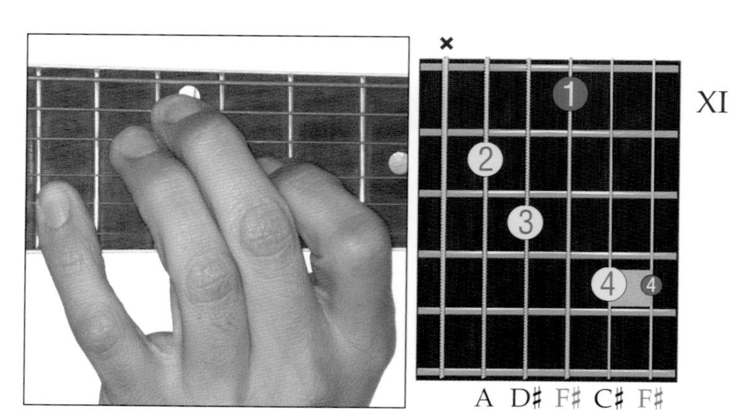
XI
A D♯ F♯ C♯ F♯

F♯m7

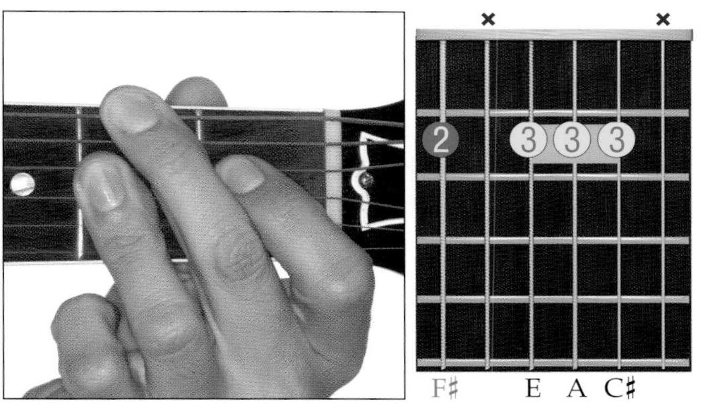
F♯ E A C♯

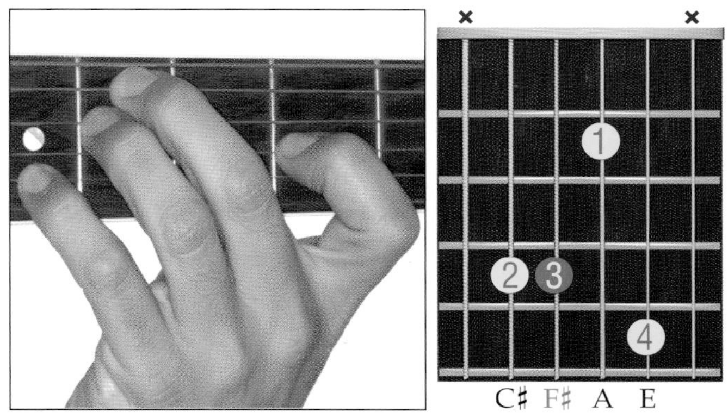
C♯ F♯ A E

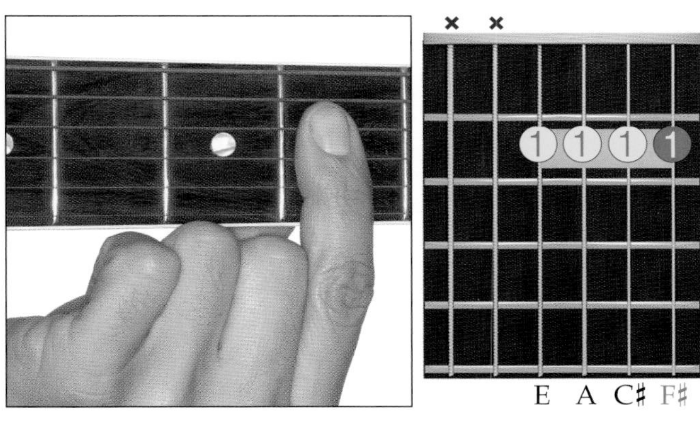
E A C♯ F♯

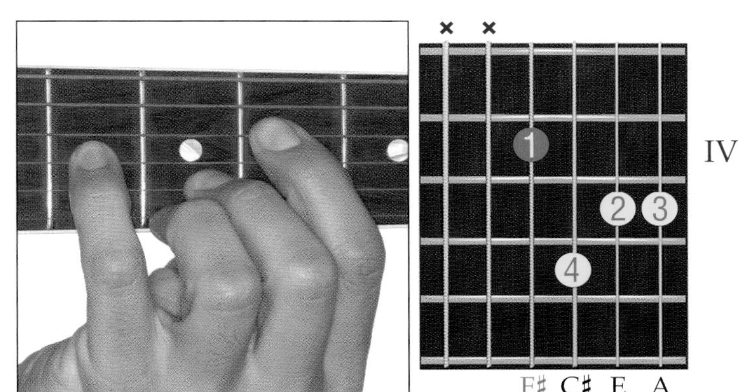
IV
F♯ C♯ E A

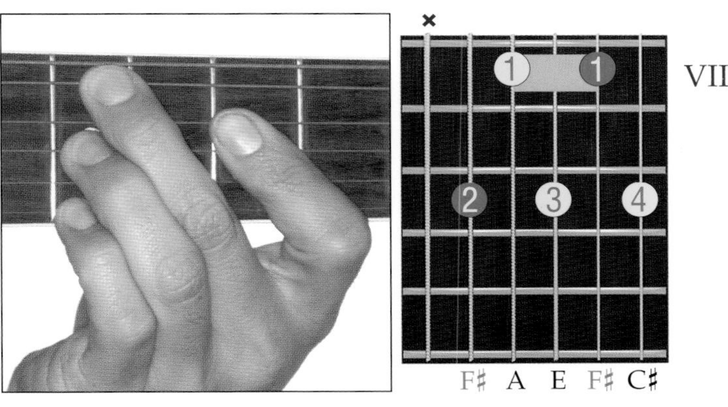
VII
F♯ A E F♯ C♯

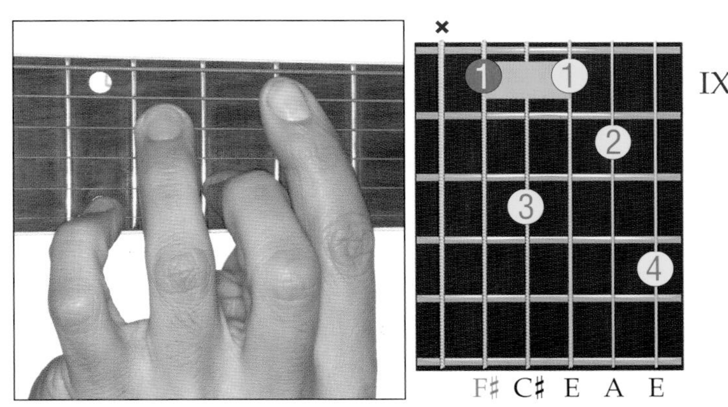
IX
F♯ C♯ E A E

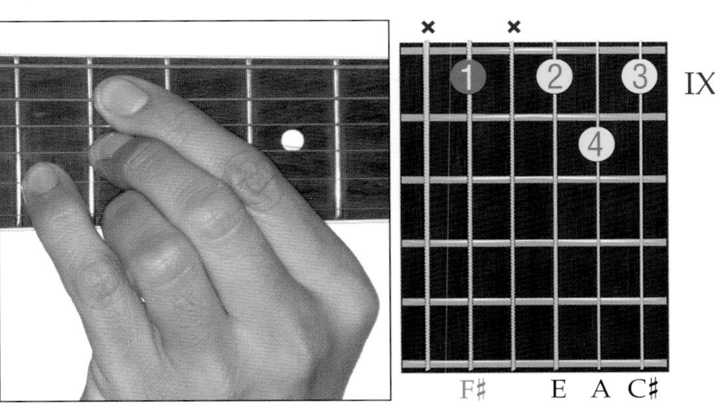
IX
F♯ E A C♯

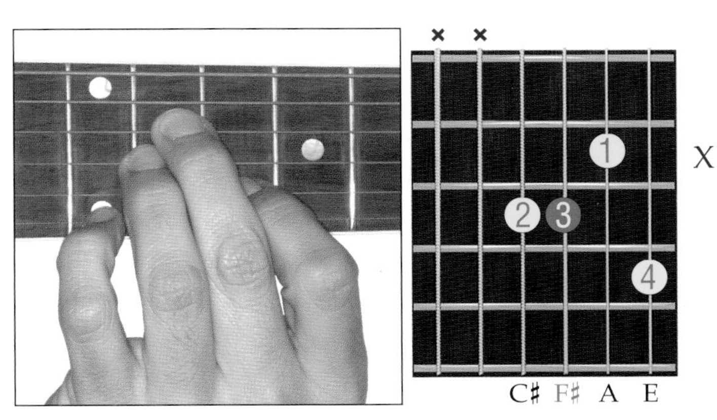
X
C♯ F♯ A E

F♯m(maj7)

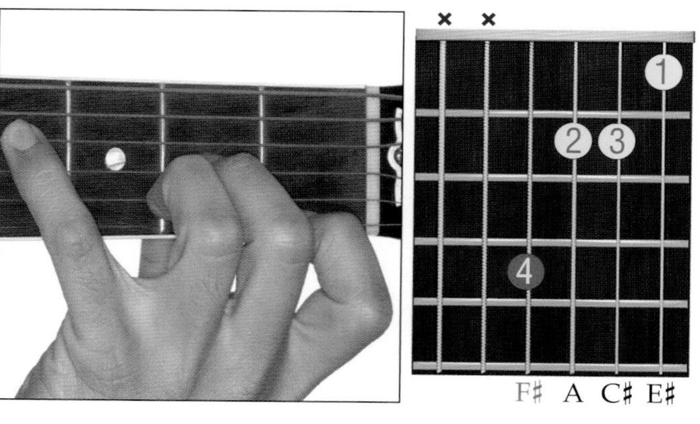
F♯ A C♯ E♯

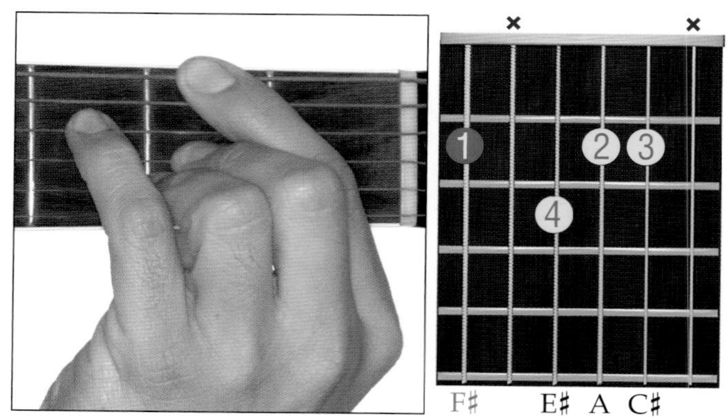
F♯ E♯ A C♯

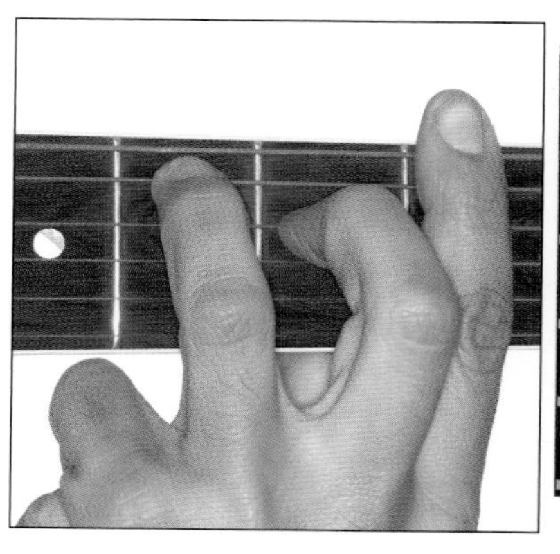

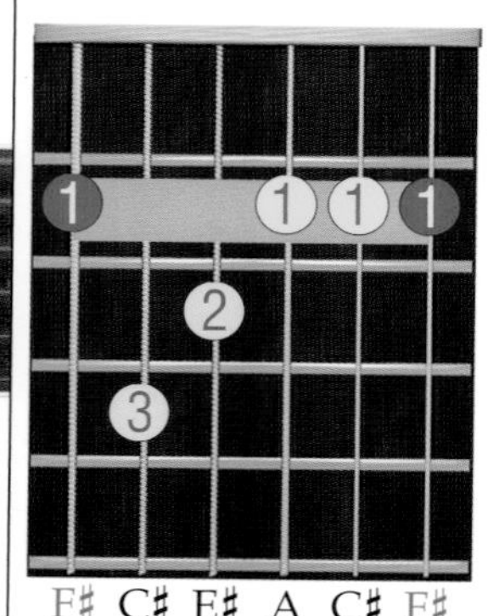
F♯ C♯ E♯ A C♯ F♯

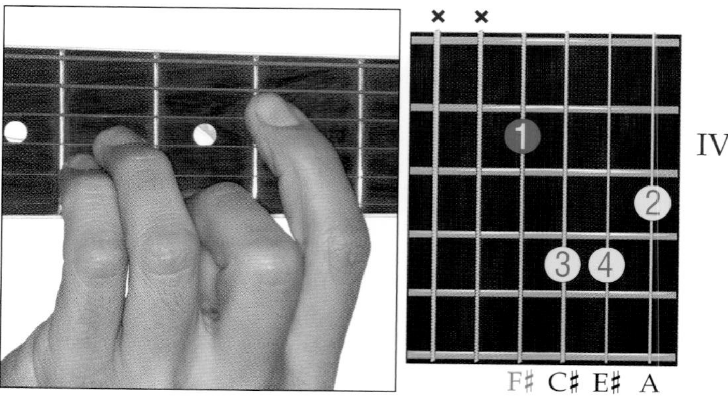
IV
F♯ C♯ E♯ A

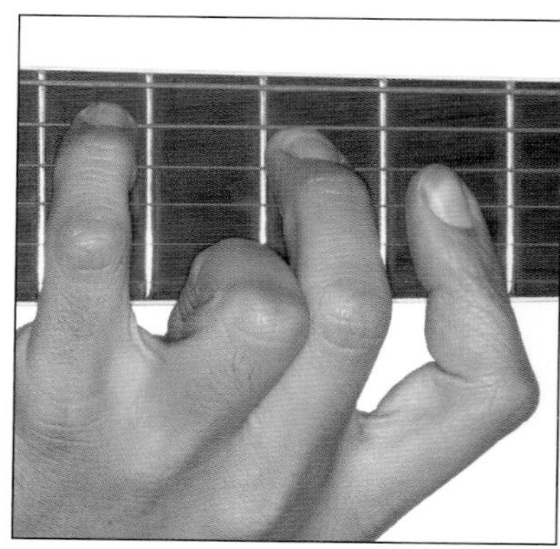

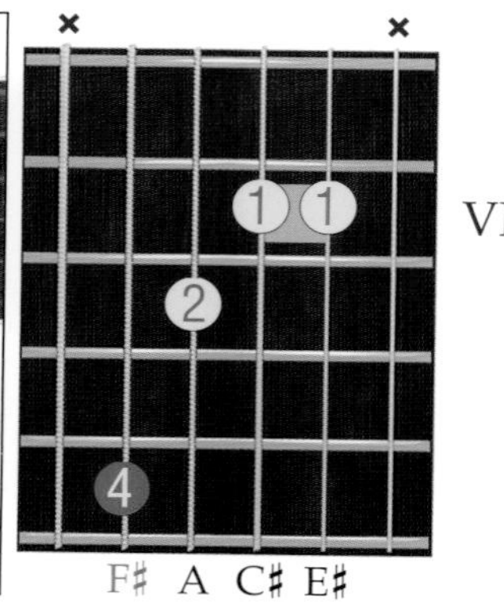
VI
F♯ A C♯ E♯

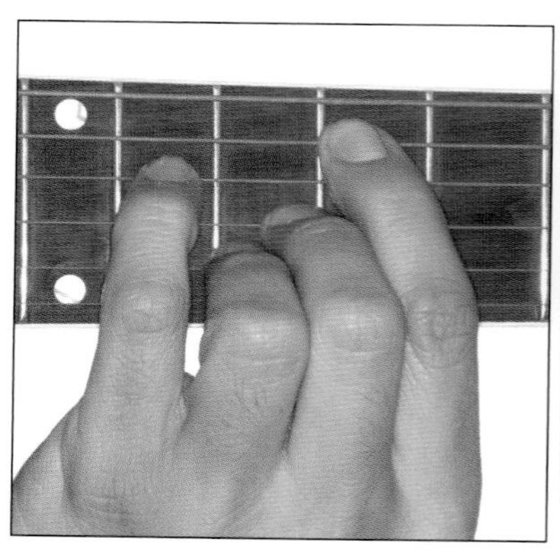

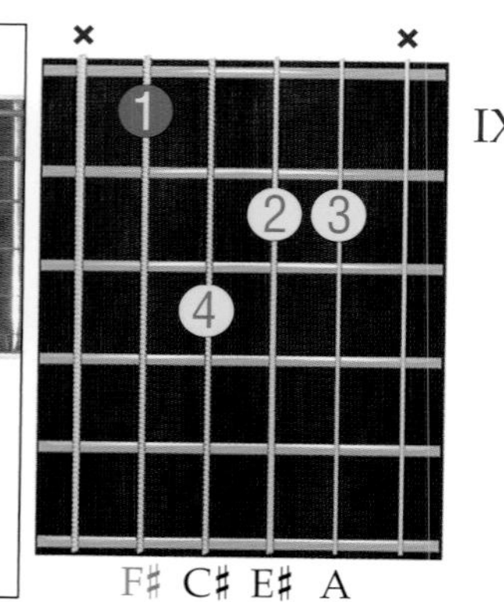
IX
F♯ C♯ E♯ A

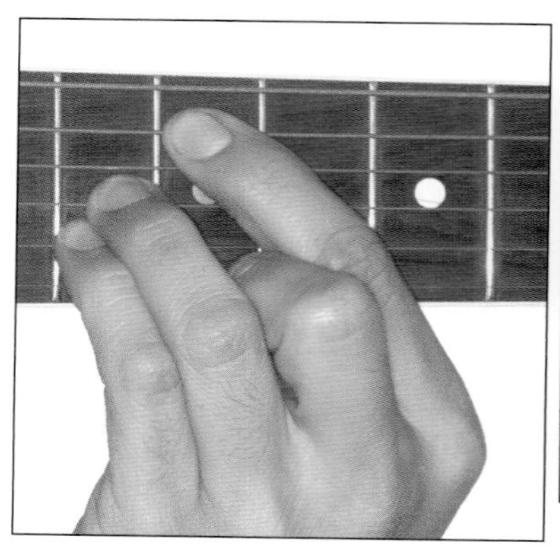

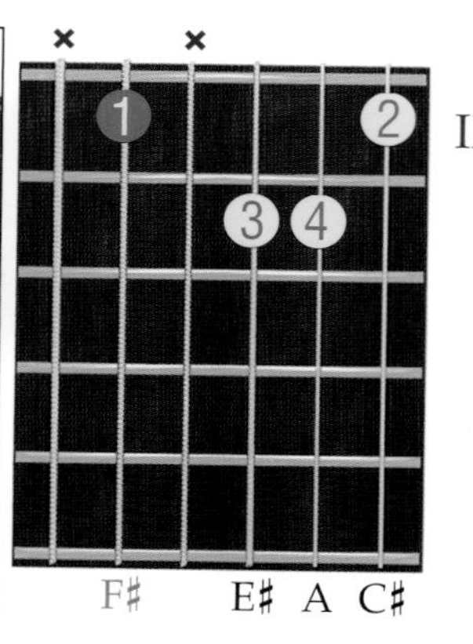
IX
F♯ E♯ A C♯

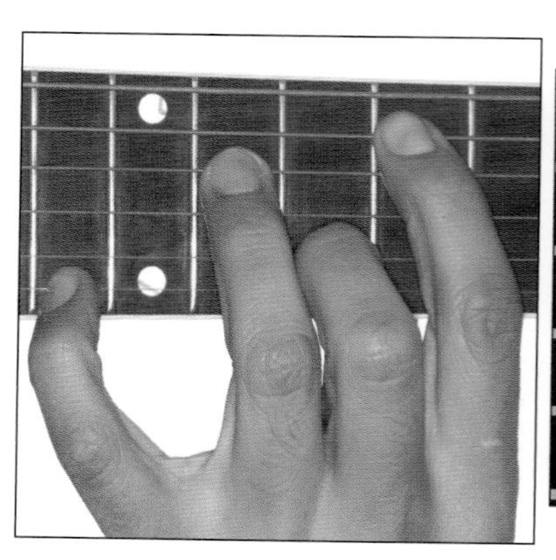

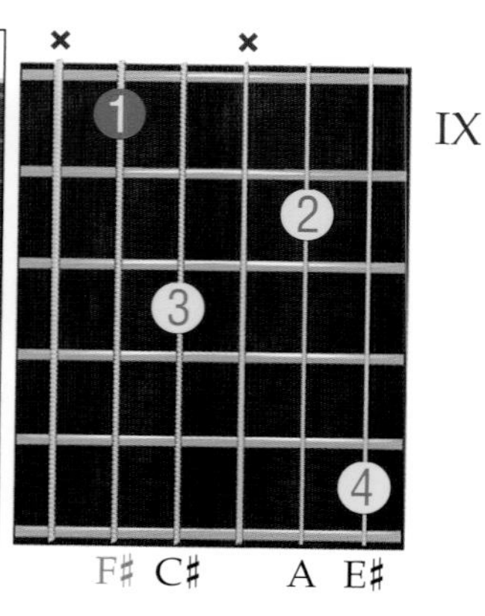
IX
F♯ C♯ A E♯

F♯m9

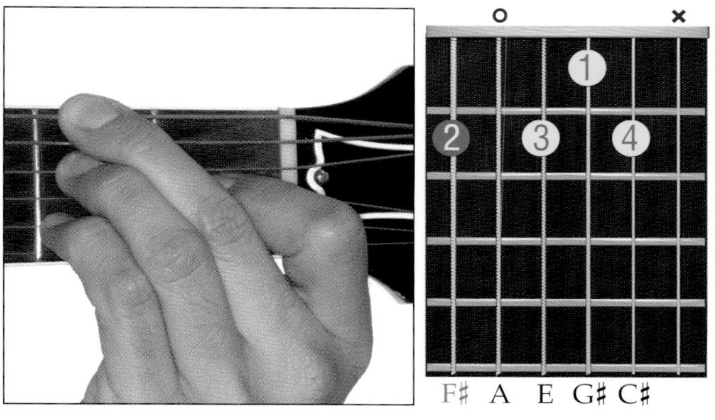
2
3
4
1
F♯ A E G♯ C♯

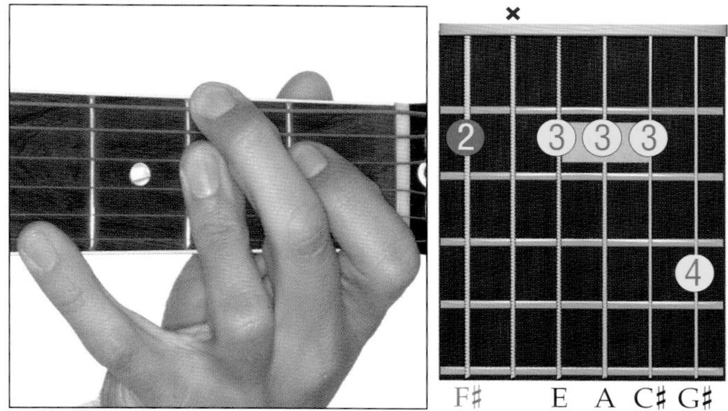
2
3 3 3
4
F♯ E A C♯ G♯

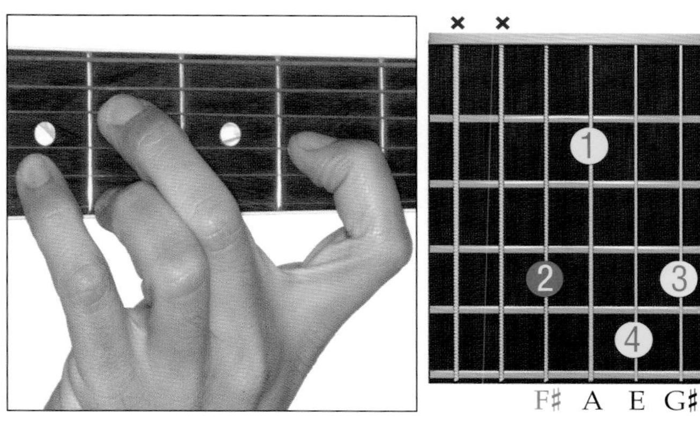
1
2
3
4
F♯ A E G♯

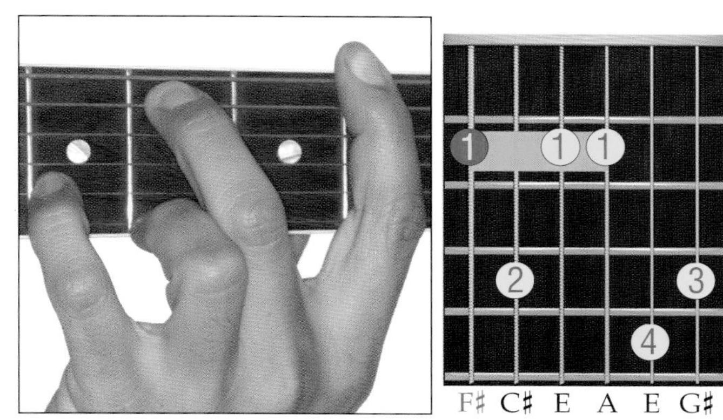
1
1 1
2
3
4
F♯ C♯ E A E G♯

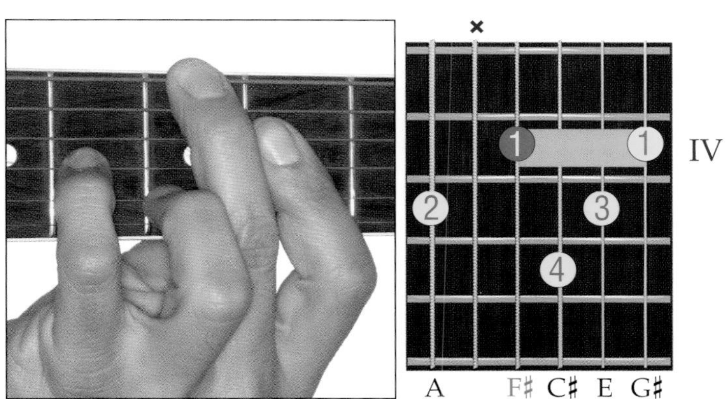
1
1
IV
2
3
4
A F♯ C♯ E G♯

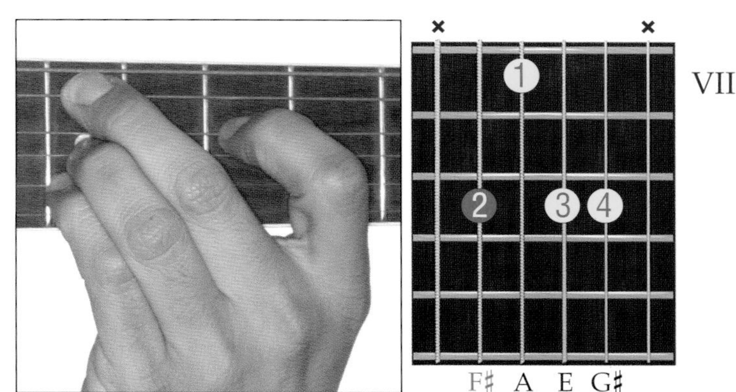
1
VII
2
3 4
F♯ A E G♯

F♯m11

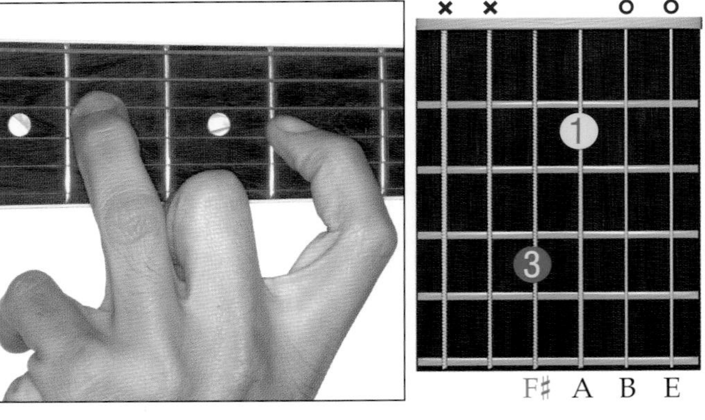
F♯ A B E

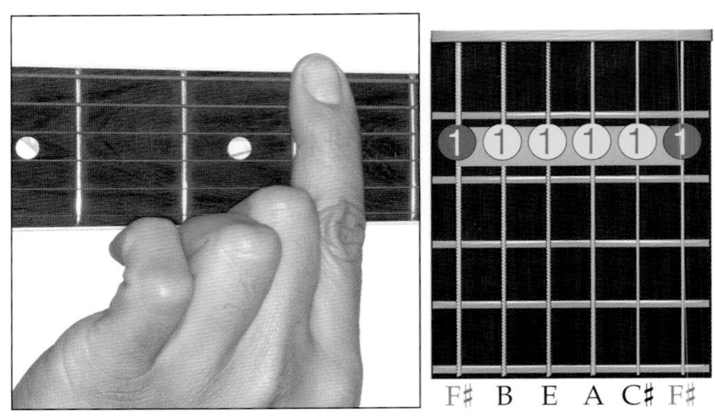
F♯ B E A C♯ F♯

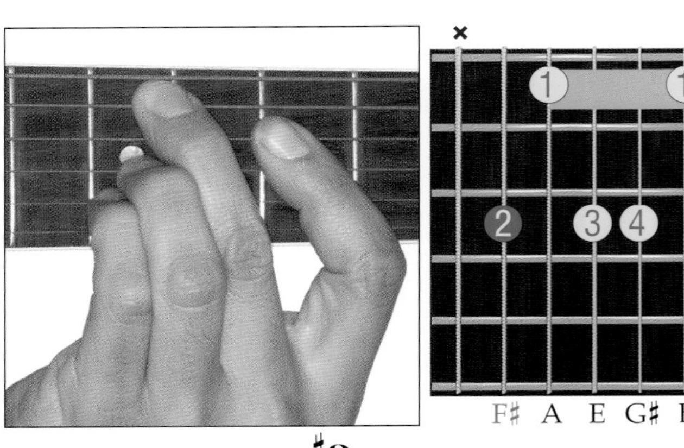
VII
F♯ A E G♯ B

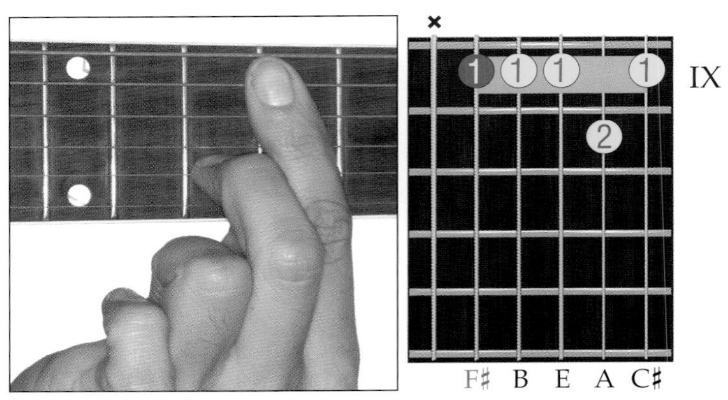
IX
F♯ B E A C♯

F♯
G♭

F♯m13

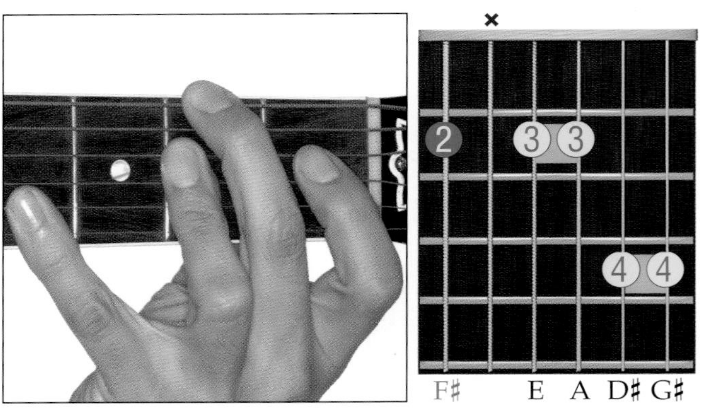
F♯ E A D♯ G♯

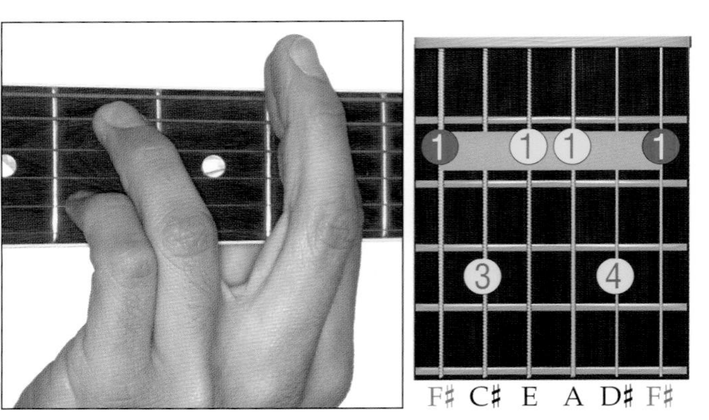
F♯ C♯ E A D♯ F♯

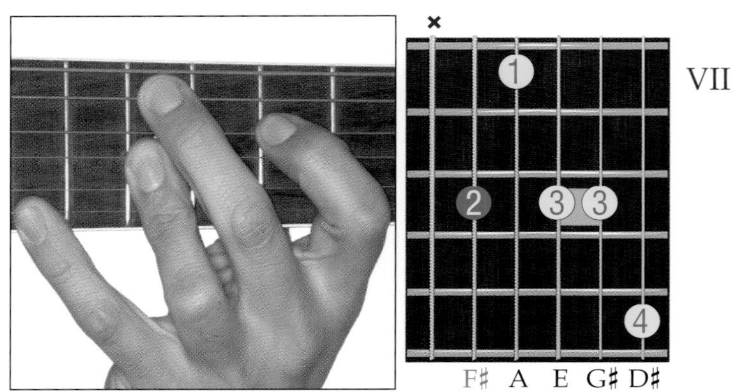
VII
F♯ A E G♯ D♯

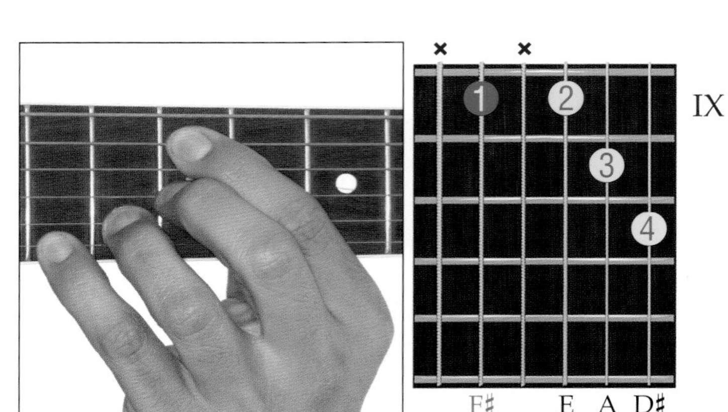
IX
F♯ E A D♯

F♯m7♭5

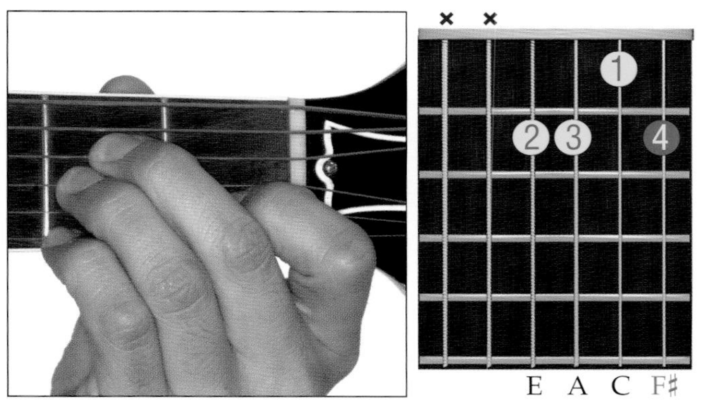
1
2 3 4
E A C F♯

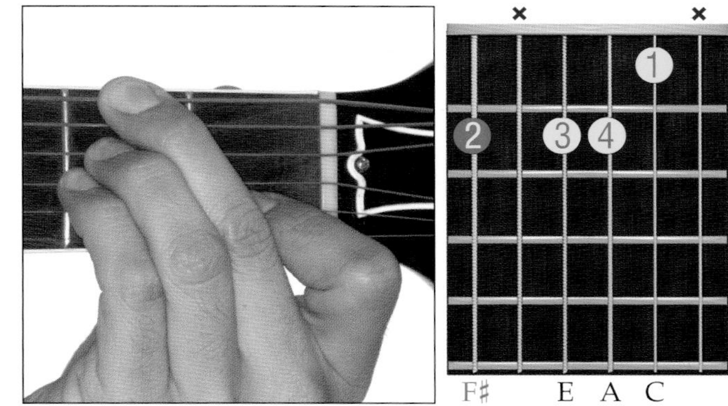
1
2 3 4
F♯ E A C

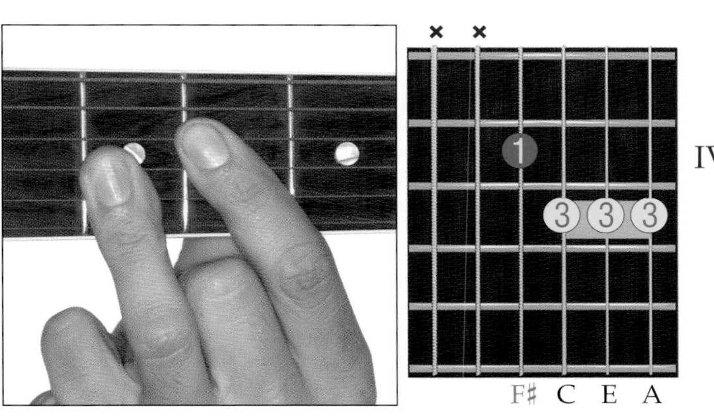
1
3 3 3
IV
F♯ C E A

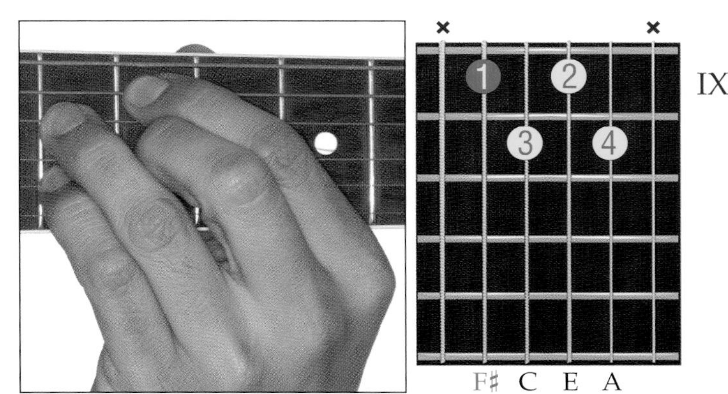
1 2
3 4
IX
F♯ C E A

F♯°7

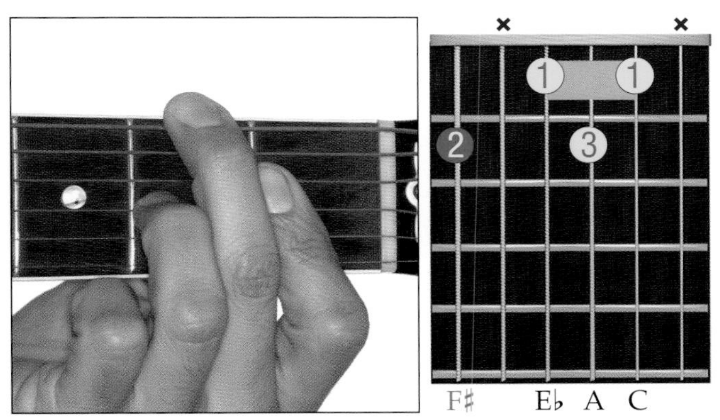
1 1
2 3
F♯ E♭ A C

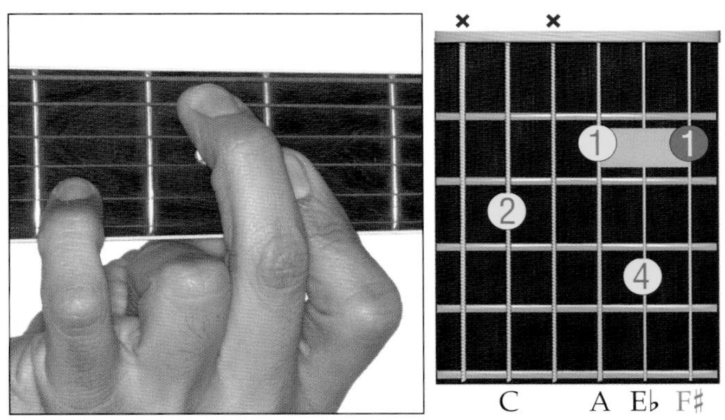
1 1
2
4
C A E♭ F♯

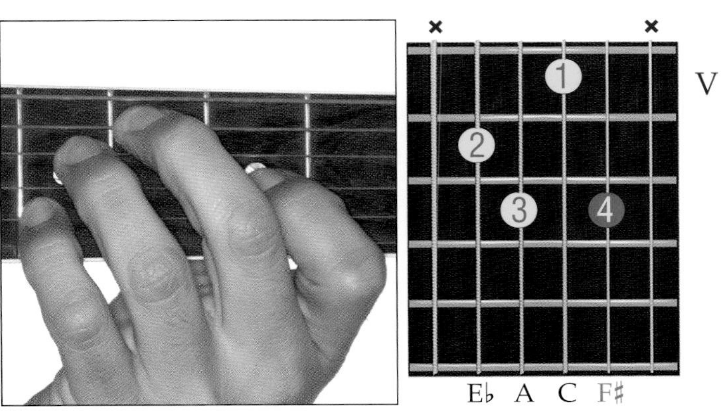
1
2
3 4
V
E♭ A C F♯

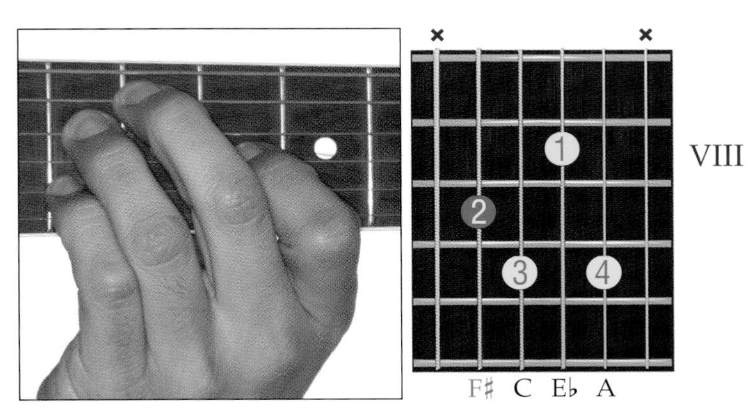
1
2
3 4
VIII
F♯ C E♭ A

F♯
G♭

F♯7

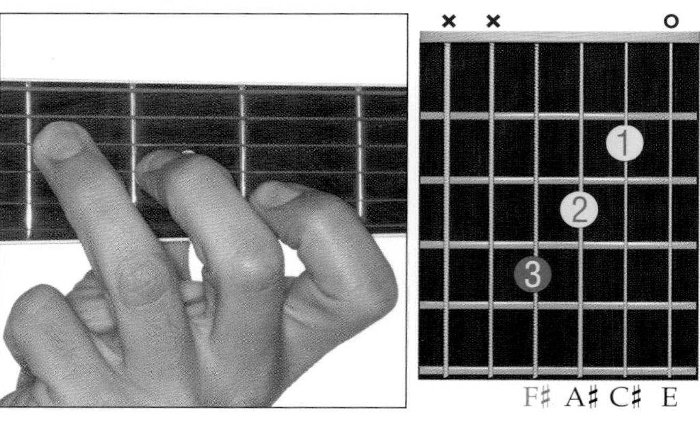
F♯ A♯ C♯ E

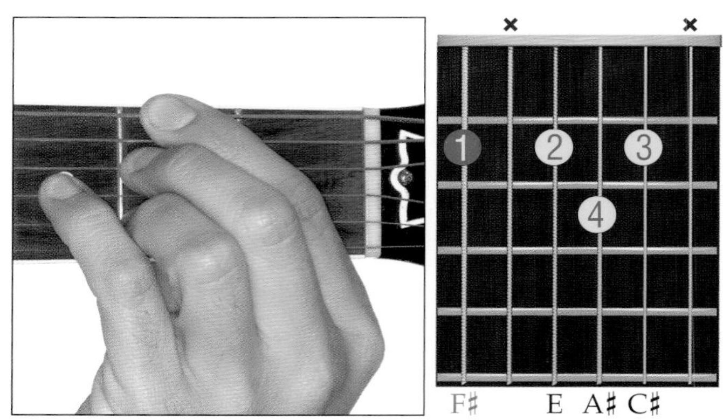
F♯ E A♯ C♯

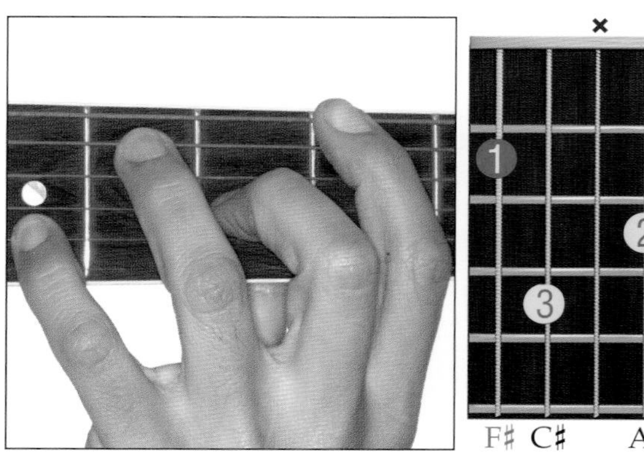
F♯ C♯ A♯ E

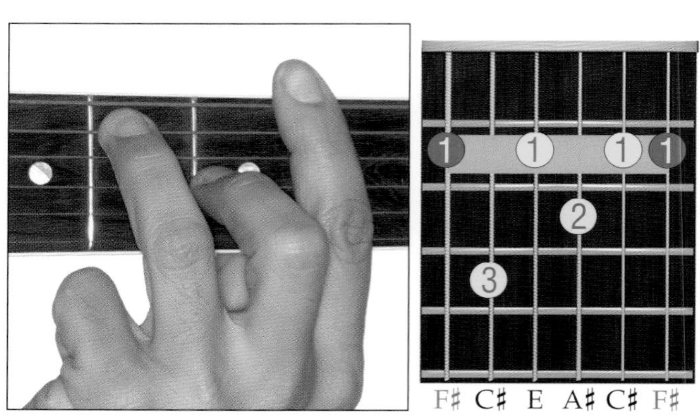
F♯ C♯ E A♯ C♯ F♯

F♯
G♭

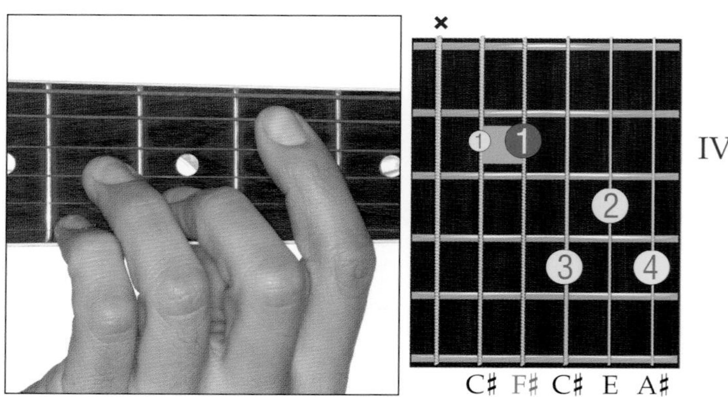
IV
C♯ F♯ C♯ E A♯

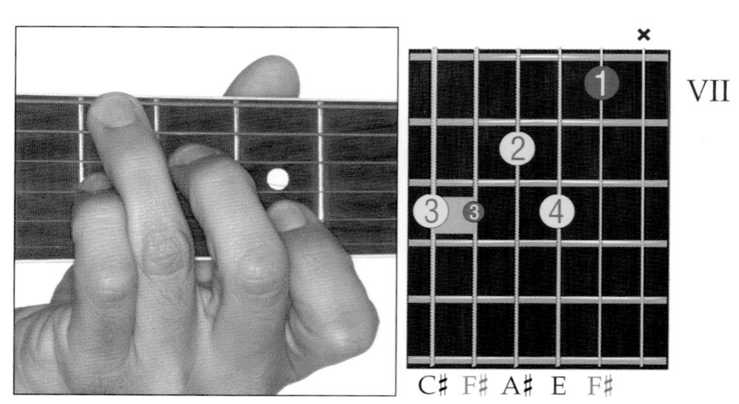
VII
C♯ F♯ A♯ E F♯

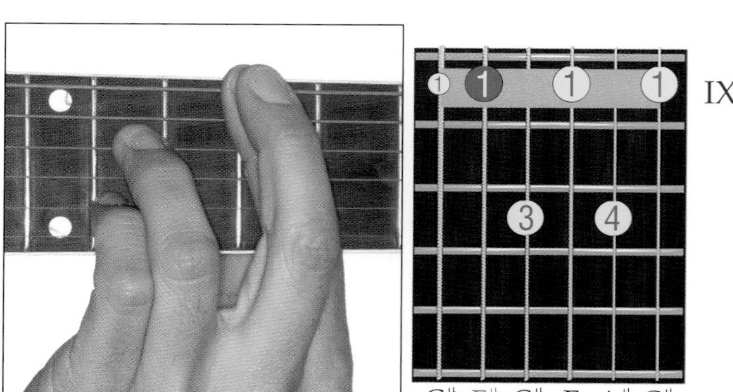
IX
C♯ F♯ C♯ E A♯ C♯

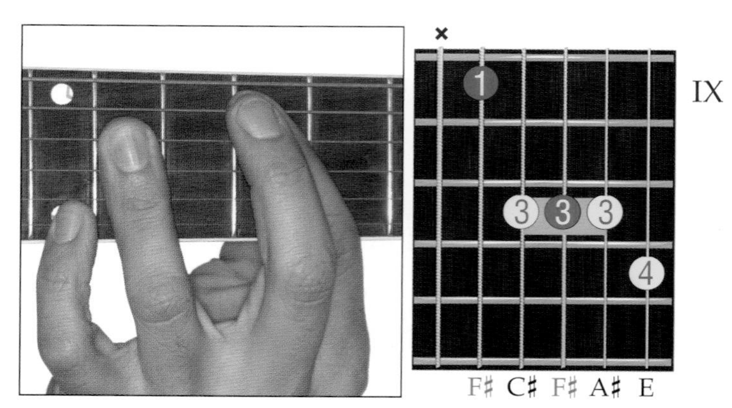
IX
F♯ C♯ F♯ A♯ E

F♯7sus4

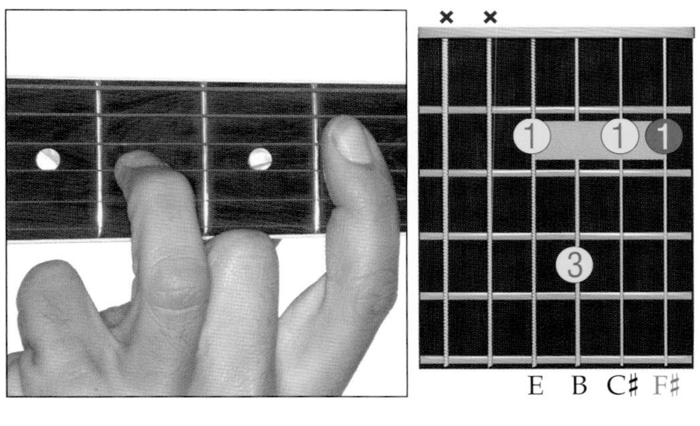
E B C♯ F♯

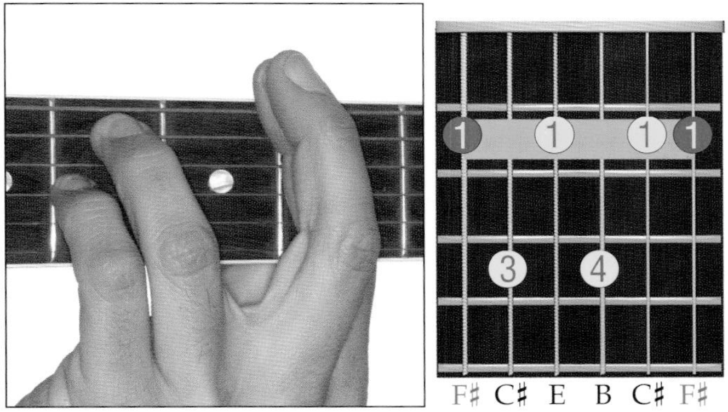
F♯ C♯ E B C♯ F♯

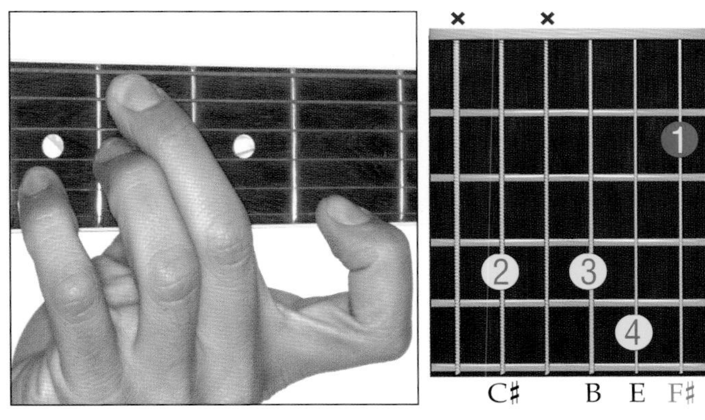
C♯ B E F♯

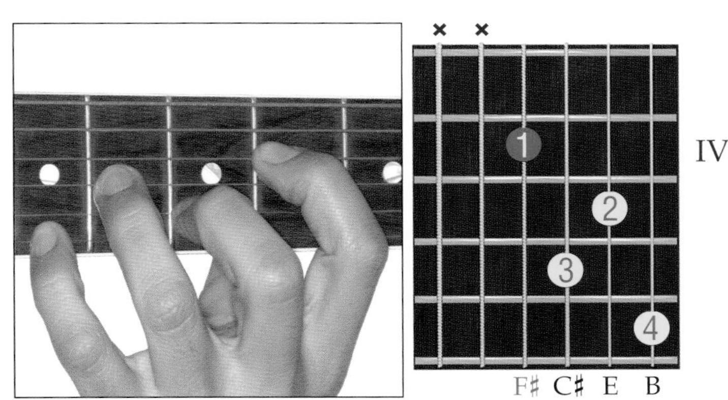
IV
F♯ C♯ E B

F♯
G♭

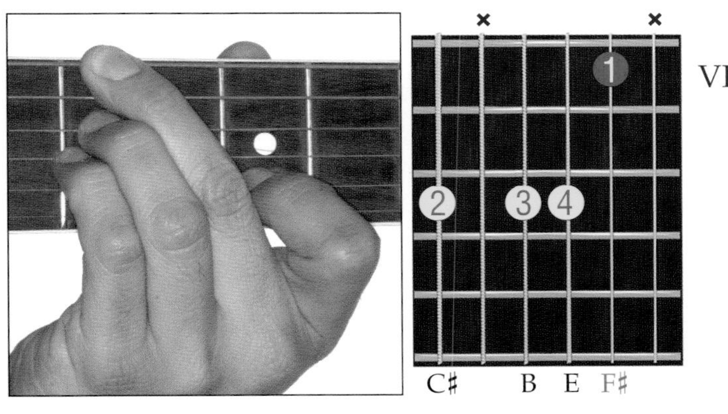
VII
C♯ B E F♯

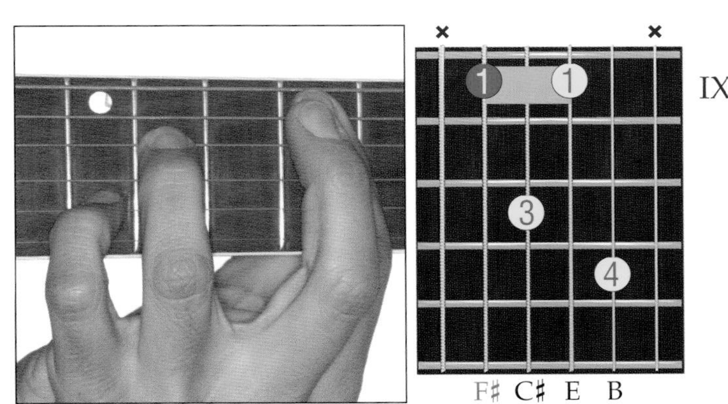
IX
F♯ C♯ E B

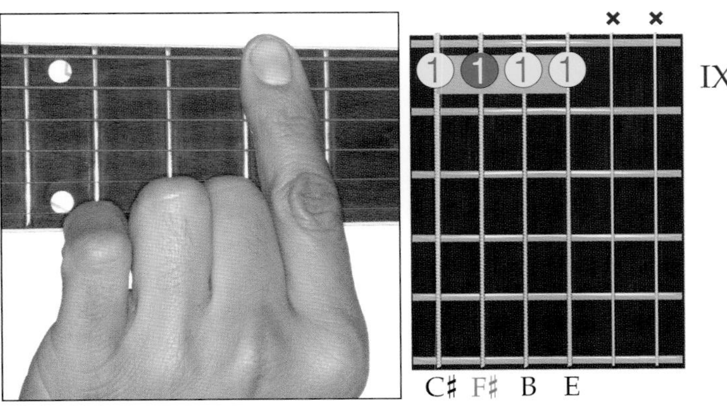
IX
C♯ F♯ B E

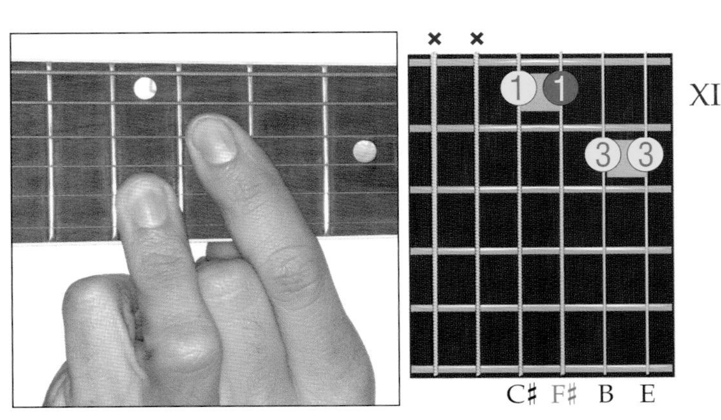
XI
C♯ F♯ B E

F♯7♭5

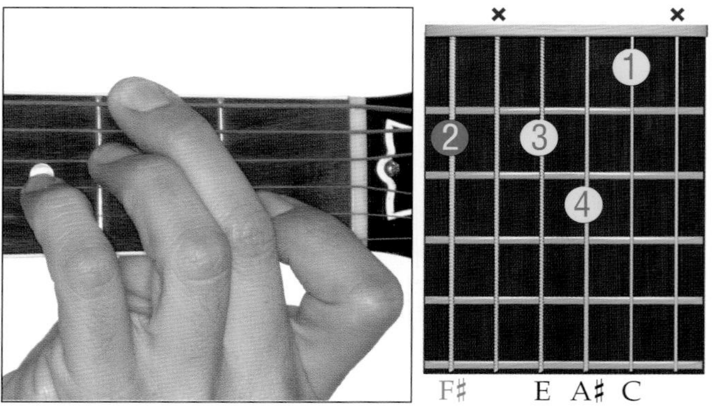
F♯ E A♯ C

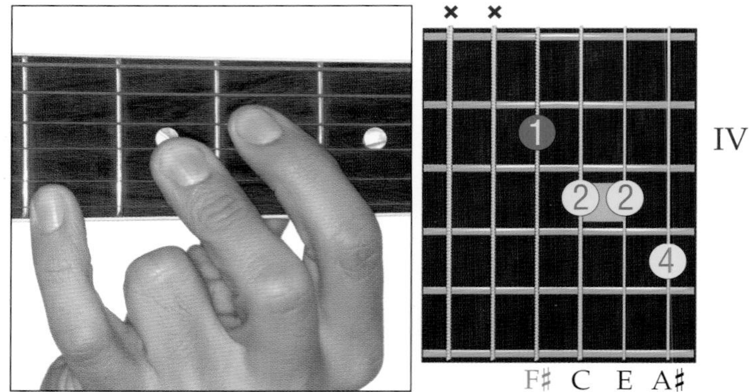
IV
F♯ C E A♯

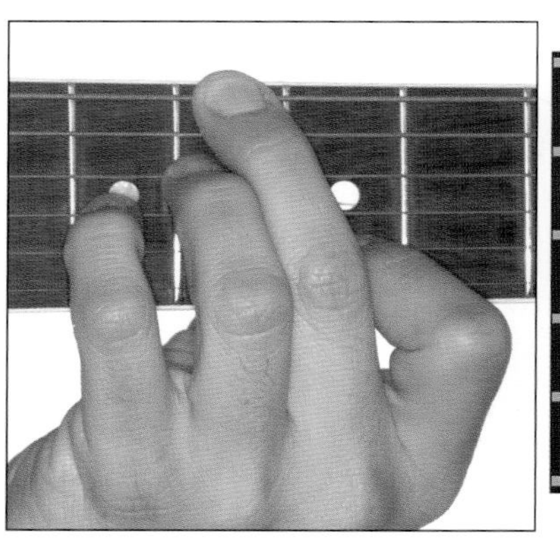

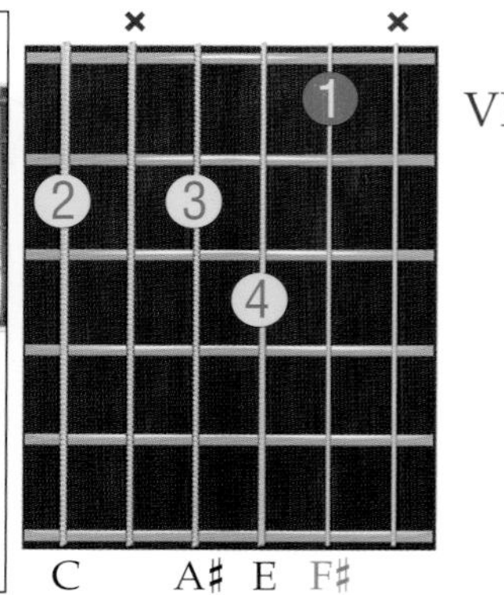
VII
C A♯ E F♯

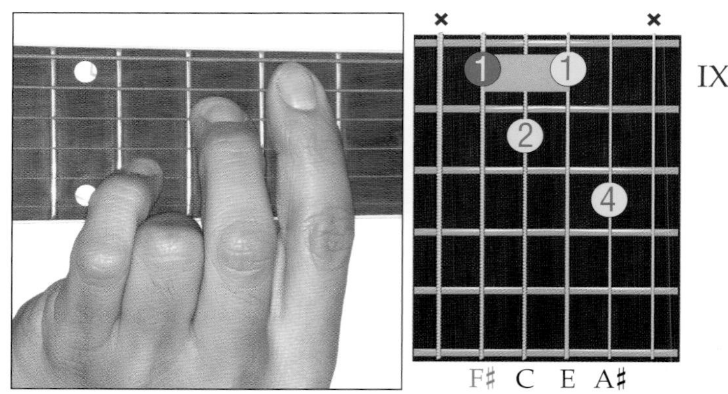
IX
F♯ C E A♯

F♯
G♭

F♯7+

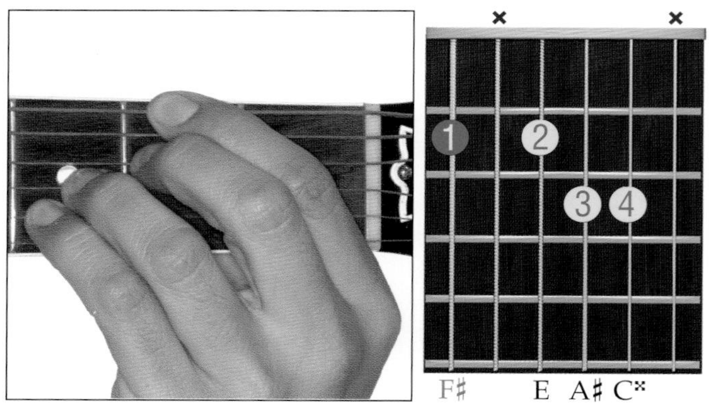
F♯ E A♯ C𝄪

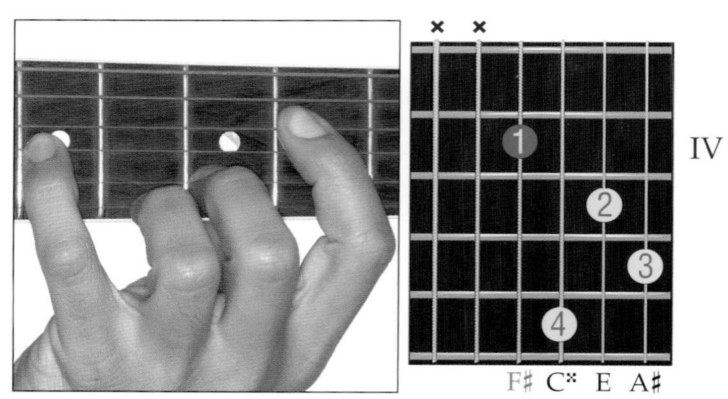
IV
F♯ C𝄪 E A♯

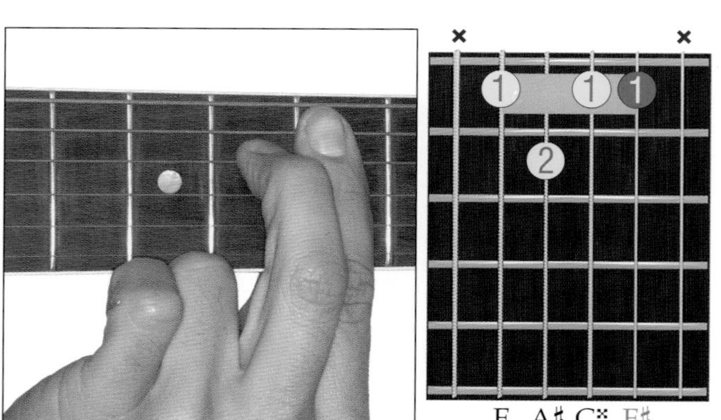
VII
E A♯ C𝄪 F♯

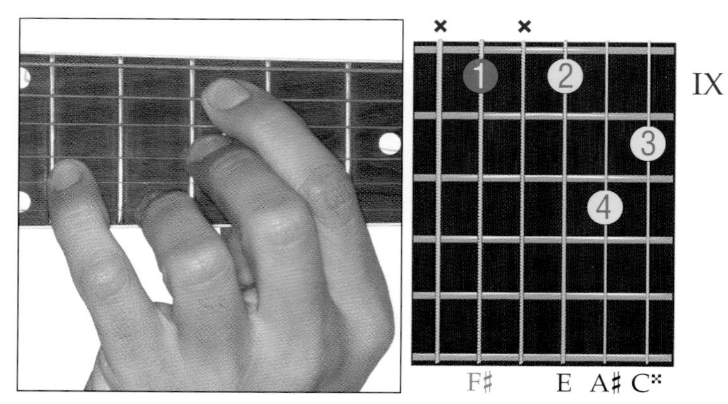
IX
F♯ E A♯ C𝄪

F♯9

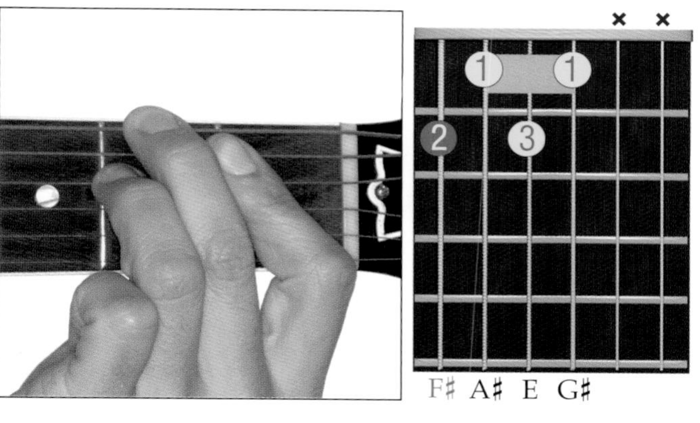
F♯ A♯ E G♯

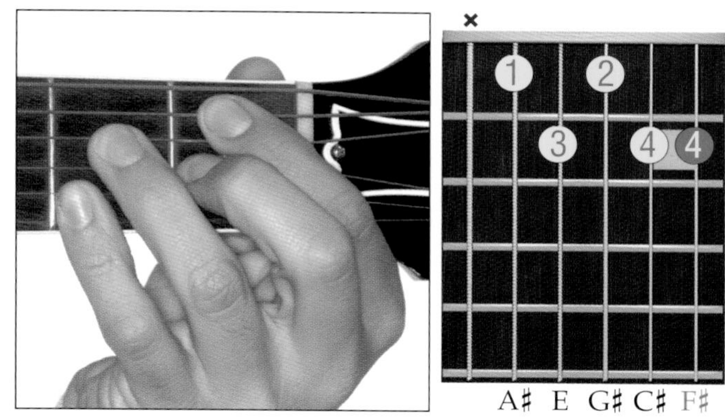
A♯ E G♯ C♯ F♯

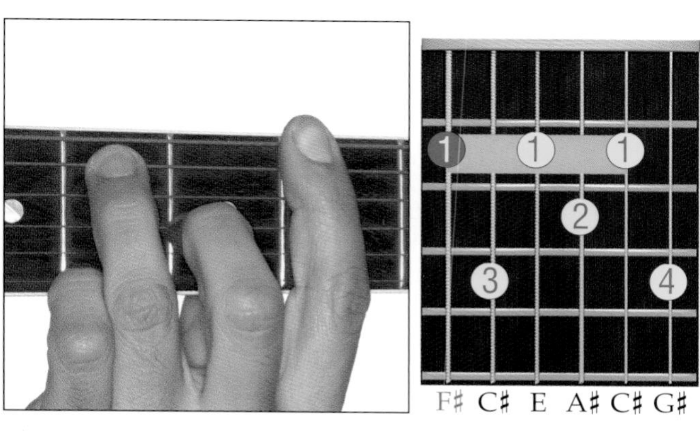
F♯ C♯ E A♯ C♯ G♯

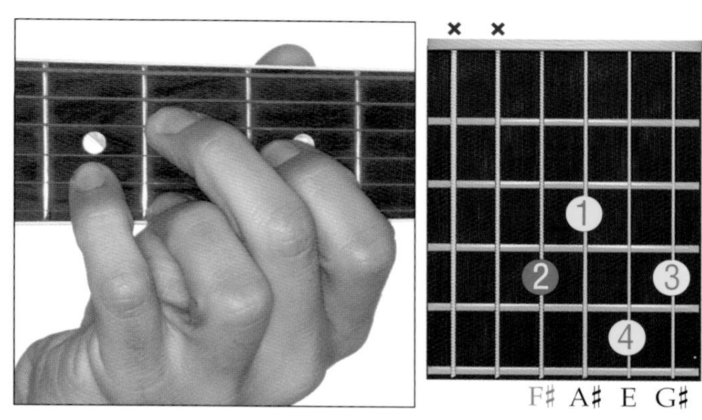
F♯ A♯ E G♯

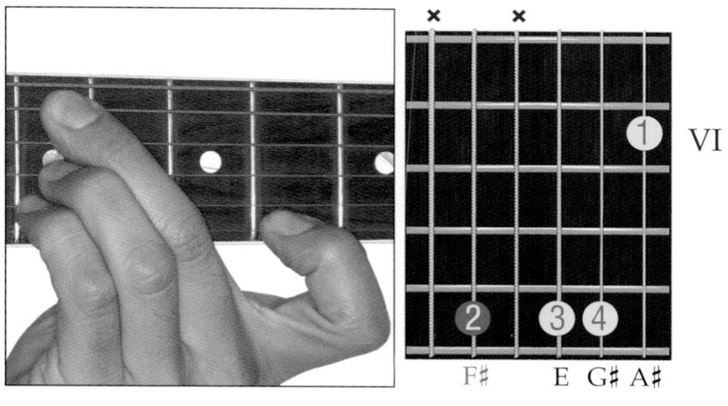
VI
F♯ E G♯ A♯

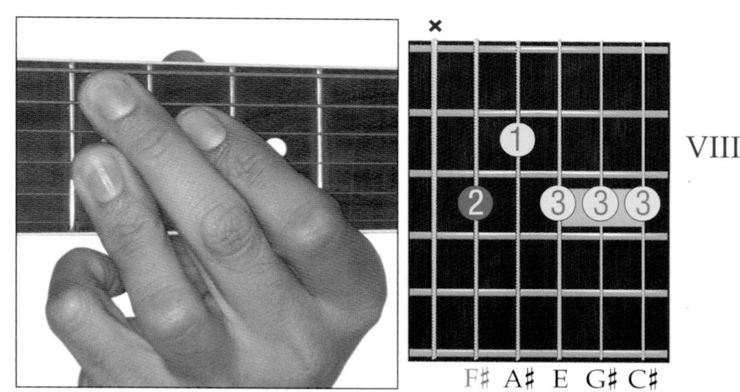
VIII
F♯ A♯ E G♯ C♯

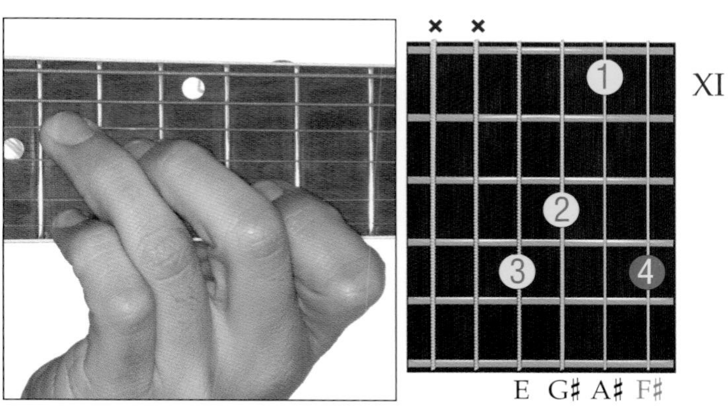
XI
E G♯ A♯ F♯

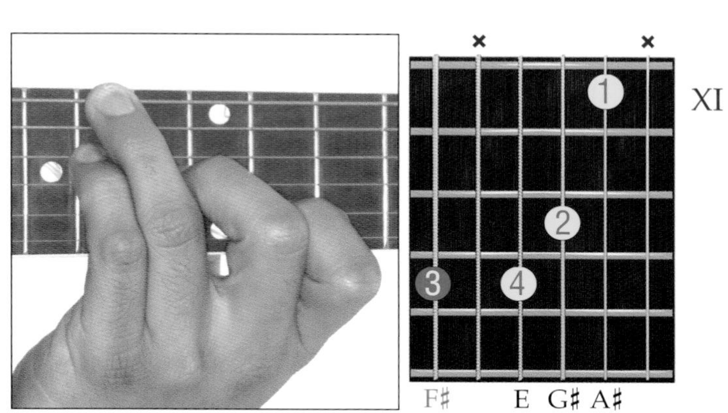
XI
F♯ E G♯ A♯

F♯9sus4

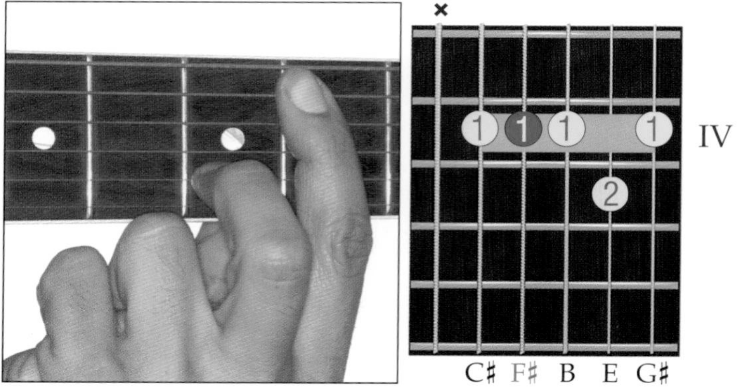
IV
C♯ F♯ B E G♯

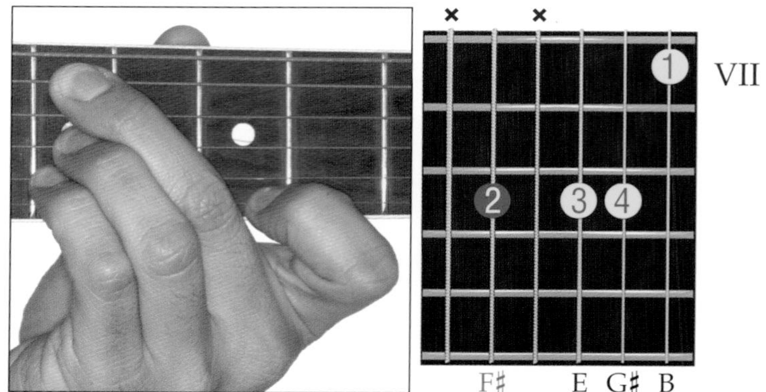
VII
F♯ E G♯ B

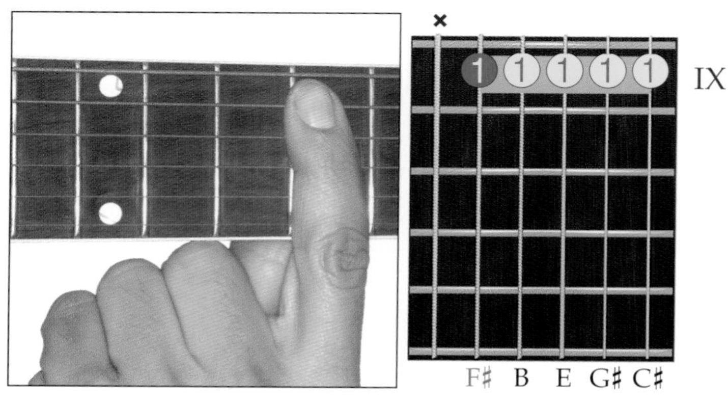
IX
F♯ B E G♯ C♯

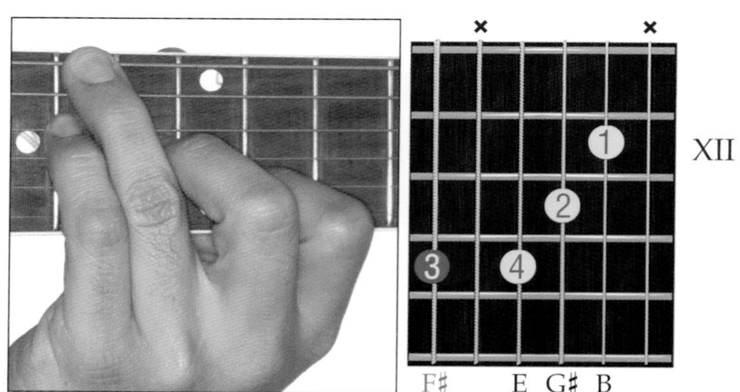
XII
F♯ E G♯ B

F♯9♭5

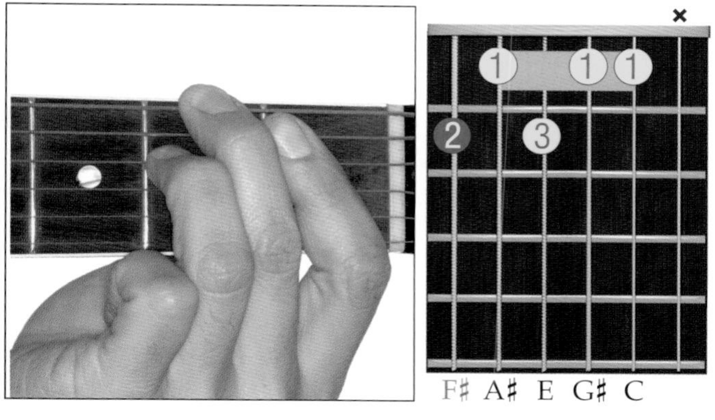
F♯ A♯ E G♯ C

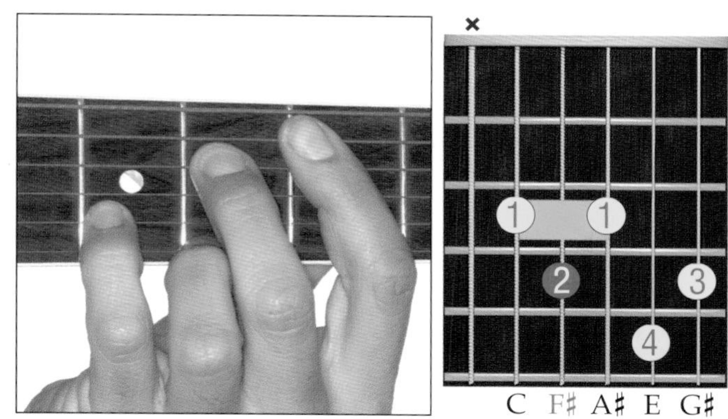
C F♯ A♯ E G♯

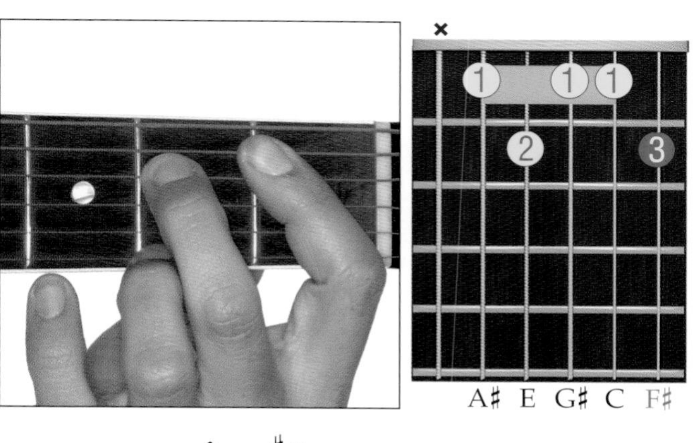
A♯ E G♯ C F♯

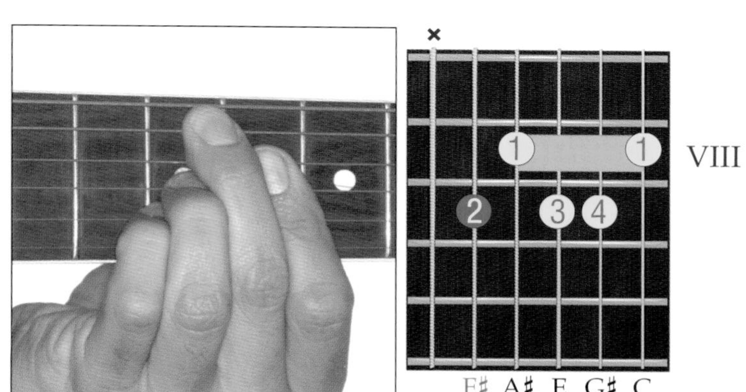
VIII
F♯ A♯ E G♯ C

F♯ G♭

F♯9+

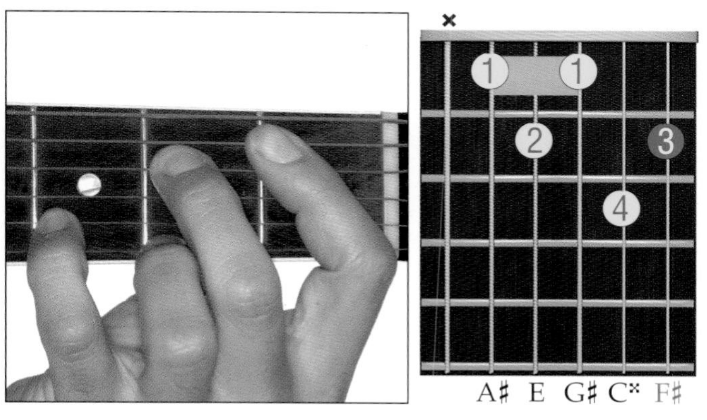
A♯ E G♯ C𝄪 F♯

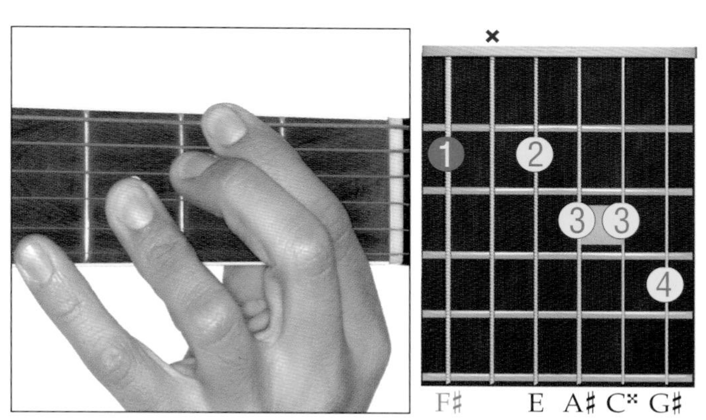
F♯ E A♯ C𝄪 G♯

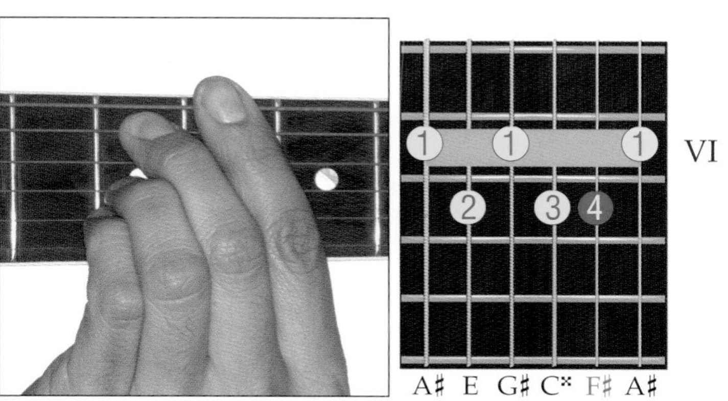
VI
A♯ E G♯ C𝄪 F♯ A♯

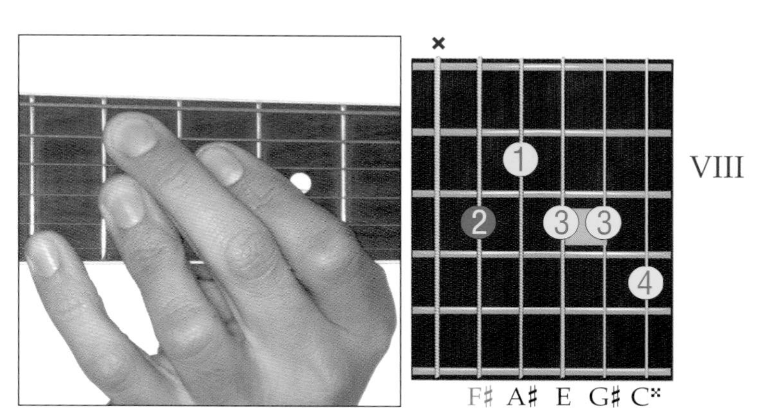
VIII
F♯ A♯ E G♯ C𝄪

F♯13

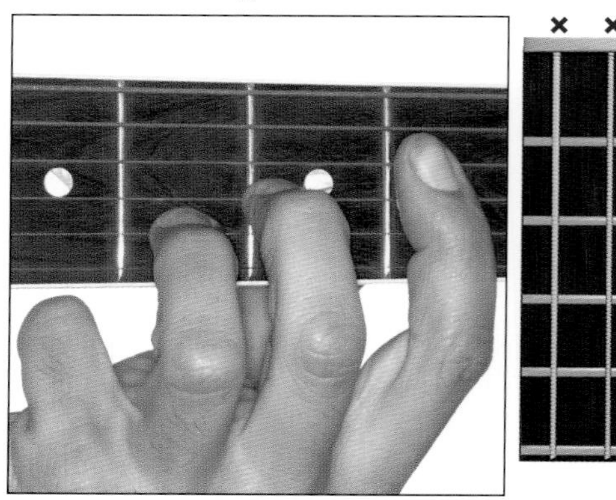

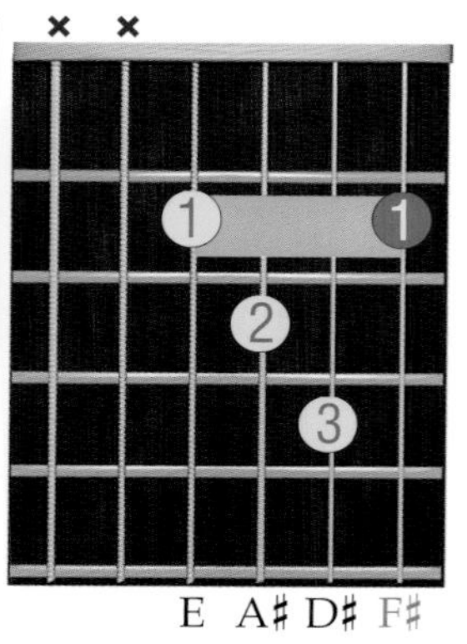
×
×
1
1
2
3
E A♯ D♯ F♯

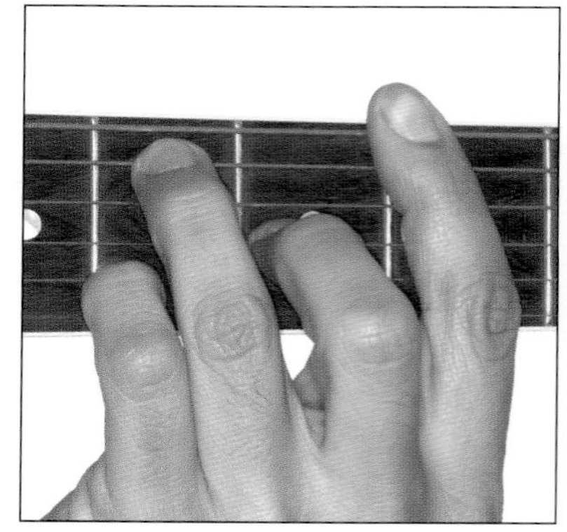

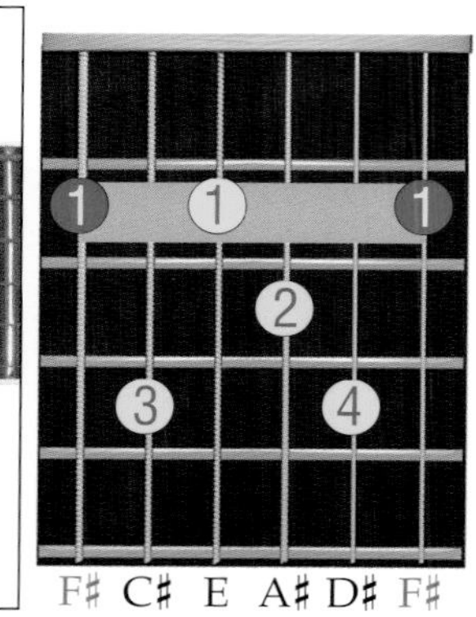
1
1
1
2
3
4
F♯ C♯ E A♯ D♯ F♯

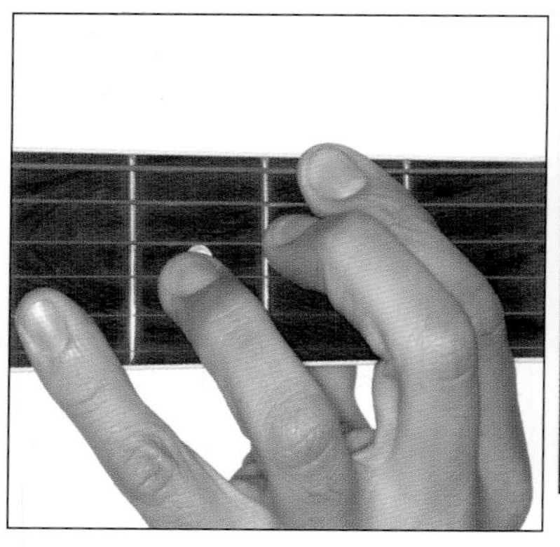

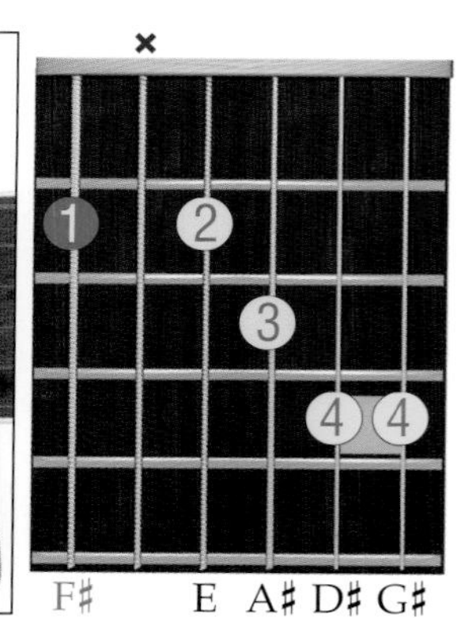
×
1
2
3
4
4
F♯ E A♯ D♯ G♯

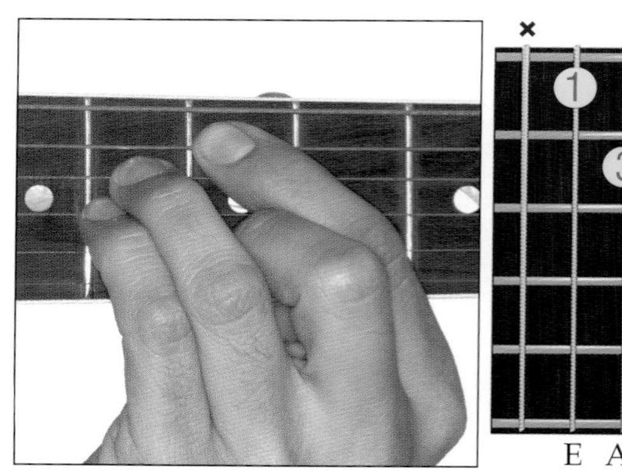

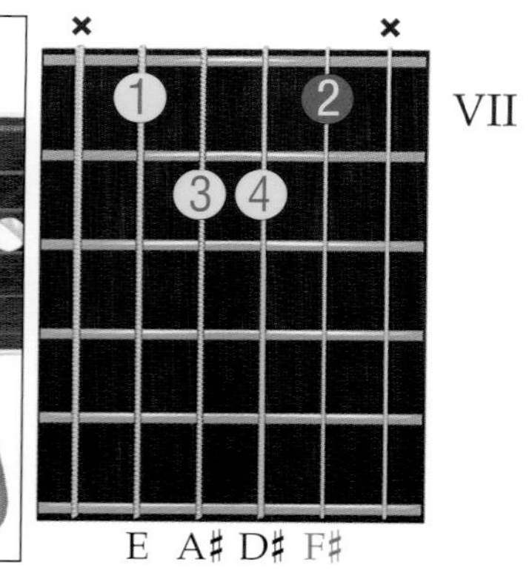
×
×
1
2
VII
3
4
E A♯ D♯ F♯

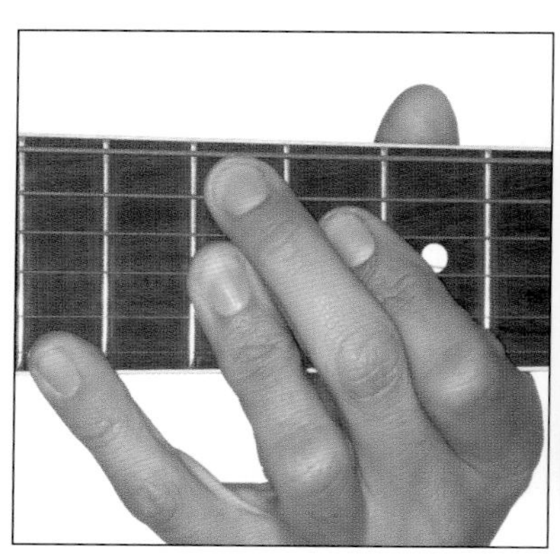

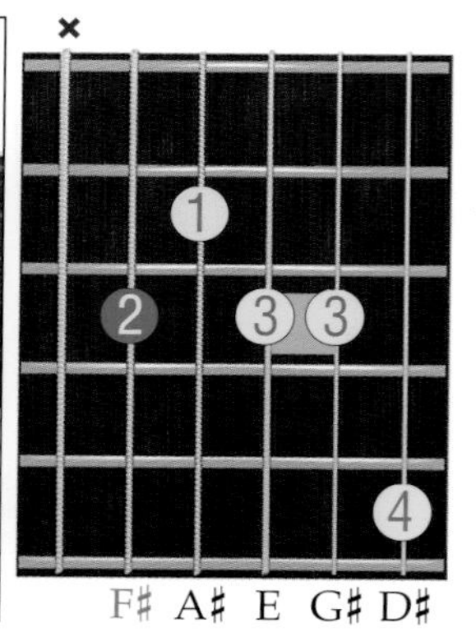
×
1
VIII
2
3
3
4
F♯ A♯ E G♯ D♯

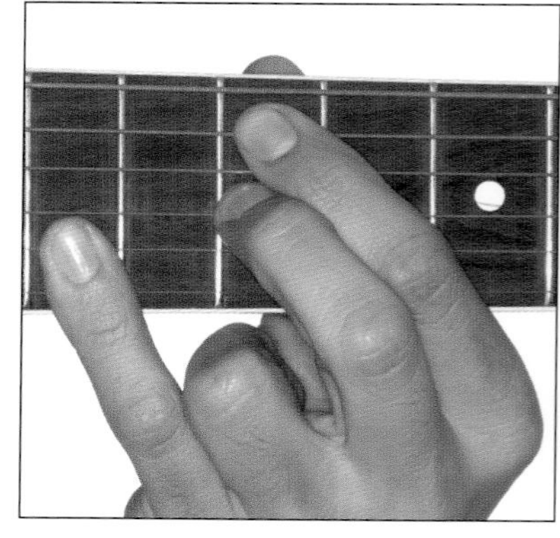

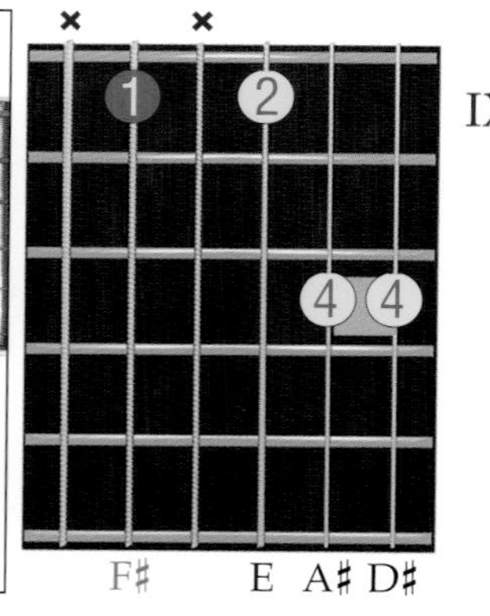
×
×
1
2
IX
4
4
F♯ E A♯ D♯

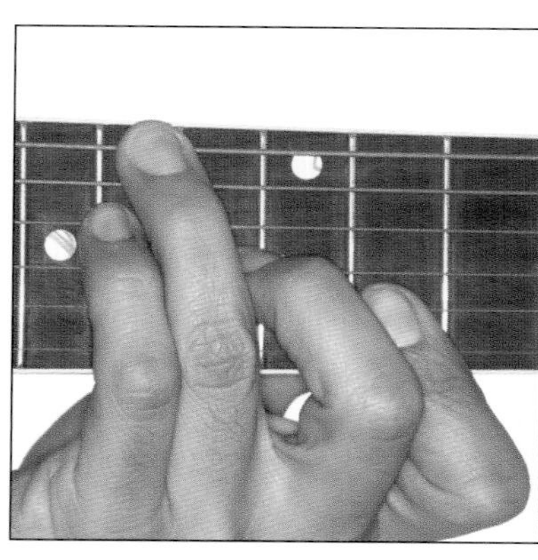

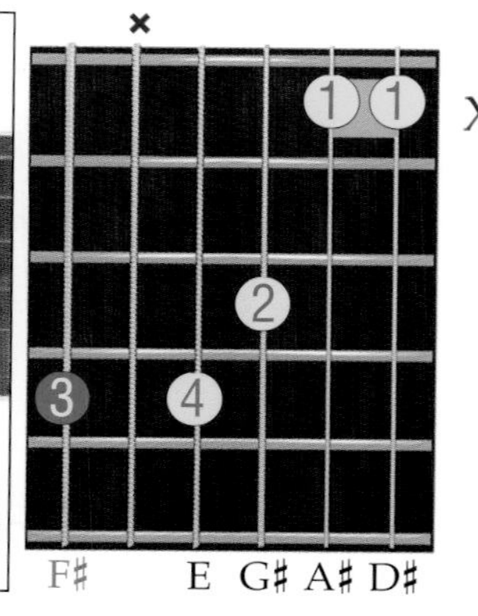
×
1
1
XI
2
3
4
F♯ E G♯ A♯ D♯

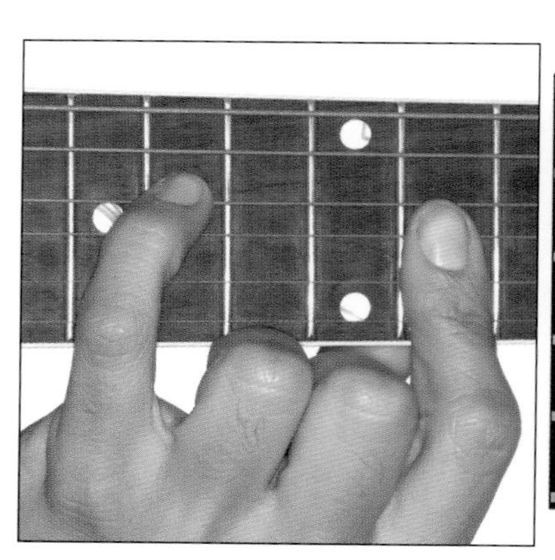

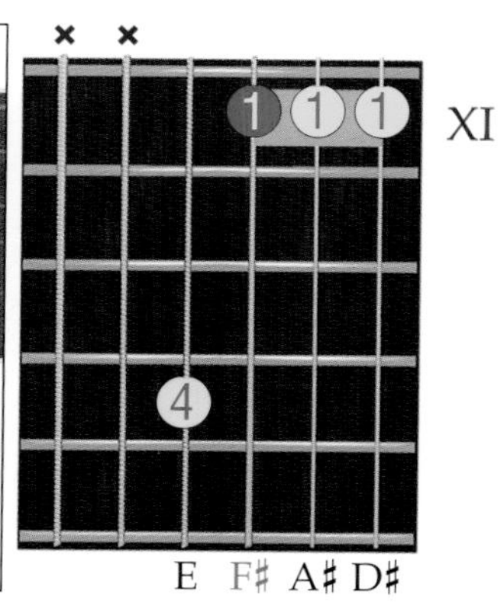
×
×
1
1
1
XI
4
E F♯ A♯ D♯

F♯
G♭

G

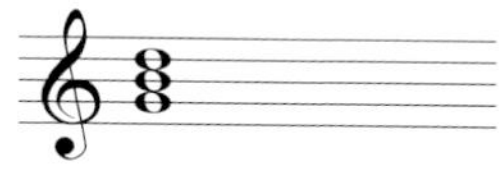

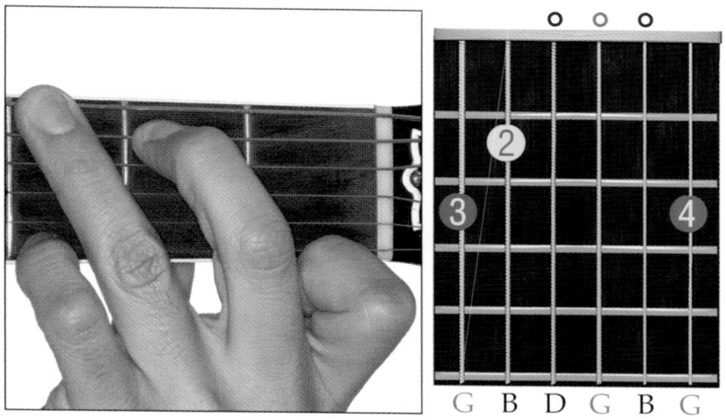

G B D G B G

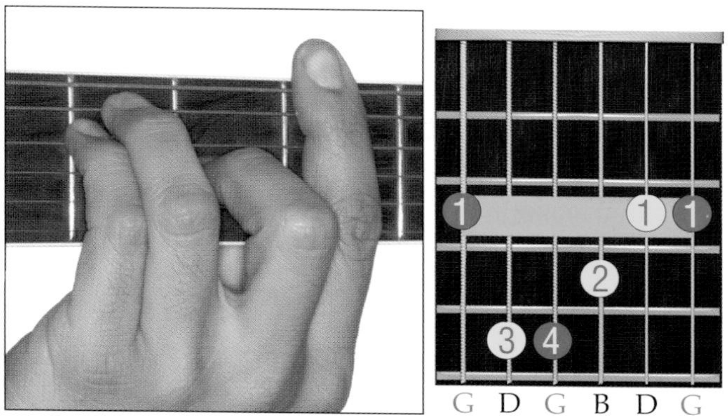

G D G B D G

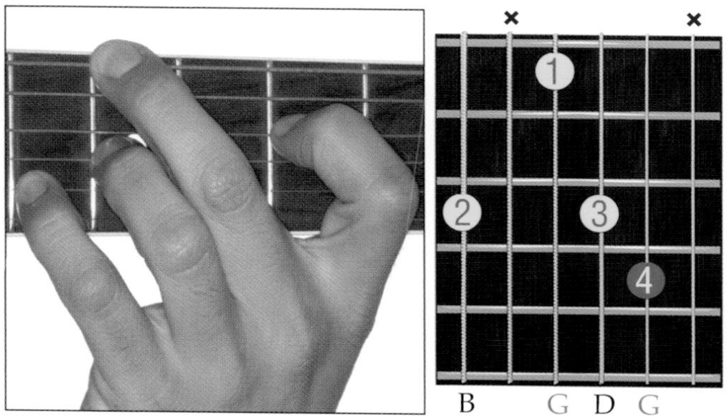

V

B G D G

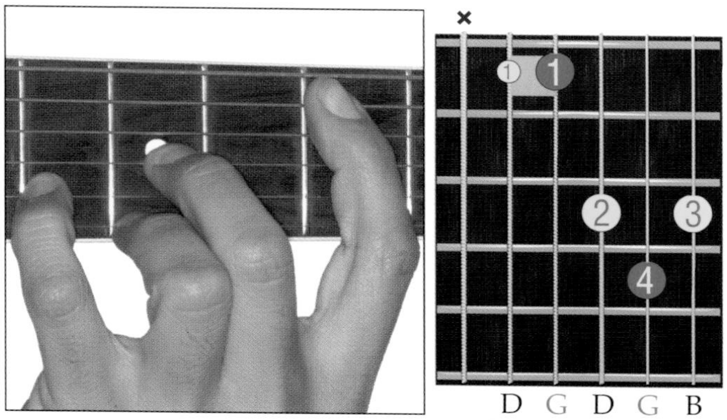

V

D G D G B

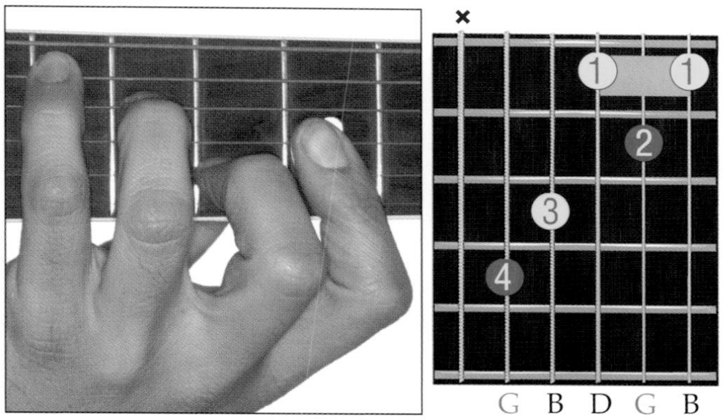

VII

G B D G B

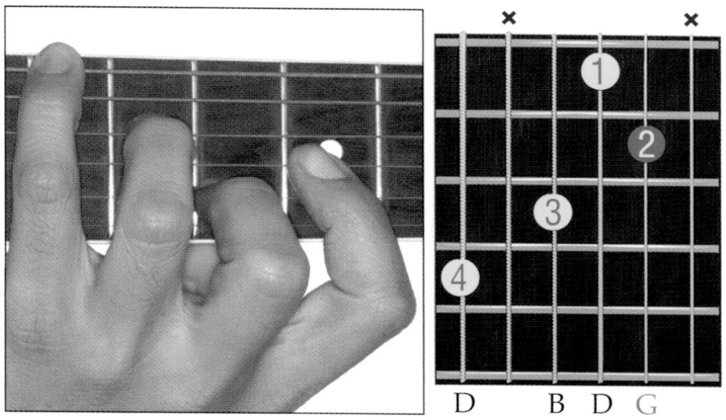

VII

D B D G

X

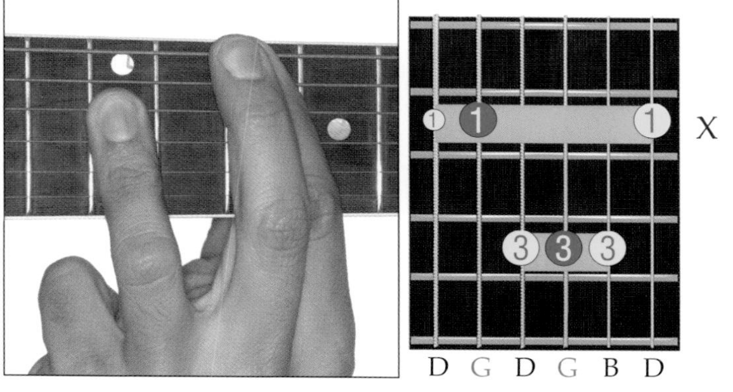

D G D G B D

XII

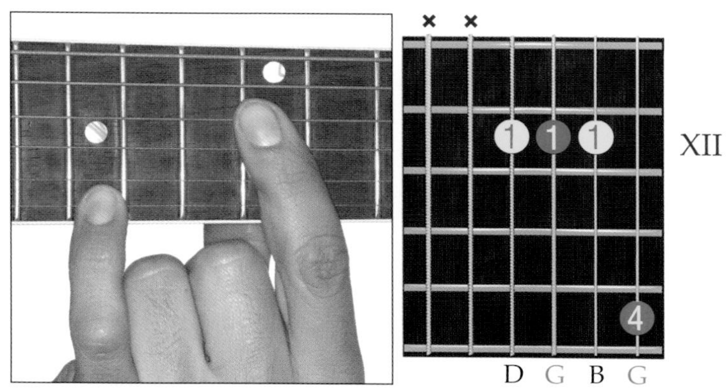

D G B G

G

Gsus4

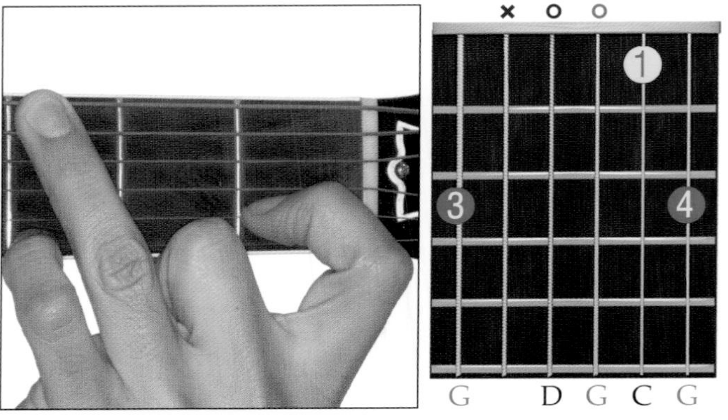
G D G C G

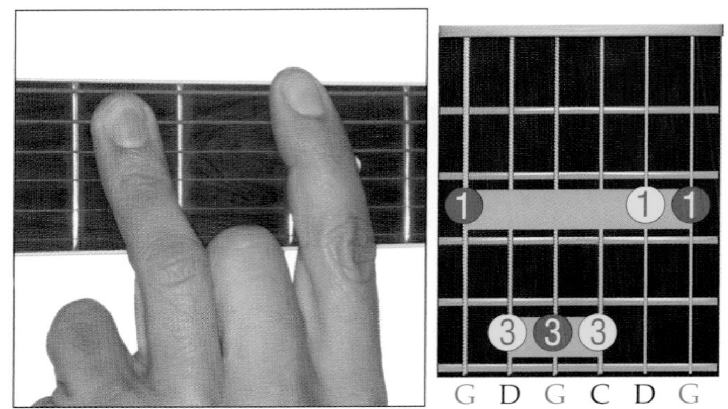
G D G C D G

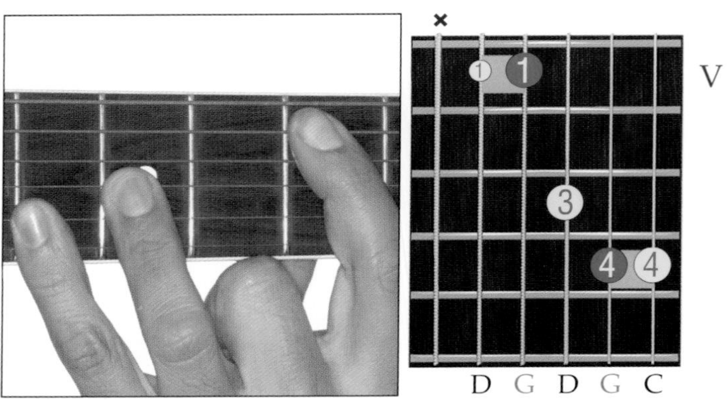
V
D G D G C

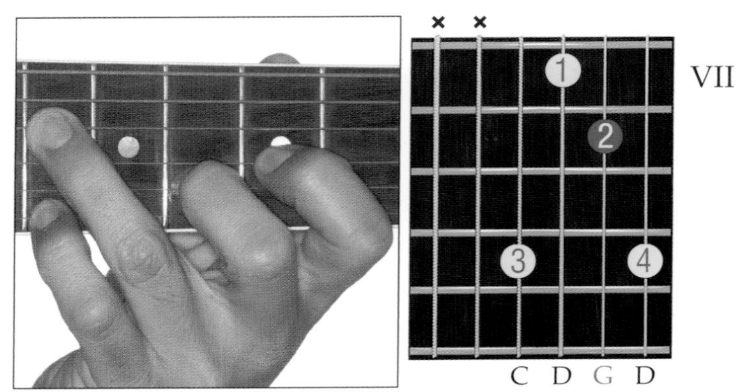
VII
C D G D

G

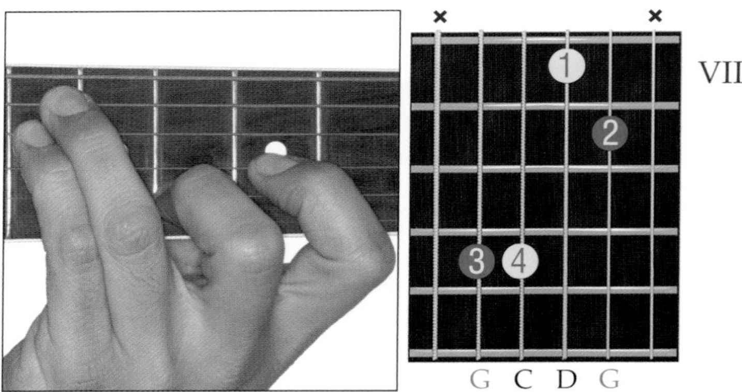
VII
G C D G

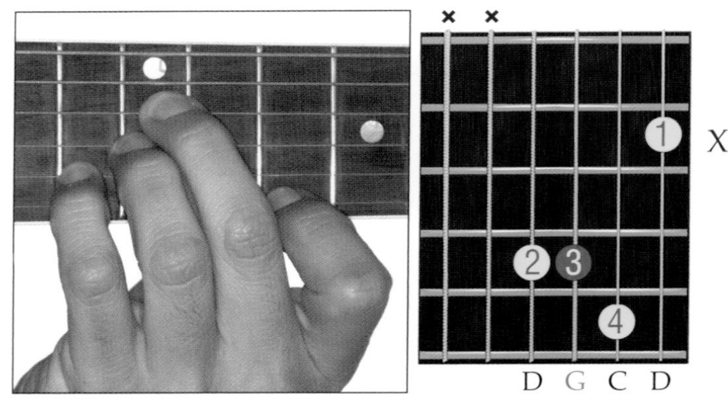
X
D G C D

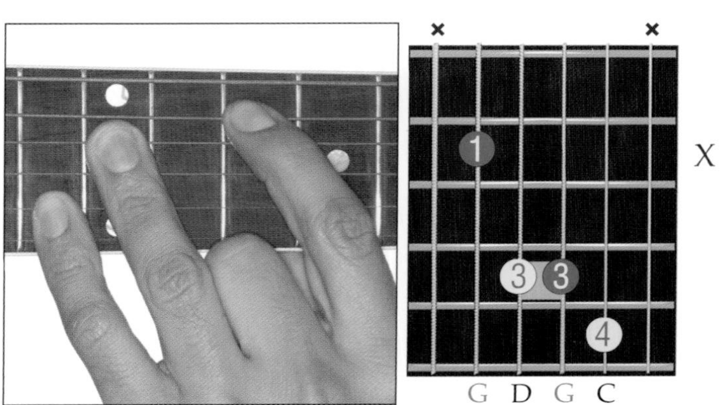
X
G D G C

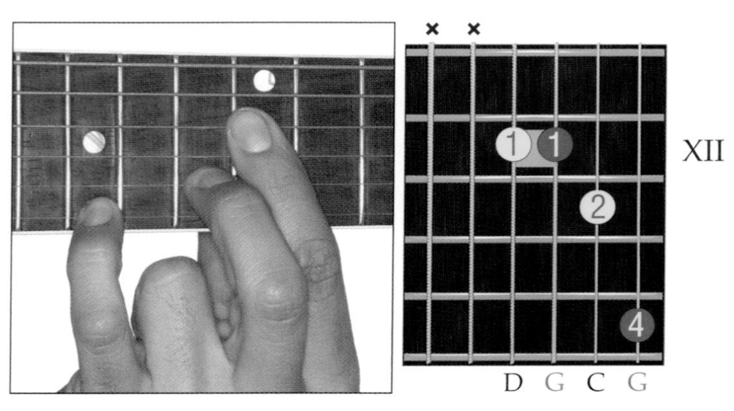
XII
D G C G

G6

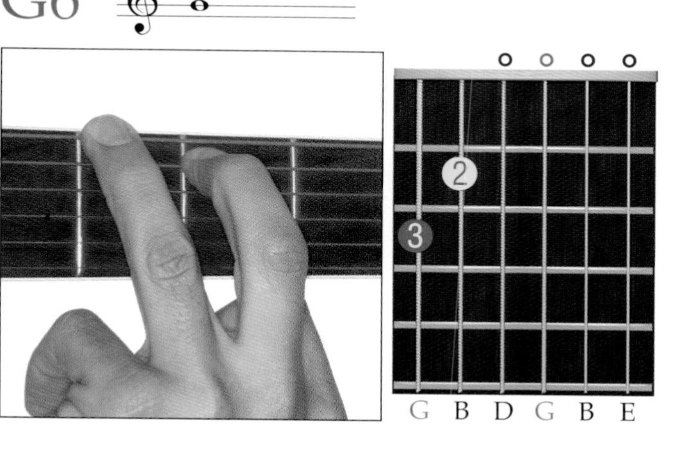
G B D G B E

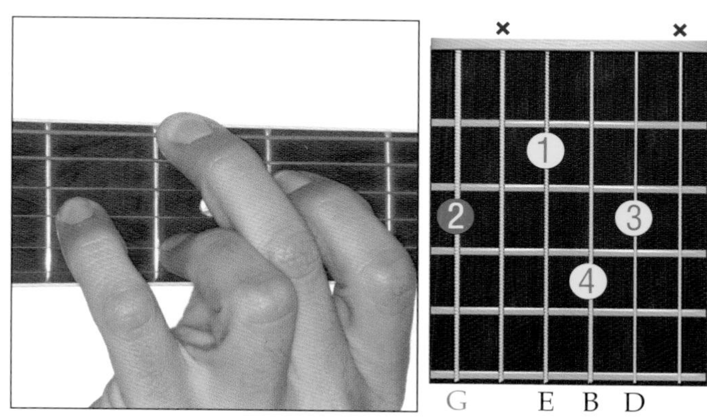
G E B D

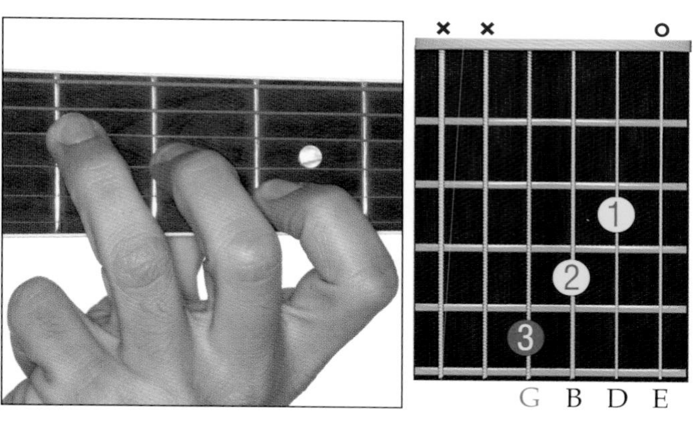
G B D E

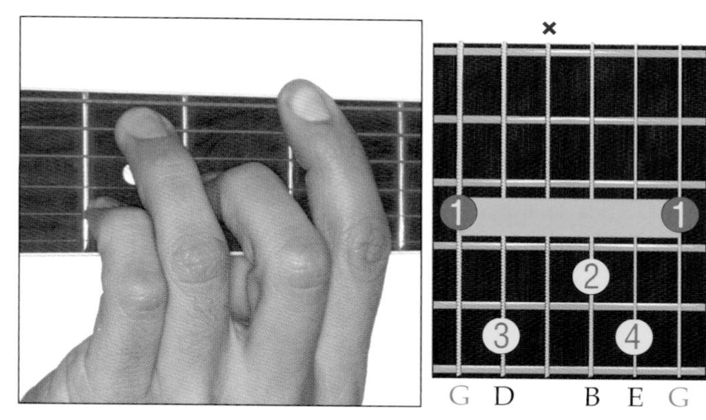
G D B E G

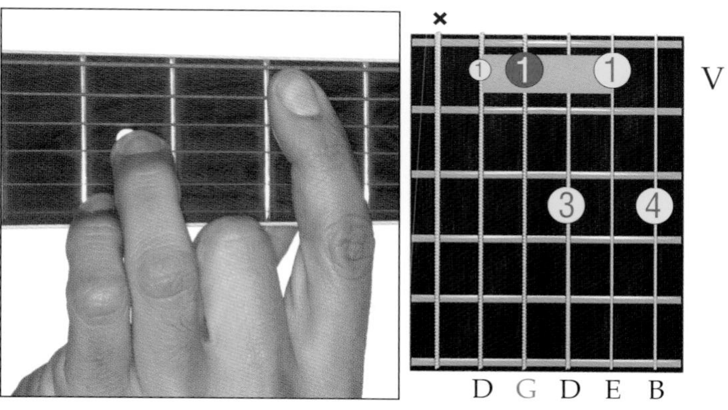
V
D G D E B

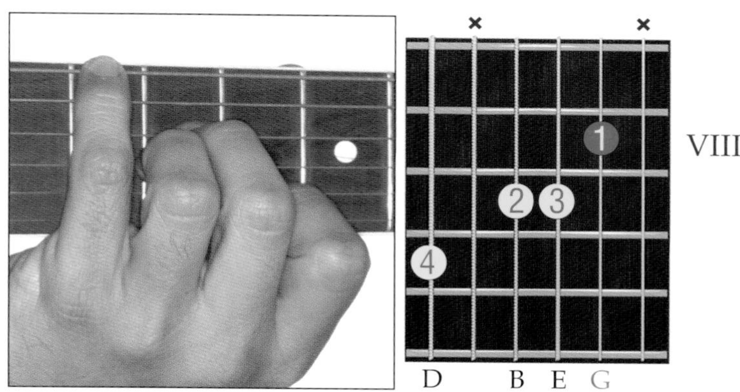
VIII
D B E G

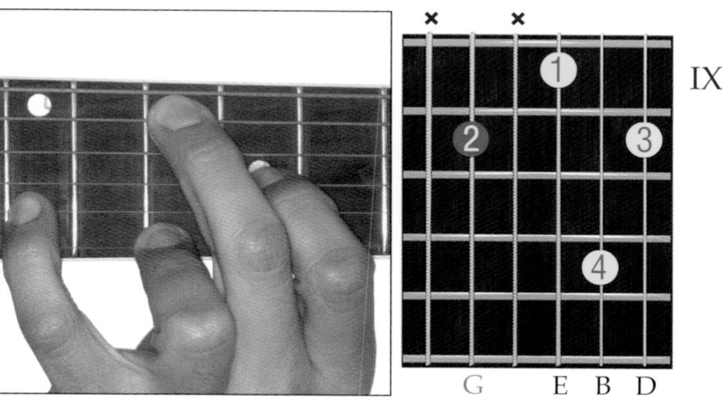
IX
G E B D

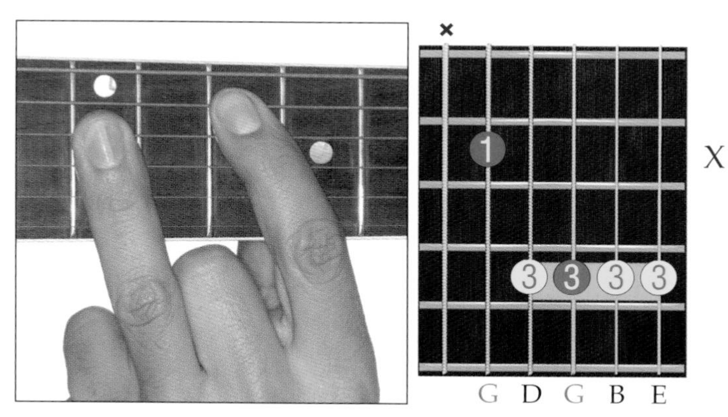
X
G D G B E

G

G^6_9

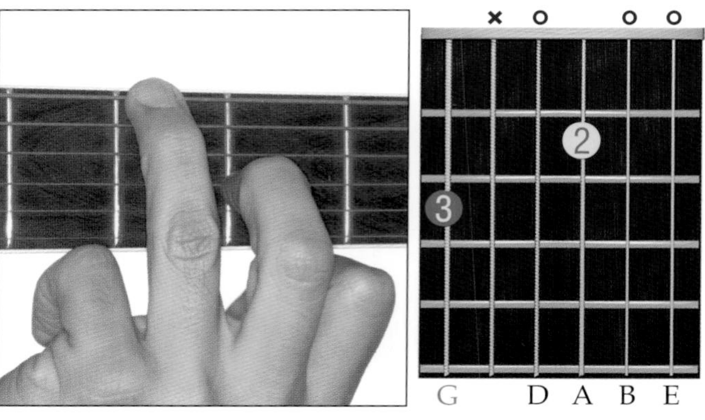
G D A B E

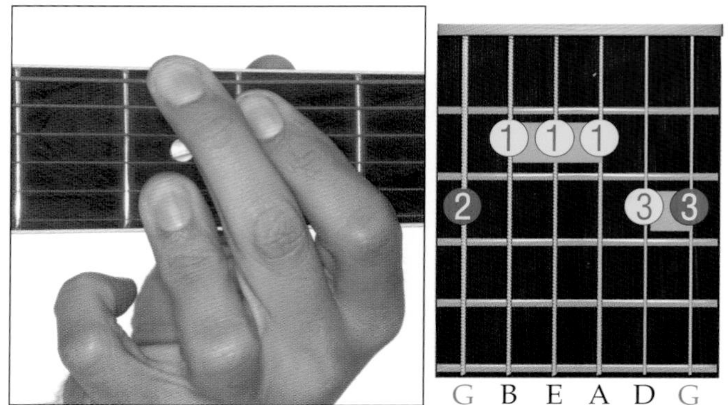
G B E A D G

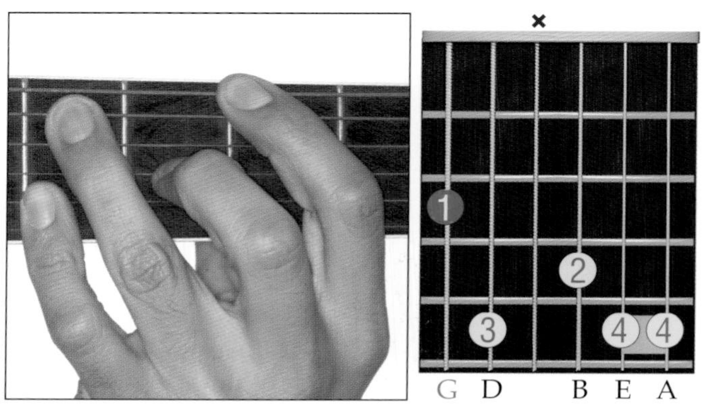
G D B E A

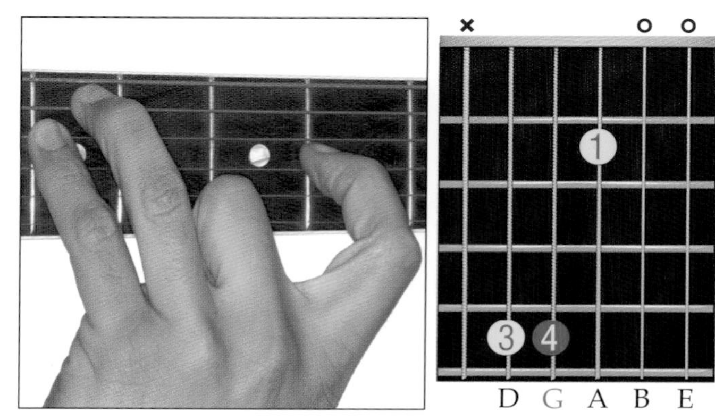
D G A B E

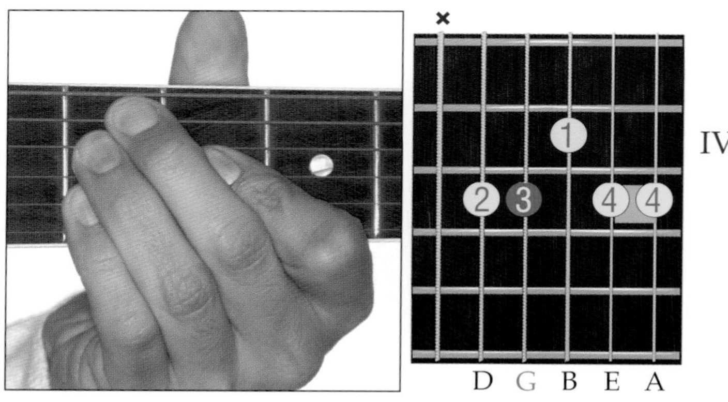
IV
D G B E A

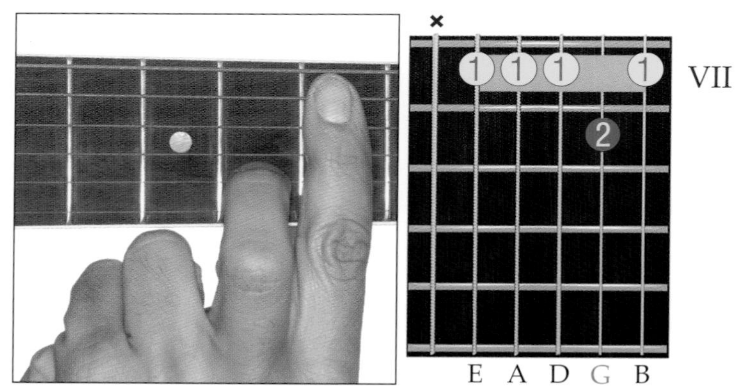
VII
E A D G B

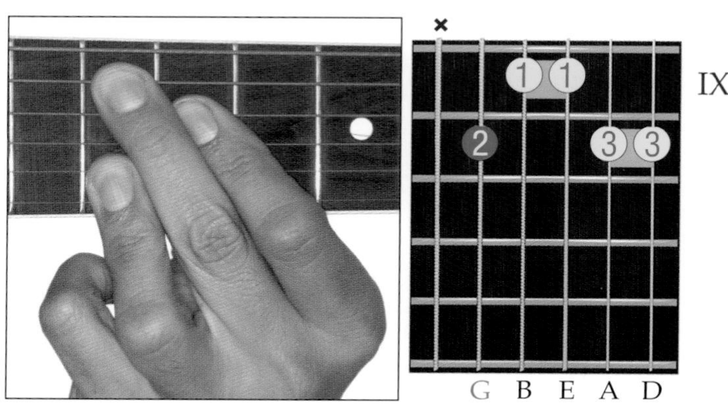
IX
G B E A D

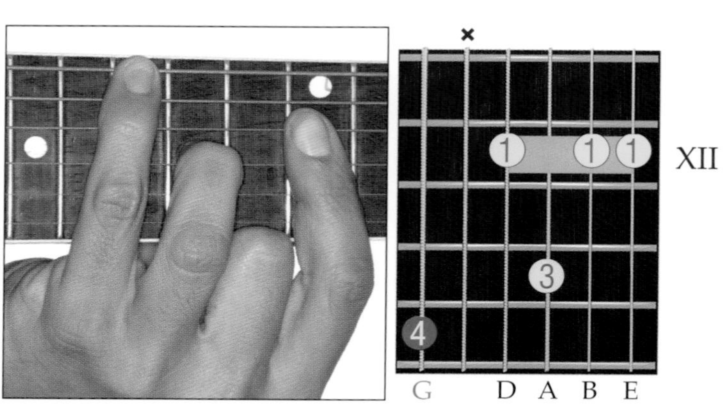
XII
G D A B E

G

Gmaj7

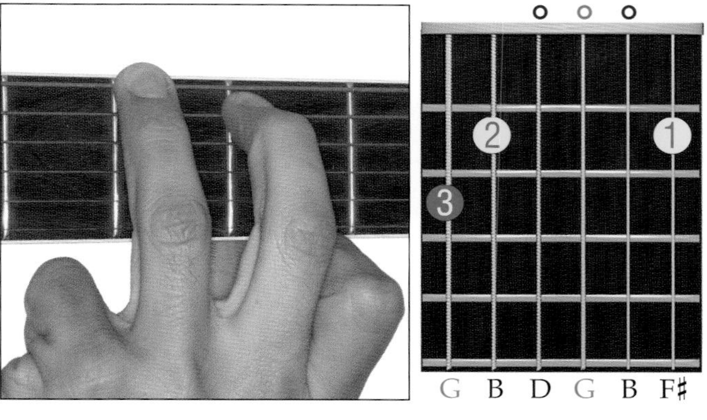
G B D G B F♯

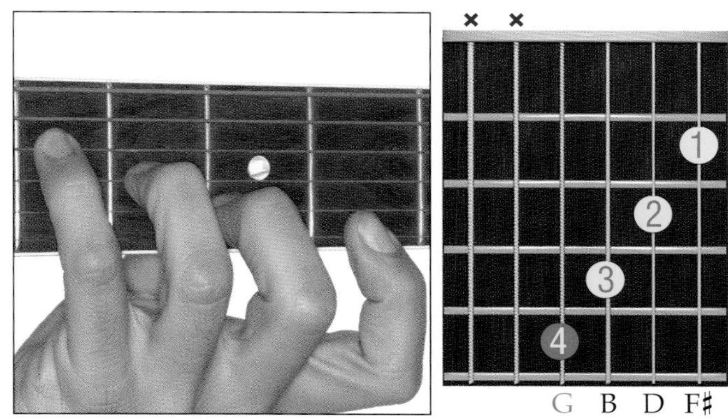
G B D F♯

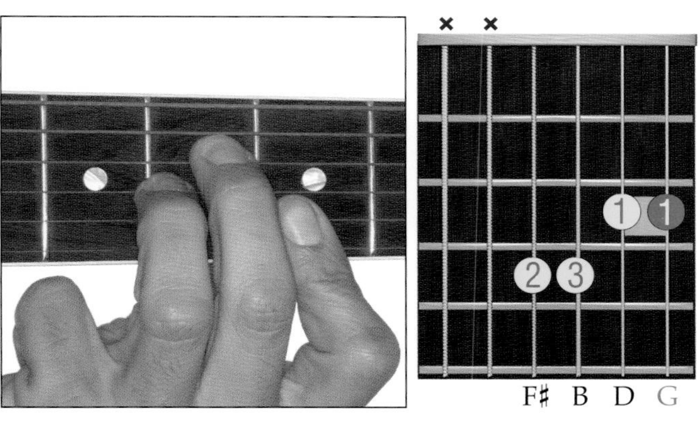
F♯ B D G

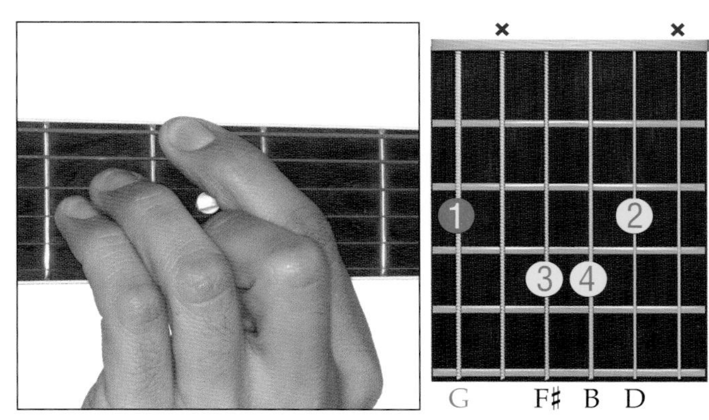
G F♯ B D

G

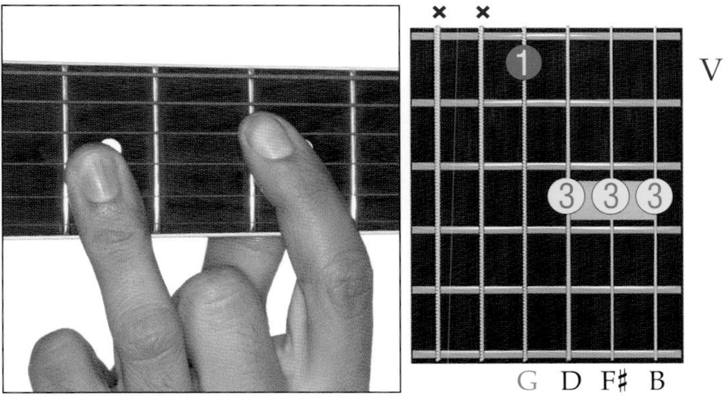
V
G D F♯ B

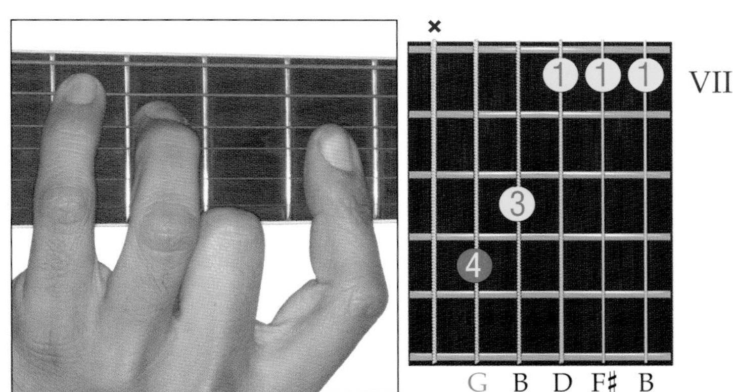
VII
G B D F♯ B

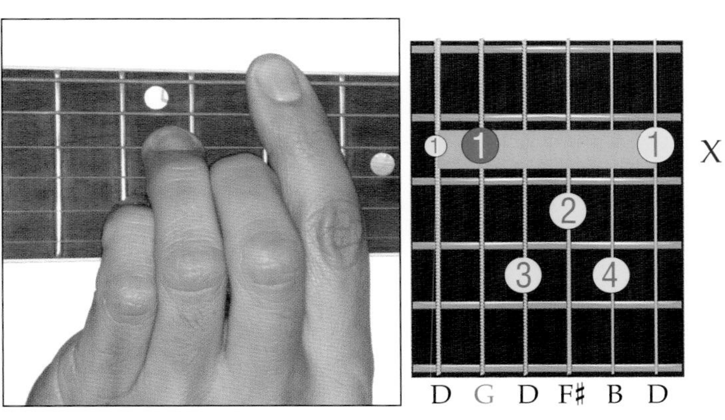
X
D G D F♯ B D

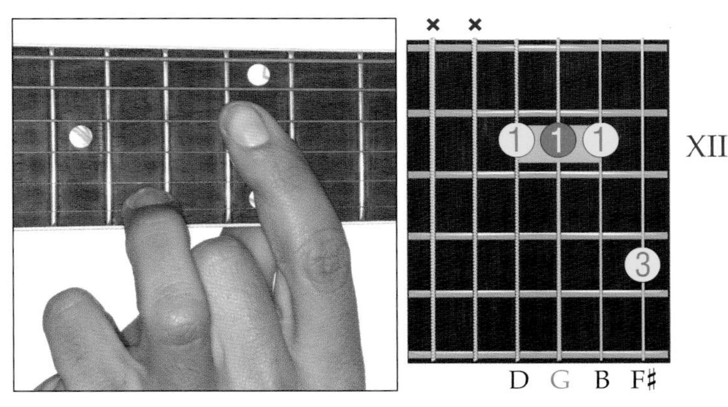
XII
D G B F♯

Gmaj9

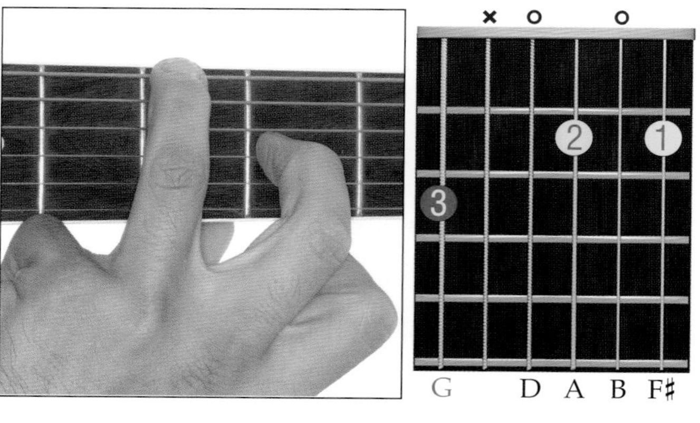
G D A B F♯

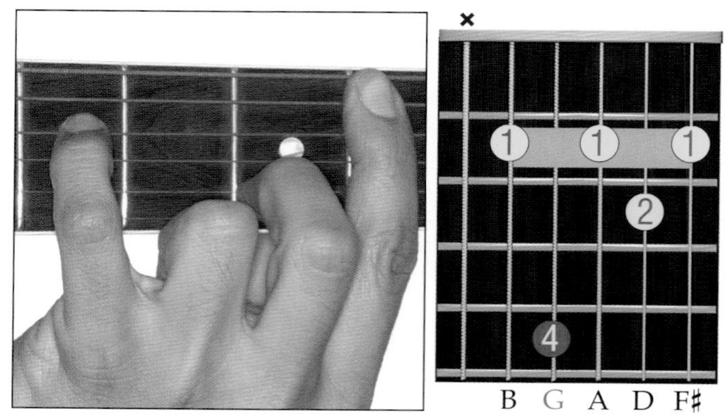
B G A D F♯

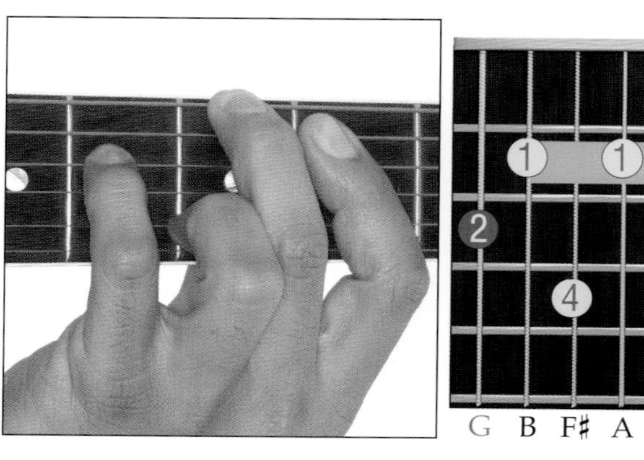
G B F♯ A D F♯

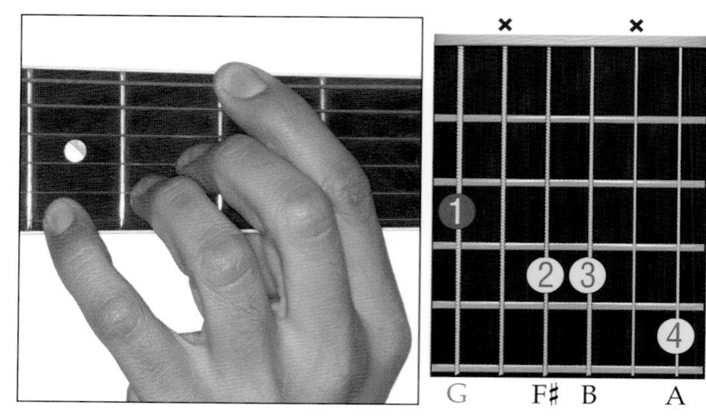
G F♯ B A

G

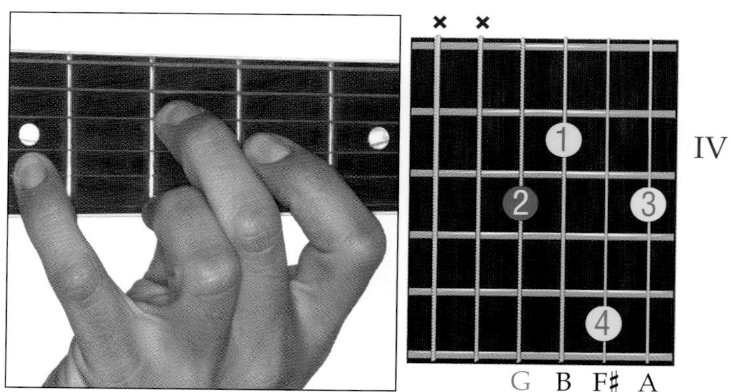
IV
G B F♯ A

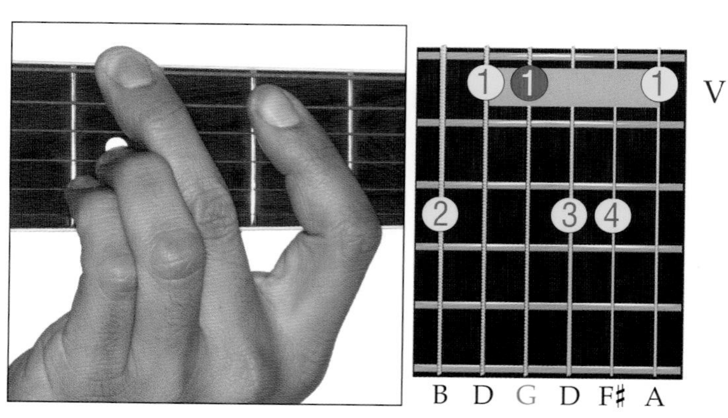
V
B D G D F♯ A

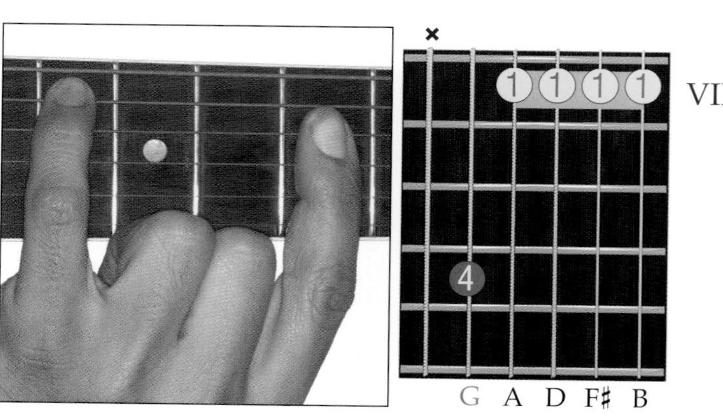
VII
G A D F♯ B

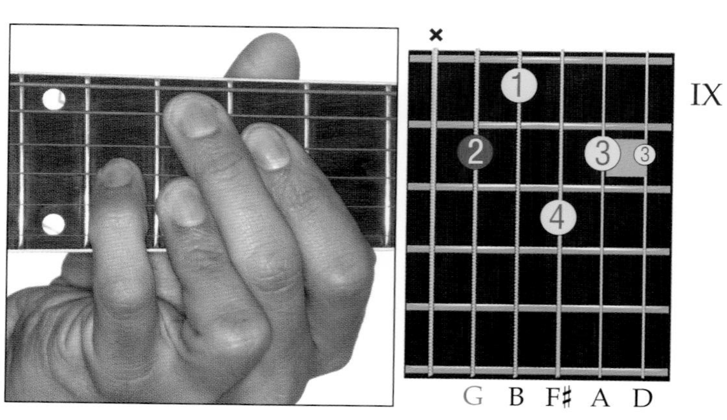
IX
G B F♯ A D

Gmaj13

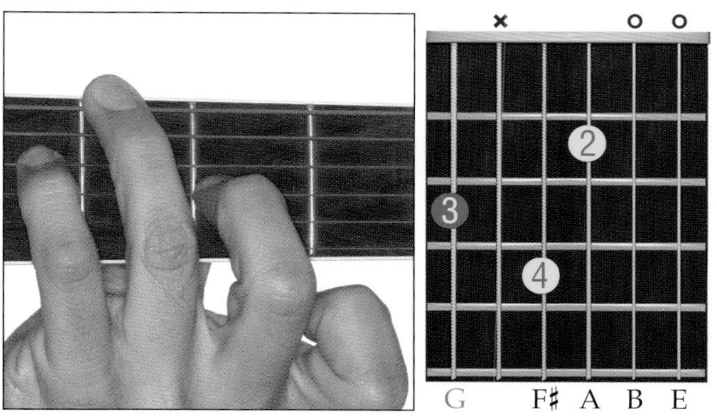
G F♯ A B E

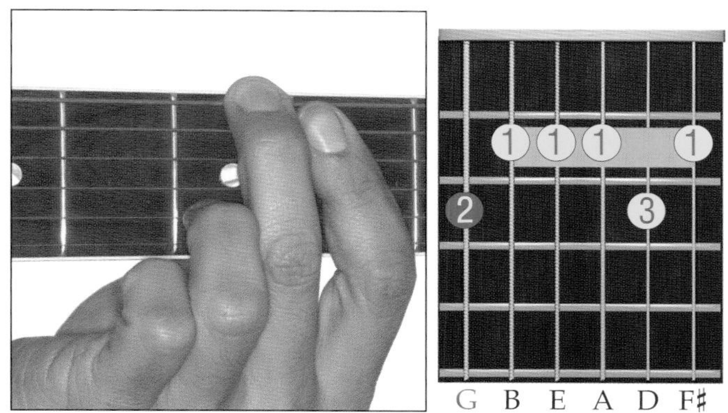
G B E A D F♯

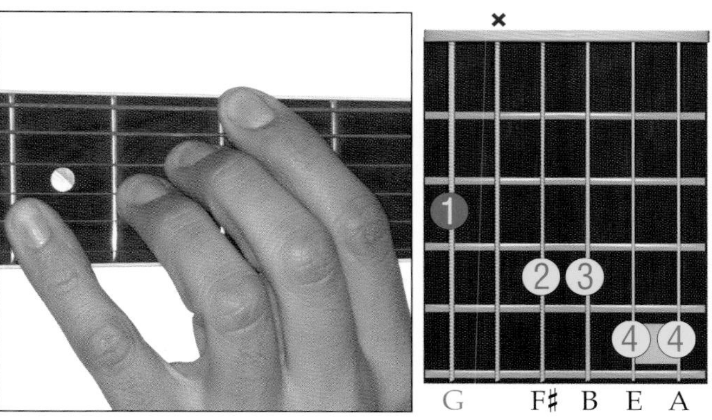
G F♯ B E A

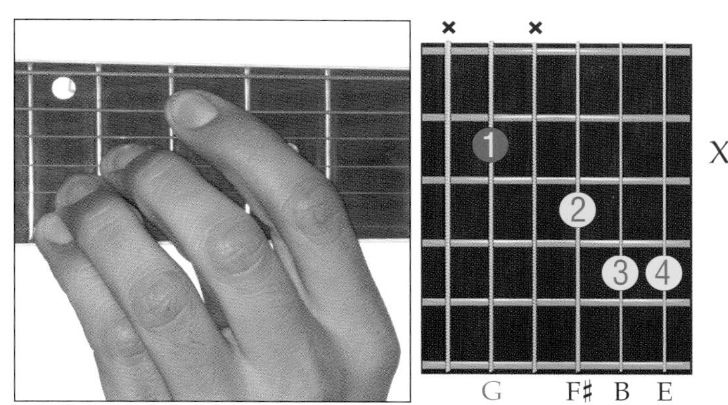
G F♯ B E

X

Gm

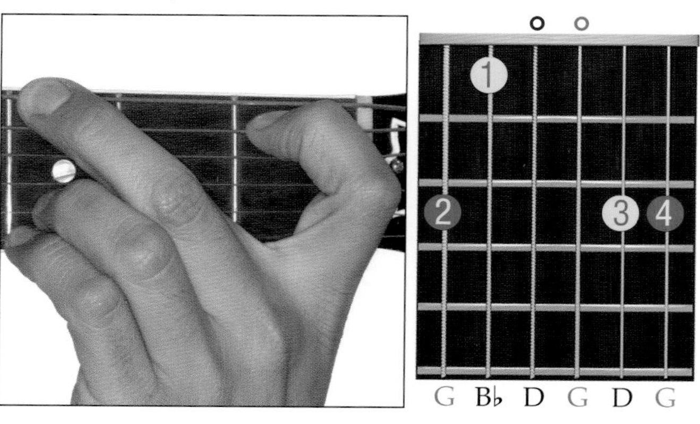
G B♭ D G D G

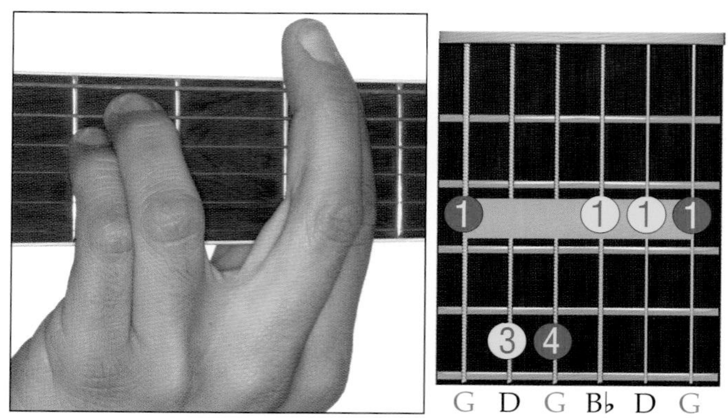
G D G B♭ D G

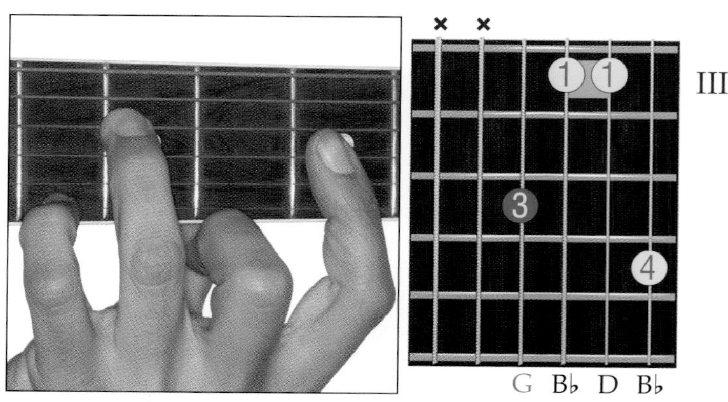
III
G B♭ D B♭

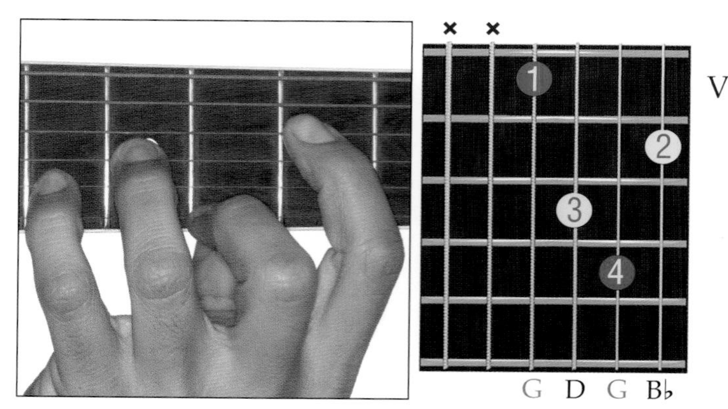
V
G D G B♭

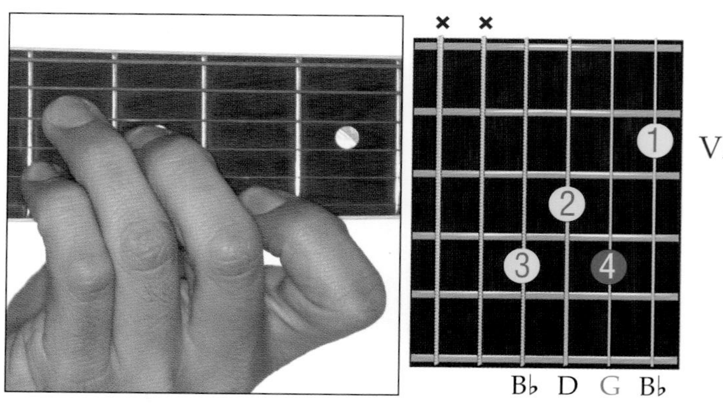
VI
B♭ D G B♭

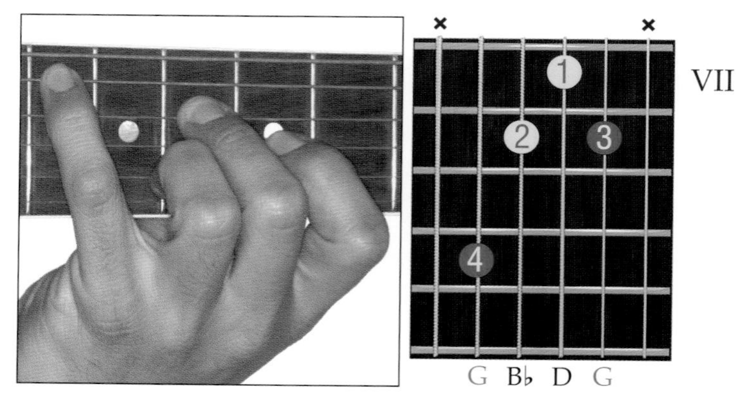
VII
G B♭ D G

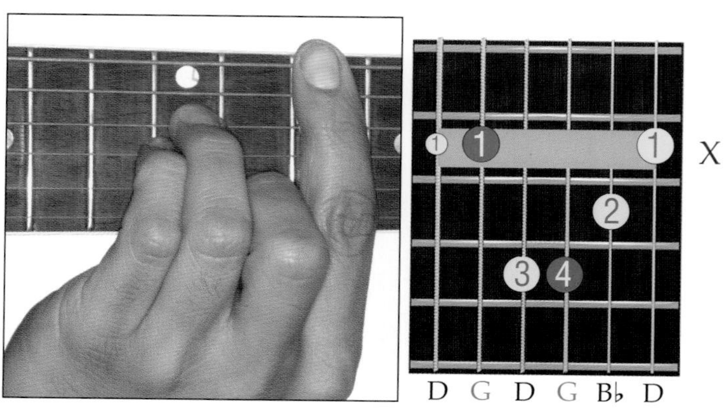
X
D G D G B♭ D

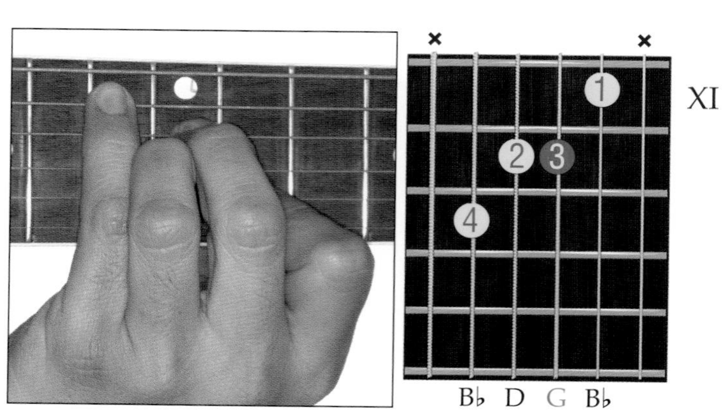
XI
B♭ D G B♭

Gm6

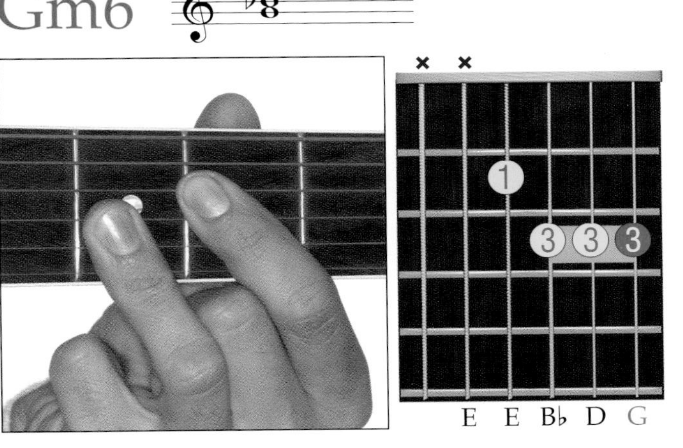
E E B♭ D G

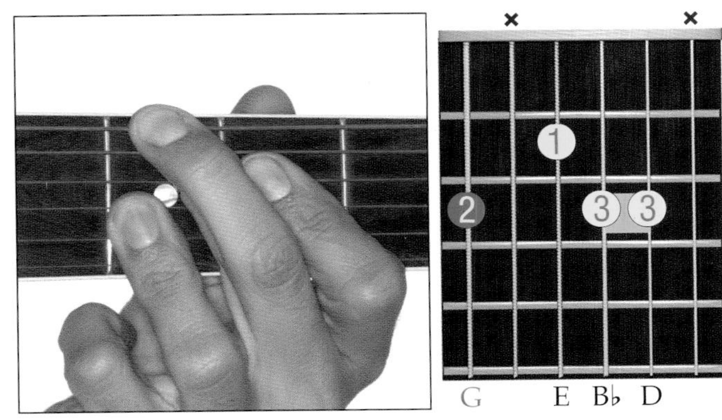
G E B♭ D

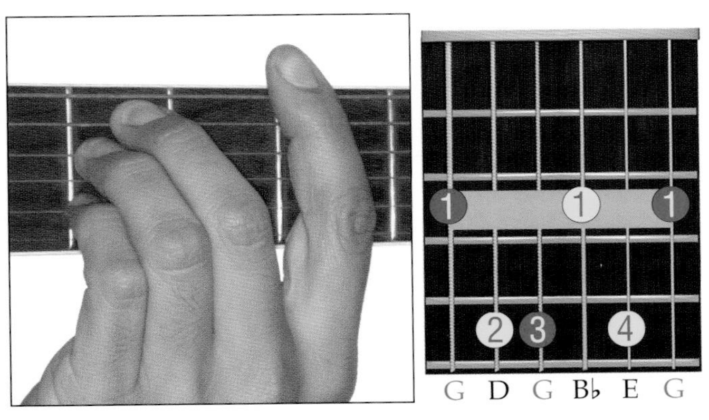
G D G B♭ E G

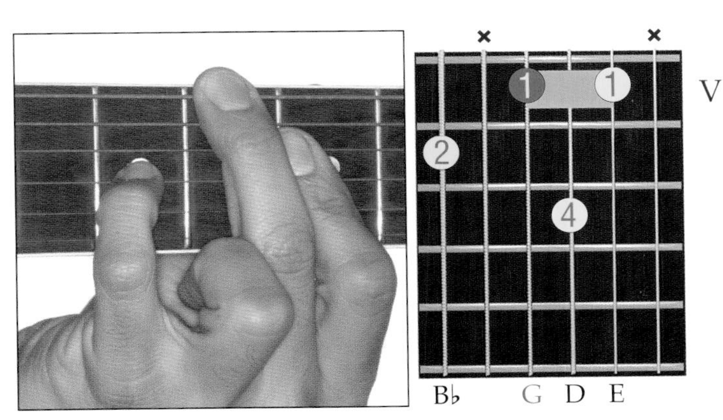
V
B♭ G D E

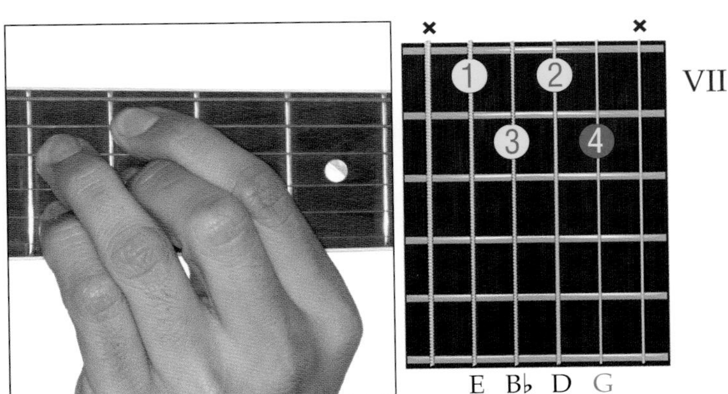
VII
E B♭ D G

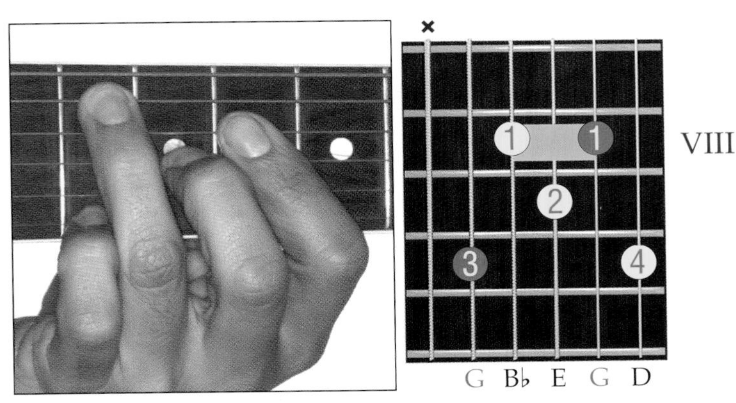
VIII
G B♭ E G D

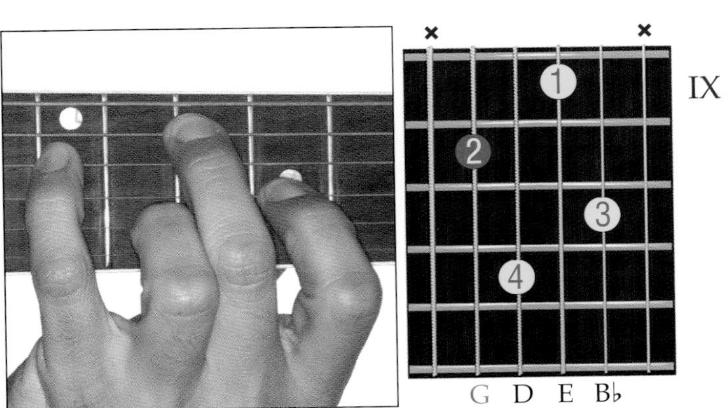
IX
G D E B♭

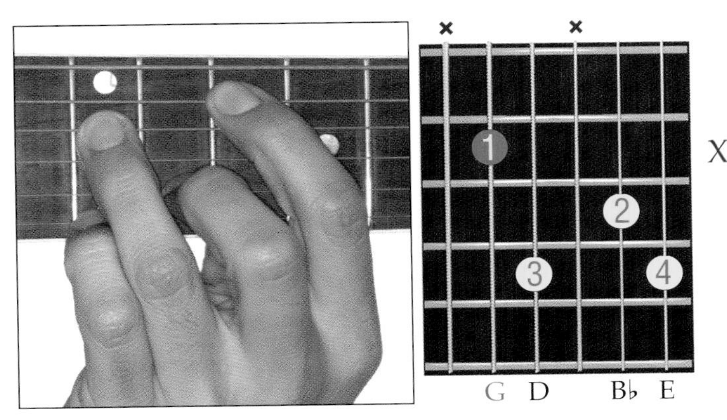
X
G D B♭ E

Gm7

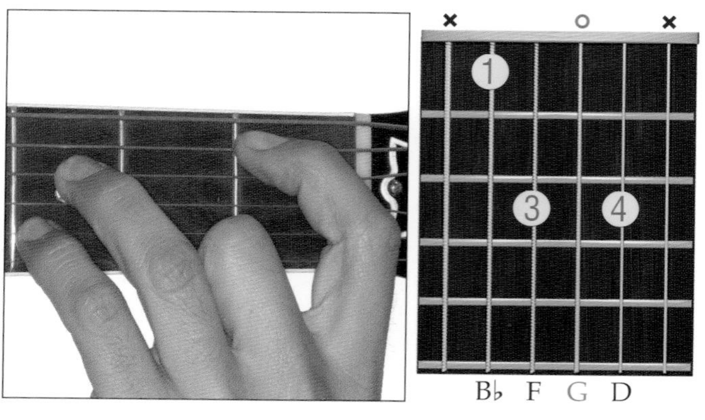
1
3
4
B♭ F G D

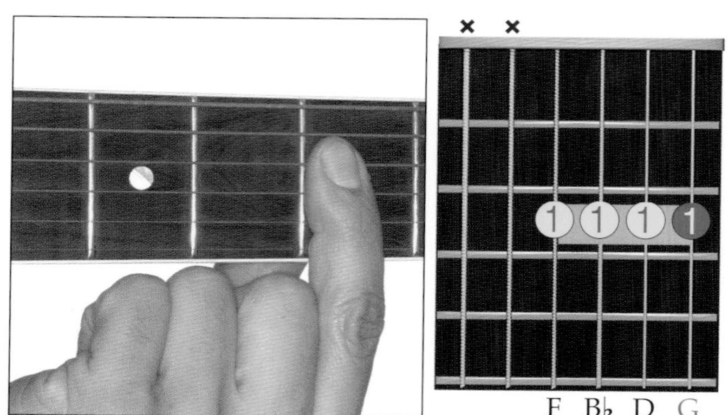
1 1 1 1
F B♭ D G

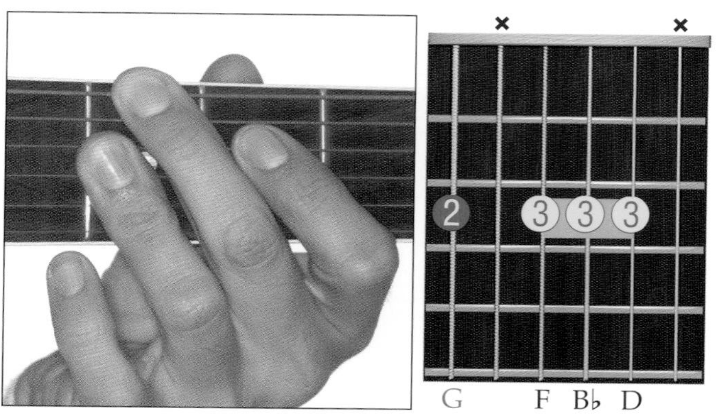
2
3 3 3
G F B♭ D

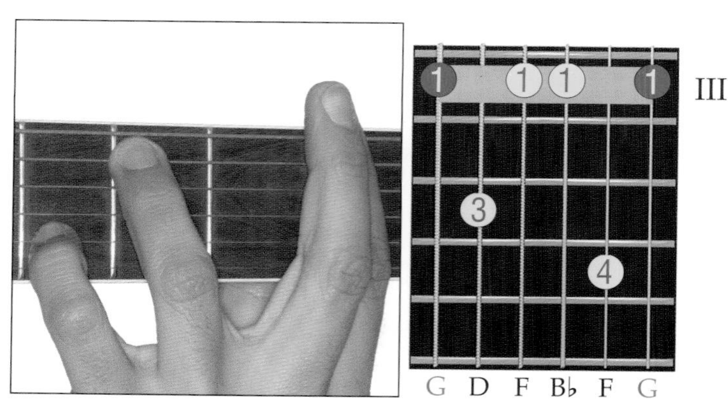
1 1 1 1
III
3
4
G D F B♭ F G

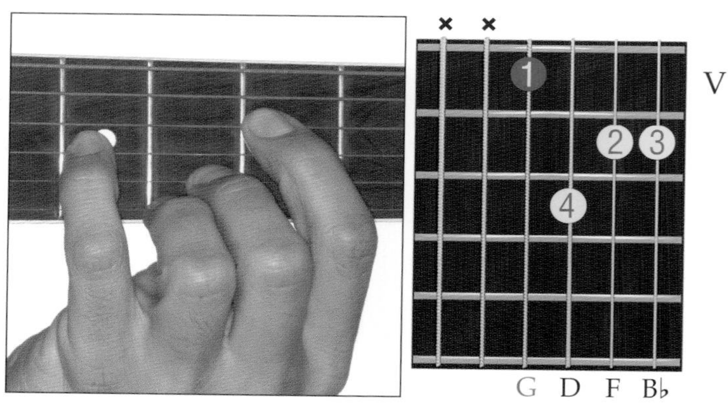
1
V
2 3
4
G D F B♭

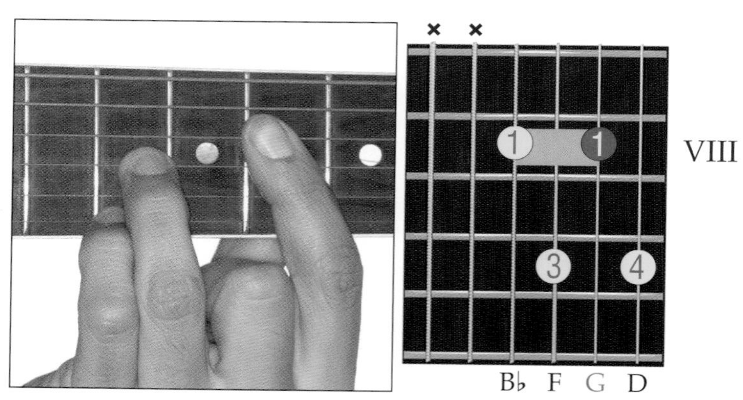
1 1
VIII
3 4
B♭ F G D

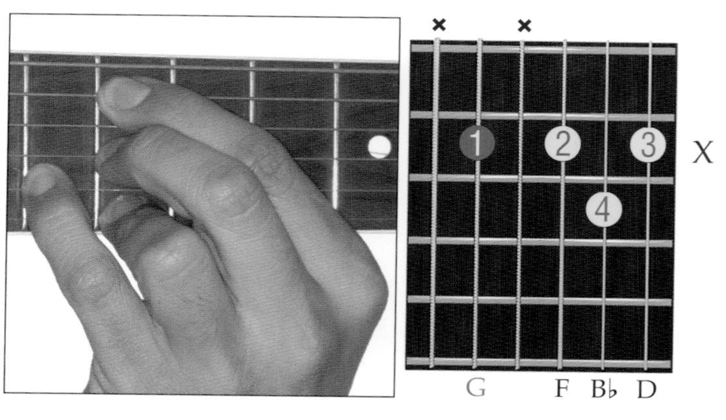
1 2 3
X
4
G F B♭ D

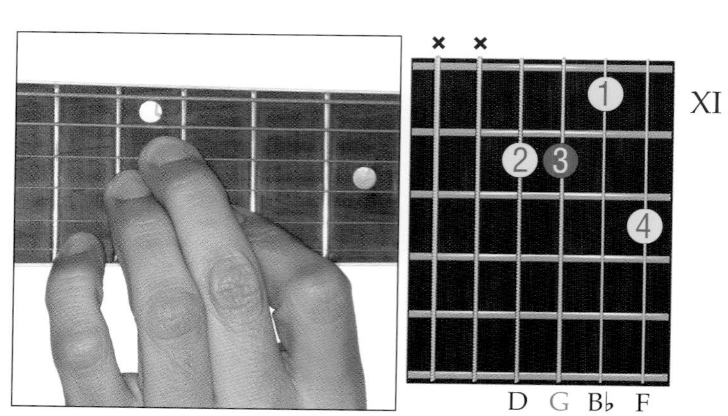
1
XI
2 3
4
D G B♭ F

G

Gm(maj7)

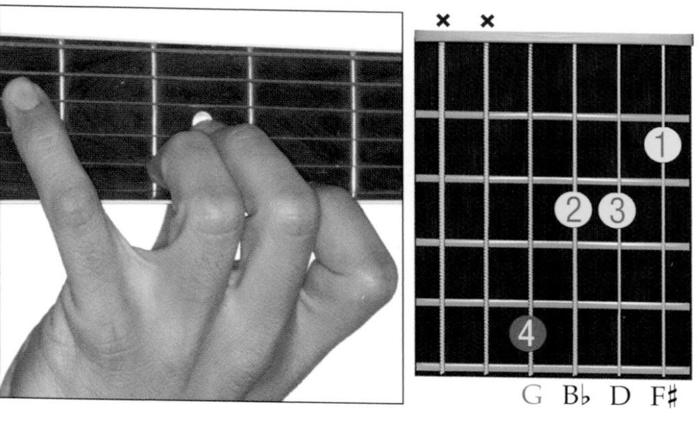
G B♭ D F♯

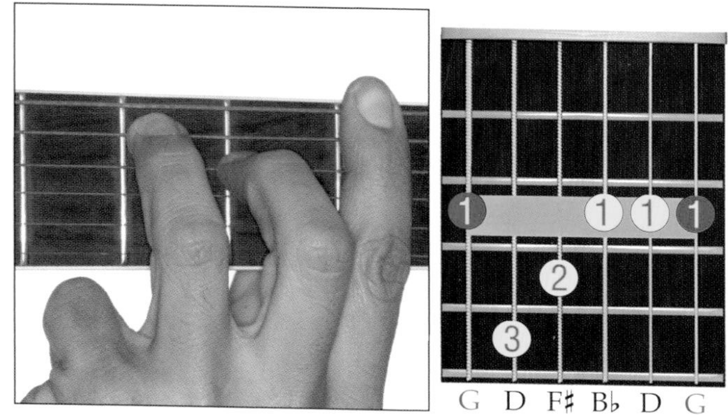
G D F♯ B♭ D G

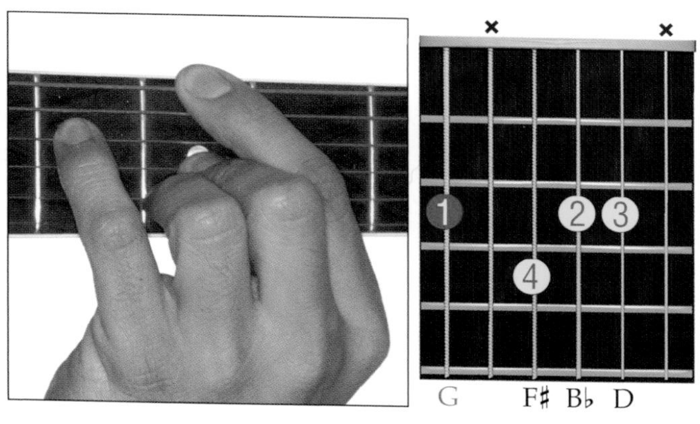
G F♯ B♭ D

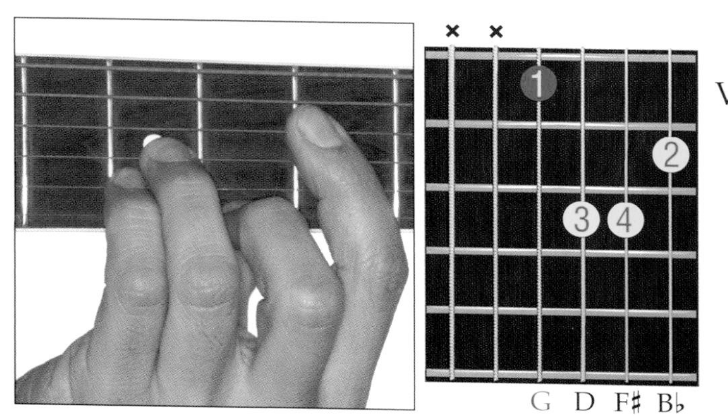
V
G D F♯ B♭

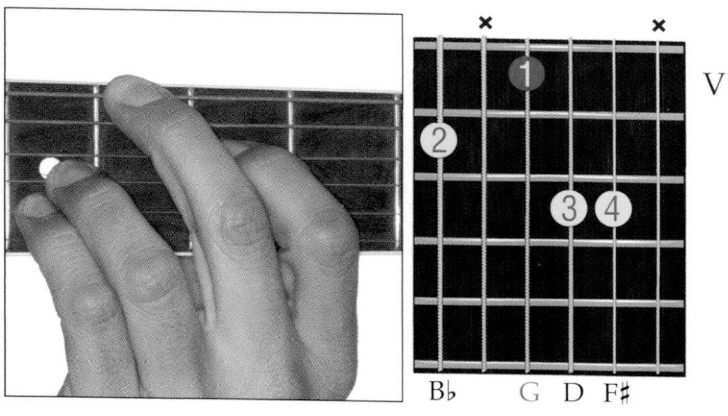
V
B♭ G D F♯

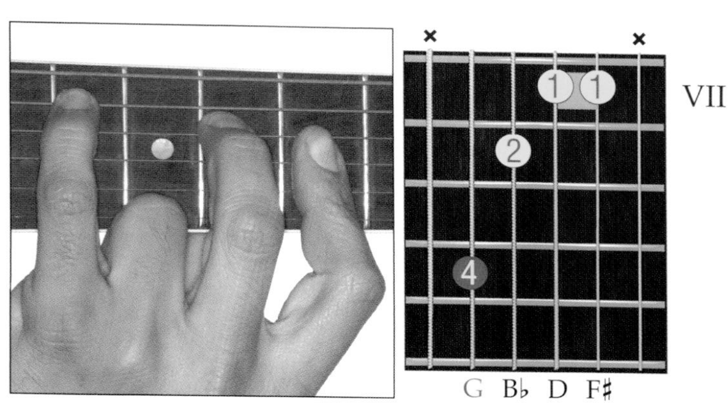
VII
G B♭ D F♯

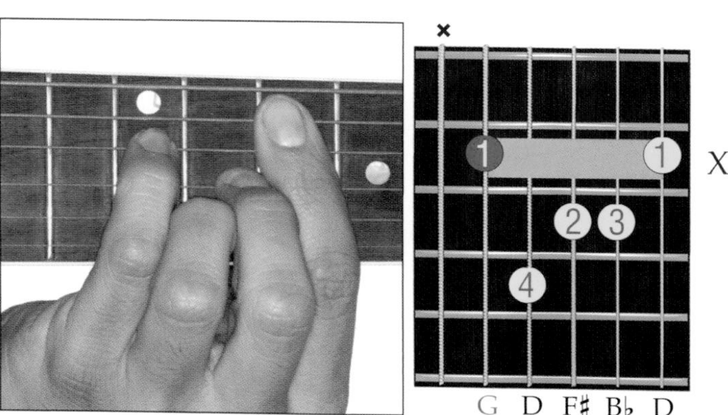
X
G D F♯ B♭ D

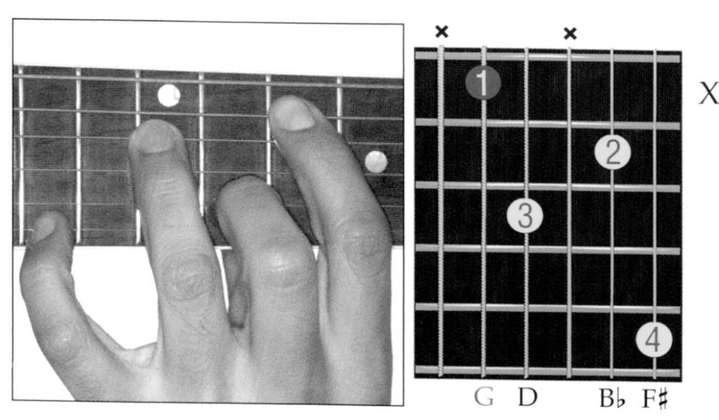
X
G D B♭ F♯

Gm9

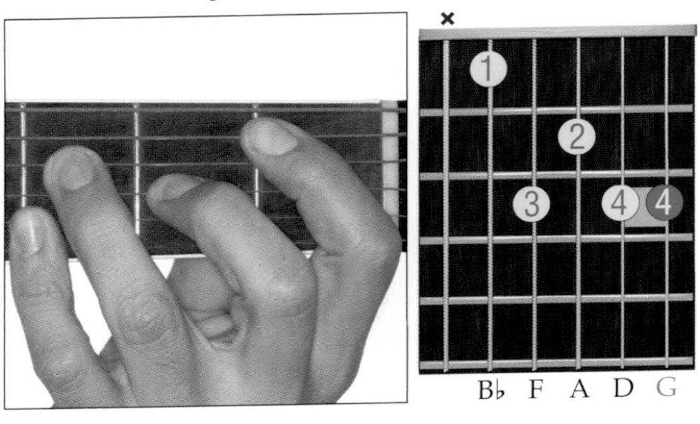
B♭ F A D G

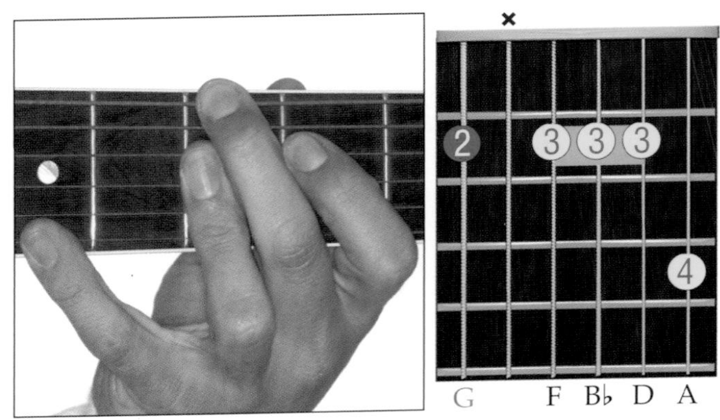
G F B♭ D A

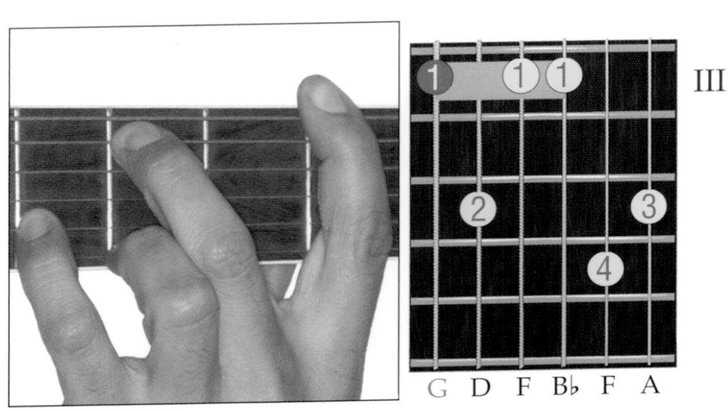
III
G D F B♭ F A

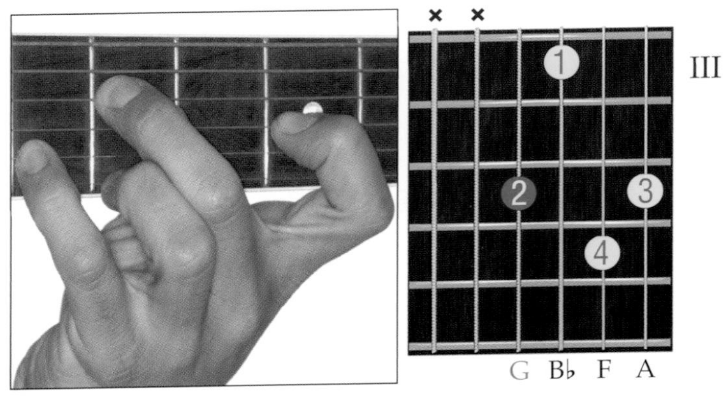
III
G B♭ F A

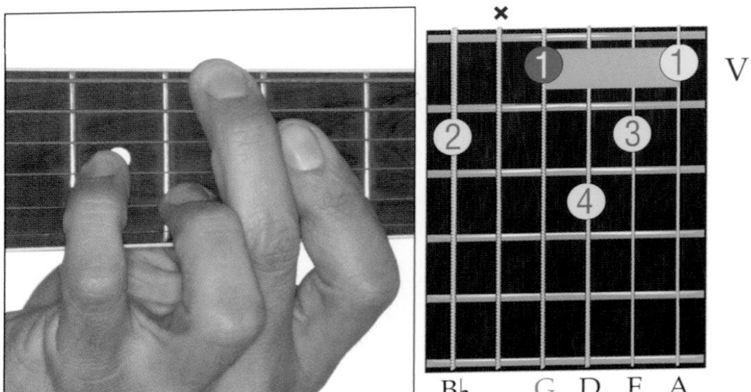
V
B♭ G D F A

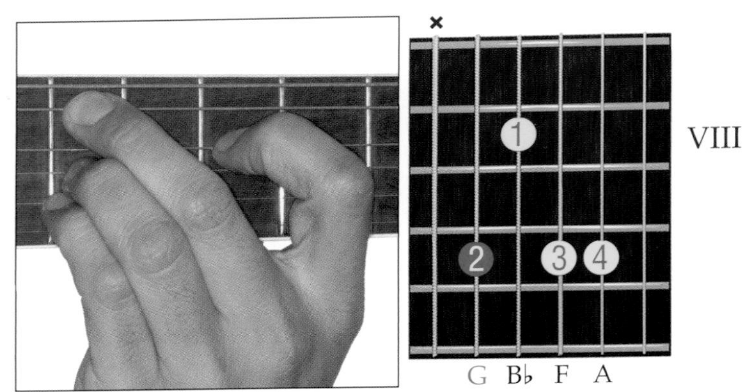
VIII
G B♭ F A

G

G7♭5

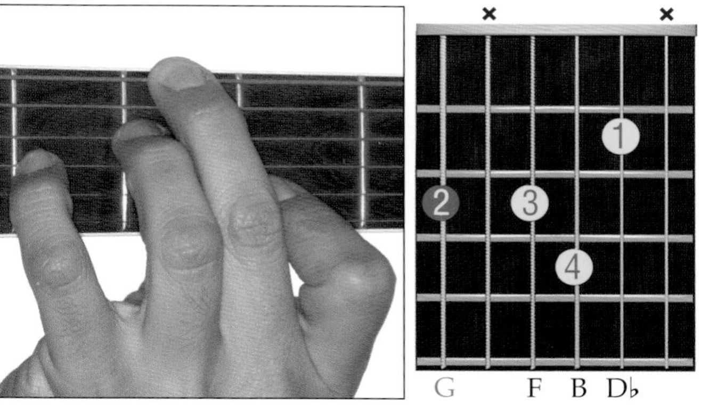
G F B D♭

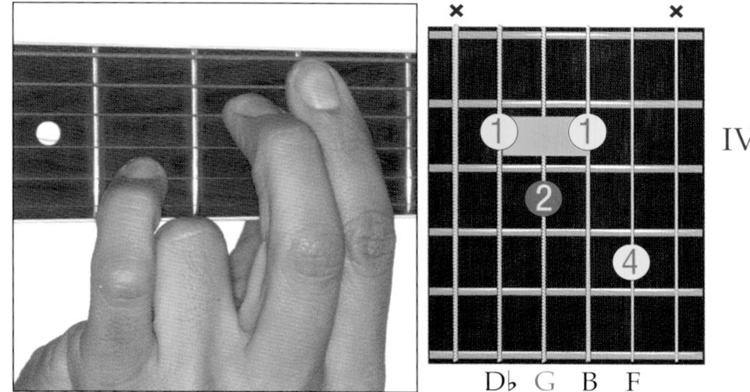
IV
D♭ G B F

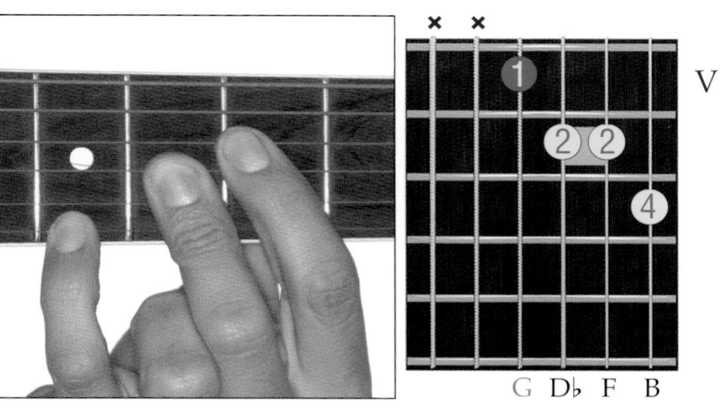
V
G D♭ F B

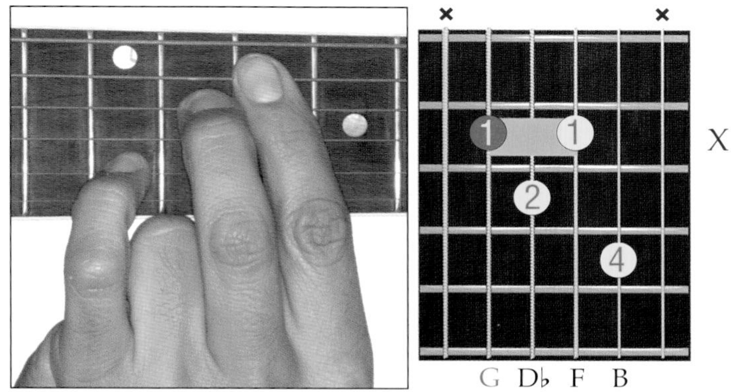
X
G D♭ F B

G

G7+

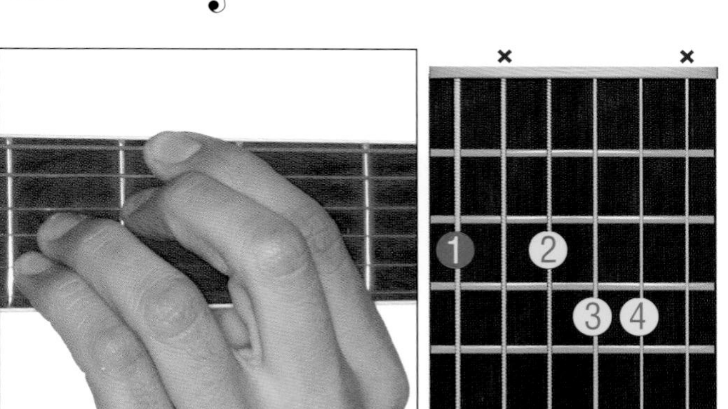
G F B D♯

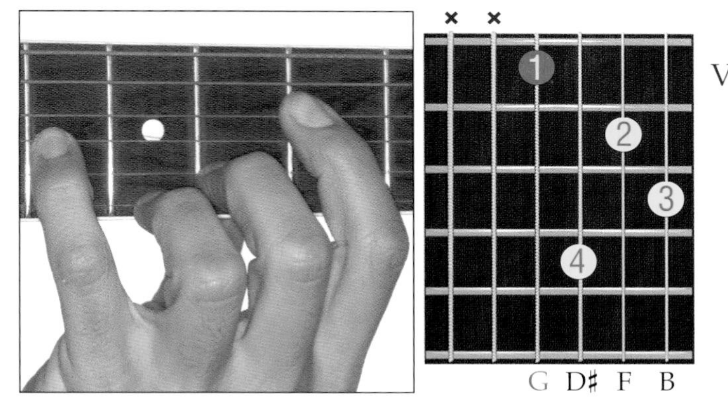
V
G D♯ F B

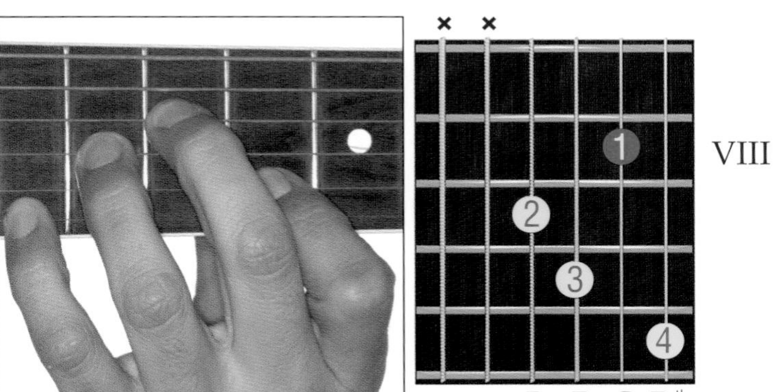
VIII
B F G D♯

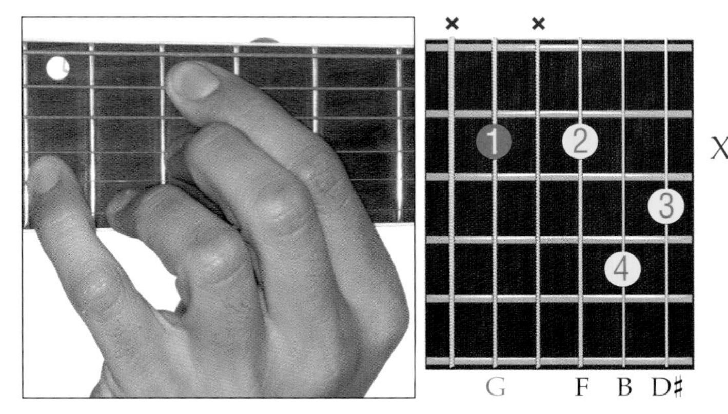
X
G F B D♯

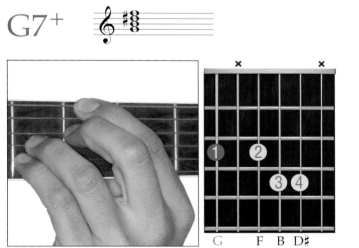

G9

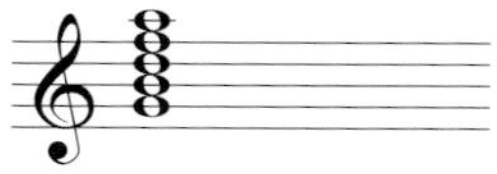

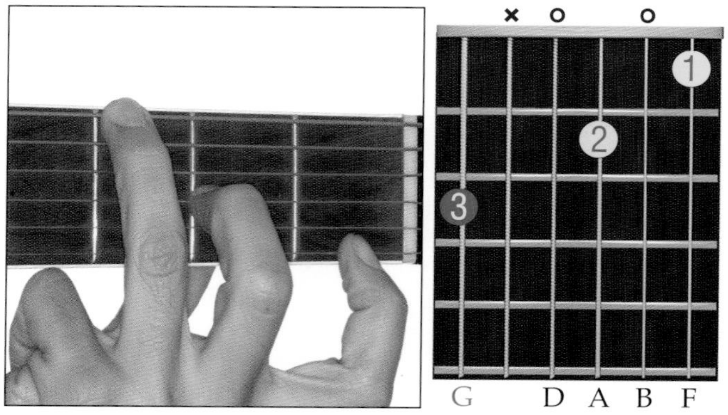

G D A B F

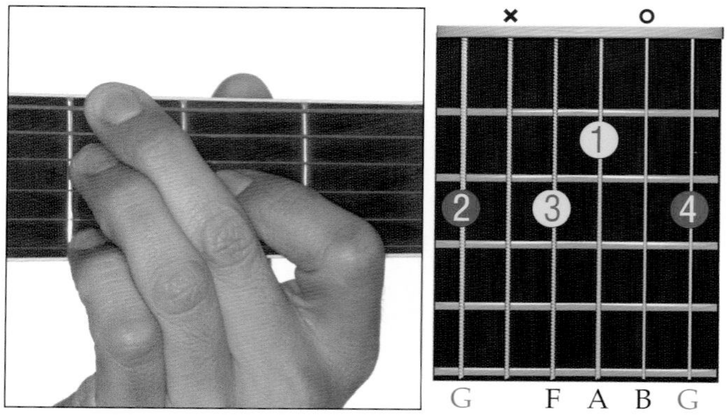

G F A B G

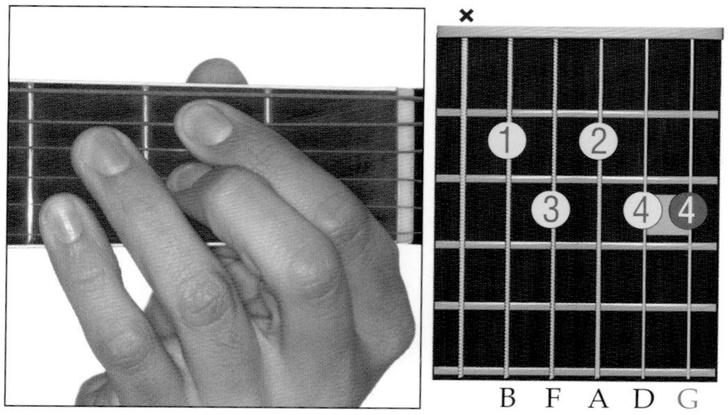

B F A D G

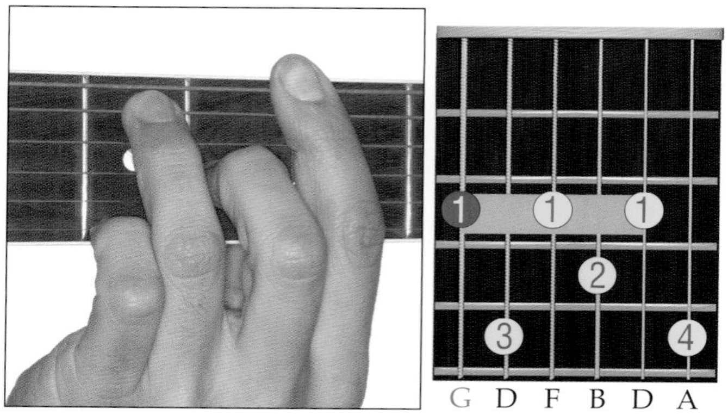

G D F B D A

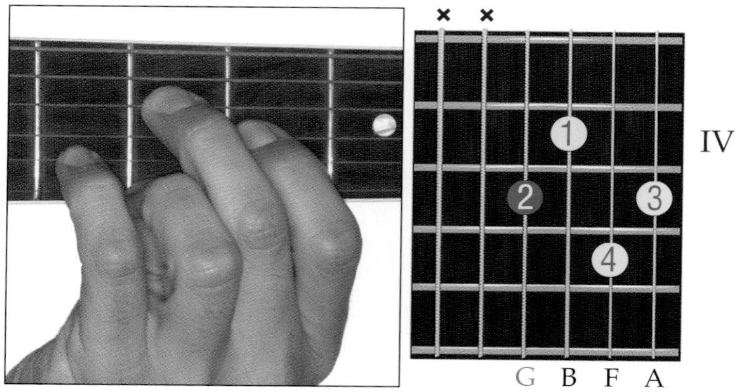

IV

G B F A

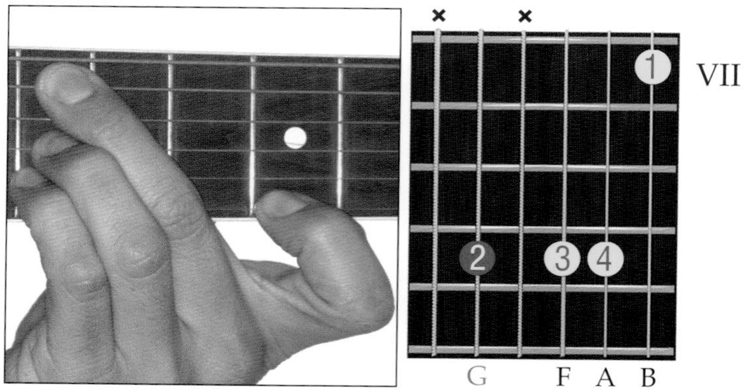

VII

G F A B

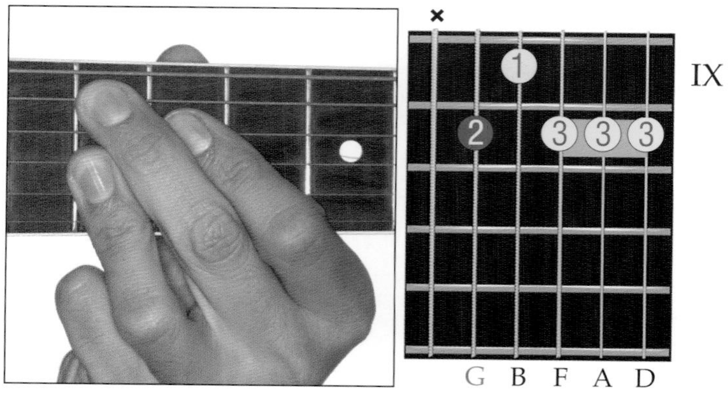

IX

G B F A D

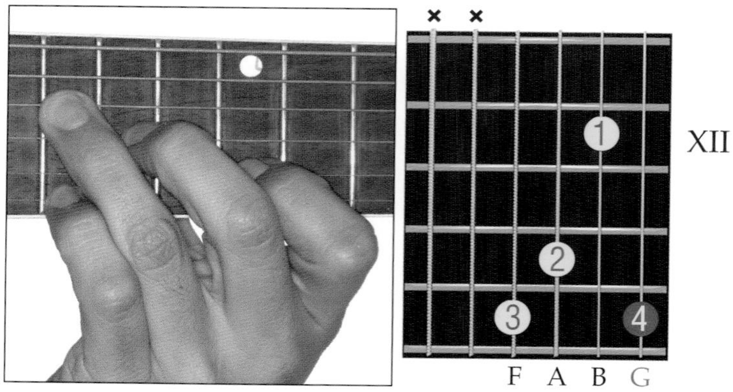

XII

F A B G

G

G9sus4

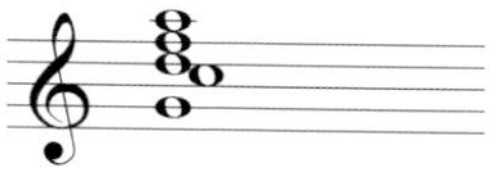

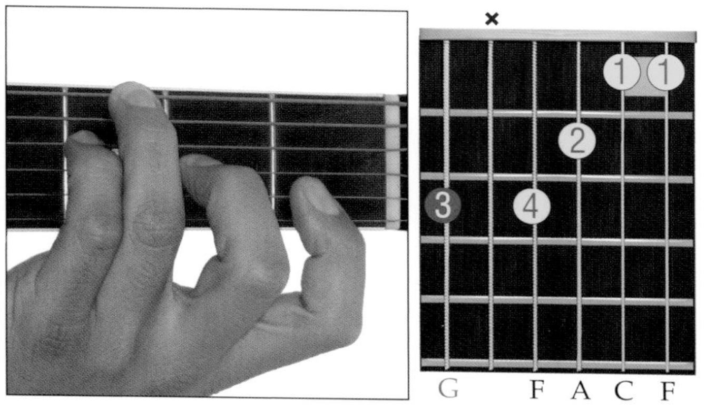
1 1
2
3 4
G F A C F

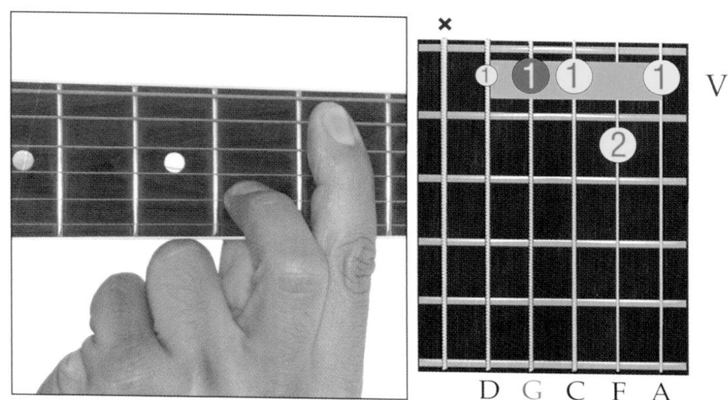
1 1 1 1
2
V
D G C F A

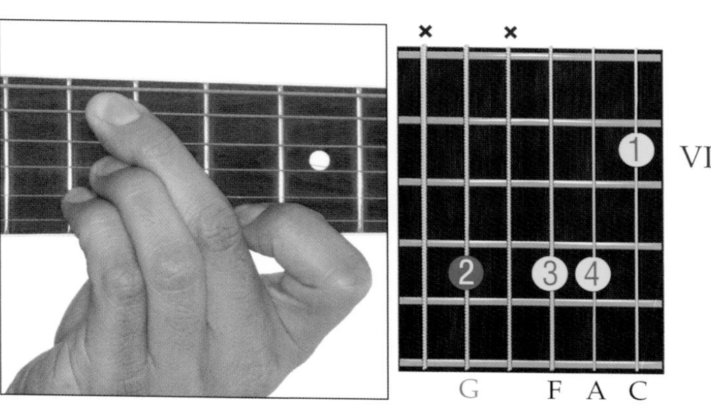
1
VIII
2 3 4
G F A C

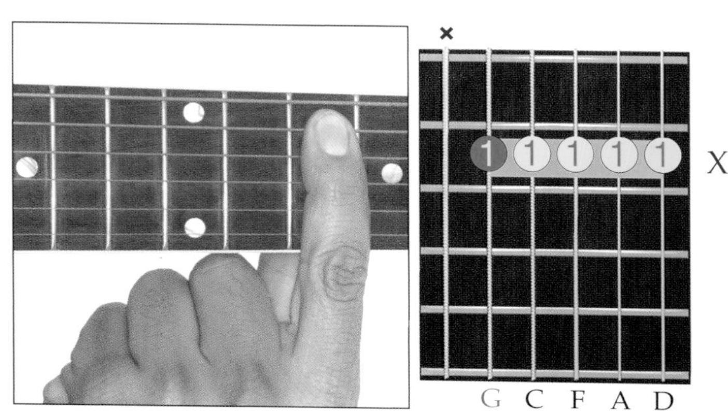
1 1 1 1 1
X
G C F A D

G9♭5

B F A D♭ G

G B F A D♭

IV

D♭ G B F A

IX

G B F A D♭

G

G9+

B F A D♯ G

G F B D♯ A

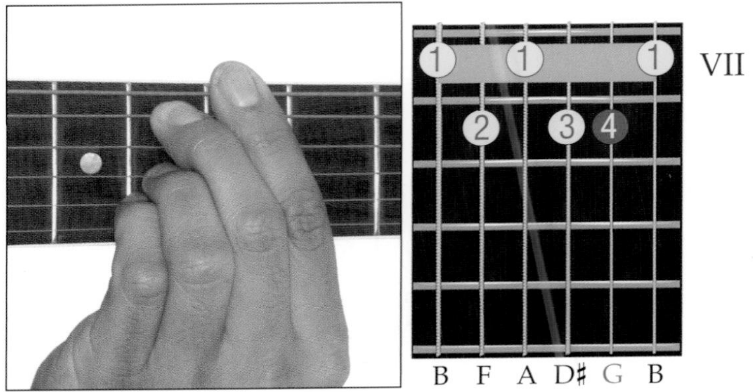
VII
B F A D♯ G B

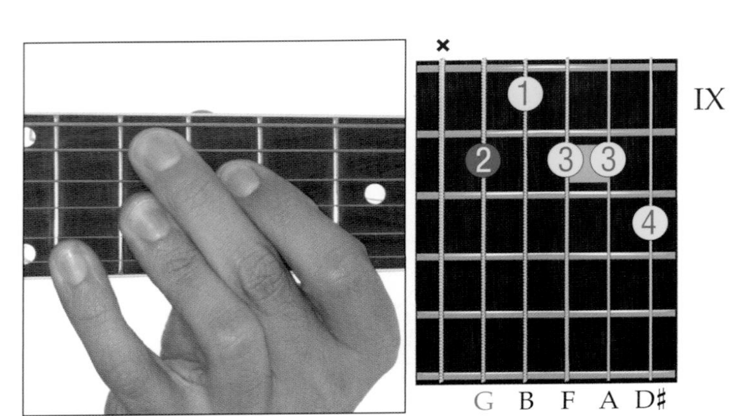
IX
G B F A D♯

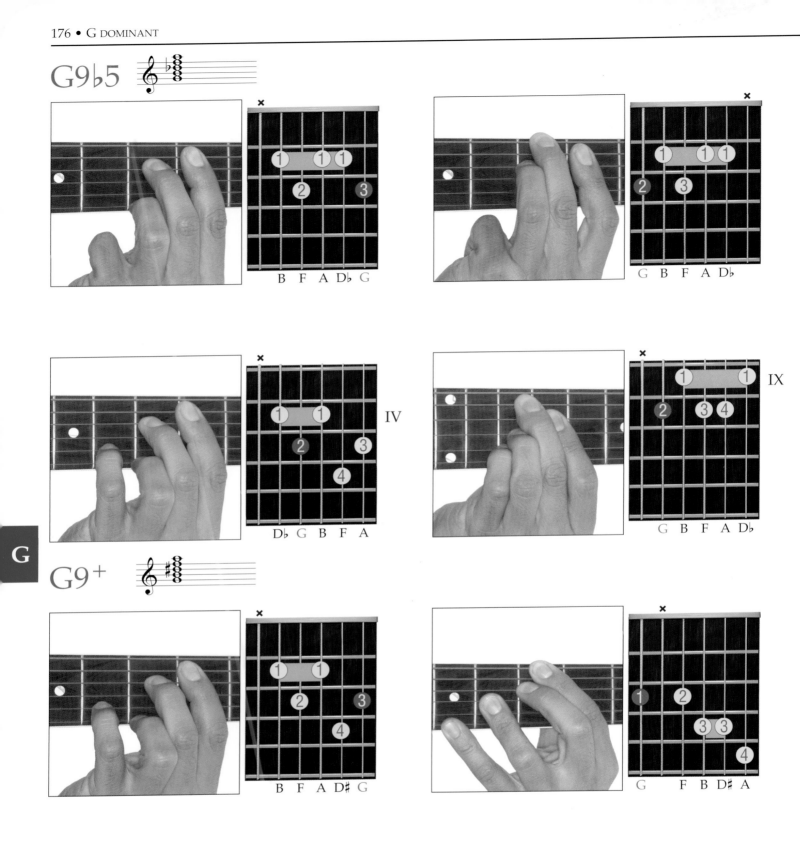

A♭m7

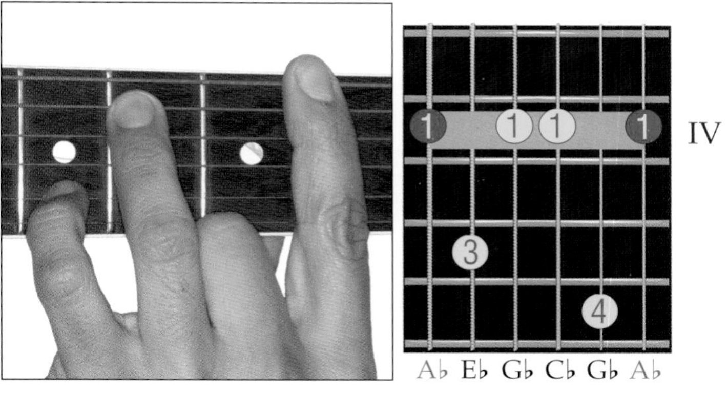
IV
A♭ E♭ G♭ C♭ G♭ A♭

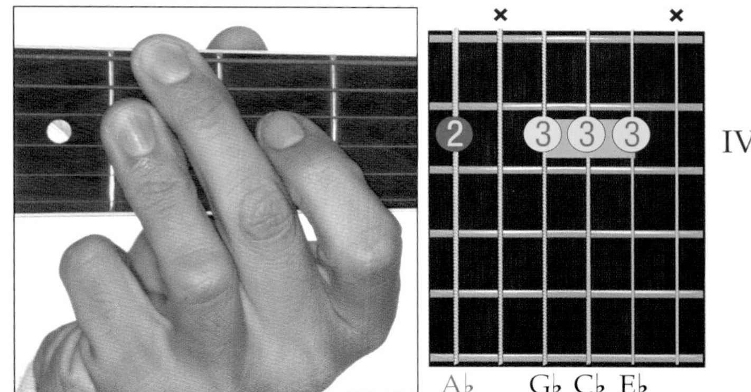
IV
A♭ G♭ C♭ E♭

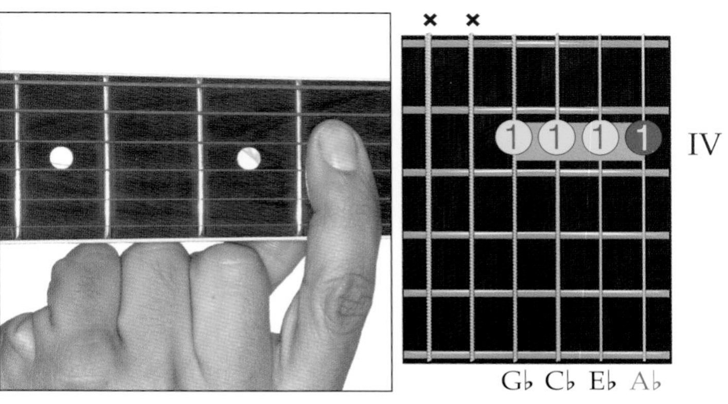
IV
G♭ C♭ E♭ A♭

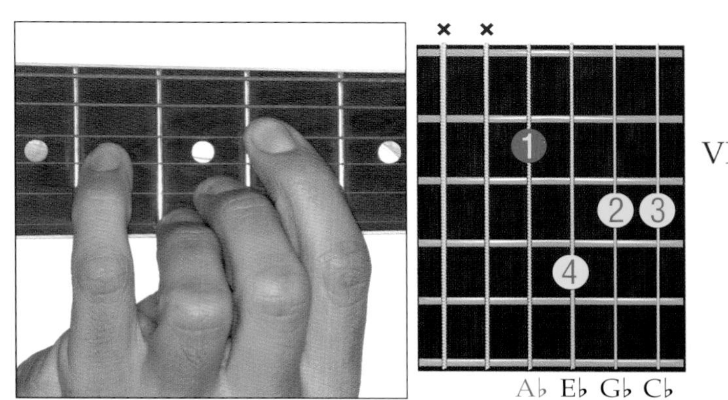
VI
A♭ E♭ G♭ C♭

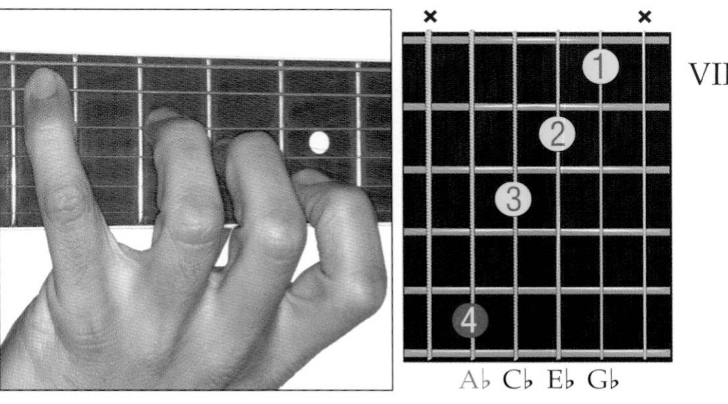
VII
A♭ C♭ E♭ G♭

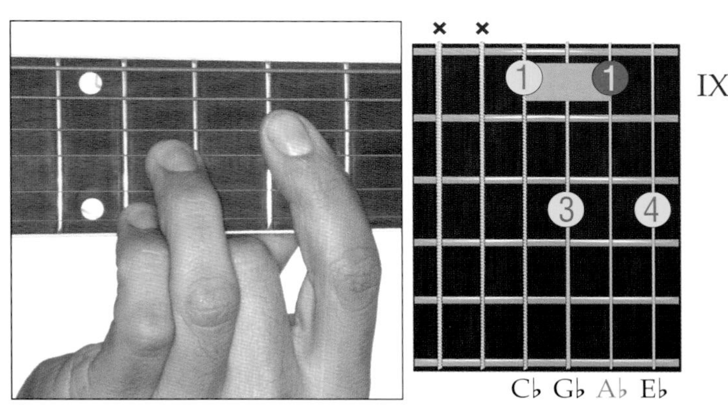
IX
C♭ G♭ A♭ E♭

A♭
G♯

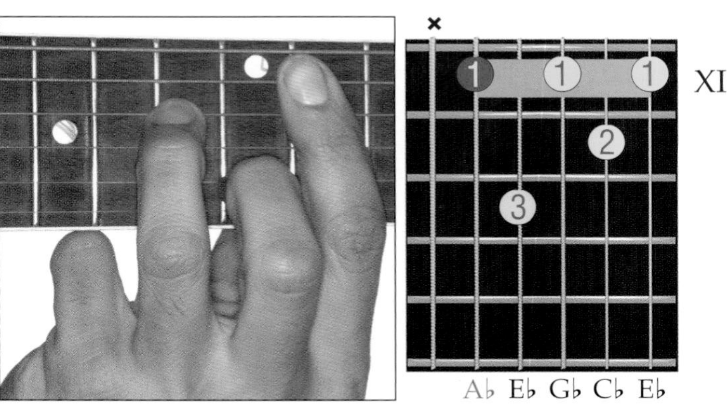
XI
A♭ E♭ G♭ C♭ E♭

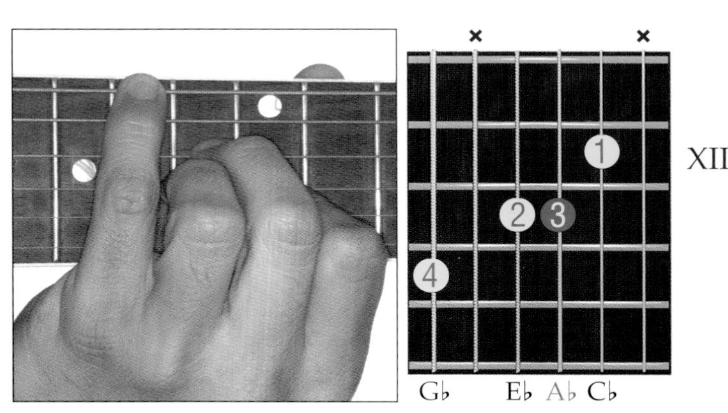
XII
G♭ E♭ A♭ C♭

A♭m(maj7)

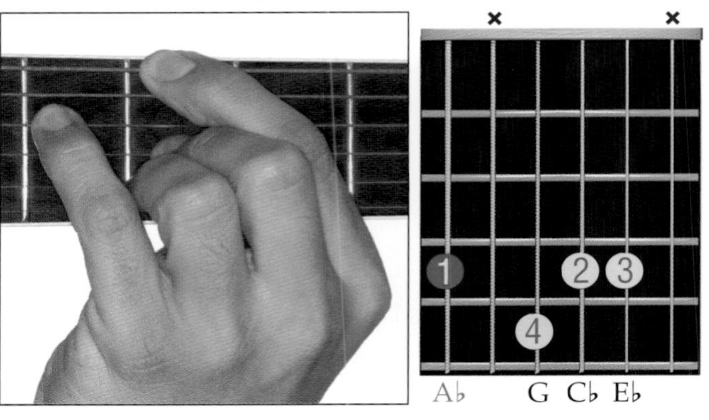
A♭ G C♭ E♭

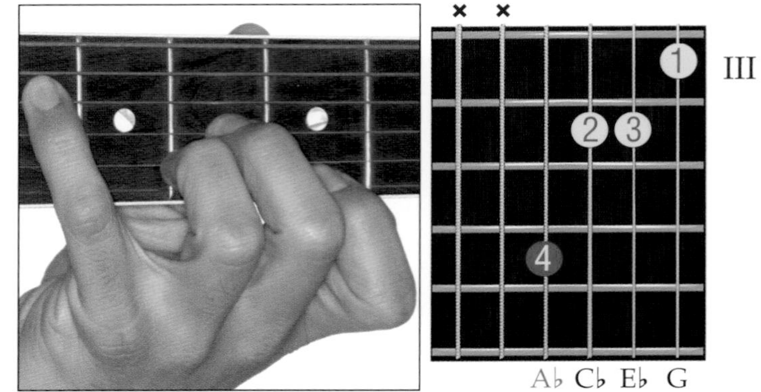
III
A♭ C♭ E♭ G

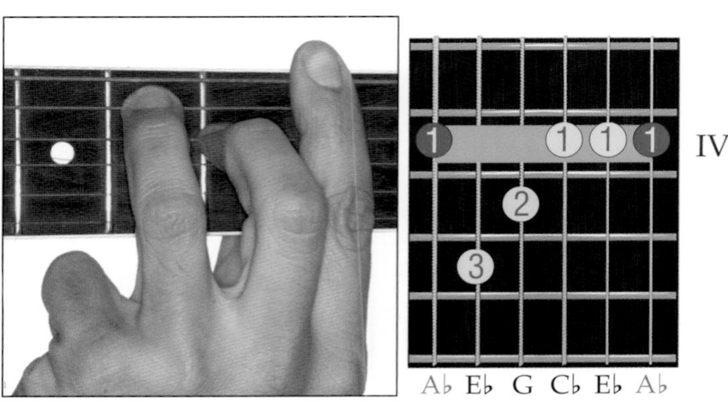
IV
A♭ E♭ G C♭ E♭ A♭

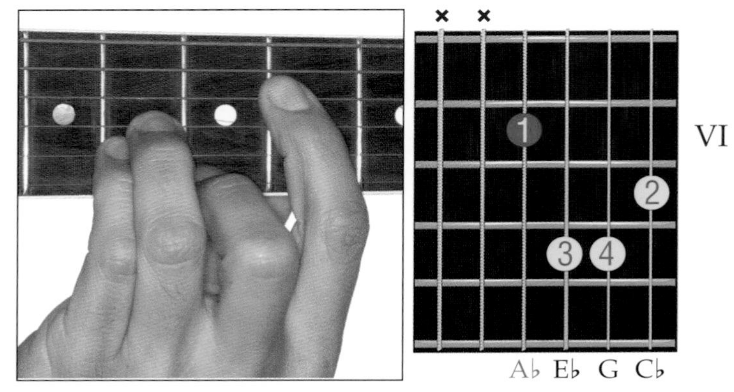
VI
A♭ E♭ G C♭

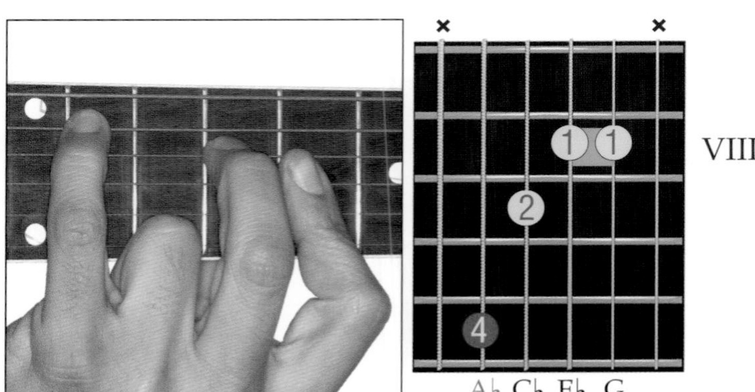
VIII
A♭ C♭ E♭ G

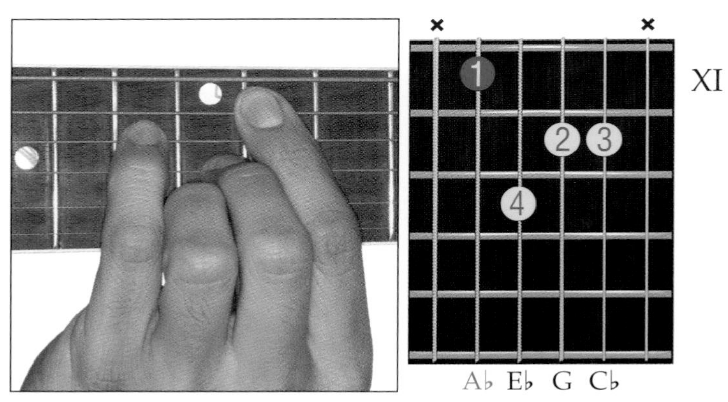
XI
A♭ E♭ G C♭

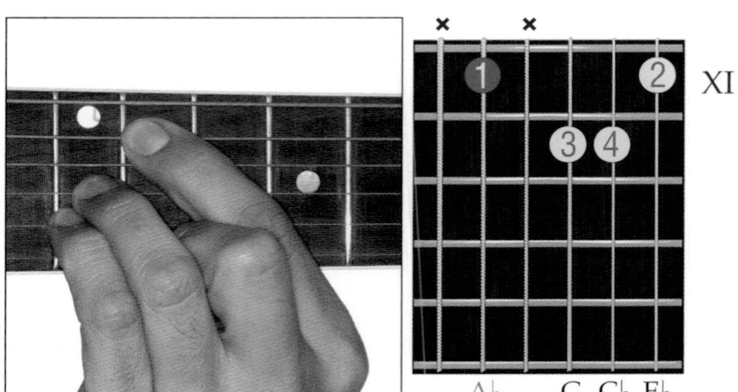
XI
A♭ G C♭ E♭

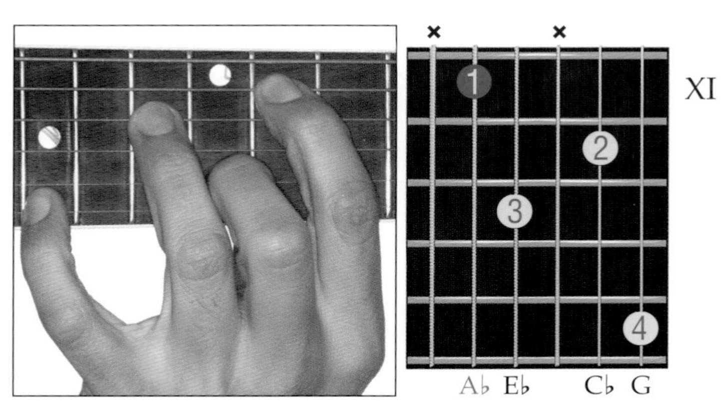
XI
A♭ E♭ C♭ G

A♭m9

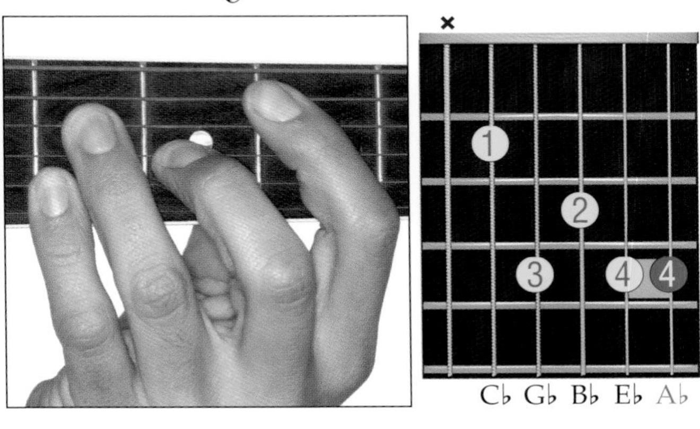
1
2
3 4 4
C♭ G♭ B♭ E♭ A♭

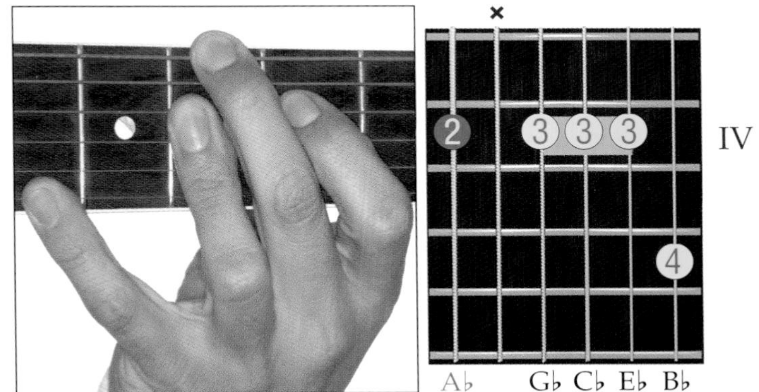
2 3 3 3
4
IV
A♭ G♭ C♭ E♭ B♭

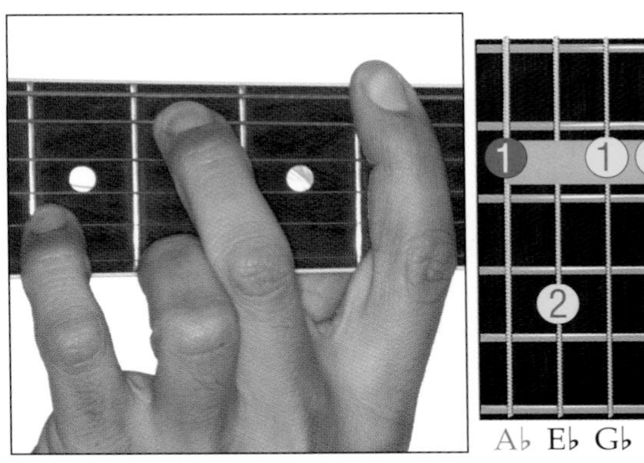

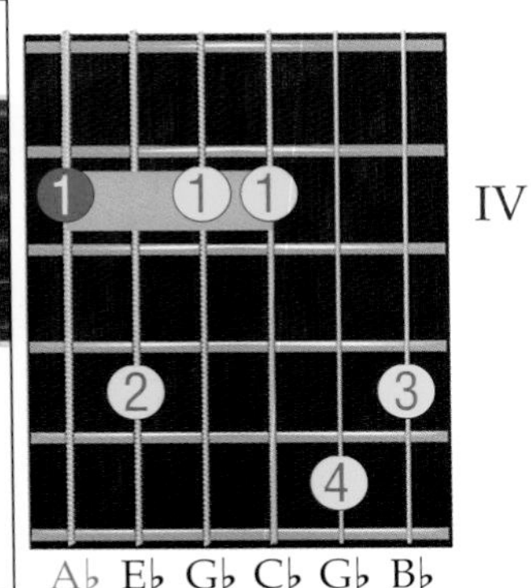
1 1 1
2 3
4
IV
A♭ E♭ G♭ C♭ G♭ B♭

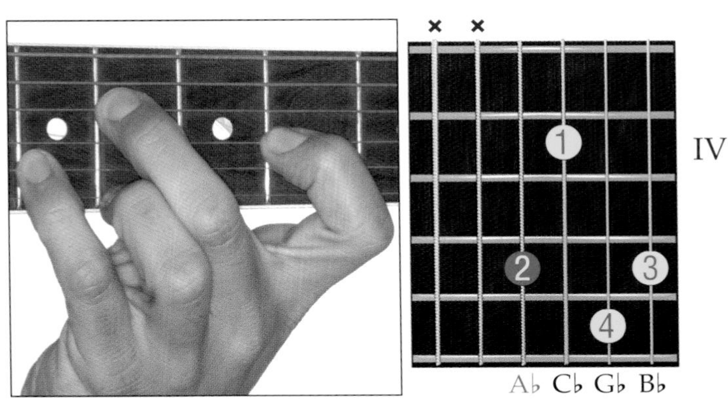
1
2 3
4
IV
A♭ C♭ G♭ B♭

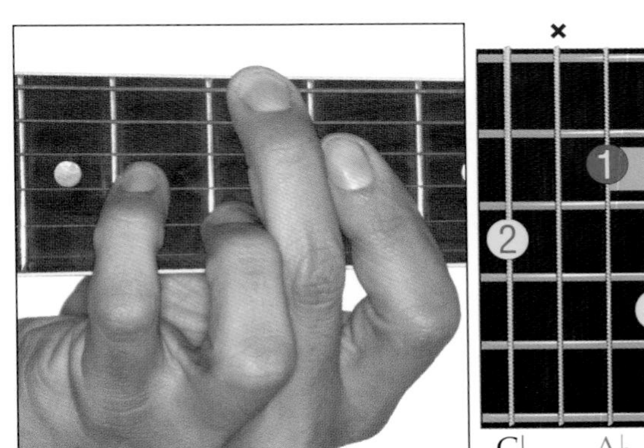

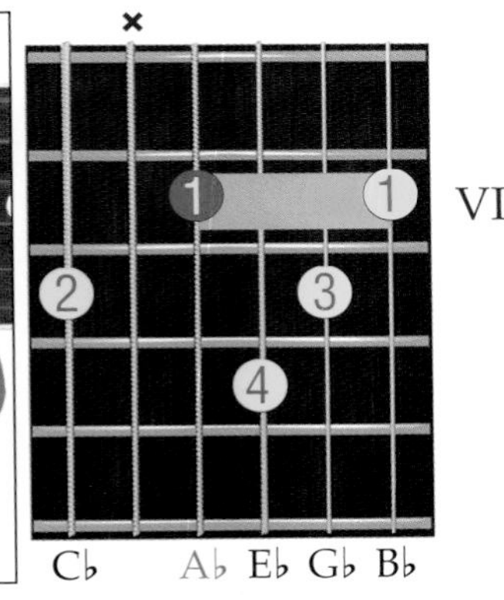
1 1
2 3
4
VI
C♭ A♭ E♭ G♭ B♭

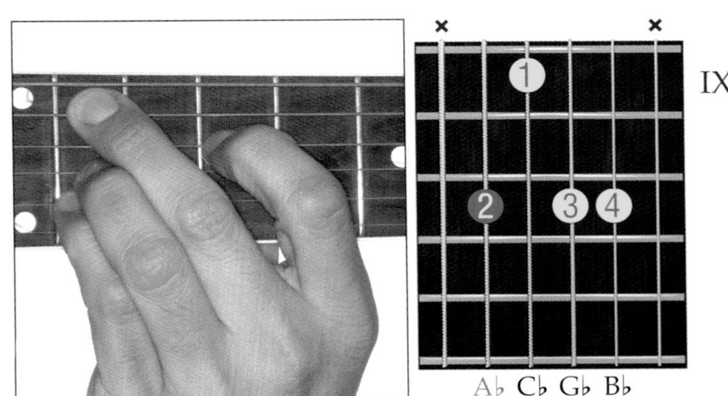
1
2 3 4
IX
A♭ C♭ G♭ B♭

A♭m11

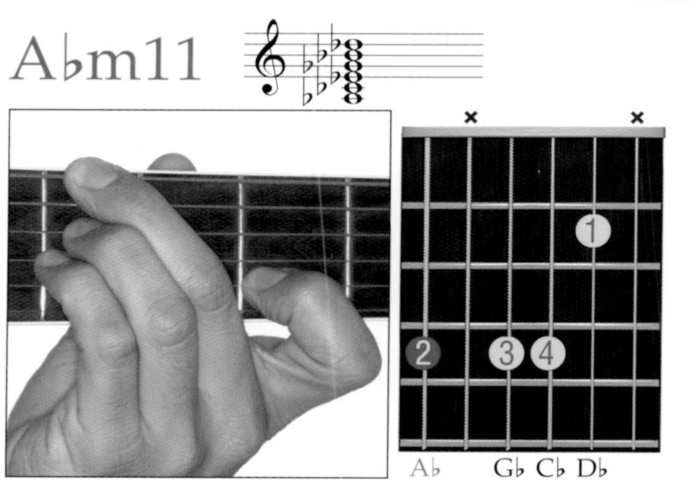
A♭ G♭ C♭ D♭

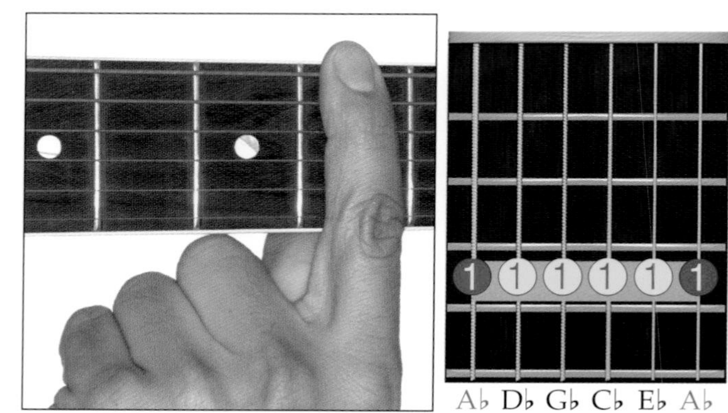
A♭ D♭ G♭ C♭ E♭ A♭

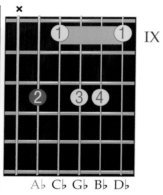

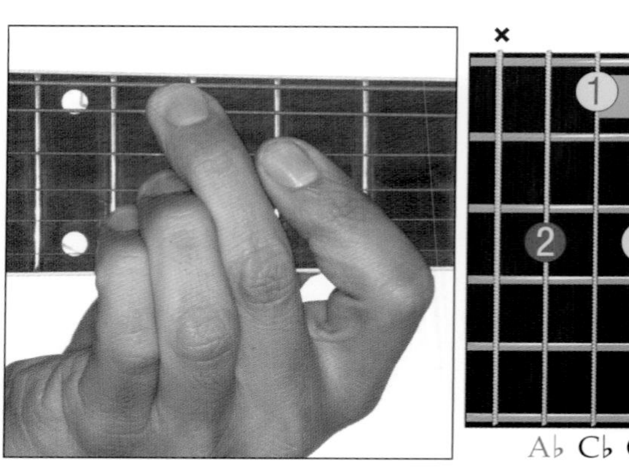
IX
A♭ C♭ G♭ B♭ D♭

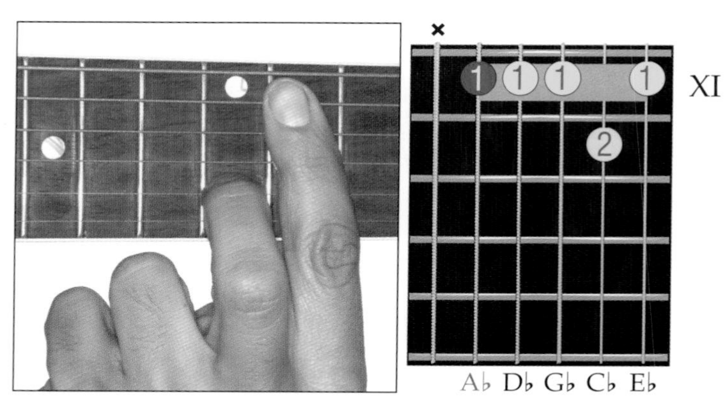
XI
A♭ D♭ G♭ C♭ E♭

A♭
G♯

A♭m13

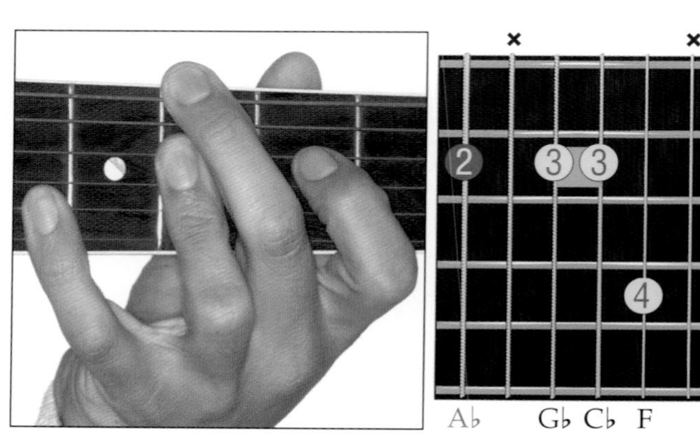
IV
A♭ G♭ C♭ F

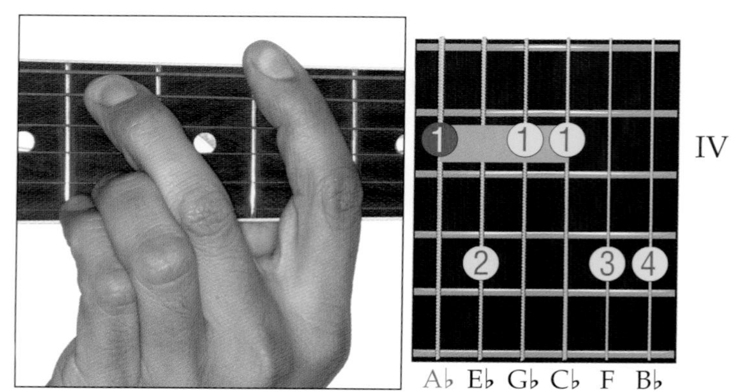
IV
A♭ E♭ G♭ C♭ F B♭

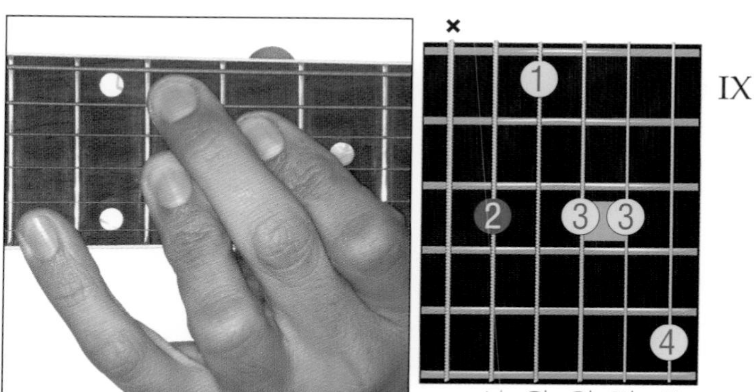
IX
A♭ C♭ G♭ B♭ F

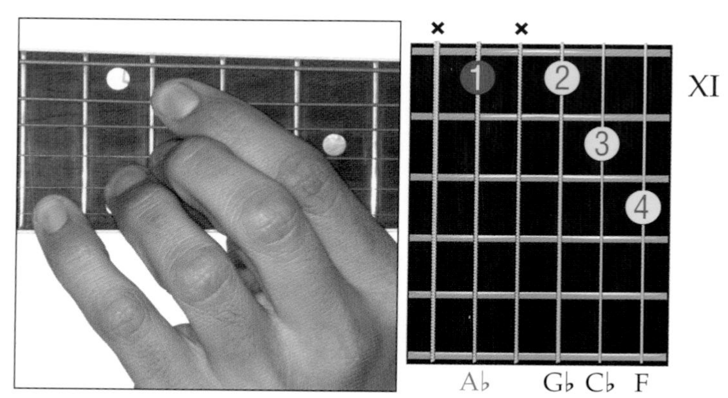
XI
A♭ G♭ C♭ F

A♭m7♭5

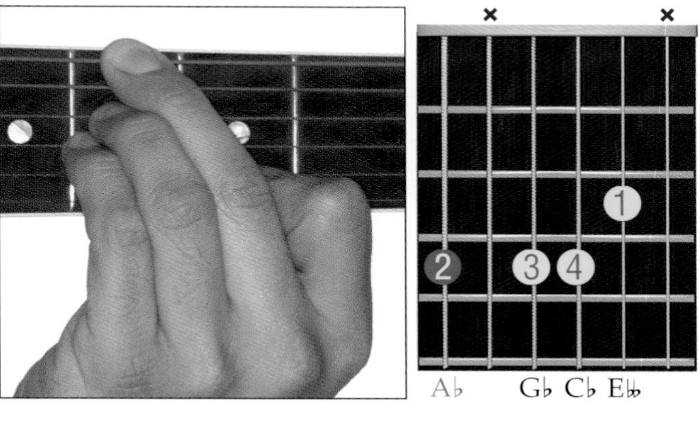
A♭ G♭ C♭ E♭♭

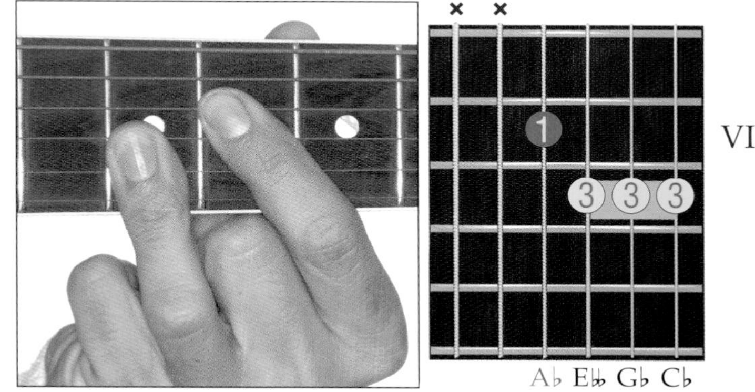
VI
A♭ E♭♭ G♭ C♭

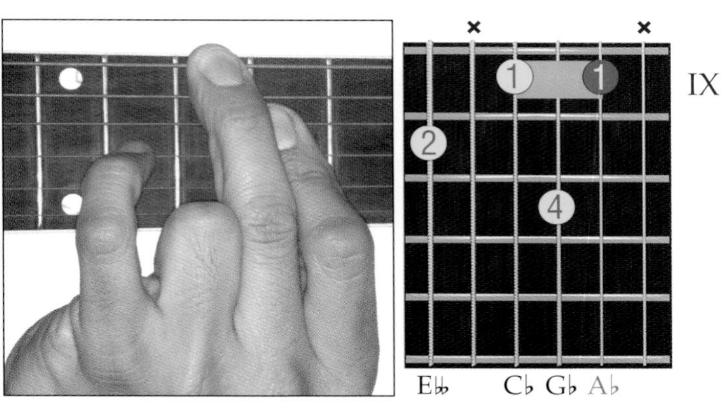
IX
E♭♭ C♭ G♭ A♭

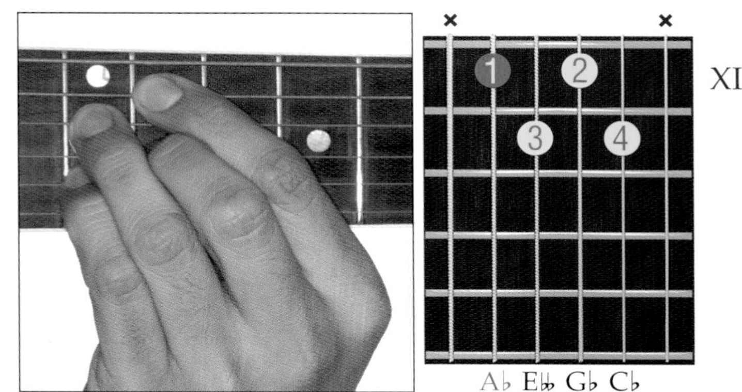
XI
A♭ E♭♭ G♭ C♭

A♭°7

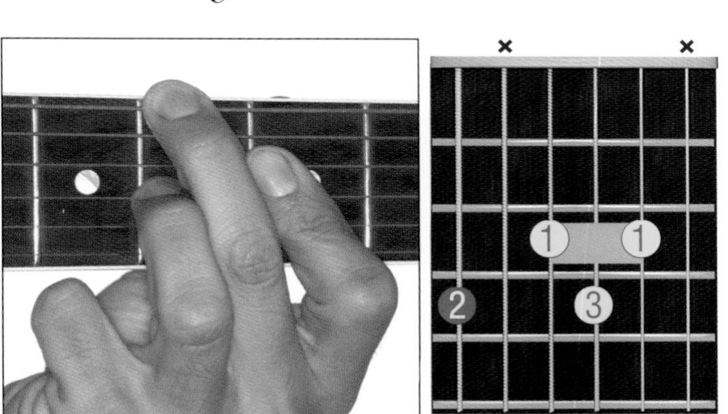
A♭ G♭♭ C♭ E♭♭

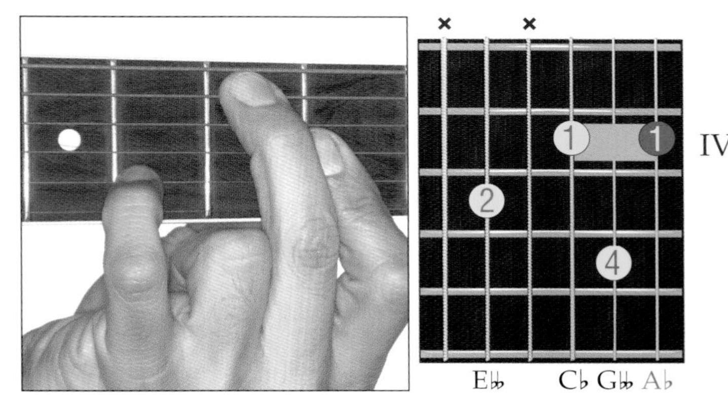
IV
E♭♭ C♭ G♭♭ A♭

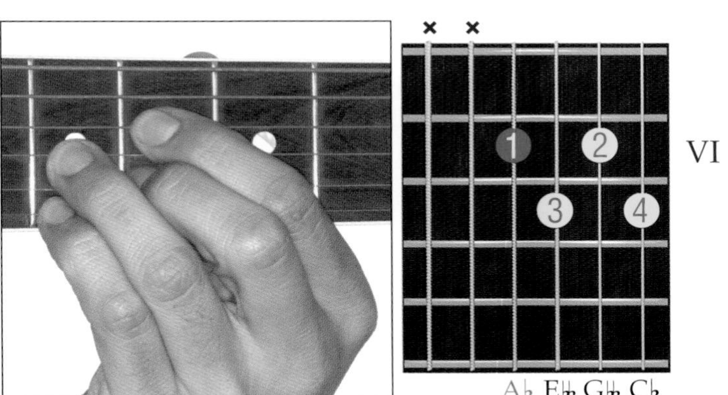
VI
A♭ E♭♭ G♭♭ C♭

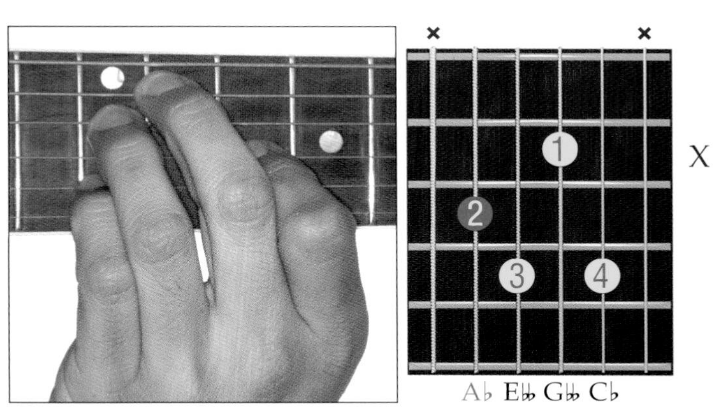
X
A♭ E♭♭ G♭♭ C♭

A♭7

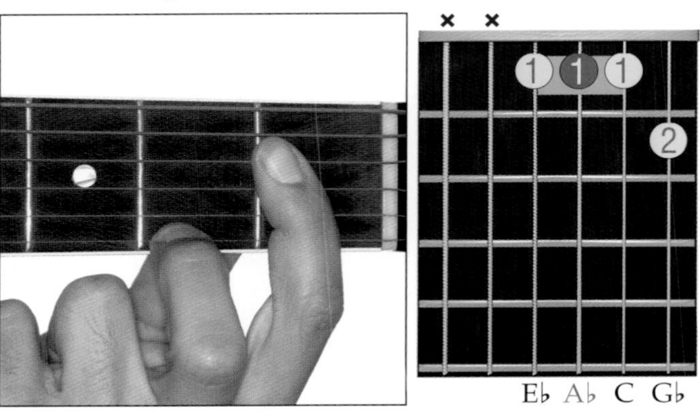
E♭ A♭ C G♭

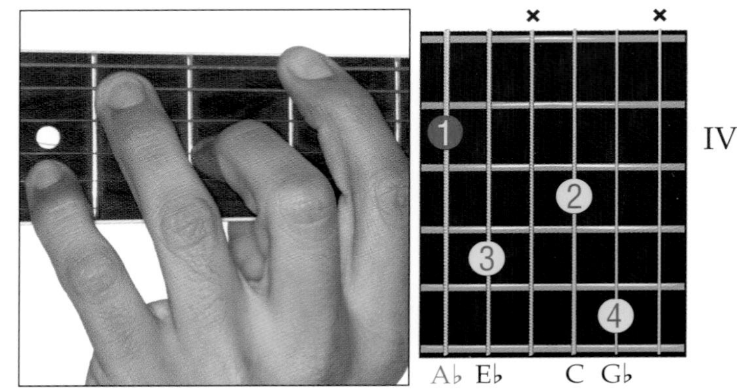
IV
A♭ E♭ C G♭

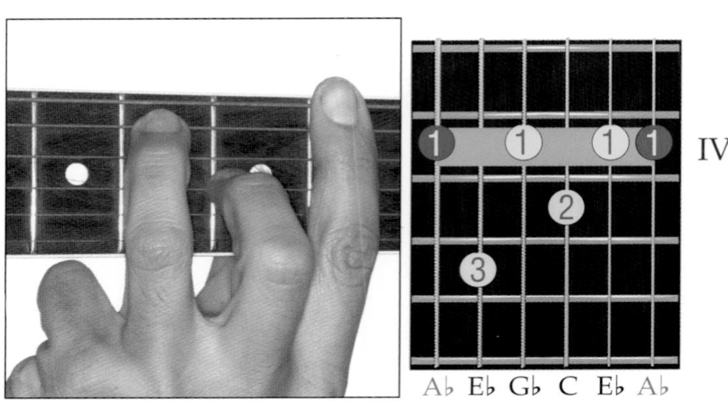
IV
A♭ E♭ G♭ C E♭ A♭

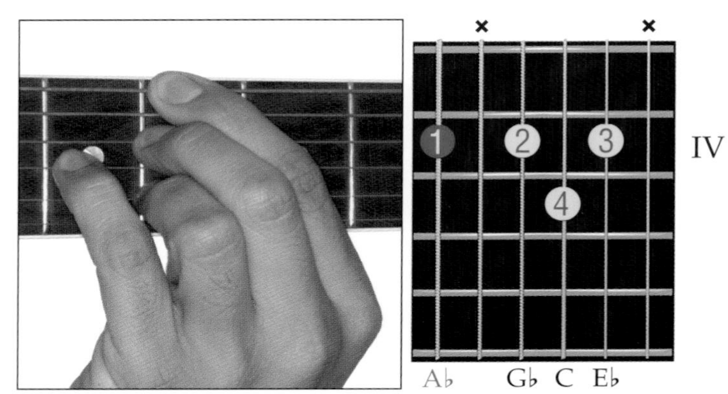
IV
A♭ G♭ C E♭

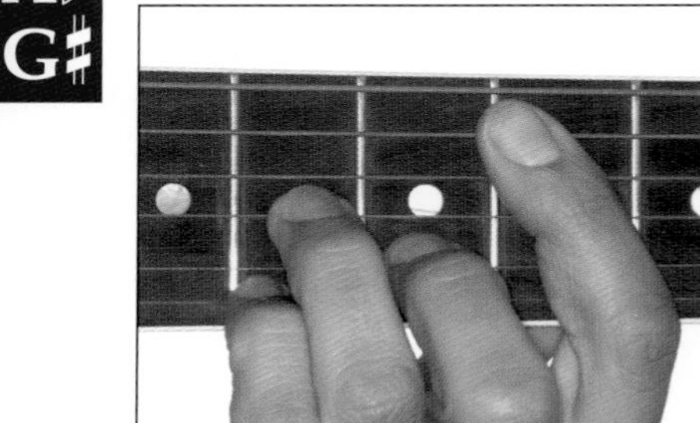

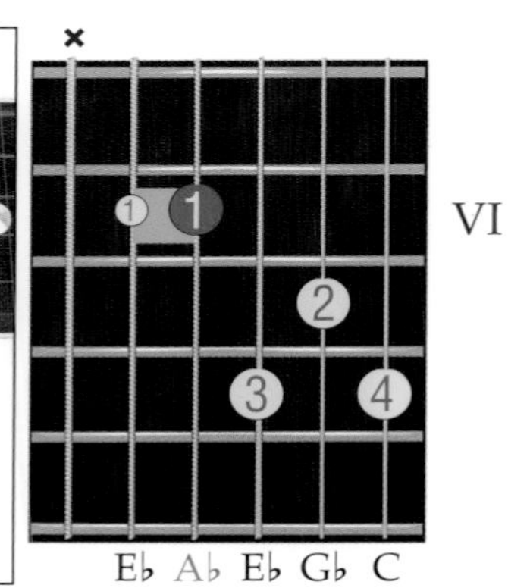
VI
E♭ A♭ E♭ G♭ C

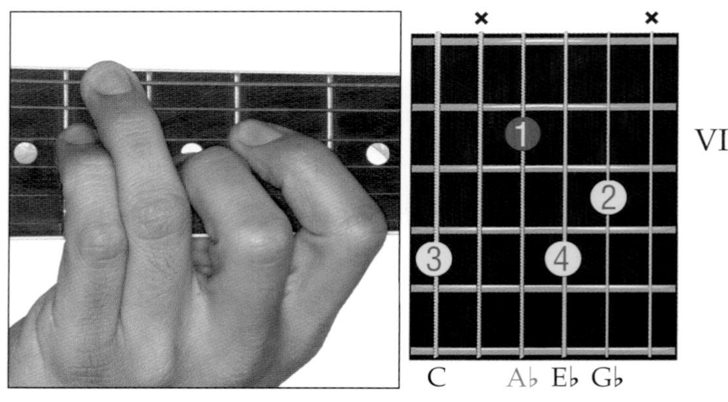
VI
C A♭ E♭ G♭

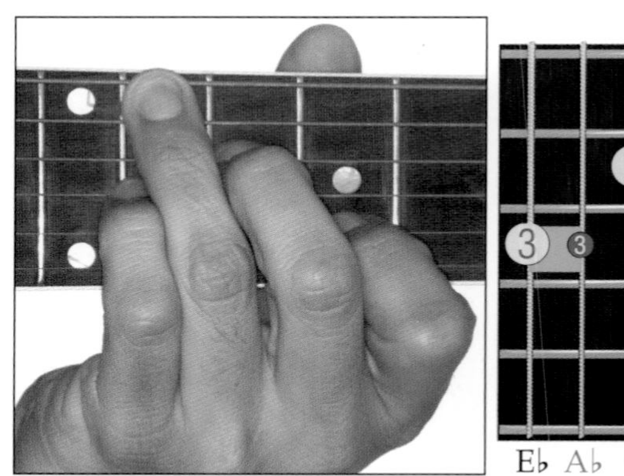

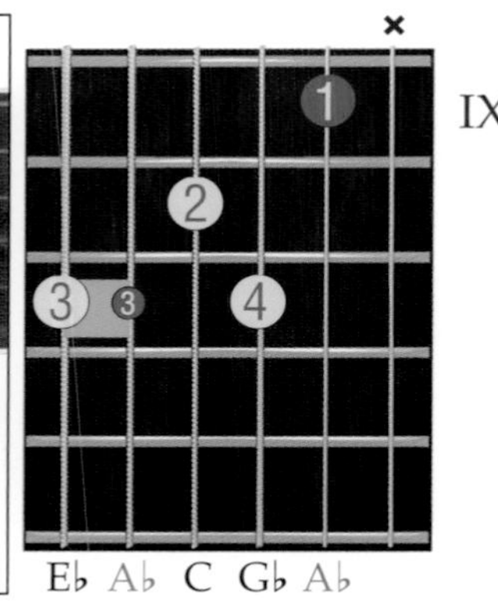
IX
E♭ A♭ C G♭ A♭

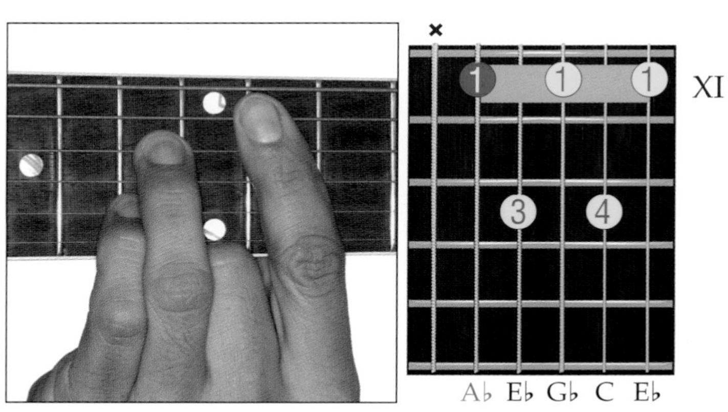
XI
A♭ E♭ G♭ C E♭

A♭7sus4

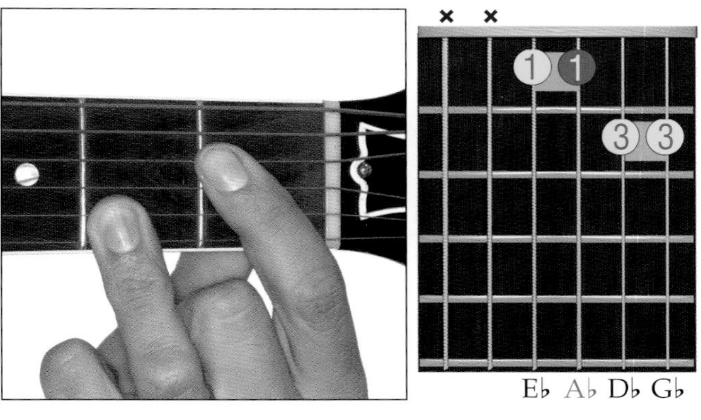
E♭ A♭ D♭ G♭

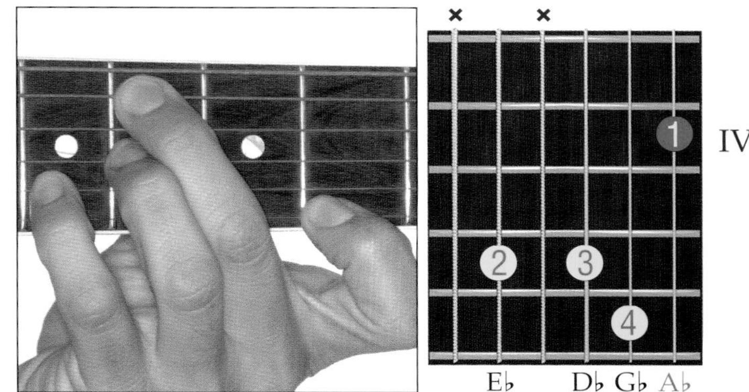
IV
E♭ D♭ G♭ A♭

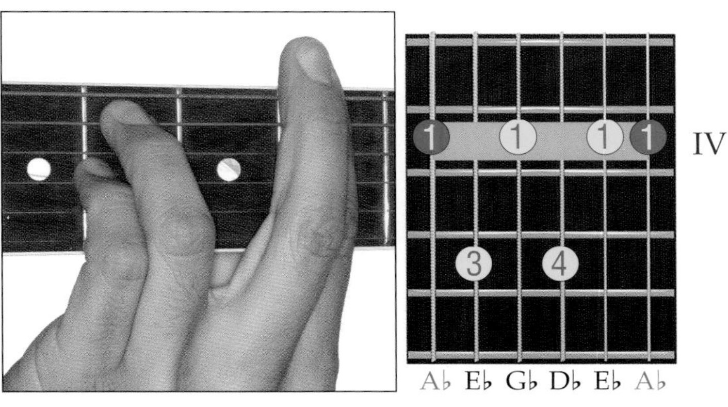
IV
A♭ E♭ G♭ D♭ E♭ A♭

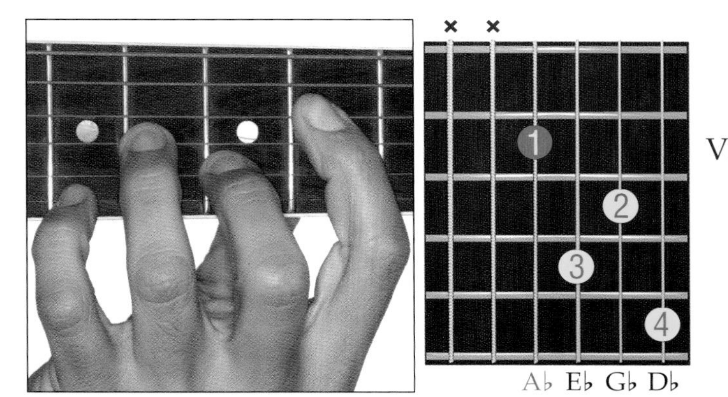
VI
A♭ E♭ G♭ D♭

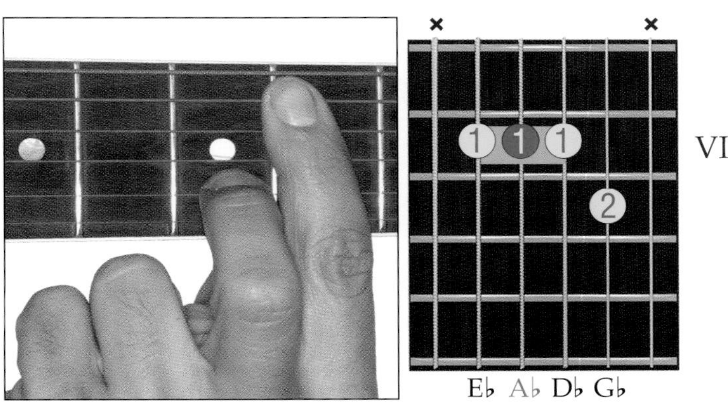
VI
E♭ A♭ D♭ G♭

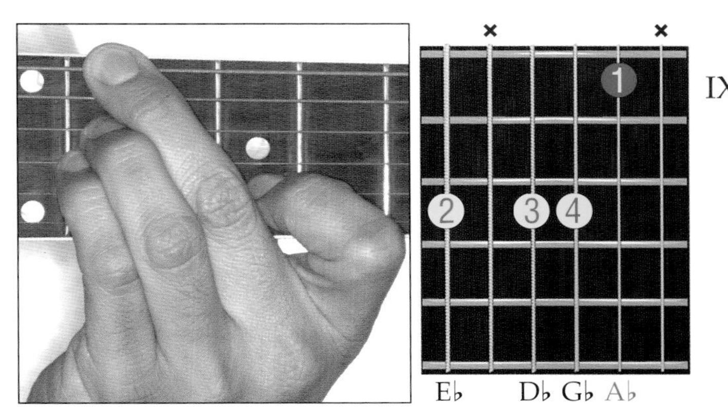
IX
E♭ D♭ G♭ A♭

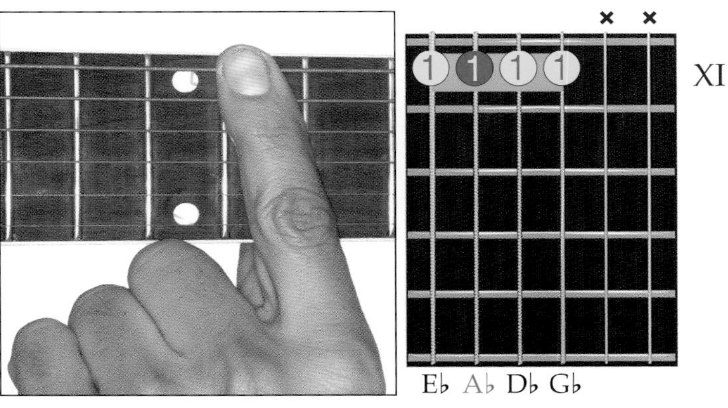
XI
E♭ A♭ D♭ G♭

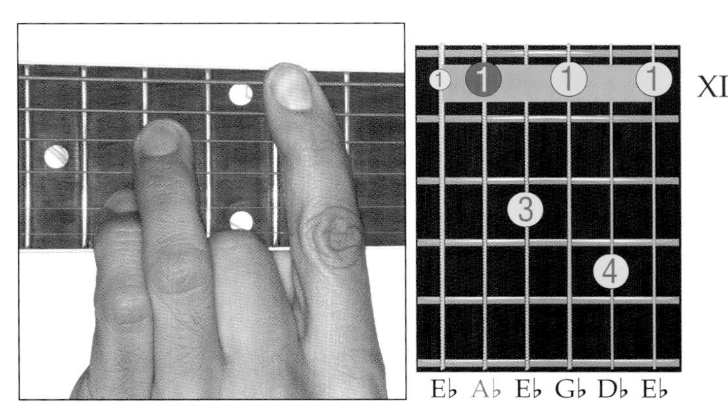
XI
E♭ A♭ E♭ G♭ D♭ E♭

A♭7♭5

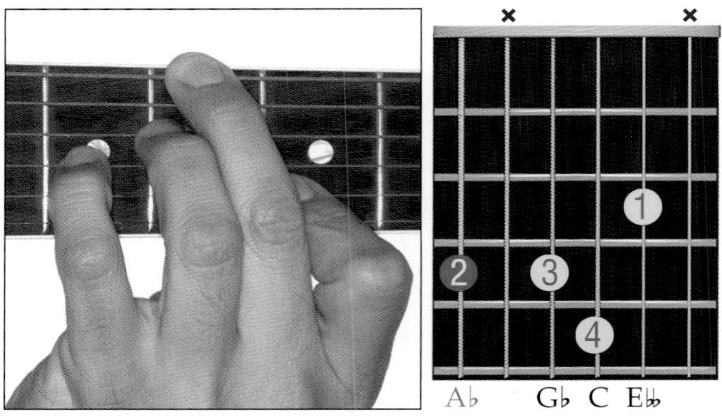
A♭ G♭ C E𝄫

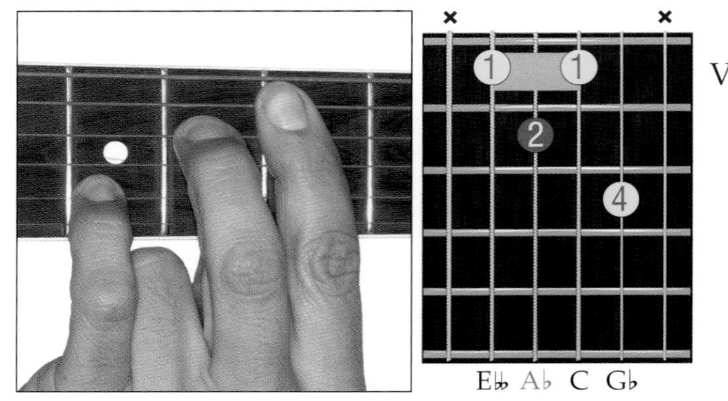
V
E𝄫 A♭ C G♭

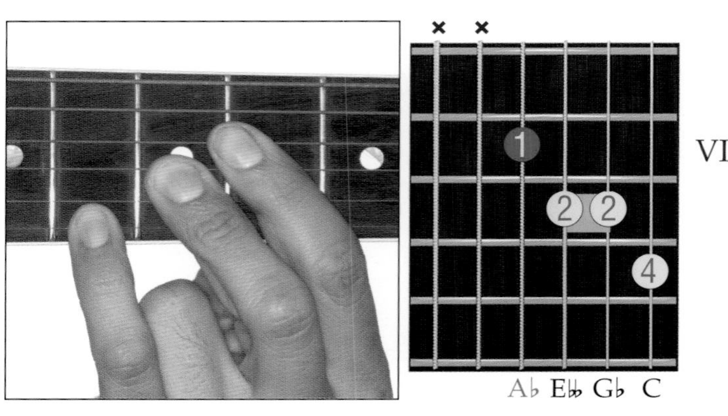
VI
A♭ E𝄫 G♭ C

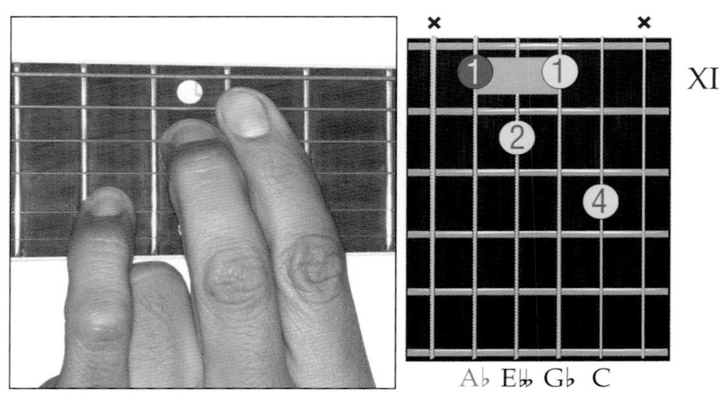
XI
A♭ E𝄫 G♭ C

A♭7+

A♭
G♯

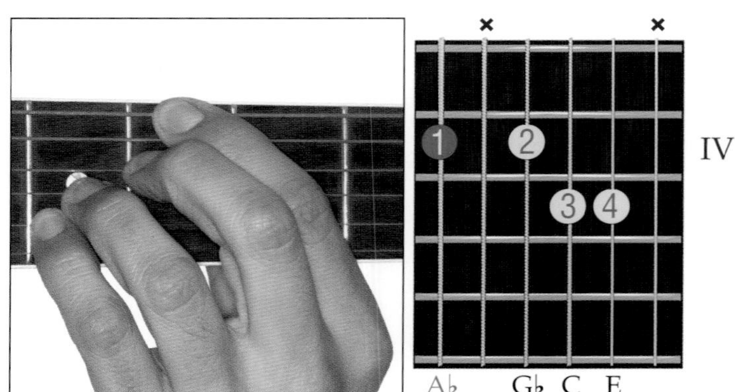
IV
A♭ G♭ C E

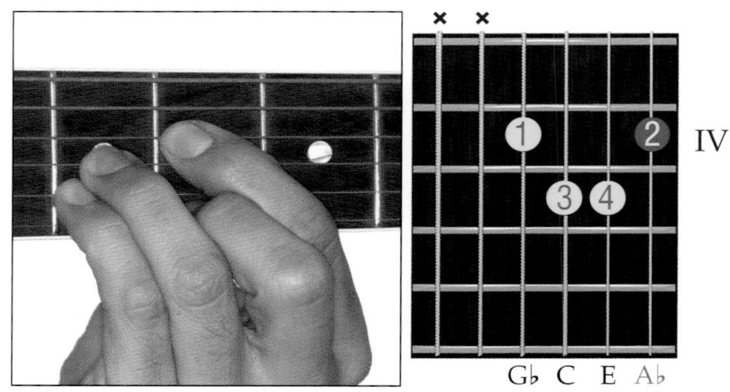
IV
G♭ C E A♭

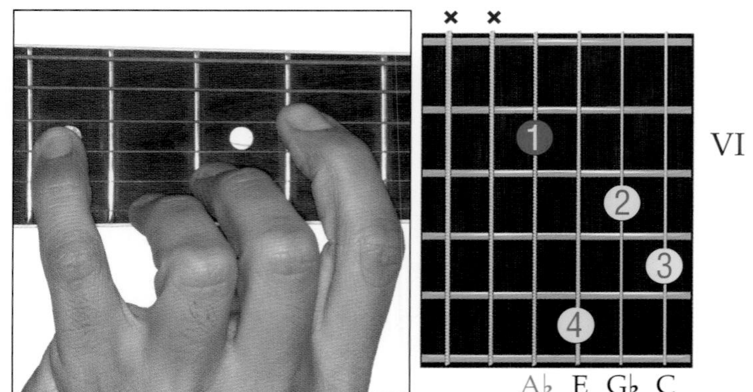
VI
A♭ E G♭ C

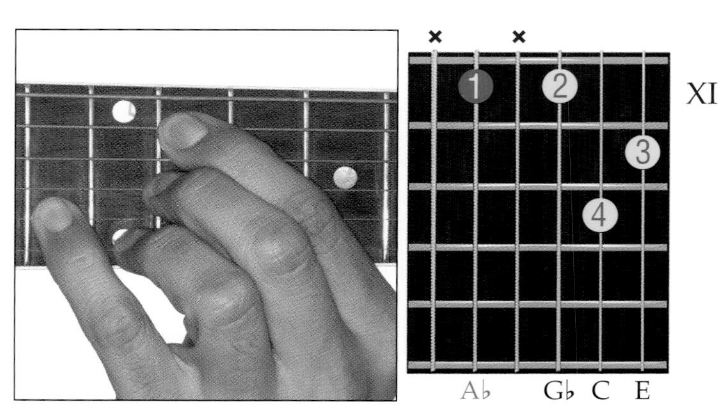
XI
A♭ G♭ C E

A♭9

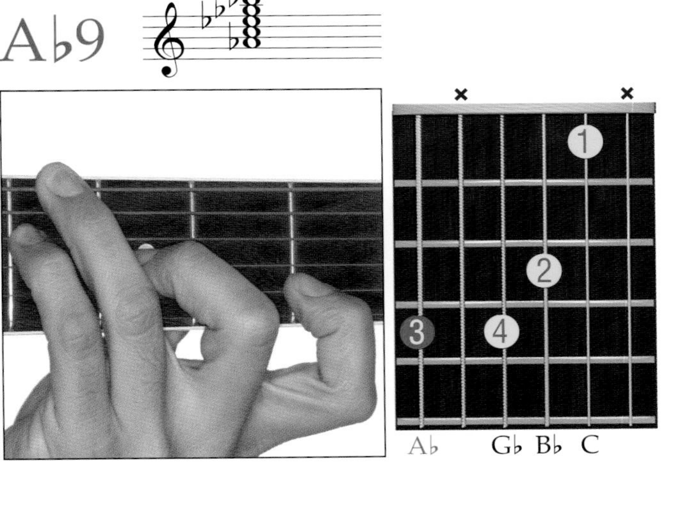
A♭ G♭ B♭ C

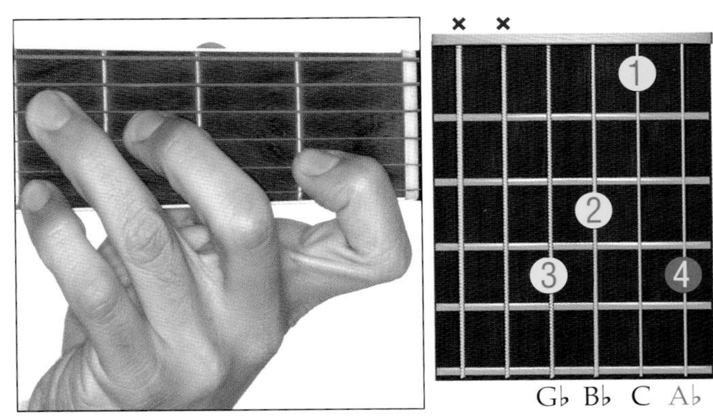
G♭ B♭ C A♭

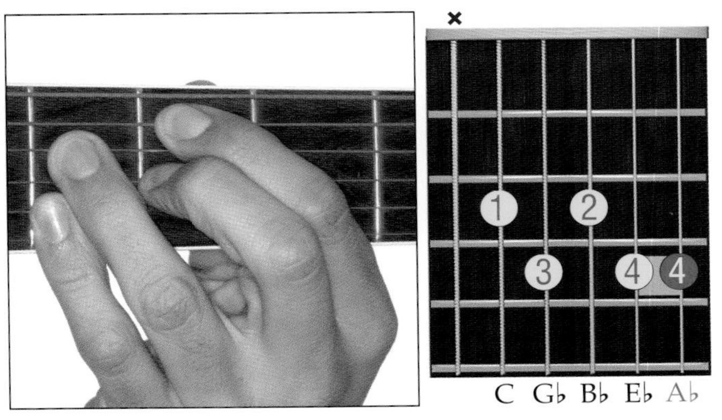
C G♭ B♭ E♭ A♭

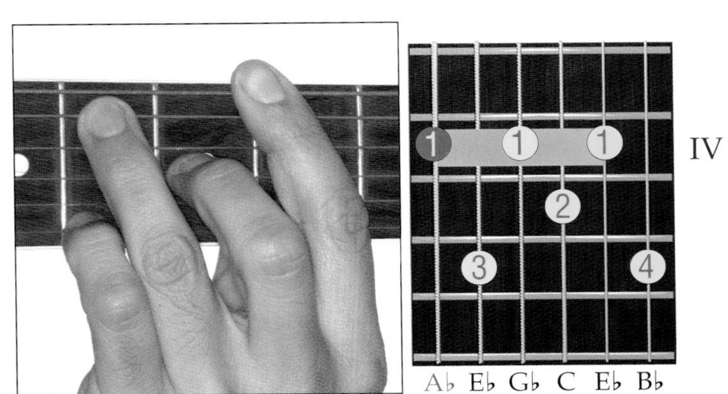
IV
A♭ E♭ G♭ C E♭ B♭

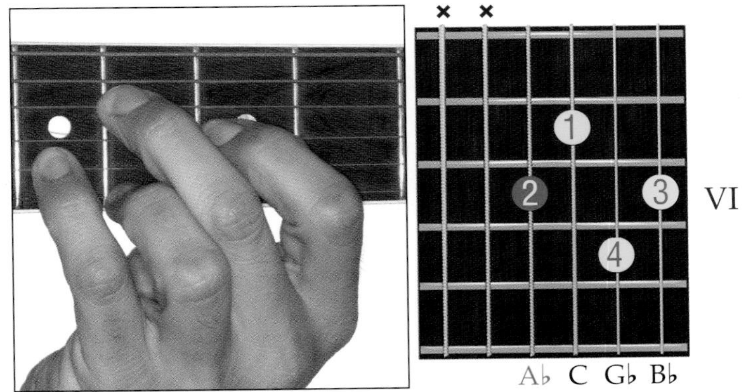
VI
A♭ C G♭ B♭

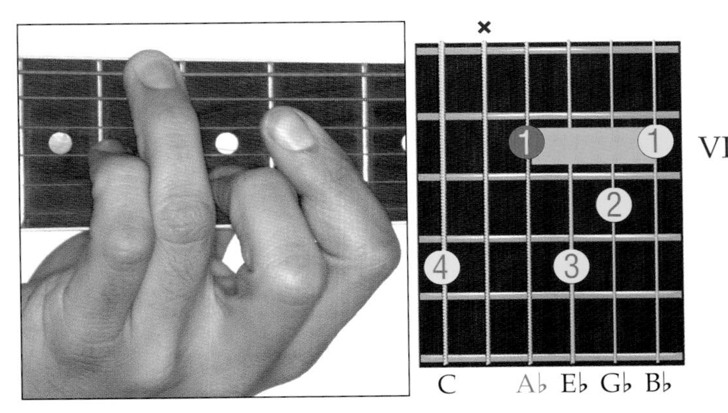
VI
C A♭ E♭ G♭ B♭

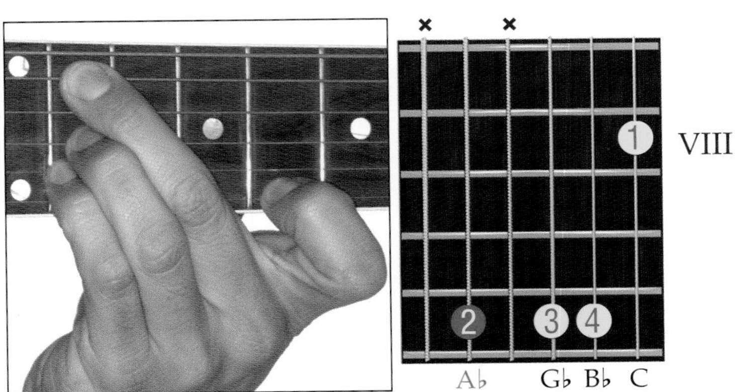
VIII
A♭ G♭ B♭ C

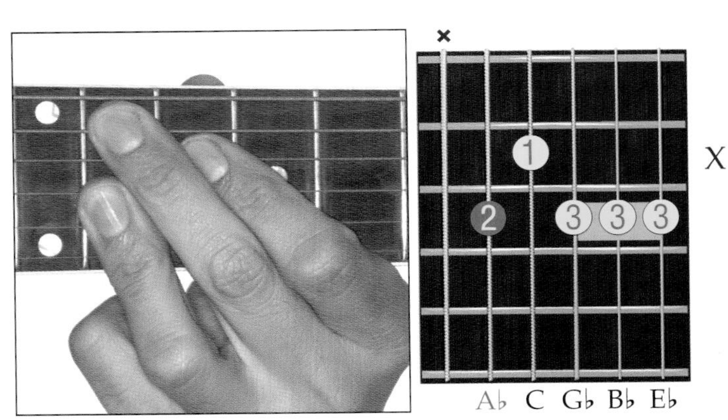
X
A♭ C G♭ B♭ E♭

A♭9sus4

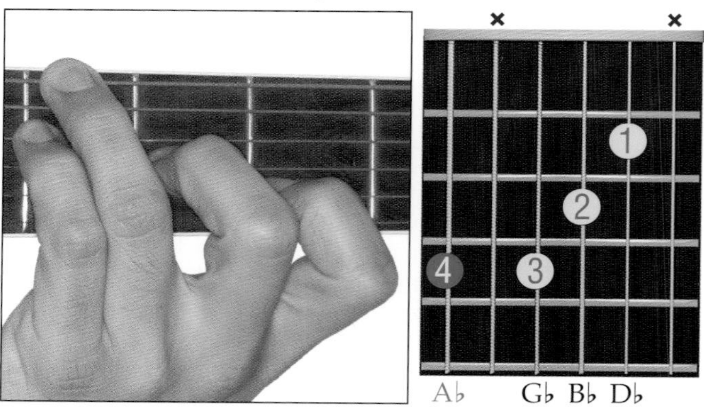
A♭ G♭ B♭ D♭

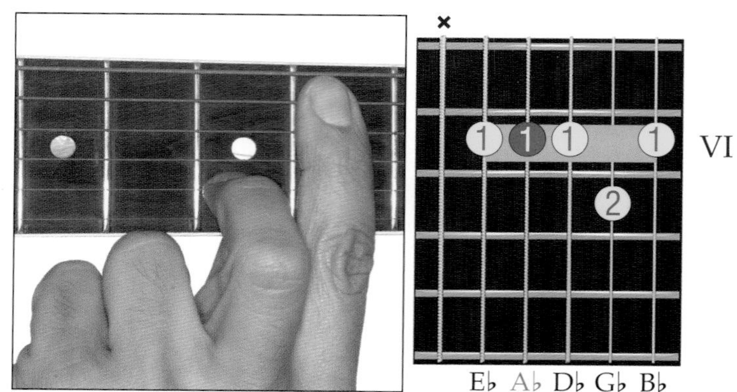
VI
E♭ A♭ D♭ G♭ B♭

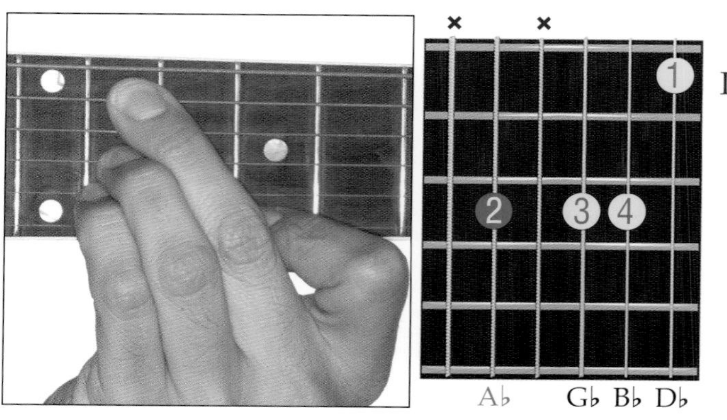
IX
A♭ G♭ B♭ D♭

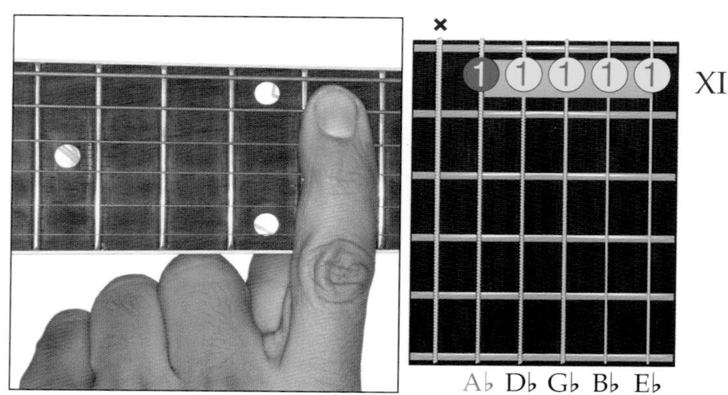
XI
A♭ D♭ G♭ B♭ E♭

A♭9♭5

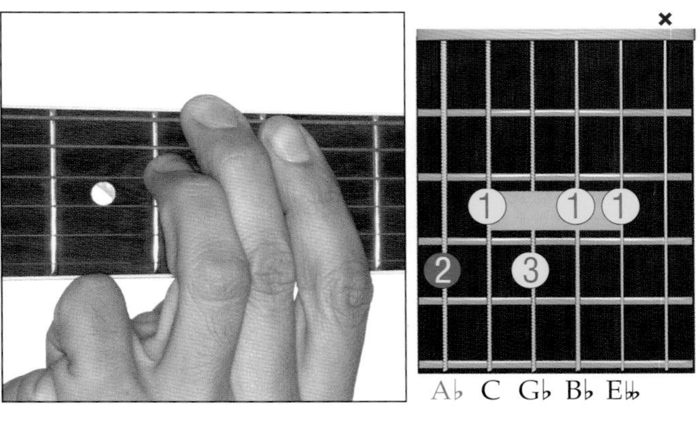
A♭ C G♭ B♭ E𝄫

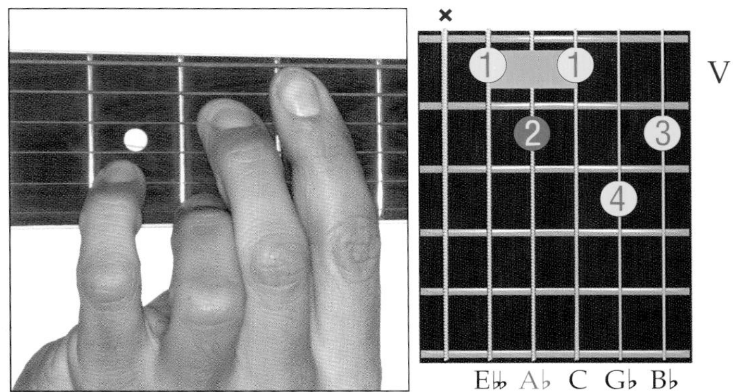
V
E𝄫 A♭ C G♭ B♭

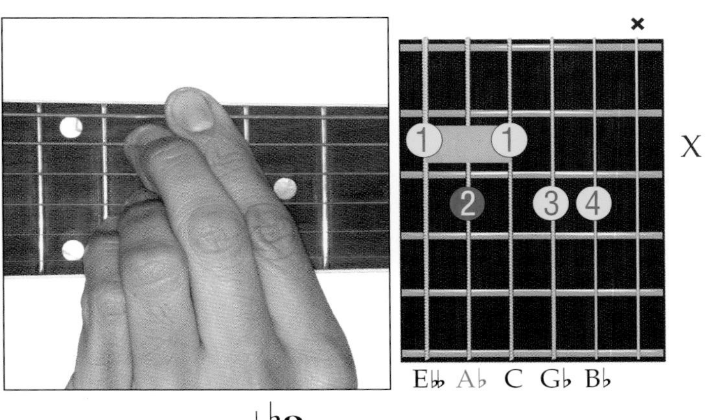
X
E𝄫 A♭ C G♭ B♭

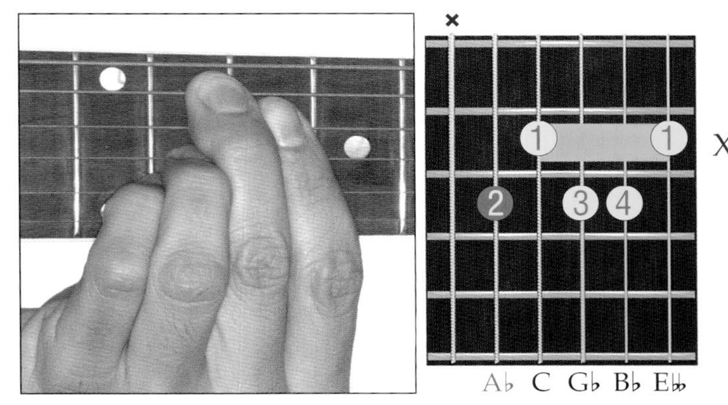
X
A♭ C G♭ B♭ E𝄫

A♭9+

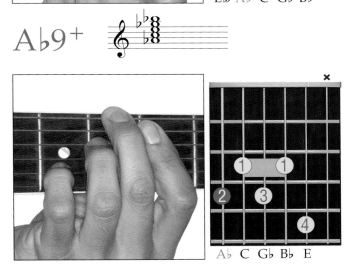

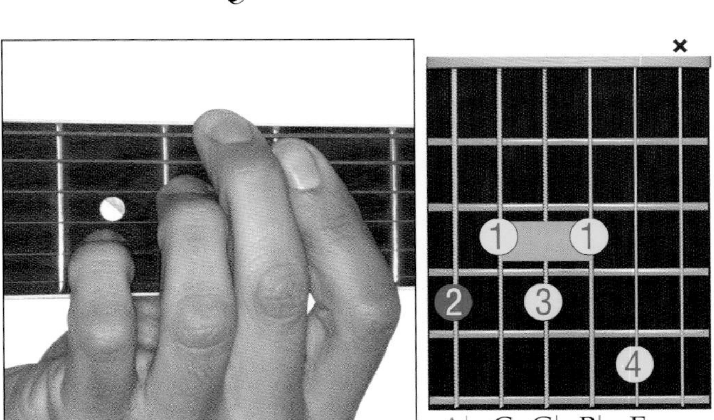
A♭ C G♭ B♭ E

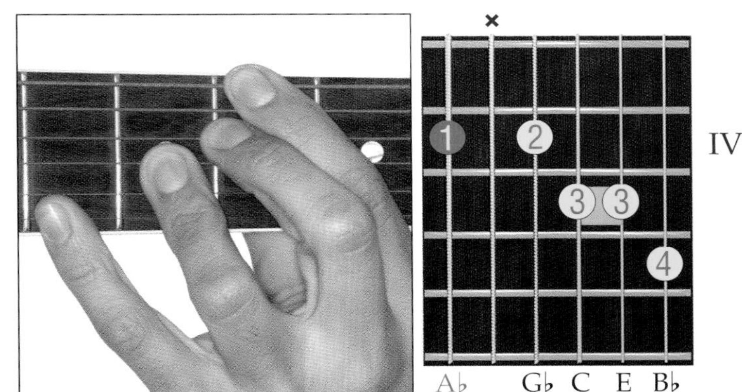
IV
A♭ G♭ C E B♭

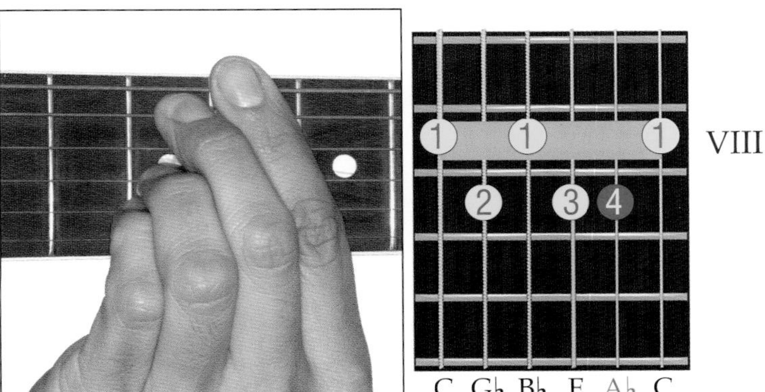
VIII
C G♭ B♭ E A♭ C

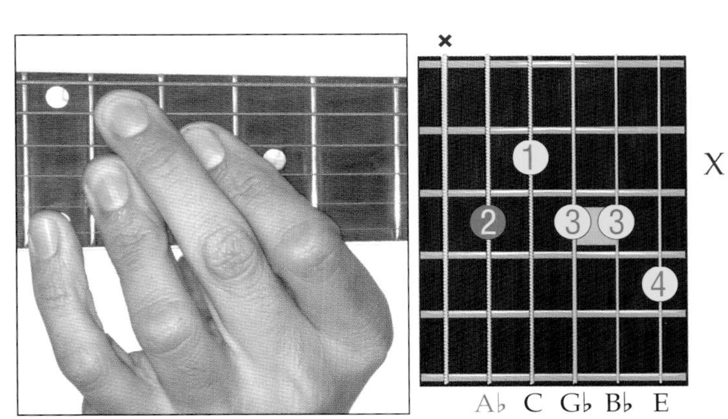
X
A♭ C G♭ B♭ E

A♭13

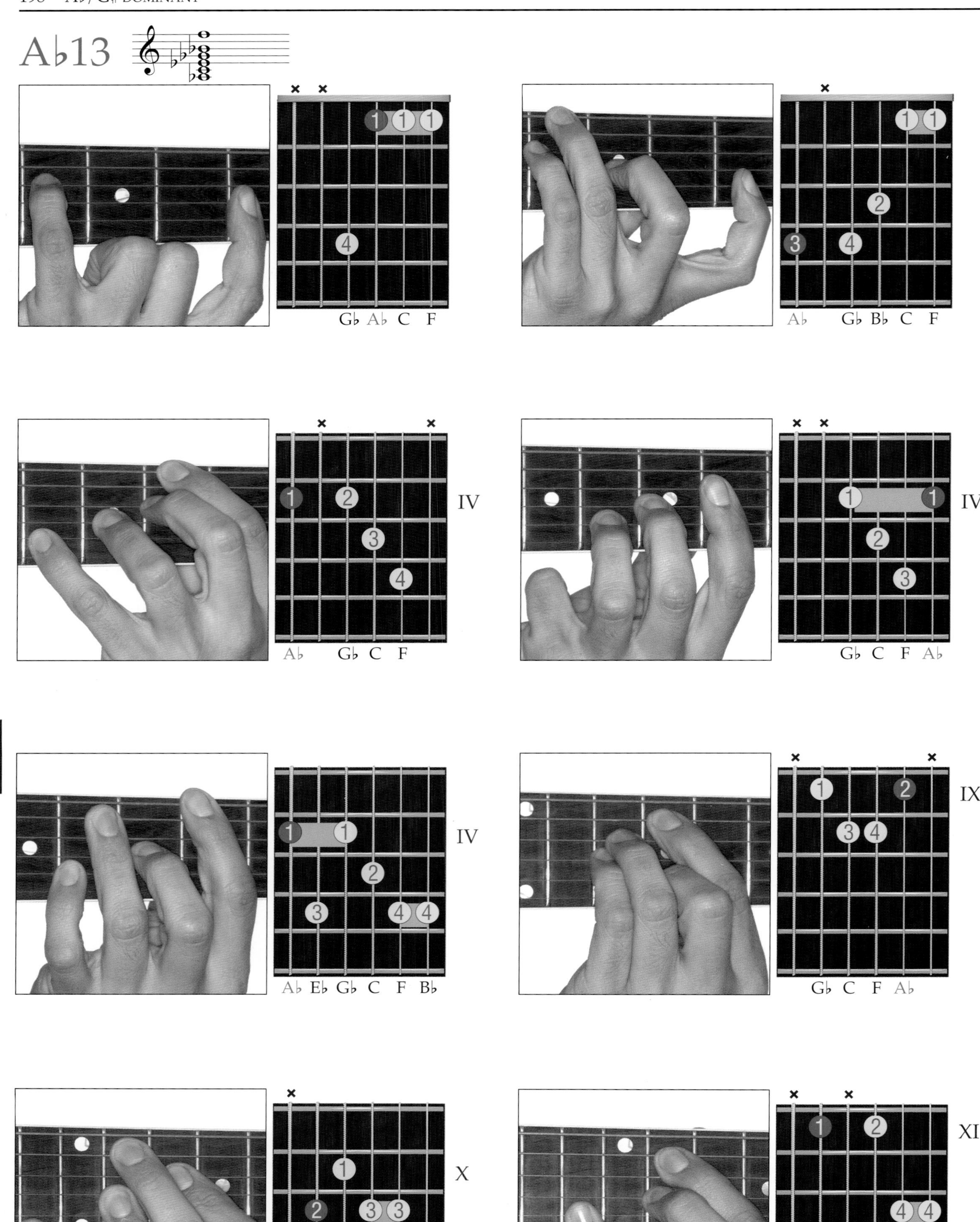
G♭ A♭ C F
A♭ G♭ B♭ C F
IV
A♭ G♭ C F
IV
G♭ C F A♭
IV
A♭ E♭ G♭ C F B♭
IX
G♭ C F A♭
X
A♭ C G♭ B♭ F
XI
A♭ G♭ C F
A♭
G♯

A

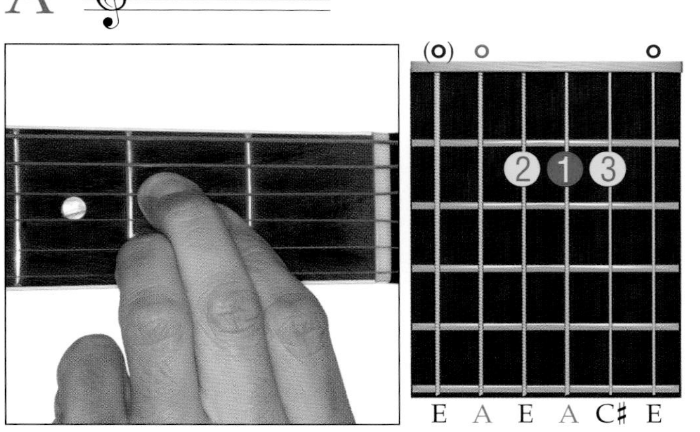
(o) o o
E A E A C♯ E

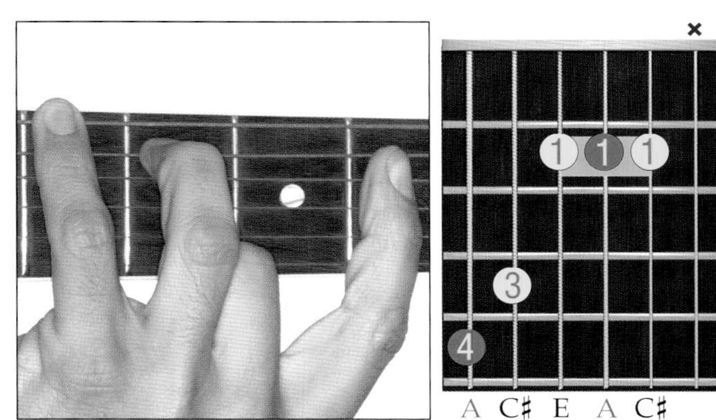
×
A C♯ E A C♯

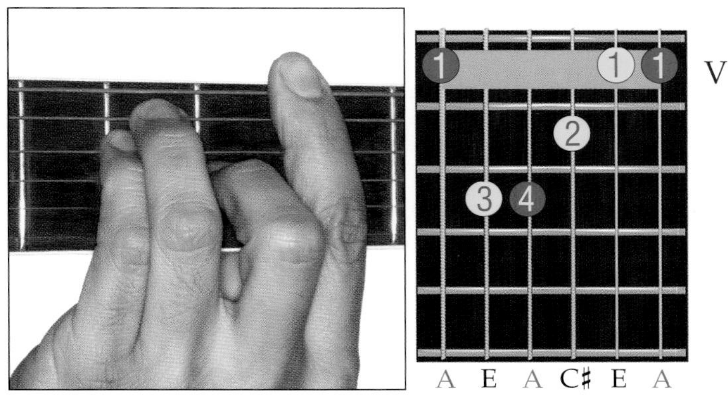
V
A E A C♯ E A

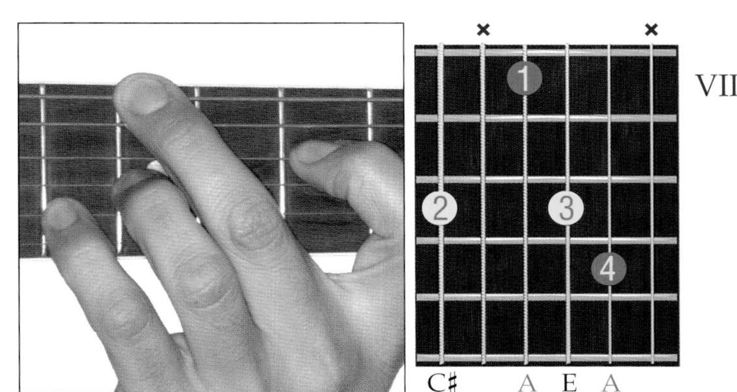
× ×
VII
C♯ A E A

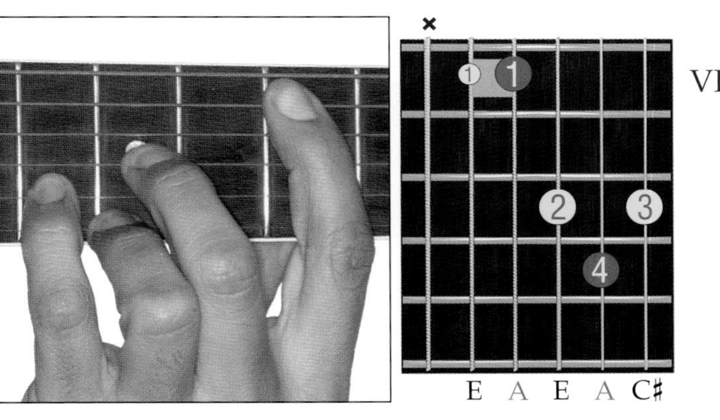
×
VII
E A E A C♯

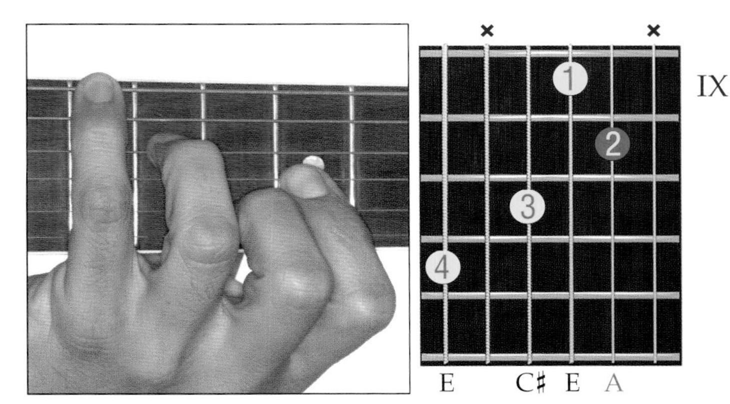
× ×
IX
E C♯ E A

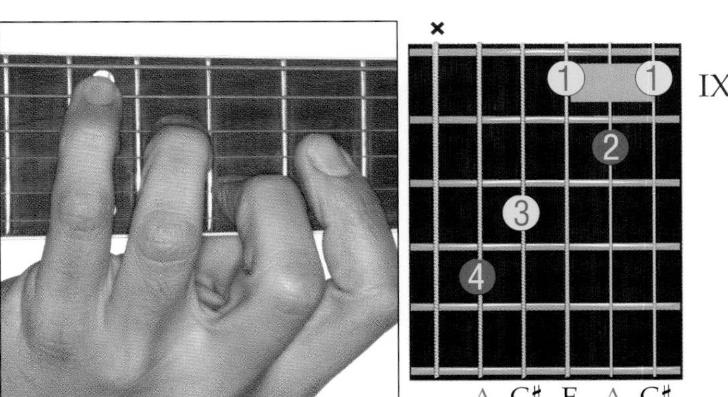
×
IX
A C♯ E A C♯

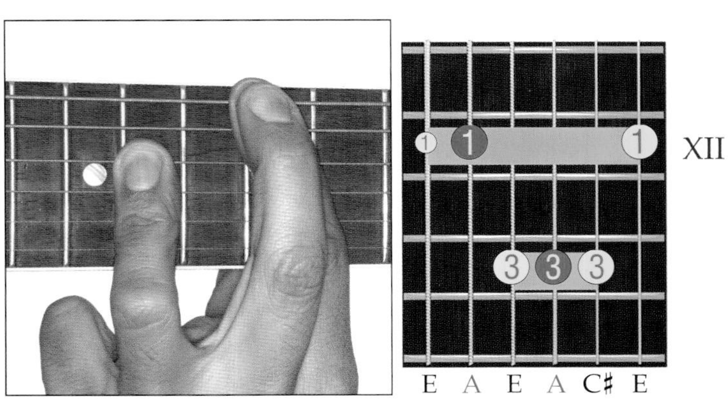
XII
E A E A C♯ E

A

Asus4

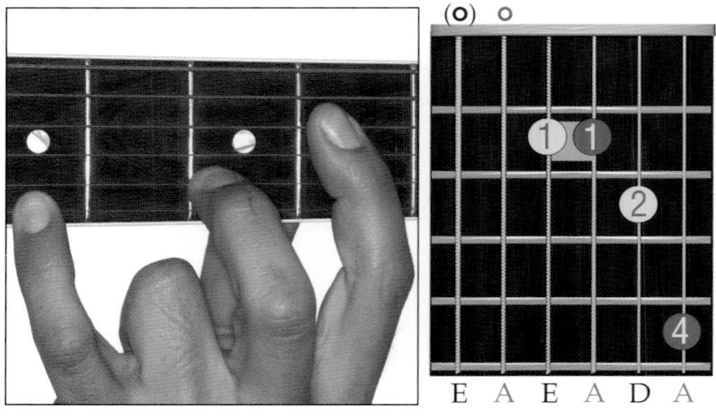
E A E A D A

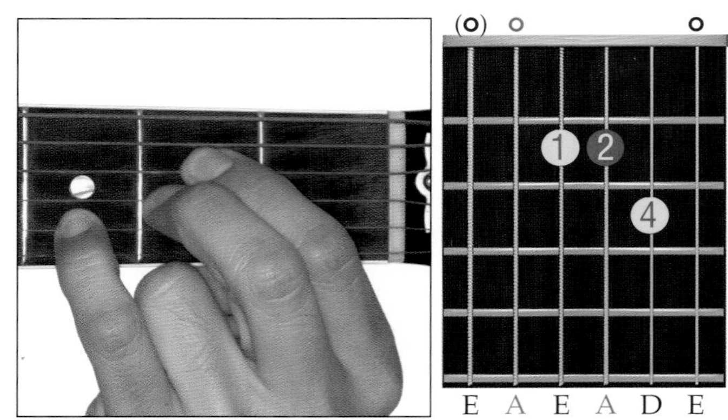
E A E A D E

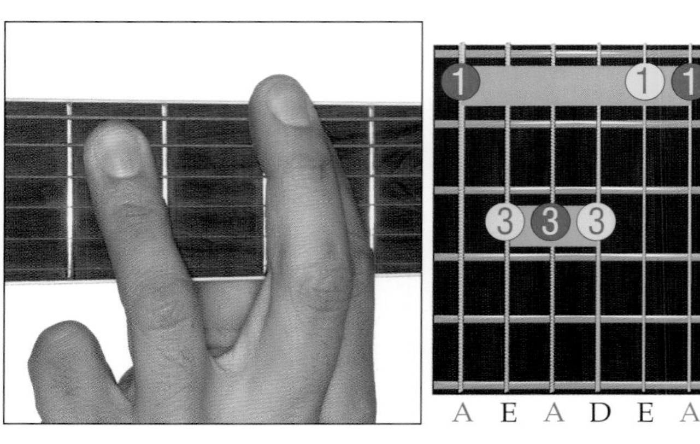
V
A E A D E A

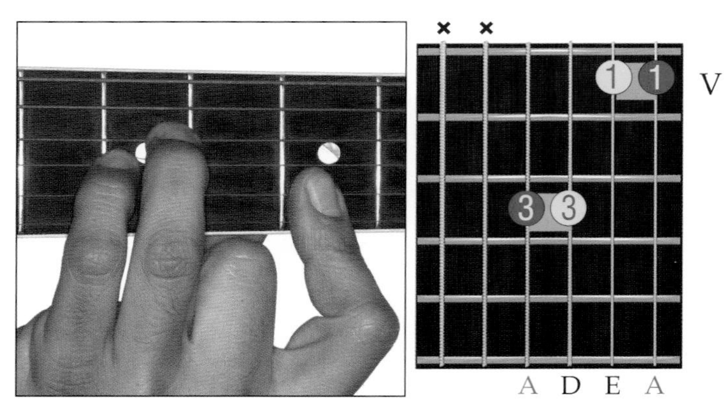
V
A D E A

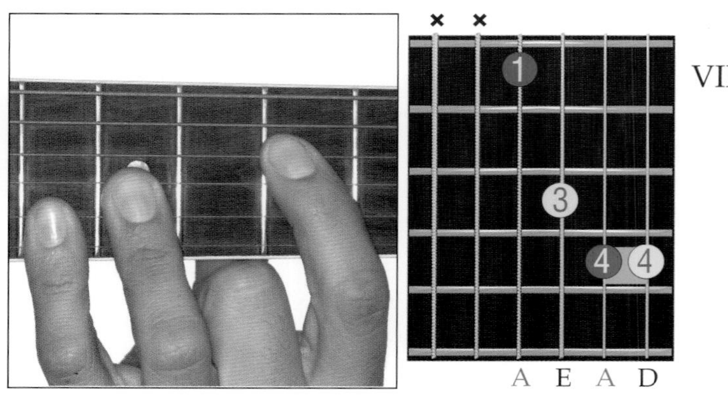
VII
A E A D

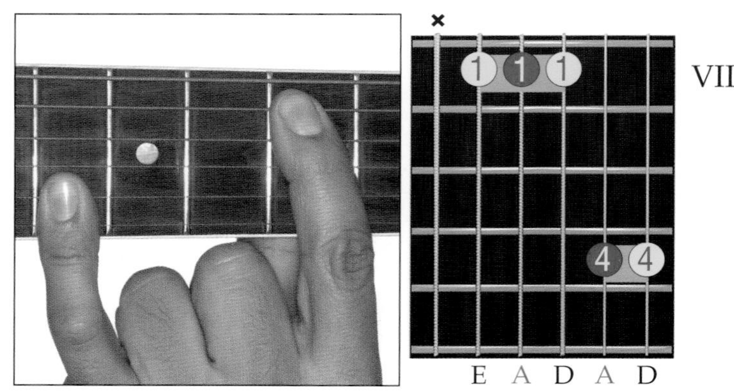
VII
E A D A D

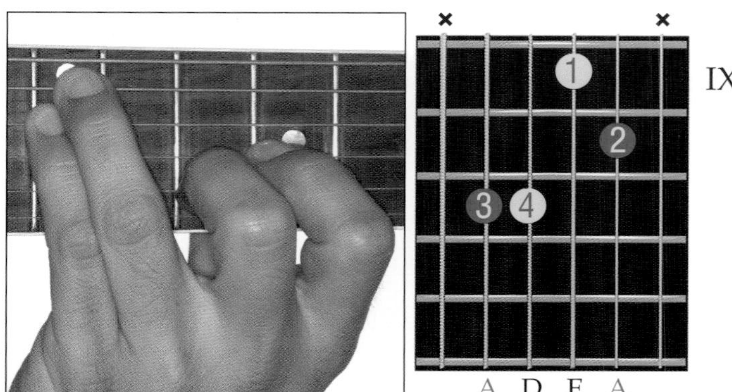
IX
A D E A

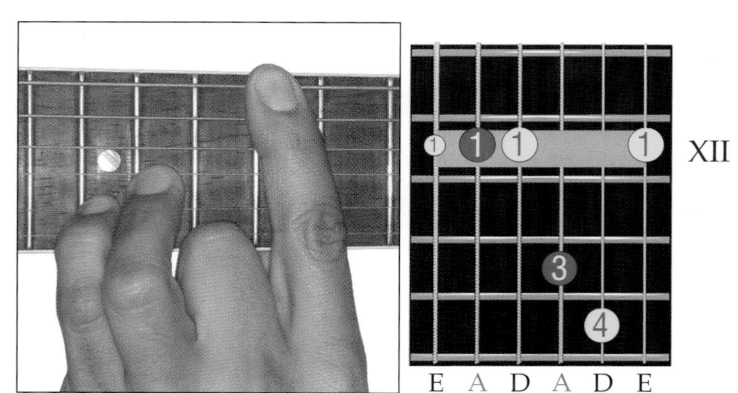
XII
E A D A D E

A6

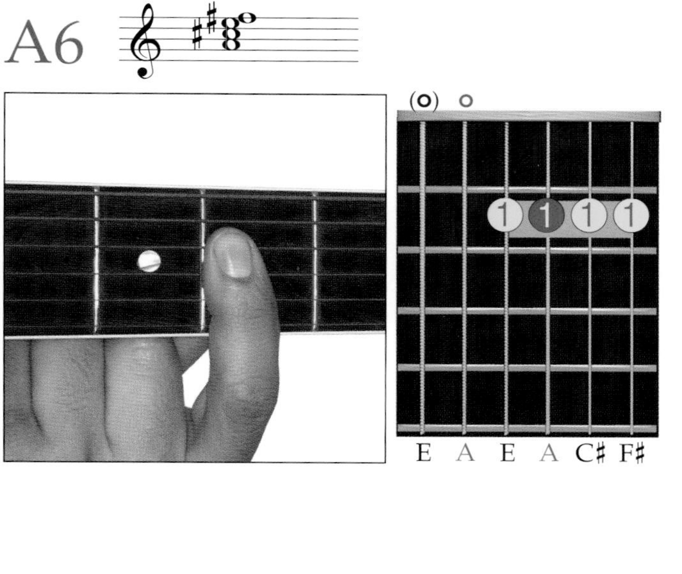
(o) o
1 1 1 1
E A E A C♯ F♯

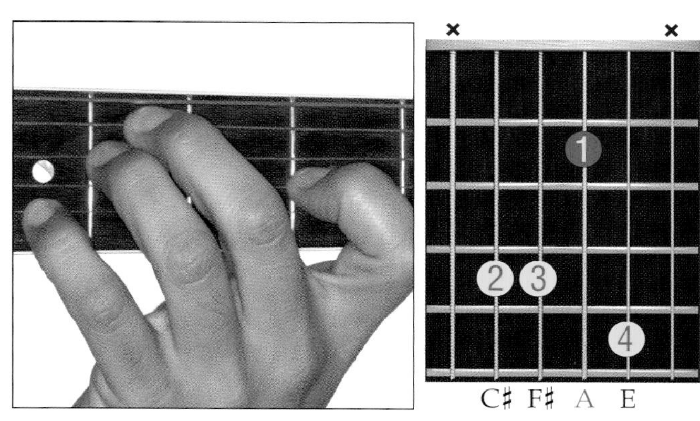
× ×
1
2 3
4
C♯ F♯ A E

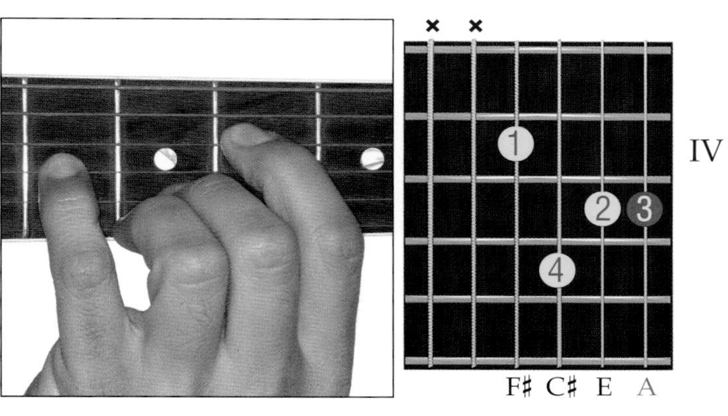
× ×
1
2 3
4
IV
F♯ C♯ E A

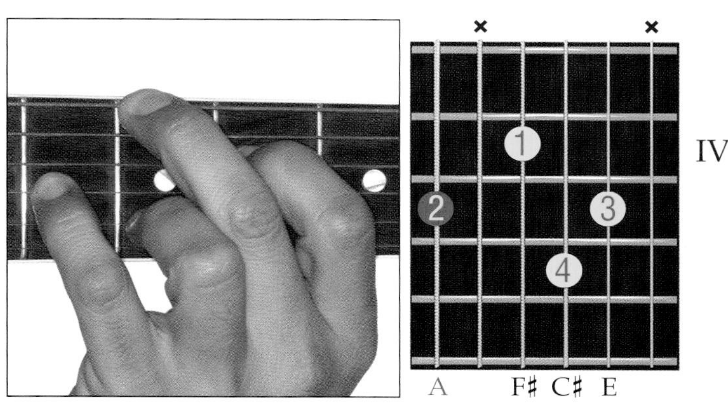
× ×
1
2 3
4
IV
A F♯ C♯ E

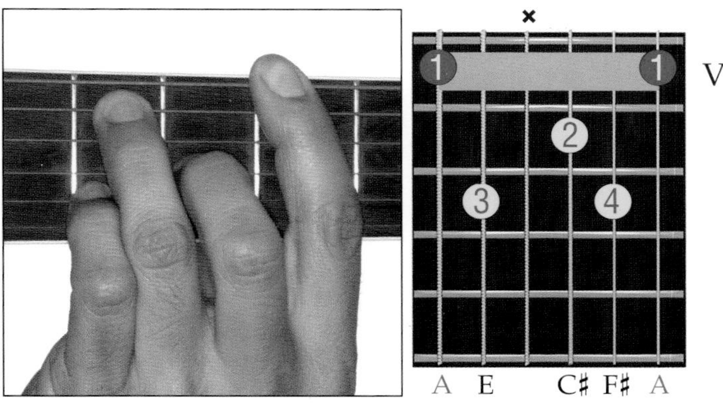
×
1 1
2
3 4
V
A E C♯ F♯ A

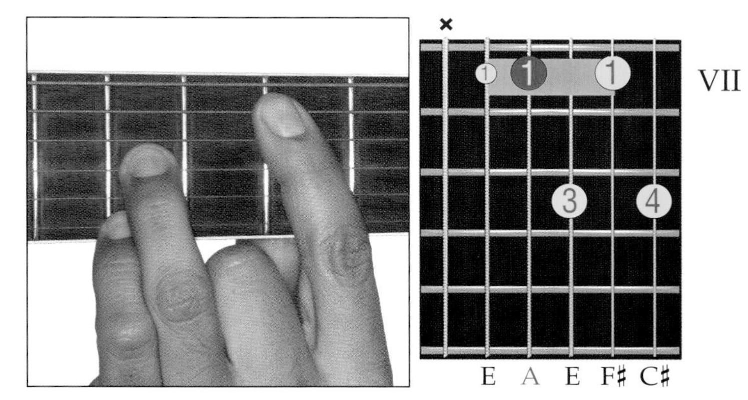
×
1 1
3 4
VII
E A E F♯ C♯

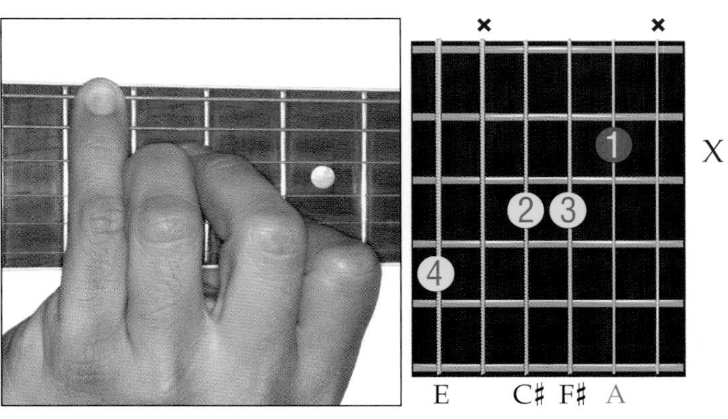
× ×
1
2 3
4
X
E C♯ F♯ A

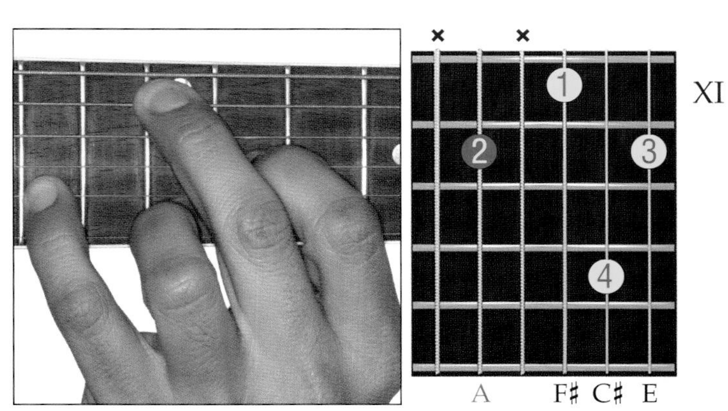
× ×
1
2 3
4
XI
A F♯ C♯ E

A6/9

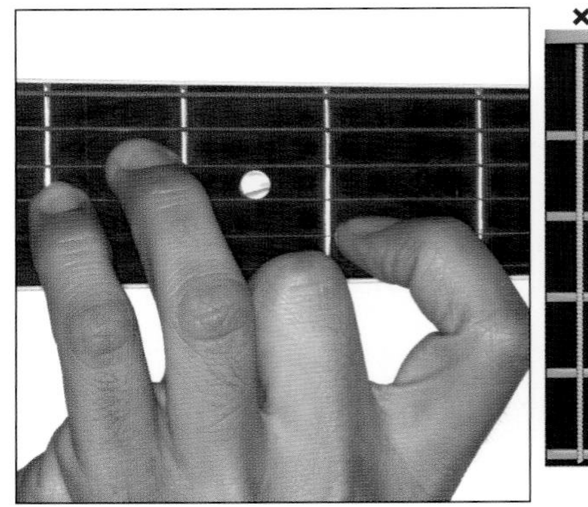
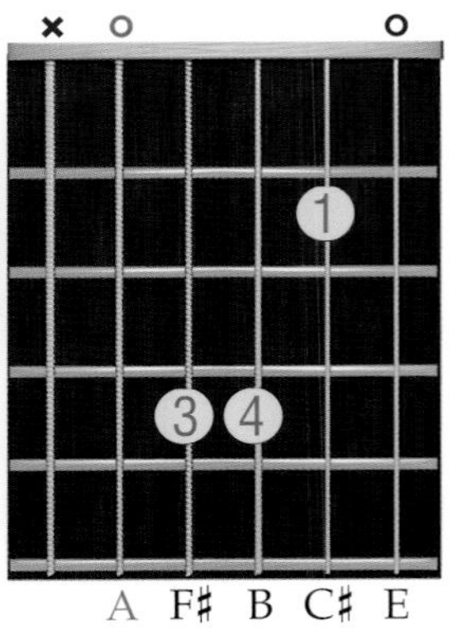
A F♯ B C♯ E
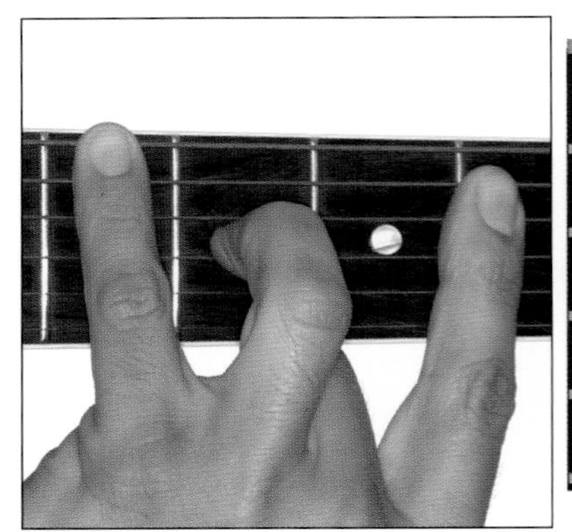
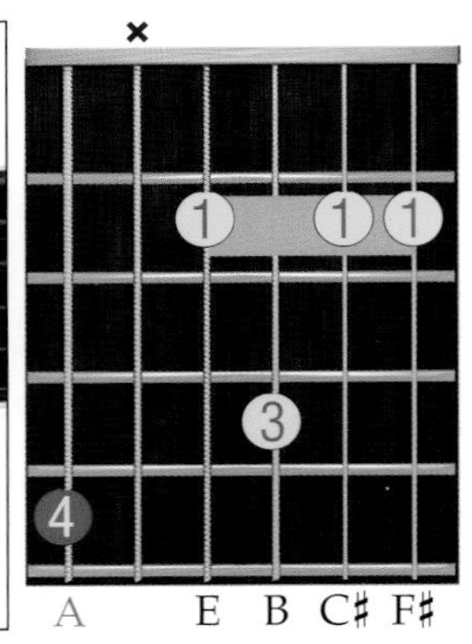
A E B C♯ F♯

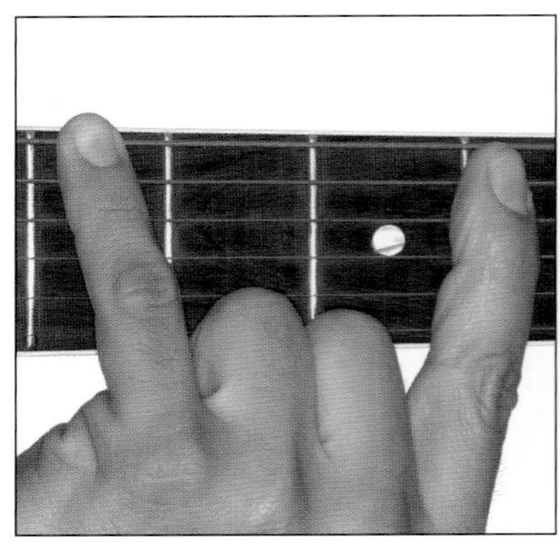
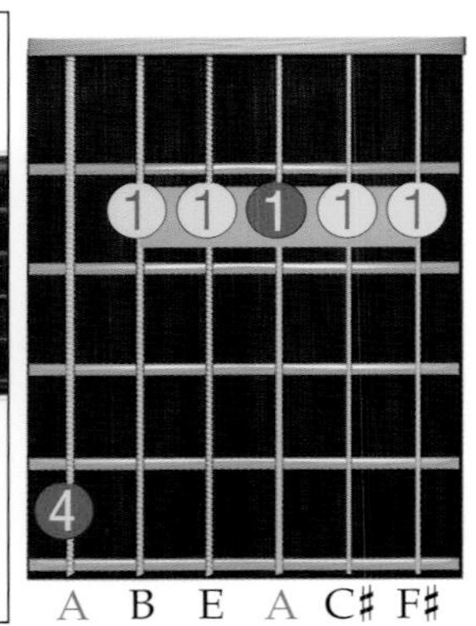
A B E A C♯ F♯
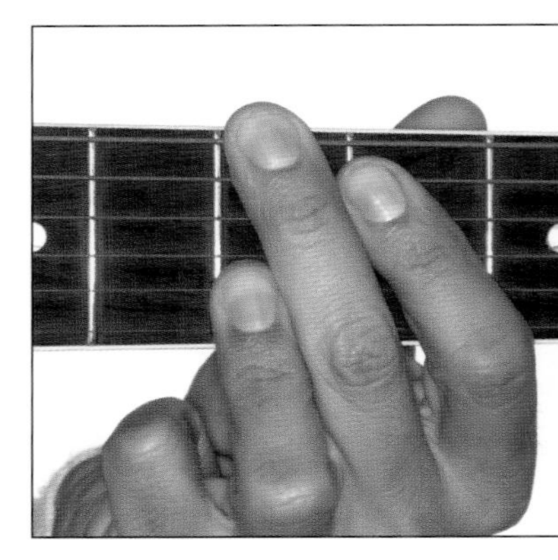
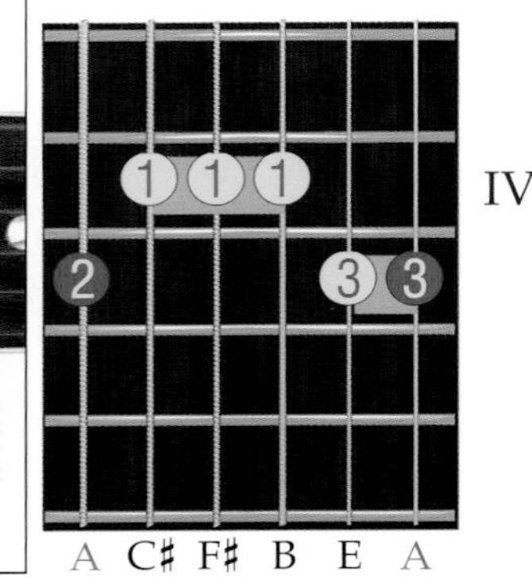
IV
A C♯ F♯ B E A

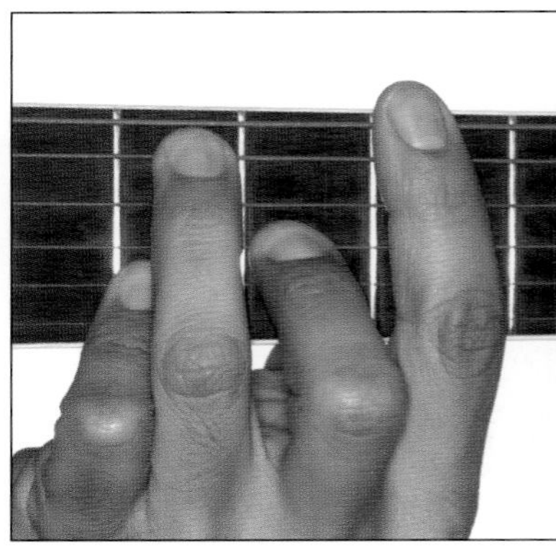
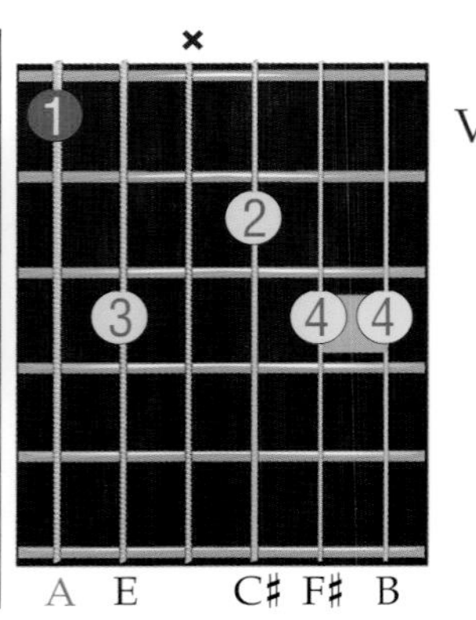
V
A E C♯ F♯ B
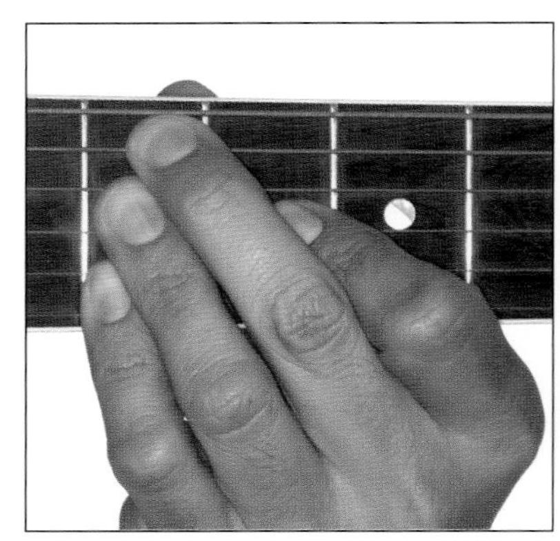
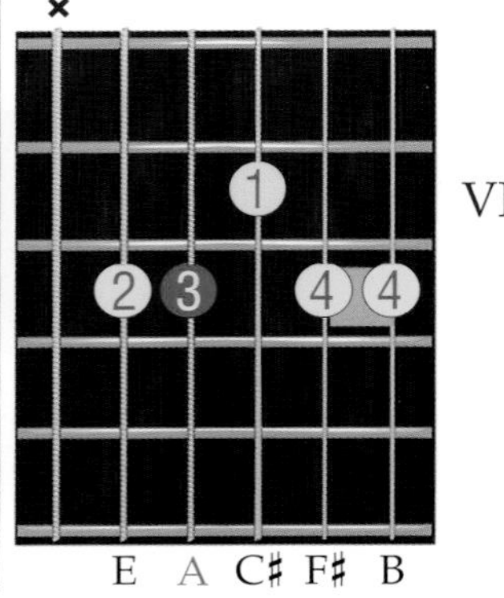
VI
E A C♯ F♯ B

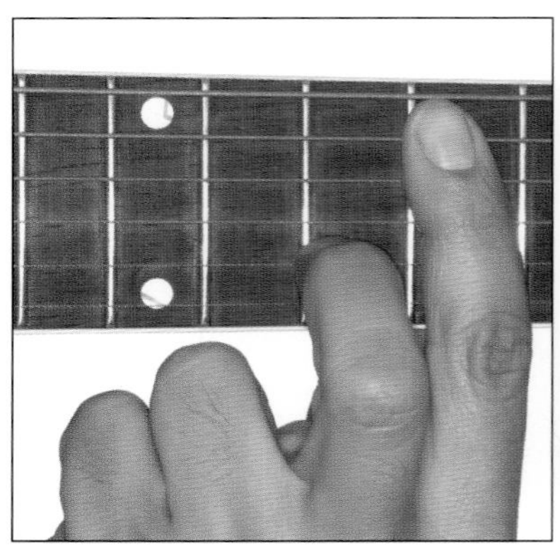
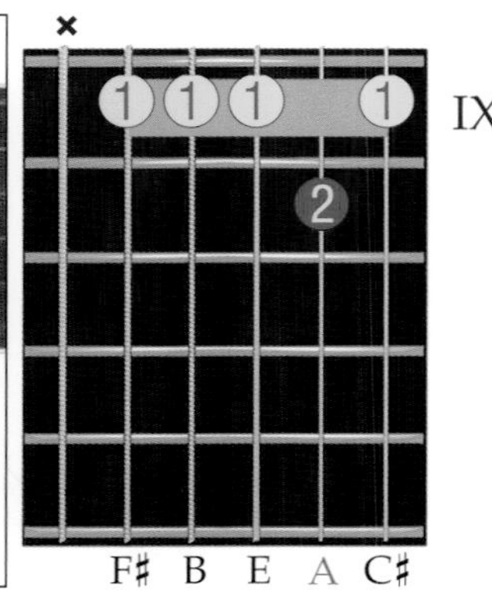
IX
F♯ B E A C♯
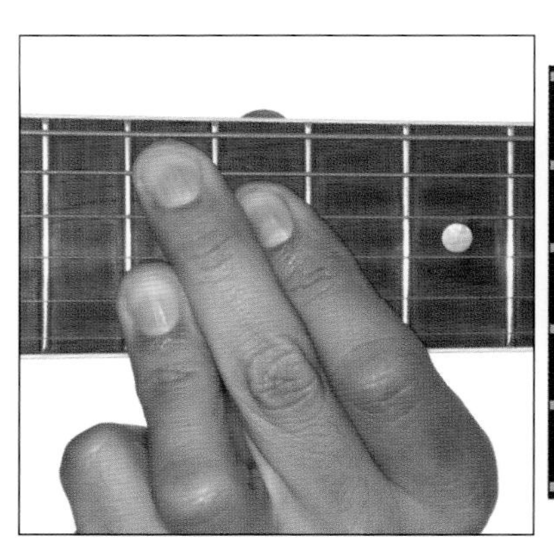
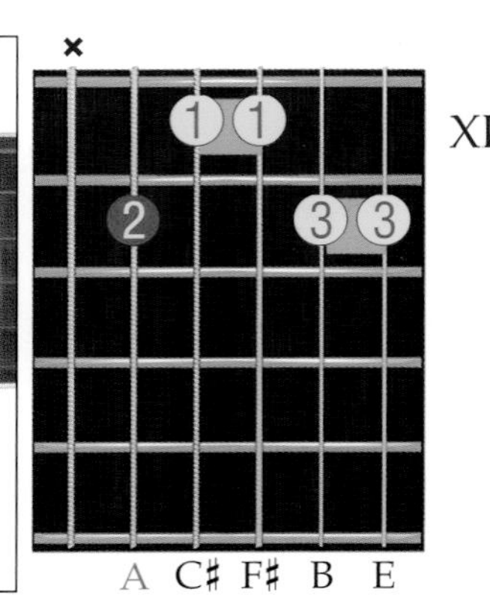
XI
A C♯ F♯ B E

A

Amaj7

E A E G♯ C♯ E

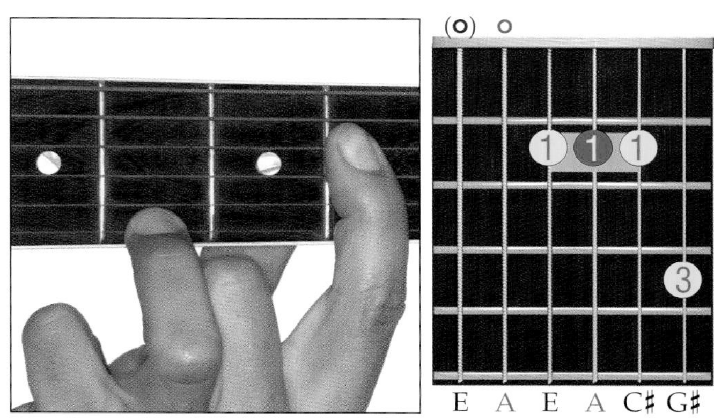
E A E A C♯ G♯

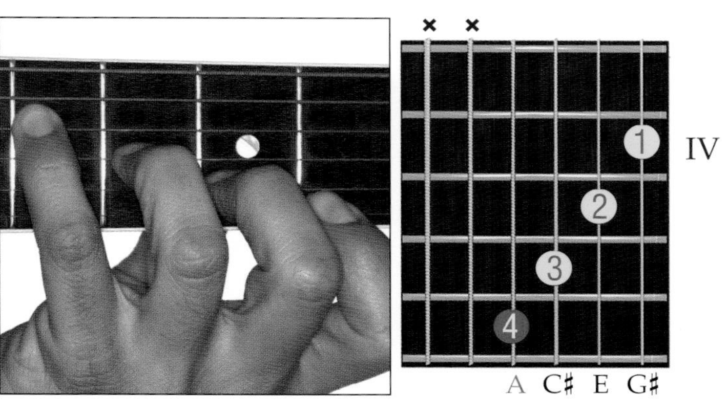
IV
A C♯ E G♯

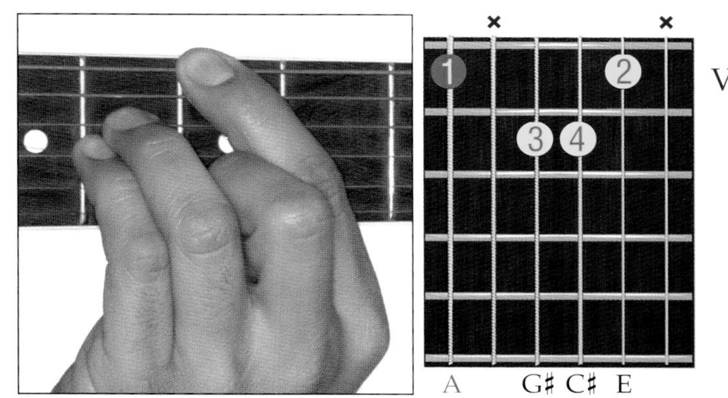
V
A G♯ C♯ E

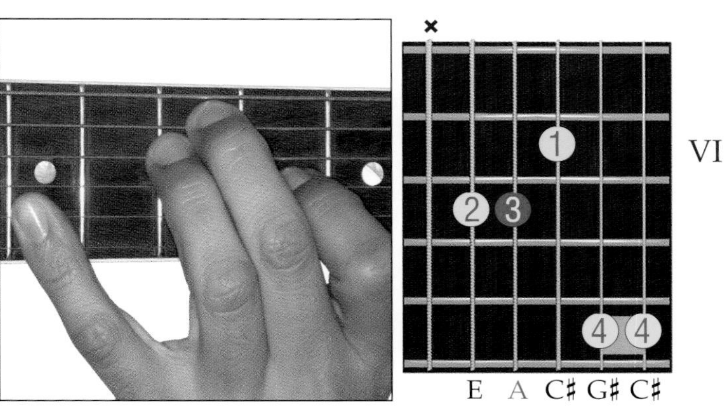
VI
E A C♯ G♯ C♯

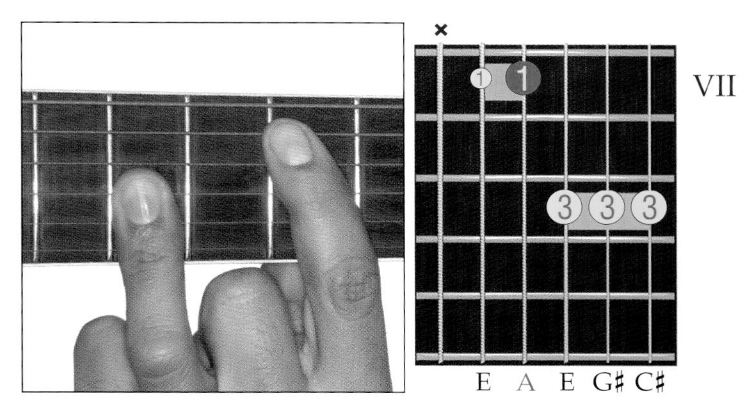
VII
E A E G♯ C♯

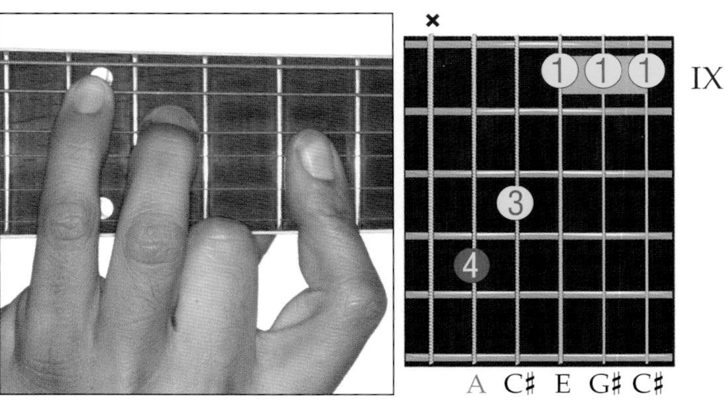
IX
A C♯ E G♯ C♯

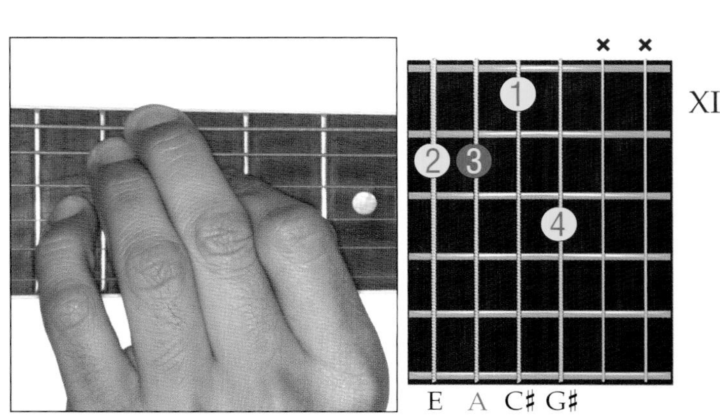
XI
E A C♯ G♯

Amaj9

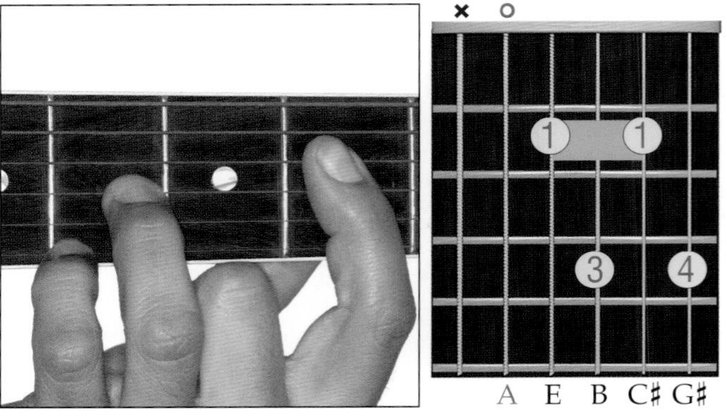
A E B C♯ G♯

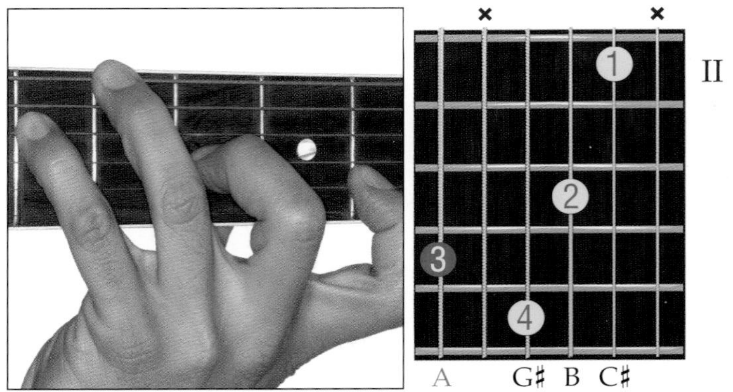
II
A G♯ B C♯

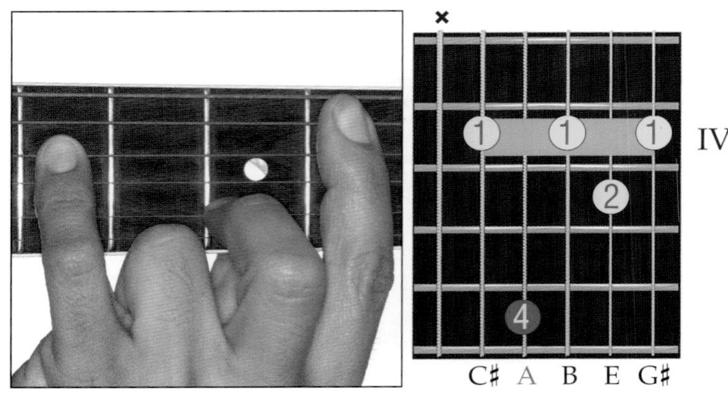
IV
C♯ A B E G♯

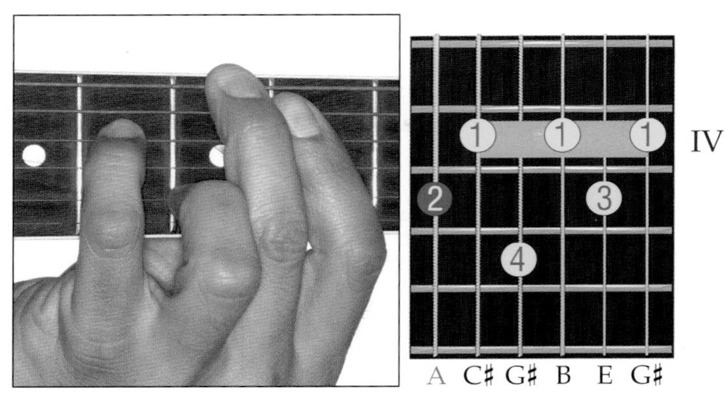
IV
A C♯ G♯ B E G♯

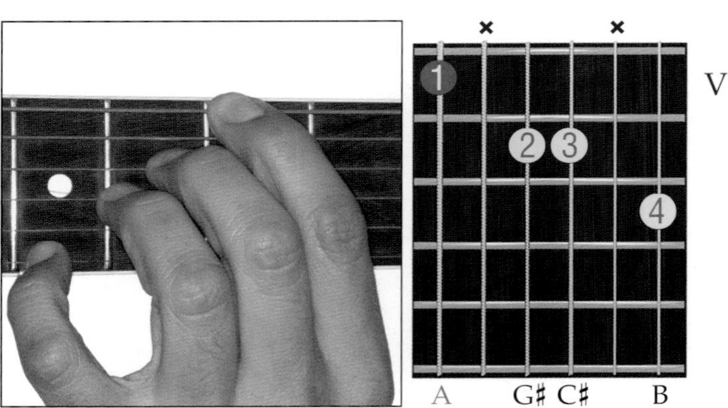
V
A G♯ C♯ B

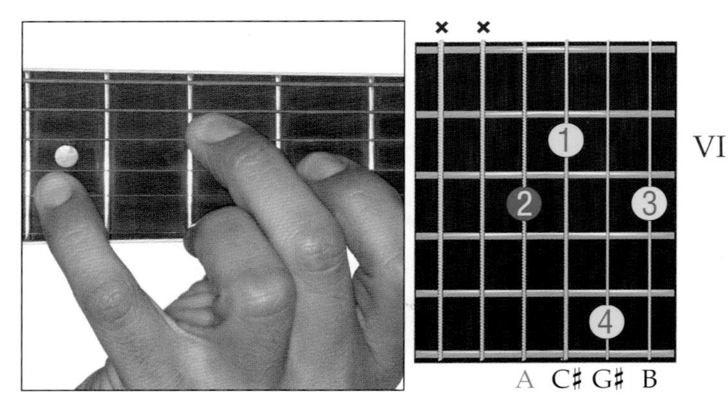
VI
A C♯ G♯ B

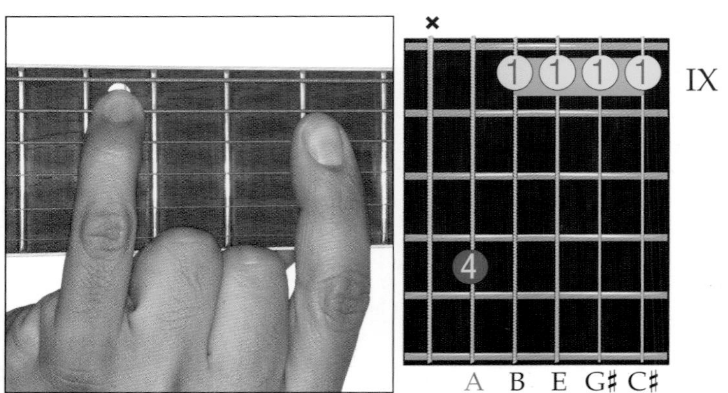
IX
A B E G♯ C♯

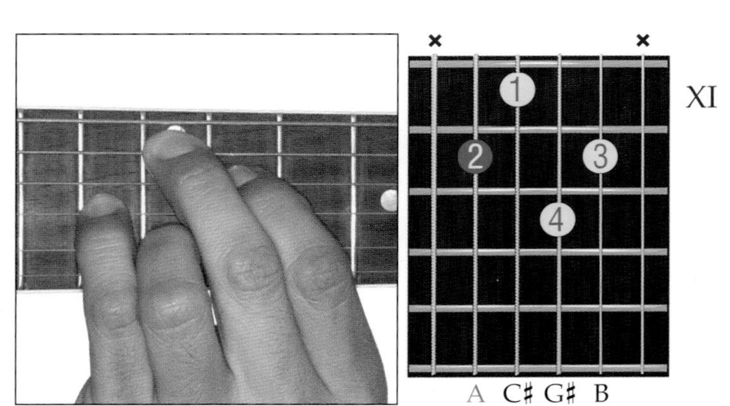
XI
A C♯ G♯ B

Amaj13

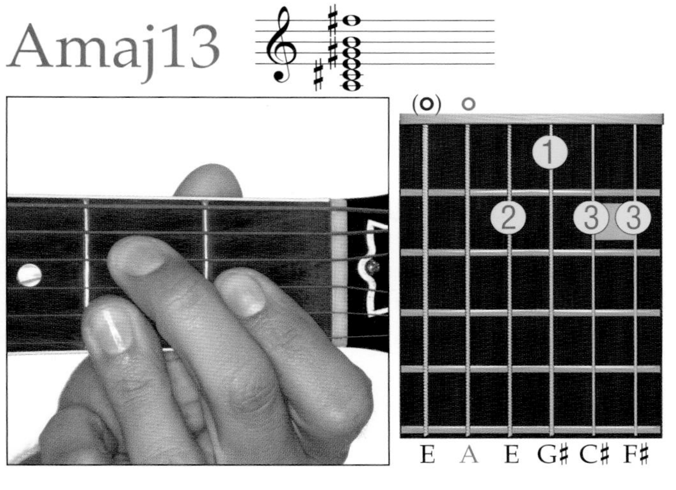
(o) o
E A E G♯ C♯ F♯

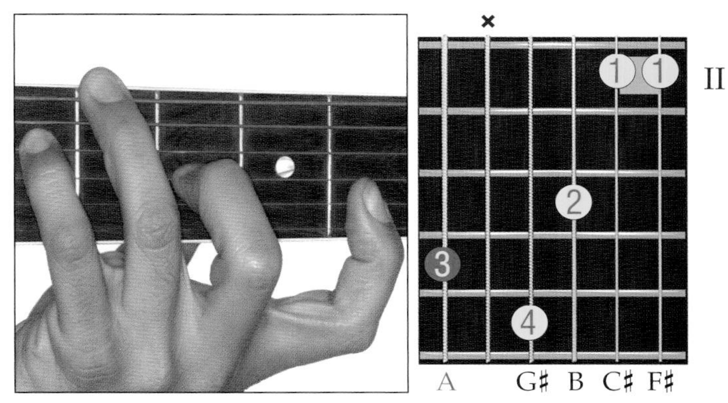
×
II
A G♯ B C♯ F♯

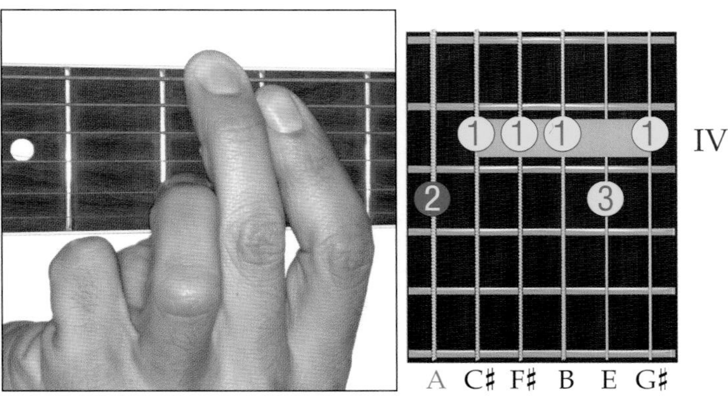
IV
A C♯ F♯ B E G♯

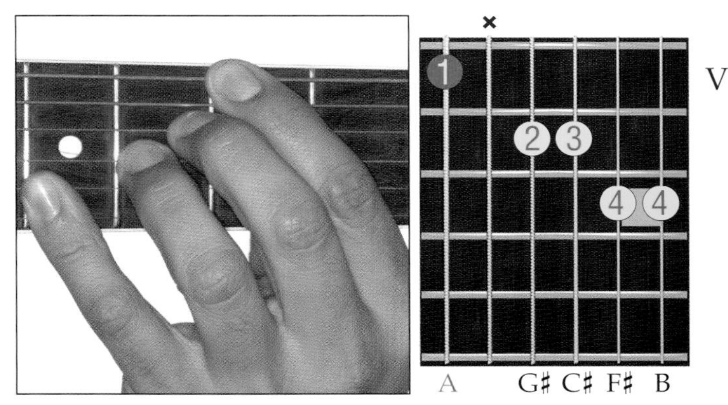
×
V
A G♯ C♯ F♯ B

A

Am

A

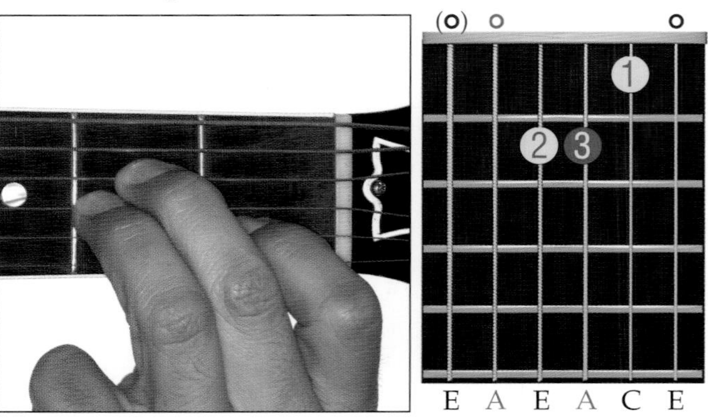
E A E A C E

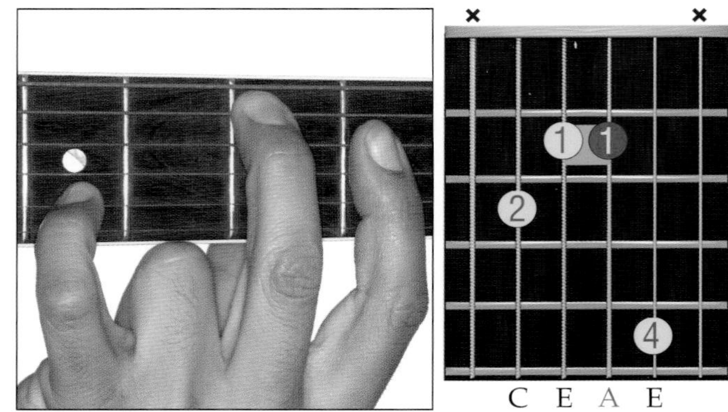
C E A E

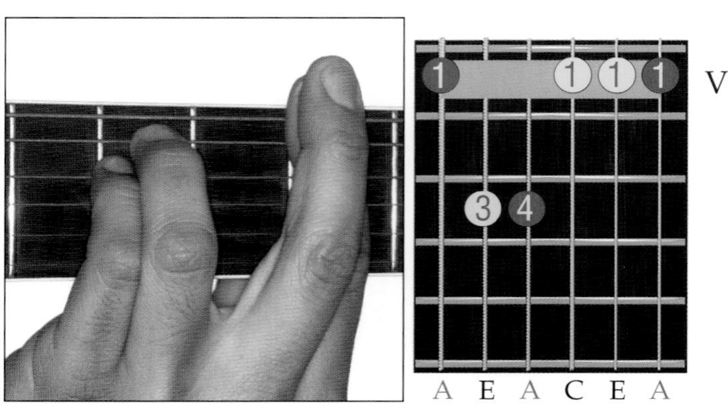
V
A E A C E A

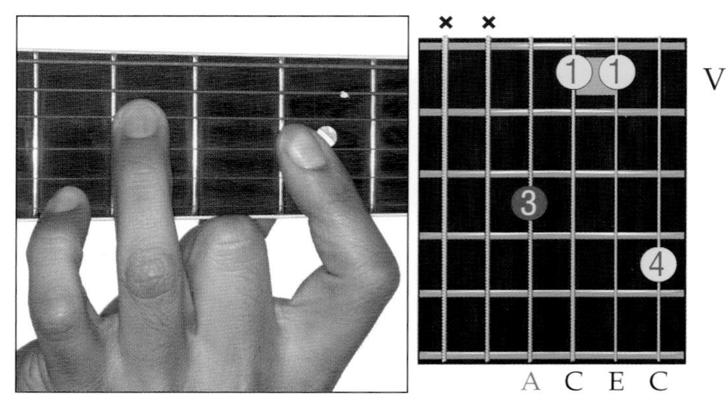
V
A C E C

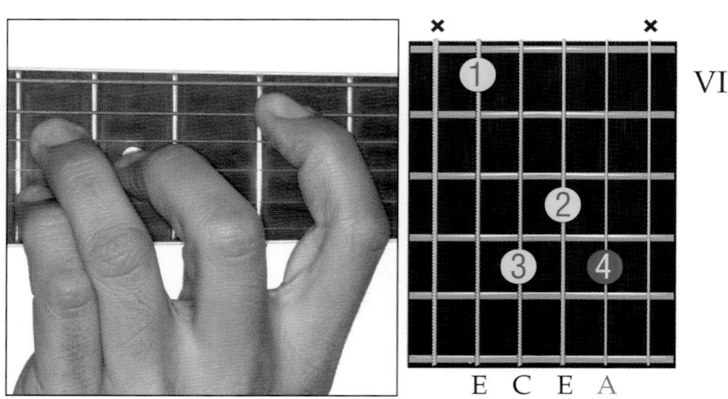
VII
E C E A

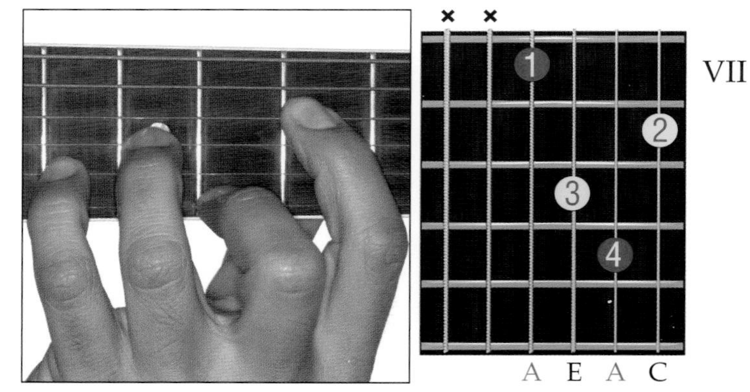
VII
A E A C

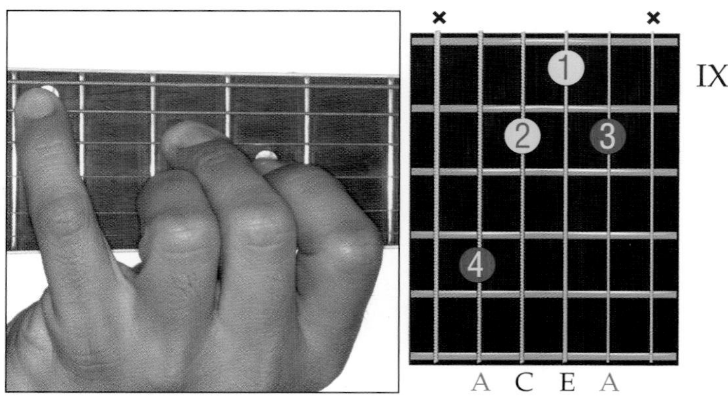
IX
A C E A

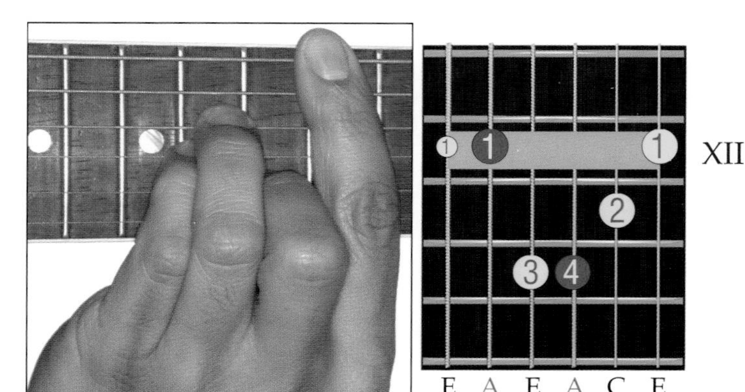
XII
E A E A C E

Am6

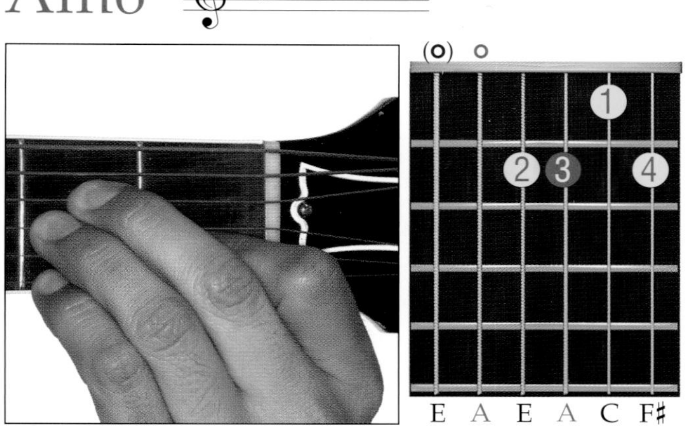
(o) o
1
2 3 4
E A E A C F♯

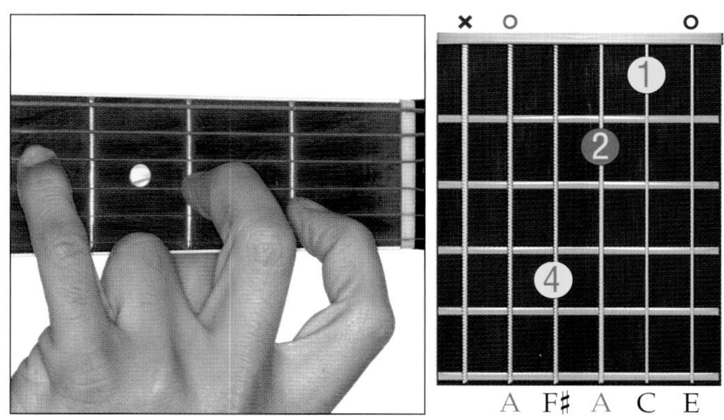
× o o
1
2
4
A F♯ A C E

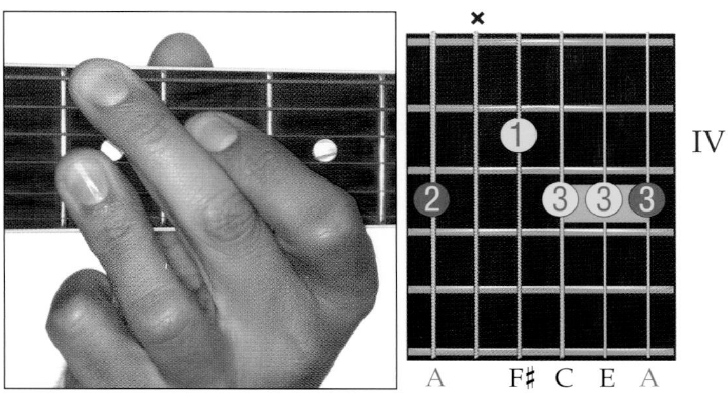
×
IV
1
2 3 3 3
A F♯ C E A

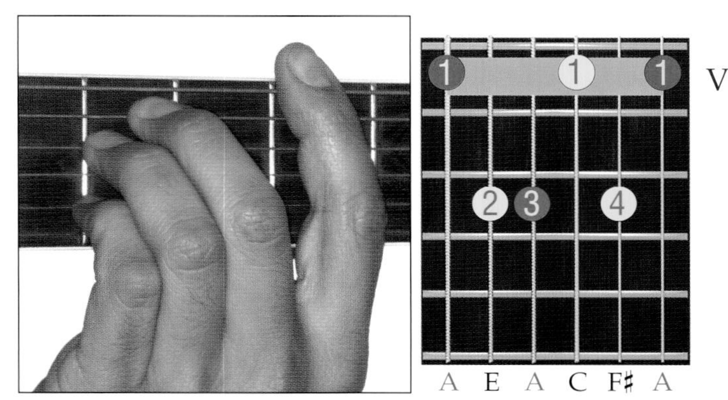
V
1 1 1
2 3 4
A E A C F♯ A

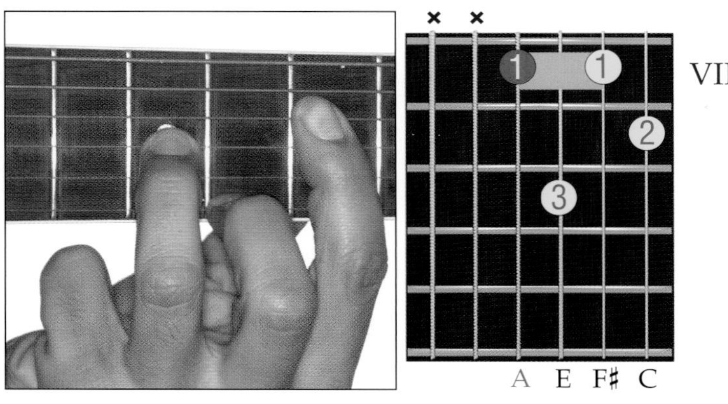
× ×
VII
1 1
2
3
A E F♯ C

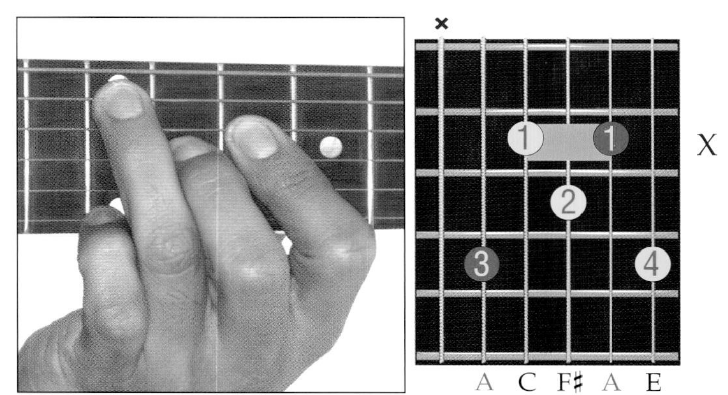
×
X
1 1
2
3 4
A C F♯ A E

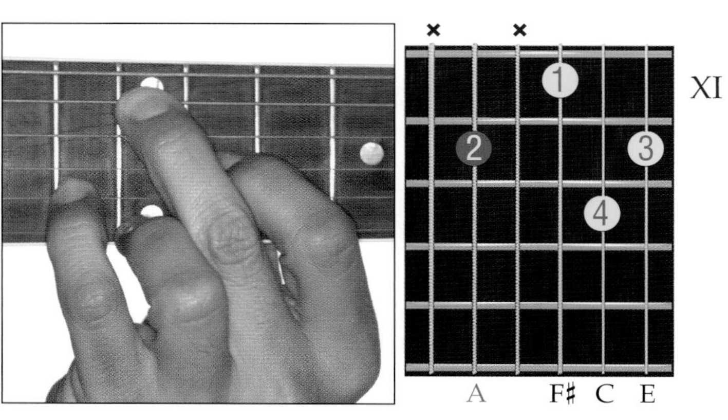
× ×
XI
1
2 3
4
A F♯ C E

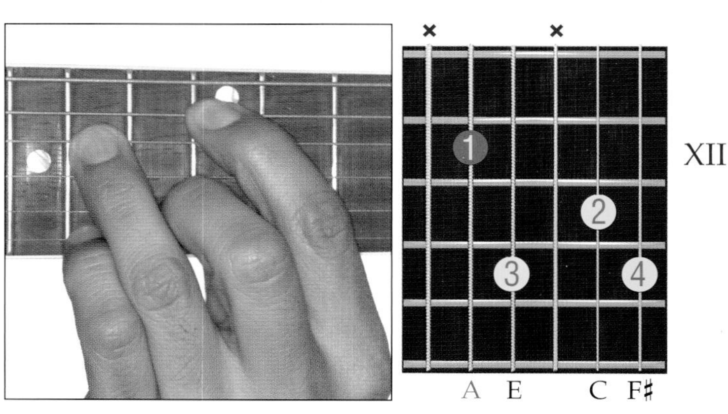
× ×
XII
1
2
3 4
A E C F♯

Am7

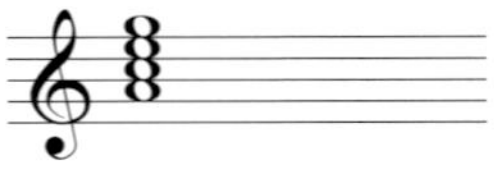

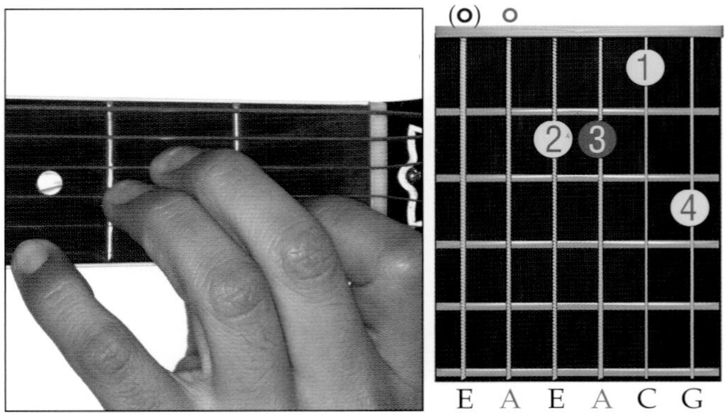

E A E A C G

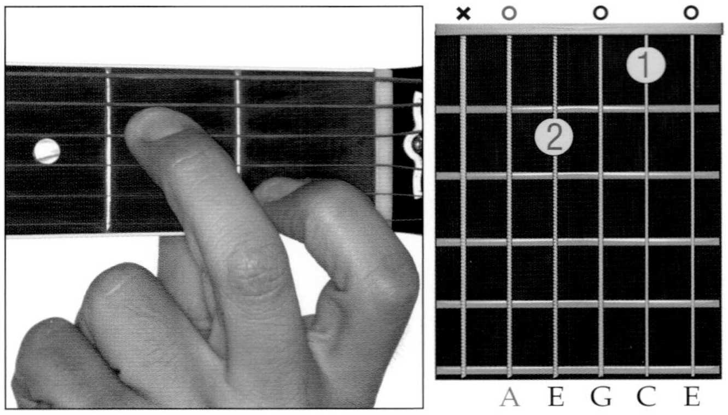

A E G C E

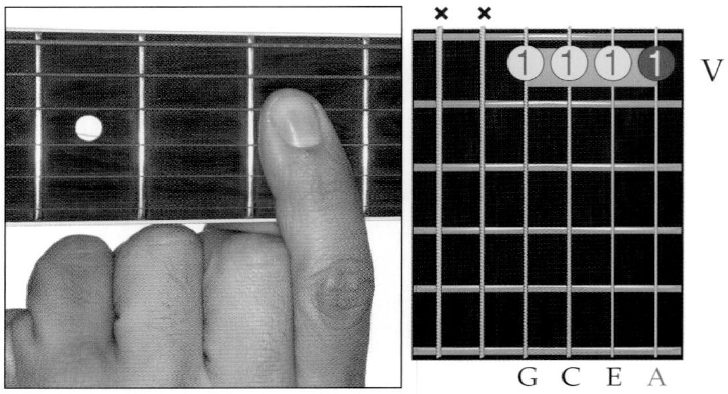

V
G C E A

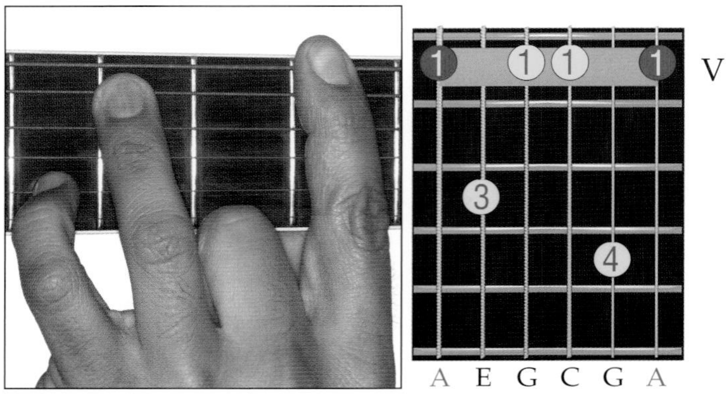

V
A E G C G A

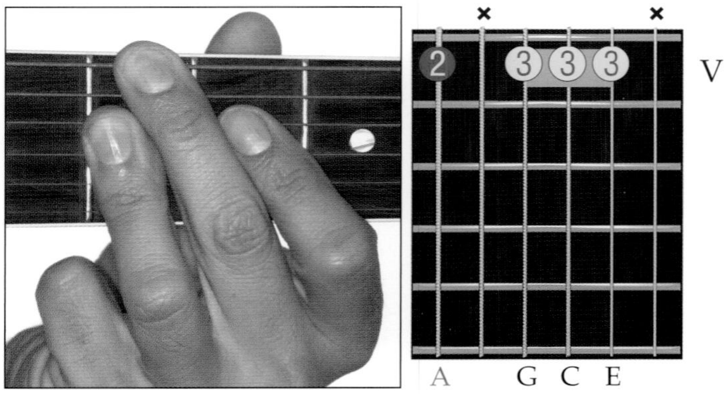

V
A G C E

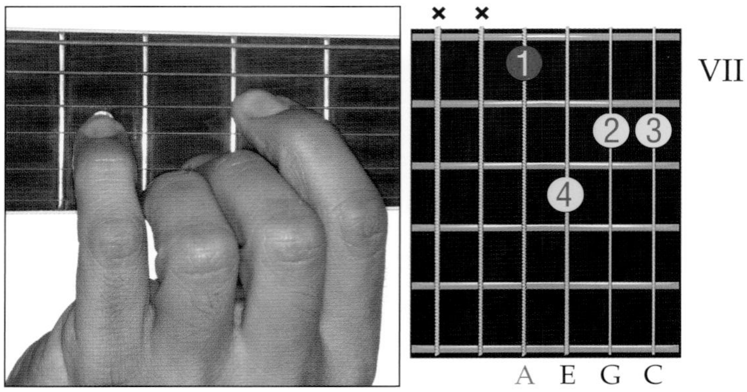

VII
A E G C

A

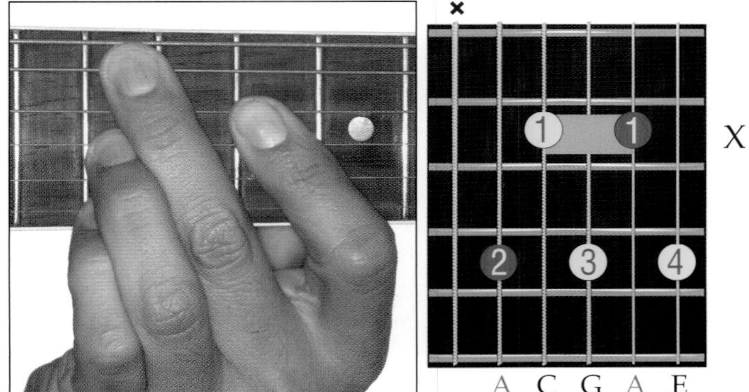
X
A C G A E

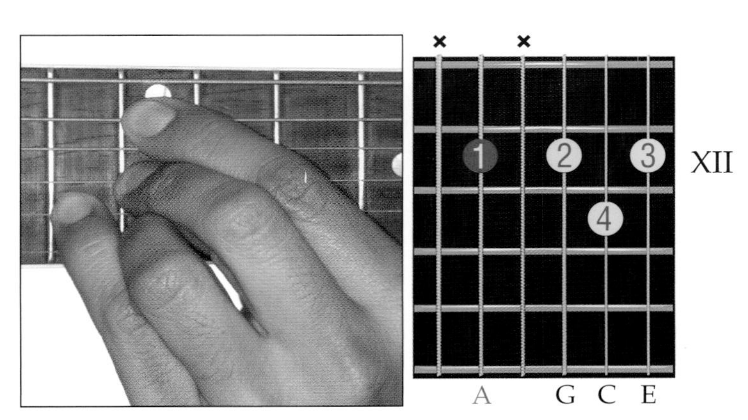
XII
A G C E

Am(maj7)

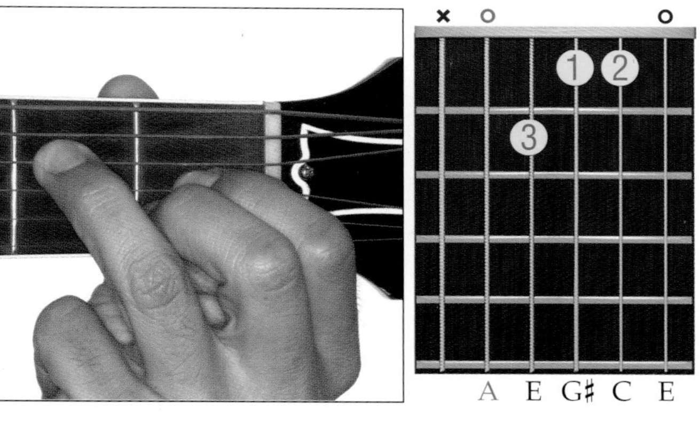
A E G♯ C E

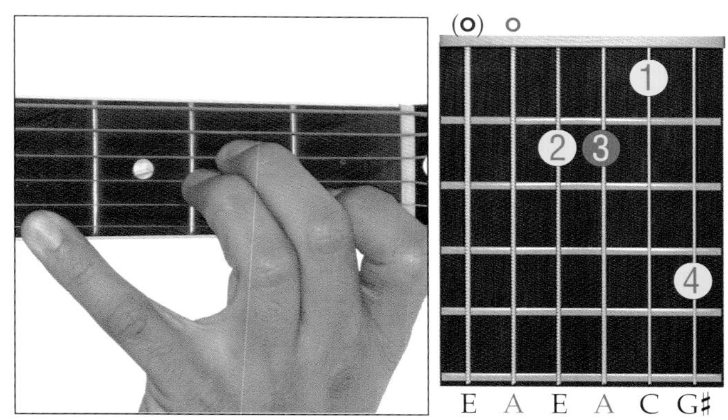
(o)
E A E A C G♯

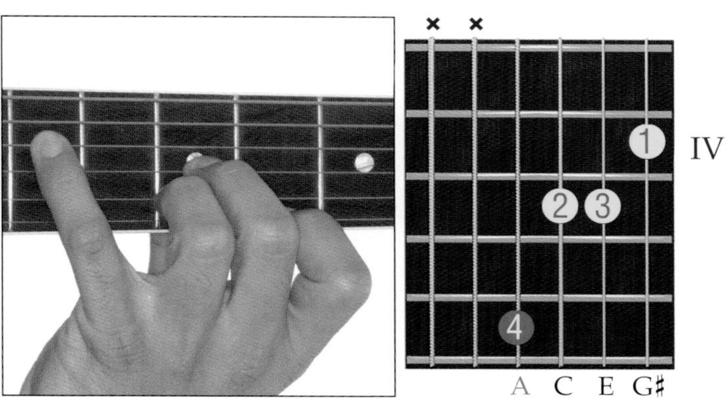
IV
A C E G♯

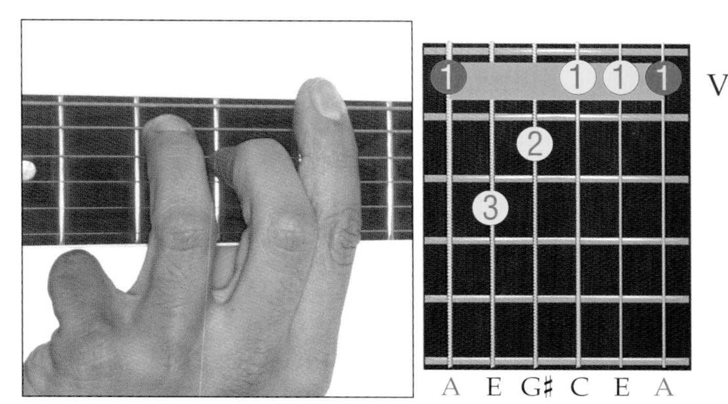
V
A E G♯ C E A

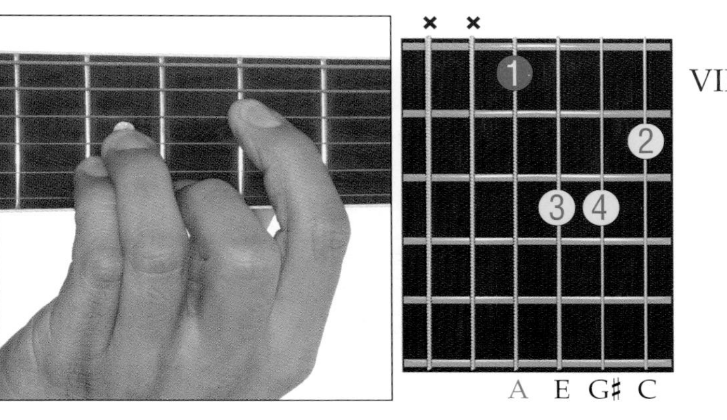
VII
A E G♯ C

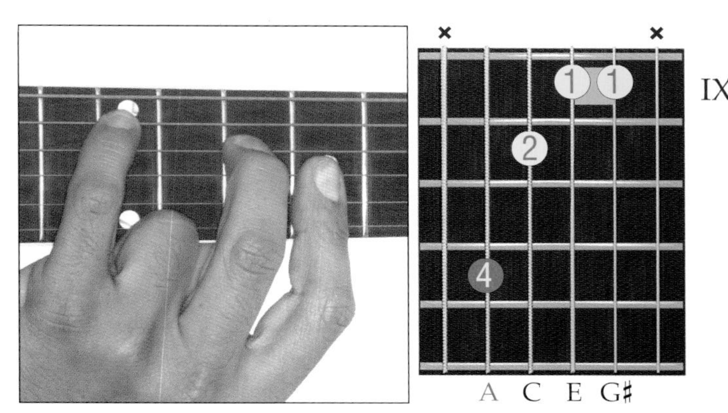
IX
A C E G♯

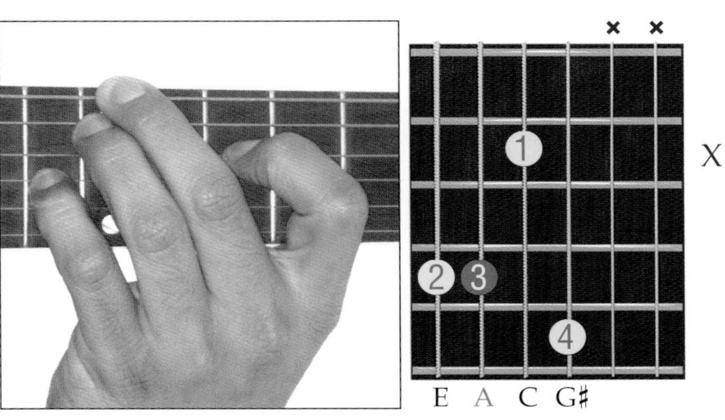
X
E A C G♯

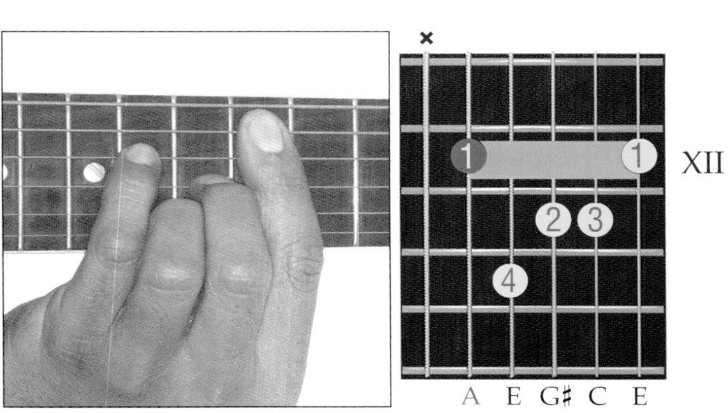
XII
A E G♯ C E

Am9

1
2
4
A C E G B E

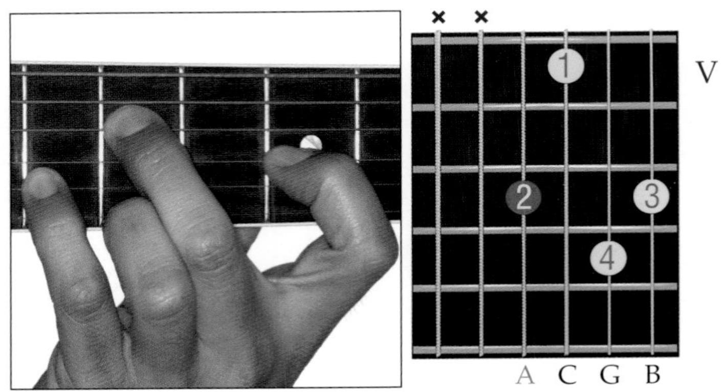
V
1
2
3
4
A C G B

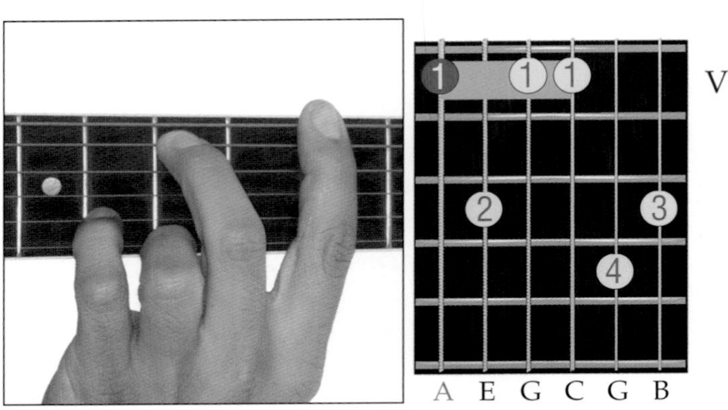
V
1 1 1
2
3
4
A E G C G B

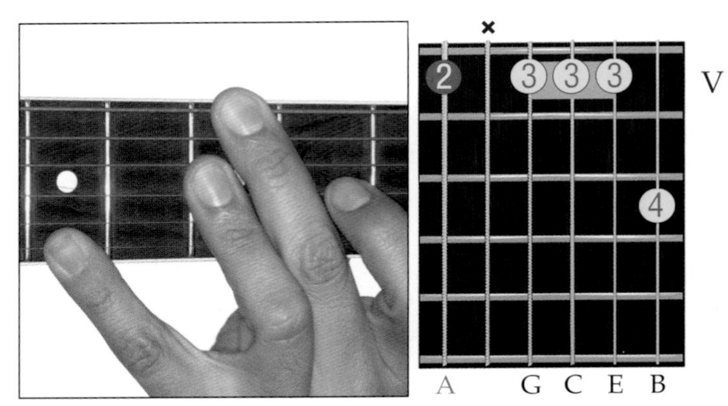
V
2
3 3 3
4
A G C E B

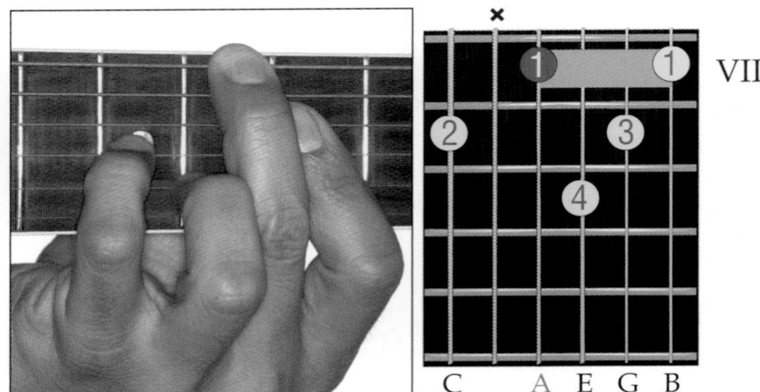
VII
1 1
2
3
4
C A E G B

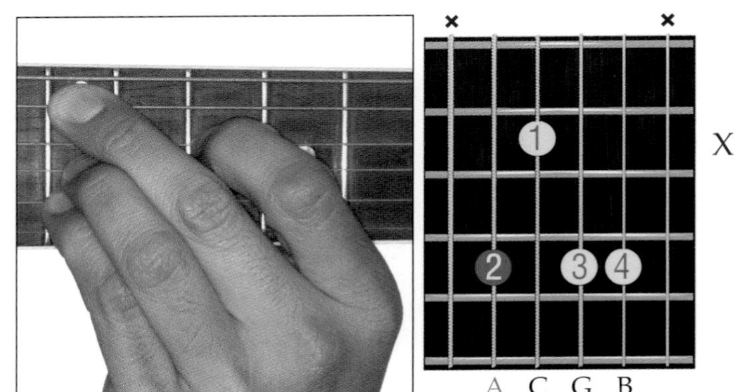
X
1
2
3 4
A C G B

A

Am11

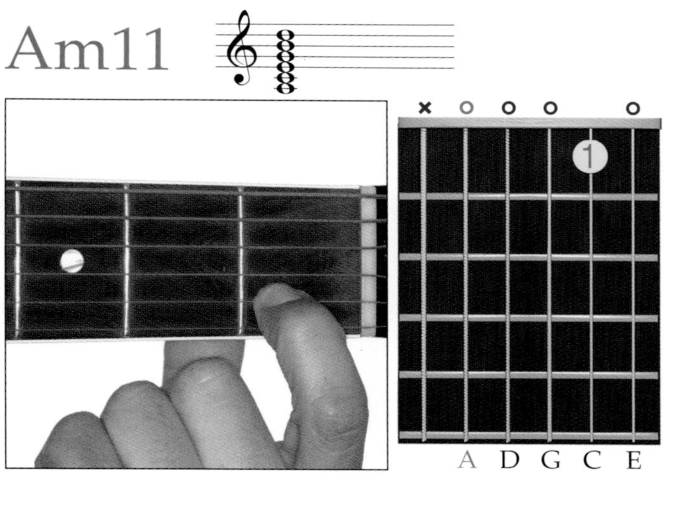
A D G C E

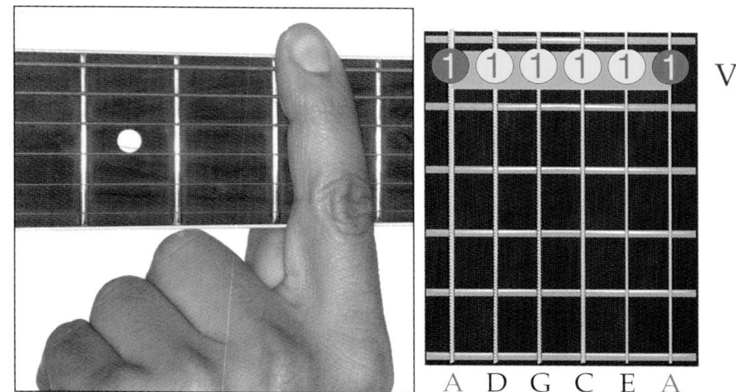
V
A D G C E A

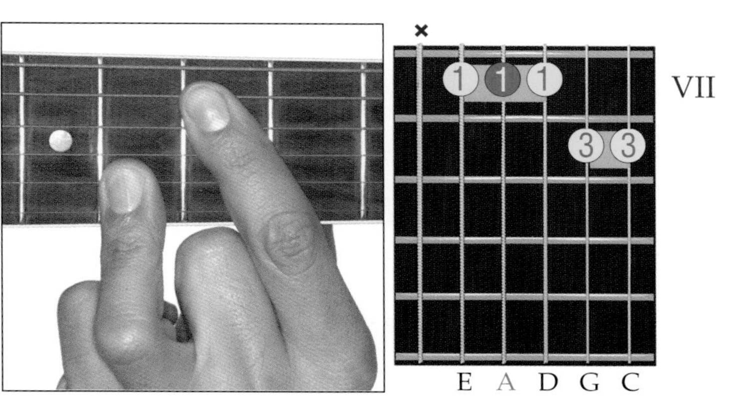
VII
E A D G C

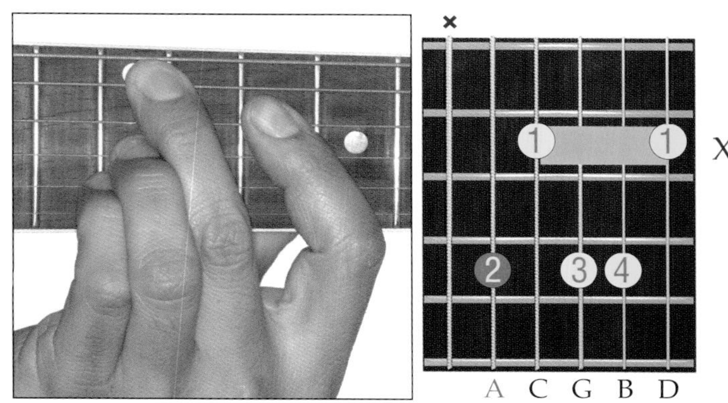
X
A C G B D

Am13

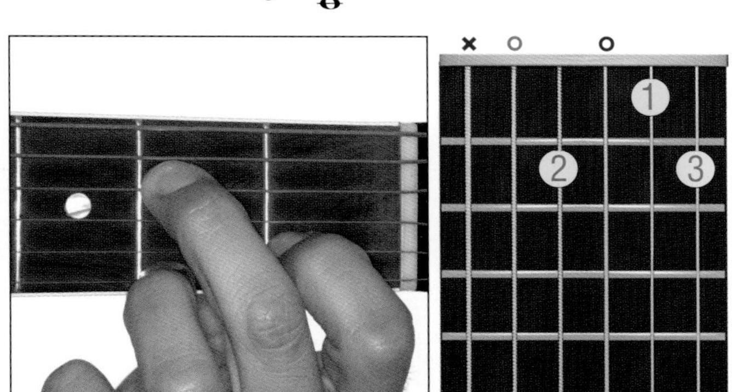
A E G C F♯

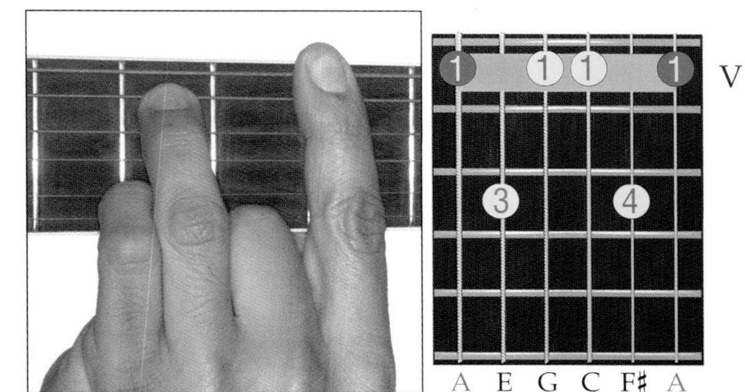
V
A E G C F♯ A

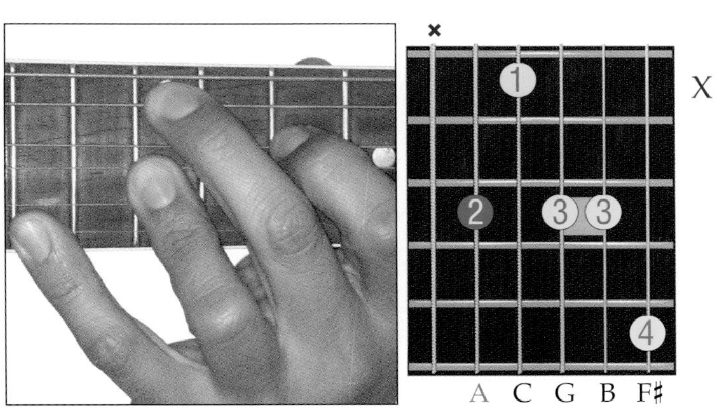
X
A C G B F♯

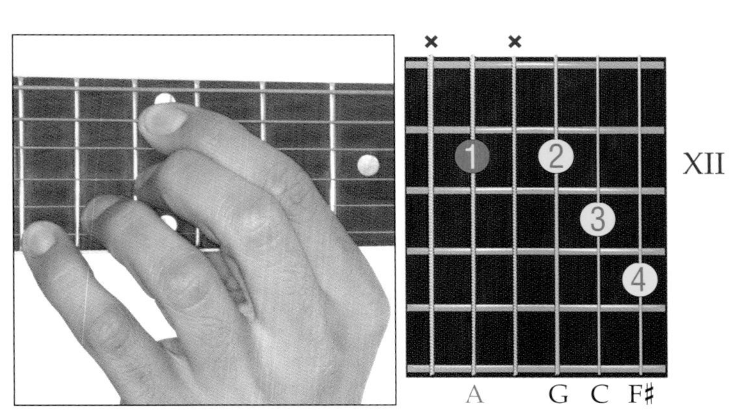
XII
A G C F♯

A

Am7♭5

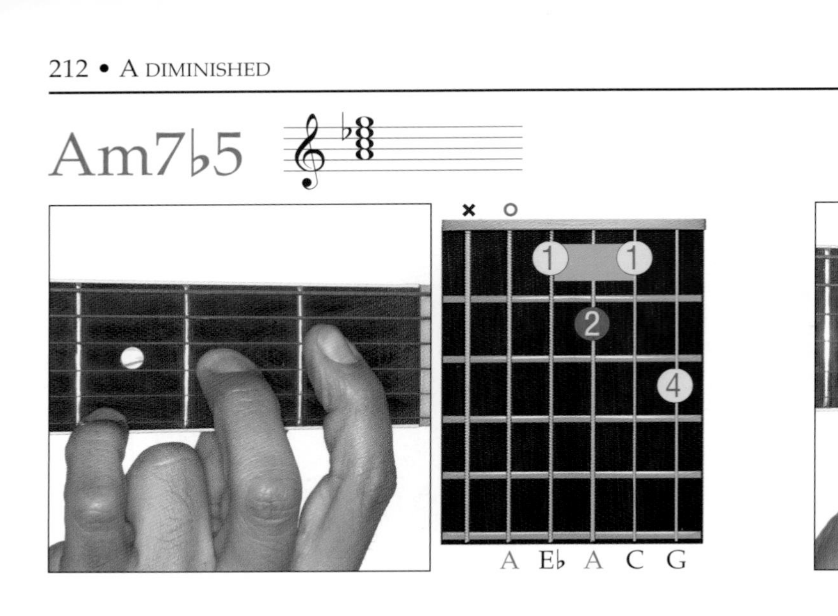
A E♭ A C G

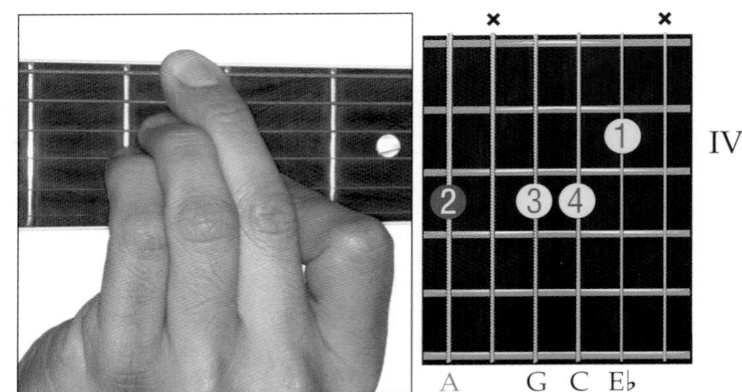
IV
A G C E♭

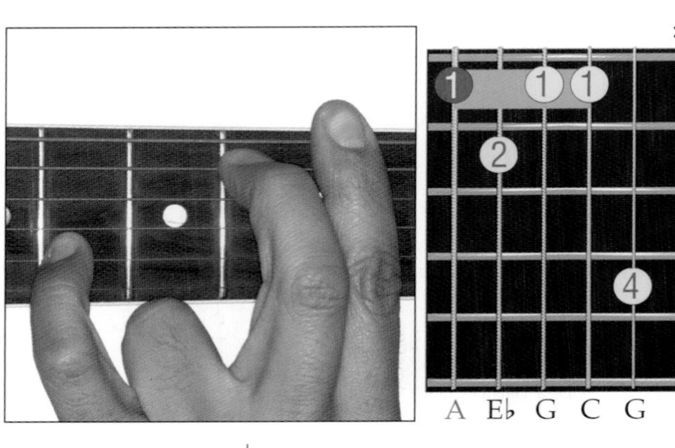
V
A E♭ G C G

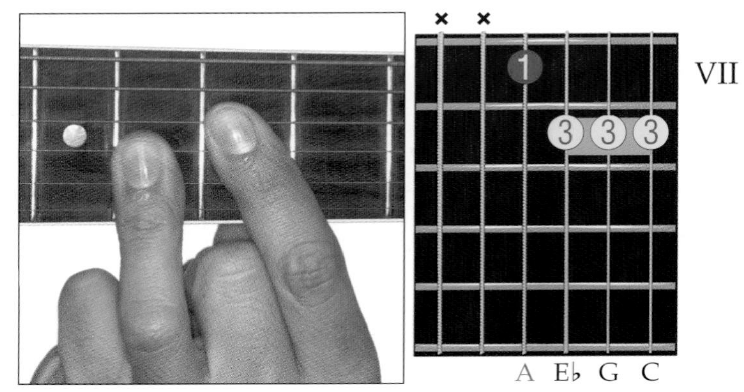
VII
A E♭ G C

A°7

A

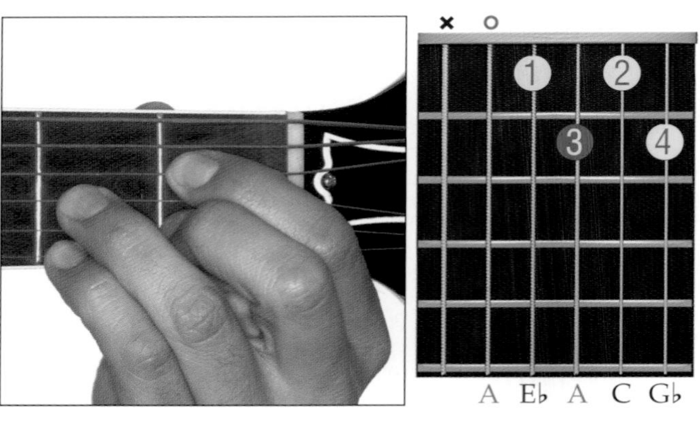
A E♭ A C G♭

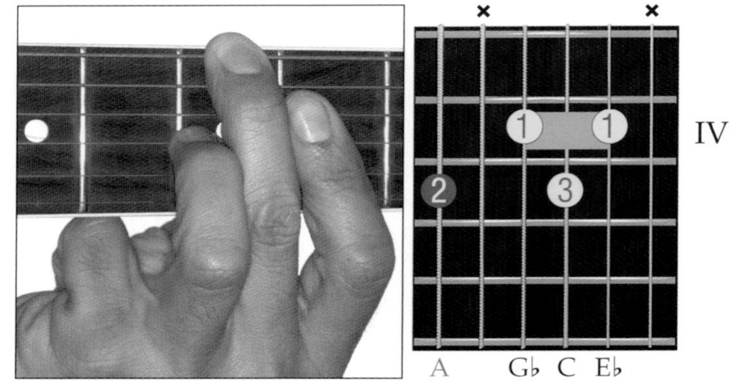
IV
A G♭ C E♭

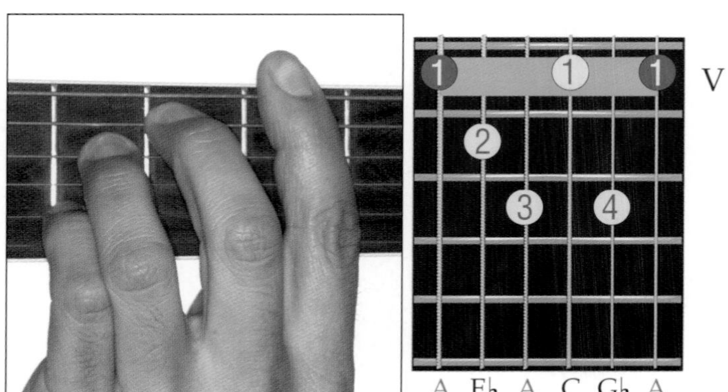
V
A E♭ A C G♭ A

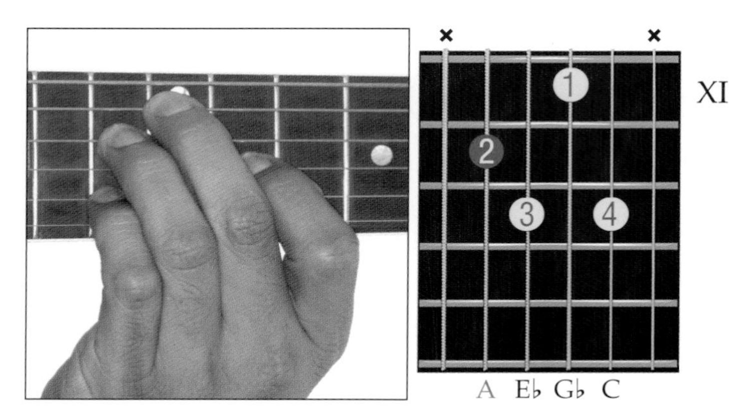
XI
A E♭ G♭ C

A7

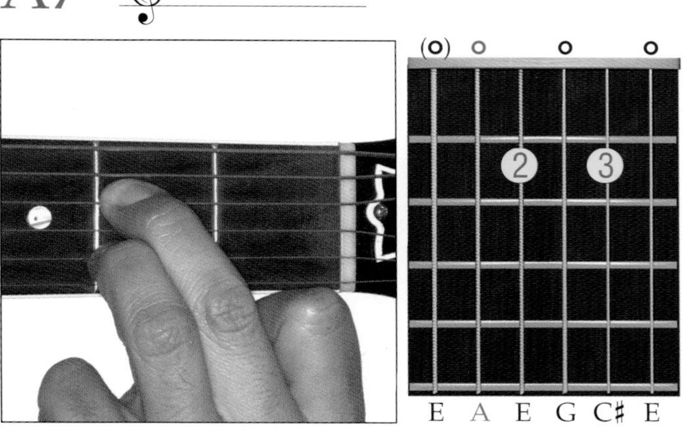
(o) o o o
2 3
E A E G C♯ E

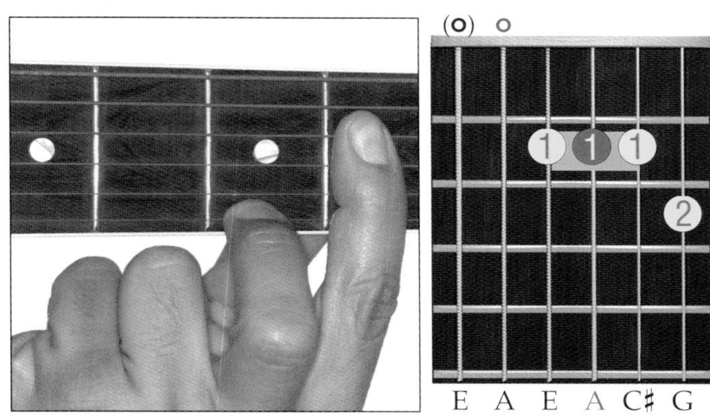
(o) o
1 1 1
2
E A E A C♯ G

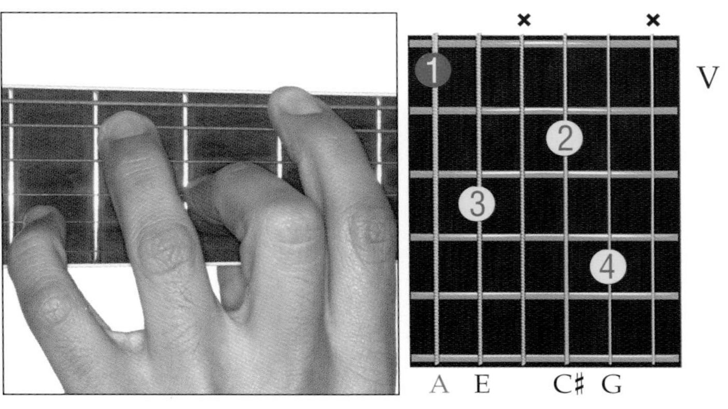
× ×
1
2
3
4
A E C♯ G

V

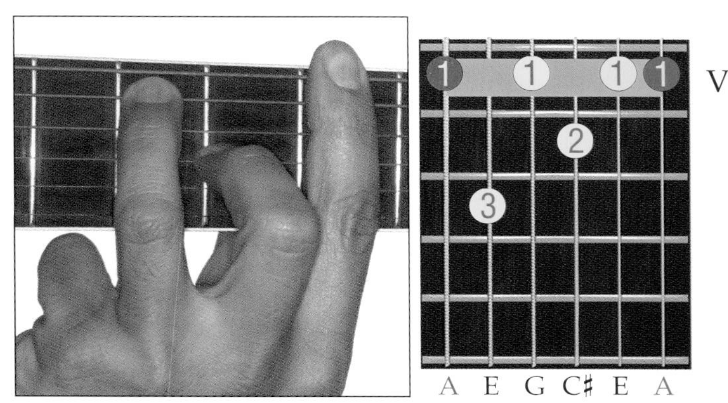
1 1 1 1
2
3
A E G C♯ E A

V

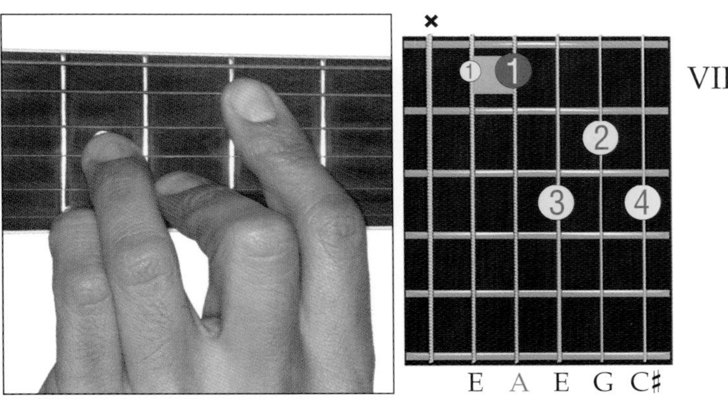
×
1 1
2
3 4
E A E G C♯

VII

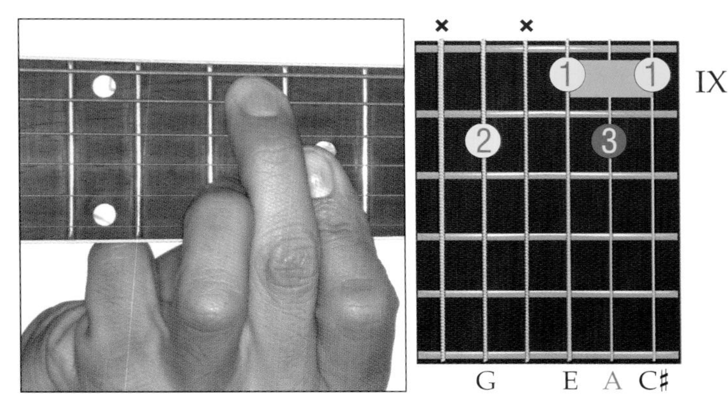
× ×
1 1
2 3
G E A C♯

IX

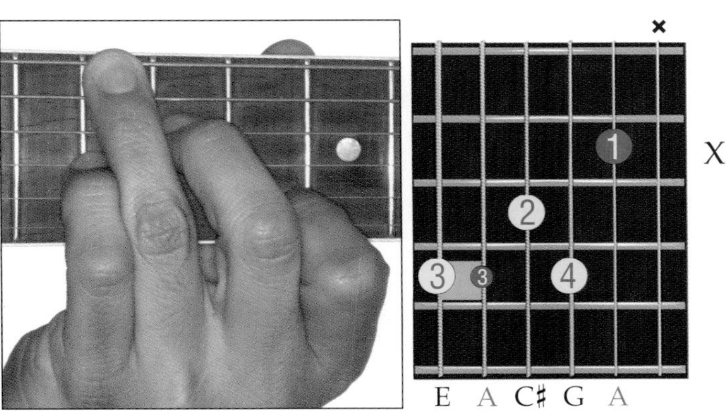
×
1
2
3 3 4
E A C♯ G A

X

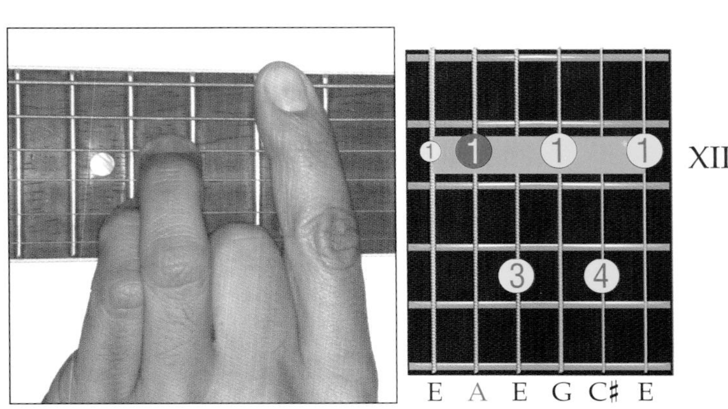
1 1 1 1
3 4
E A E G C♯ E

XII

A

A7sus4

E A E G D E

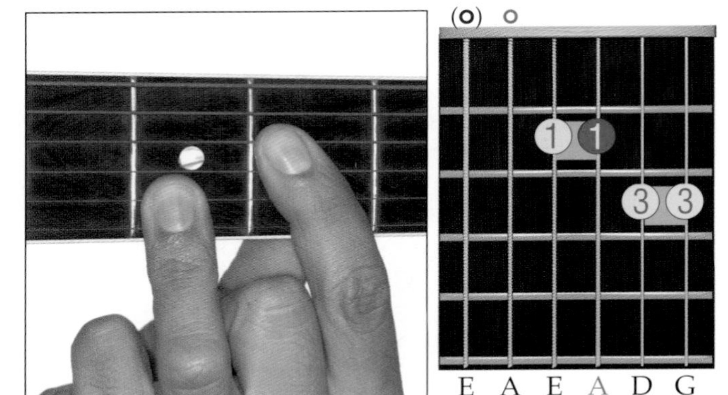
E A E A D G

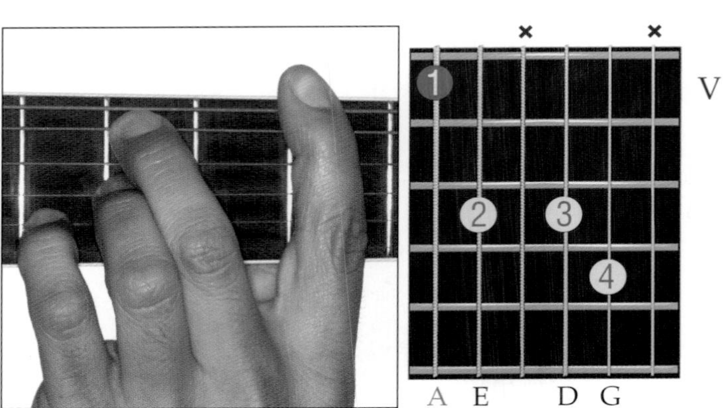
V
A E D G

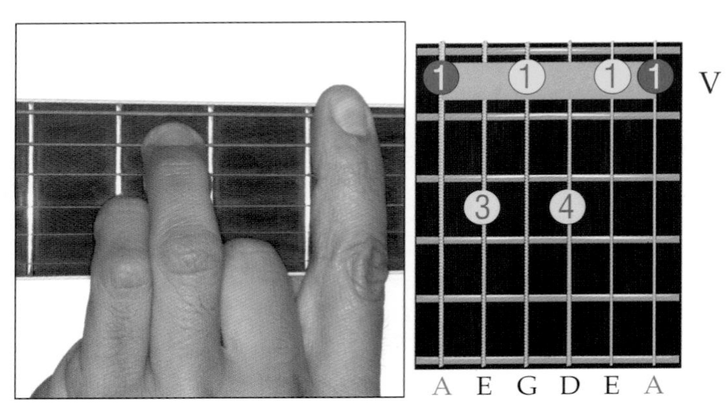
V
A E G D E A

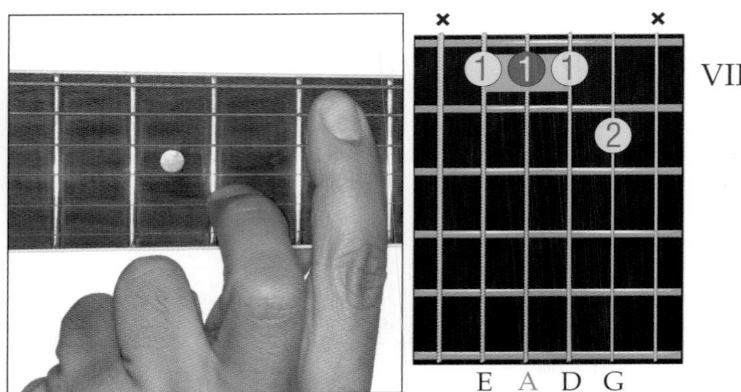
VII
E A D G

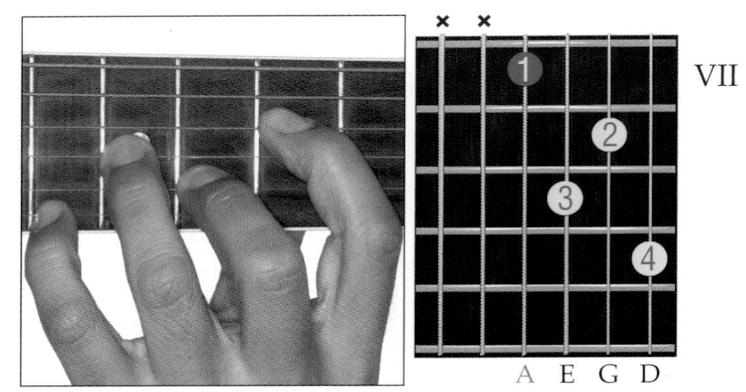
VII
A E G D

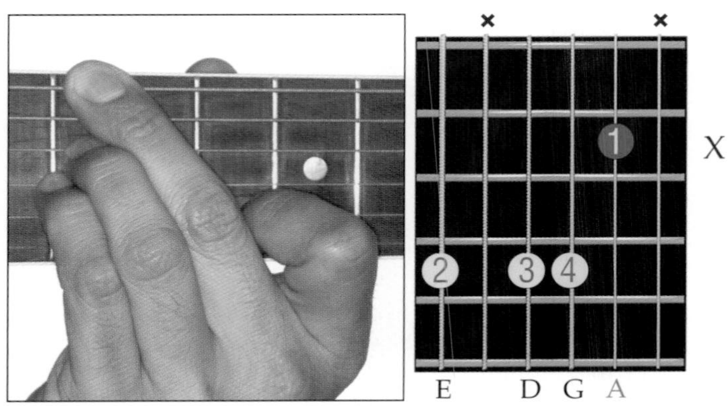
X
E D G A

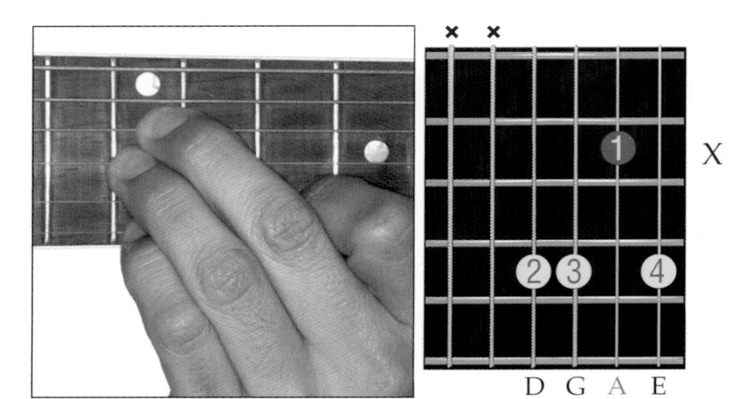
X
D G A E

A

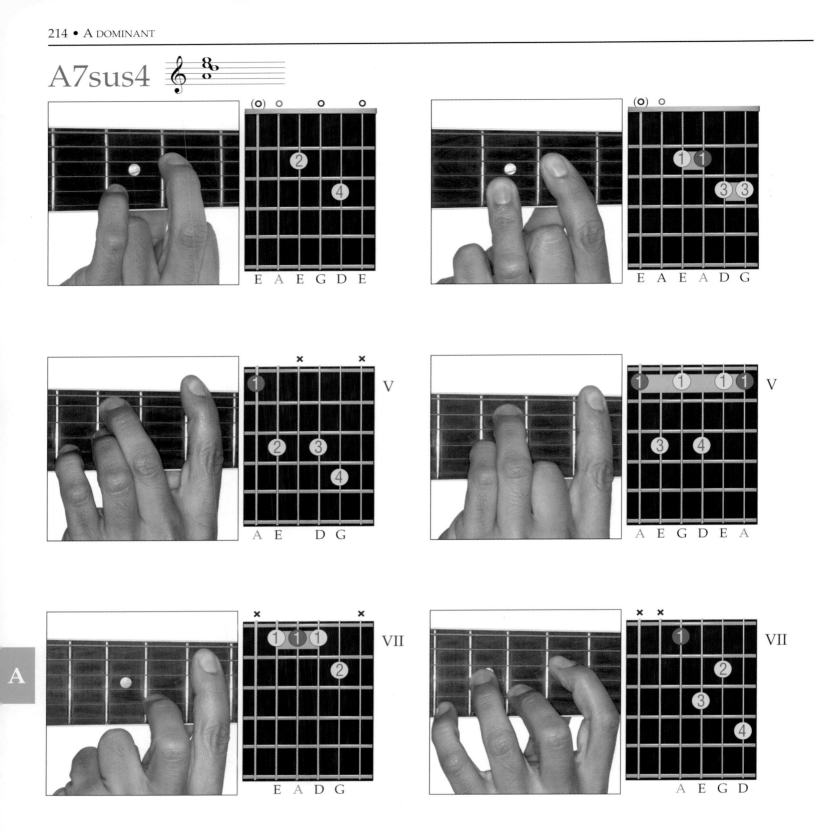

A7♭5

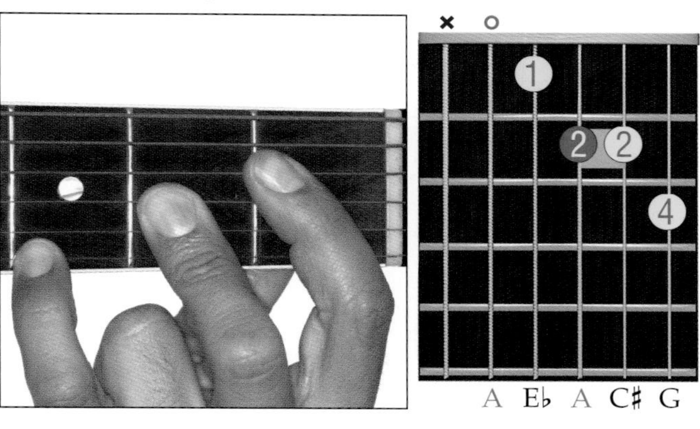
A E♭ A C♯ G

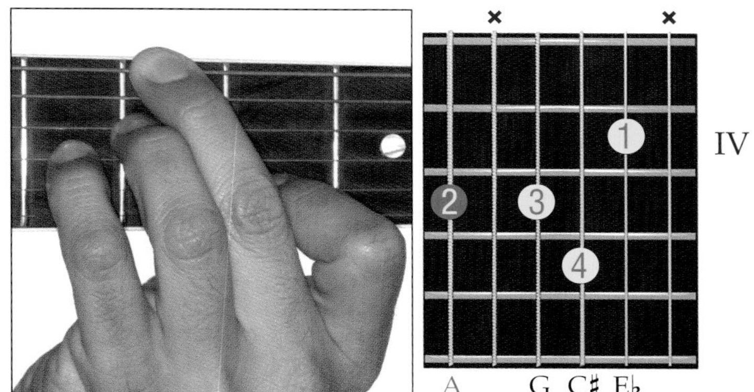
IV
A G C♯ E♭

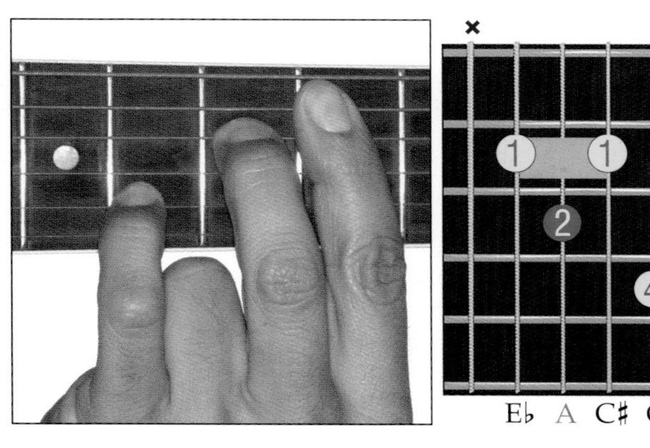
VI
E♭ A C♯ G

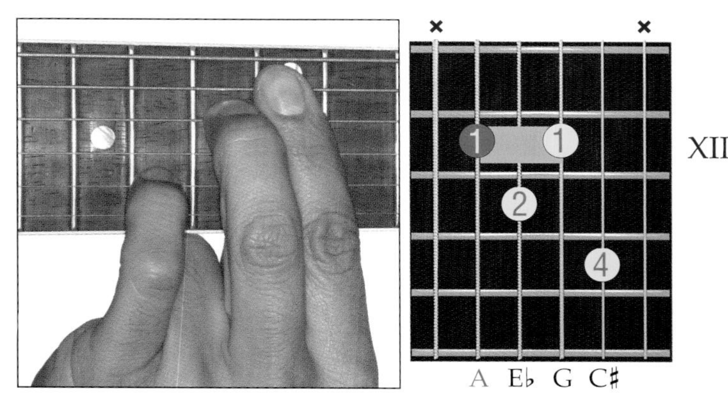
XII
A E♭ G C♯

A7+

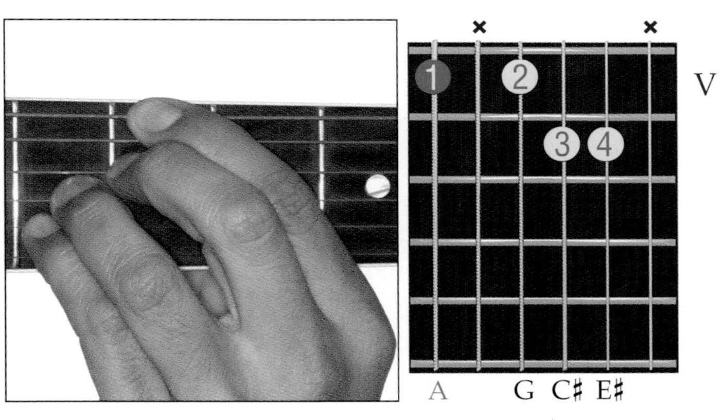
V
A G C♯ E♯

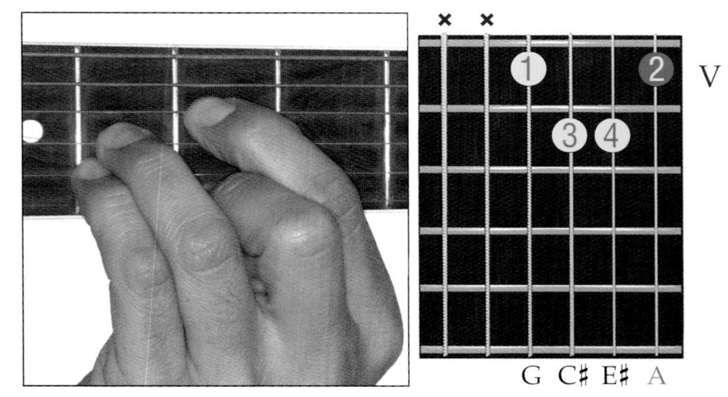
V
G C♯ E♯ A

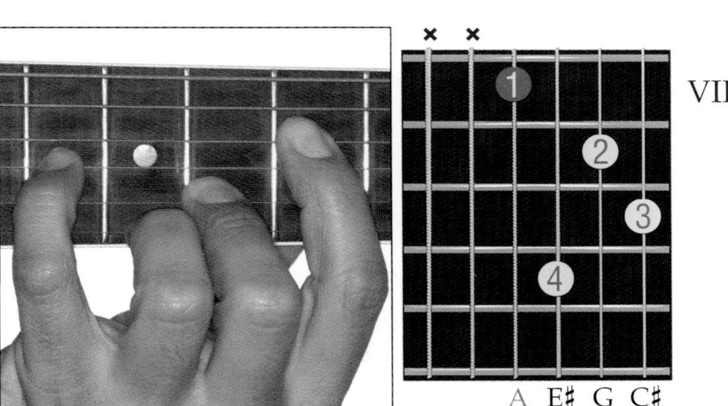
VII
A E♯ G C♯

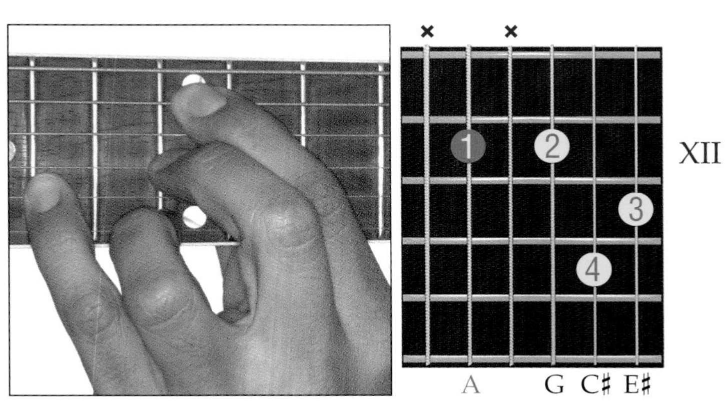
XII
A G C♯ E♯

A9

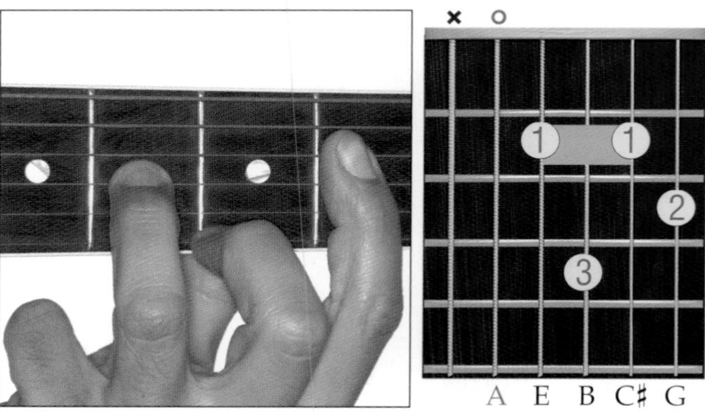
A E B C♯ G

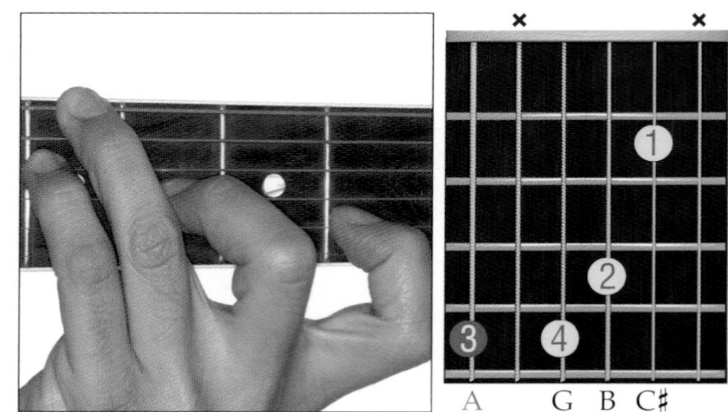
A G B C♯

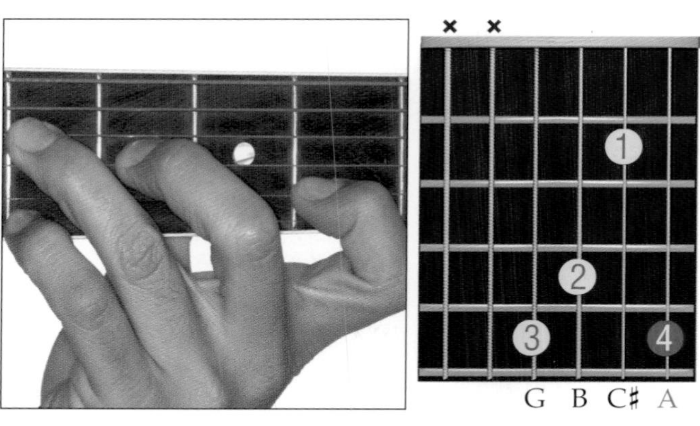
G B C♯ A

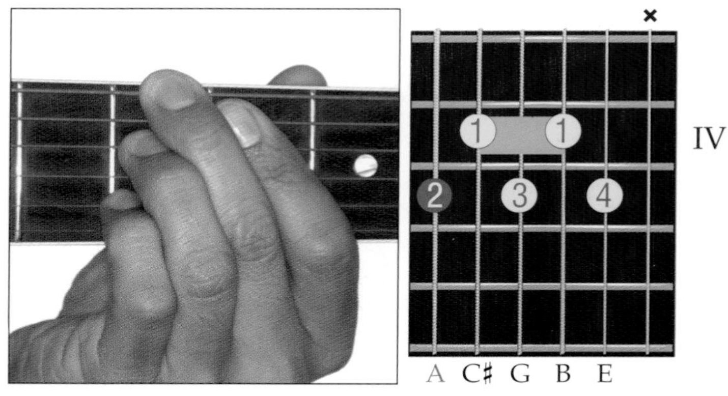
IV
A C♯ G B E

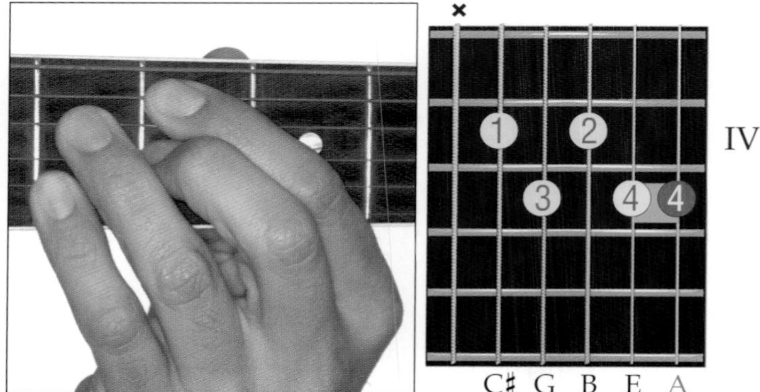
IV
C♯ G B E A

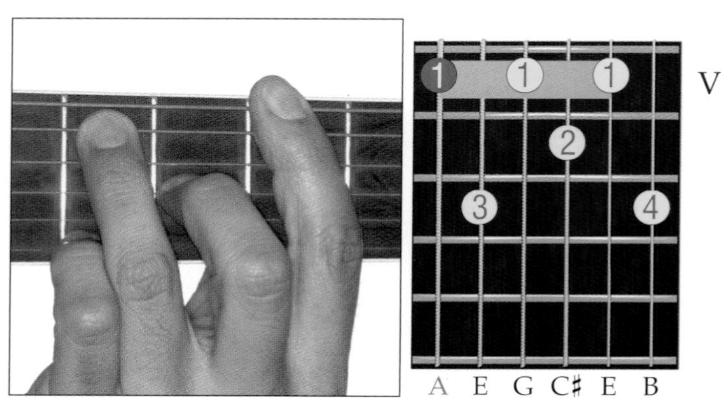
V
A E G C♯ E B

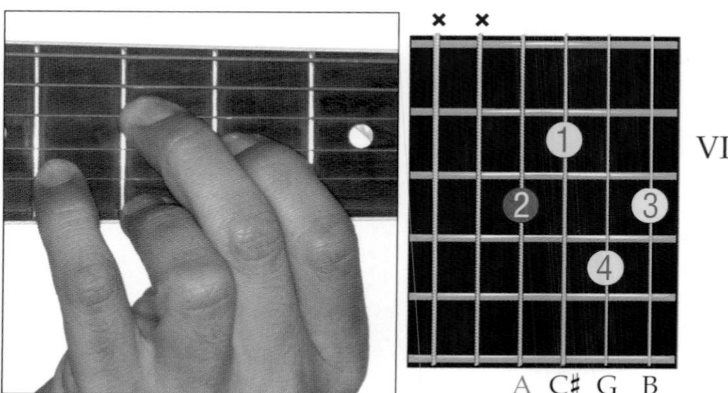
VI
A C♯ G B

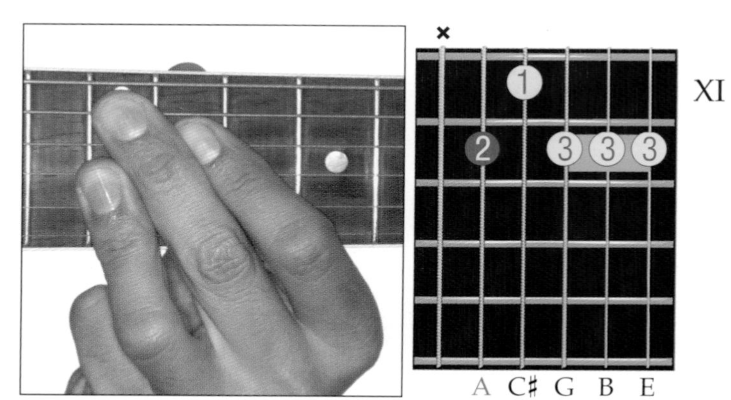
XI
A C♯ G B E

A

A9sus4

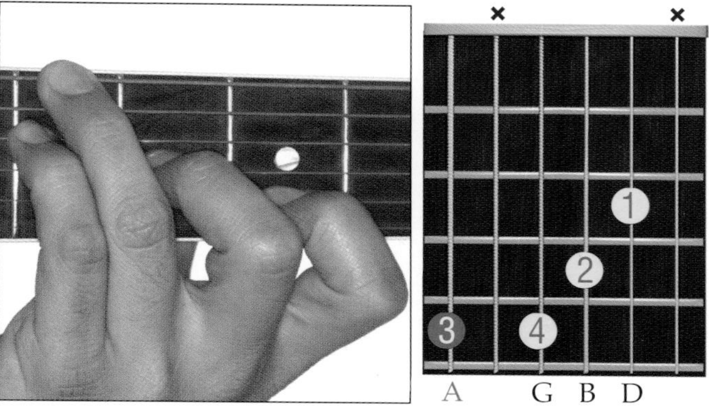
A G B D

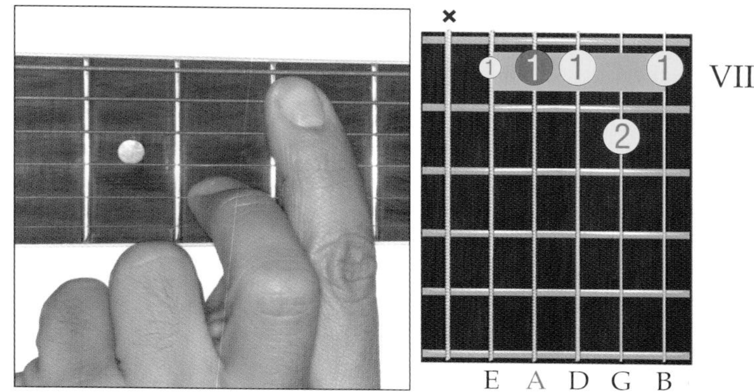
VII
E A D G B

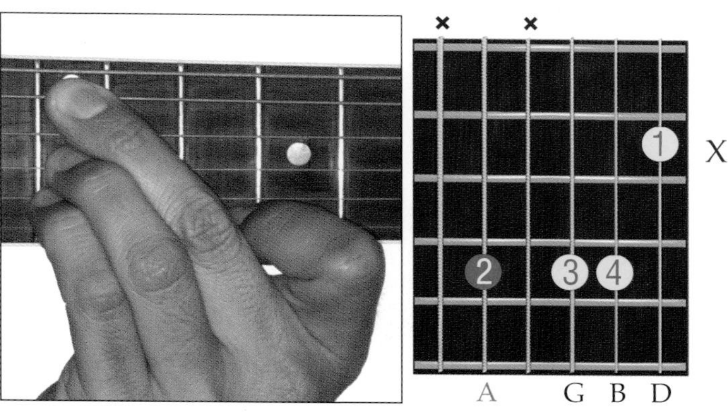
X
A G B D

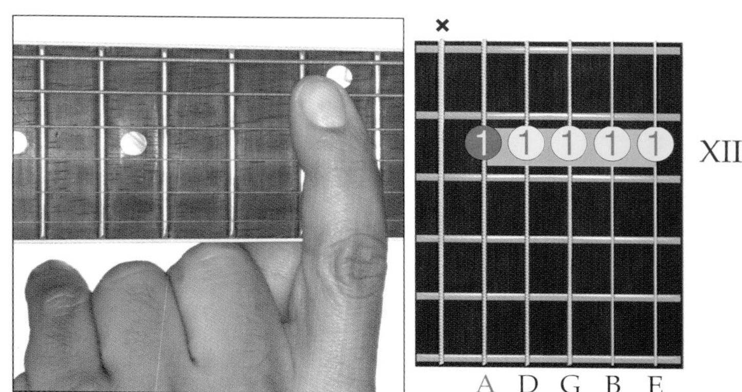
XII
A D G B E

A9♭5

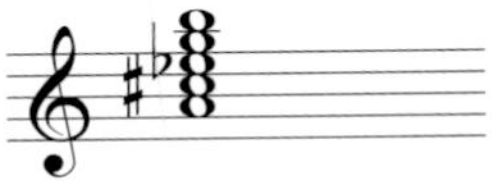

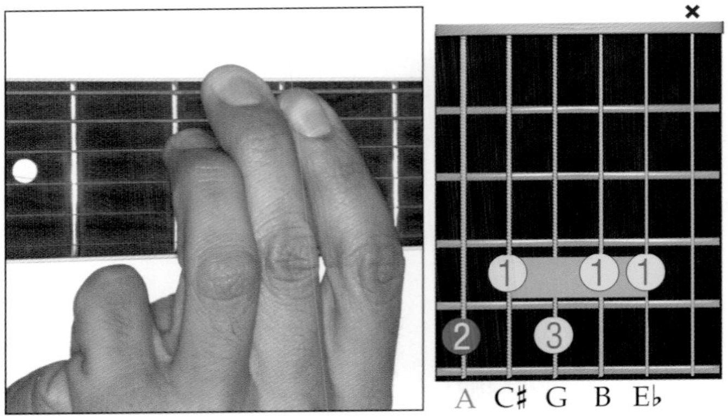

A C♯ G B E♭

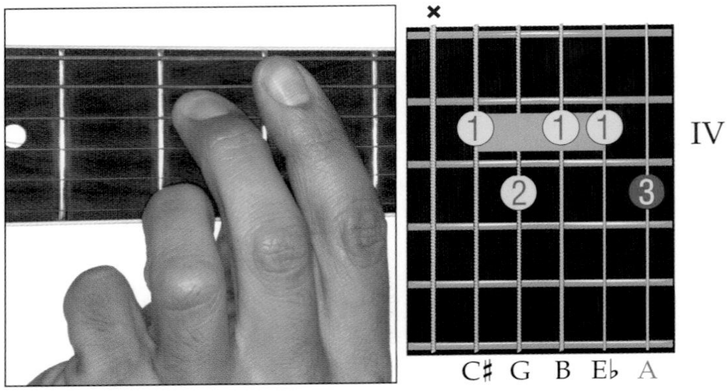

IV

C♯ G B E♭ A

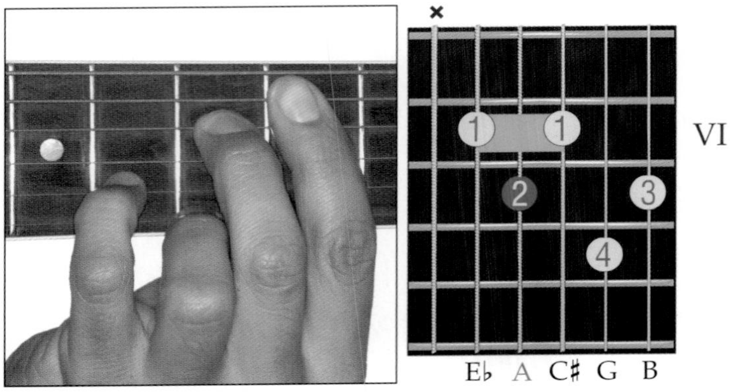

VI

E♭ A C♯ G B

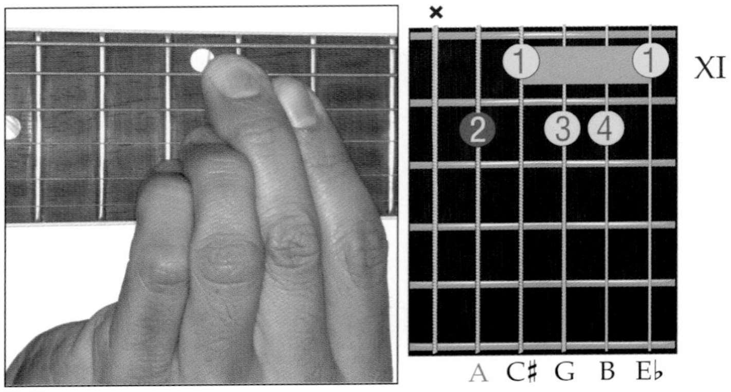

XI

A C♯ G B E♭

A9+

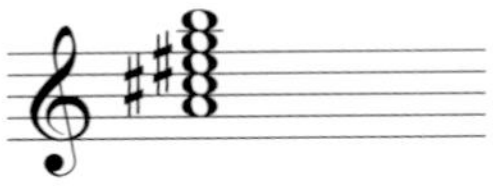

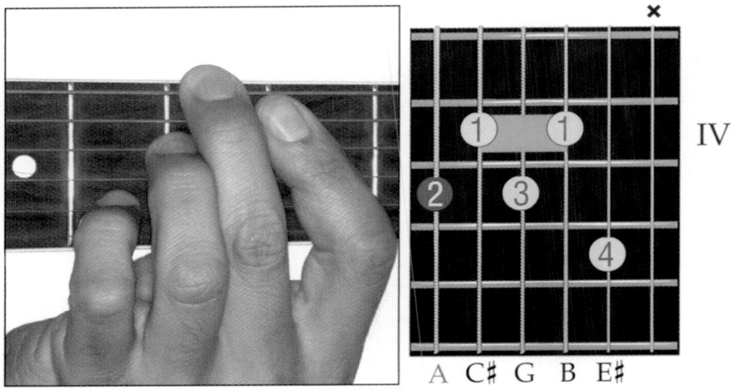

IV

A C♯ G B E♯

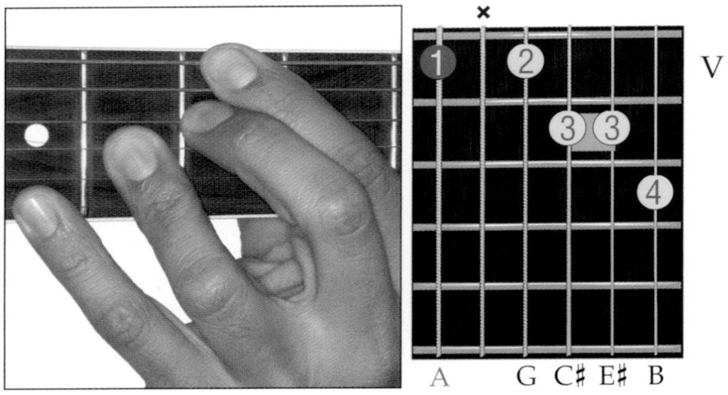

V

A G C♯ E♯ B

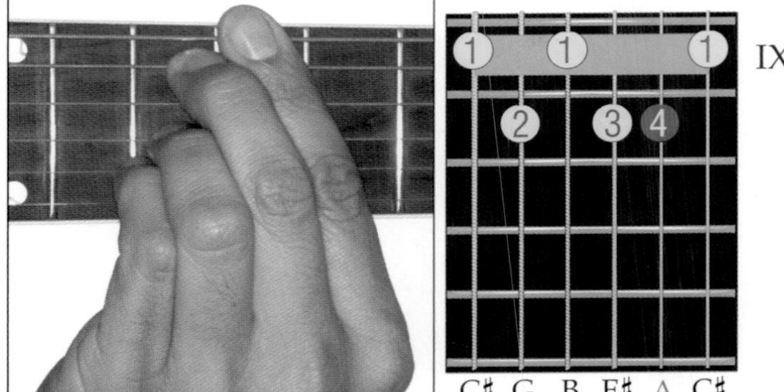
IX
C♯ G B E♯ A C♯

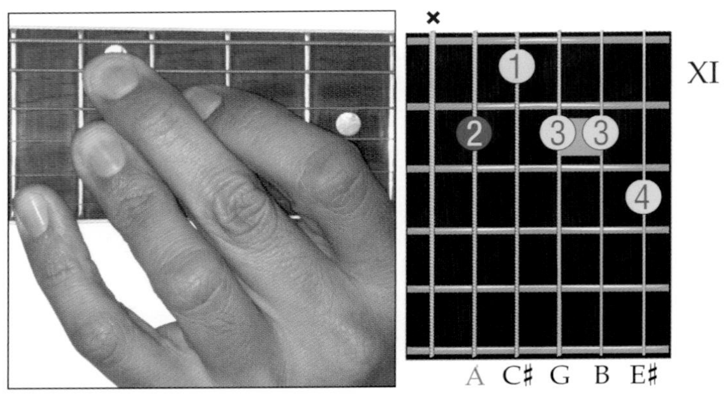
XI
A C♯ G B E♯

A

A13

× o o
2 3 4
A E G C♯ F♯

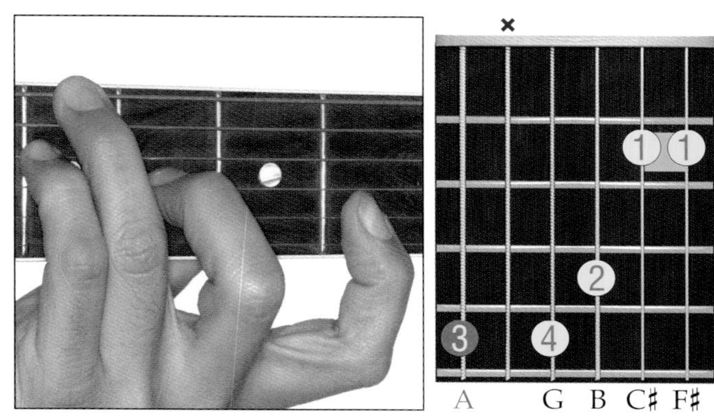

×
1 1
2
3 4
A G B C♯ F♯

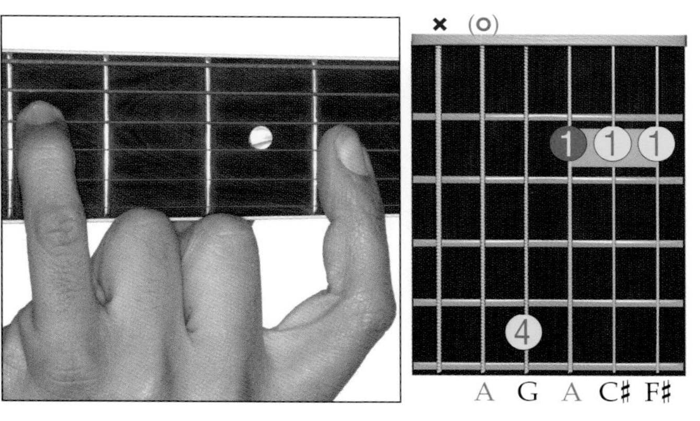

× (o)
1 1 1
4
A G A C♯ F♯

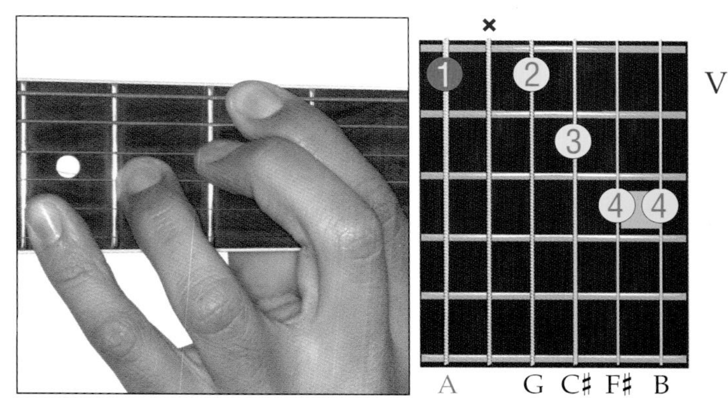

×
1 2
3
4 4
V
A G C♯ F♯ B

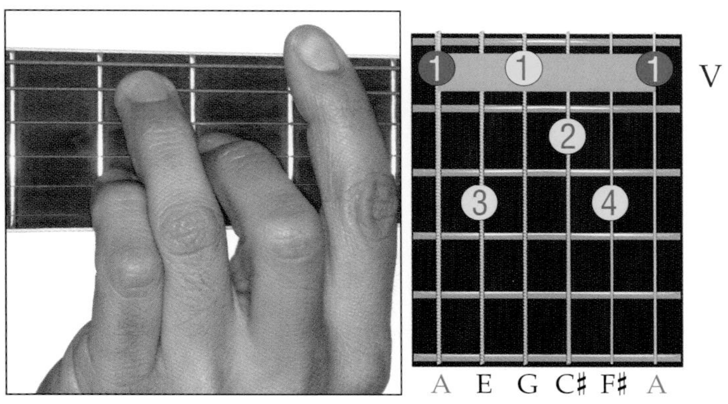

1 1 1
2
3 4
V
A E G C♯ F♯ A

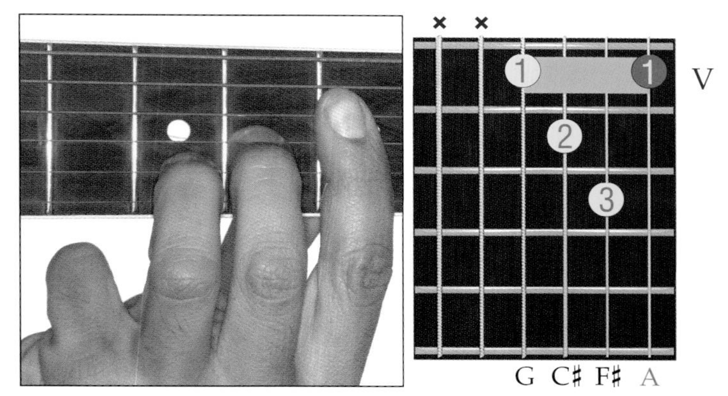

× ×
1 1
2
3
V
G C♯ F♯ A

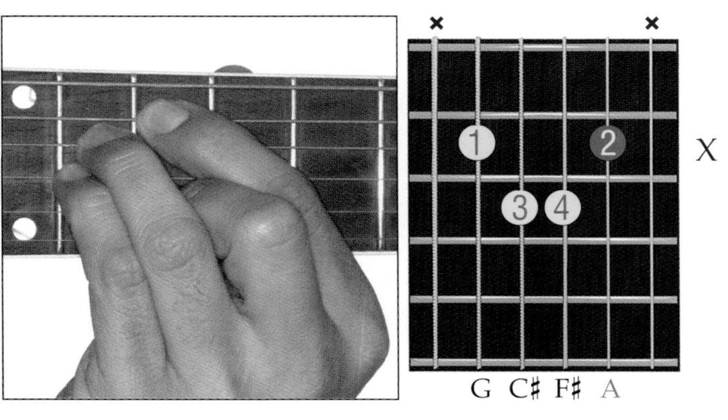

× ×
1 2
3 4
X
G C♯ F♯ A

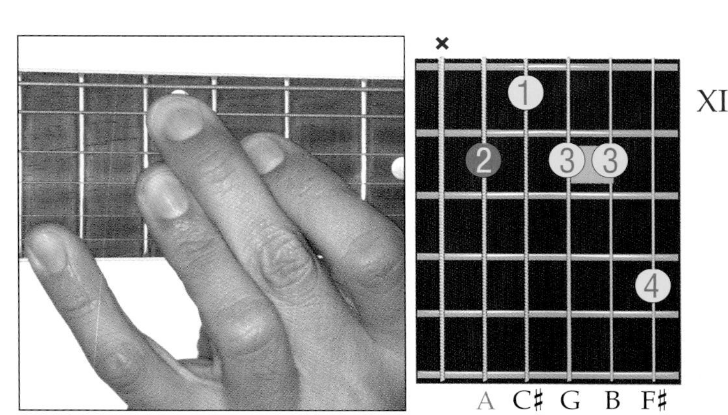

×
1
2 3 3
4
XI
A C♯ G B F♯

A

B♭

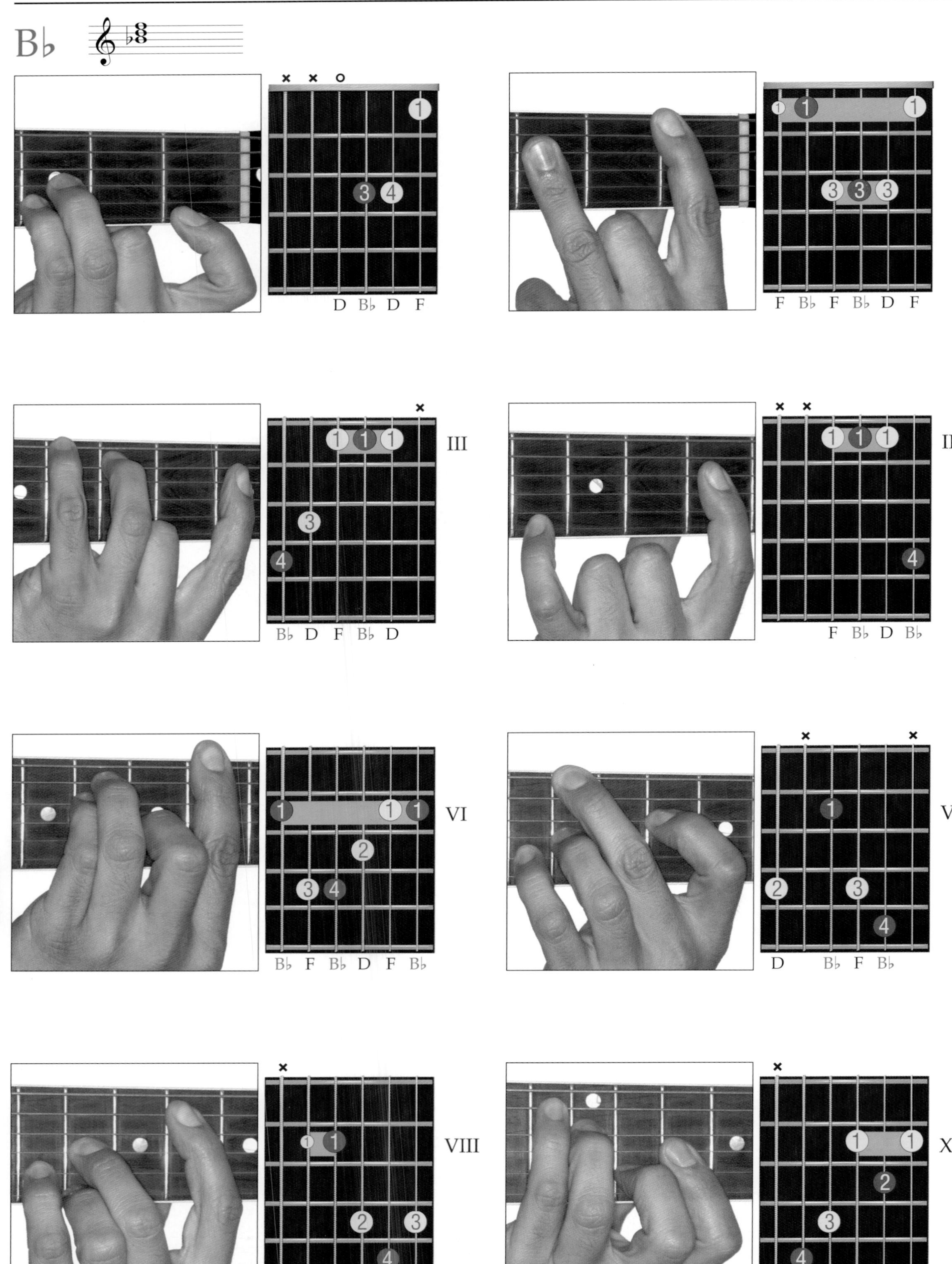
D B♭ D F
F B♭ F B♭ D F
III
B♭ D F B♭ D
III
F B♭ D B♭
VI
B♭ F B♭ D F B♭
VIII
D B♭ F B♭
VIII
F B♭ F B♭ D
X
B♭ D F B♭ D
B♭
A♯

B♭sus4

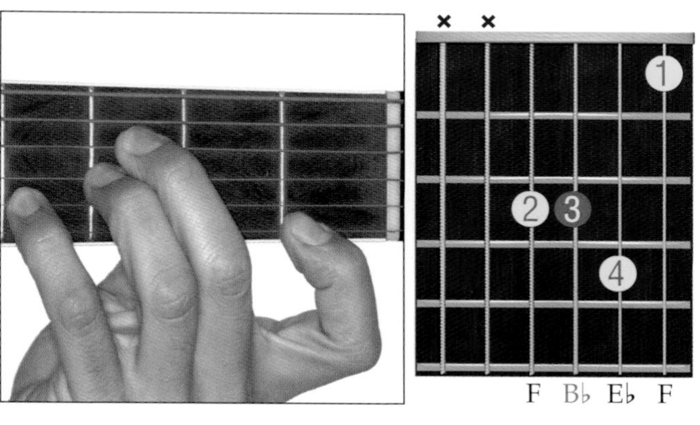
F B♭ E♭ F

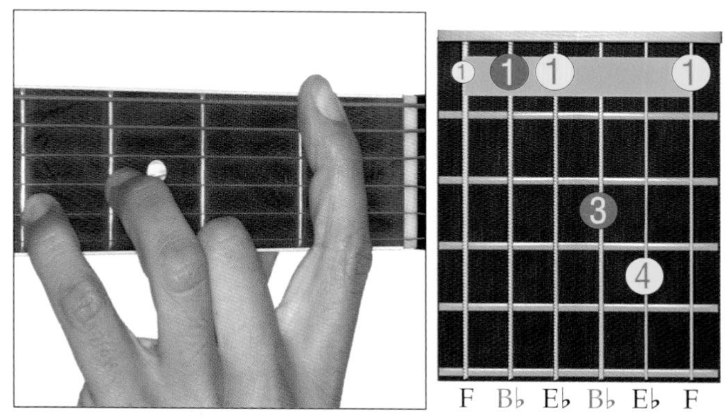
F B♭ E♭ B♭ E♭ F

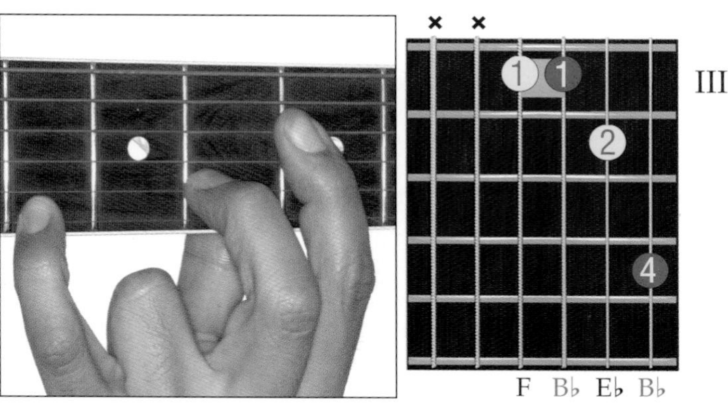
III
F B♭ E♭ B♭

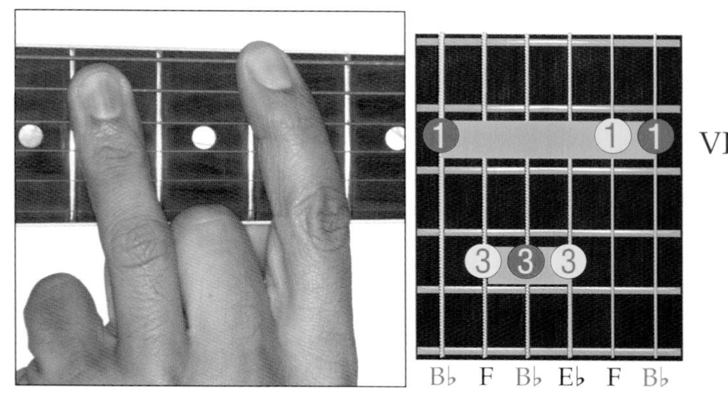
VI
B♭ F B♭ E♭ F B♭

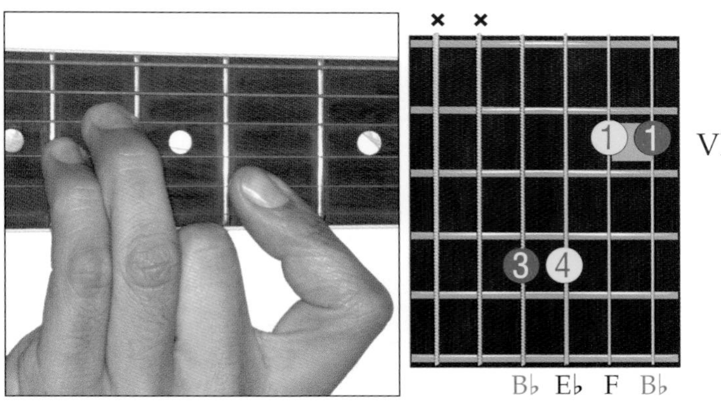
VI
B♭ E♭ F B♭

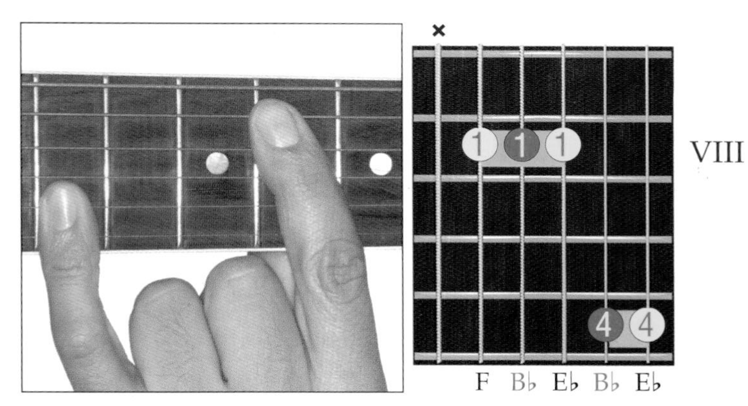
VIII
F B♭ E♭ B♭ E♭

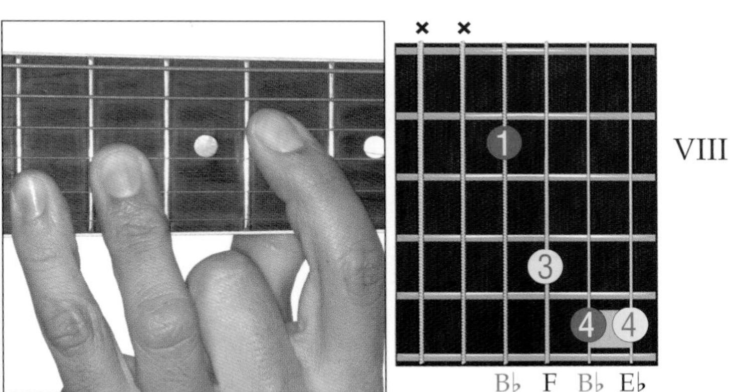
VIII
B♭ F B♭ E♭

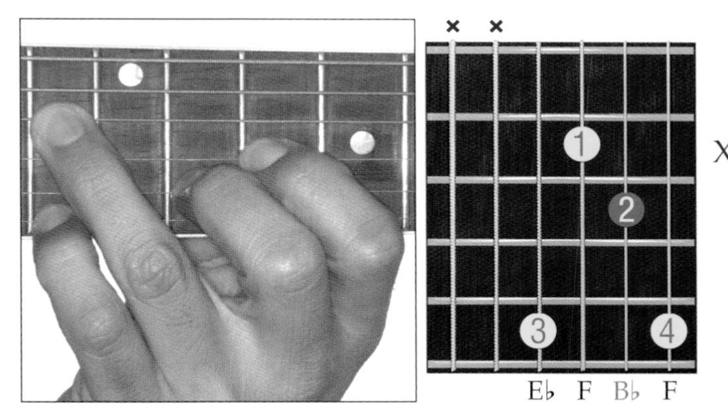
X
E♭ F B♭ F

B♭6

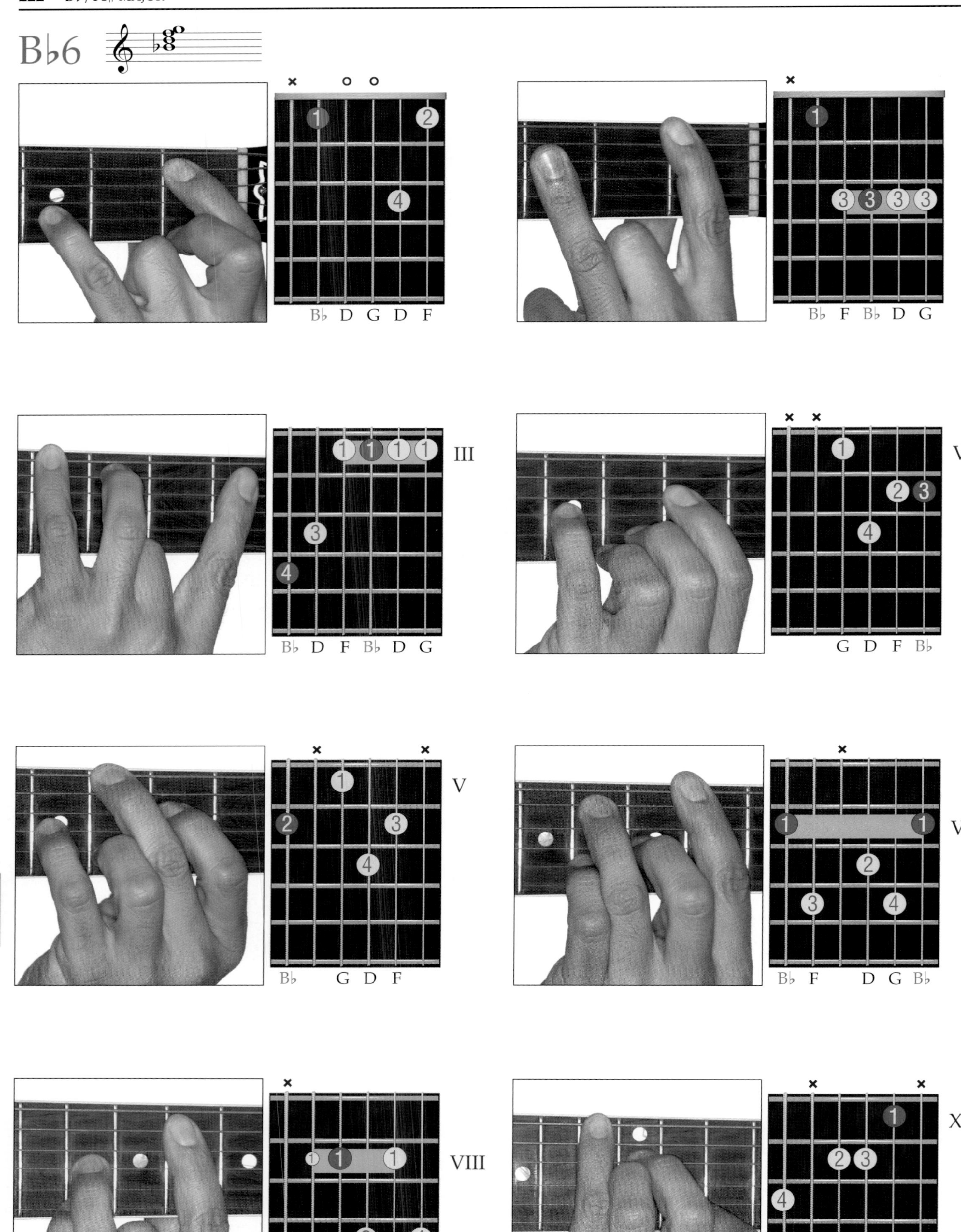

B♭ D G D F
B♭ F B♭ D G
III
B♭ D F B♭ D G
V
G D F B♭
V
B♭ G D F
VI
B♭ F D G B♭
VIII
F B♭ F G D
XI
F D G B♭

B♭
A♯

B♭ 6/9

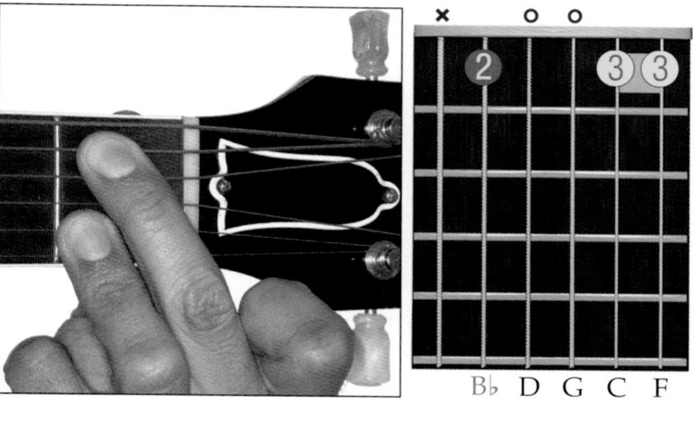
2 3 3
B♭ D G C F

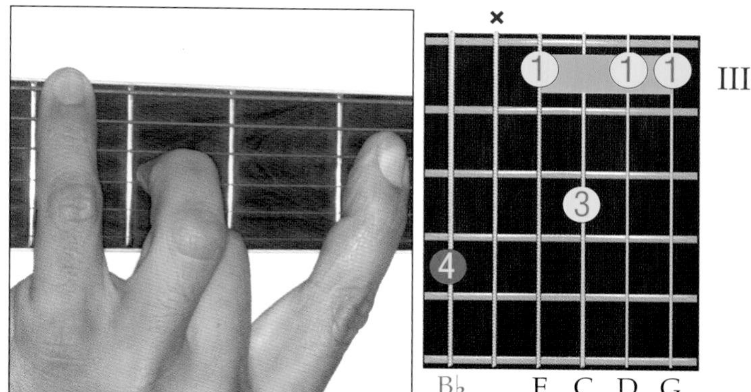
1 1 1
3
4
III
B♭ F C D G

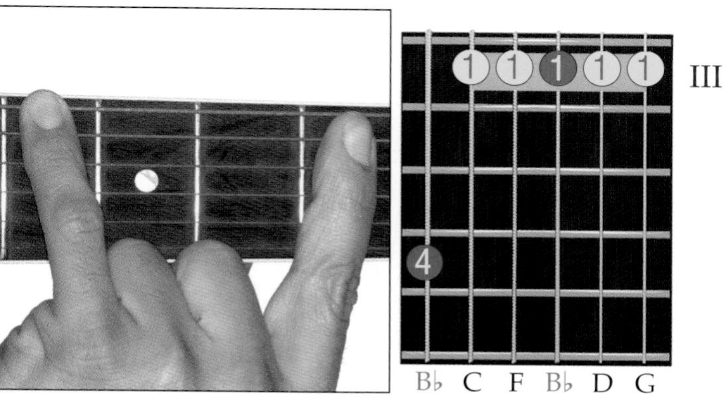
1 1 1 1 1
4
III
B♭ C F B♭ D G

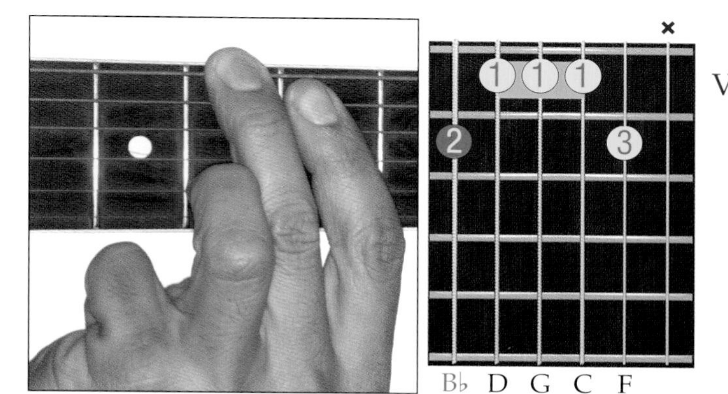
1 1 1
2 3
V
B♭ D G C F

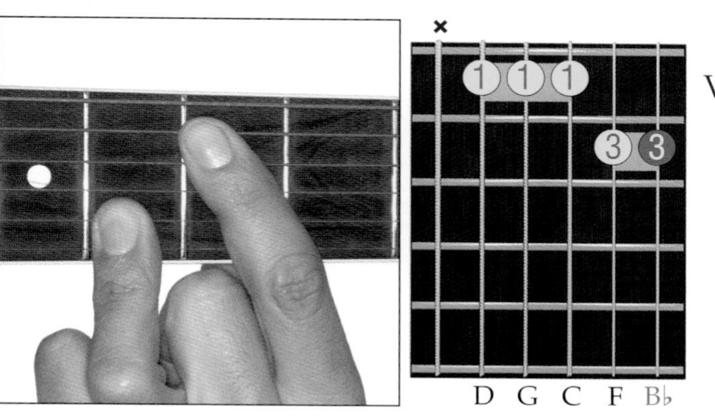
1 1 1
3 3
V
D G C F B♭

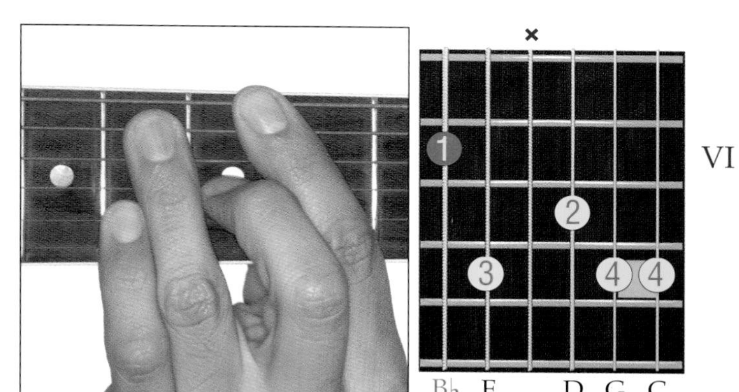
1
2
3 4 4
VI
B♭ F D G C

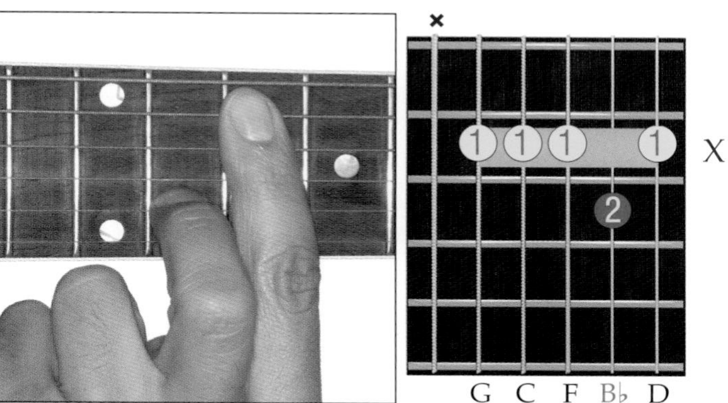
1 1 1 1
2
X
G C F B♭ D

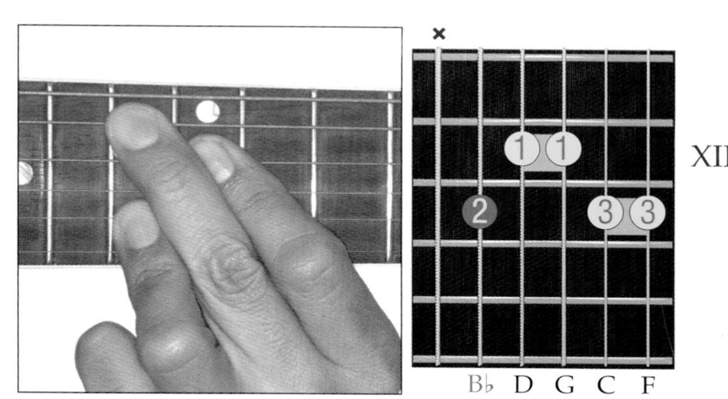
1 1
2 3 3
XII
B♭ D G C F

B♭
A♯

B♭maj7

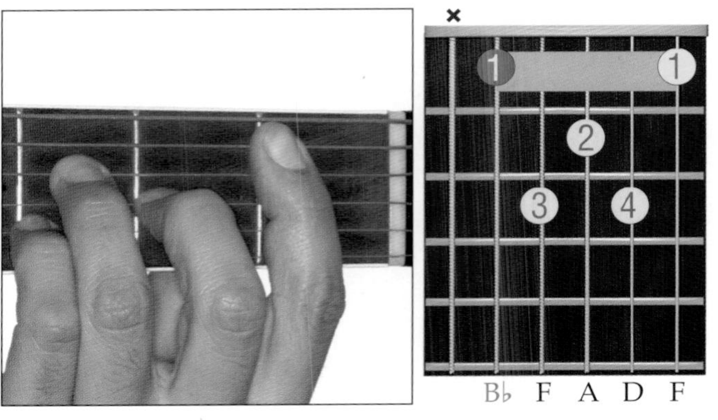
B♭ F A D F

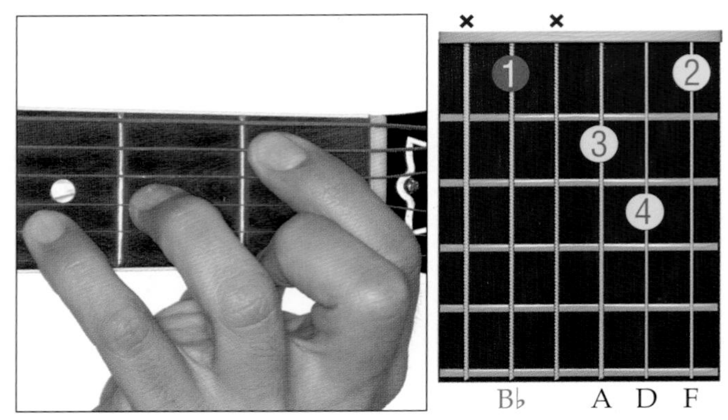
B♭ A D F

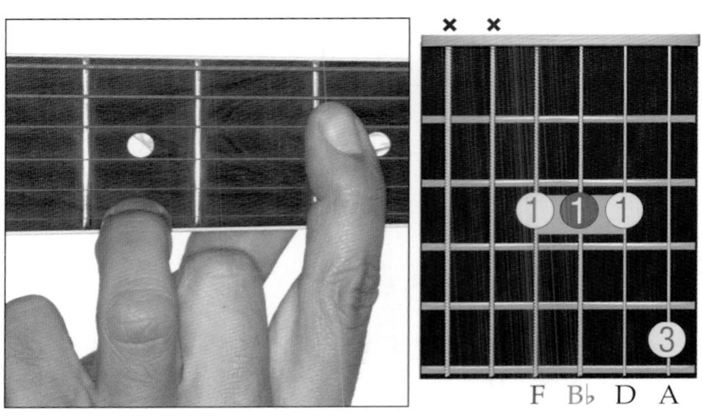
F B♭ D A

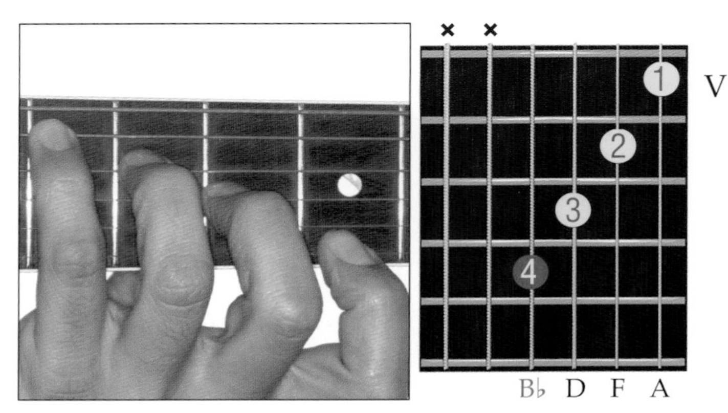
V
B♭ D F A

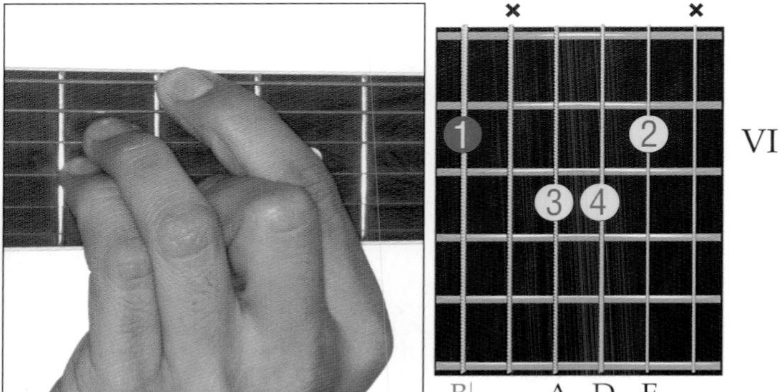
VI
B♭ A D F

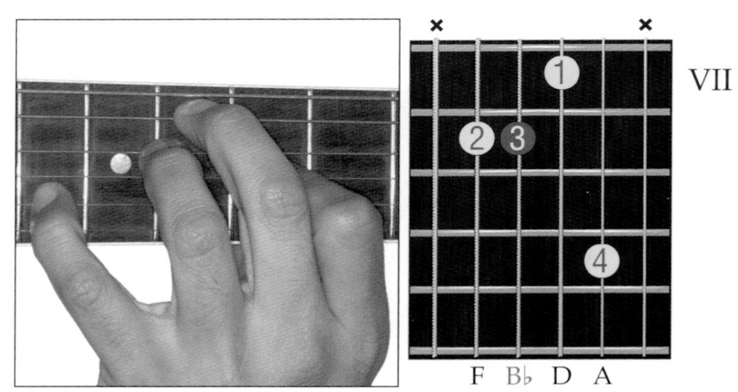
VII
F B♭ D A

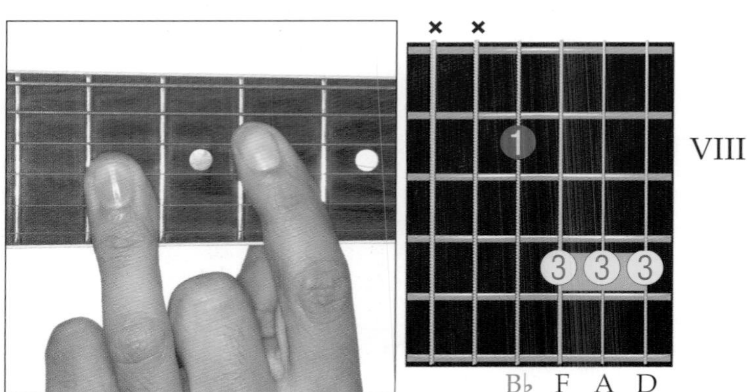
VIII
B♭ F A D

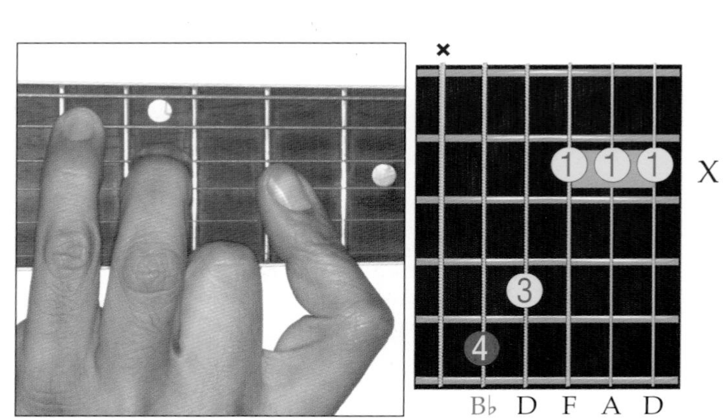
X
B♭ D F A D

B♭maj9

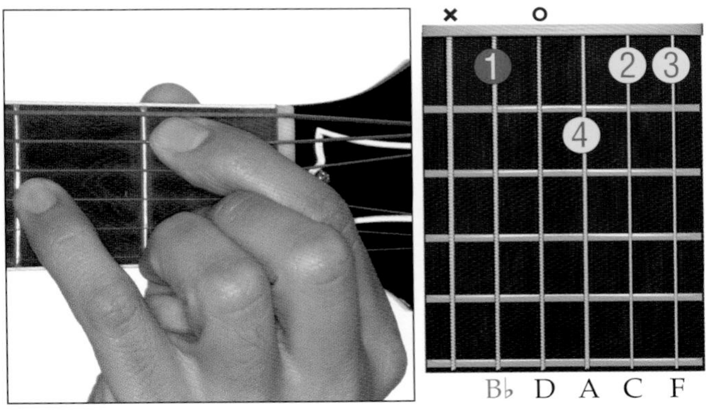
× o
1 2 3
4
B♭ D A C F

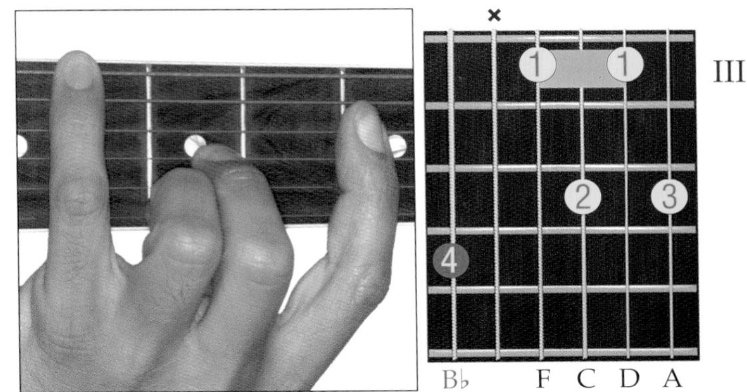
×
1 1
III
2 3
4
B♭ F C D A

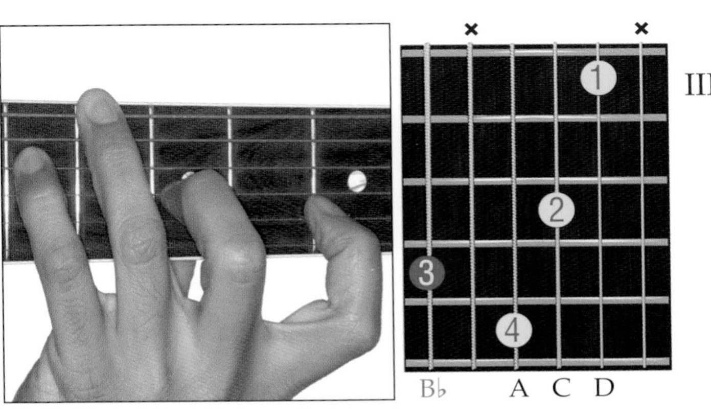
× ×
1
III
2
3
4
B♭ A C D

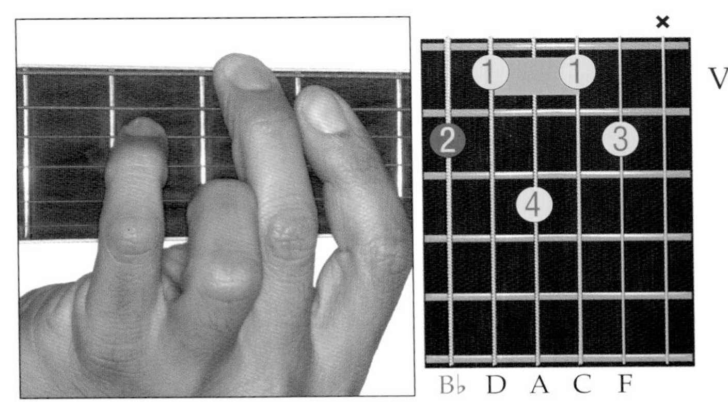
×
1 1
V
2 3
4
B♭ D A C F

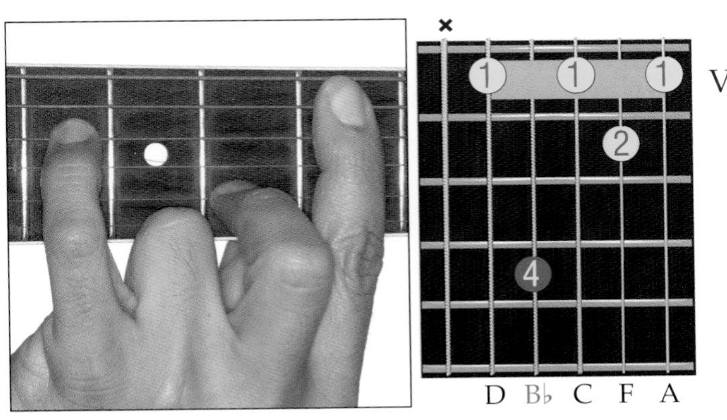
×
1 1 1
V
2
4
D B♭ C F A

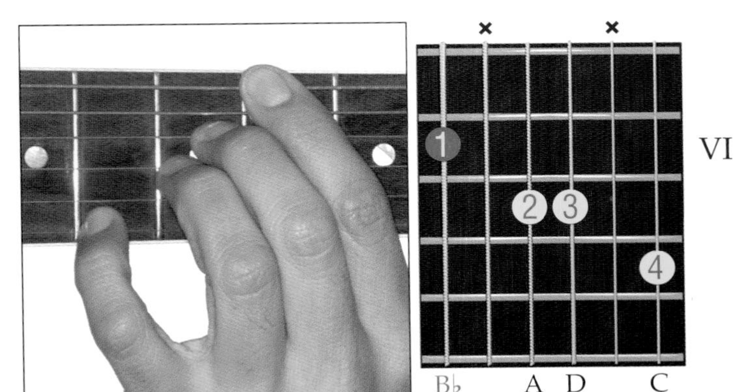
× ×
1
VI
2 3
4
B♭ A D C

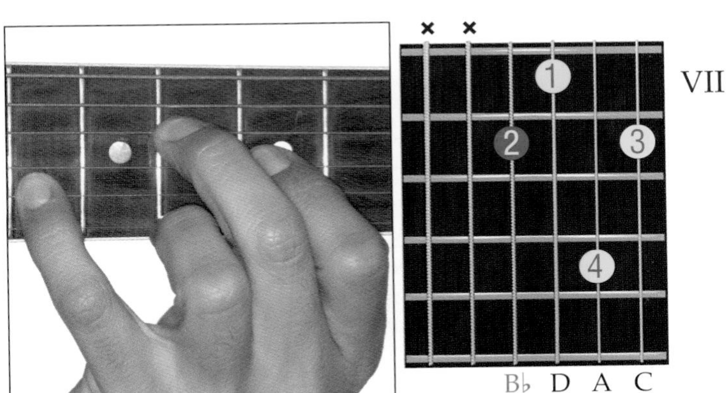
× ×
1
VII
2 3
4
B♭ D A C

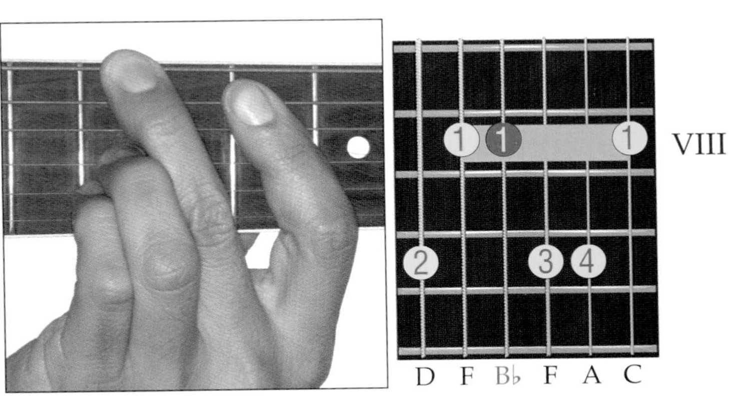
1 1 1
VIII
2 3 4
D F B♭ F A C

B♭maj13

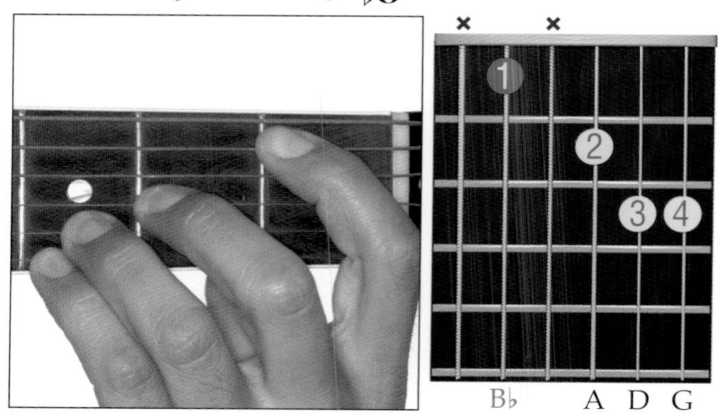
B♭ A D G

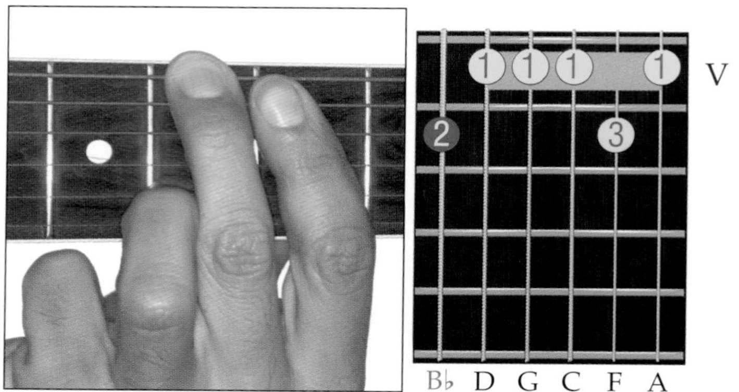
V
B♭ D G C F A

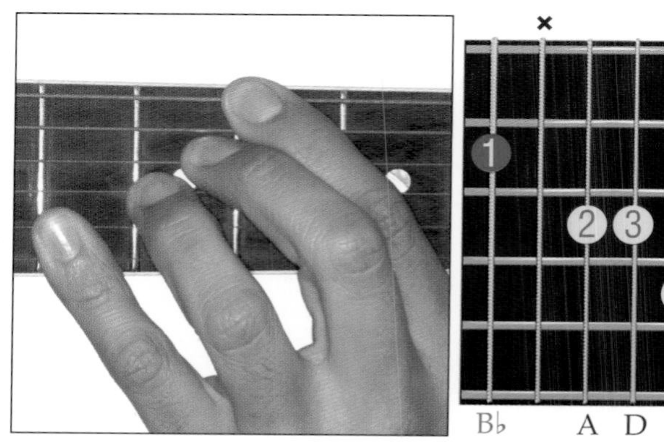
VI
B♭ A D G C

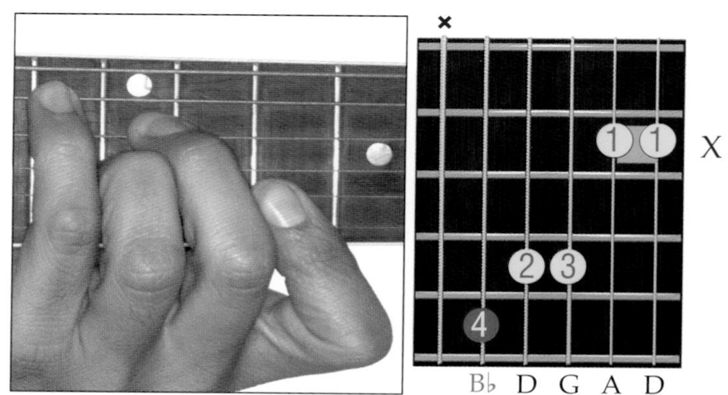
X
B♭ D G A D

B♭
A♯

B♭m

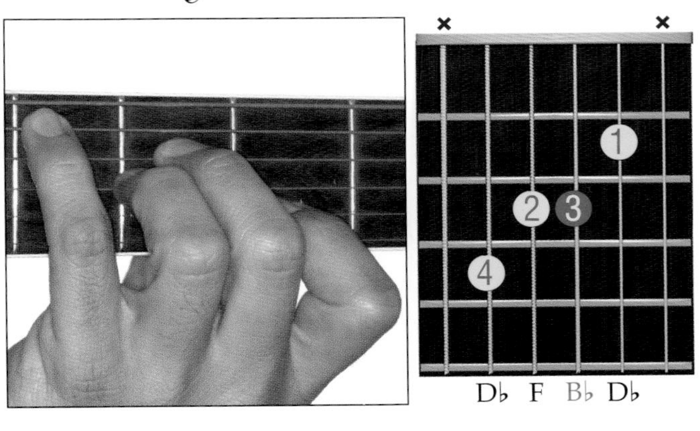
1
2 3
4
D♭ F B♭ D♭

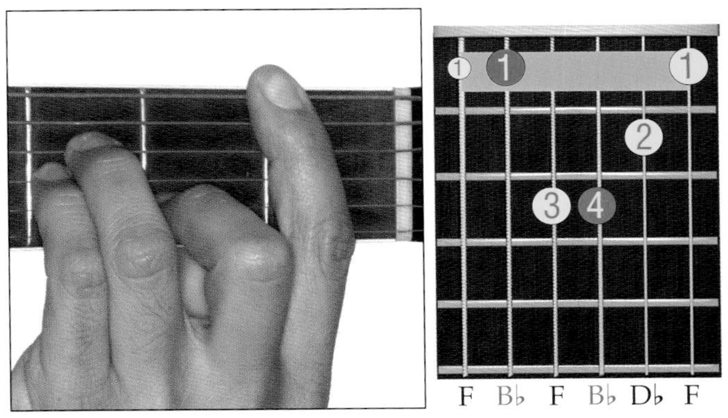
1 1 1
2
3 4
F B♭ F B♭ D♭ F

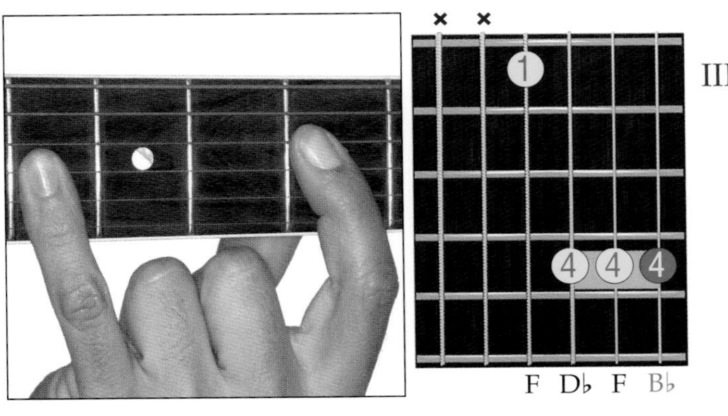
1
4 4 4
III
F D♭ F B♭

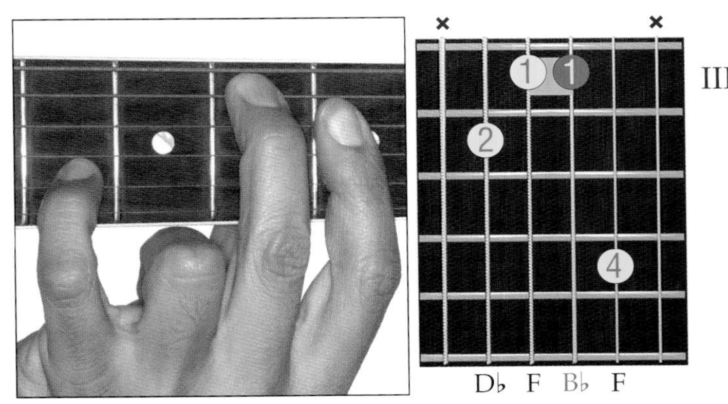
1 1
2
4
III
D♭ F B♭ F

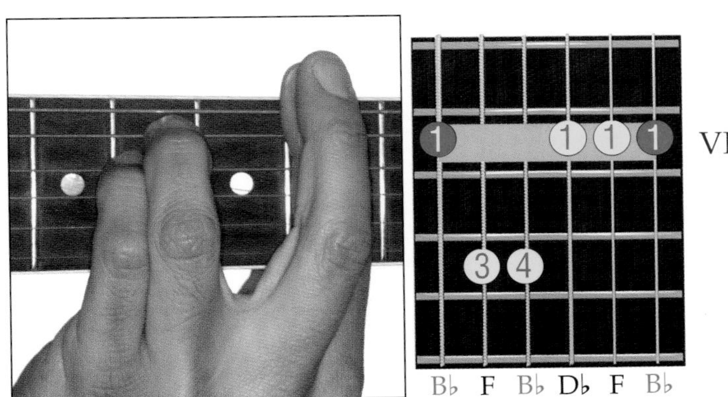
1 1 1 1
3 4
VI
B♭ F B♭ D♭ F B♭

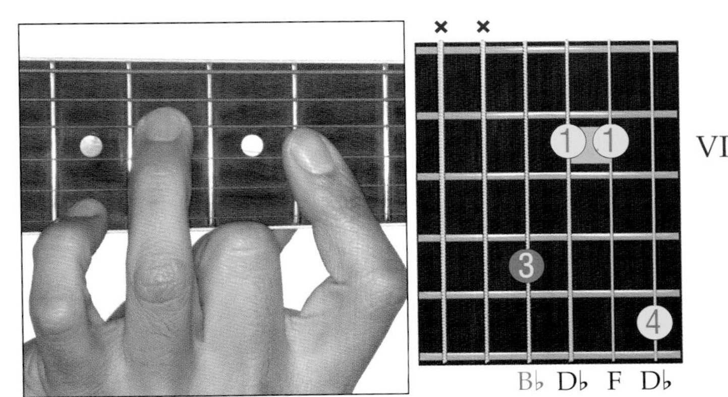
1 1
3
4
VI
B♭ D♭ F D♭

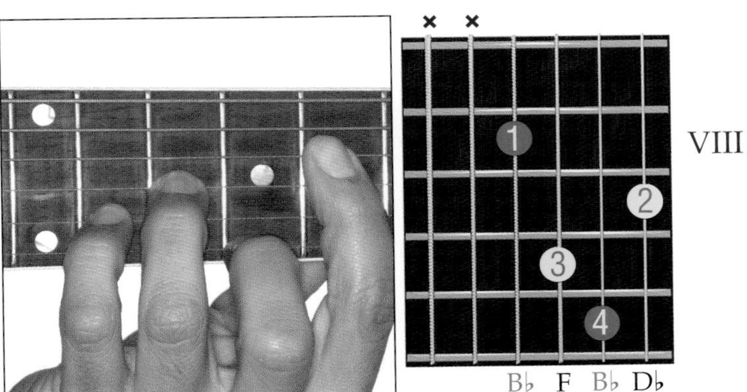
1
2
3
4
VIII
B♭ F B♭ D♭

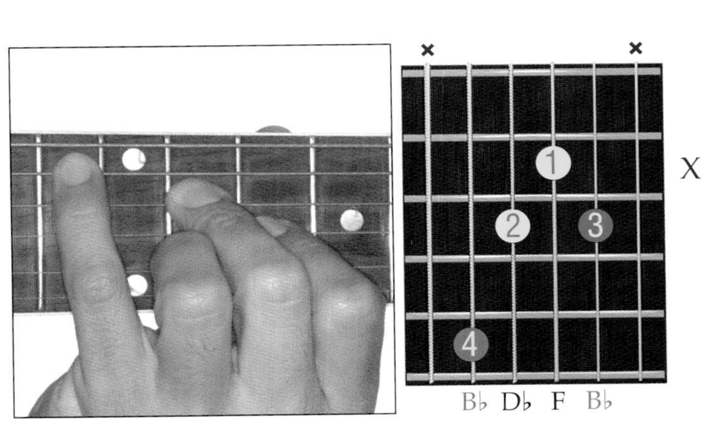
1
2 3
4
X
B♭ D♭ F B♭

B♭
A♯

B♭m6

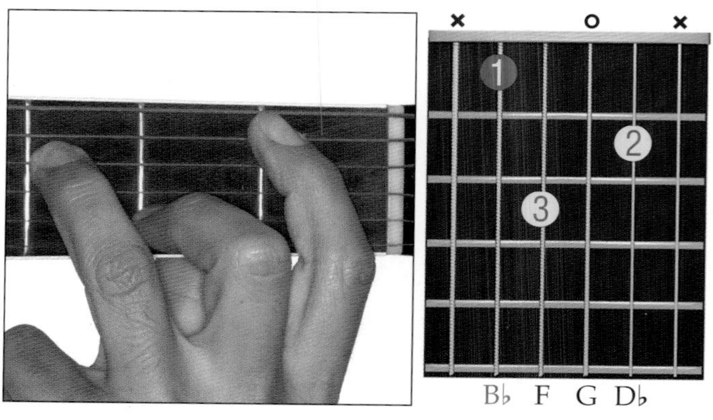
B♭ F G D♭

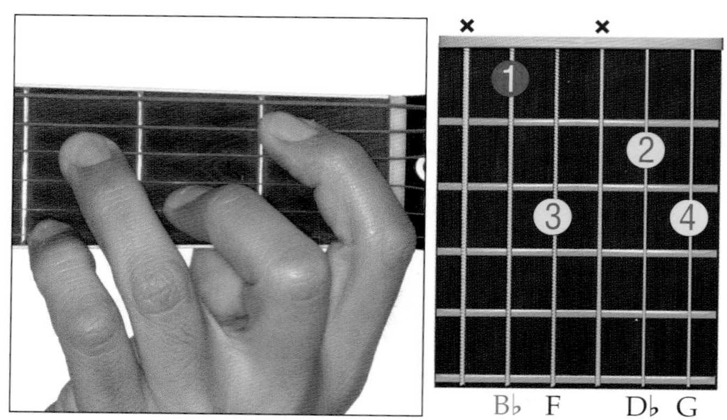
B♭ F D♭ G

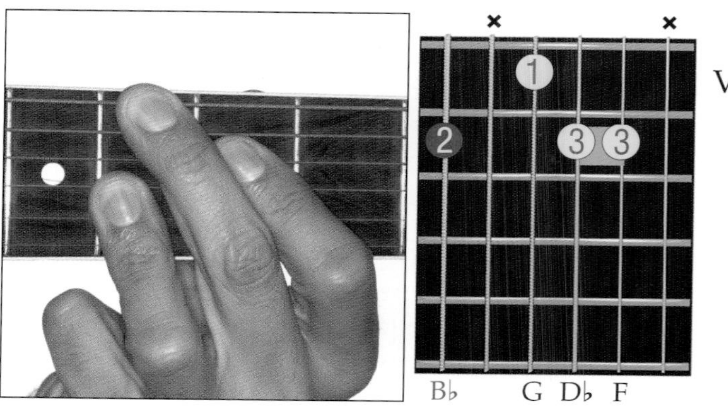
V
B♭ G D♭ F

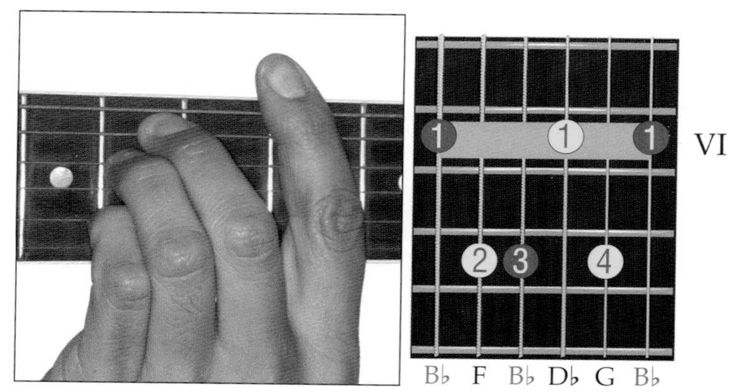
VI
B♭ F B♭ D♭ G B♭

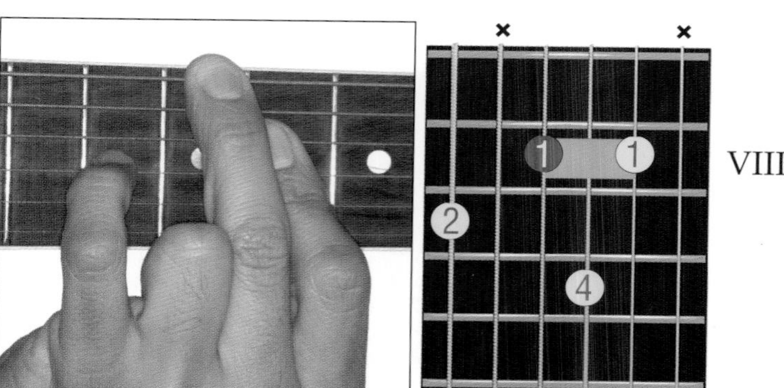
VIII
D♭ B♭ F G

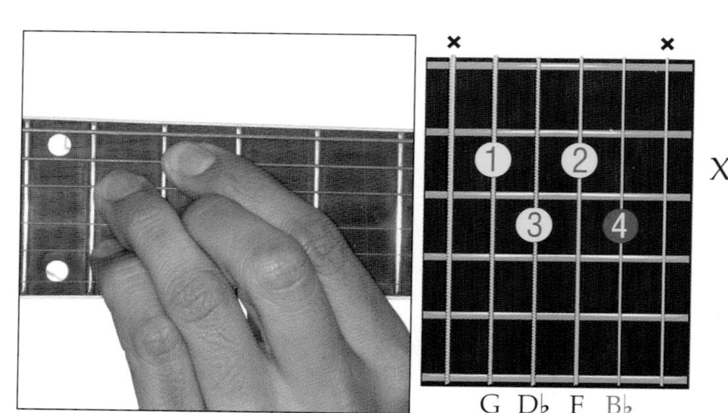
X
G D♭ F B♭

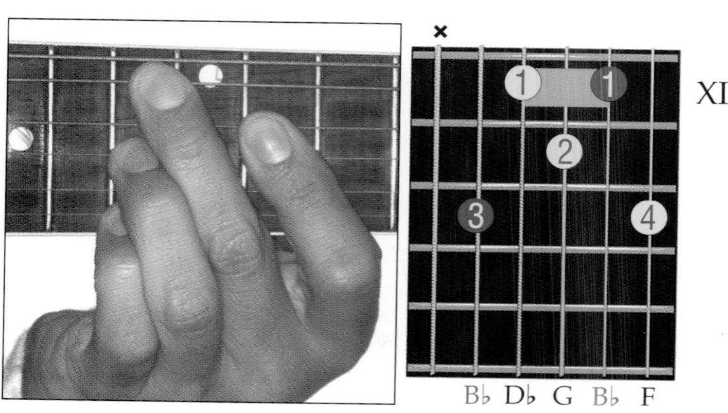
XI
B♭ D♭ G B♭ F

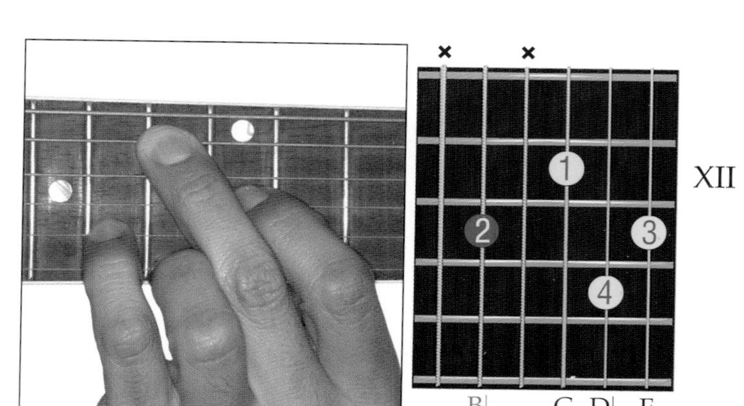
XII
B♭ G D♭ F

B♭m7

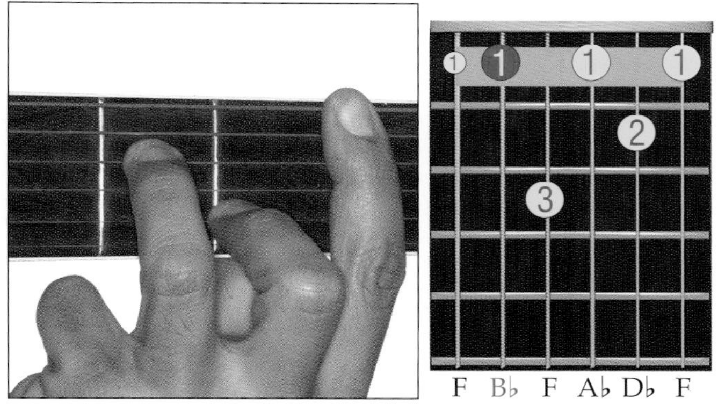
F B♭ F A♭ D♭ F

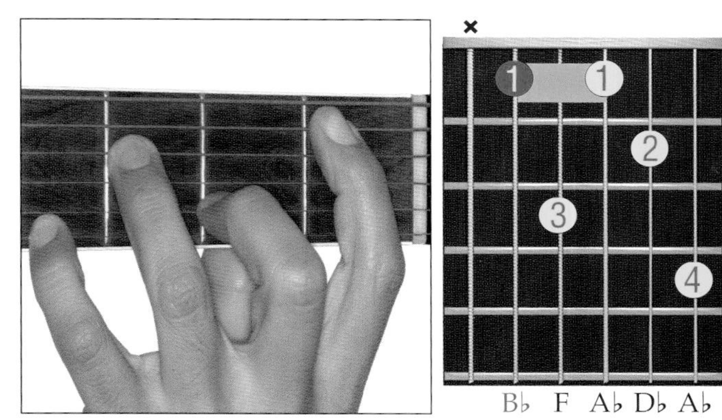
B♭ F A♭ D♭ A♭

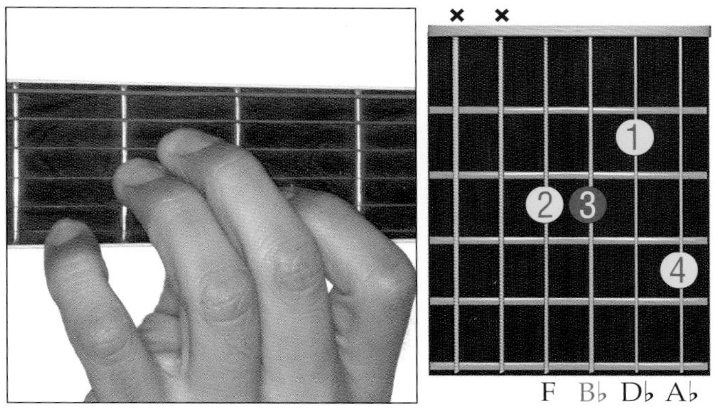
F B♭ D♭ A♭

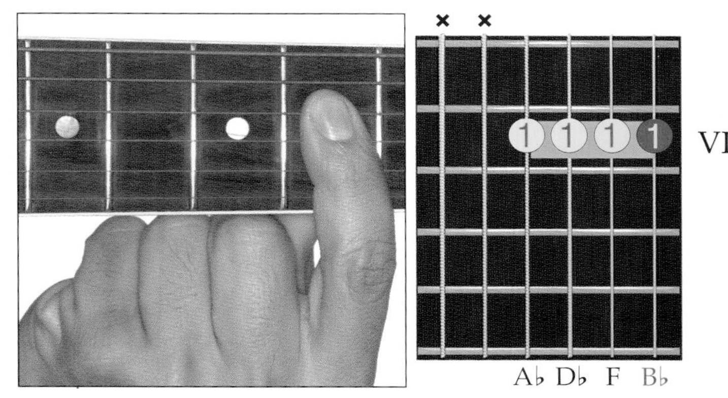
VI
A♭ D♭ F B♭

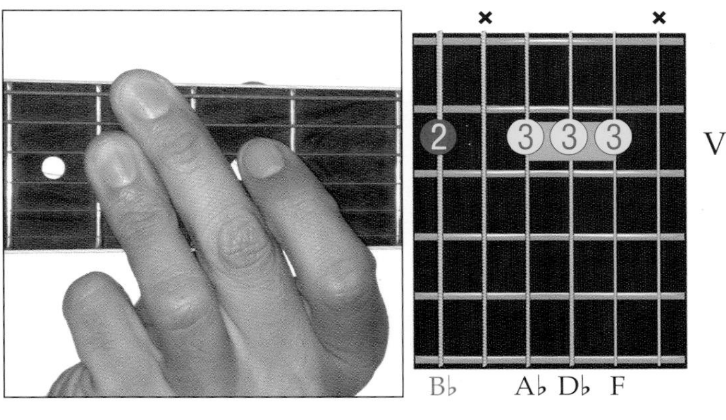
VI
B♭ A♭ D♭ F

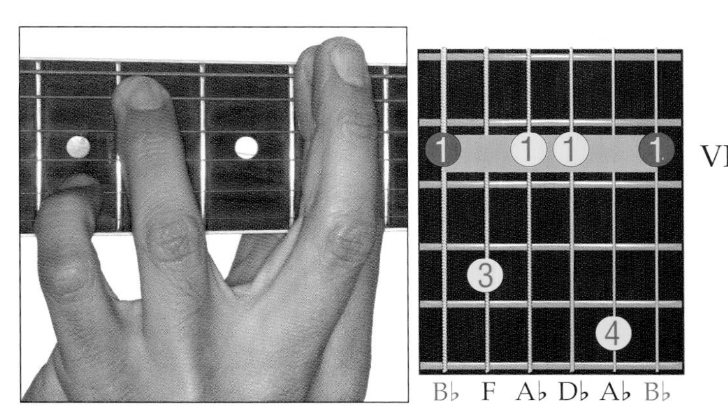
VI
B♭ F A♭ D♭ A♭ B♭

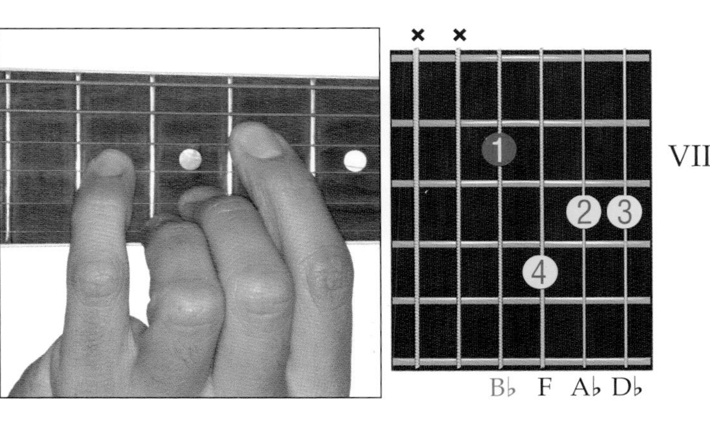
VIII
B♭ F A♭ D♭

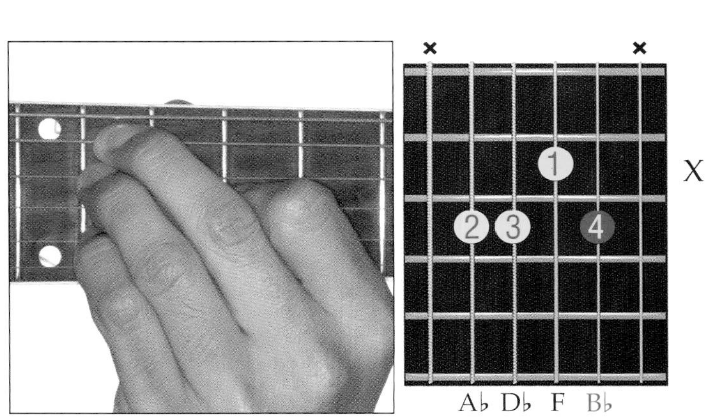
X
A♭ D♭ F B♭

B♭m(maj7)

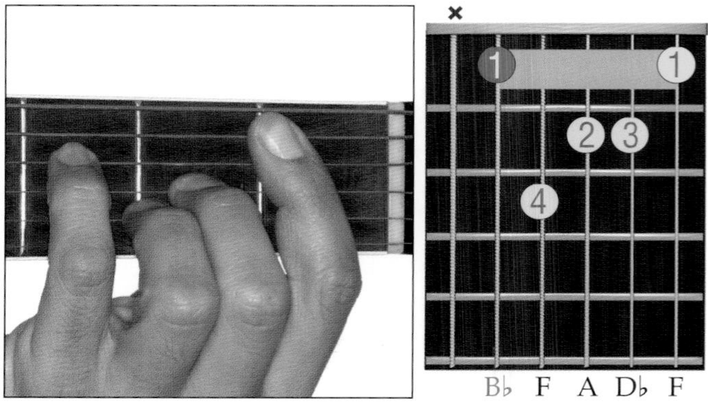
1 1
2 3
4
B♭ F A D♭ F

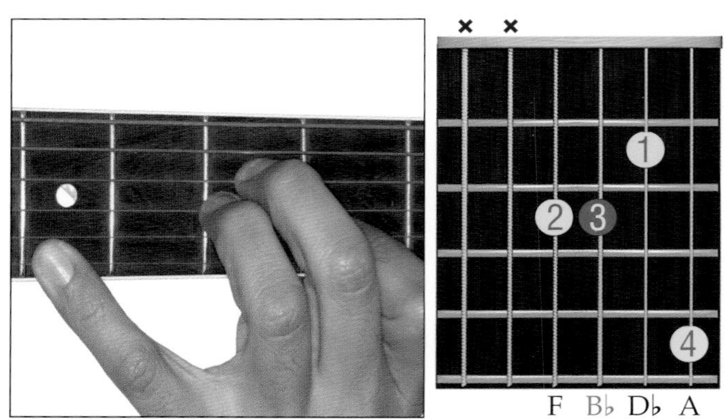
1
2 3
4
F B♭ D♭ A

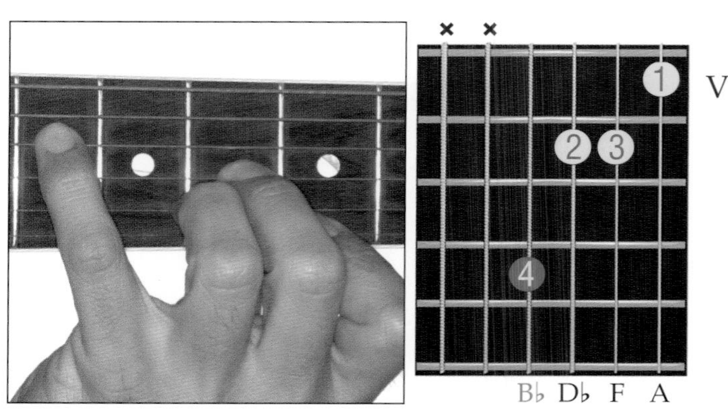
1
2 3
4
B♭ D♭ F A

V

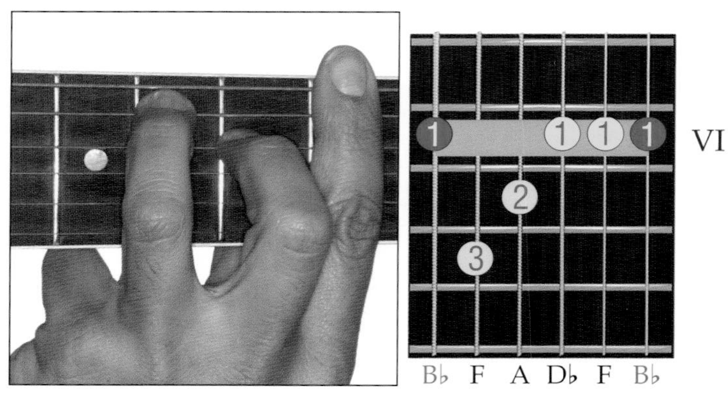
1 1 1 1
2
3
B♭ F A D♭ F B♭

VI

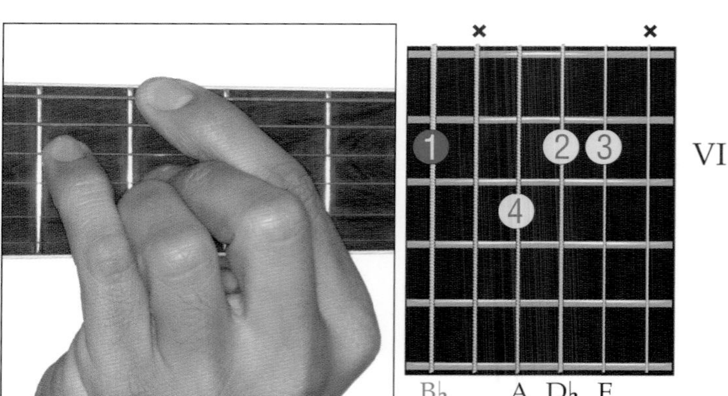
1 2 3
4
B♭ A D♭ F

VI

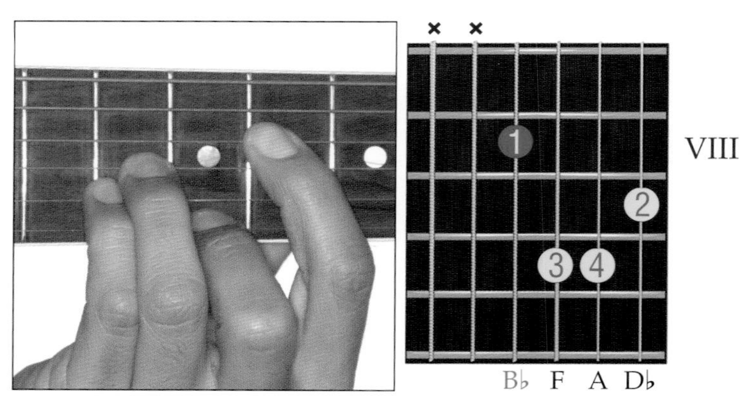
1
2
3 4
B♭ F A D♭

VIII

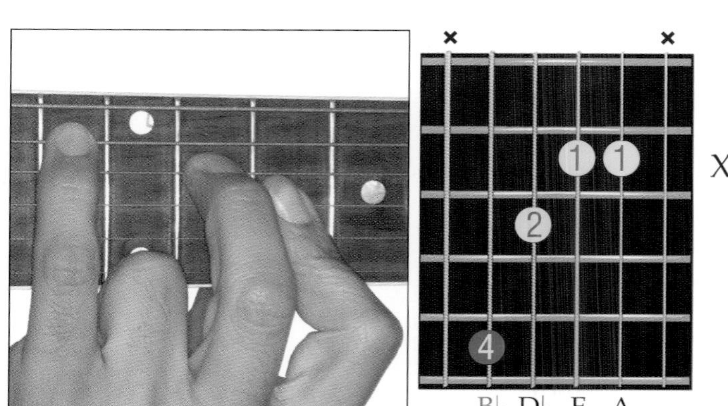
1 1
2
4
B♭ D♭ F A

X

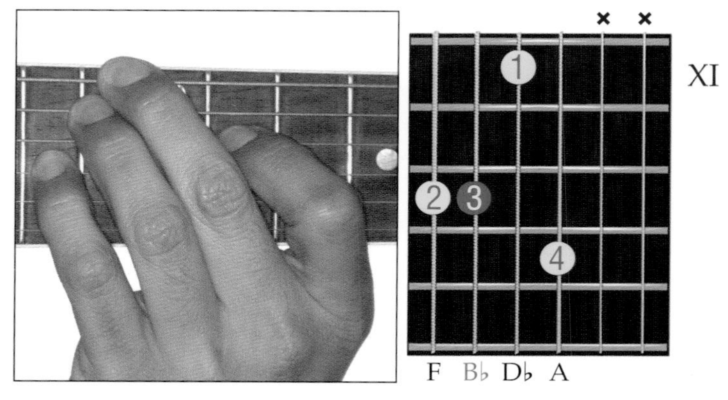
1
2 3
4
F B♭ D♭ A

XI

B♭m9

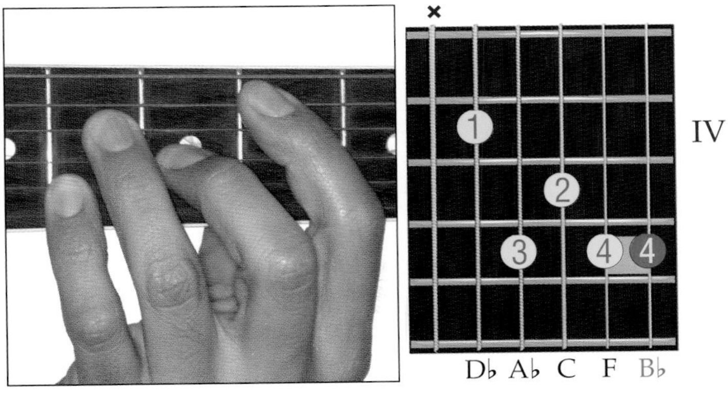
×
1
2
3
4
4
IV
D♭ A♭ C F B♭

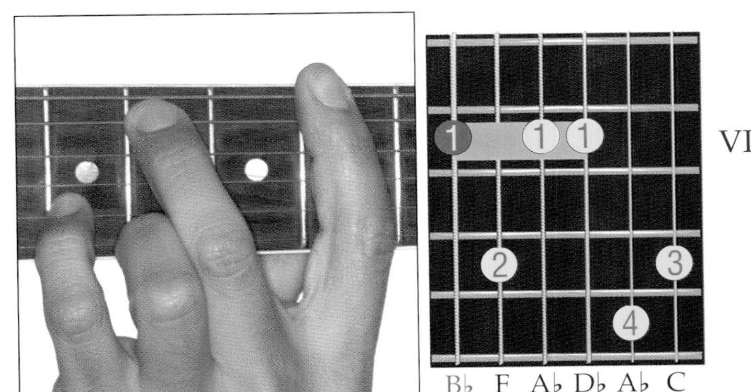
1
1
1
2
3
4
VI
B♭ F A♭ D♭ A♭ C

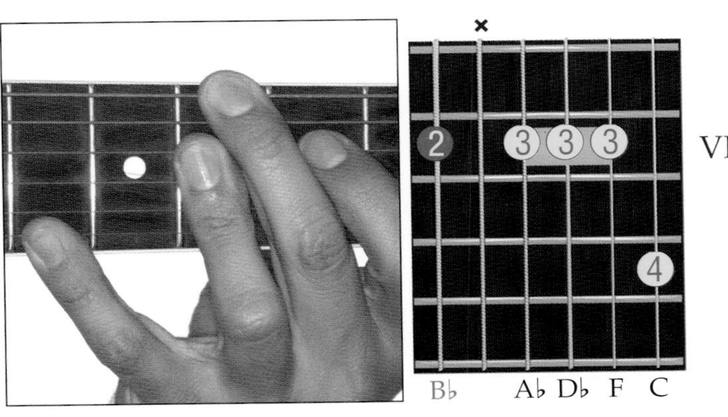
×
2
3
3
3
4
VI
B♭ A♭ D♭ F C

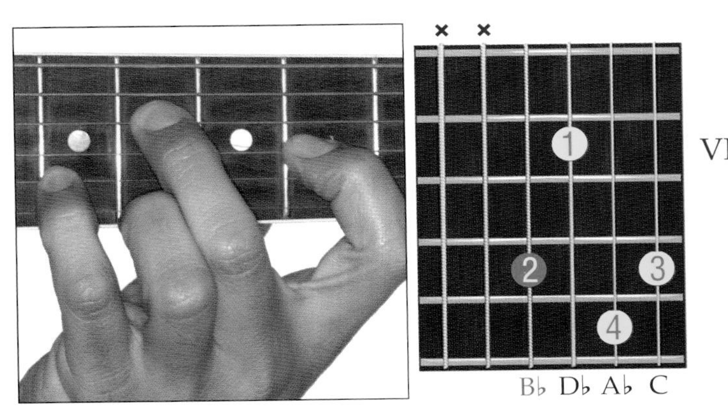
× ×
1
2
3
4
VI
B♭ D♭ A♭ C

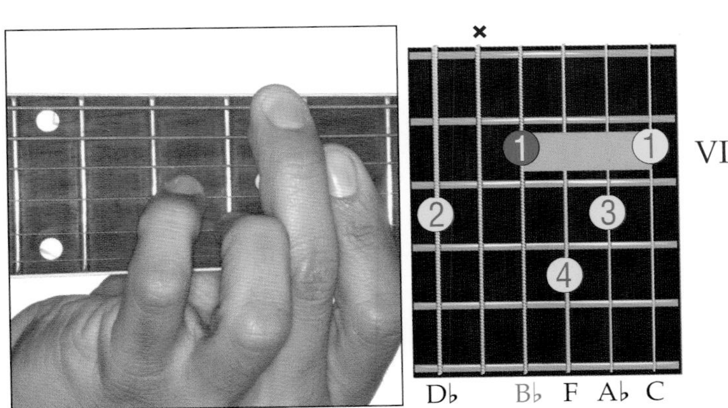
×
1
1
2
3
4
VIII
D♭ B♭ F A♭ C

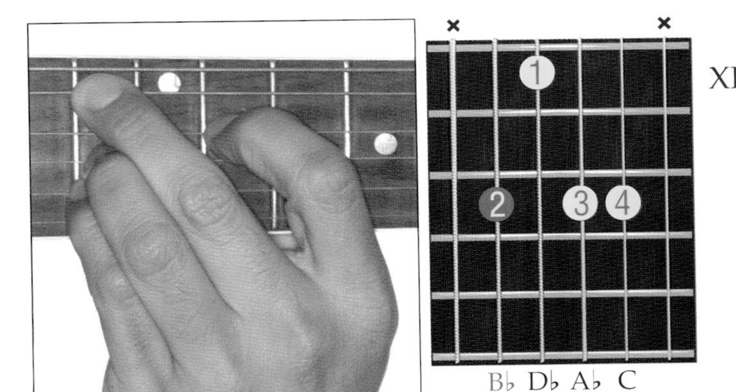
× ×
1
2
3
4
XI
B♭ D♭ A♭ C

B♭m11

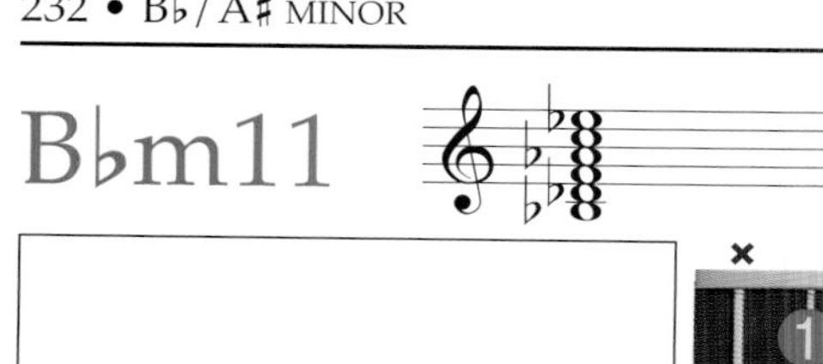

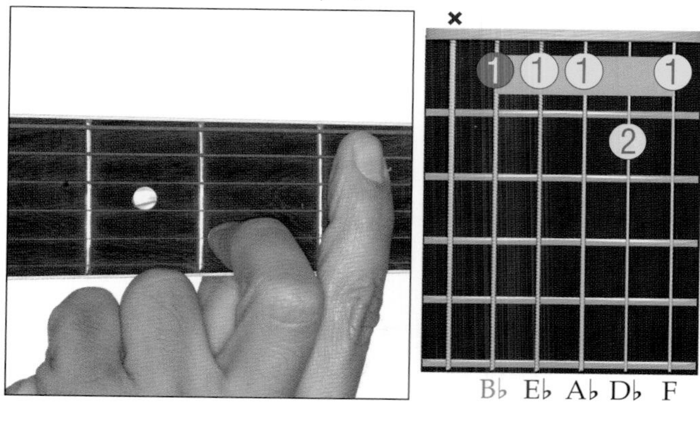
B♭ E♭ A♭ D♭ F

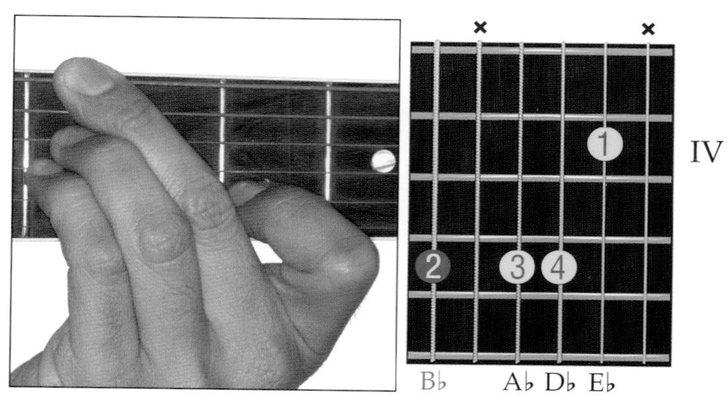
IV
B♭ A♭ D♭ E♭

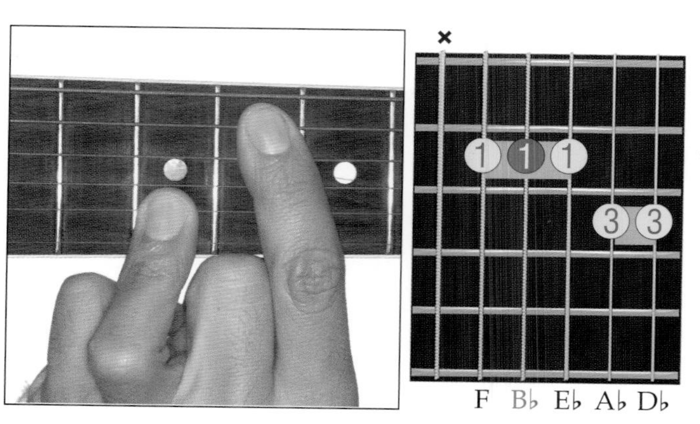
VIII
F B♭ E♭ A♭ D♭

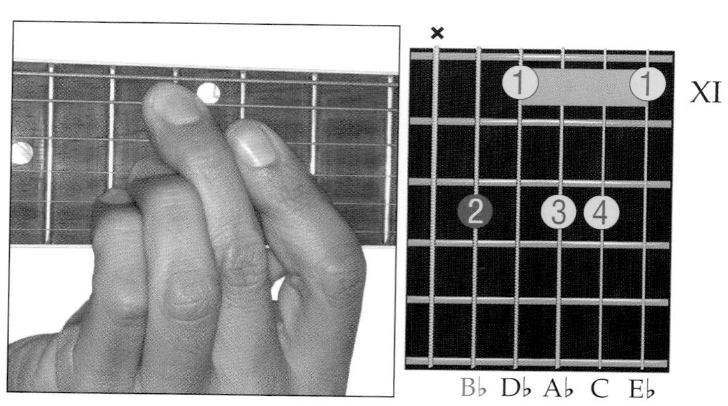
XI
B♭ D♭ A♭ C E♭

B♭m13

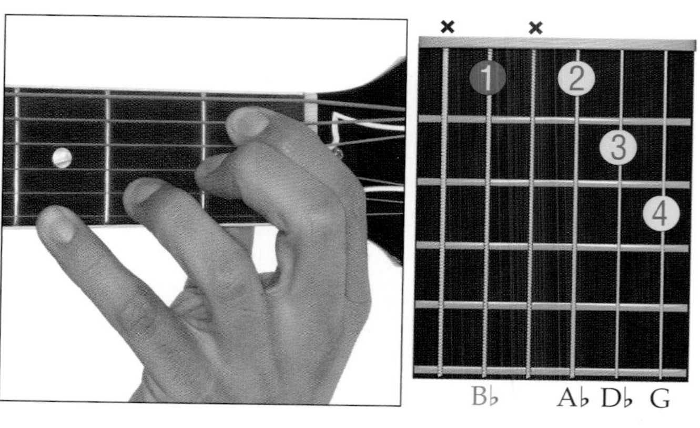
B♭ A♭ D♭ G

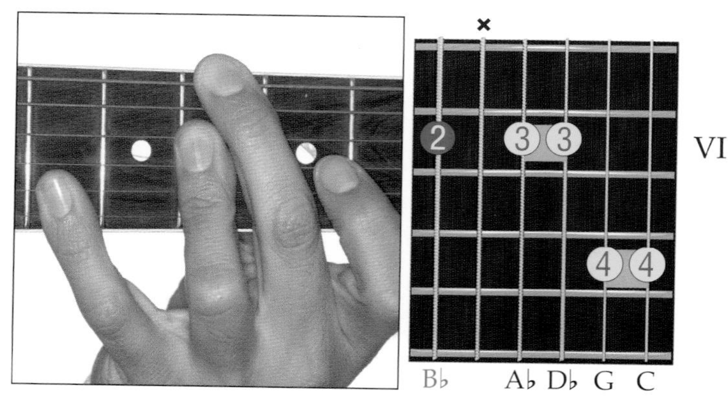
VI
B♭ A♭ D♭ G C

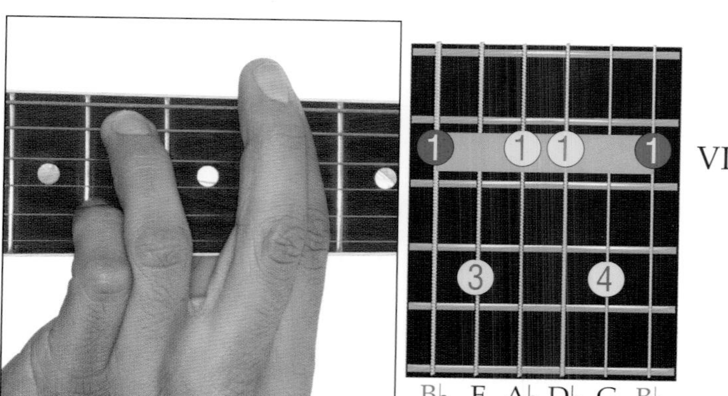
VI
B♭ F A♭ D♭ G B♭

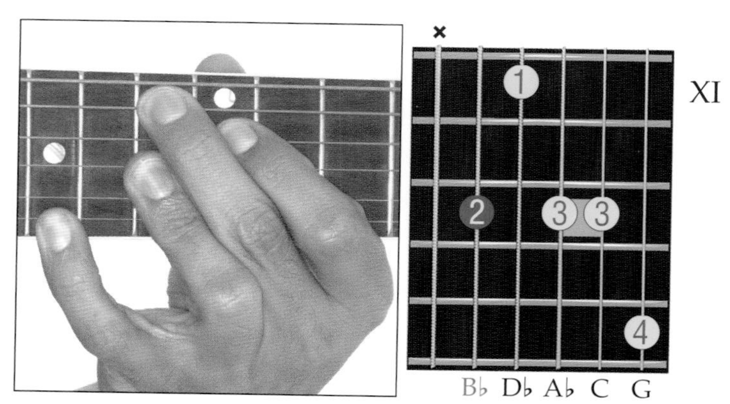
XI
B♭ D♭ A♭ C G

B♭m7♭5

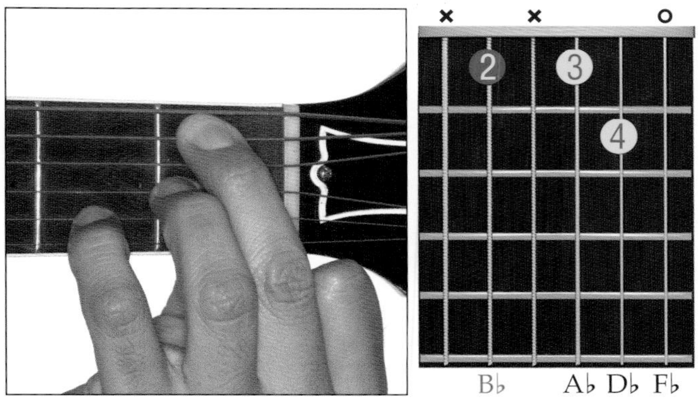
B♭ A♭ D♭ F♭

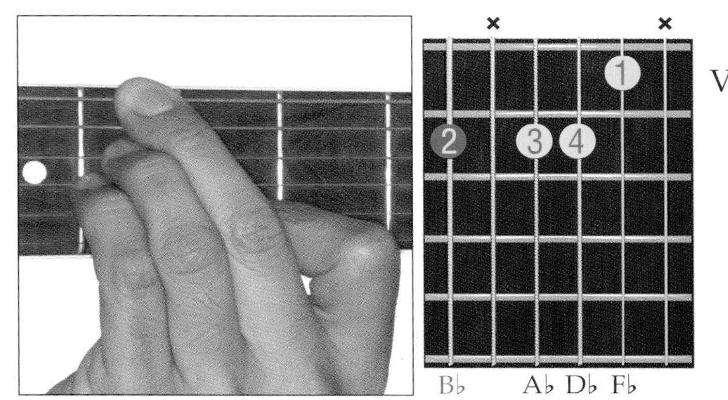
V
B♭ A♭ D♭ F♭

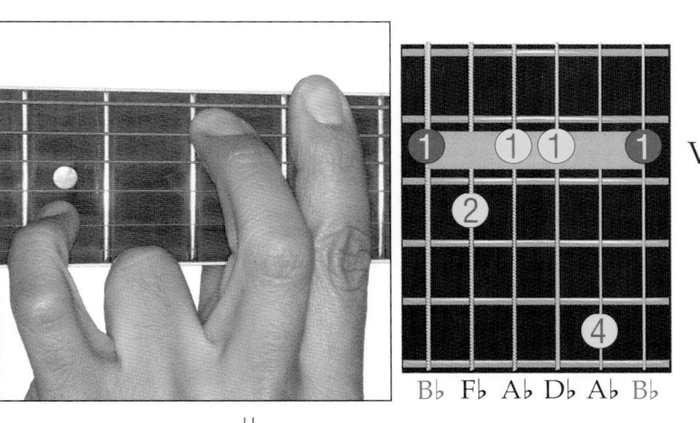
VI
B♭ F♭ A♭ D♭ A♭ B♭

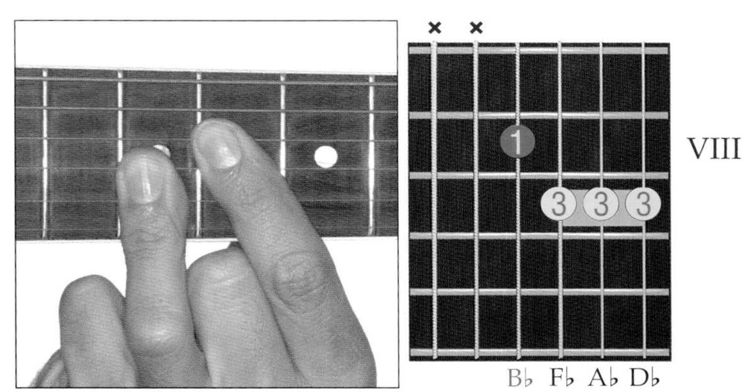
VIII
B♭ F♭ A♭ D♭

B♭°7

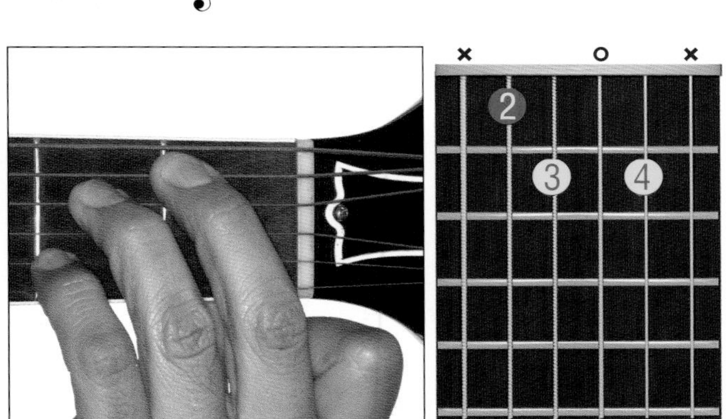
B♭ F♭ A𝄫 D♭

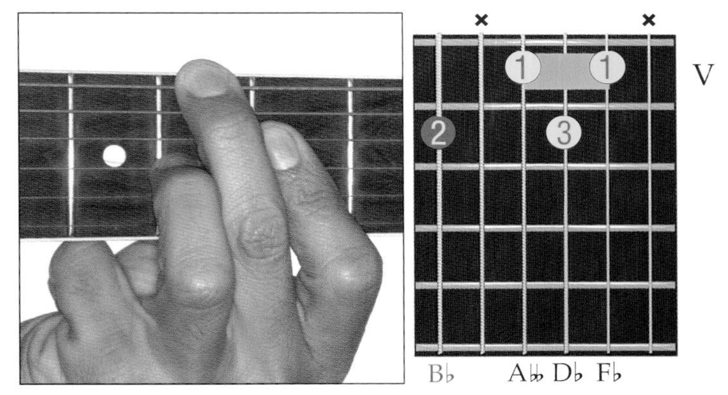
V
B♭ A𝄫 D♭ F♭

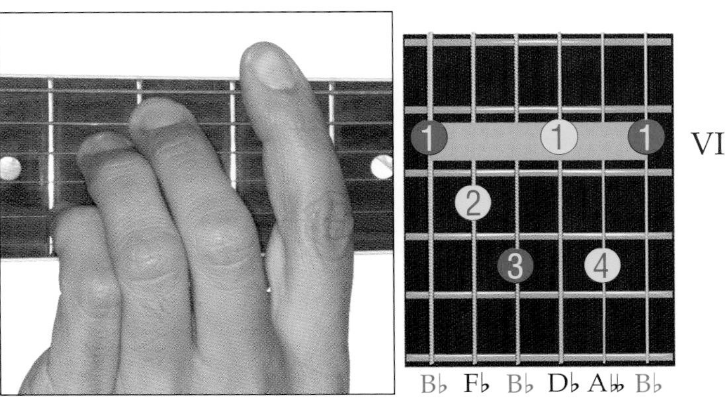
VI
B♭ F♭ B♭ D♭ A𝄫 B♭

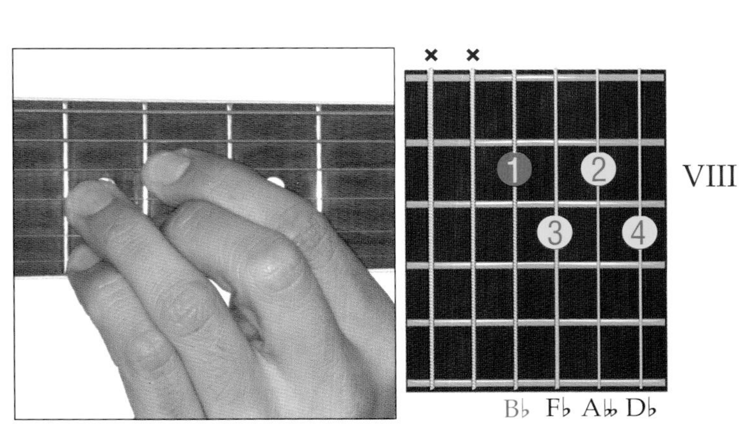
VIII
B♭ F♭ A𝄫 D♭

B♭7

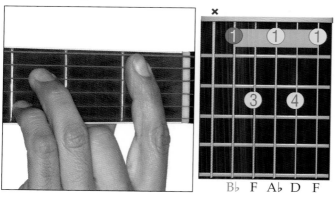

B♭ F A♭ D F

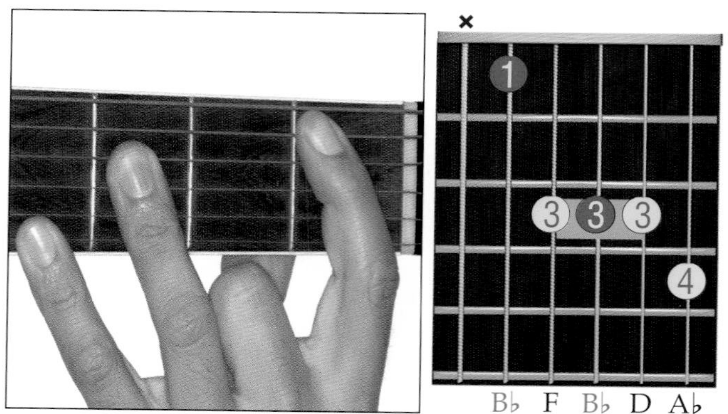
B♭ F B♭ D A♭

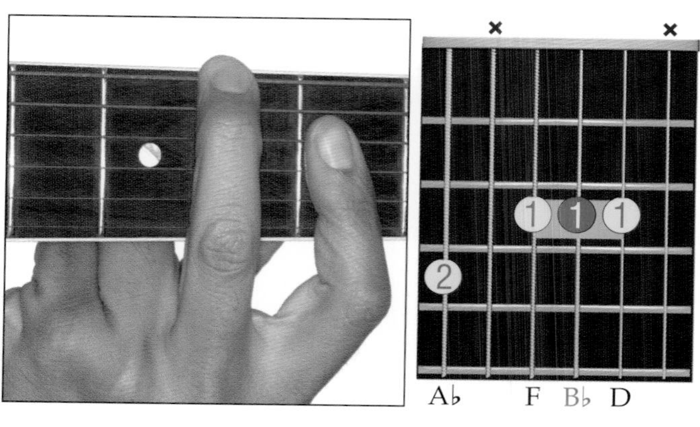
A♭ F B♭ D

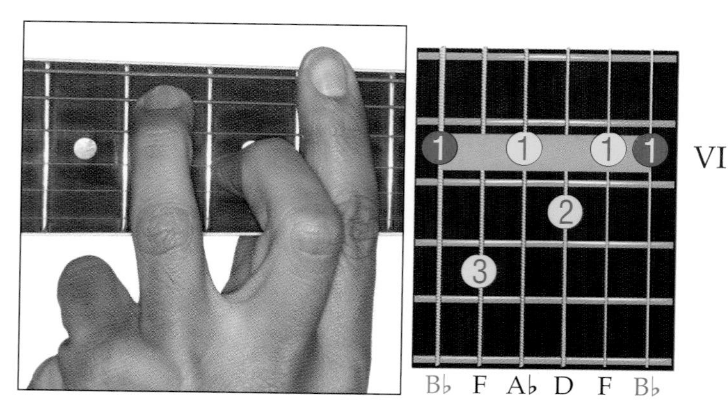
VI
B♭ F A♭ D F B♭

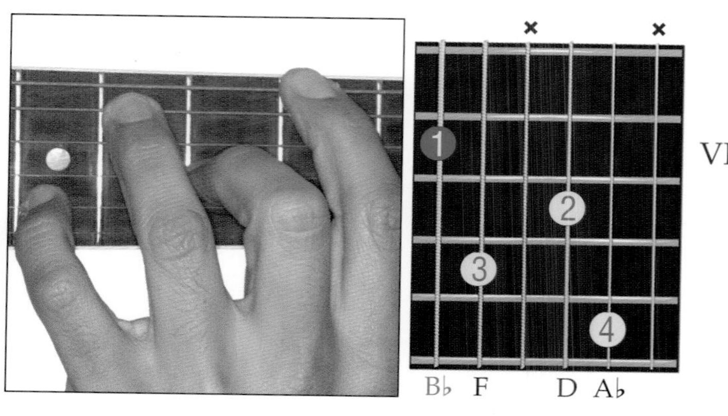
VI
B♭ F D A♭

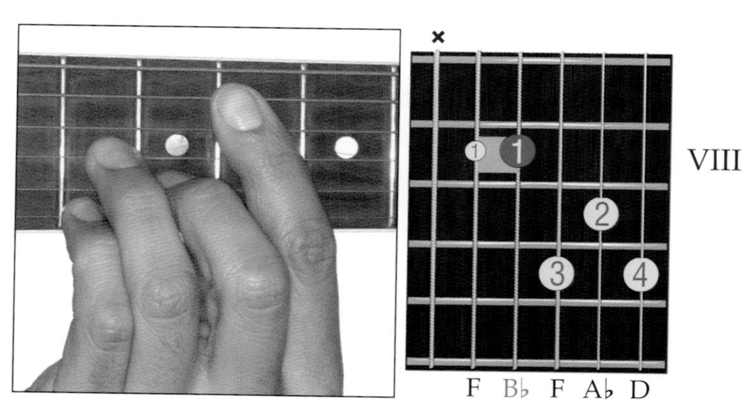
VIII
F B♭ F A♭ D

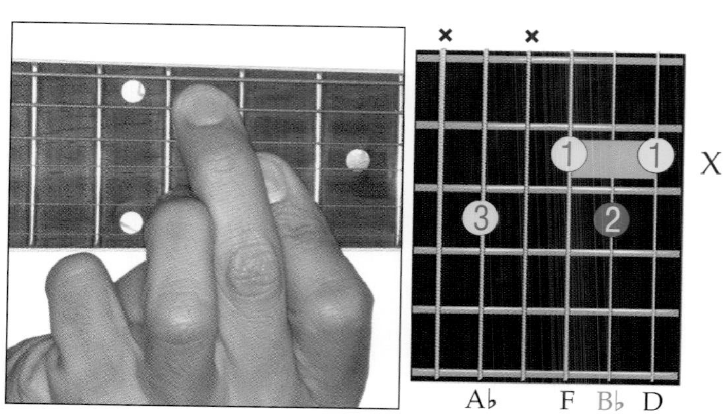
X
A♭ F B♭ D

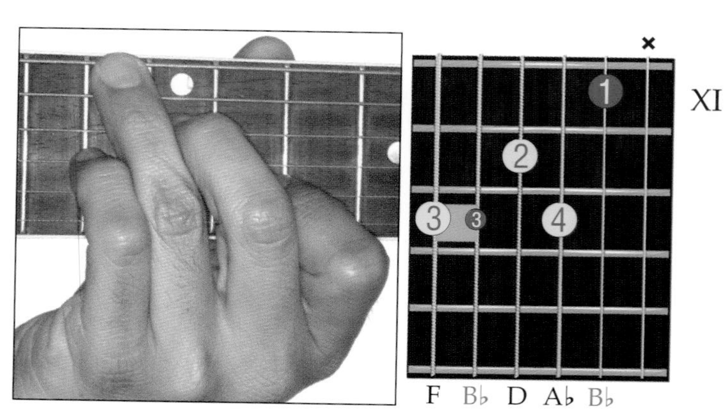
XI
F B♭ D A♭ B♭

B♭
A♯

B♭7sus4

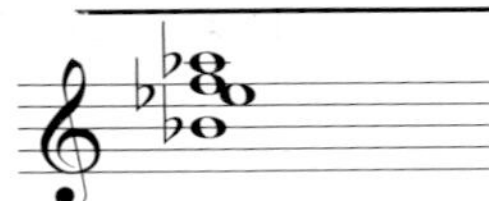

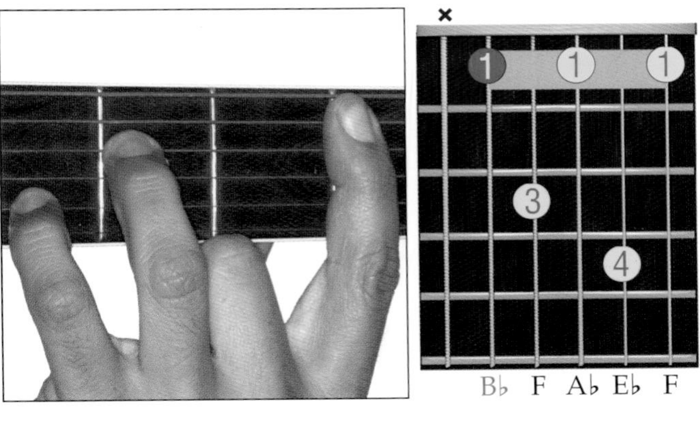
B♭ F A♭ E♭ F

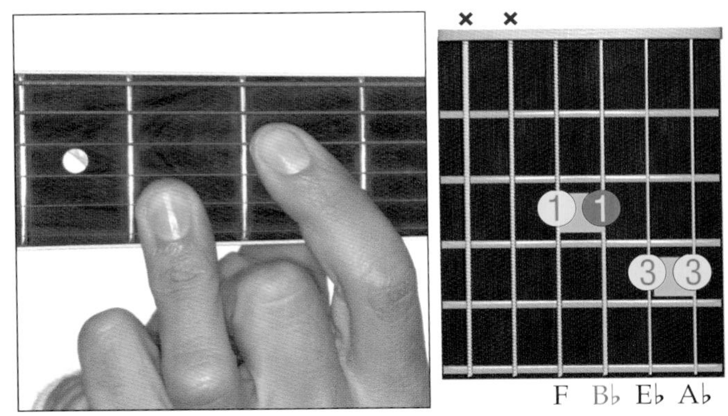
F B♭ E♭ A♭

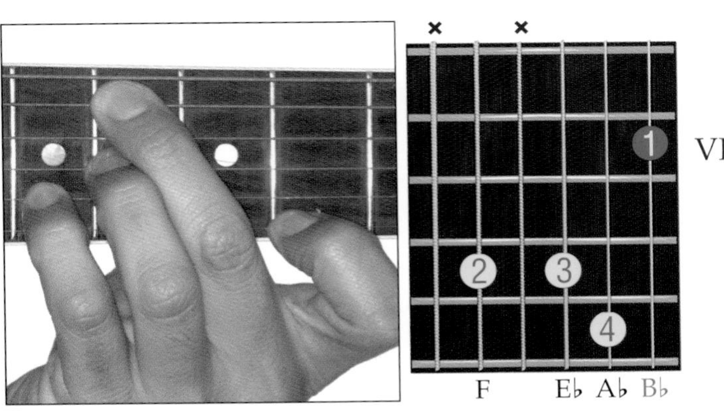
VI
F E♭ A♭ B♭

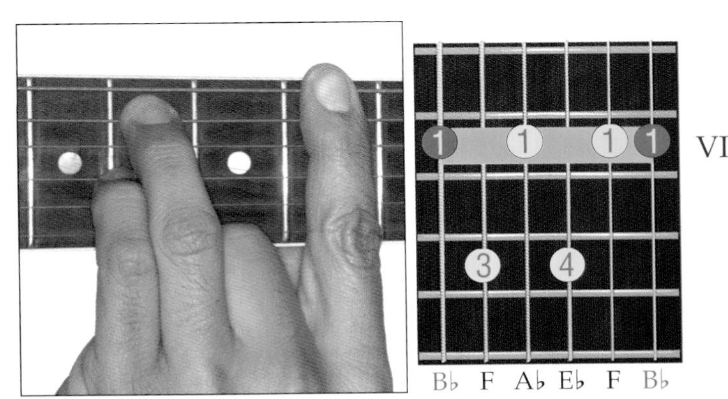
VI
B♭ F A♭ E♭ F B♭

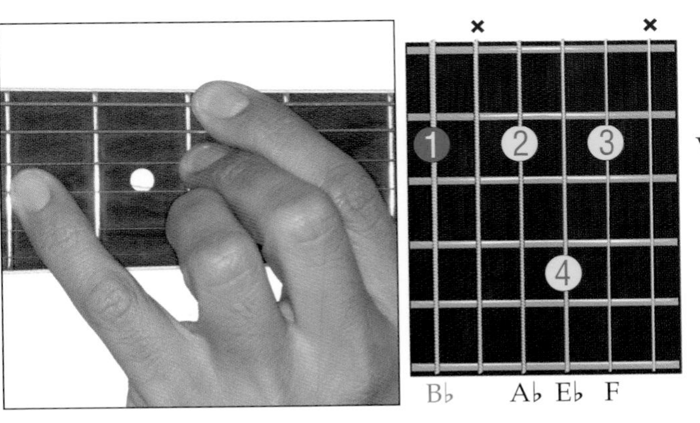
VI
B♭ A♭ E♭ F

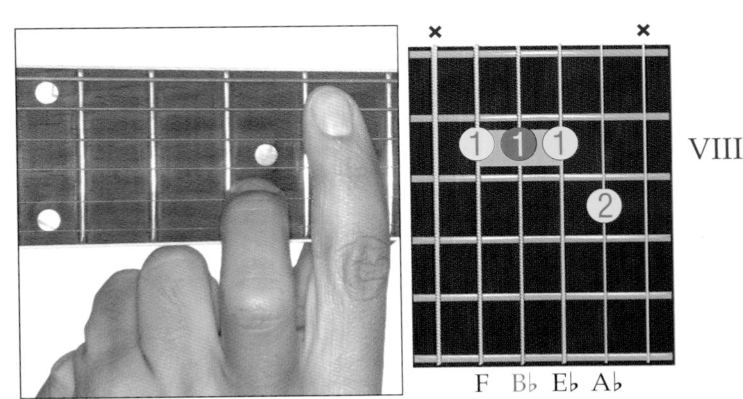
VIII
F B♭ E♭ A♭

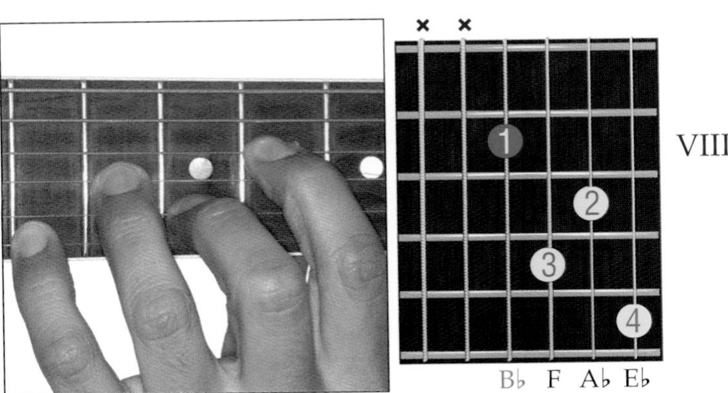
VIII
B♭ F A♭ E♭

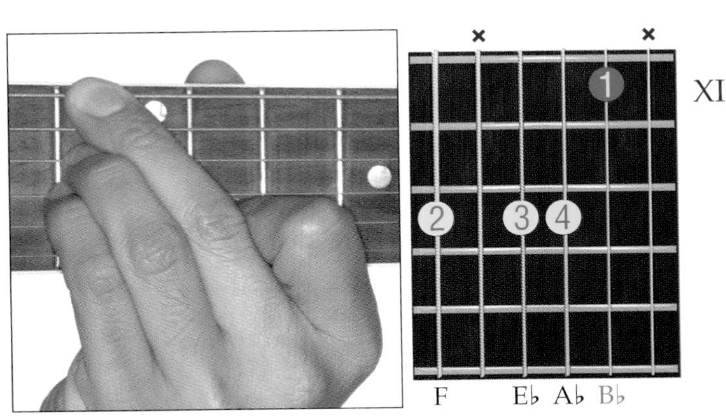
XI
F E♭ A♭ B♭

B♭7♭5

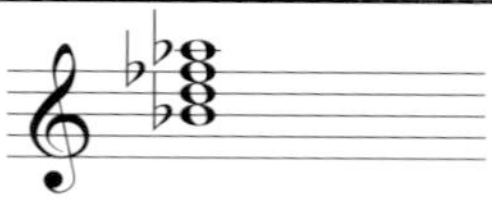

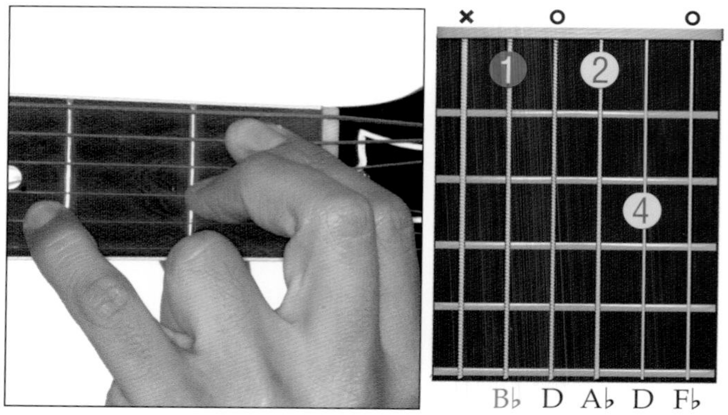

B♭ D A♭ D F♭

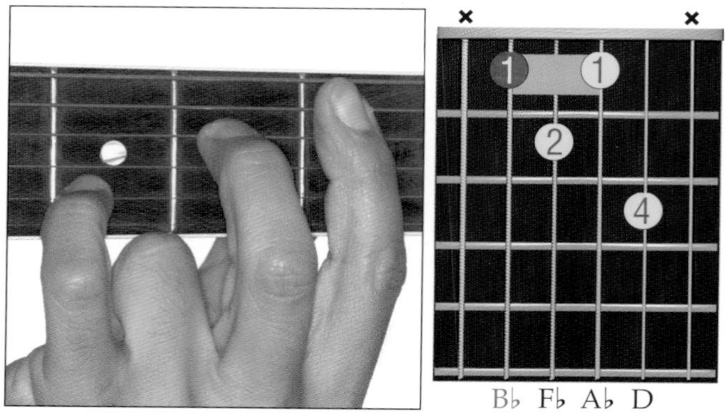

B♭ F♭ A♭ D

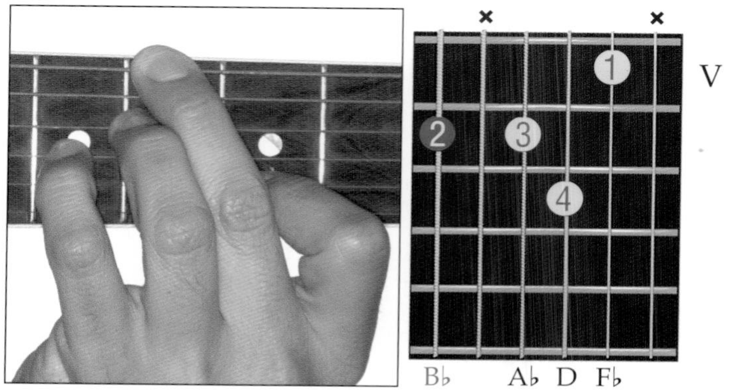

V

B♭ A♭ D F♭

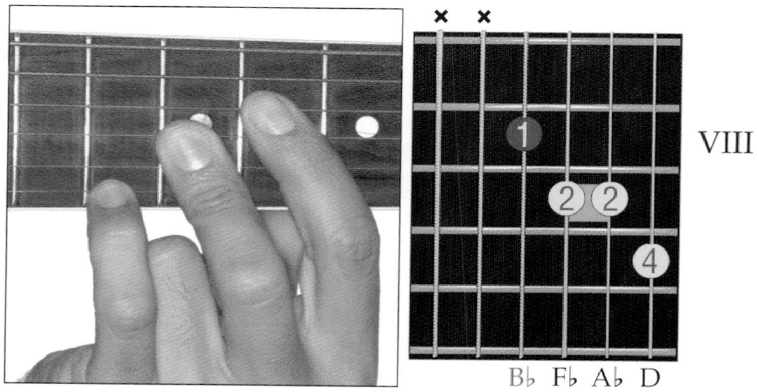

VIII

B♭ F♭ A♭ D

B♭7+

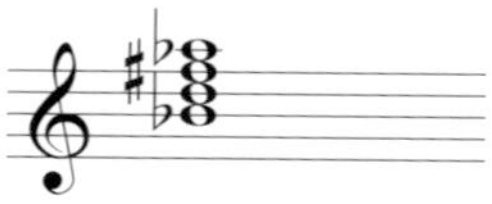

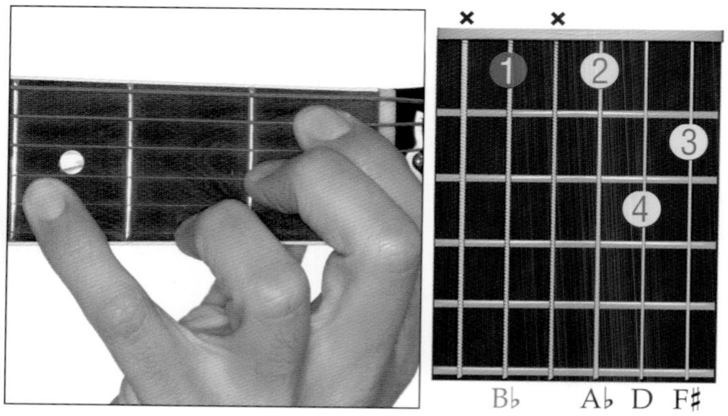

B♭ A♭ D F♯

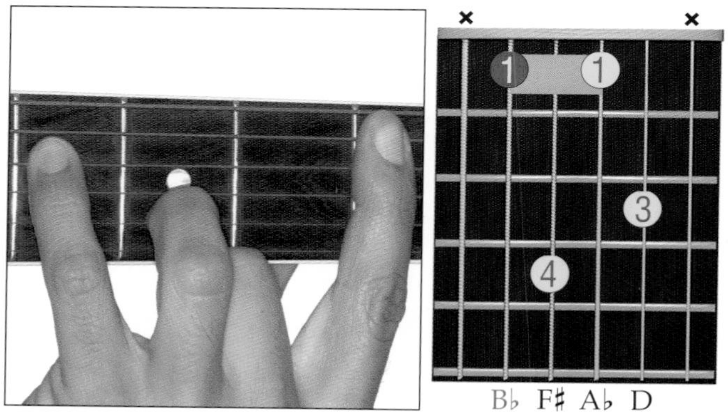

B♭ F♯ A♭ D

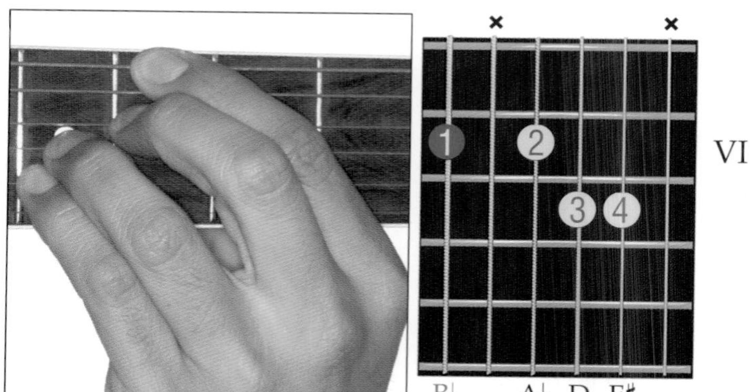
VI
B♭ A♭ D F♯

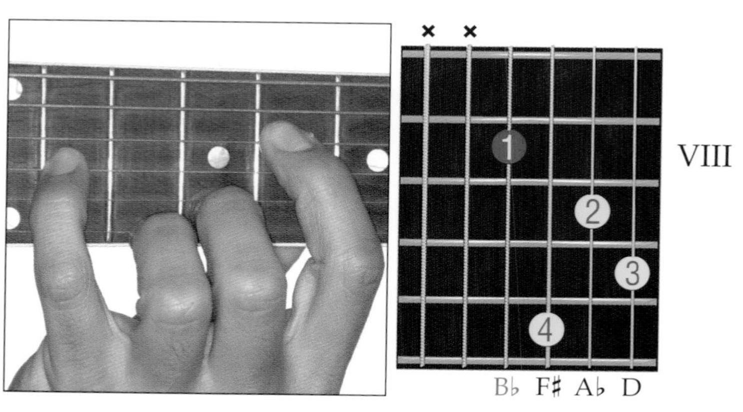
VIII
B♭ F♯ A♭ D

B♭
A♯

B♭9

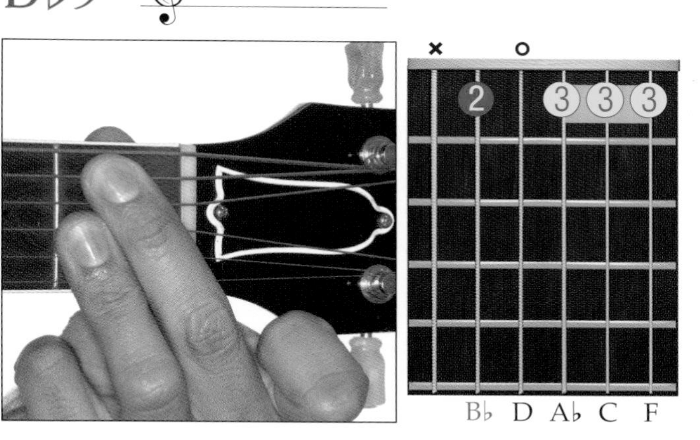
B♭ D A♭ C F

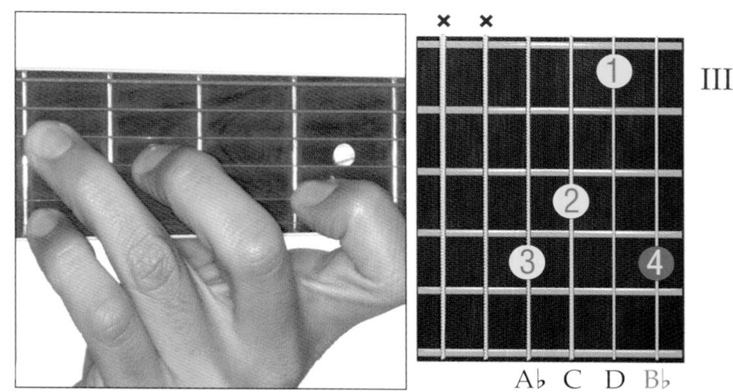
III
A♭ C D B♭

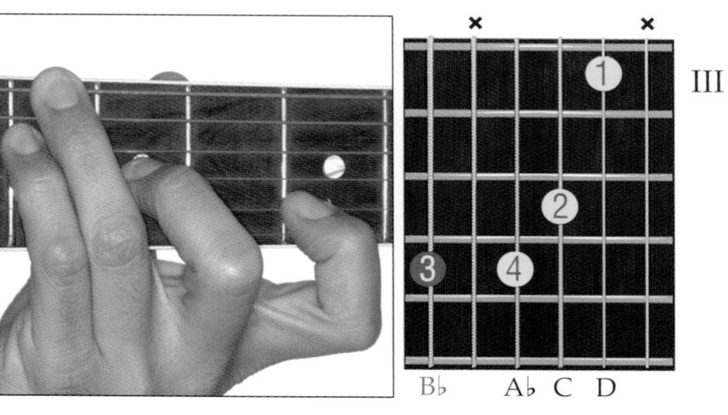
III
B♭ A♭ C D

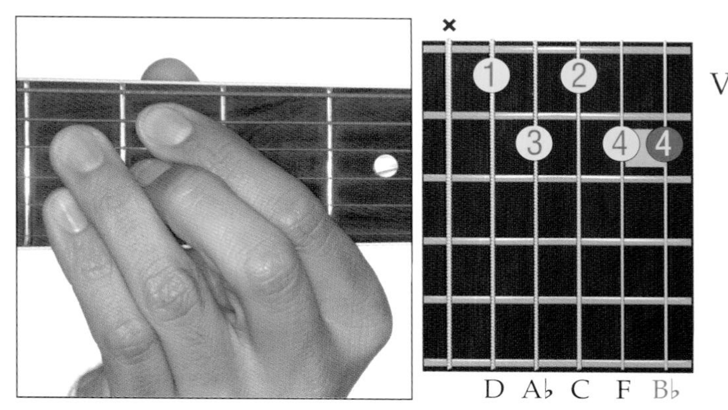
V
D A♭ C F B♭

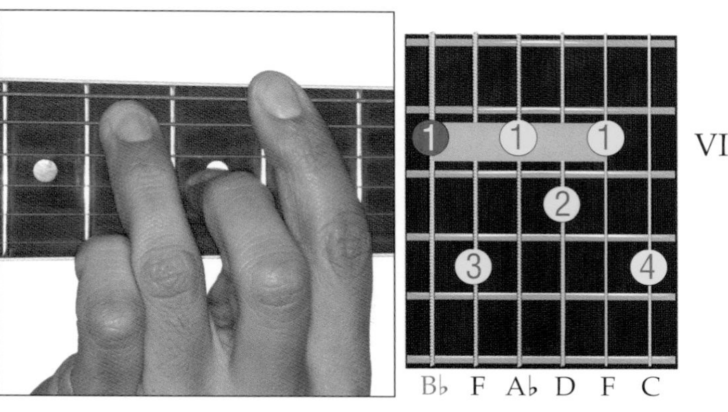
VI
B♭ F A♭ D F C

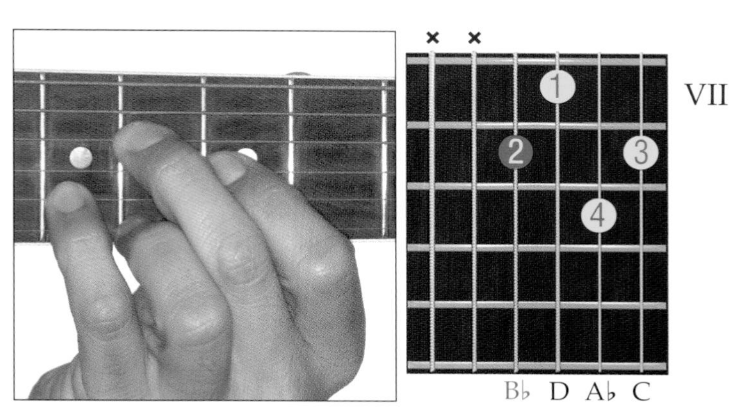
VII
B♭ D A♭ C

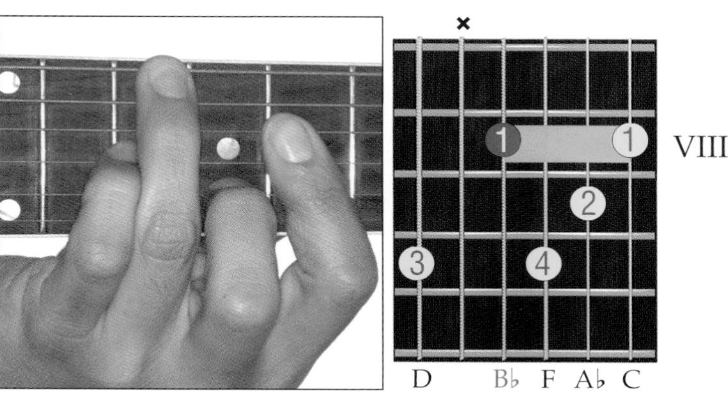
VIII
D B♭ F A♭ C

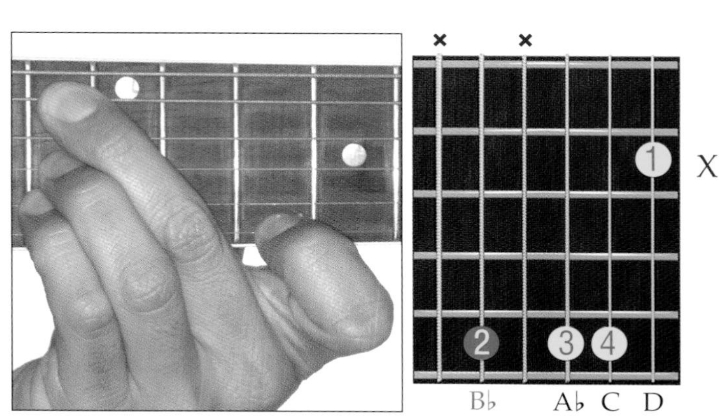
X
B♭ A♭ C D

B♭9sus4

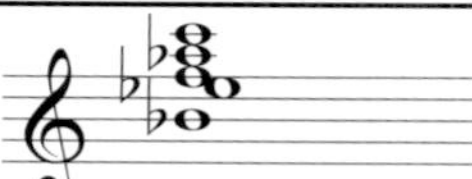

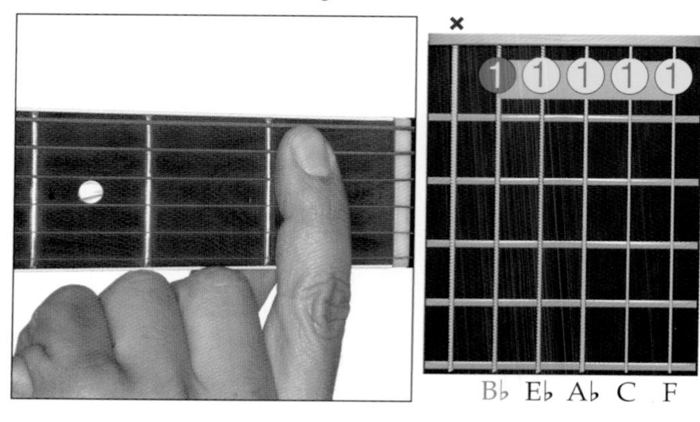
B♭ E♭ A♭ C F

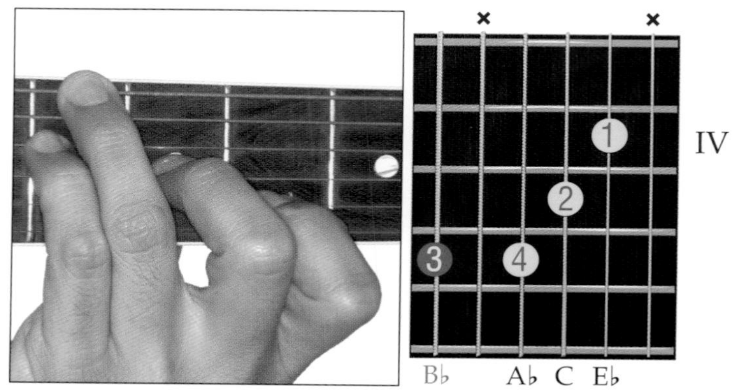
IV
B♭ A♭ C E♭

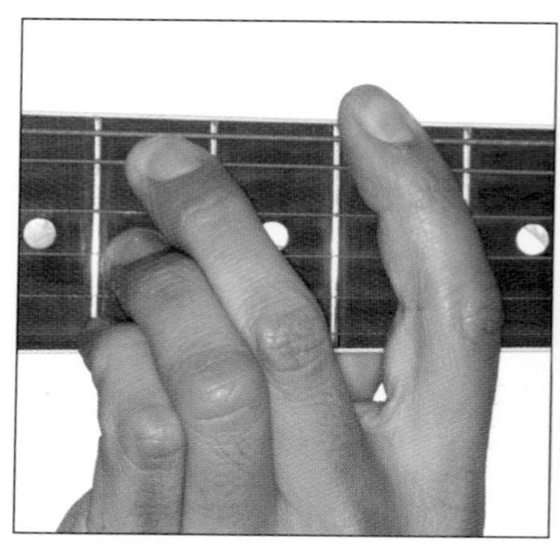

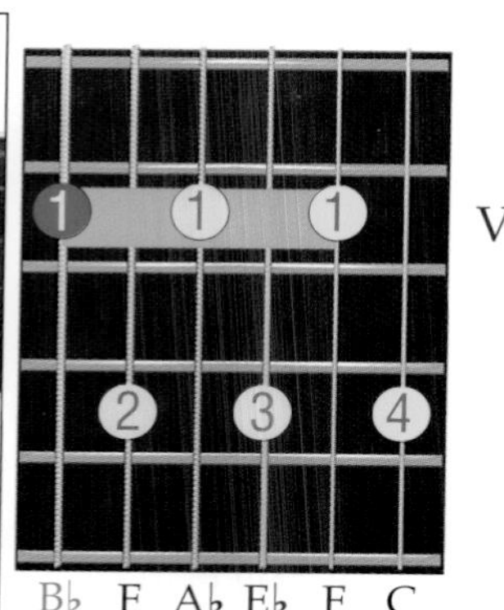
VI
B♭ F A♭ E♭ F C

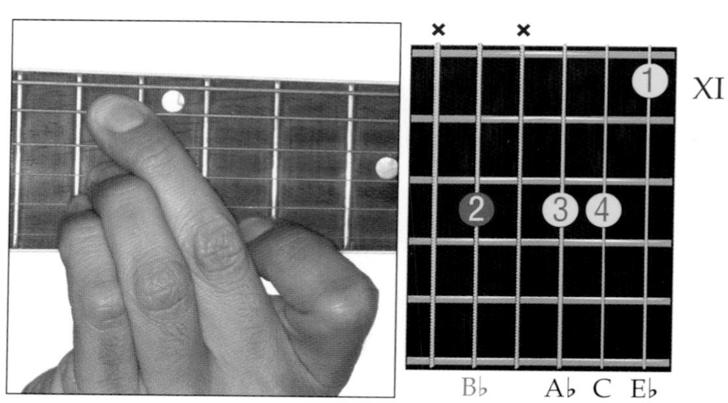
XI
B♭ A♭ C E♭

B♭
A♯

B♭9♭5

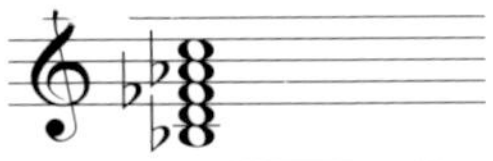

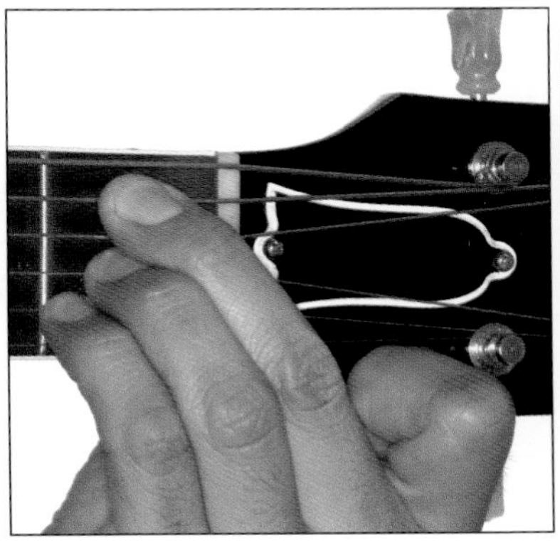

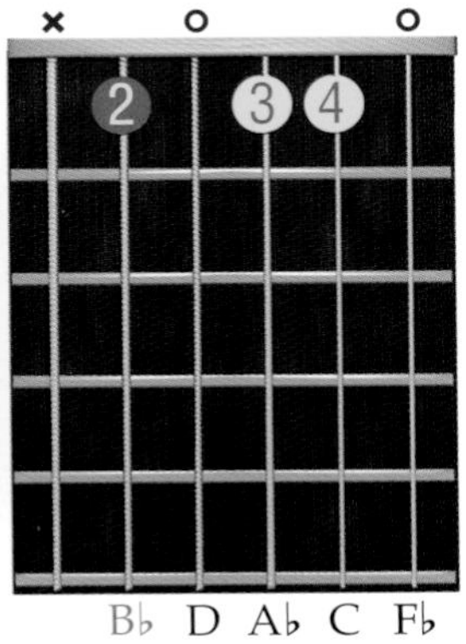

B♭ D A♭ C F♭

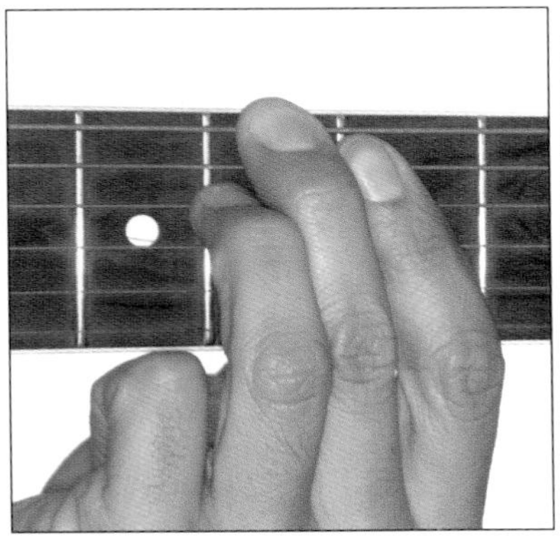

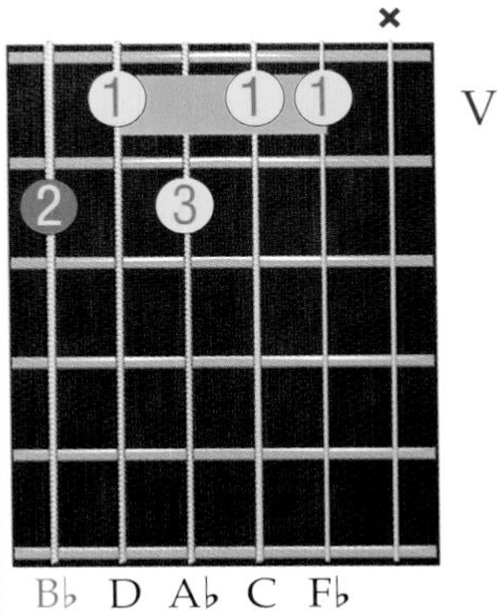

V

B♭ D A♭ C F♭

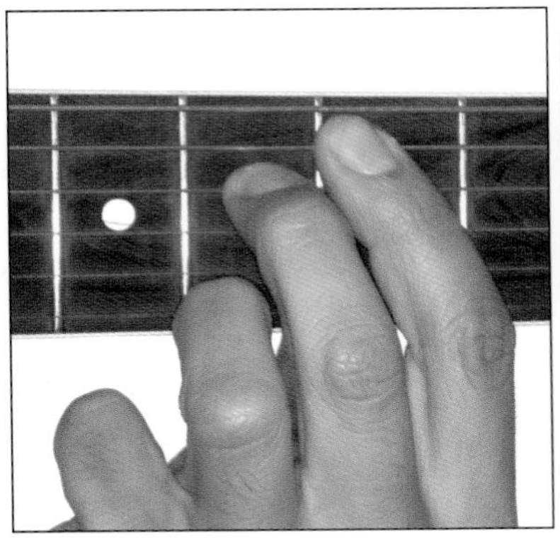

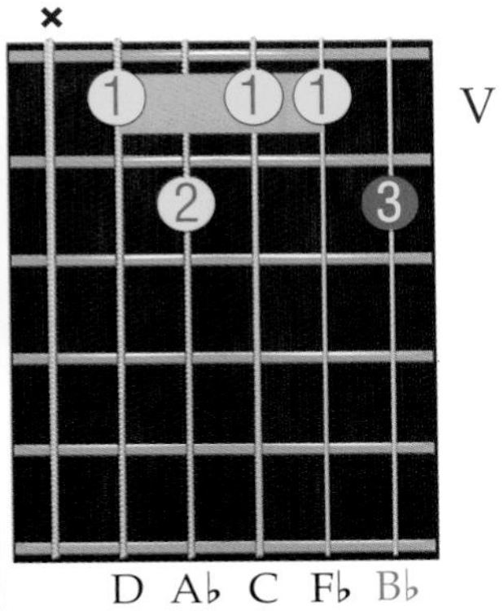

V

D A♭ C F♭ B♭

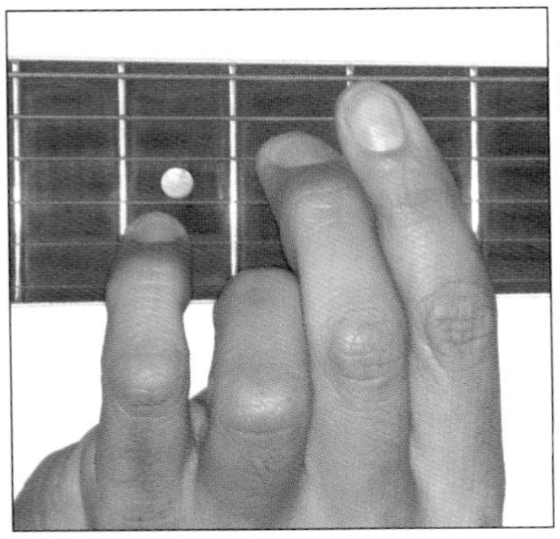

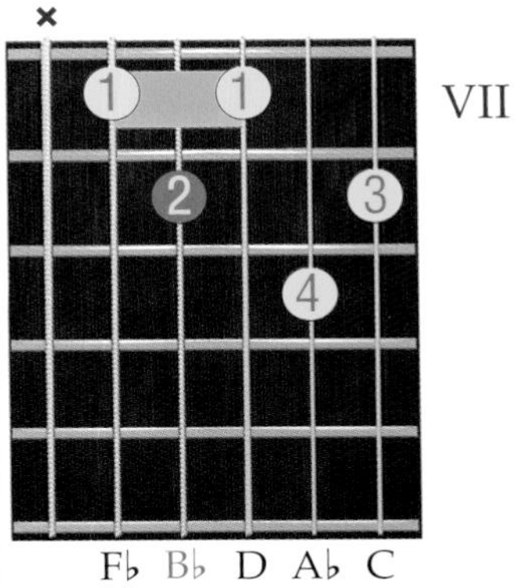

VII

F♭ B♭ D A♭ C

B♭9+

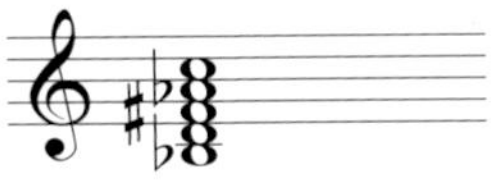

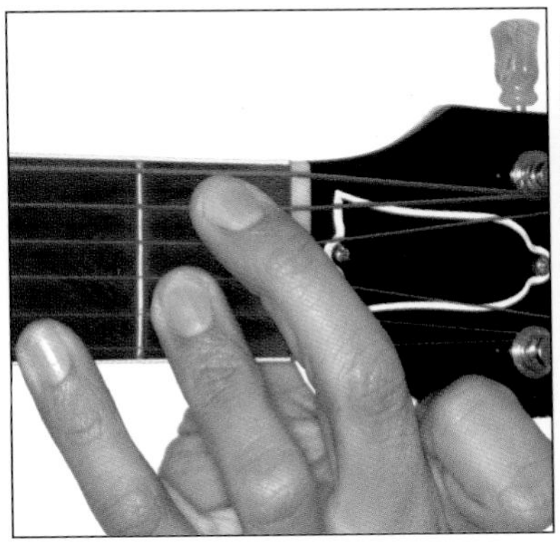

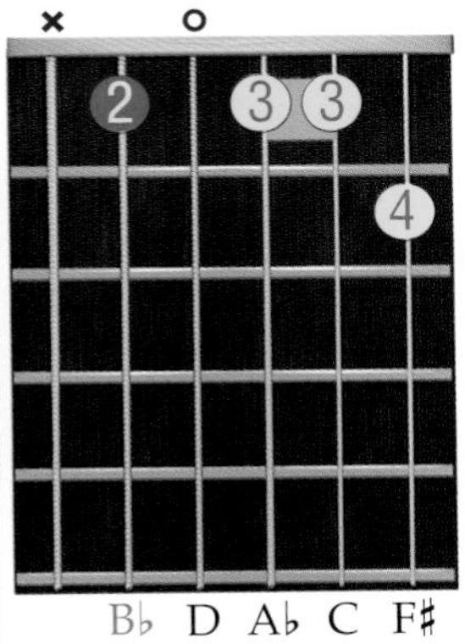

B♭ D A♭ C F♯

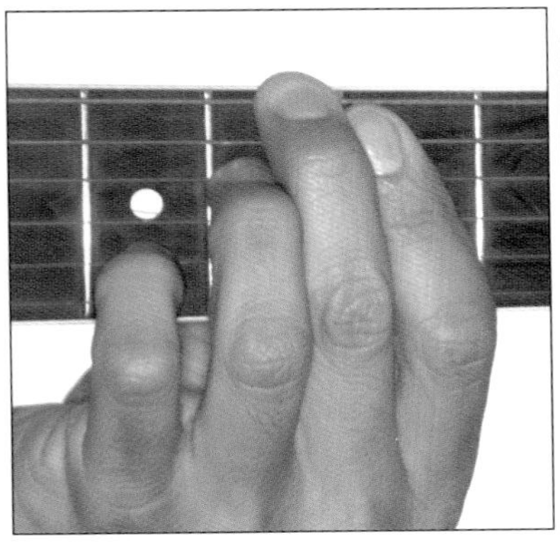

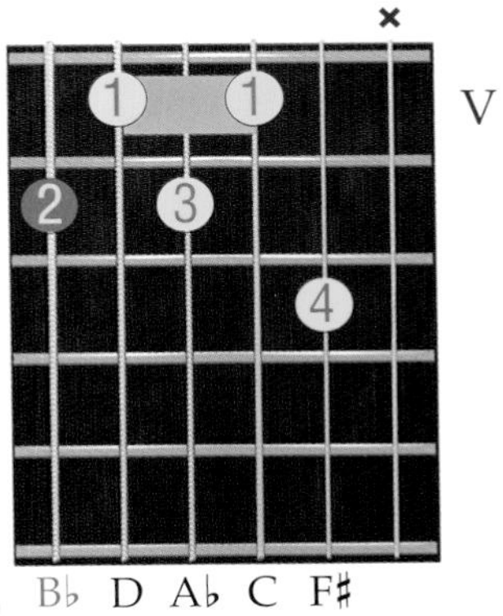

V

B♭ D A♭ C F♯

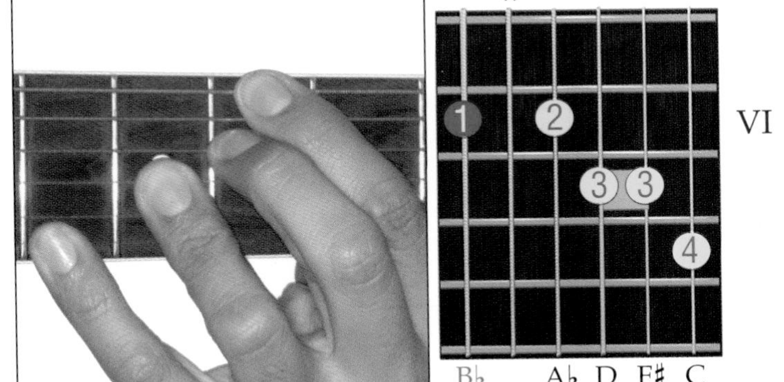

VI

B♭ A♭ D F♯ C

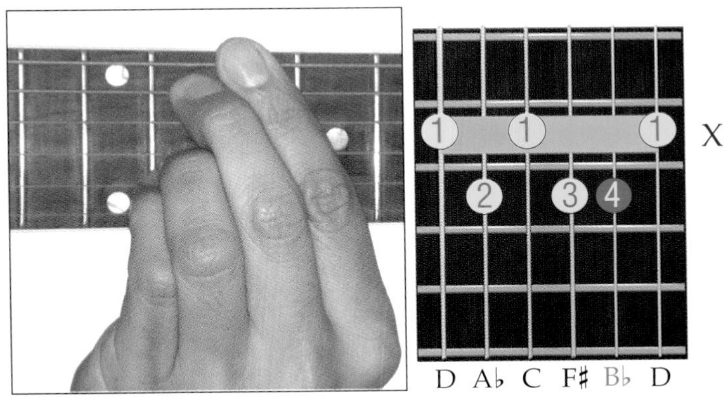

X

D A♭ C F♯ B♭ D

B♭13

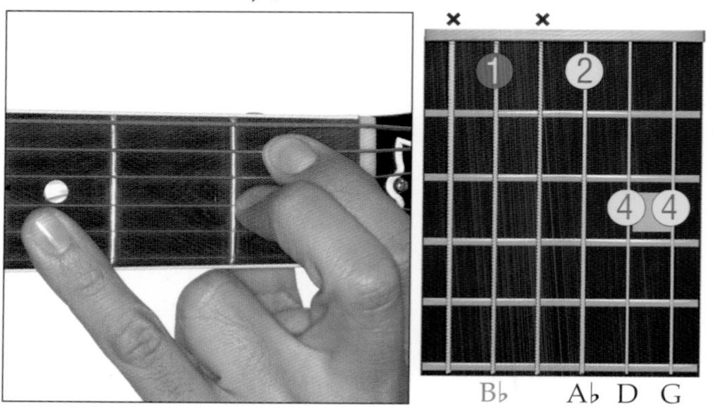
B♭ A♭ D G

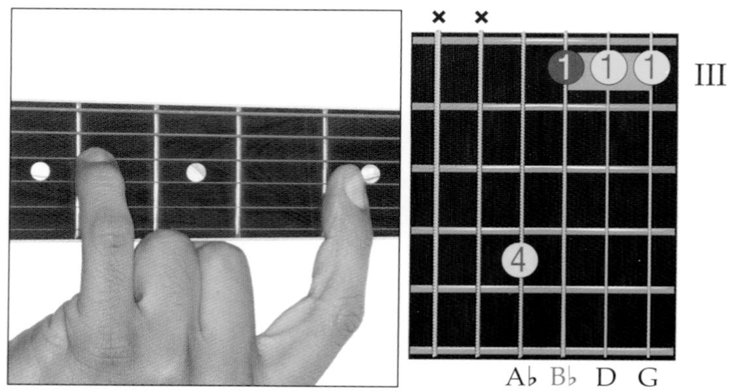
III
A♭ B♭ D G

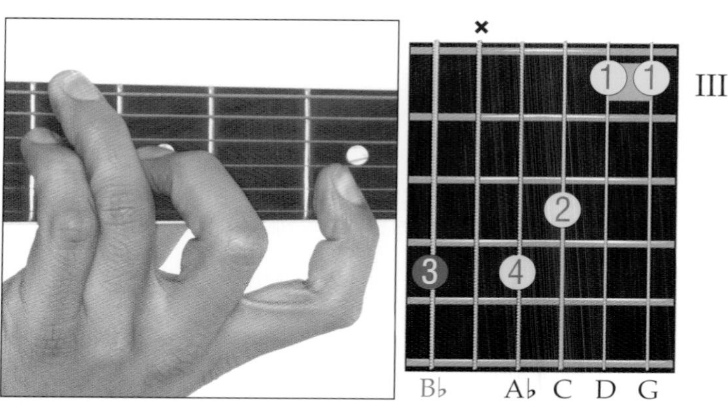
III
B♭ A♭ C D G

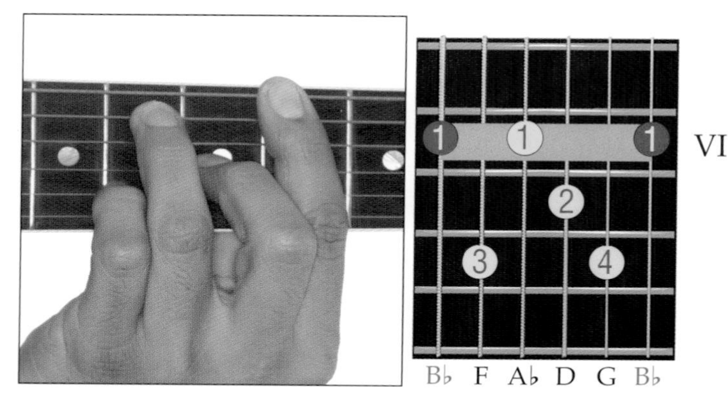
VI
B♭ F A♭ D G B♭

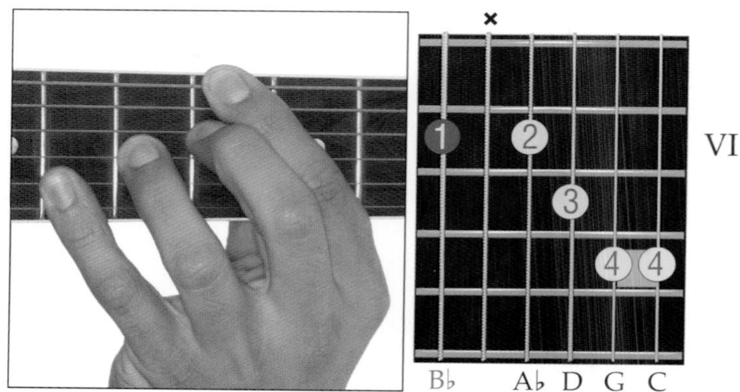
VI
B♭ A♭ D G C

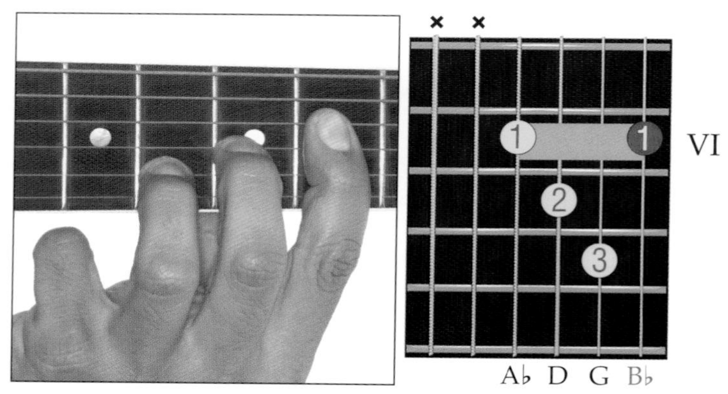
VI
A♭ D G B♭

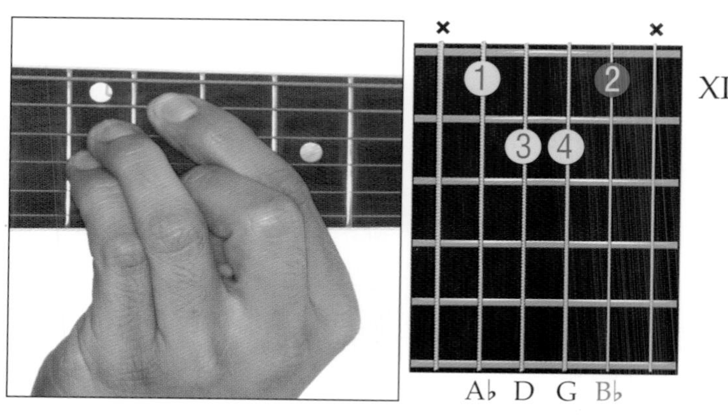
XI
A♭ D G B♭

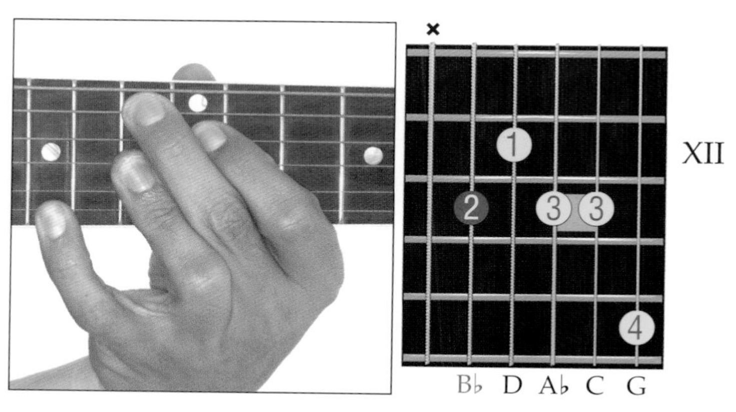
XII
B♭ D A♭ C G

B

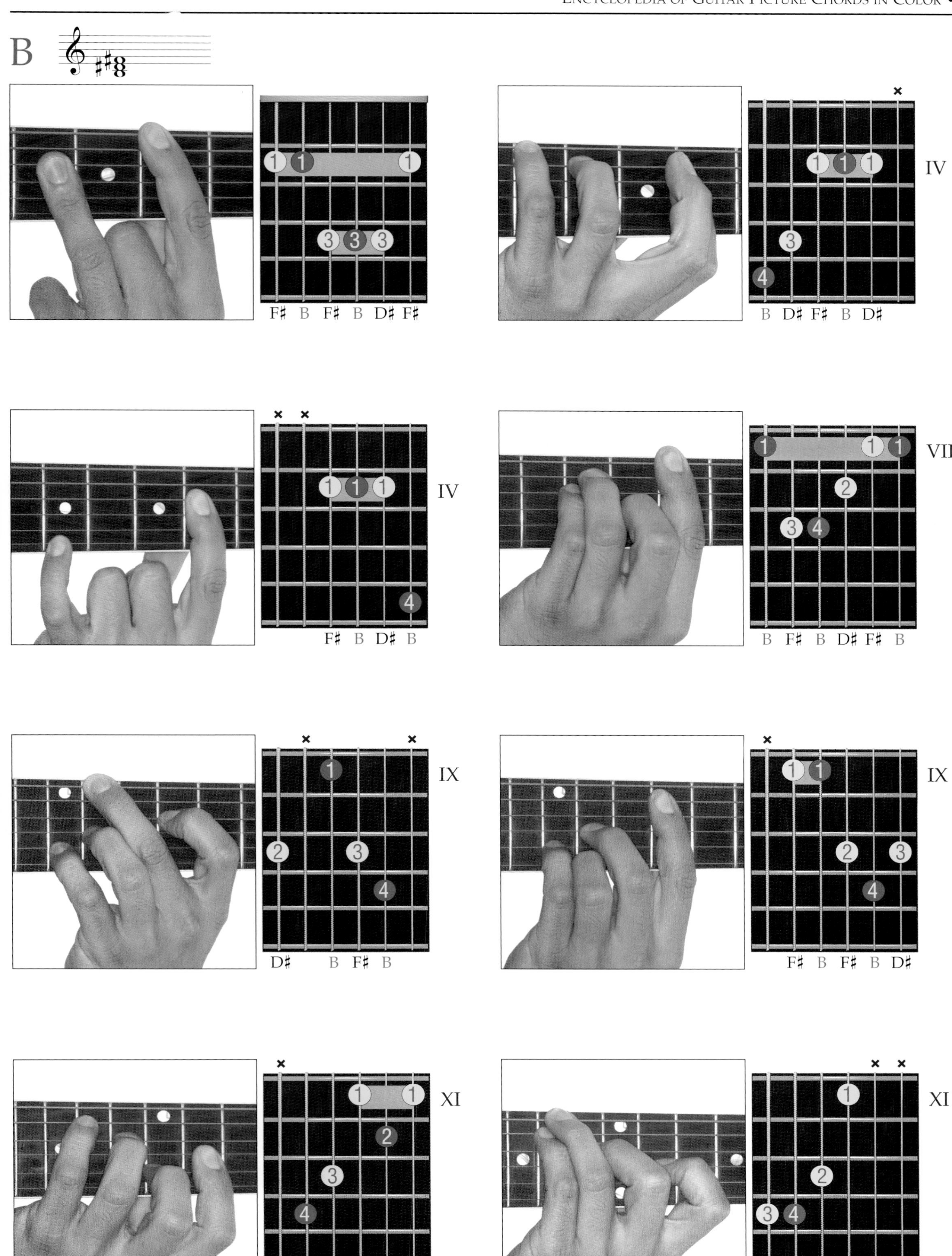

F♯ B F♯ B D♯ F♯
IV
B D♯ F♯ B D♯
IV
F♯ B D♯ B
VII
B F♯ B D♯ F♯ B
IX
D♯ B F♯ B
IX
F♯ B F♯ B D♯
XI
B D♯ F♯ B D♯
XI
F♯ B D♯ F♯

Bsus4

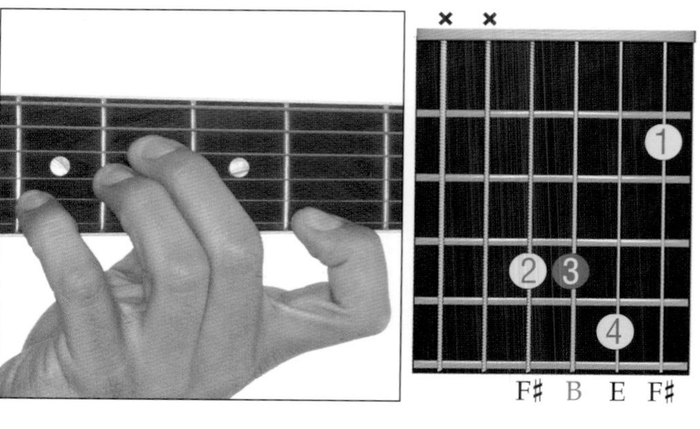

F♯ B E F♯

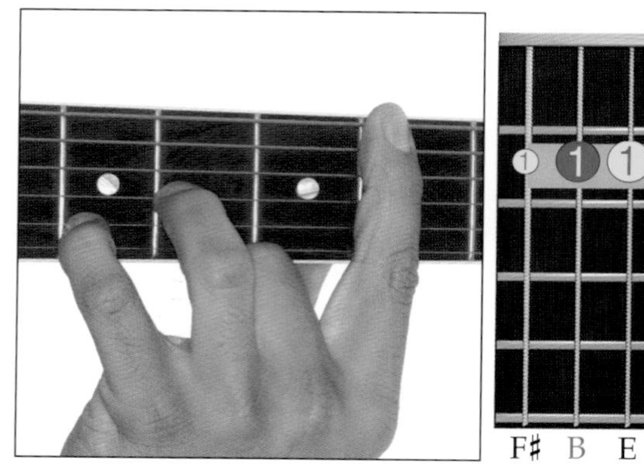

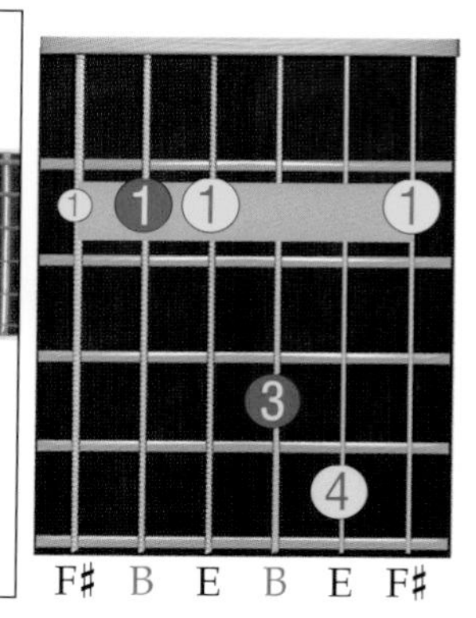

F♯ B E B E F♯

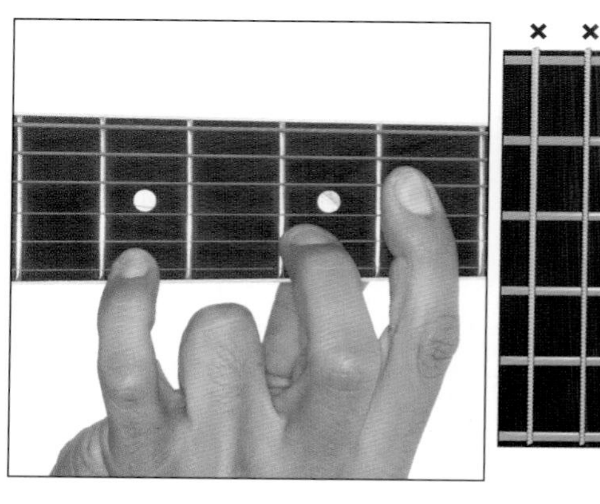

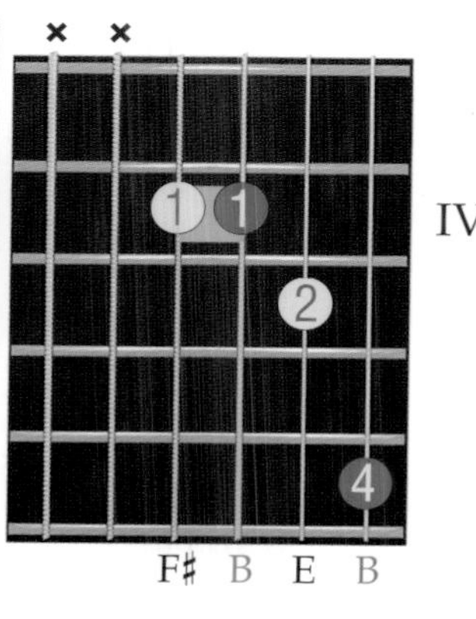

IV
F♯ B E B

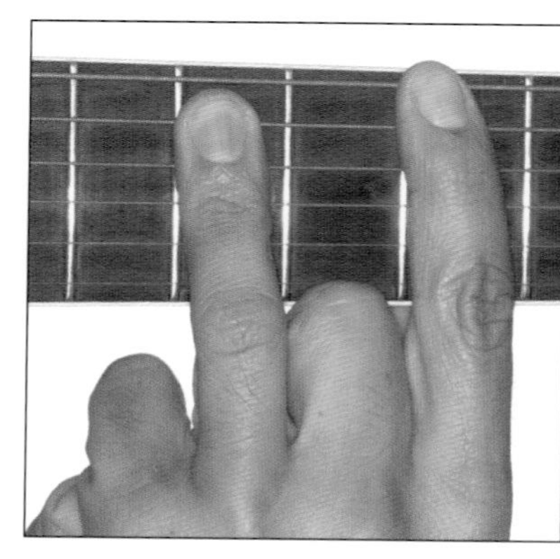

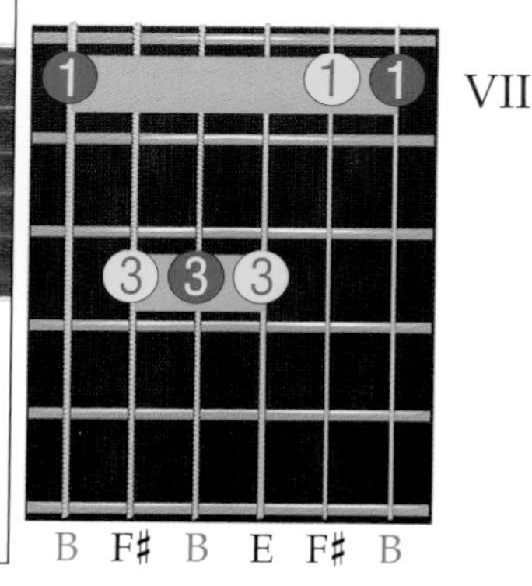

VII
B F♯ B E F♯ B

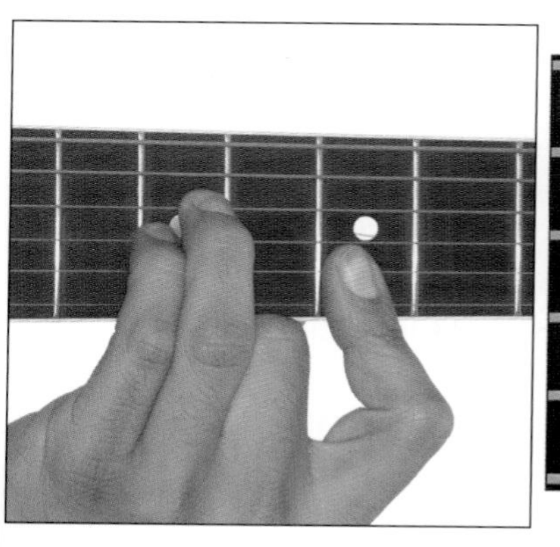

VII
B E F♯ B

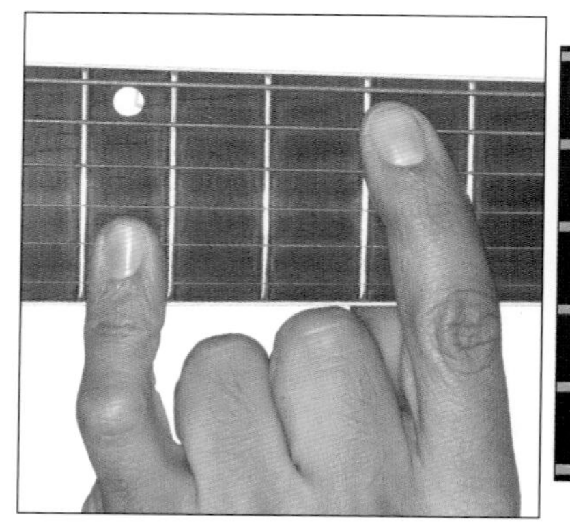

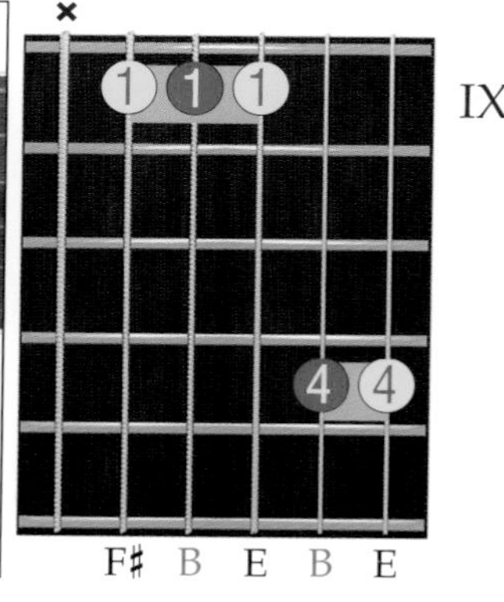

IX
F♯ B E B E

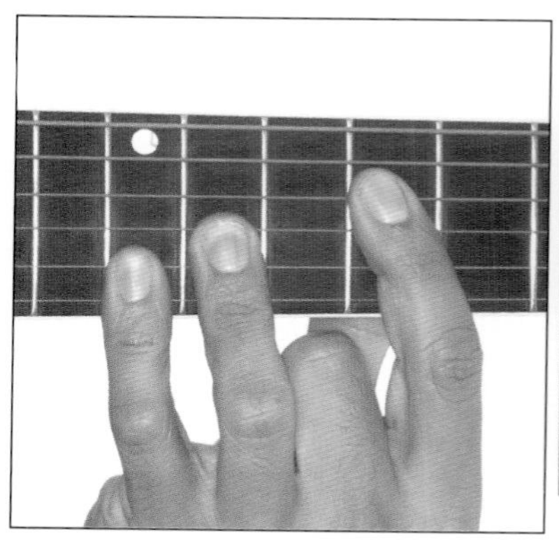

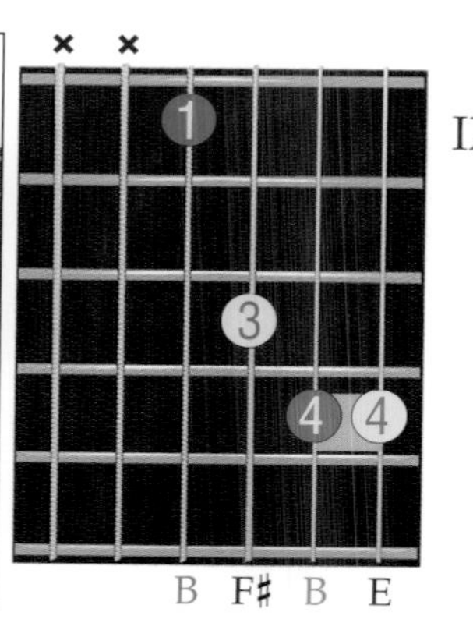

IX
B F♯ B E

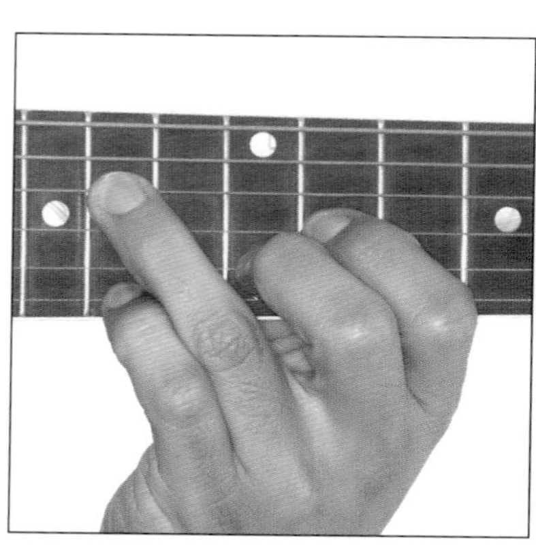

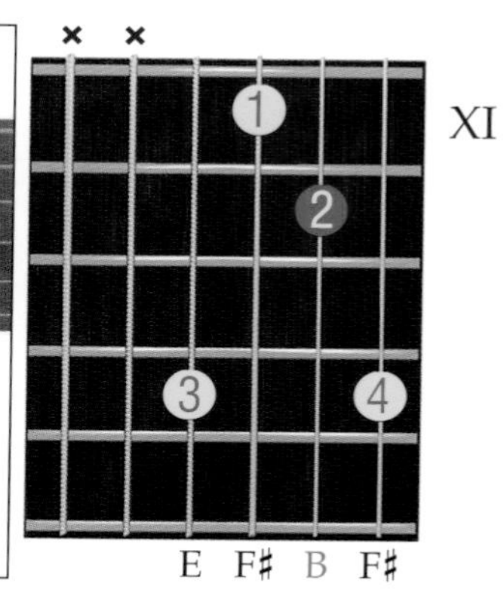

XI
E F♯ B F♯

B6

F♯ B D♯ G♯ B

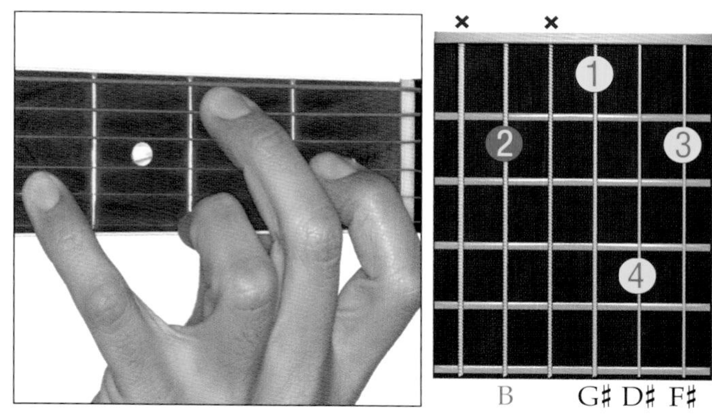
B G♯ D♯ F♯

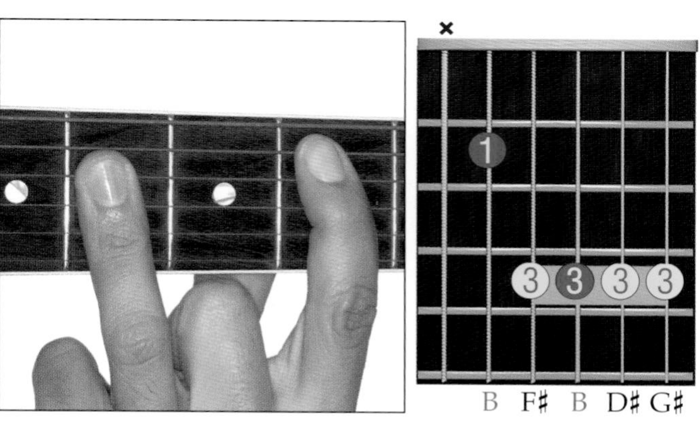
B F♯ B D♯ G♯

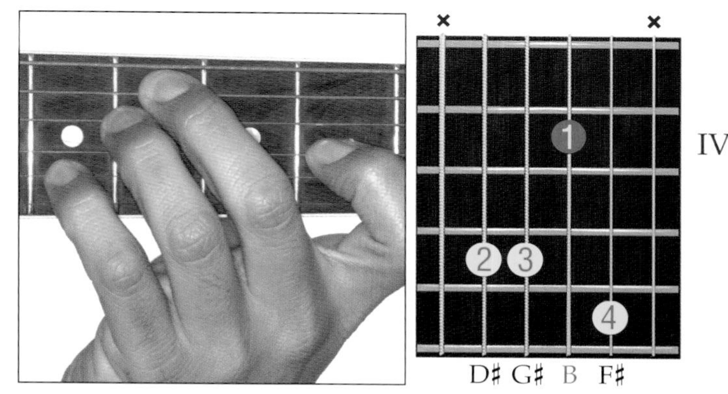
IV
D♯ G♯ B F♯

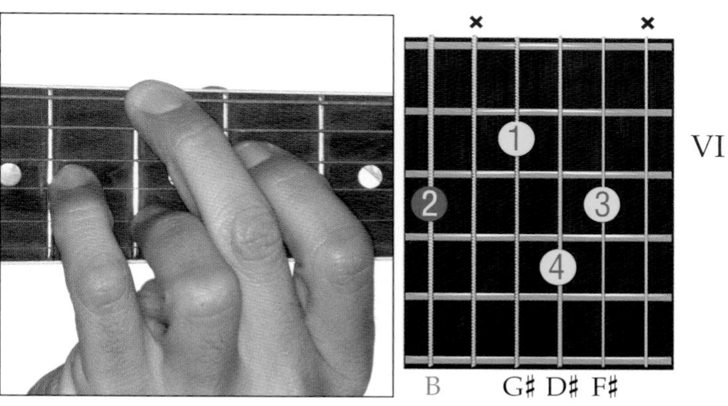
VI
B G♯ D♯ F♯

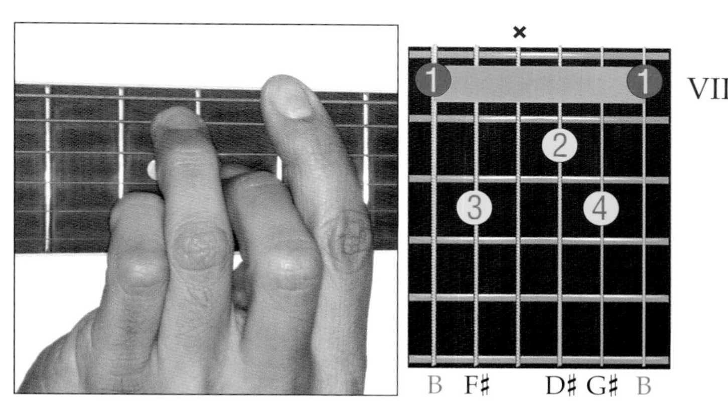
VII
B F♯ D♯ G♯ B

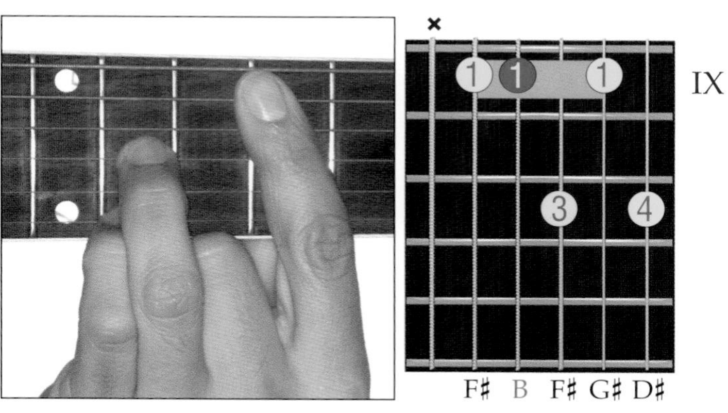
IX
F♯ B F♯ G♯ D♯

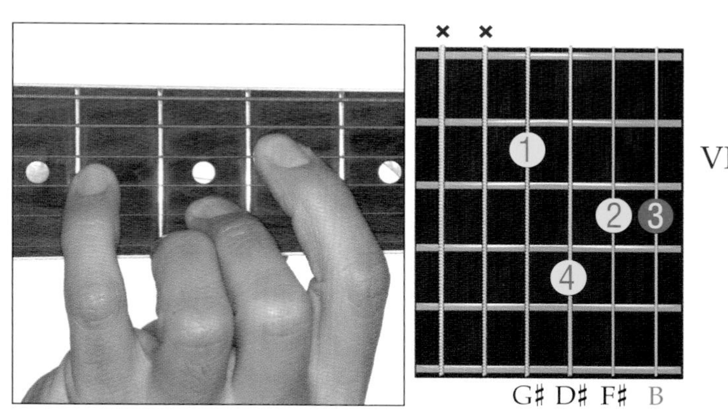
VI
G♯ D♯ F♯ B

B

B^6_9

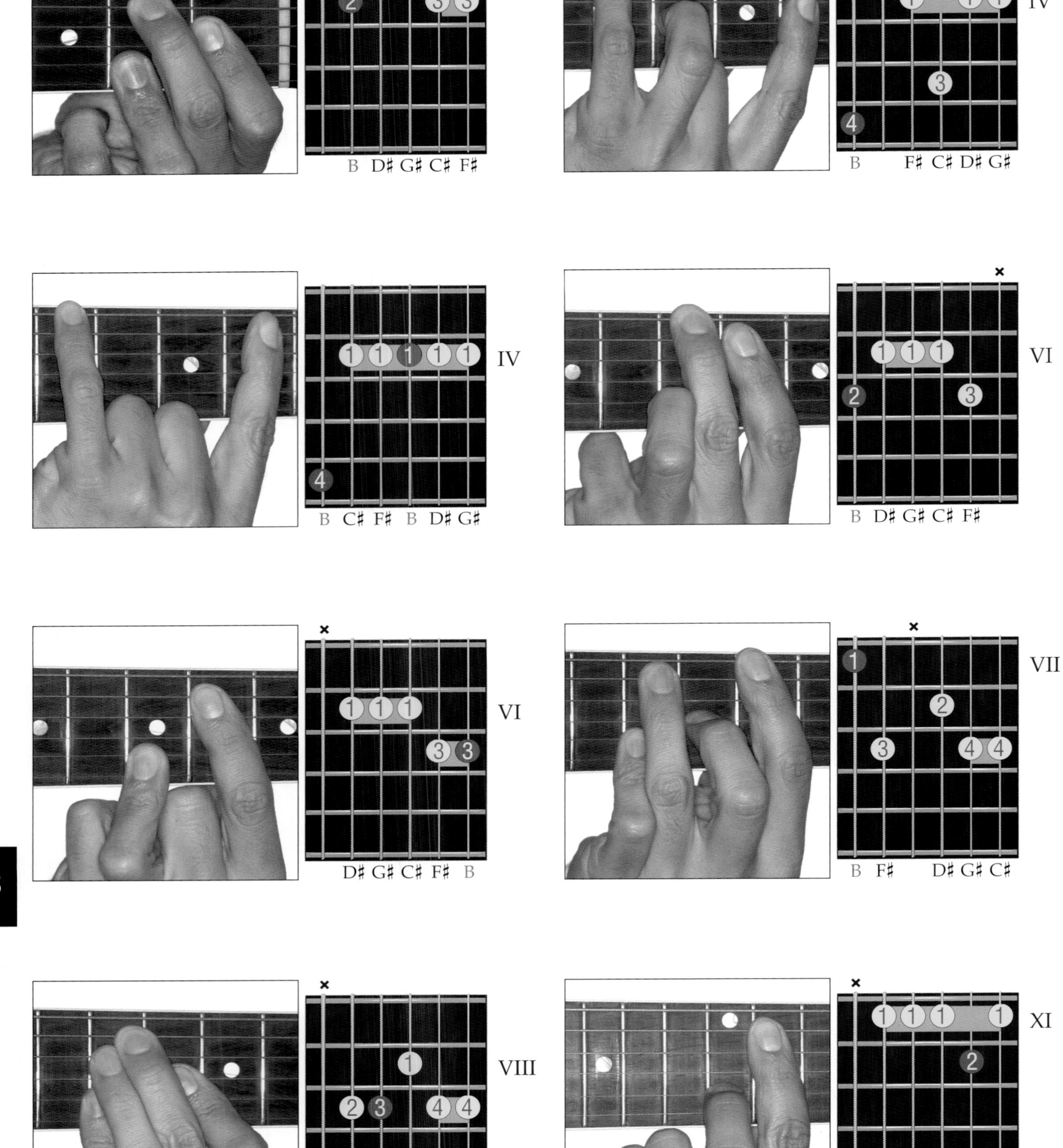
B D♯ G♯ C♯ F♯
IV
B F♯ C♯ D♯ G♯
IV
B C♯ F♯ B D♯ G♯
VI
B D♯ G♯ C♯ F♯
VI
D♯ G♯ C♯ F♯ B
VII
B F♯ D♯ G♯ C♯
VIII
F♯ B D♯ G♯ C♯
XI
G♯ C♯ F♯ B D♯

Bmaj7

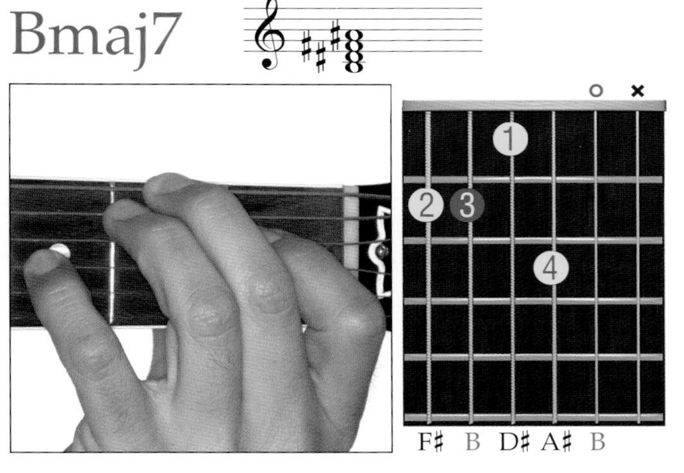
F♯ B D♯ A♯ B

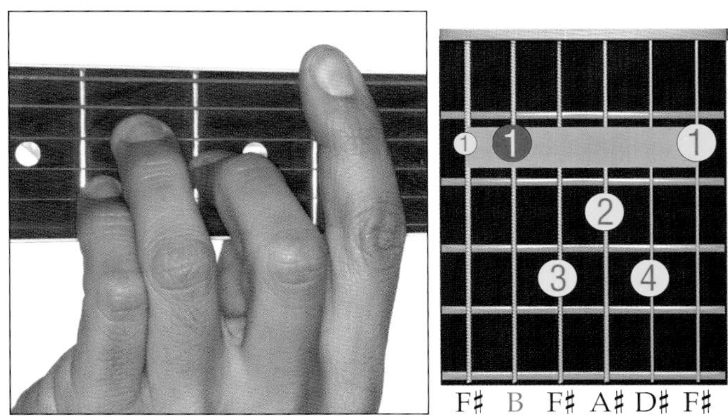
F♯ B F♯ A♯ D♯ F♯

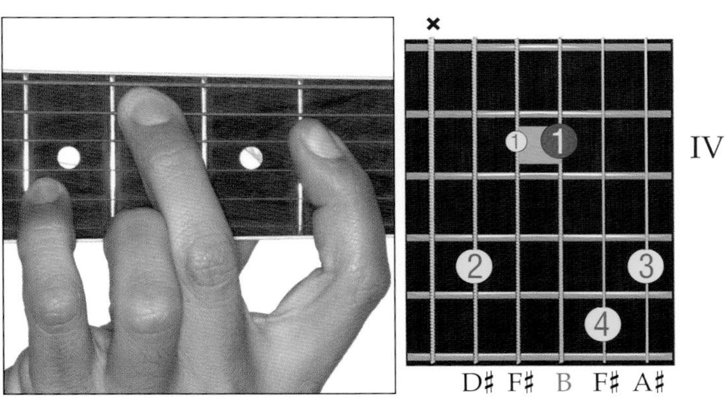
IV
D♯ F♯ B F♯ A♯

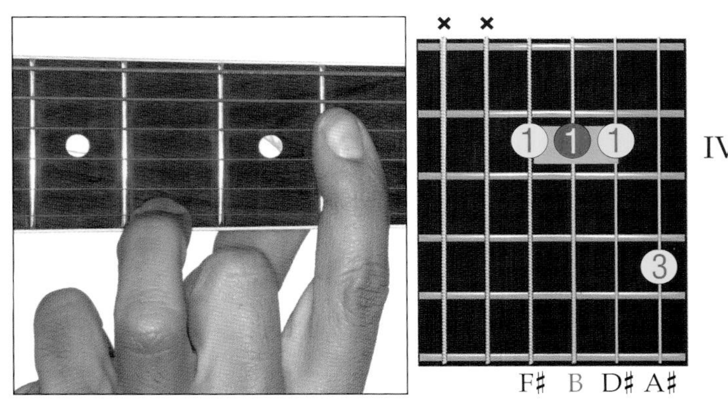
IV
F♯ B D♯ A♯

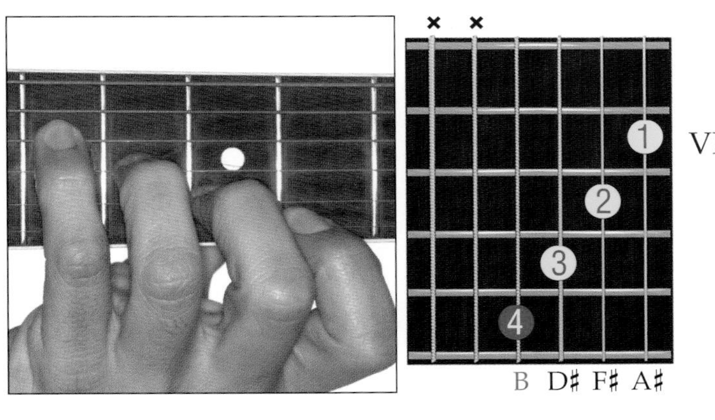
VI
B D♯ F♯ A♯

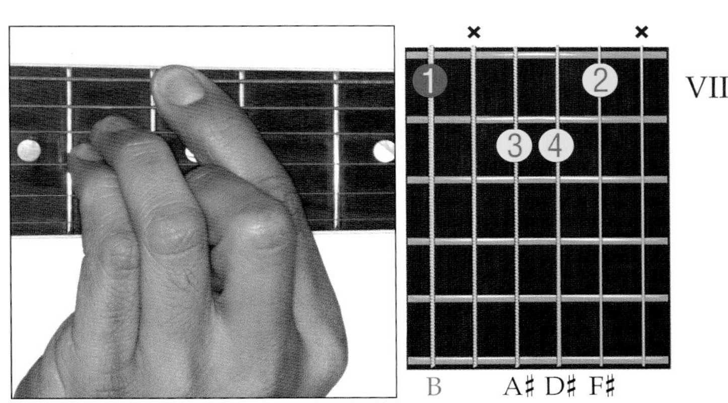
VII
B A♯ D♯ F♯

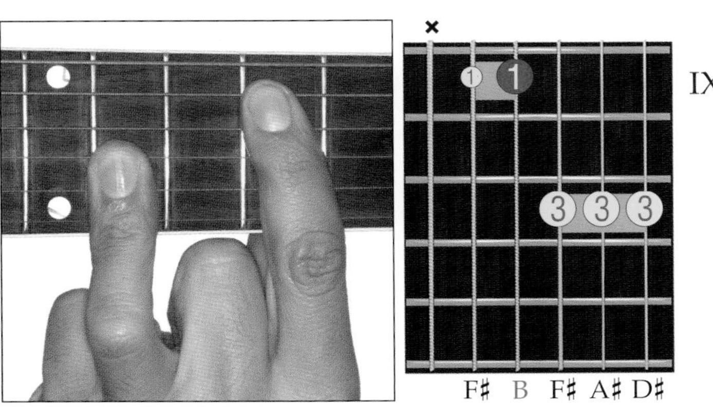
IX
F♯ B F♯ A♯ D♯

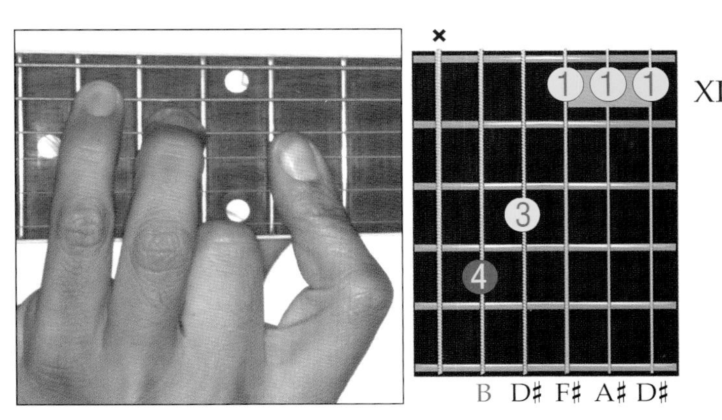
XI
B D♯ F♯ A♯ D♯

B

Bmaj9

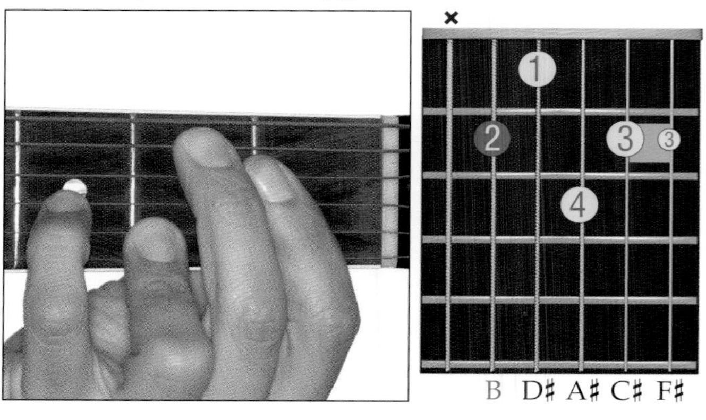
1
2
3
3
4
B D♯ A♯ C♯ F♯

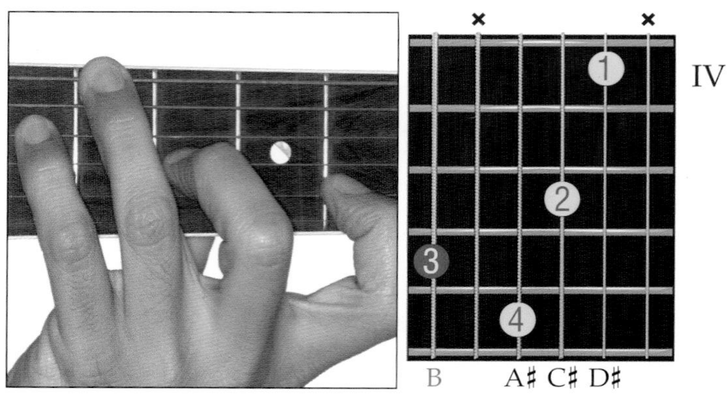
IV
1
2
3
4
B A♯ C♯ D♯

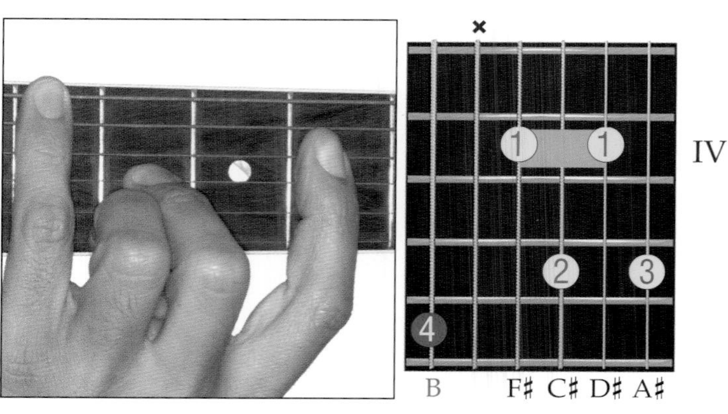
IV
1 1
2 3
4
B F♯ C♯ D♯ A♯

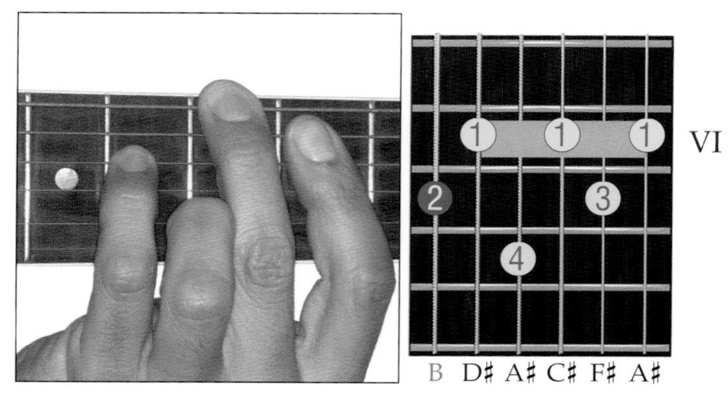
VI
1 1 1
2 3
4
B D♯ A♯ C♯ F♯ A♯

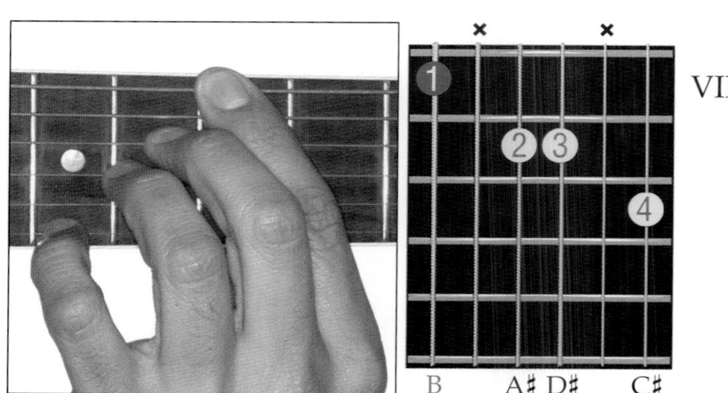
VII
1
2 3
4
B A♯ D♯ C♯

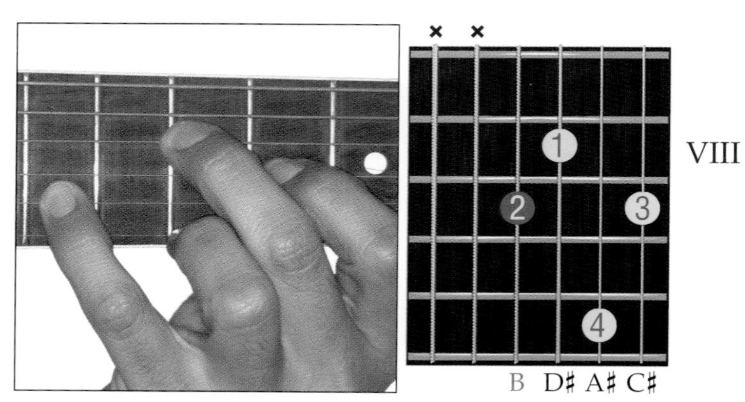
VIII
1
2 3
4
B D♯ A♯ C♯

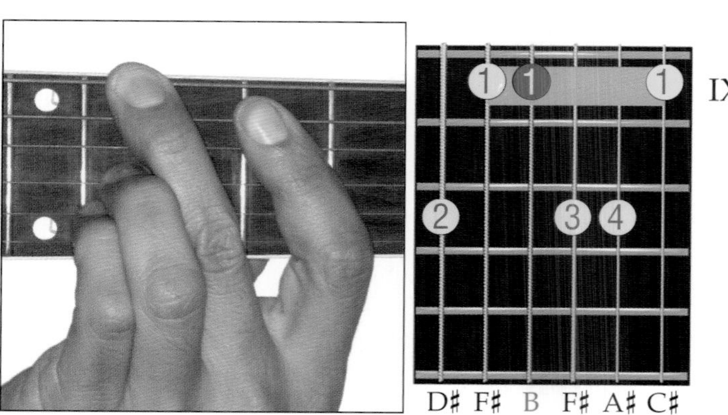
IX
1 1 1
2 3 4
D♯ F♯ B F♯ A♯ C♯

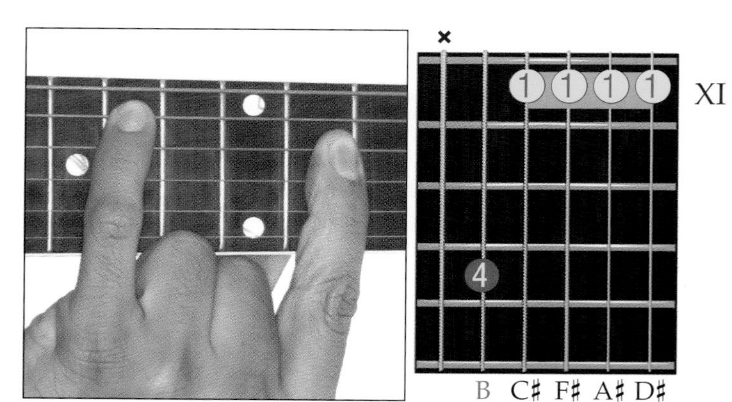
XI
1 1 1 1
4
B C♯ F♯ A♯ D♯

B

Bmaj13

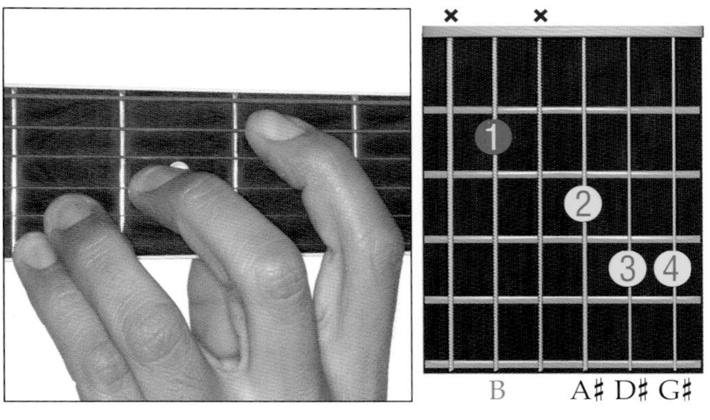
1
2
3 4
B A♯ D♯ G♯

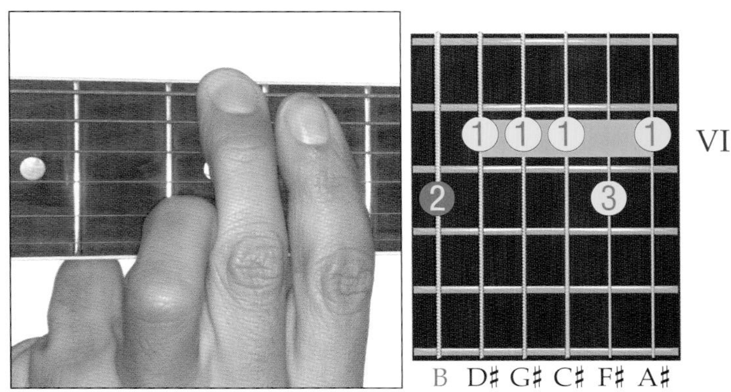
1 1 1 1
2 3
VI
B D♯ G♯ C♯ F♯ A♯

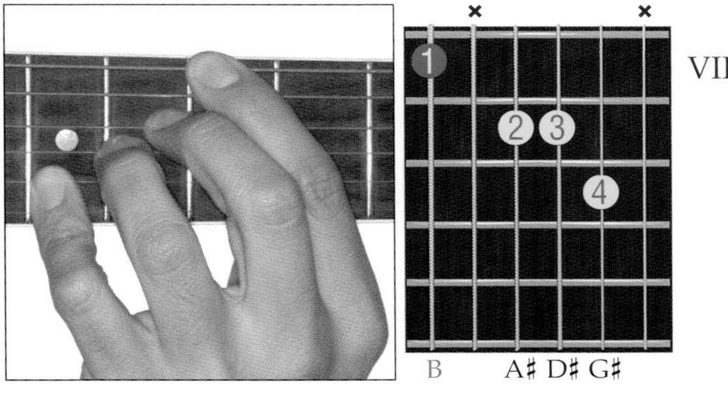
1
2 3
4
VII
B A♯ D♯ G♯

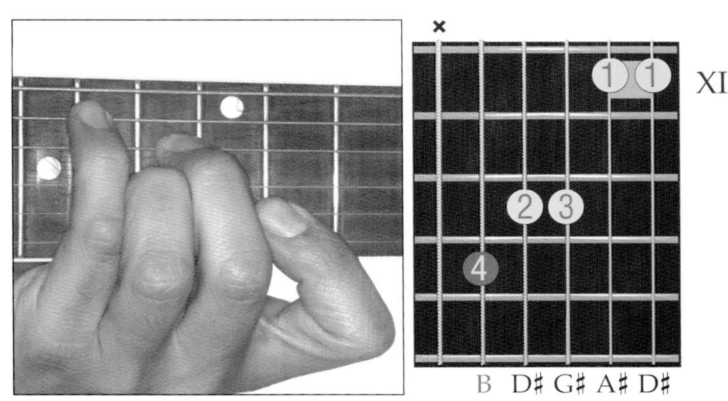
1 1
2 3
4
XI
B D♯ G♯ A♯ D♯

Bm

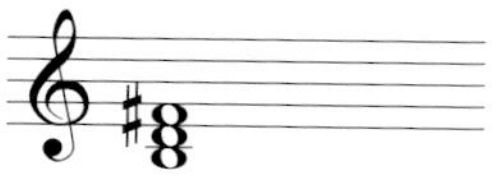

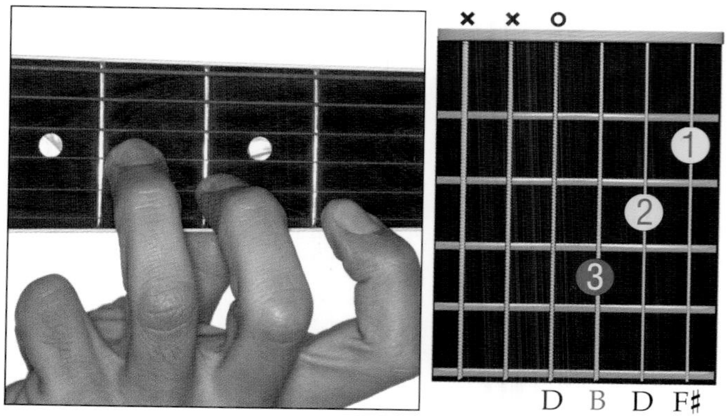

D B D F♯

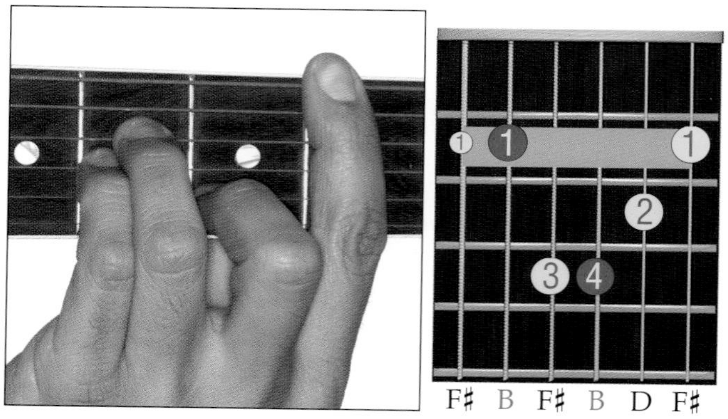

F♯ B F♯ B D F♯

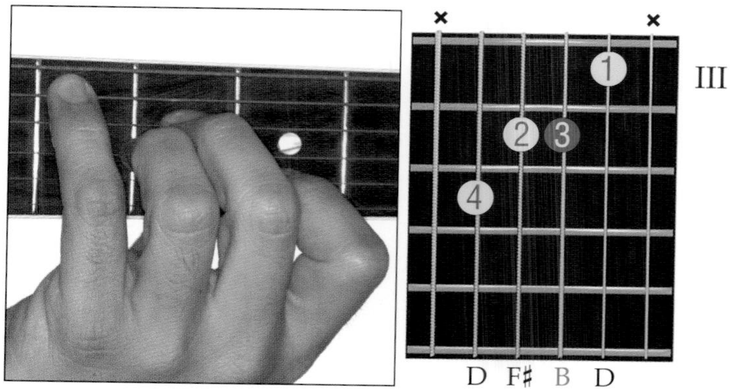

III

D F♯ B D

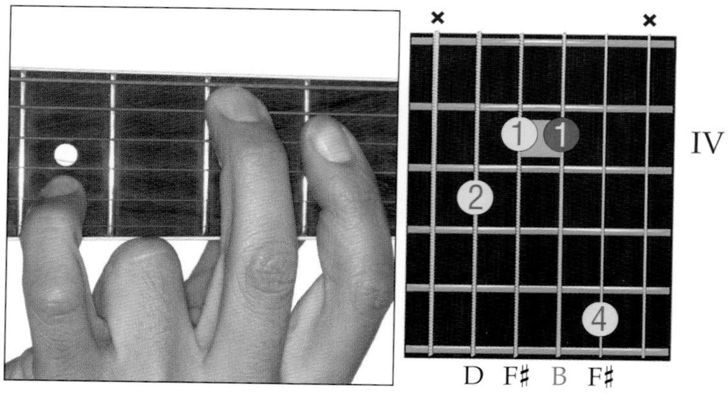

IV

D F♯ B F♯

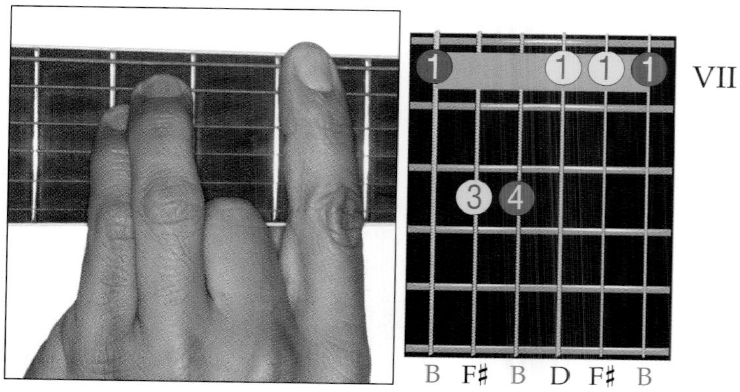

VII

B F♯ B D F♯ B

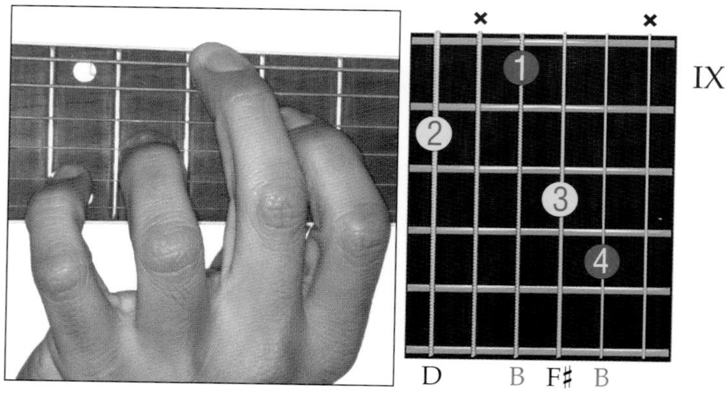

IX

D B F♯ B

B

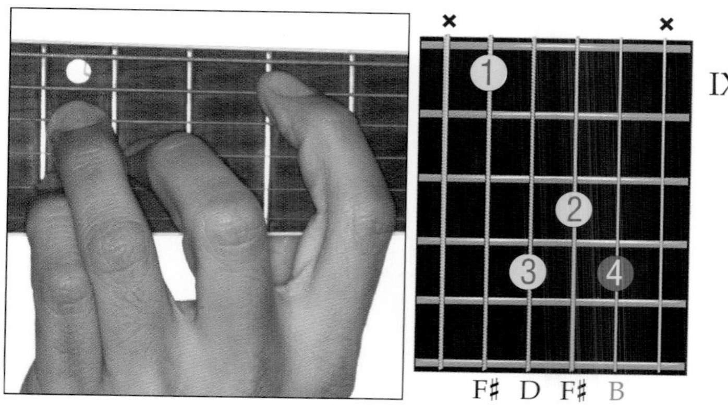
IX
1
2
3
4
F♯ D F♯ B

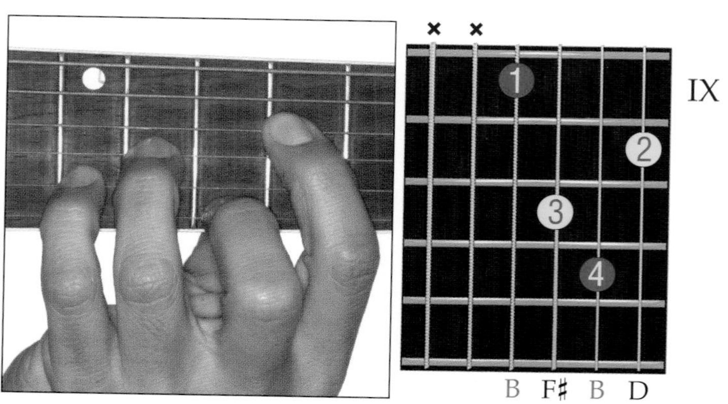
IX
1
2
3
4
B F♯ B D

Bm6

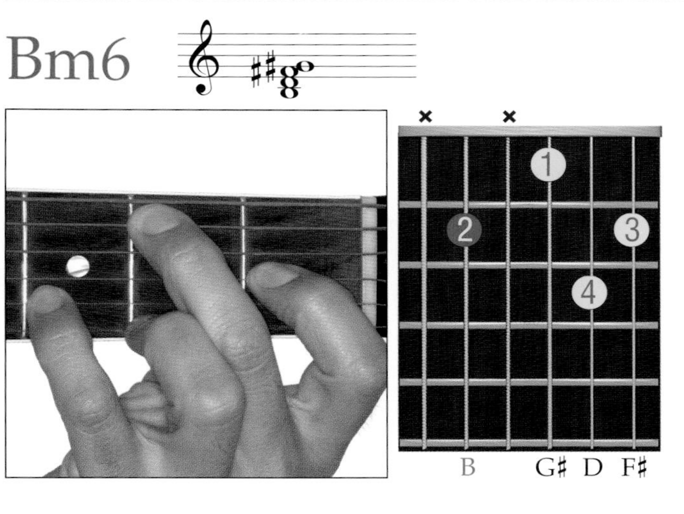
B G♯ D F♯

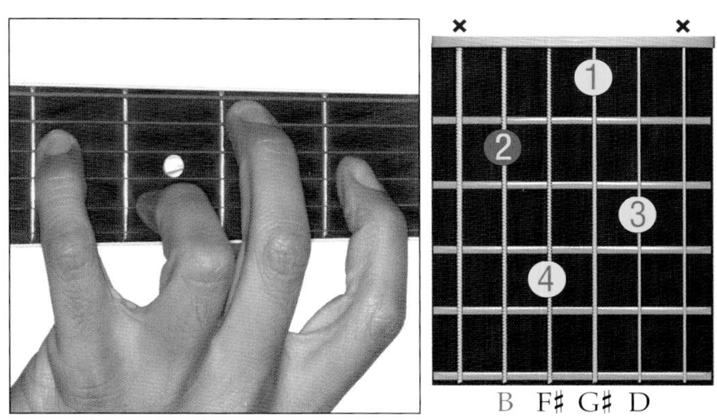
B F♯ G♯ D

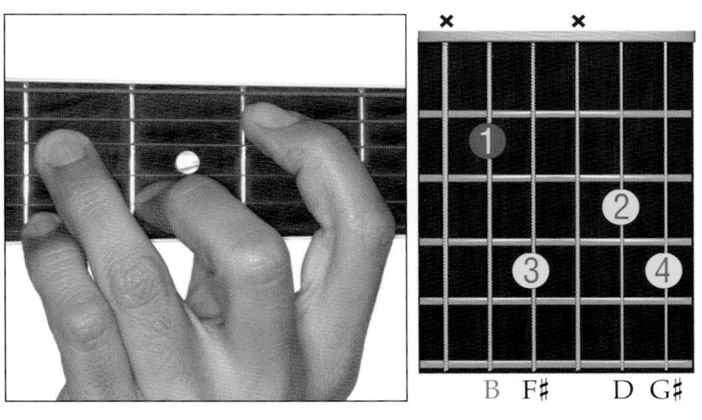
B F♯ D G♯

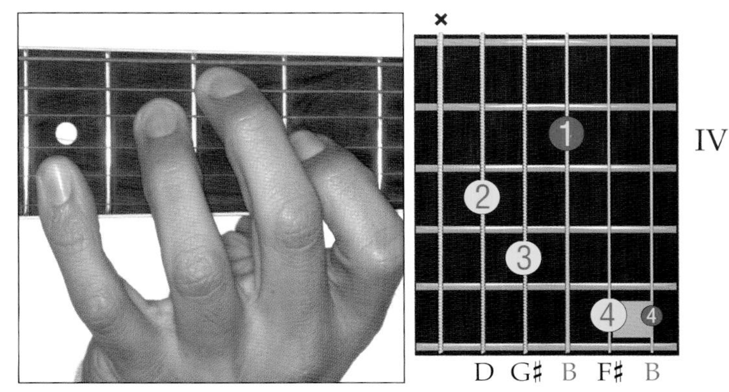
IV
D G♯ B F♯ B

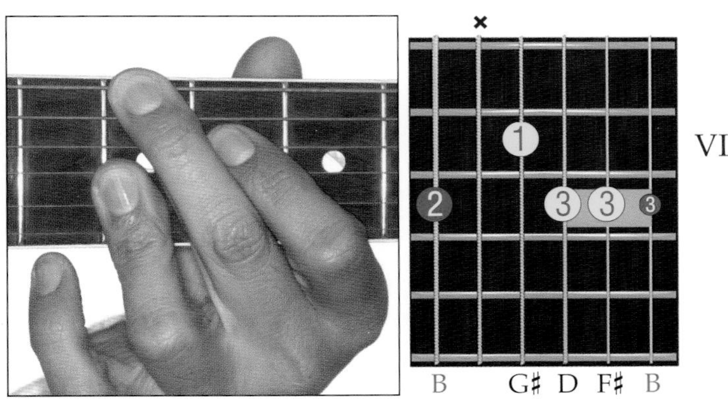
VI
B G♯ D F♯ B

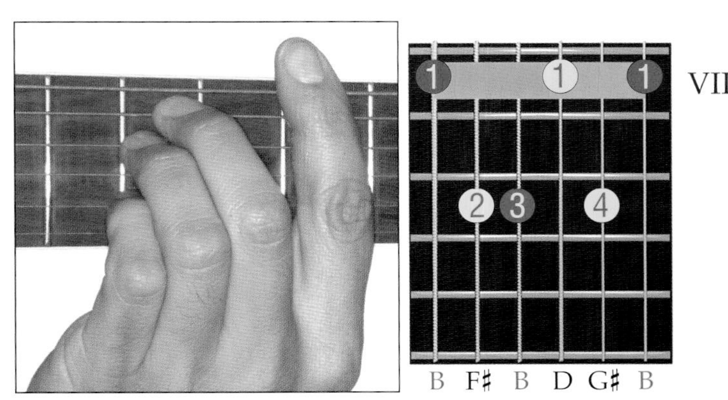
VII
B F♯ B D G♯ B

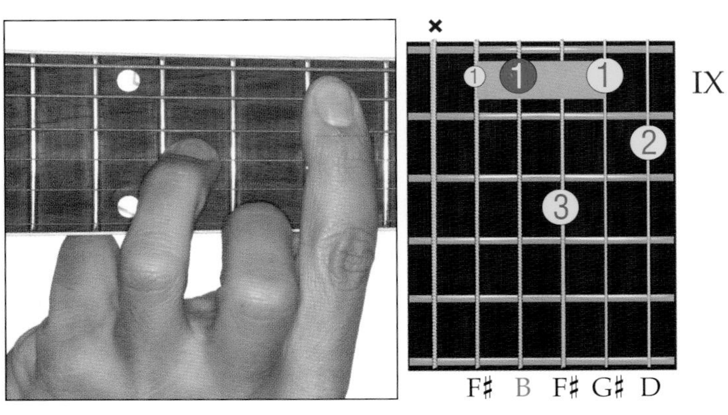
IX
F♯ B F♯ G♯ D

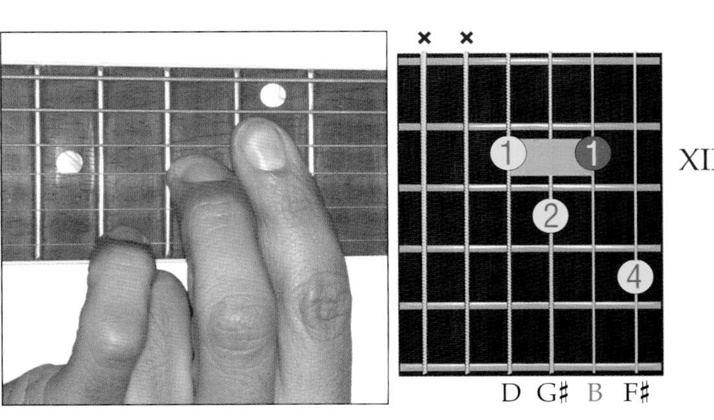
XII
D G♯ B F♯

Bm7

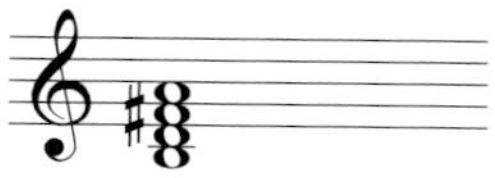

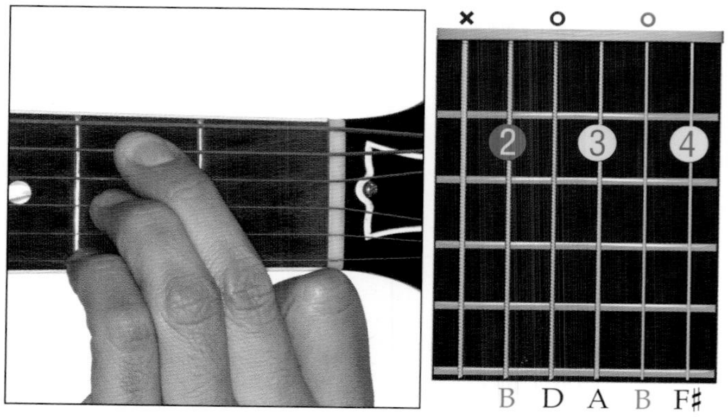

B D A B F♯

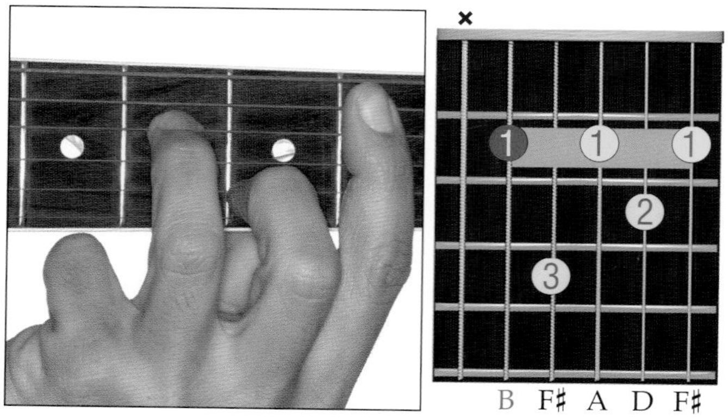

B F♯ A D F♯

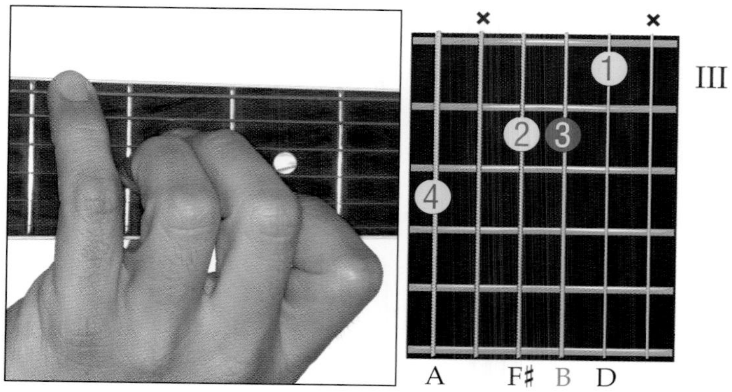

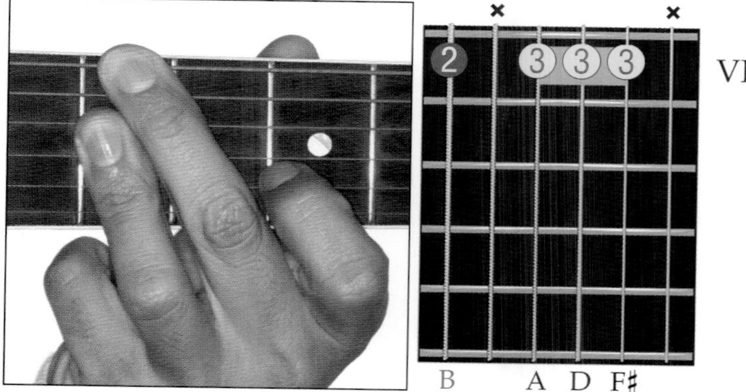

III

A F♯ B D

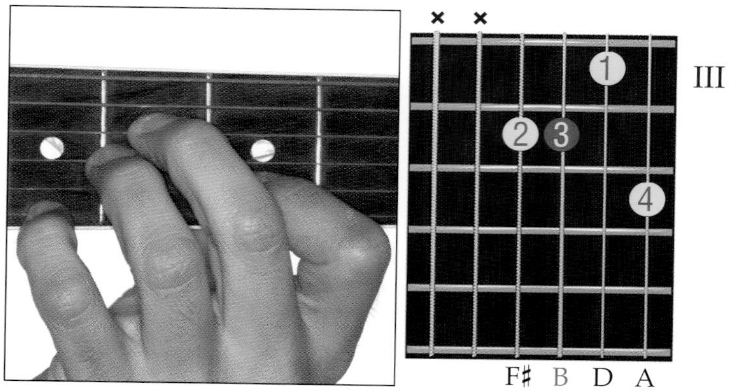

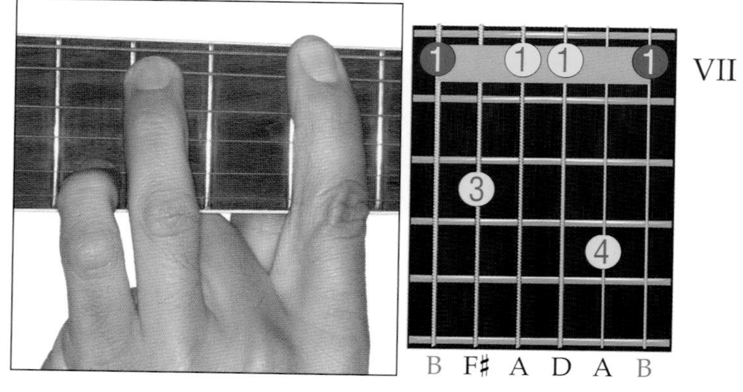

III

F♯ B D A

VII

B A D F♯

VII

B F♯ A D A B

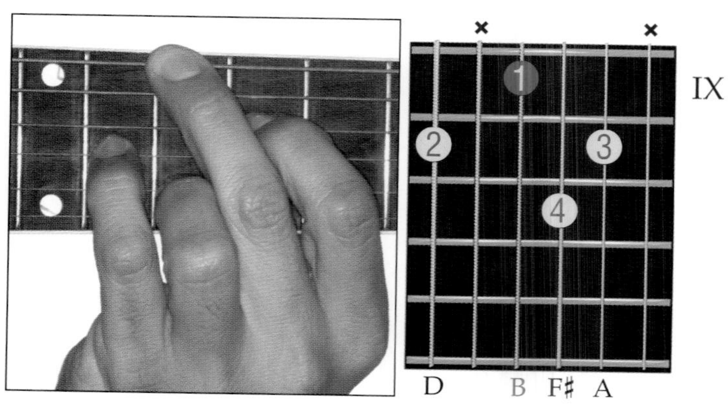

IX

D B F♯ A

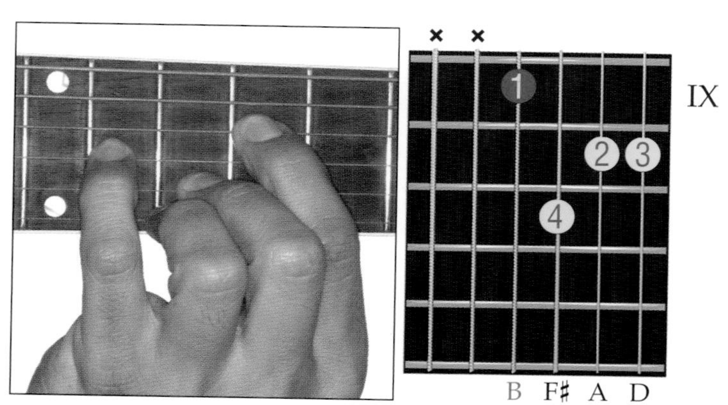

IX

B F♯ A D

B

Bm(maj7)

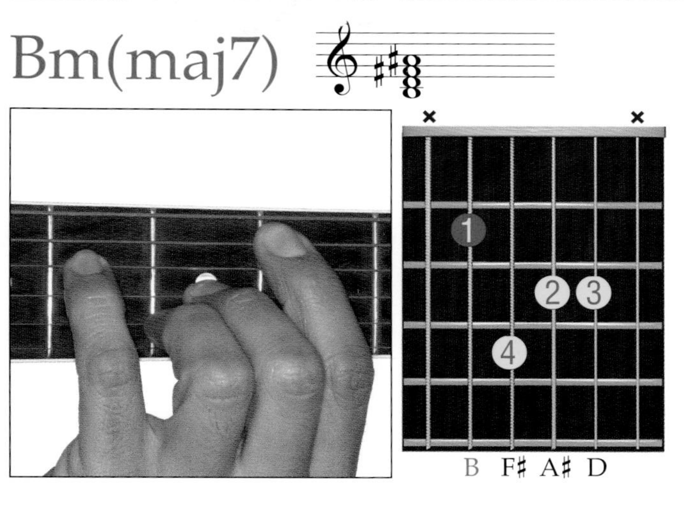
B F♯ A♯ D

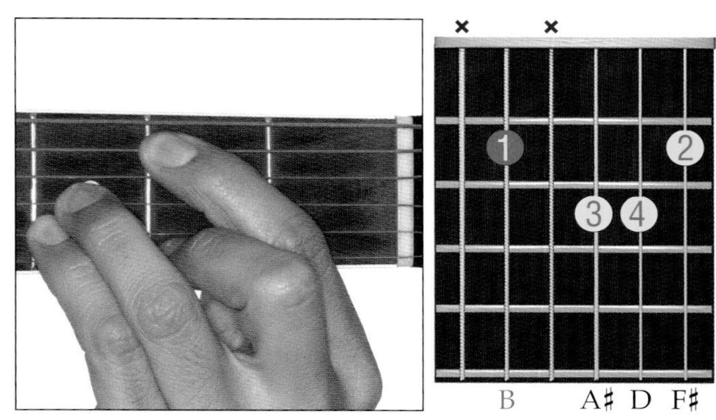
B A♯ D F♯

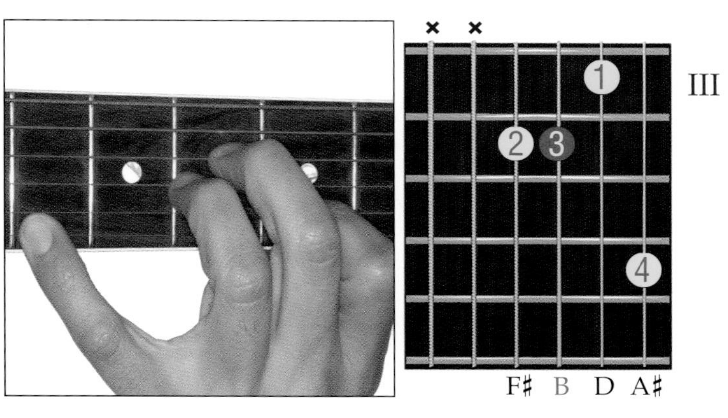
III
F♯ B D A♯

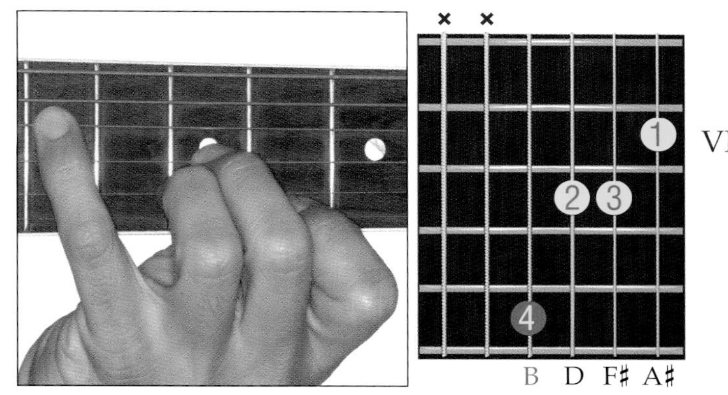
VI
B D F♯ A♯

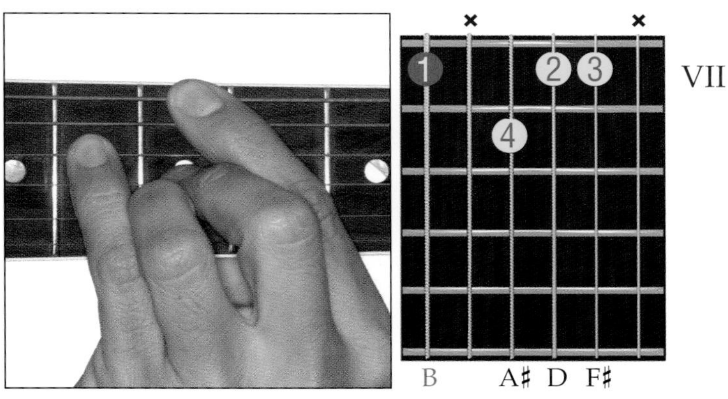
VII
B A♯ D F♯

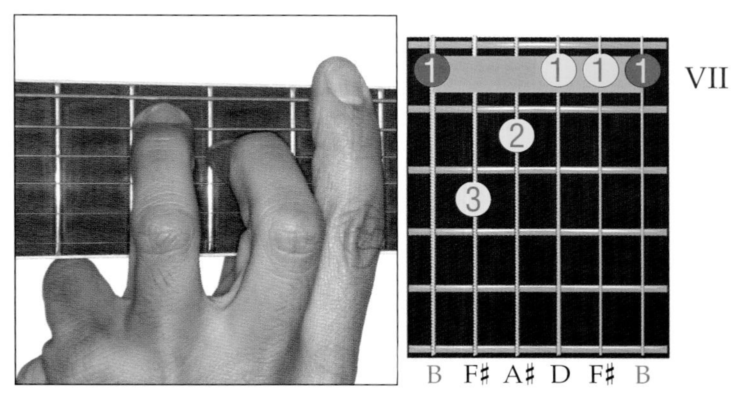
VII
B F♯ A♯ D F♯ B

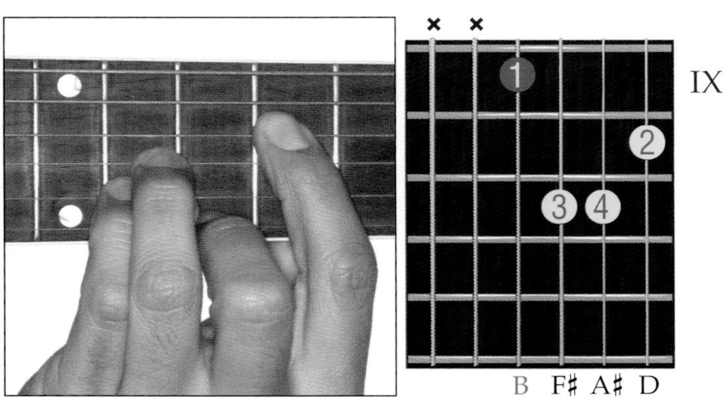
IX
B F♯ A♯ D

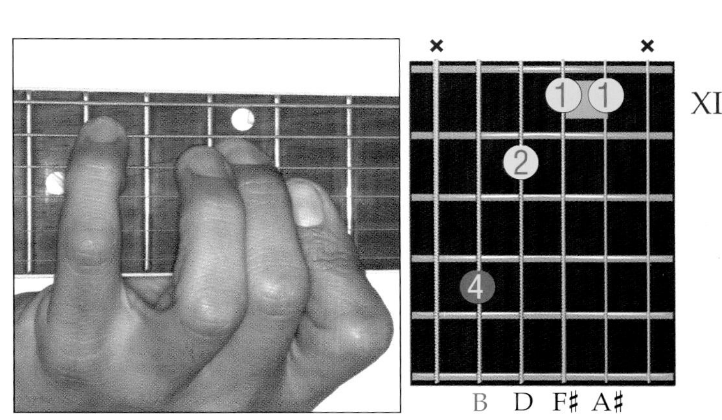
XI
B D F♯ A♯

Bm9

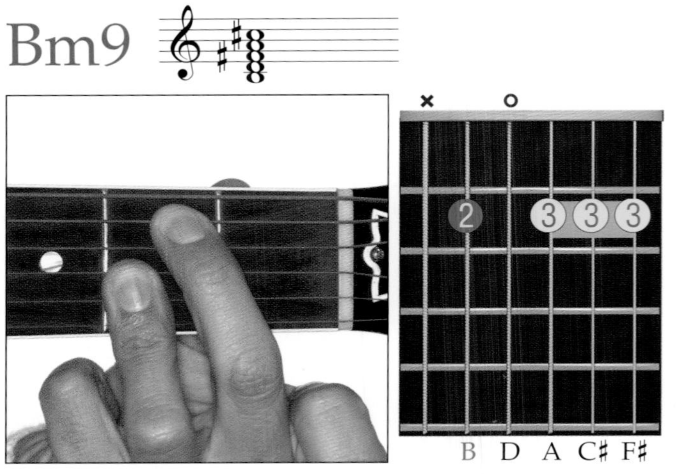
2
3 3 3
B D A C♯ F♯

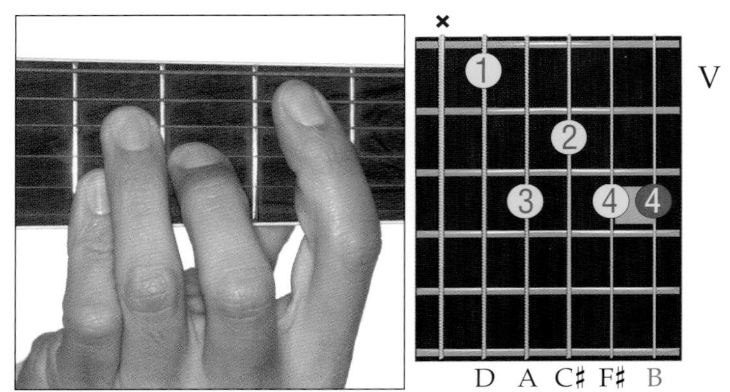
1
2
3
4 4
V
D A C♯ F♯ B

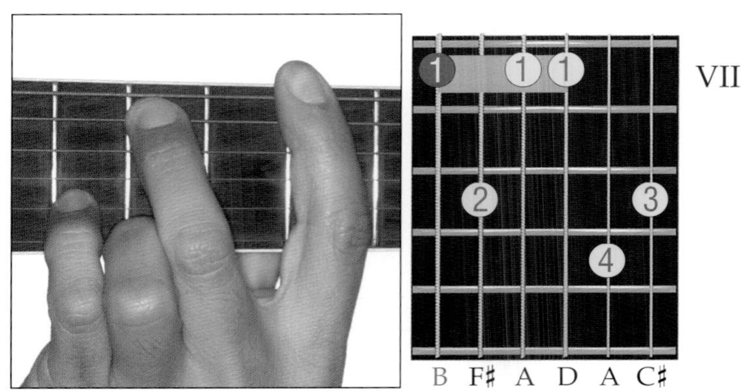
1 1 1
2
3
4
VII
B F♯ A D A C♯

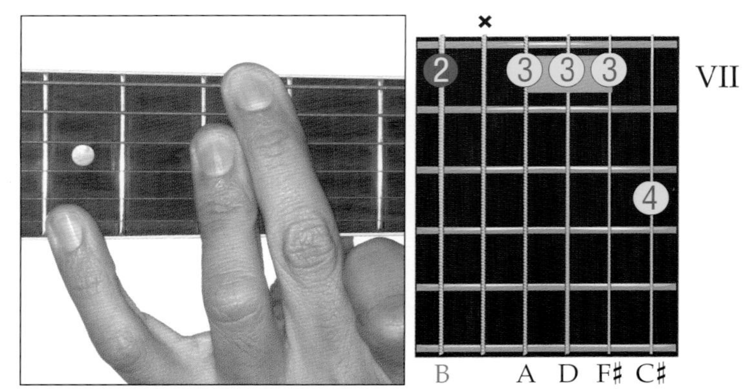
2
3 3 3
4
VII
B A D F♯ C♯

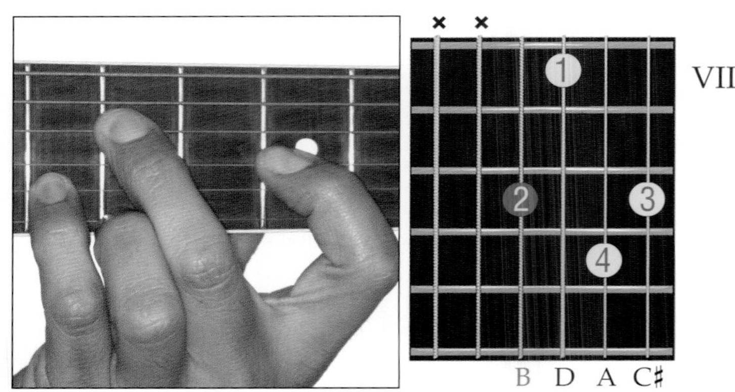
1
2
3
4
VII
B D A C♯

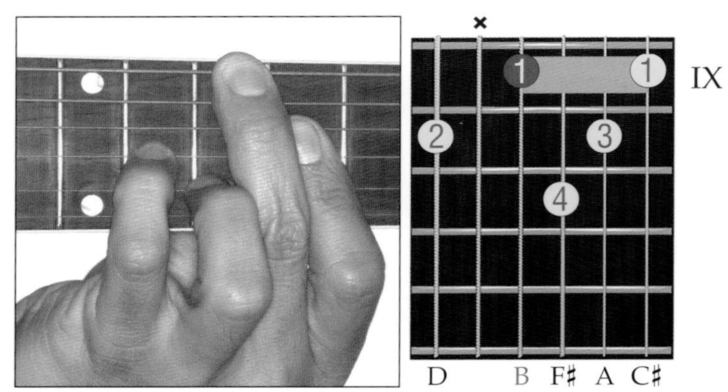
1 1
2
3
4
IX
D B F♯ A C♯

Bm11

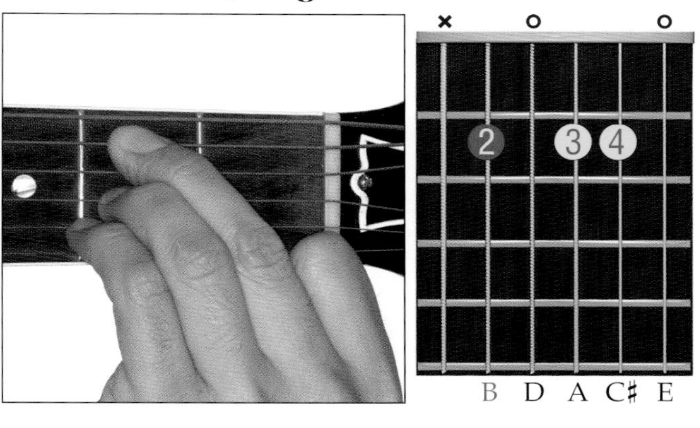
B D A C♯ E

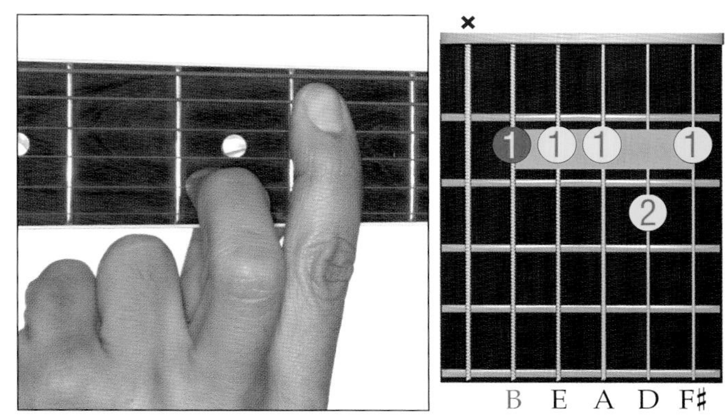
B E A D F♯

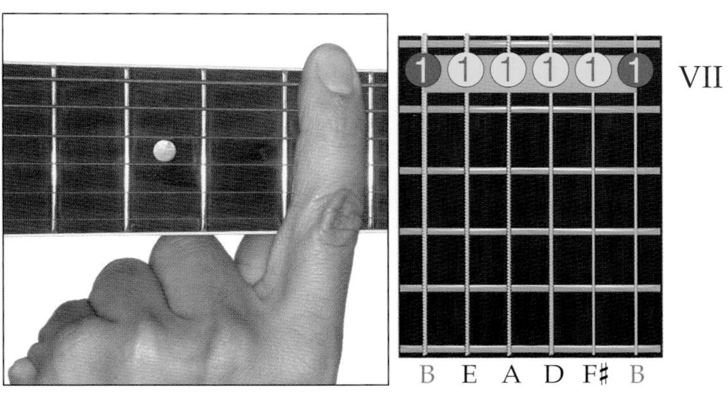
VII
B E A D F♯ B

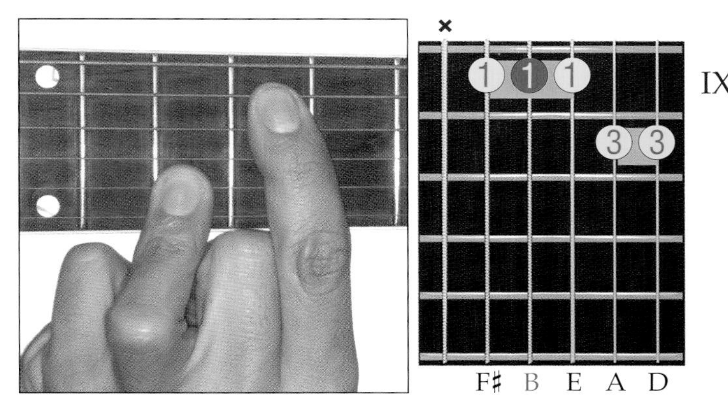
IX
F♯ B E A D

Bm13

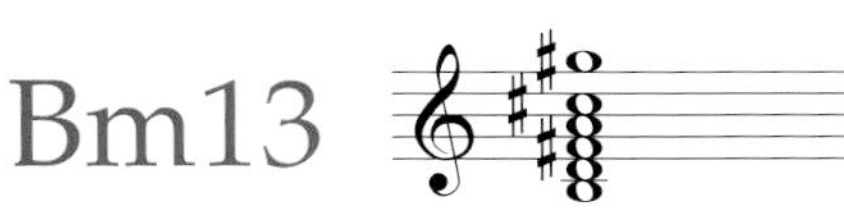

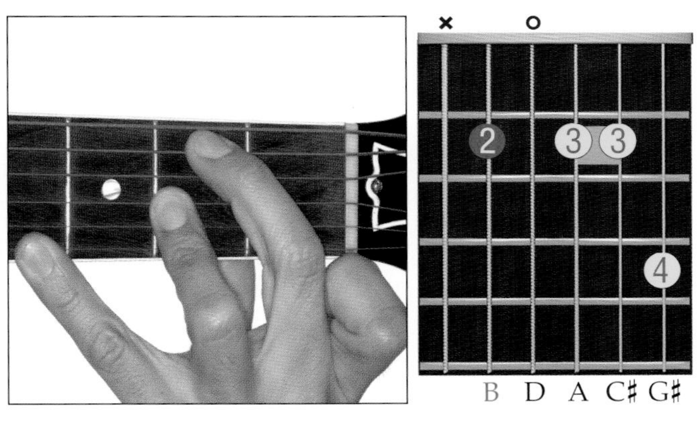
B D A C♯ G♯

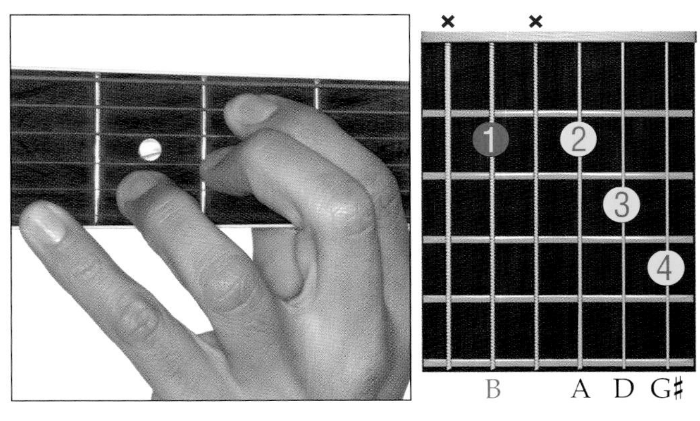
B A D G♯

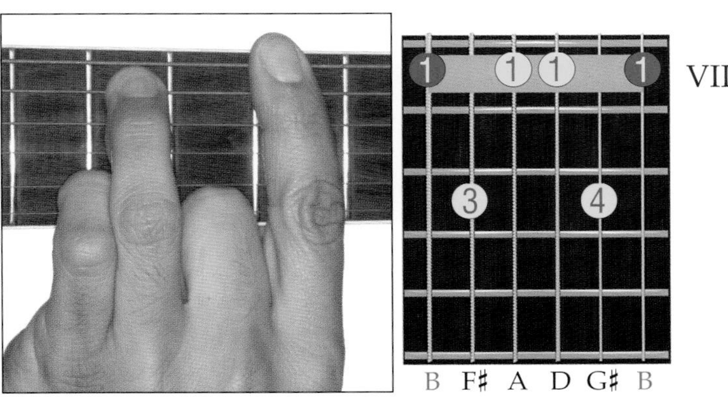
VII
B F♯ A D G♯ B

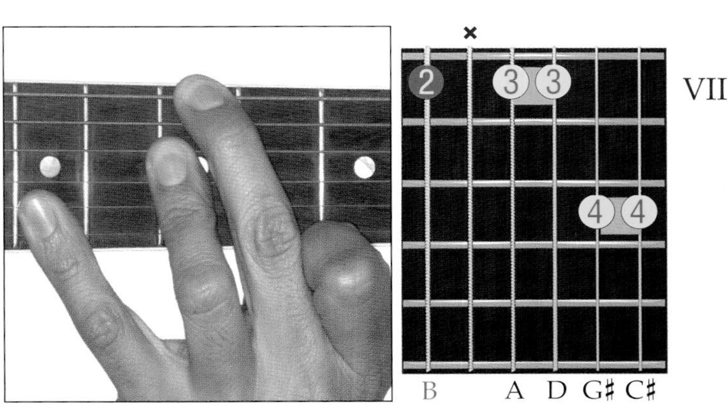
VII
B A D G♯ C♯

B

Bm7♭5

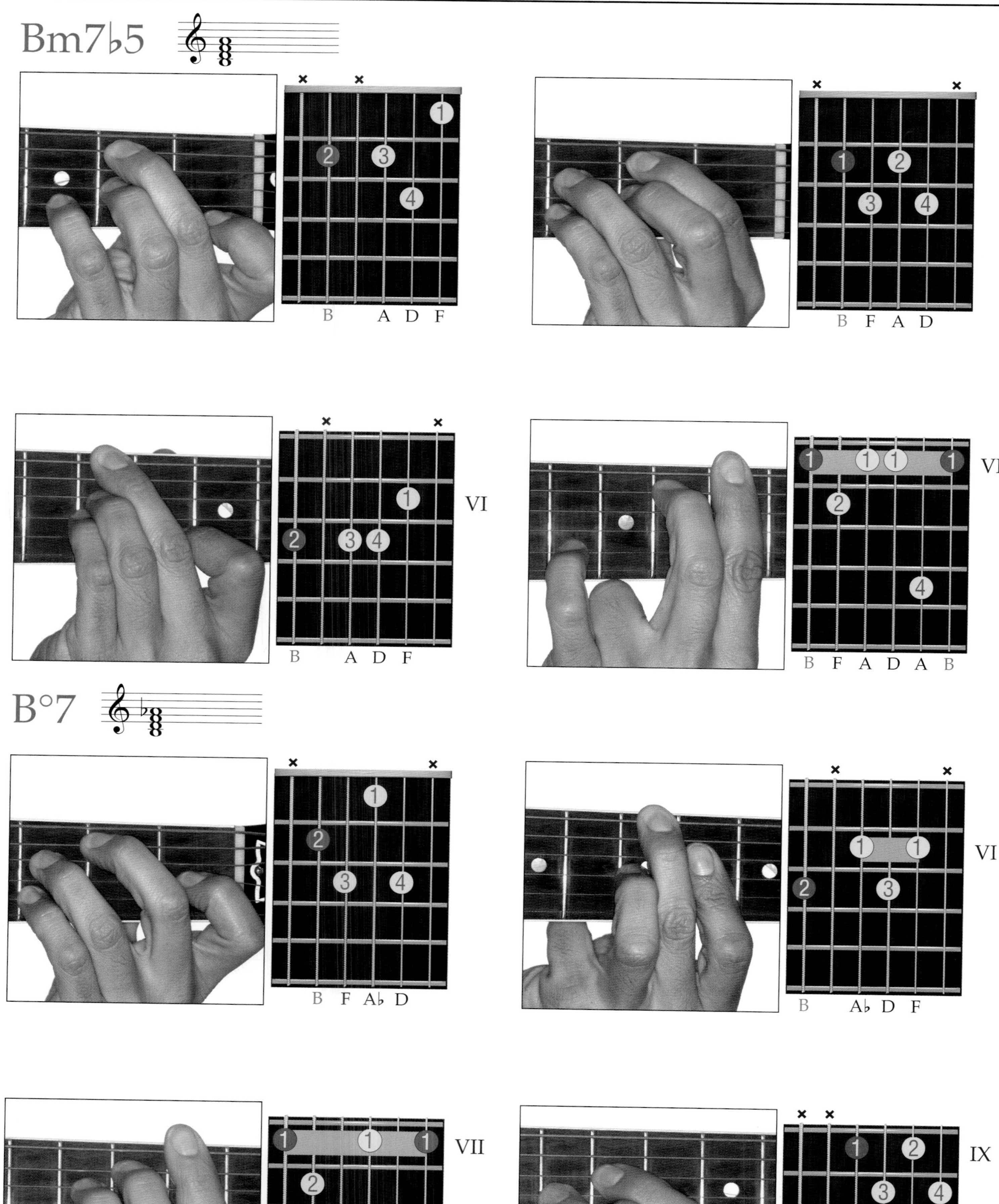
B A D F
B F A D
VI
B A D F
VII
B F A D A B
B°7
B F A♭ D
VI
B A♭ D F
VII
B F B D A♭ B
IX
B F A♭ D

B

B7

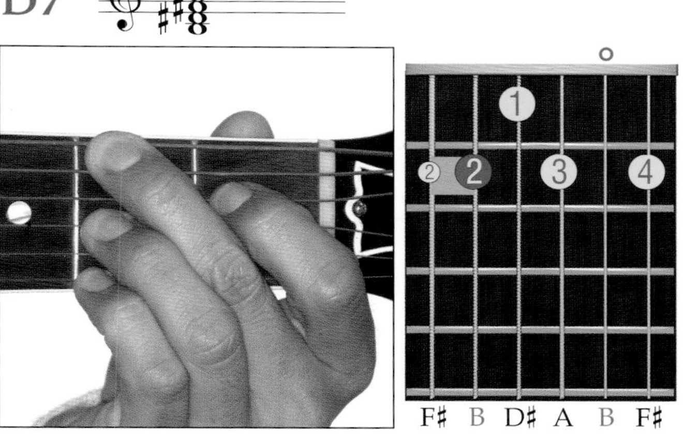
F♯ B D♯ A B F♯

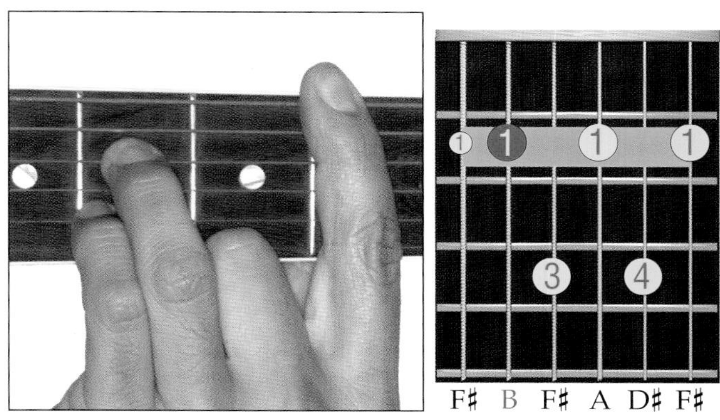
F♯ B F♯ A D♯ F♯

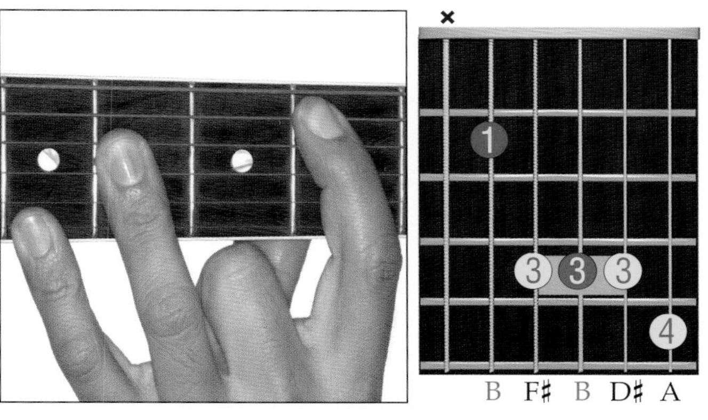
B F♯ B D♯ A

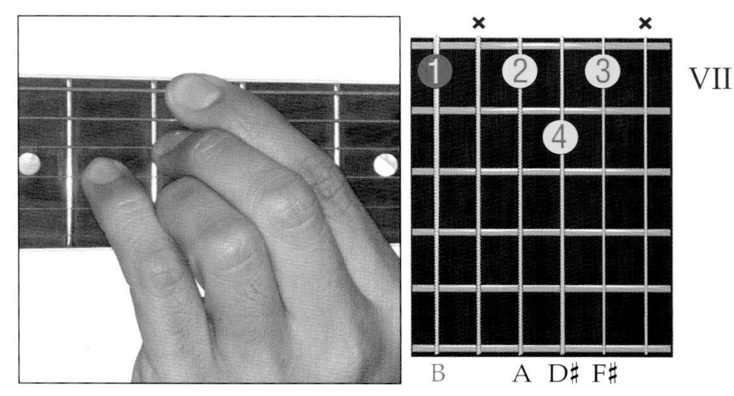
VII
B A D♯ F♯

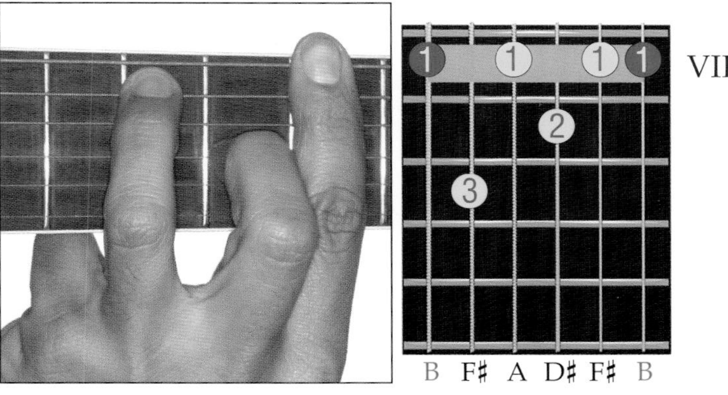
VII
B F♯ A D♯ F♯ B

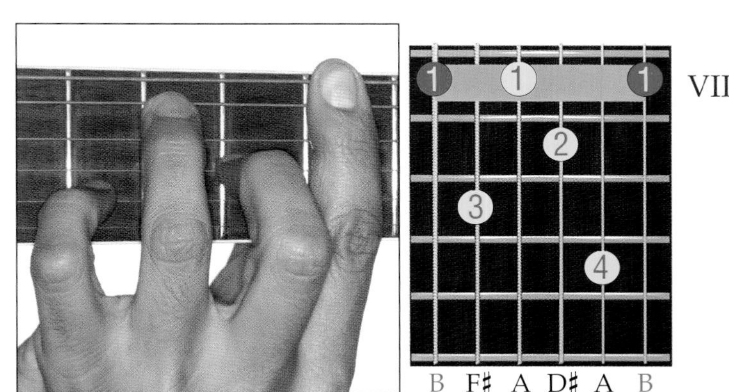
VII
B F♯ A D♯ A B

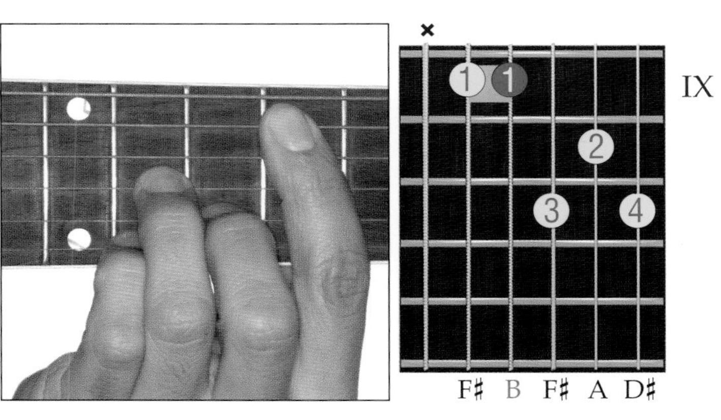
IX
F♯ B F♯ A D♯

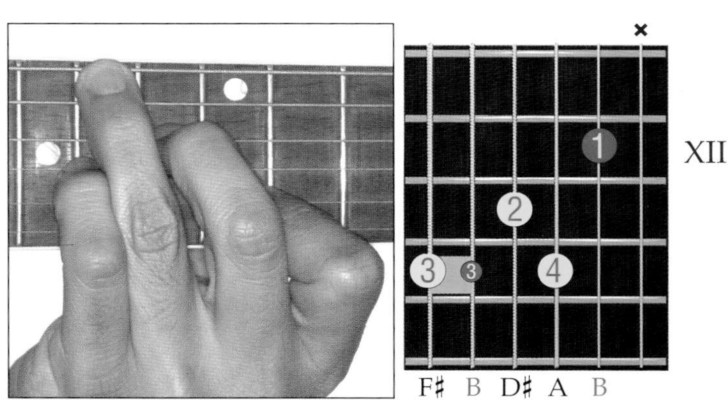
XII
F♯ B D♯ A B

B7sus4

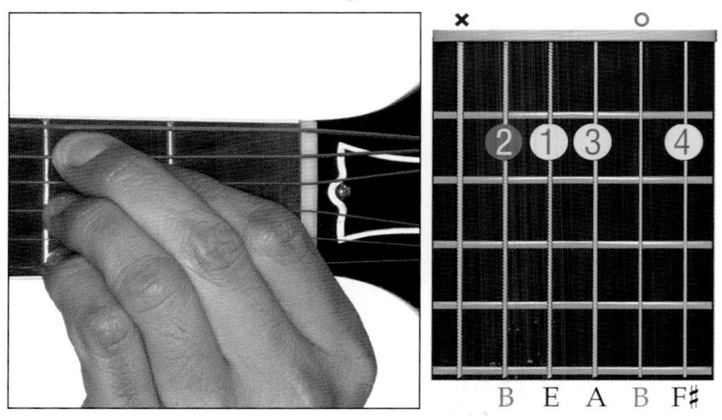
B E A B F♯

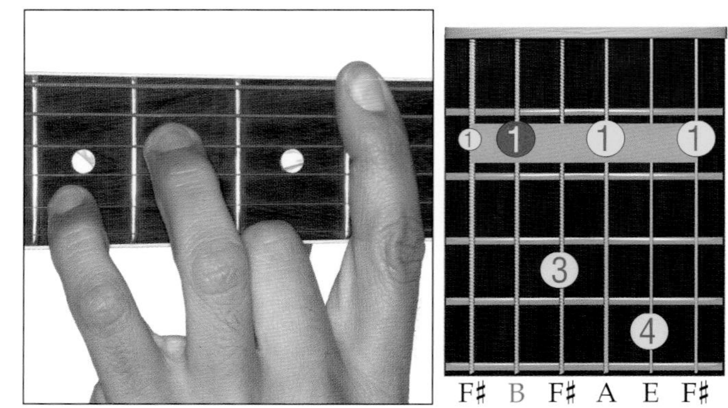
F♯ B F♯ A E F♯

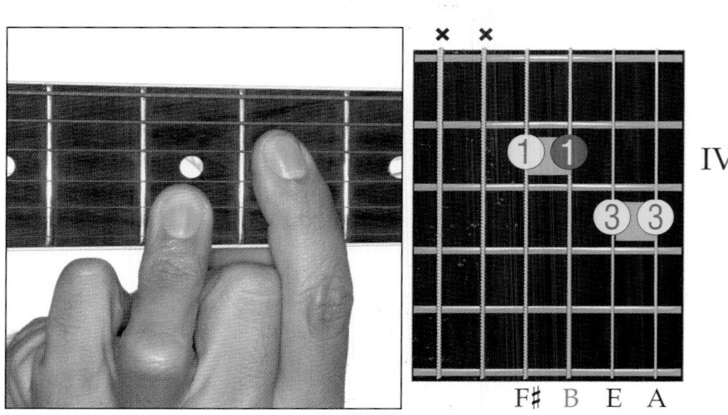
IV
F♯ B E A

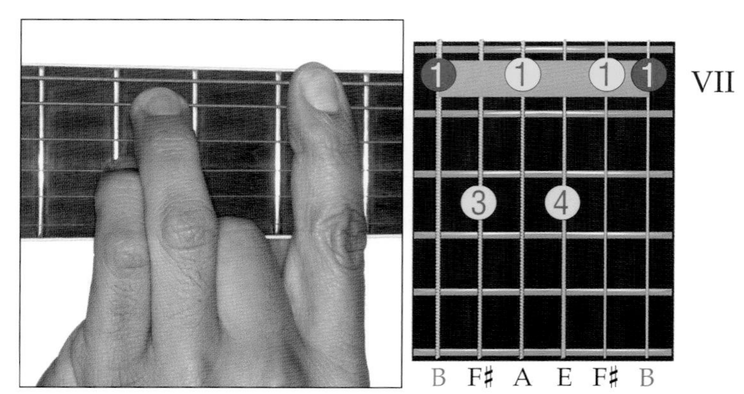
VII
B F♯ A E F♯ B

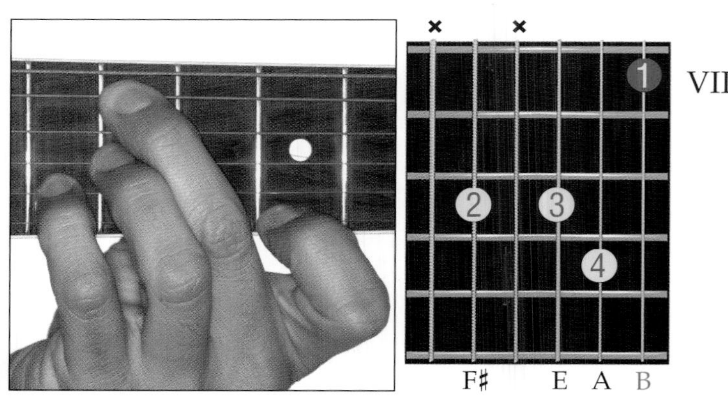
VII
F♯ E A B

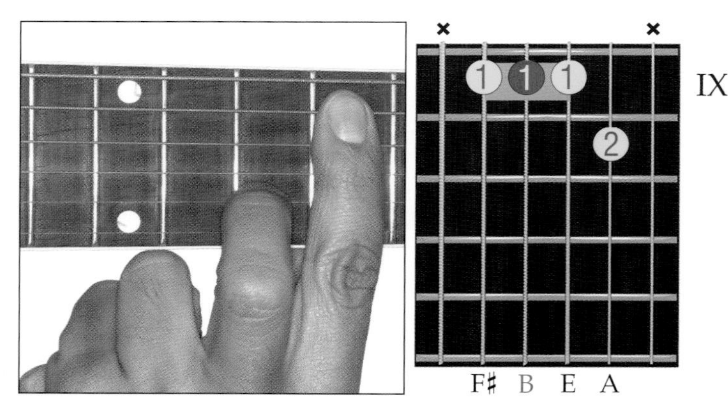
IX
F♯ B E A

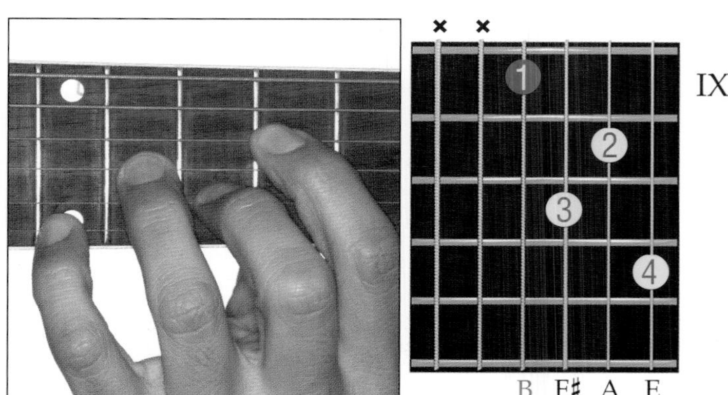
IX
B F♯ A E

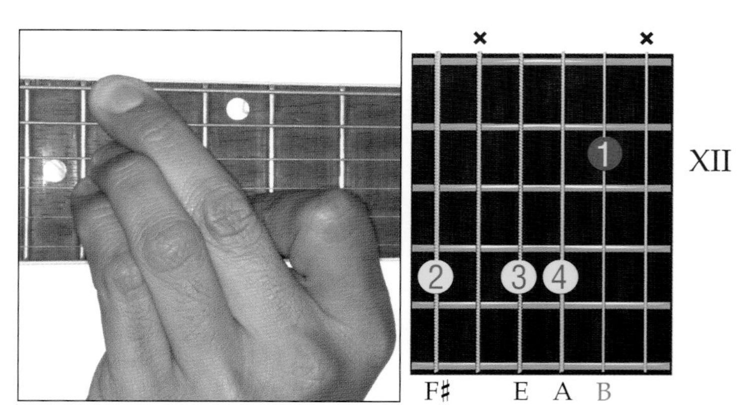
XII
F♯ E A B

B

B7♭5

B7+

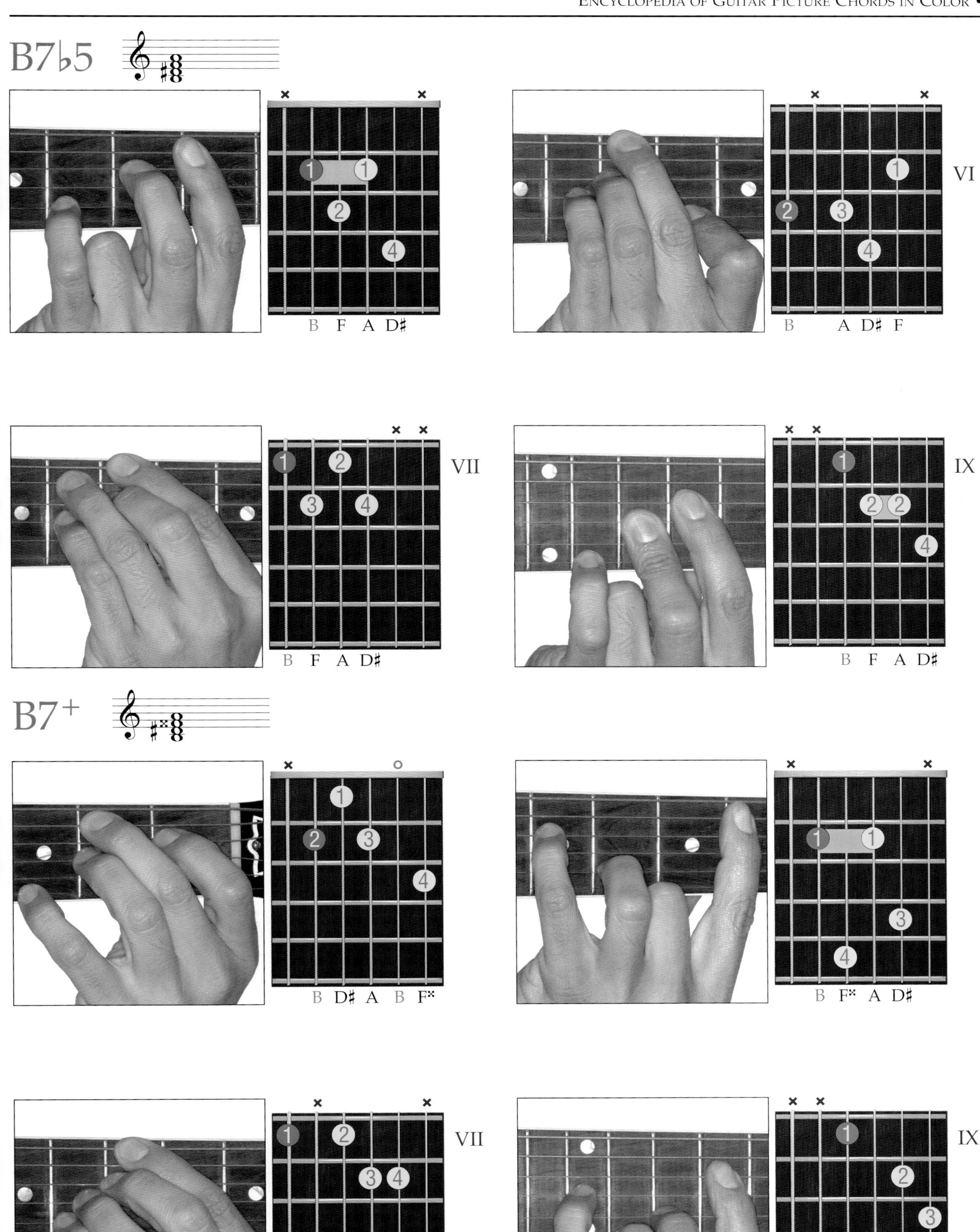
B F A D♯
VI
B A D♯ F
VII
B F A D♯
IX
B F A D♯
B D♯ A B F𝄪
B F𝄪 A D♯
VII
B A D♯ F𝄪
IX
B F𝄪 A D♯
B

B9

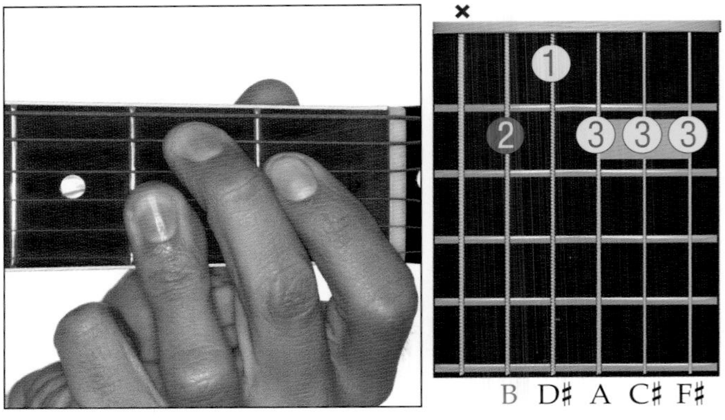
B D♯ A C♯ F♯

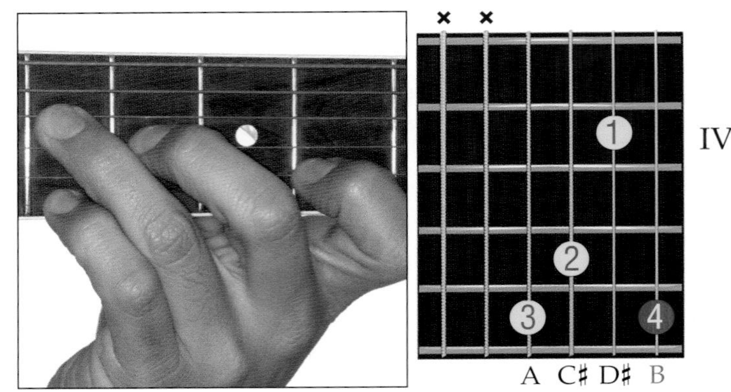
IV
A C♯ D♯ B

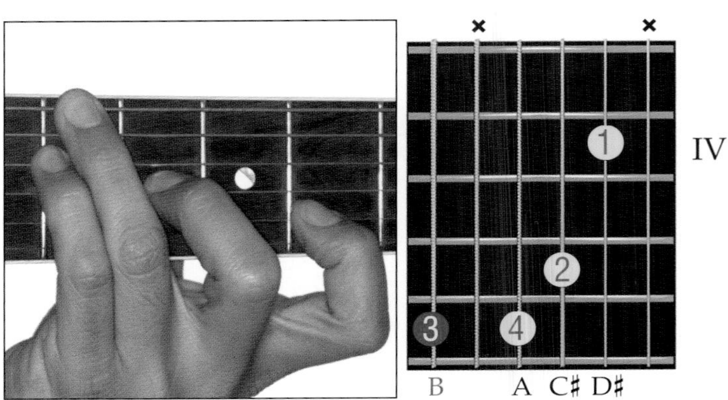
IV
B A C♯ D♯

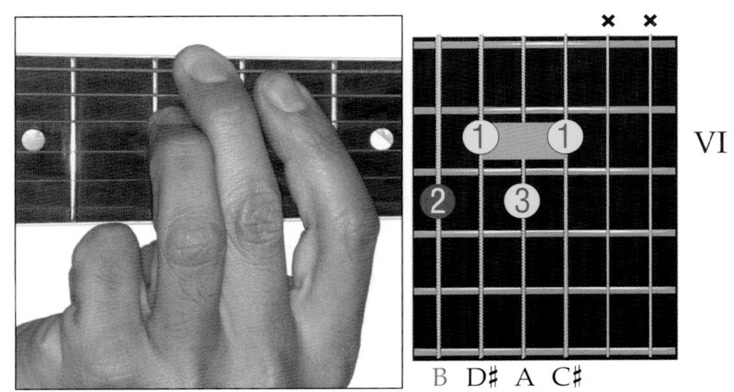
VI
B D♯ A C♯

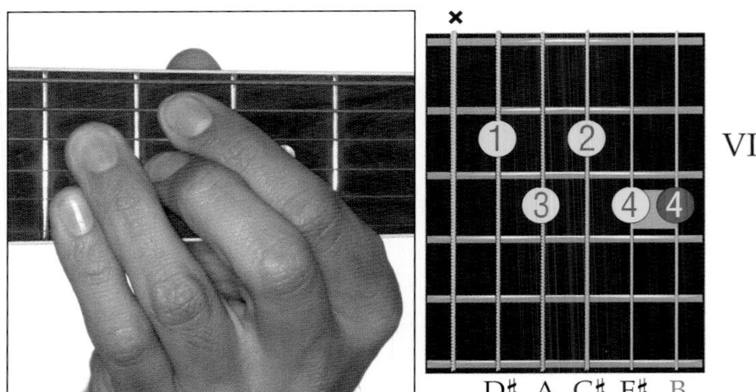
VI
D♯ A C♯ F♯ B

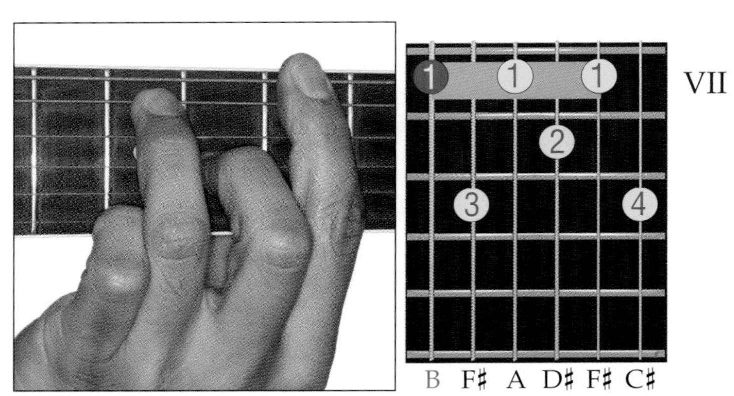
VII
B F♯ A D♯ F♯ C♯

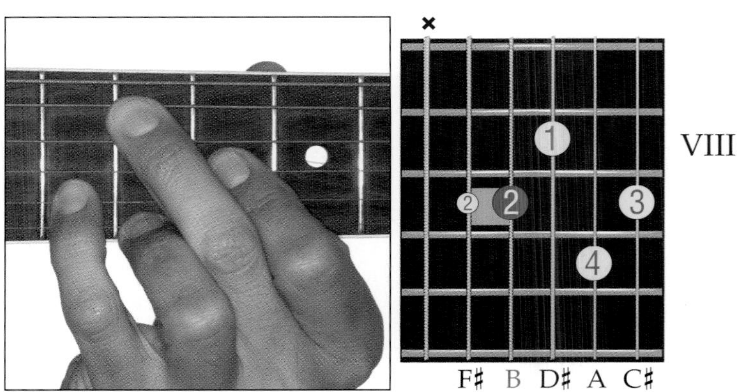
VIII
F♯ B D♯ A C♯

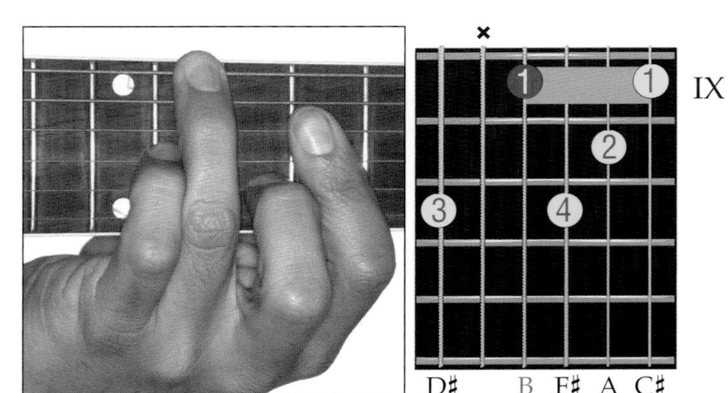
IX
D♯ B F♯ A C♯

B9sus4

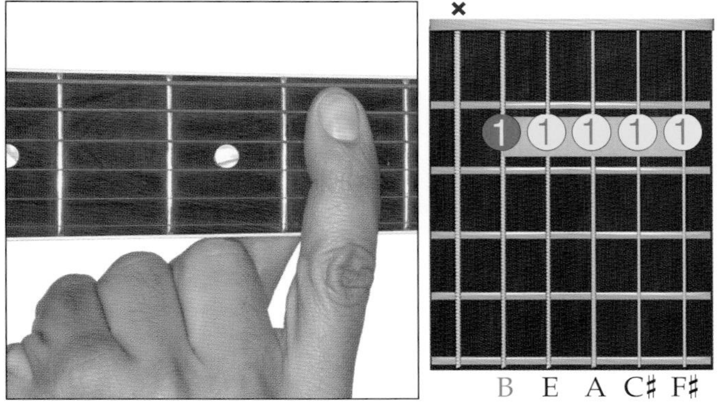
1 1 1 1 1
B E A C♯ F♯

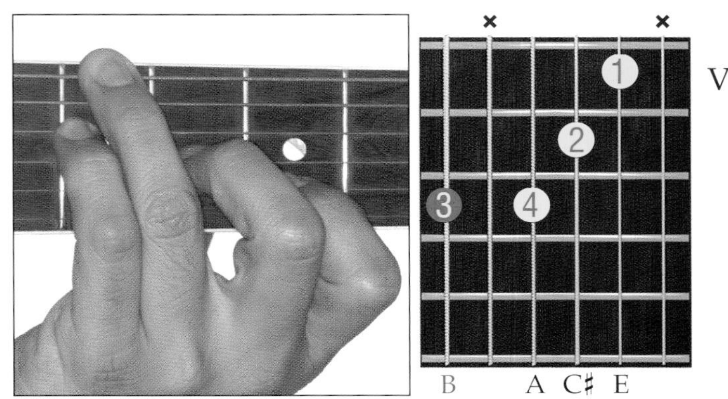
V
1 2 3 4
B A C♯ E

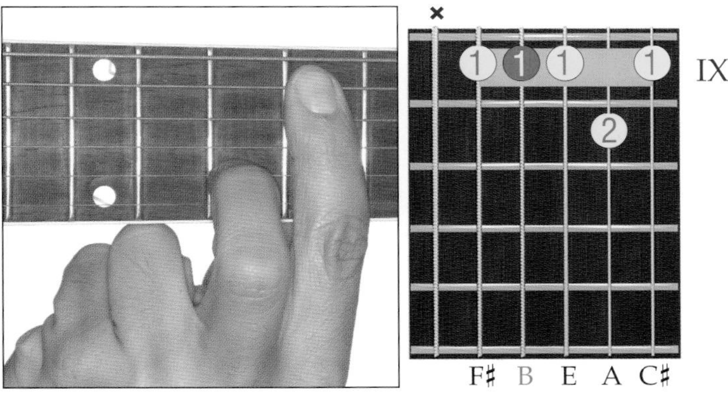
IX
1 1 1 1
2
F♯ B E A C♯

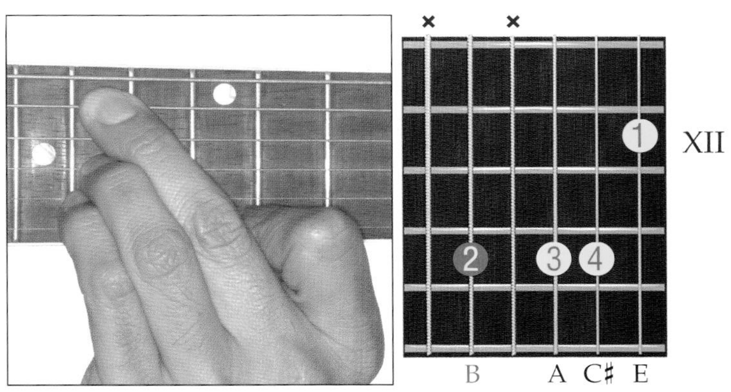
XII
1
2 3 4
B A C♯ E

B9♭5

×

B D♯ A C♯ F

×

F B D♯ A C♯

×

VI

B D♯ A C♯ F

×

VIII

F B D♯ A C♯

B9+

×

B D♯ A C♯ F𝄪

×

VI

B D♯ A C♯ F𝄪

B

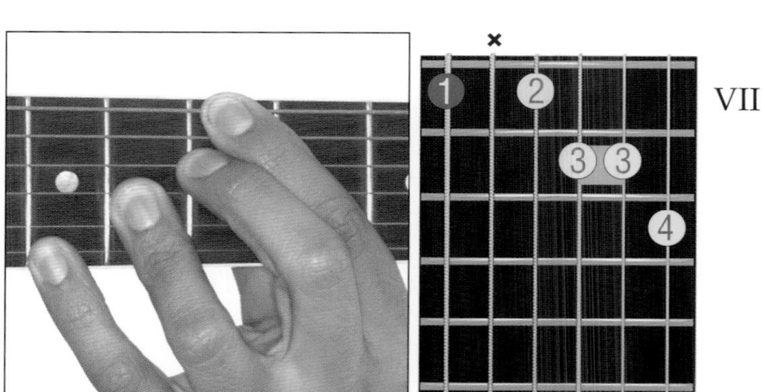
×
VII
B A D♯ F𝄪 C♯

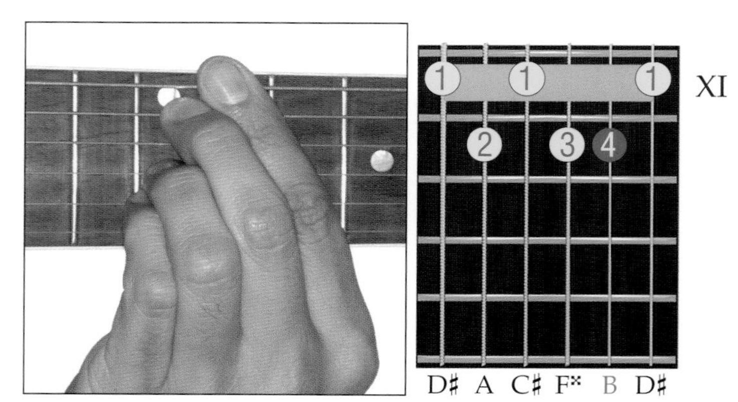
XI
D♯ A C♯ F𝄪 B D♯

B13

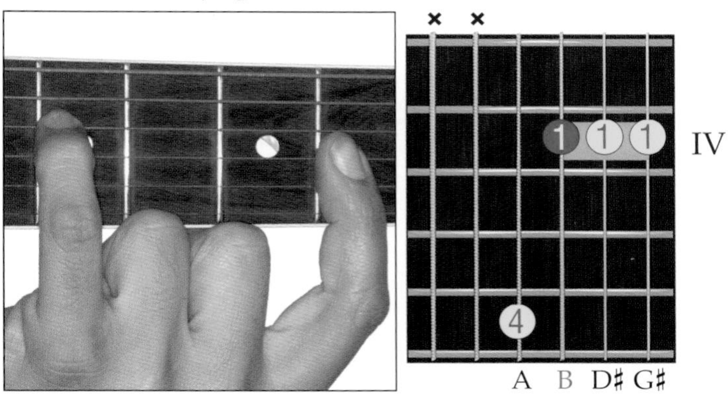
IV
A B D♯ G♯

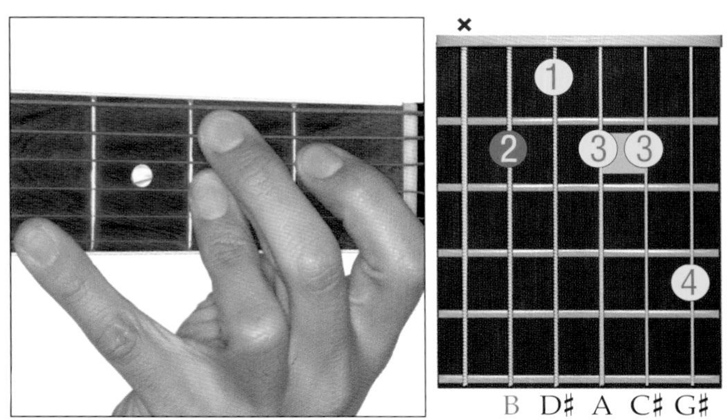
B D♯ A C♯ G♯

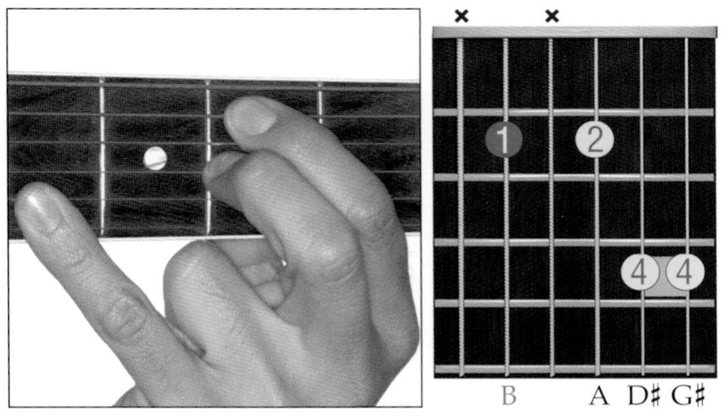
B A D♯ G♯

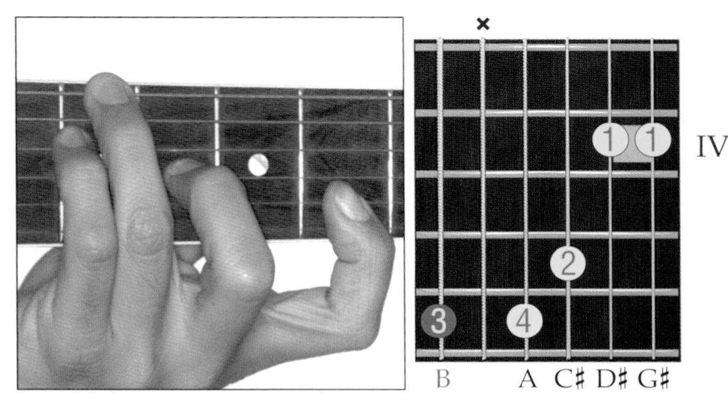
IV
B A C♯ D♯ G♯

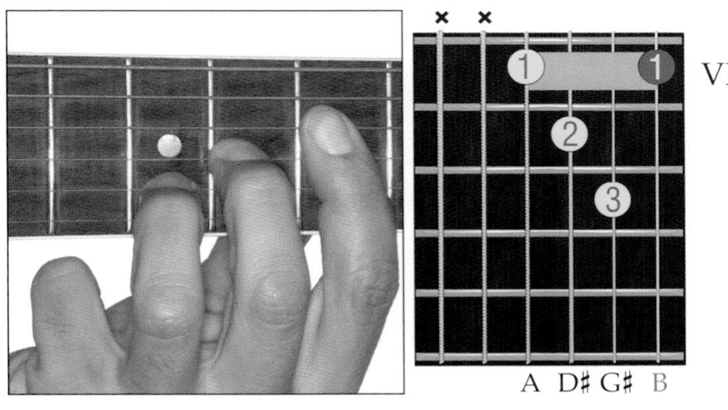
VII
A D♯ G♯ B

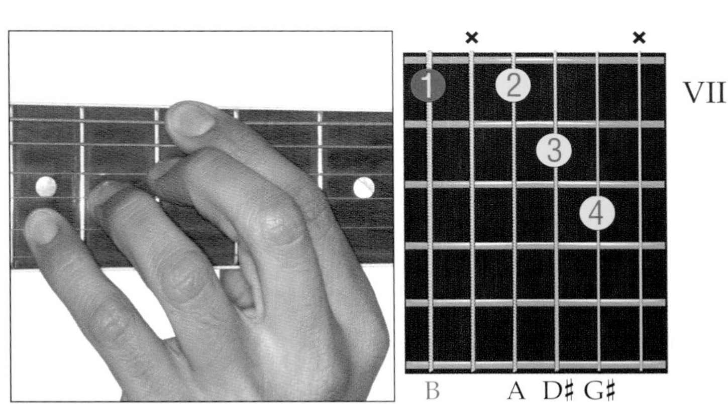
VII
B A D♯ G♯

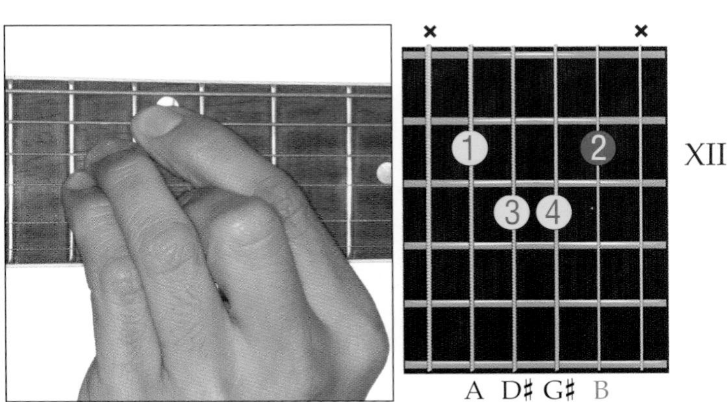
XII
A D♯ G♯ B

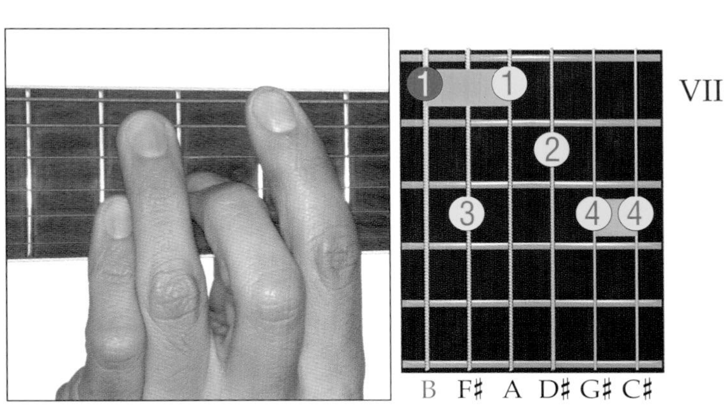
VII
B F♯ A D♯ G♯ C♯

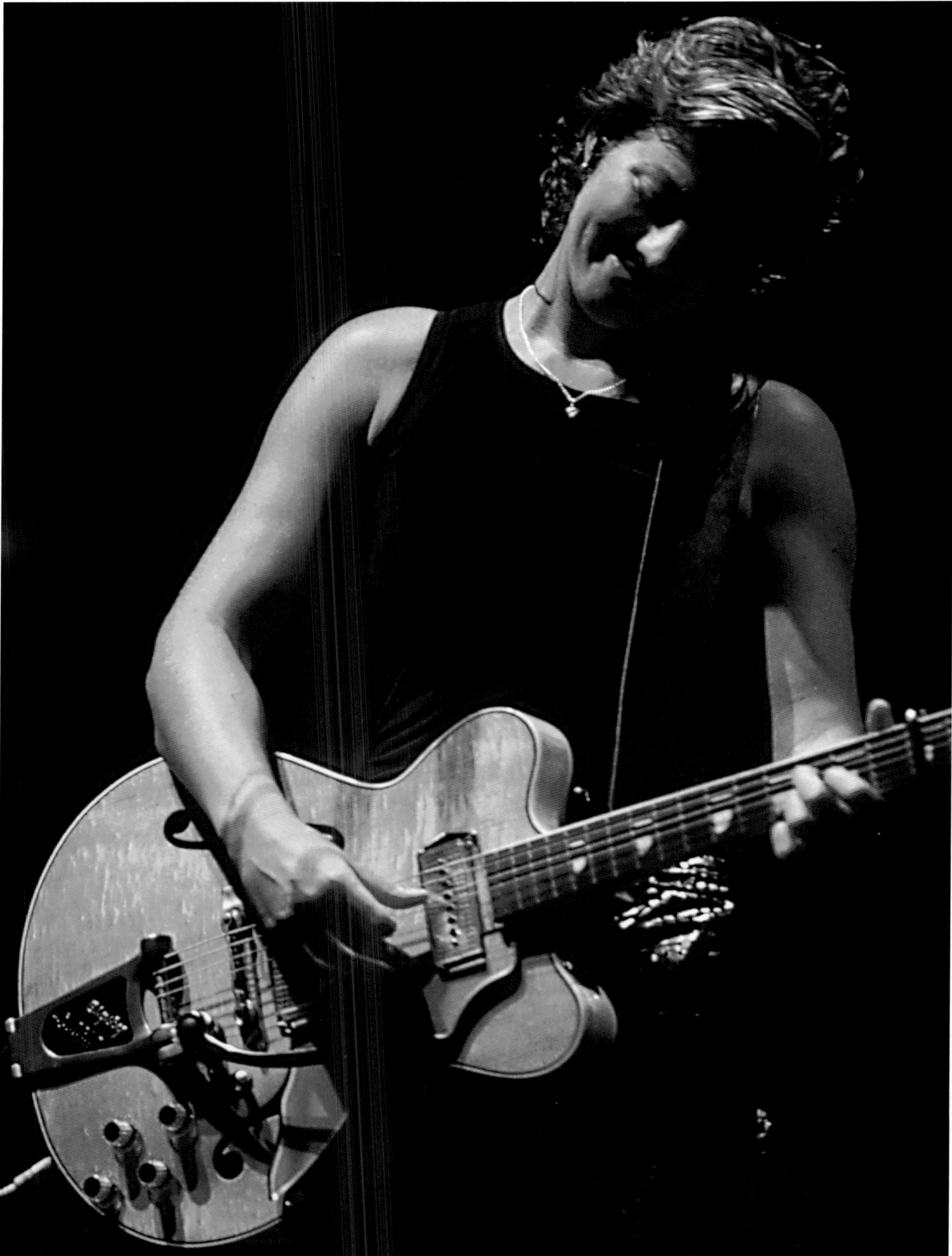

Moveable Chords

Transposing is the process of rewriting a melody, chord or piece of music into a different key. The relative note intervals remain the same. Unlike the piano, where transposing a chord to a different key results in different finger positions, the guitarist keeps the same finger positions and merely moves up or down the fretboard. As an example, we'll take a look at the F major bar chord. As you can see, to transpose this chord to F♯ major it is simply a matter of moving up a half-step, or one fret position. To further transpose to a G major chord, the F♯ major chord is moved up one fret position. These *moveable chords* are depicted on the following pages.

F major

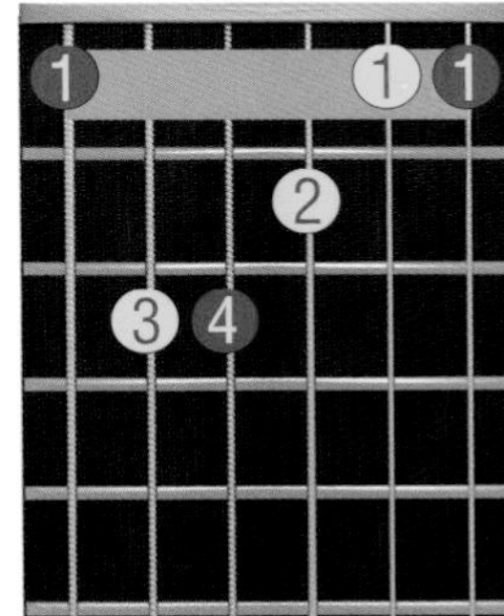

F♯ major

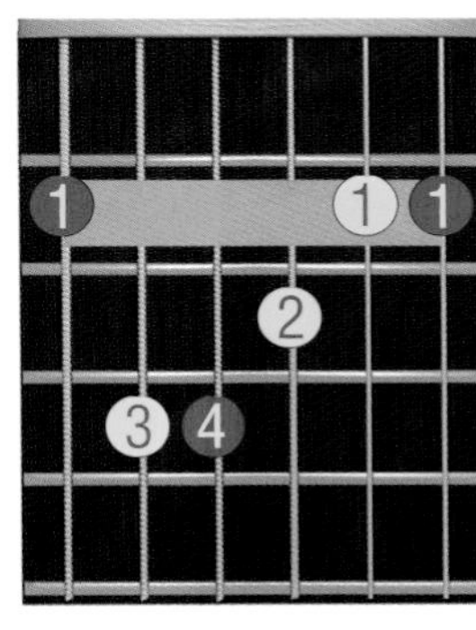

G major

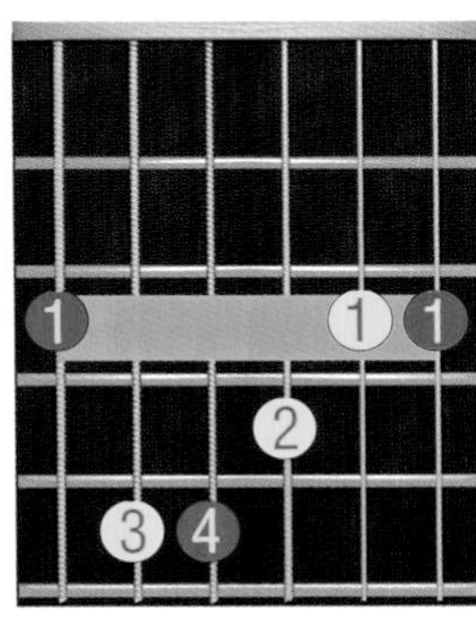

Not all the possible chords on the guitar reflect this simple relationship - this is particularly not true for chords in the first five frets of the instrument where it becomes necessary to alter the fingering. However, as you become more familiar with this book, you will notice that the majority of chords can be transposed in this manner.

The diagrams on the next pages are the same as the ones on previous pages with the following exception: A blue square will indicate the root of the chord when it is not part of the notes that are played. For example, in the Cm7♭5 chord below, the guitarist will play all notes except the root C (i.e. E♭, G♭, B♭).

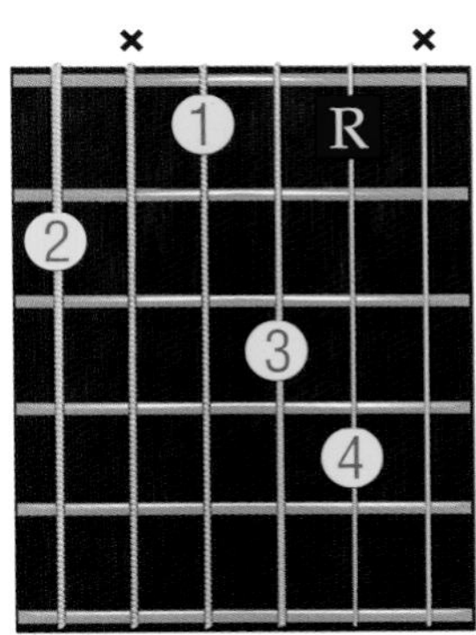
R

major

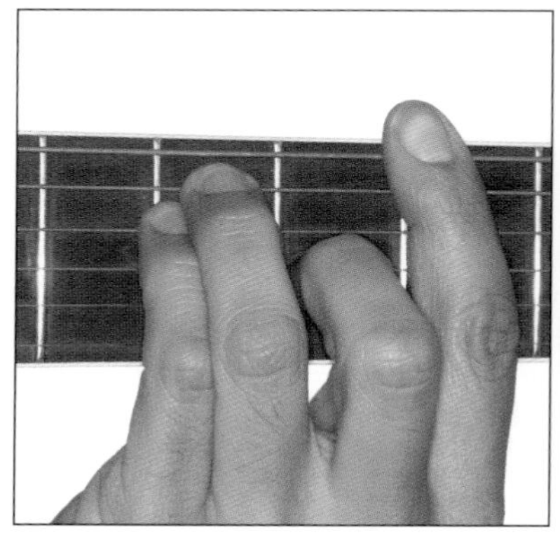

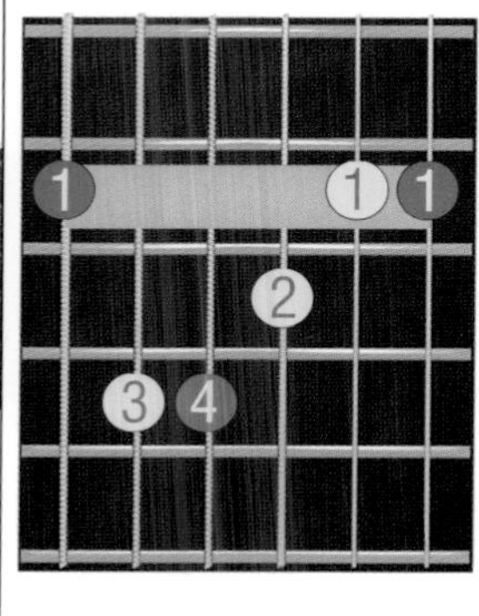
1 1 1
2
3 4

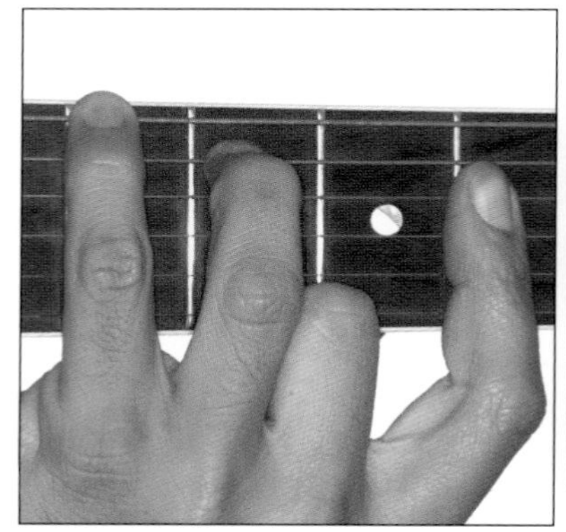

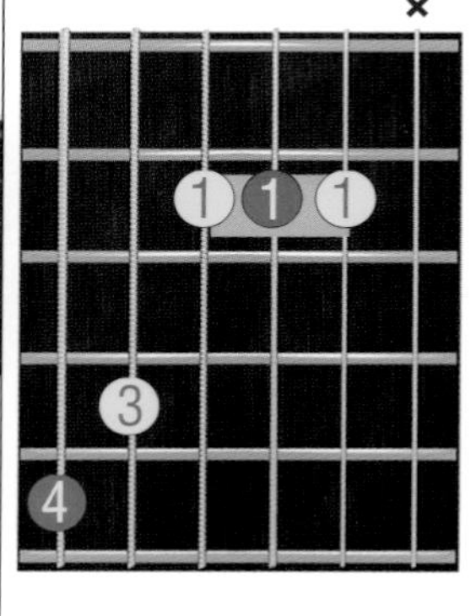
×
1 1 1
3
4

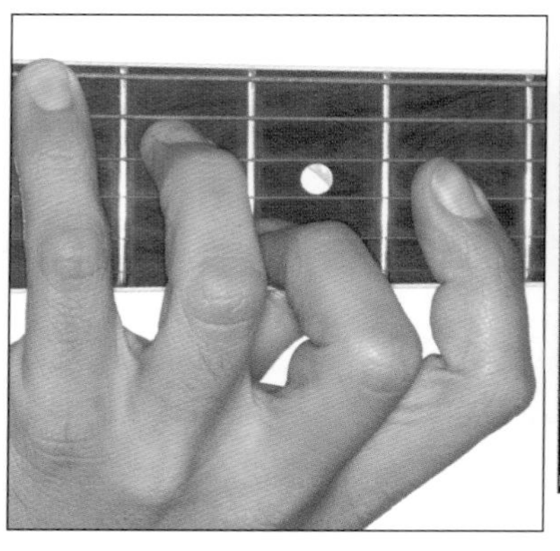

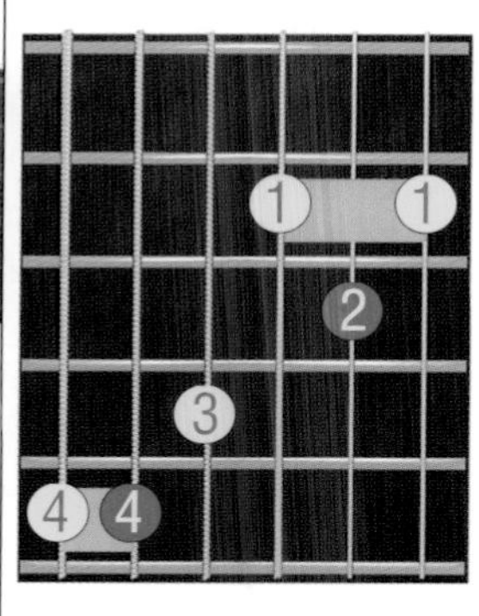
1 1
2
3
4 4

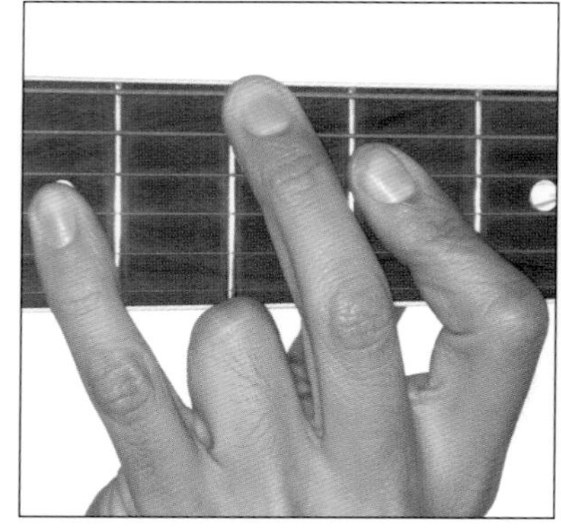

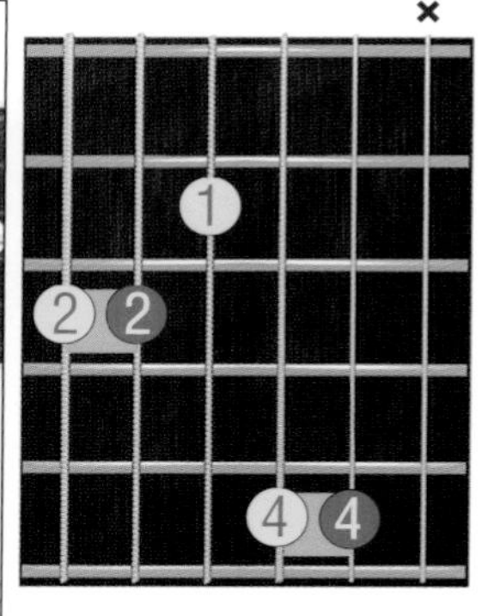
×
1
2 2
4 4

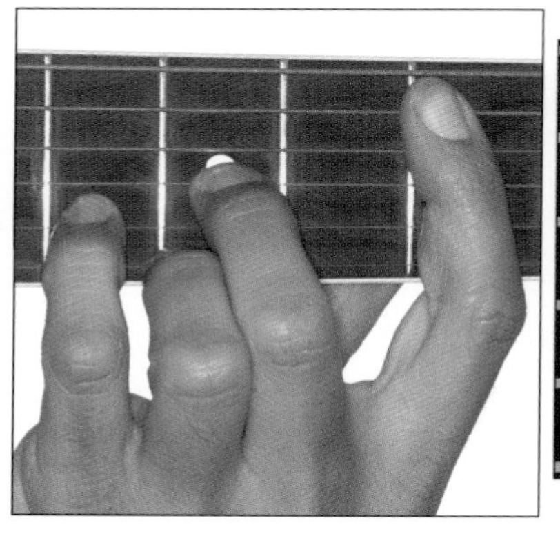

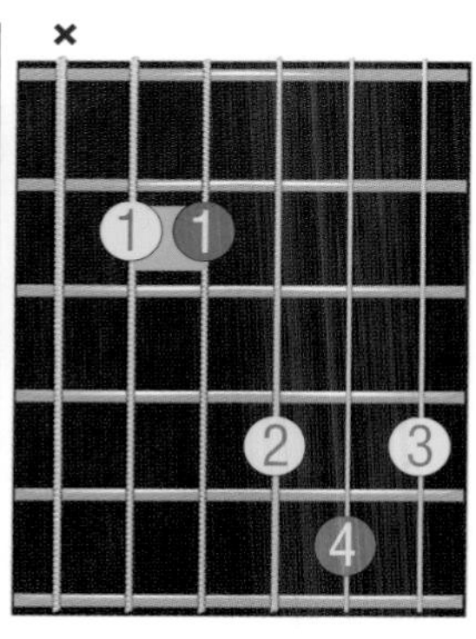
×
1 1
2 3
4

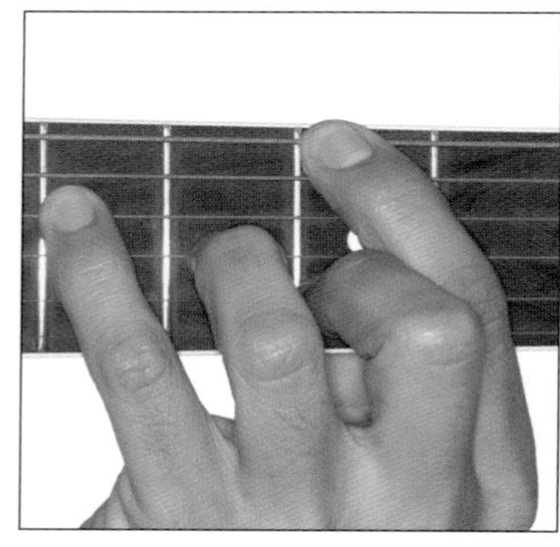

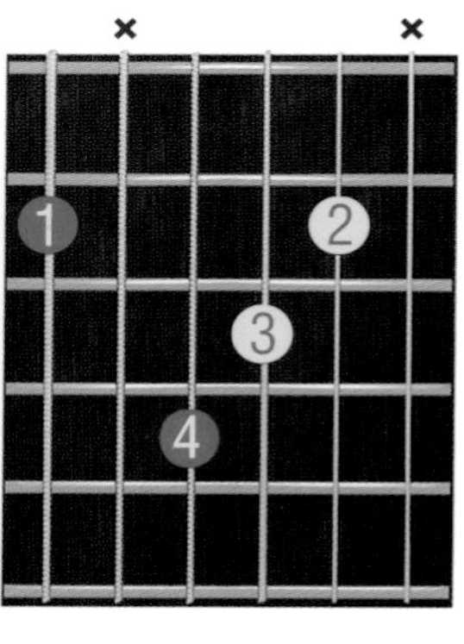
× ×
1 2
3
4

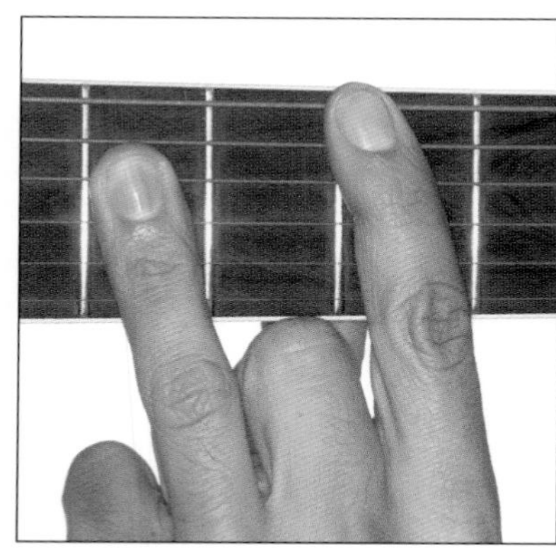

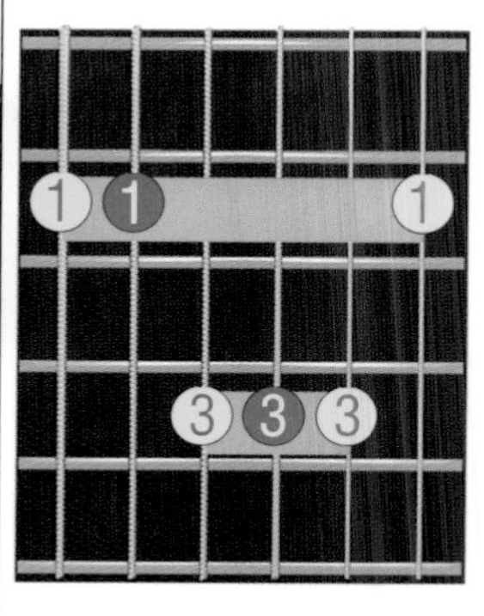
1 1 1
3 3 3

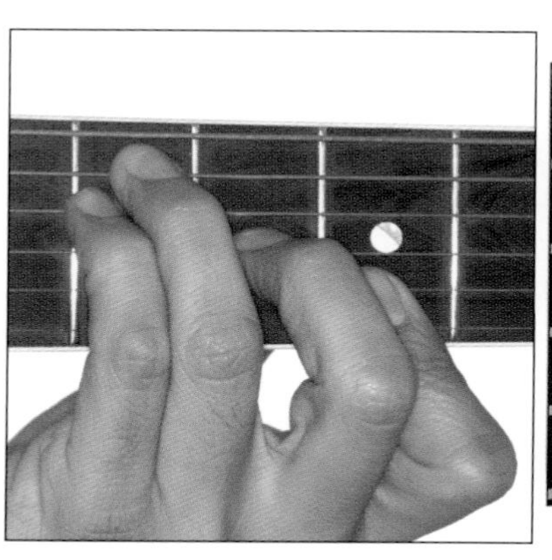

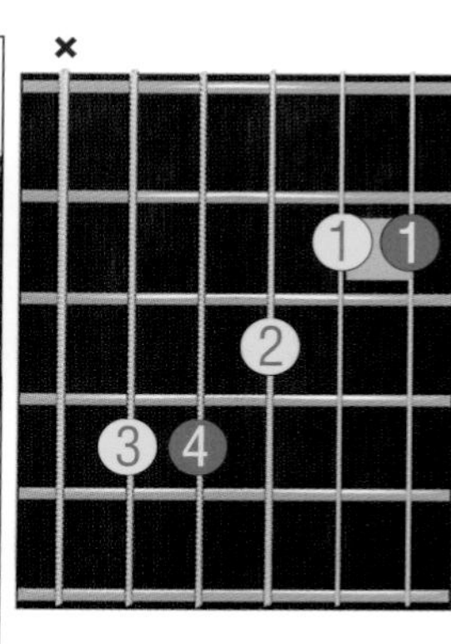
×
1 1
2
3 4

major

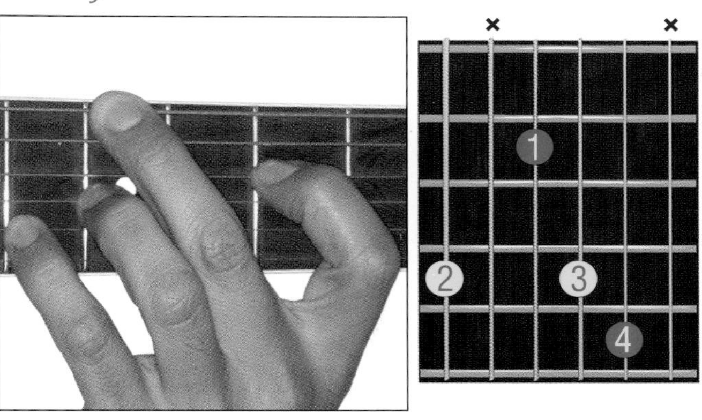

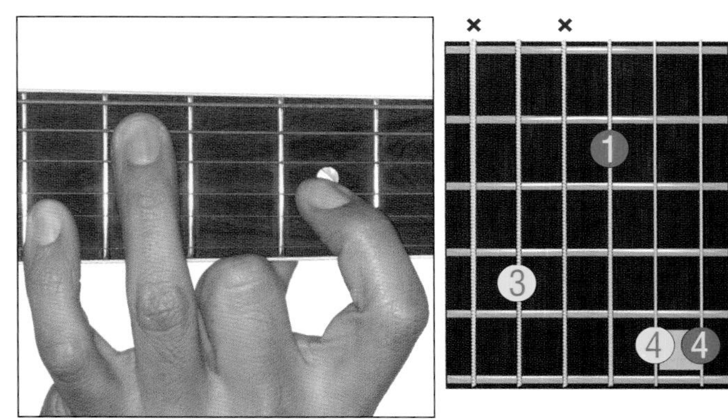

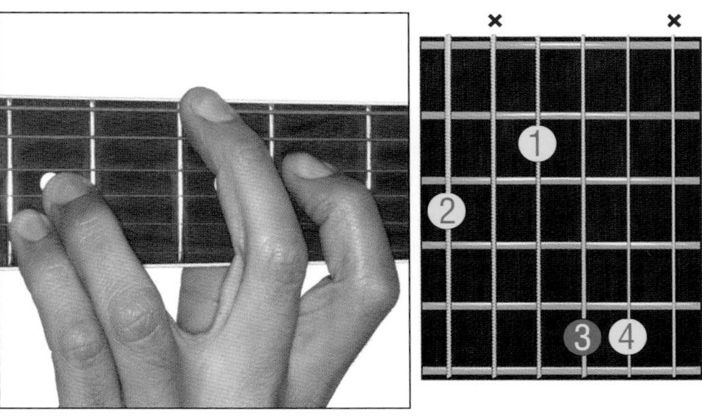

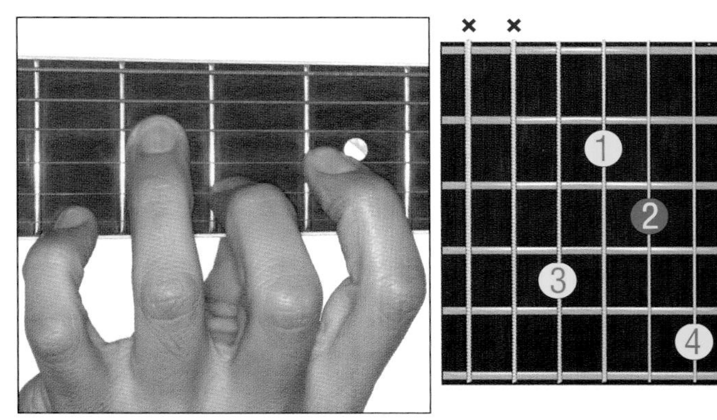

sus4

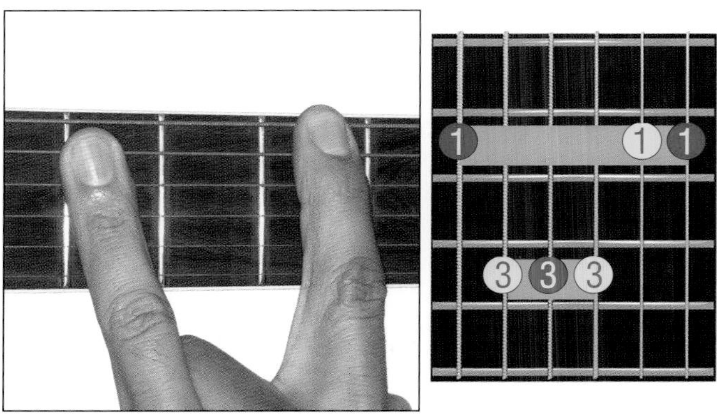
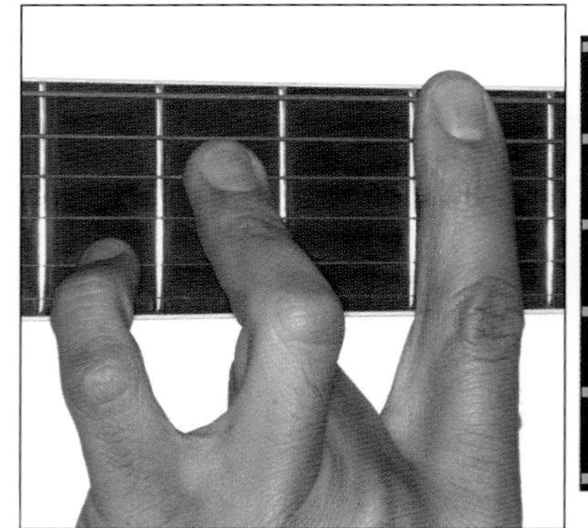
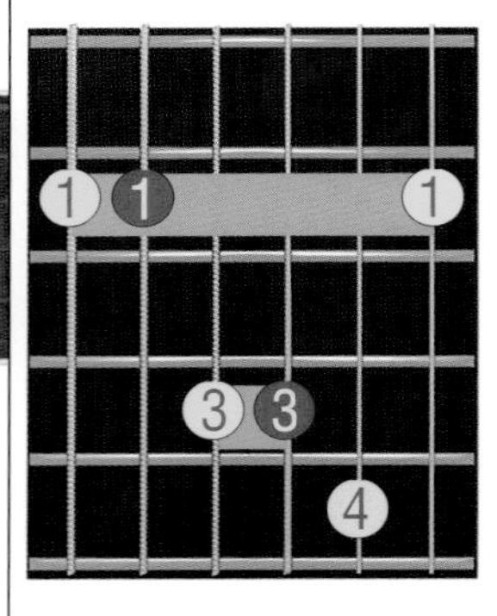

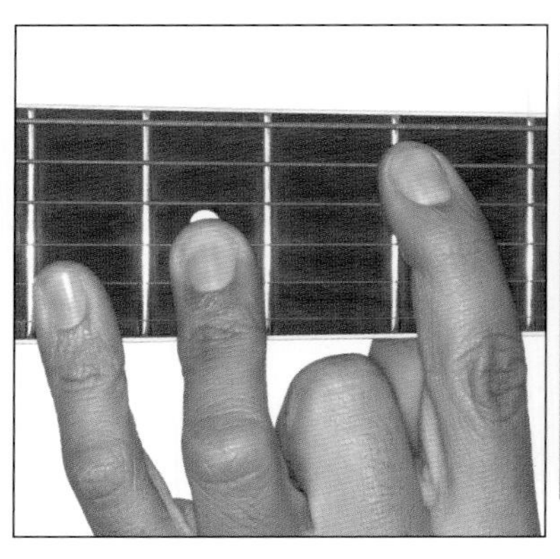
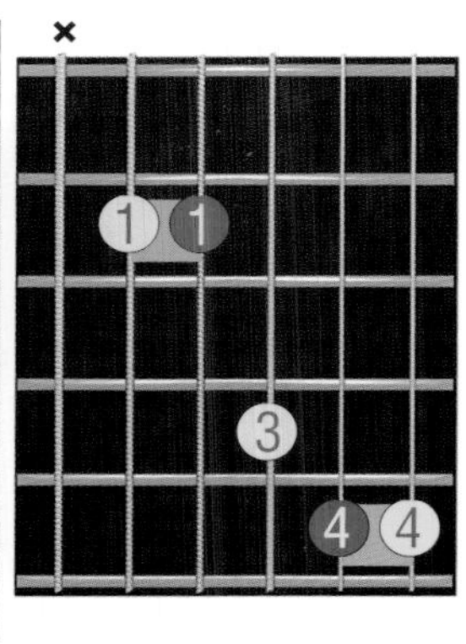

6

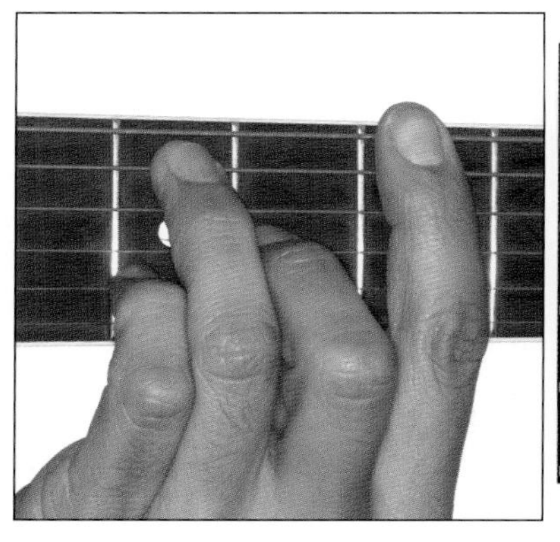

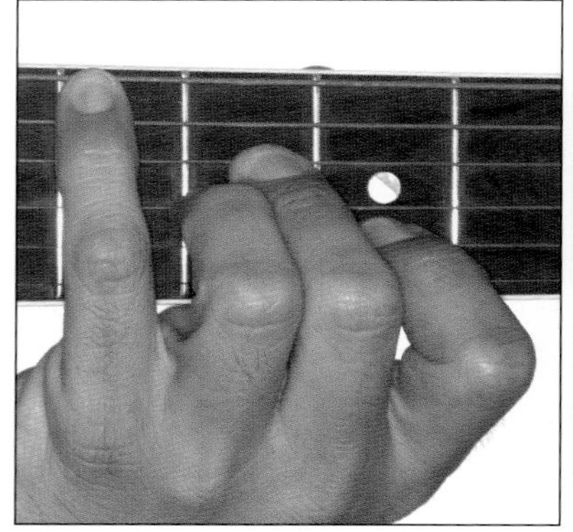
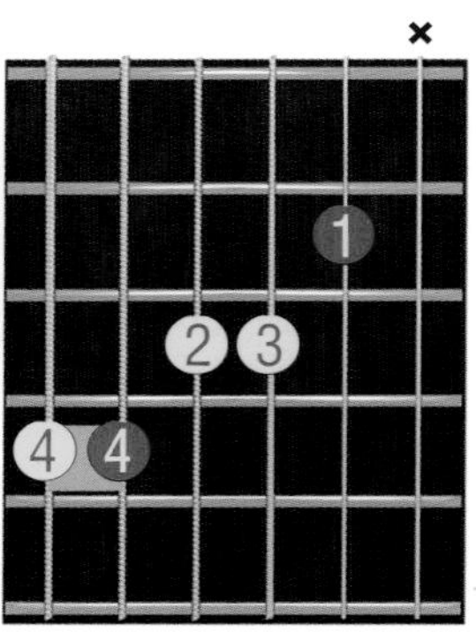

MOVEABLE CHORDS

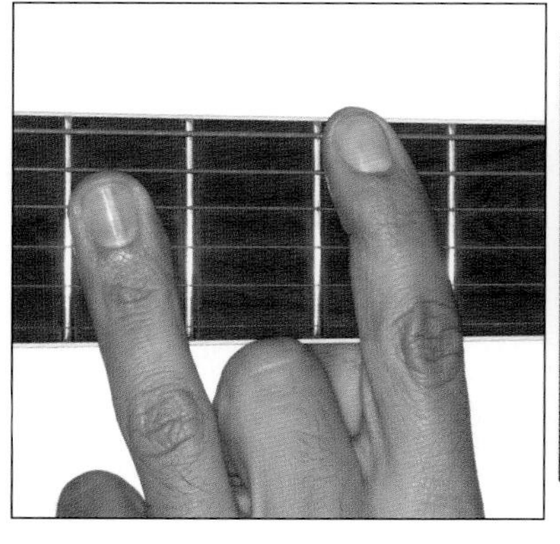
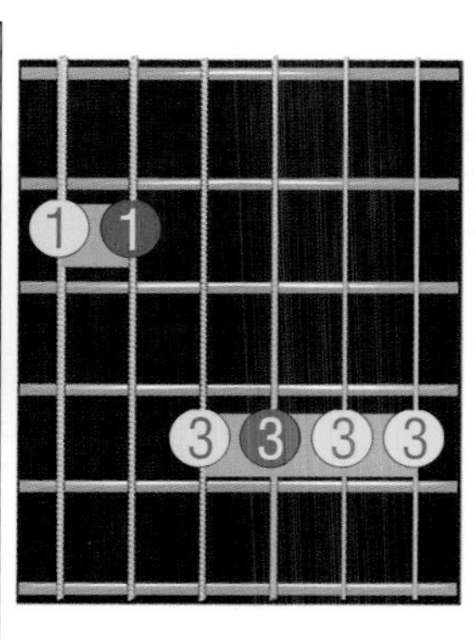
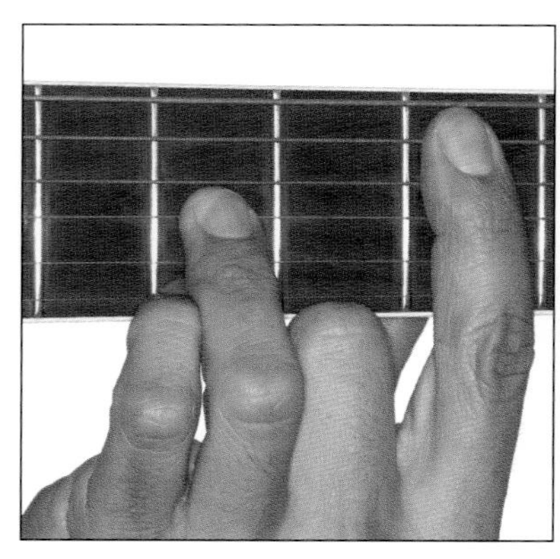
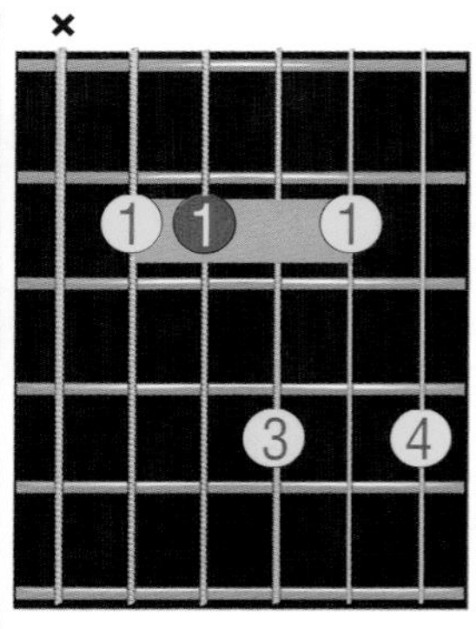

6

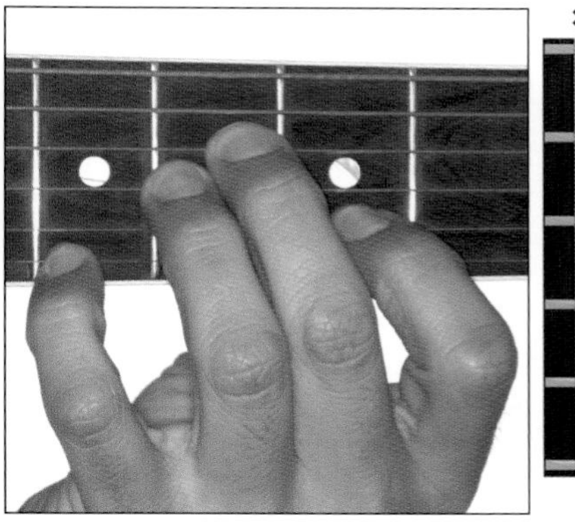

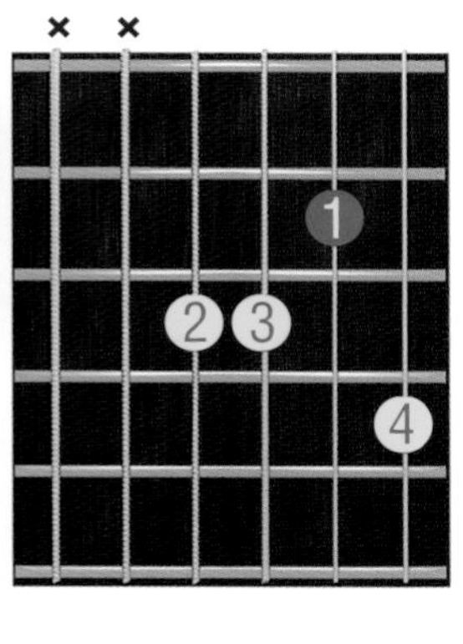

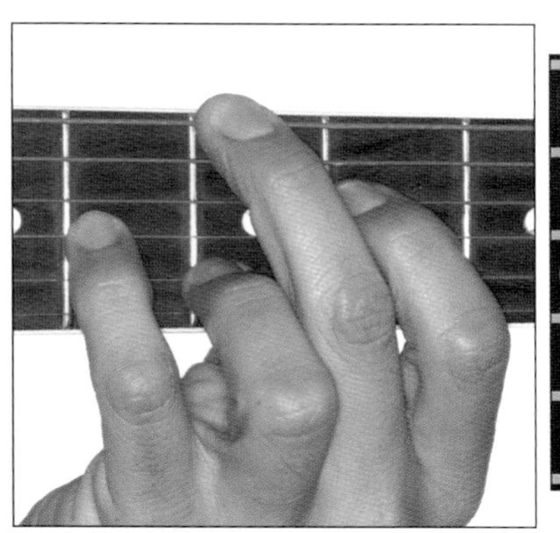

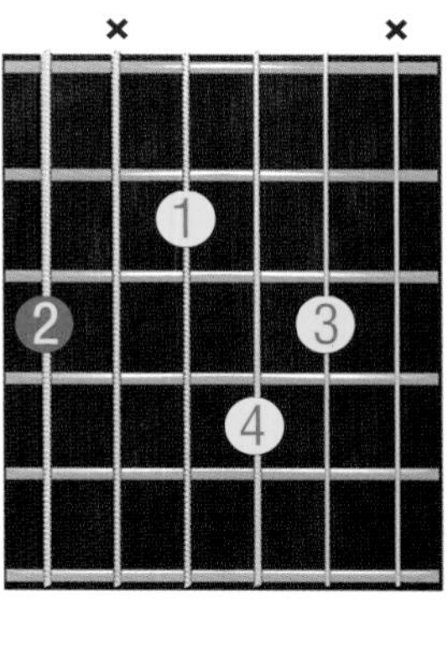

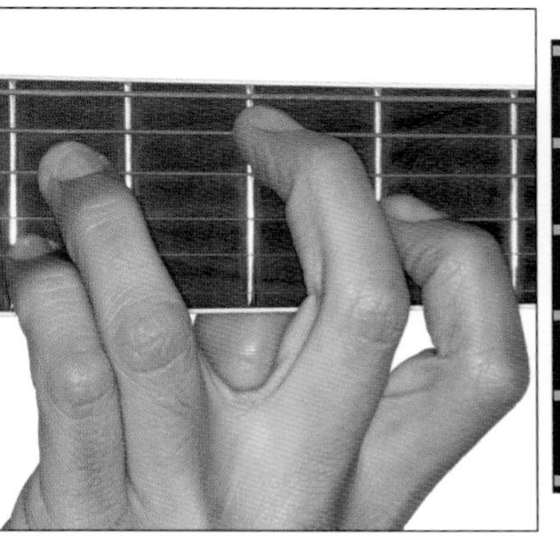

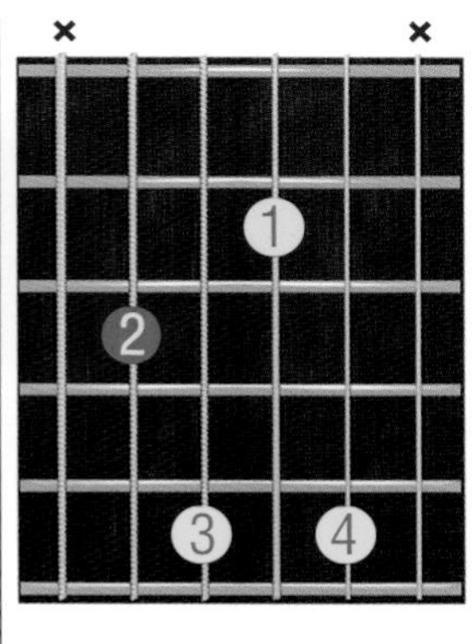

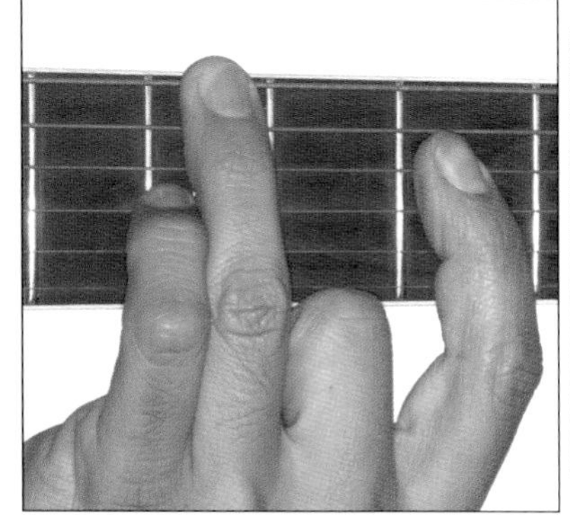

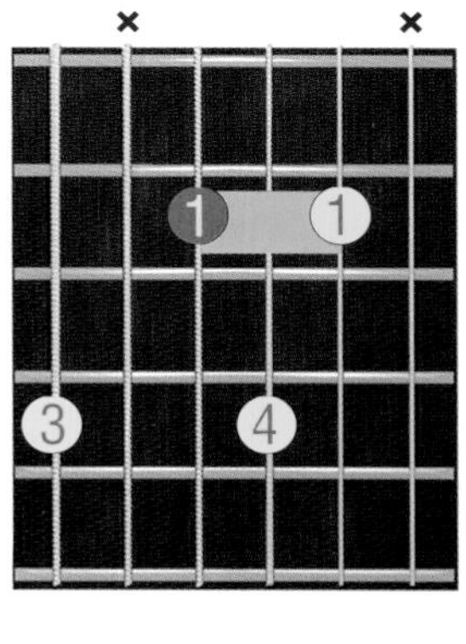

6/9

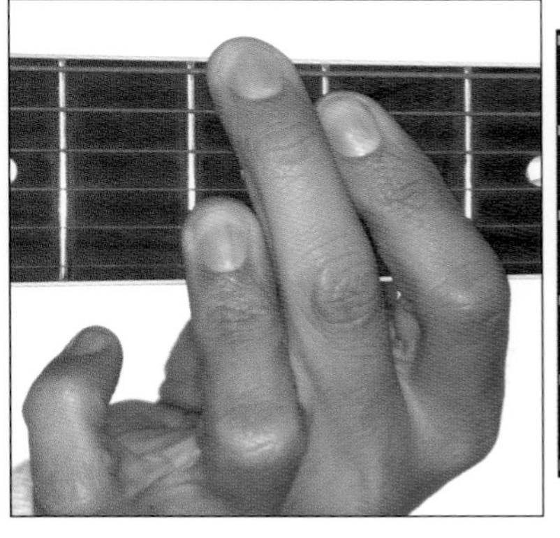

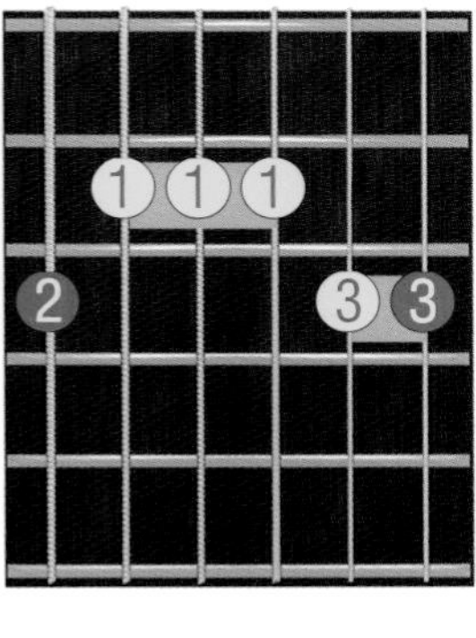

maj7

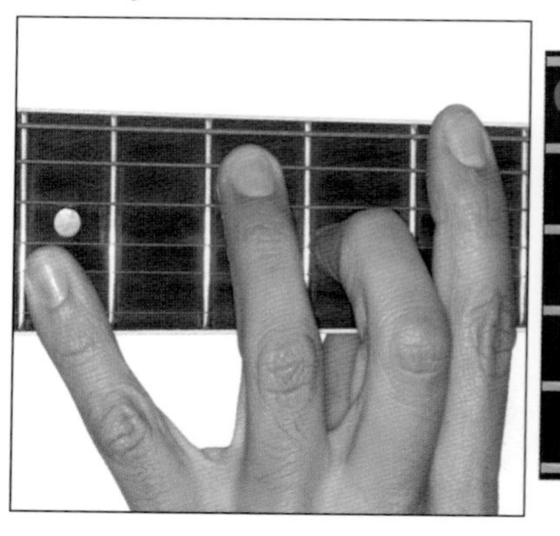

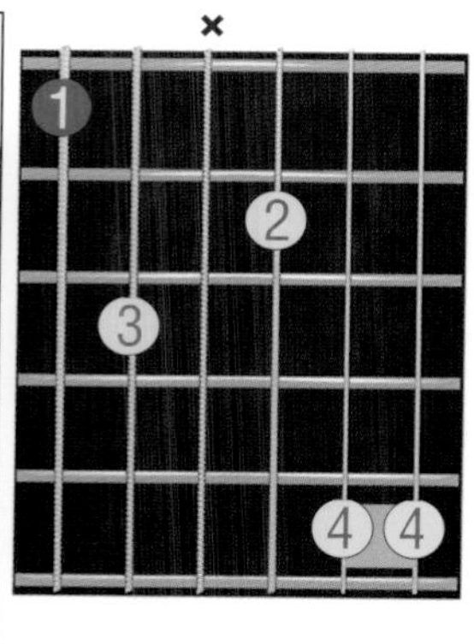
1
2
3
4 4

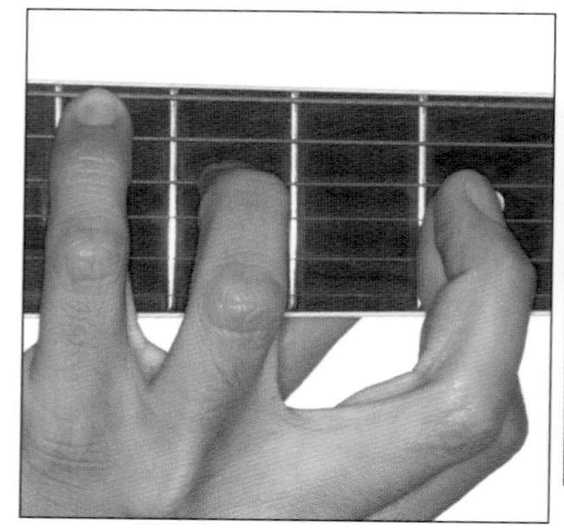

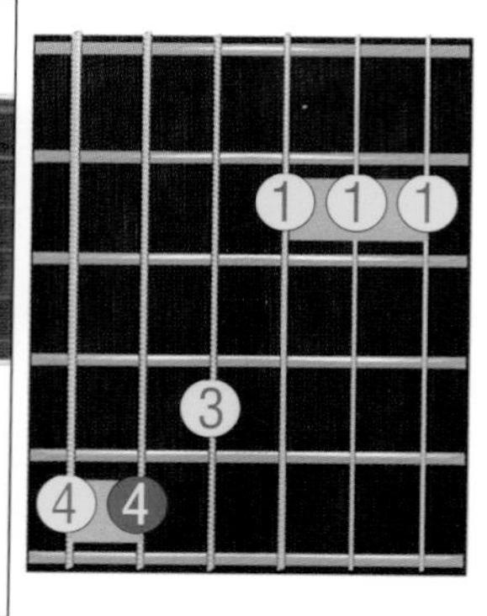
1 1 1
3
4 4

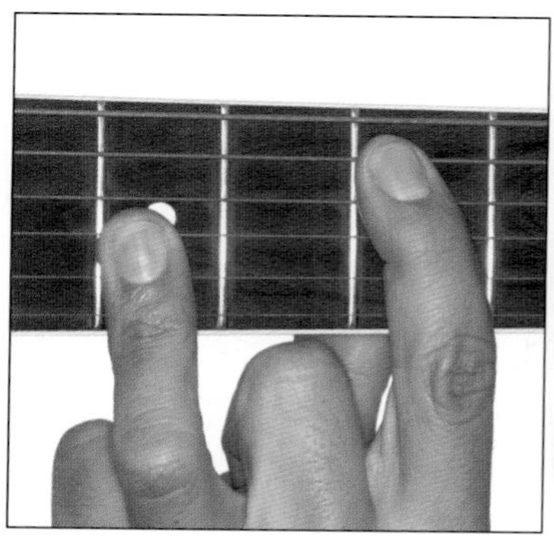

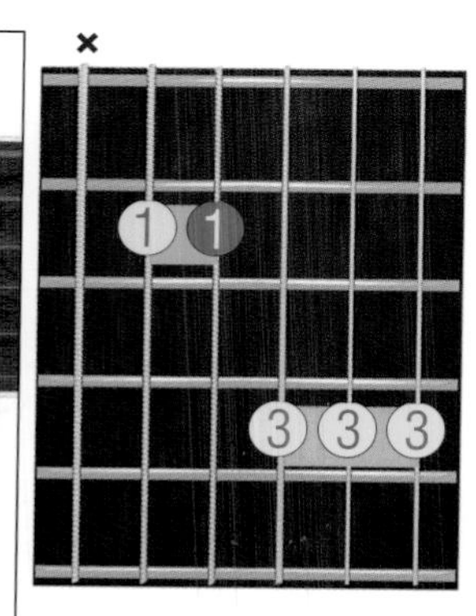
1 1
3 3 3

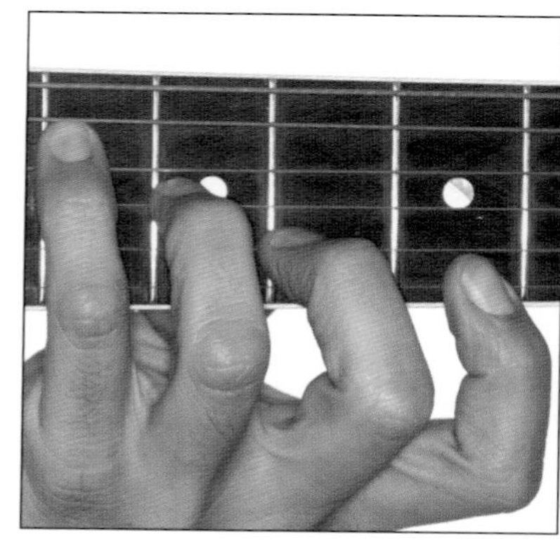

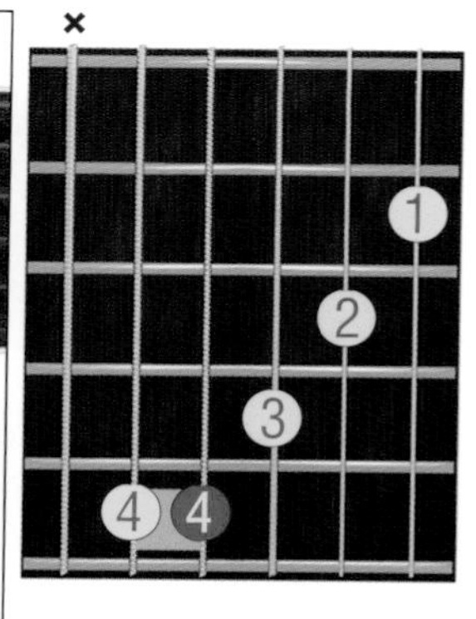
1
2
3
4 4

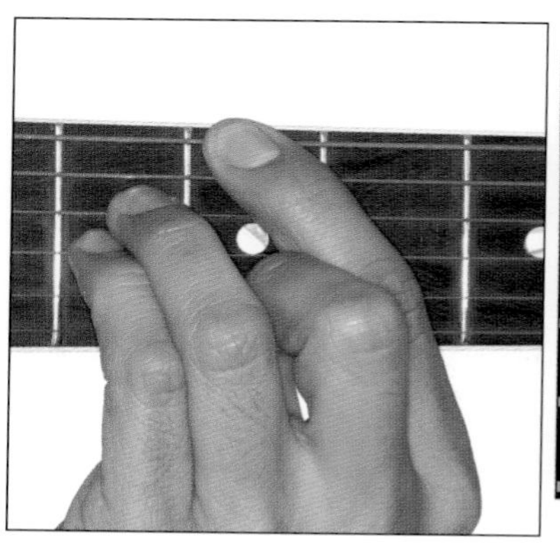

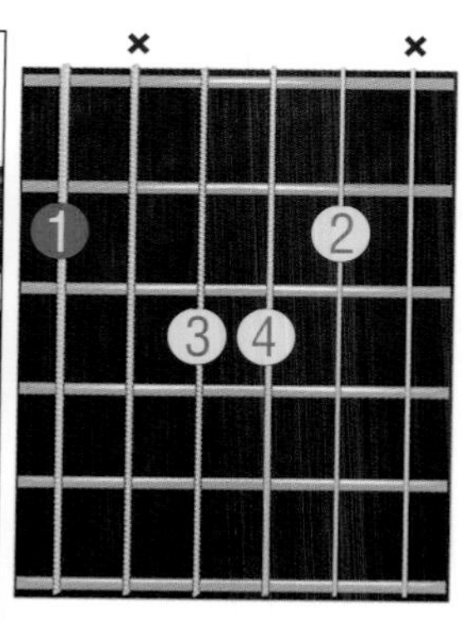
1 2
3 4

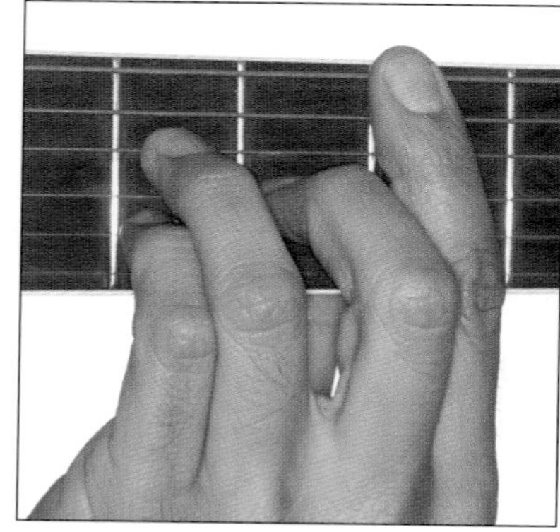

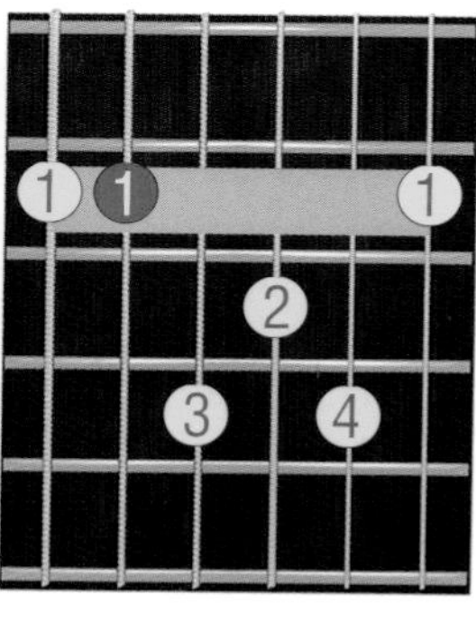
1 1 1
2
3 4

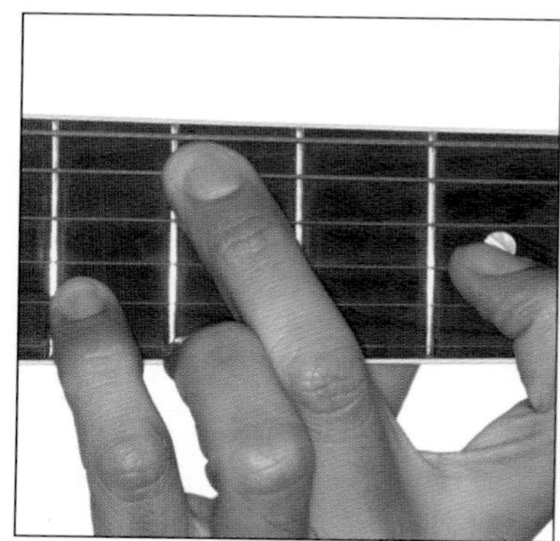

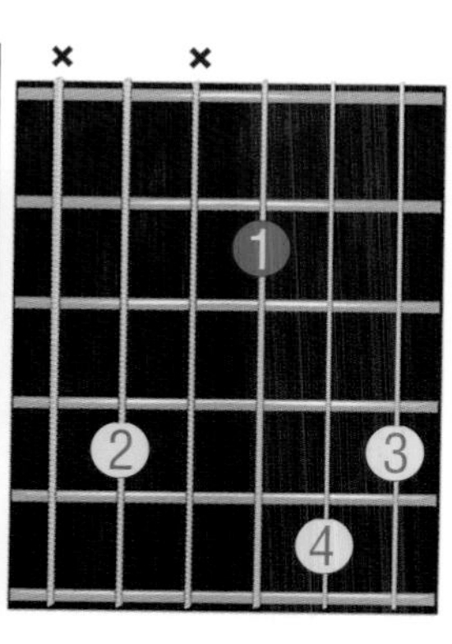
1
2 3
4

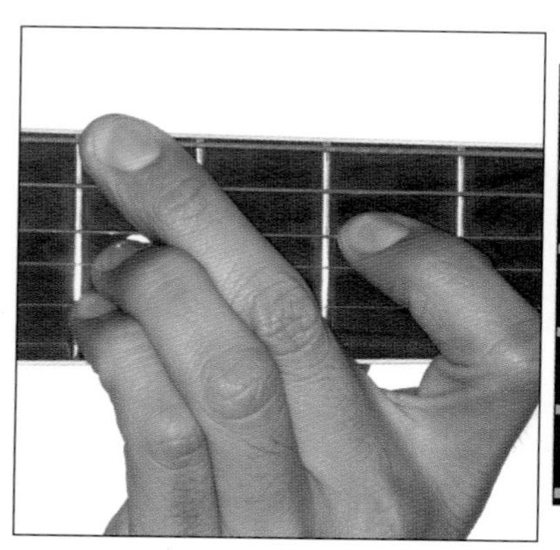

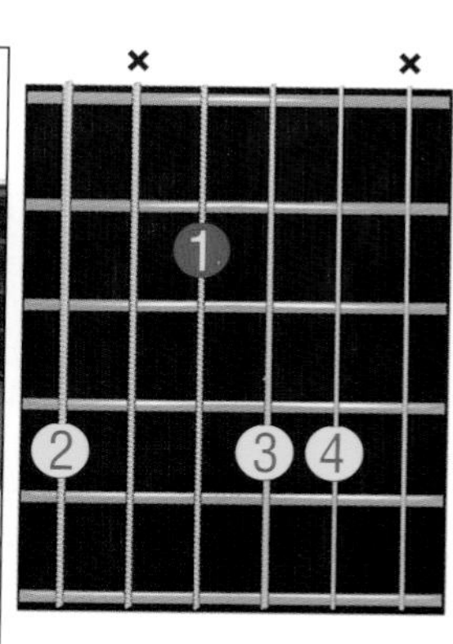
1
2 3 4

maj9

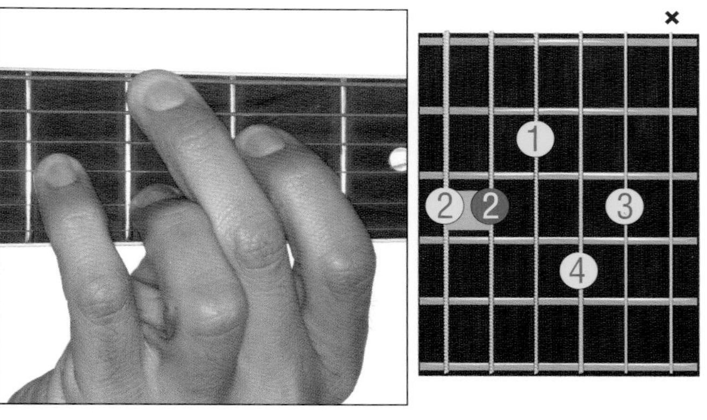
×
1
2 2
3
4

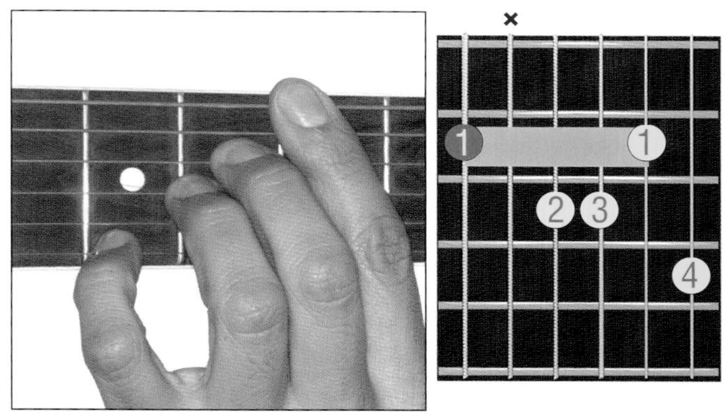
×
1 1
2 3
4

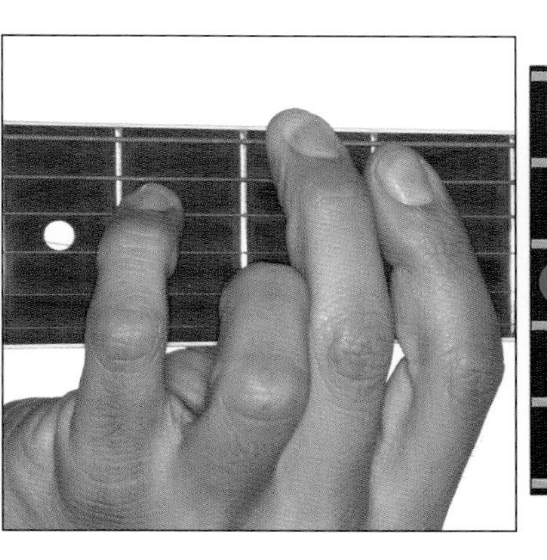

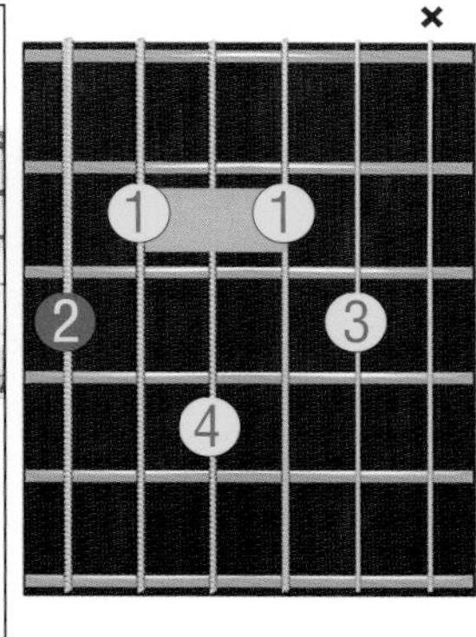
×
1 1
2
3
4

maj13

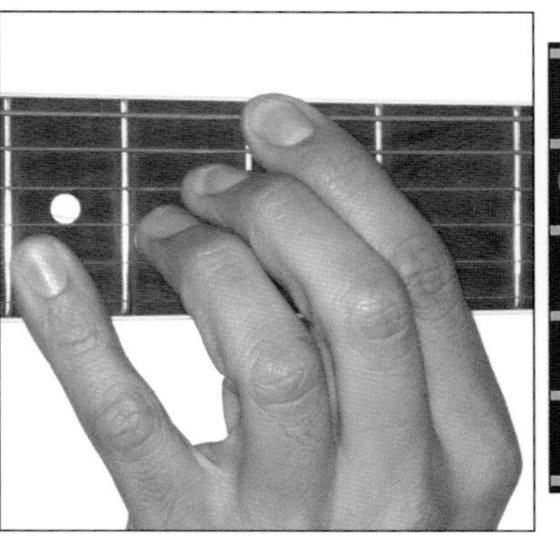

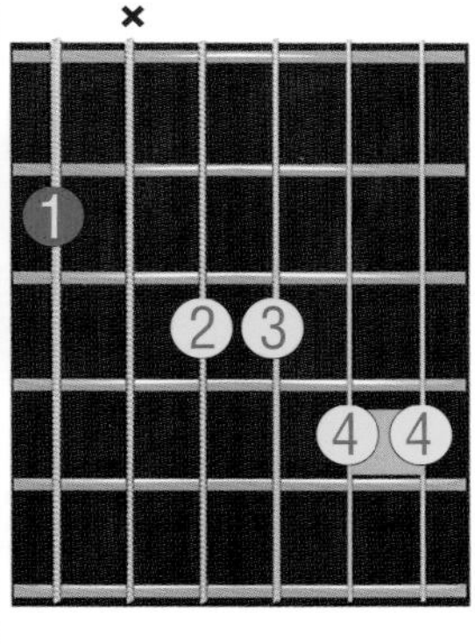
×
1
2 3
4 4

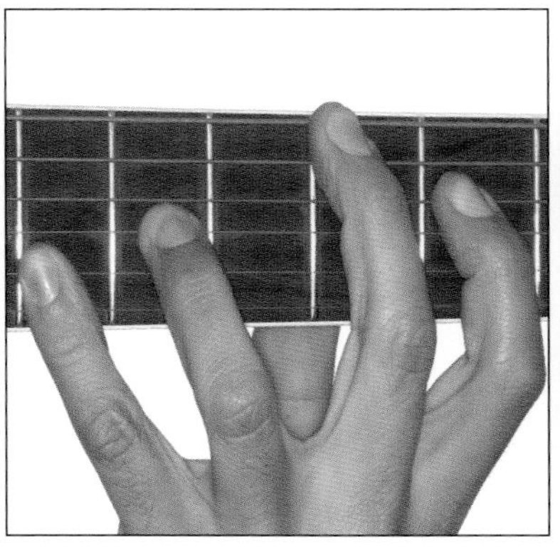

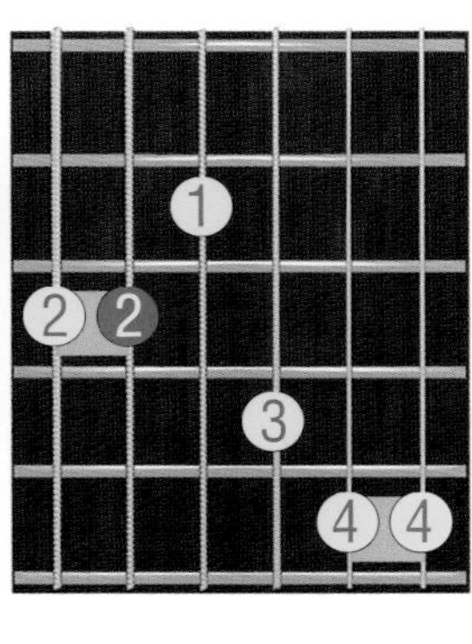
1
2 2
3
4 4

minor

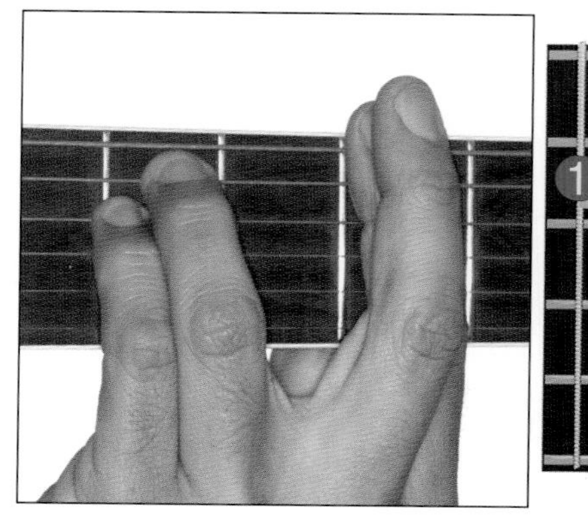

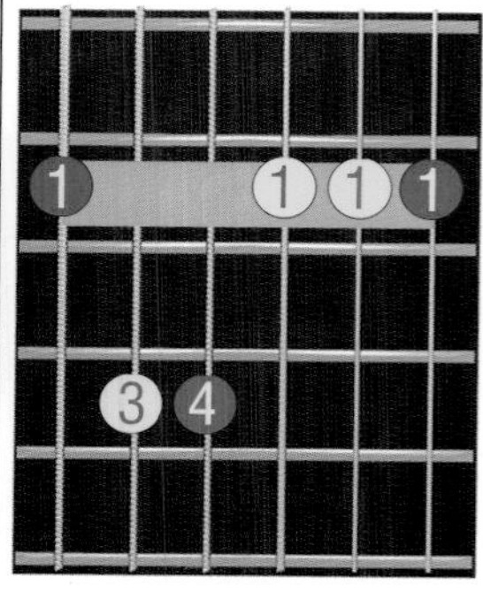
1 1 1 1
3 4

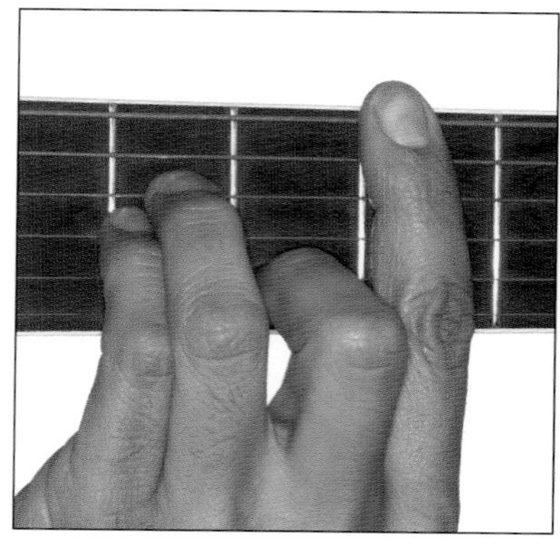

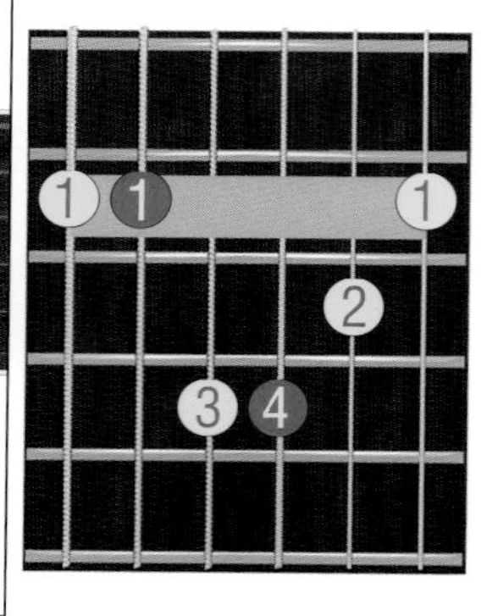
1 1 1
2
3 4

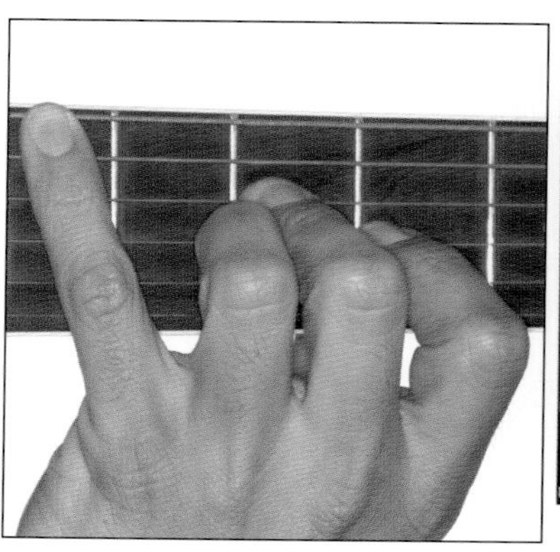

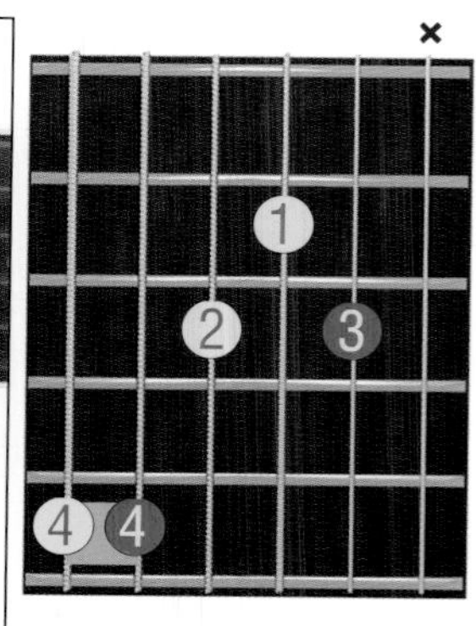
×
1
2 3
4 4

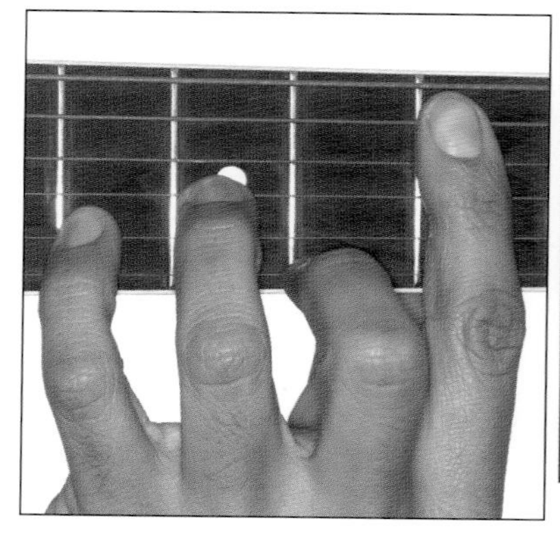

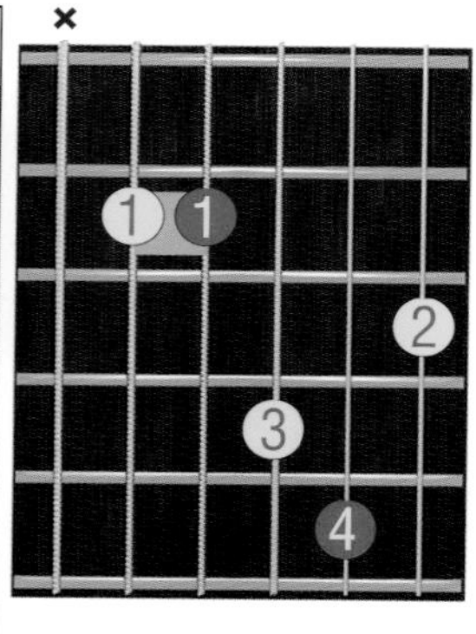
×
1 1
2
3
4

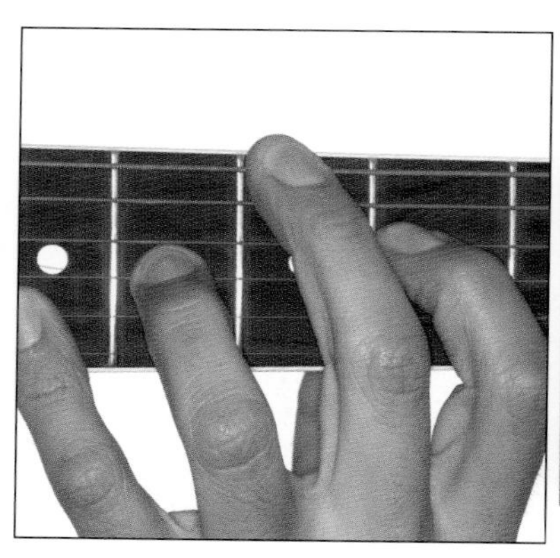

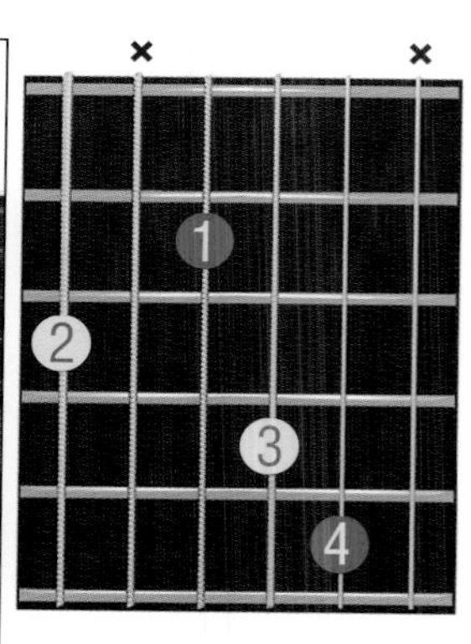
× ×
1
2
3
4

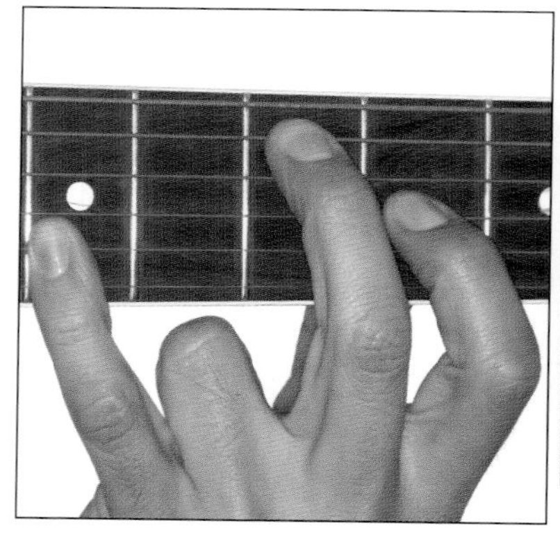

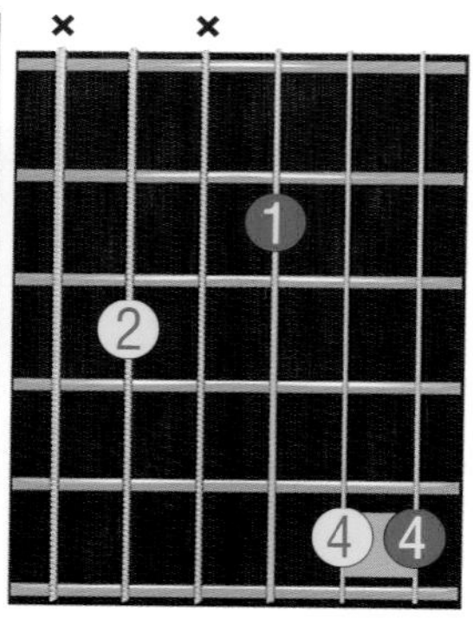
× ×
1
2
4 4

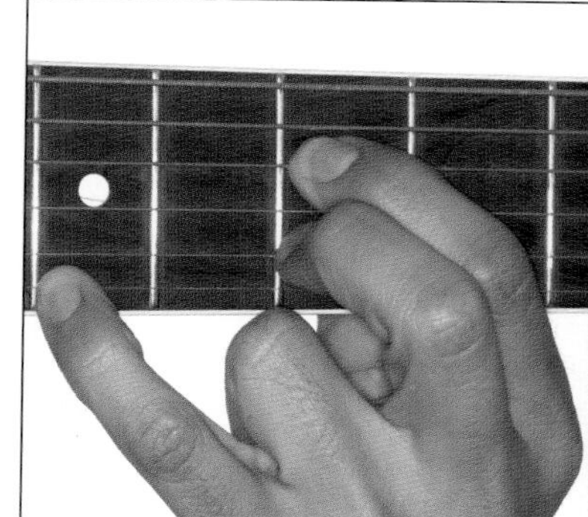

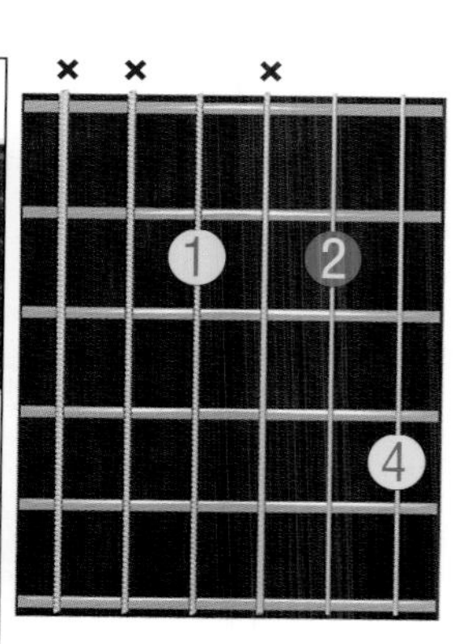
× × ×
1 2
4

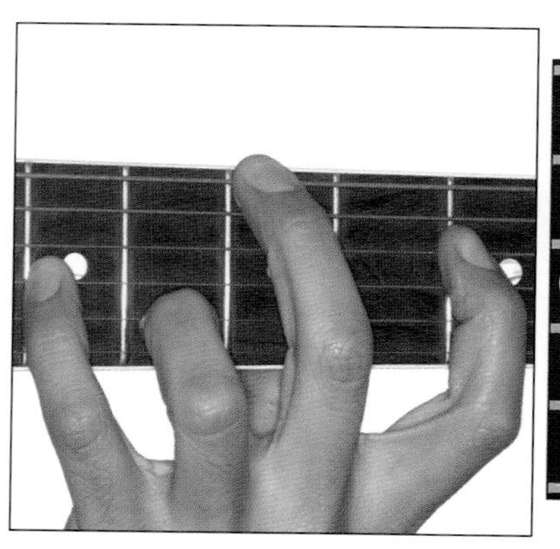

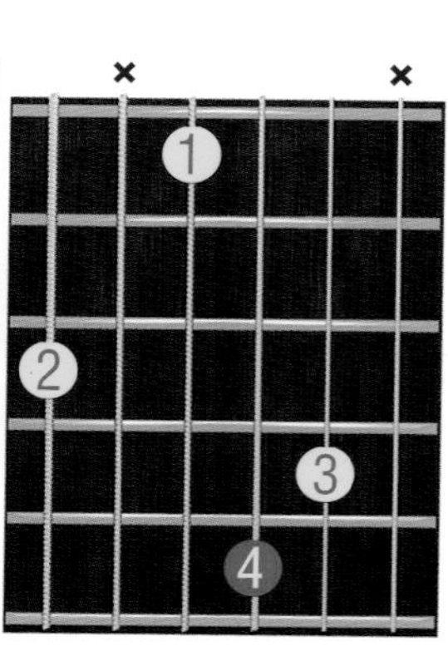
× ×
1
2
3
4

m6

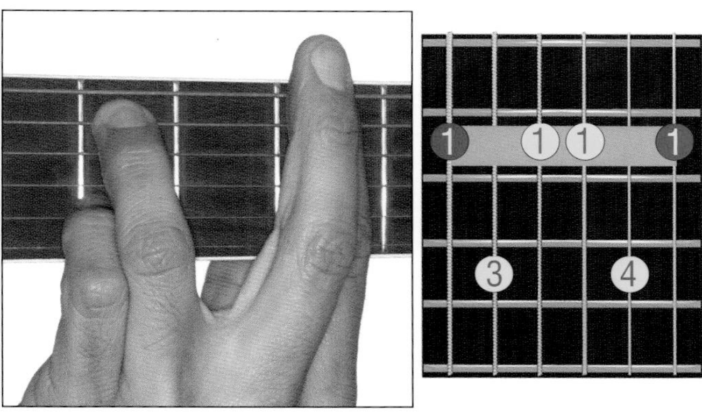

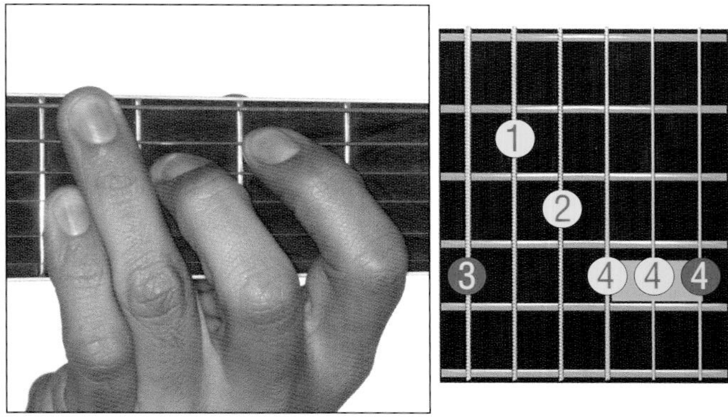

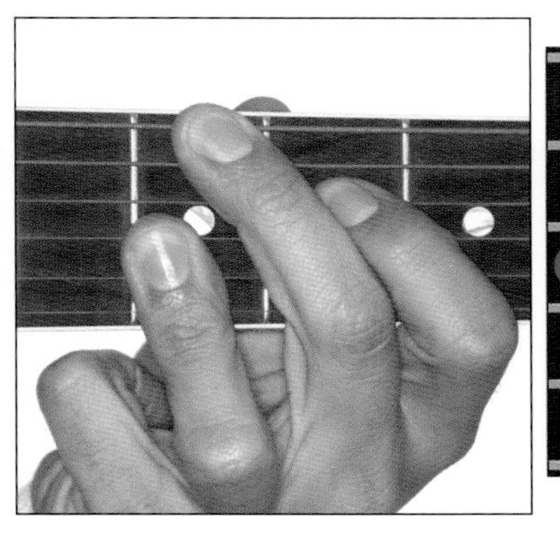

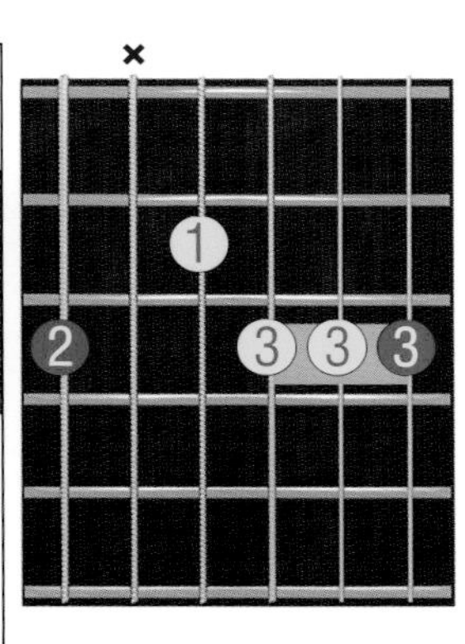

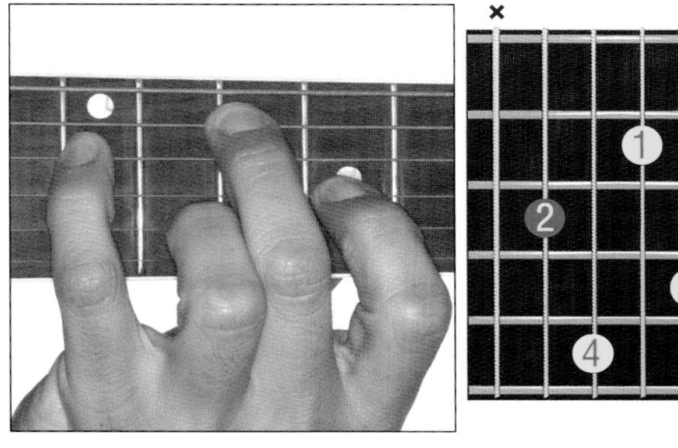

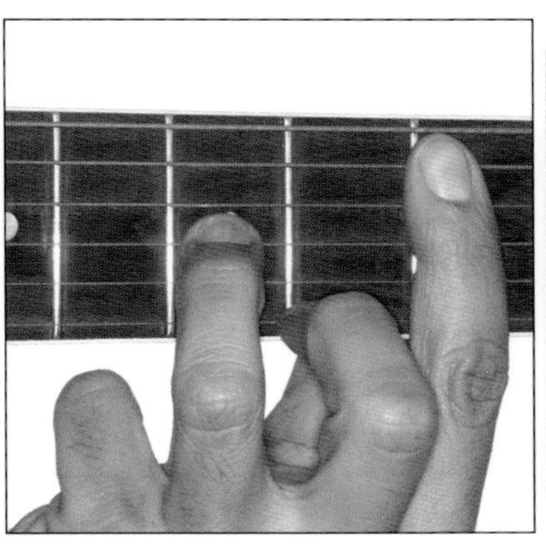

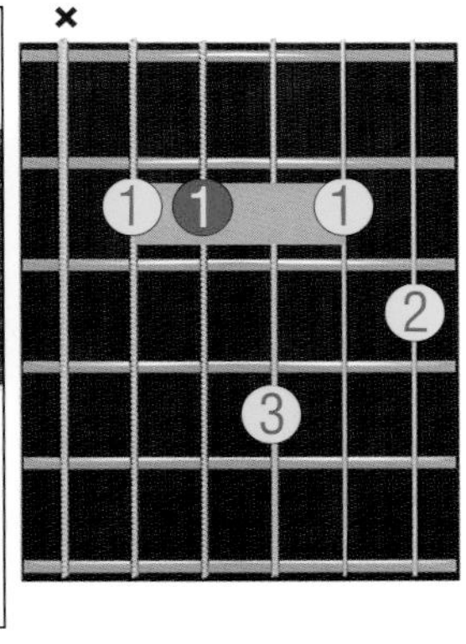

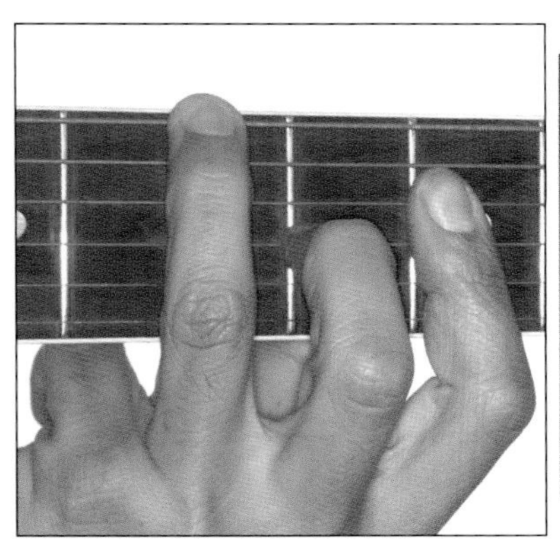

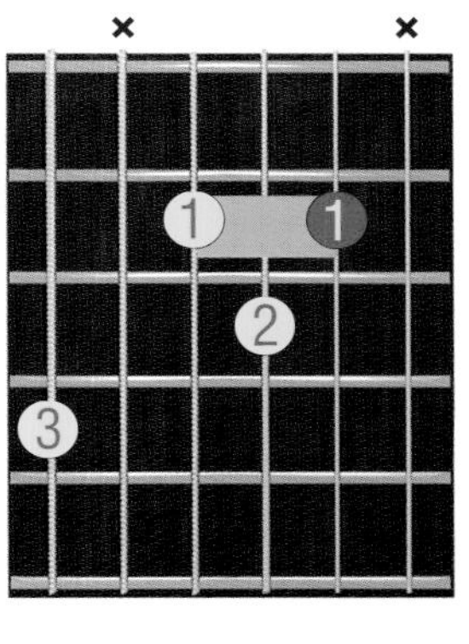

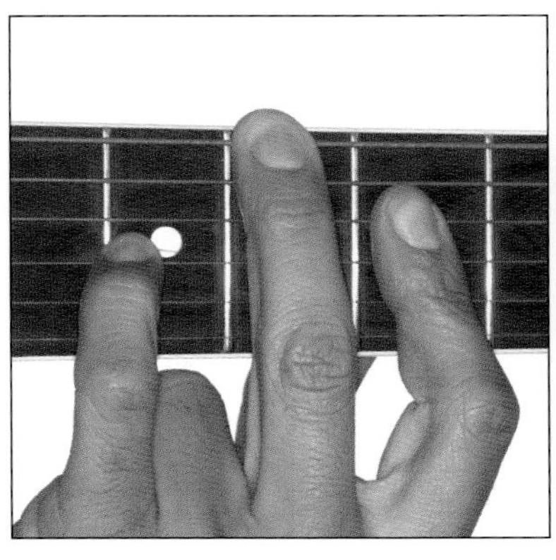

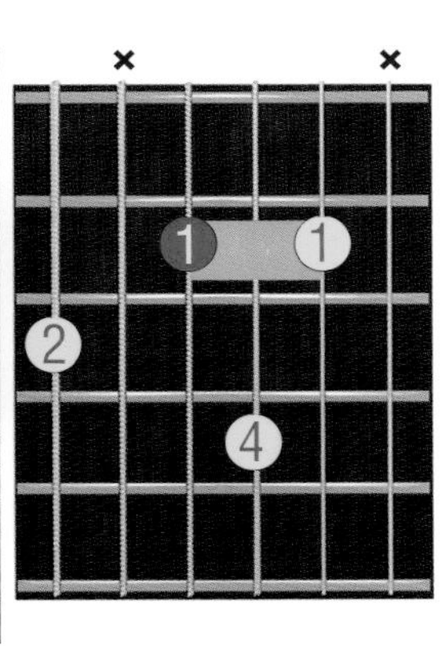

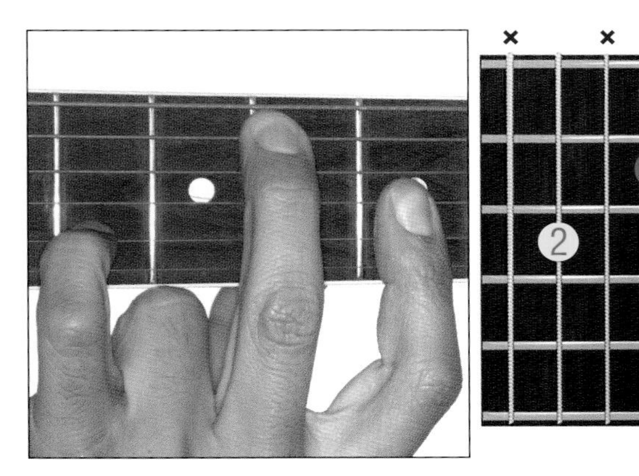

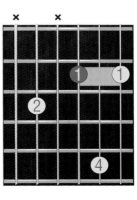

m6

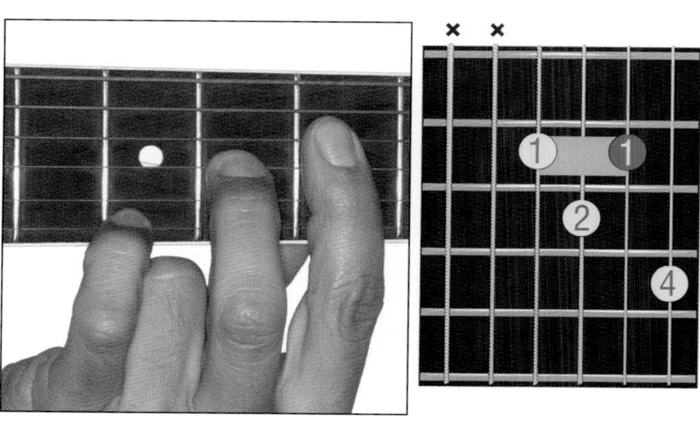

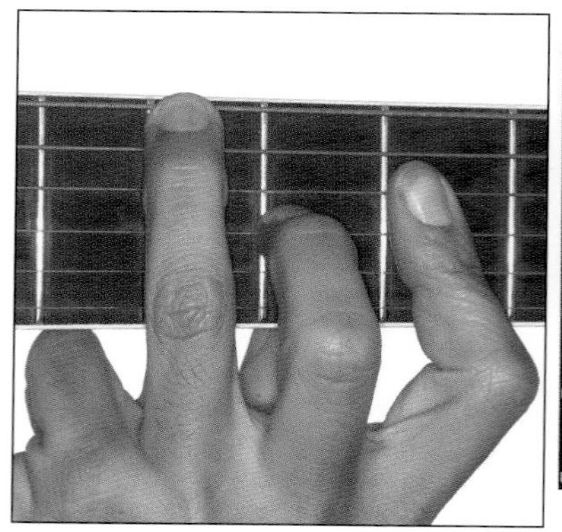

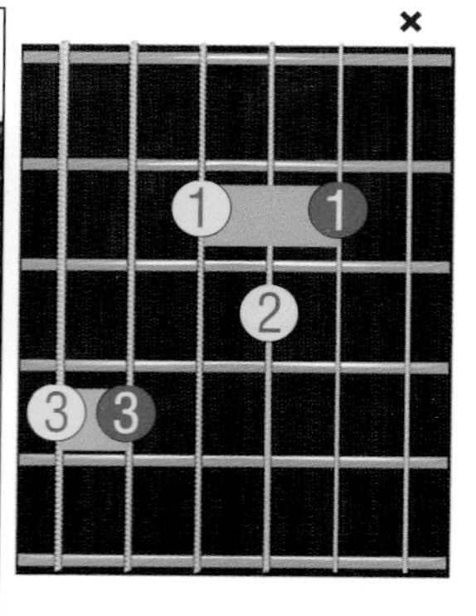

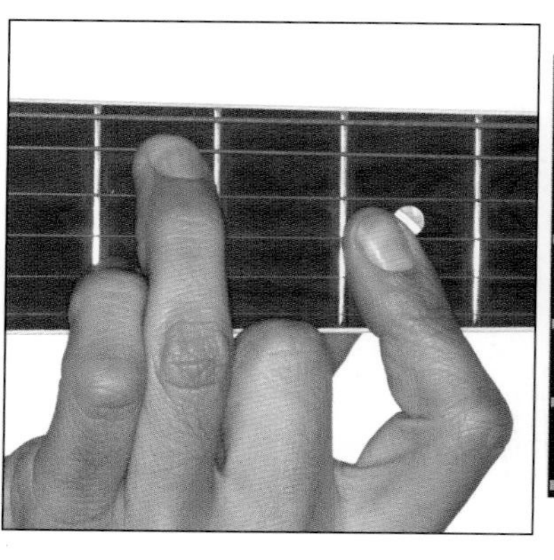

m7

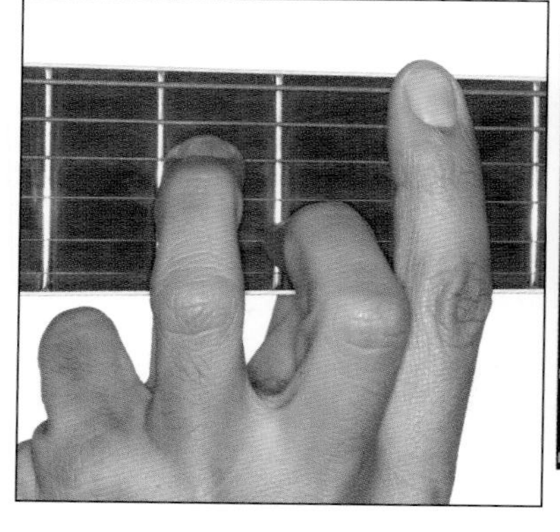

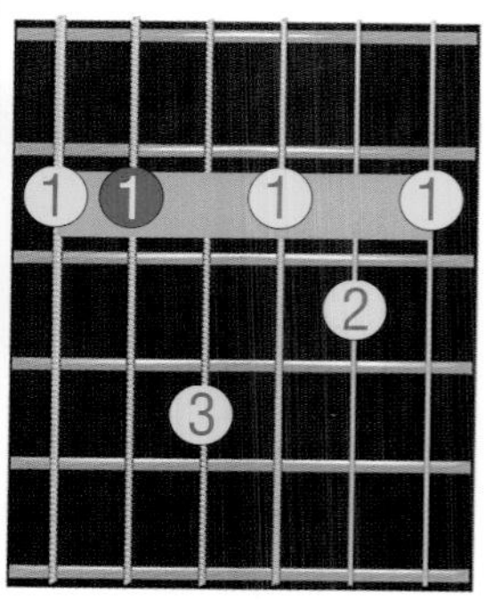

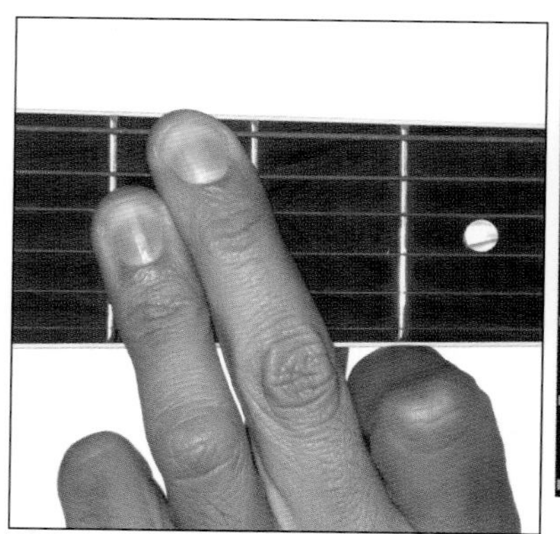

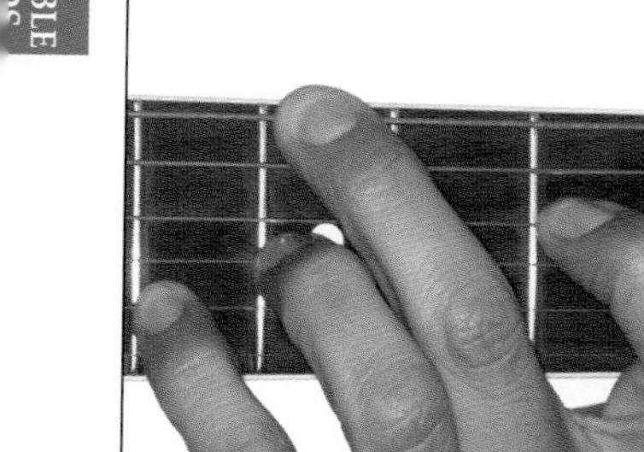

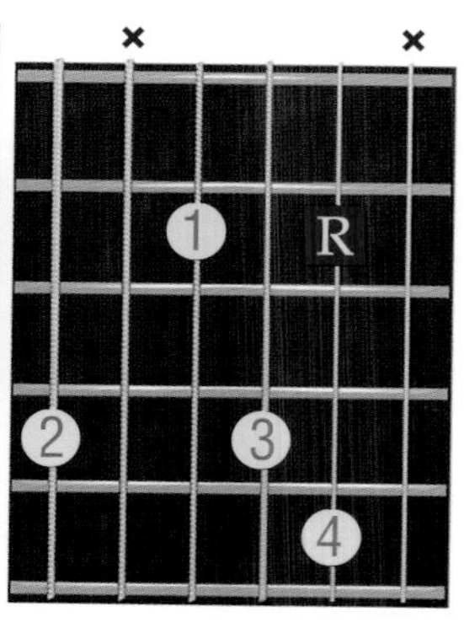

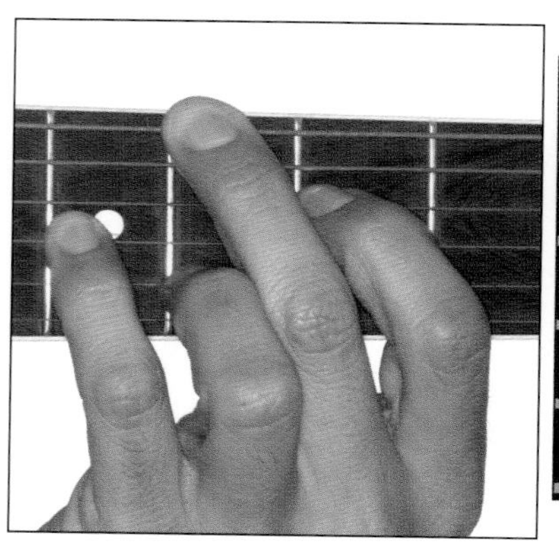

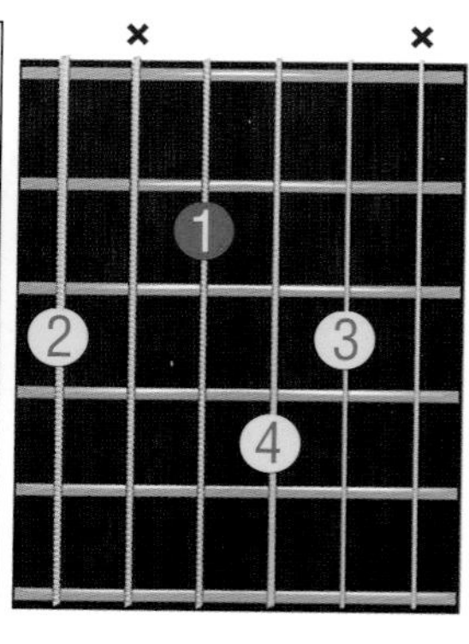

m7

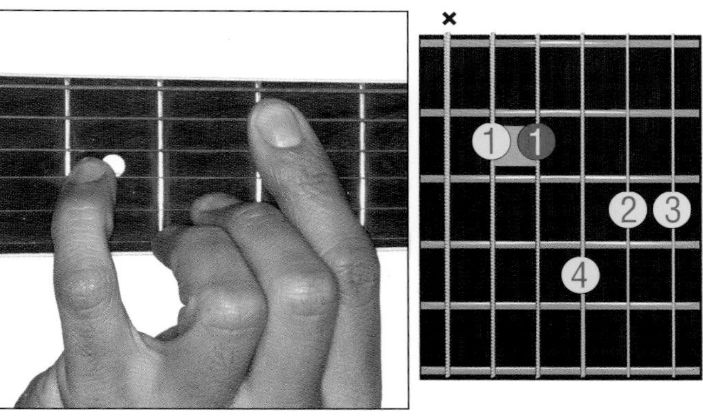
×
1
1
2
3
4

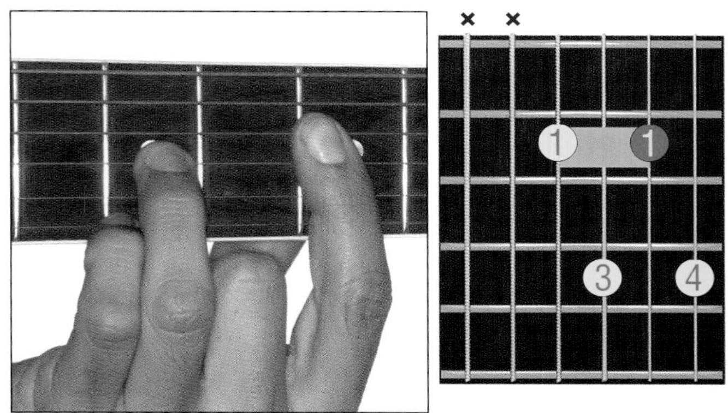
× ×
1
1
3
4

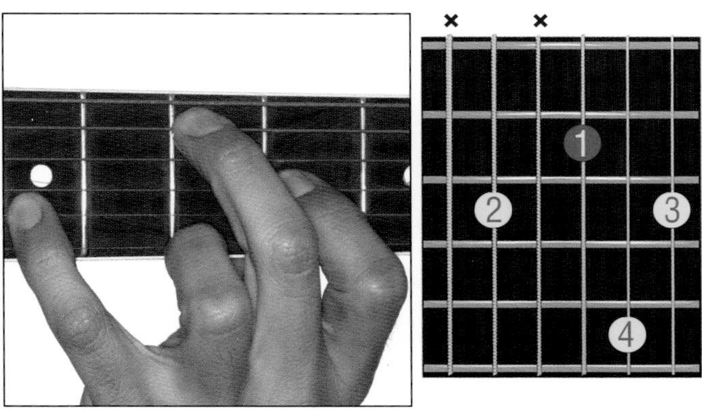
× ×
1
2
3
4

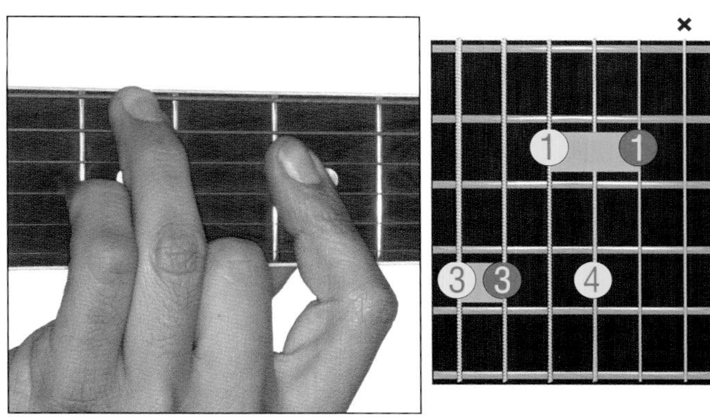
×
1
1
3
3
4

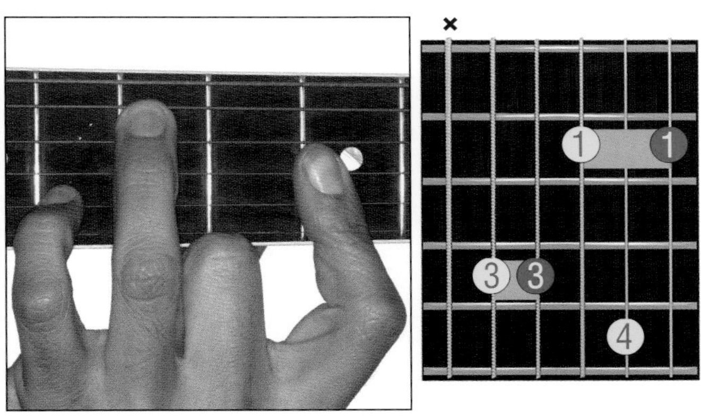
×
1
1
3
3
4

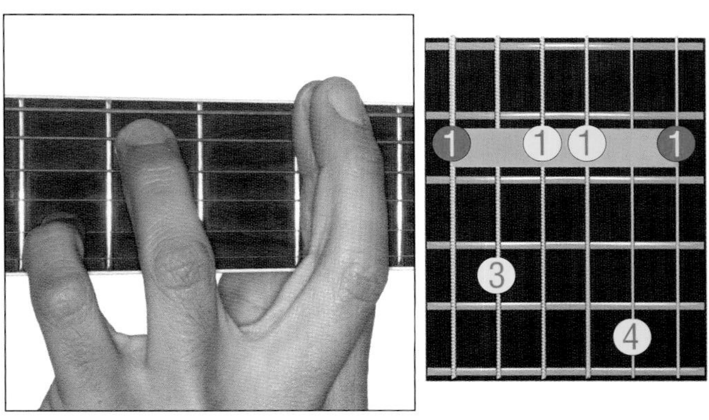
1
1
1
1
3
4

m(maj7)

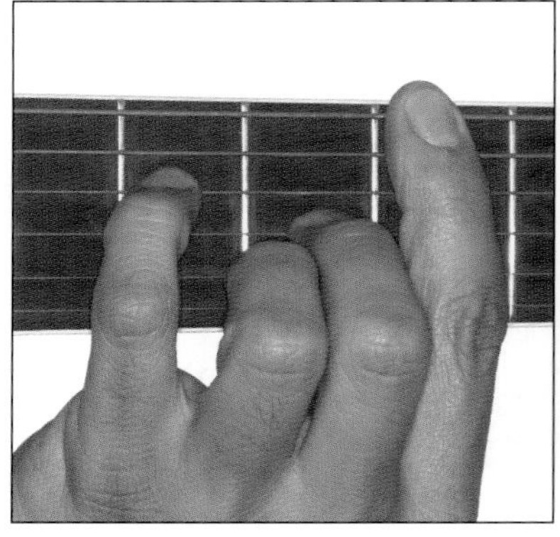
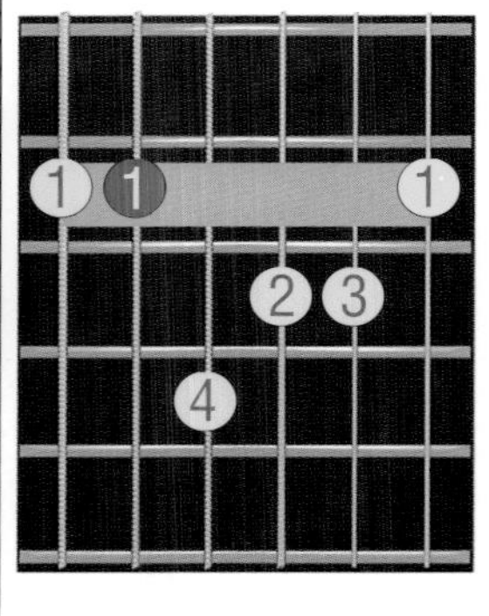

1
1
1
2
3
4

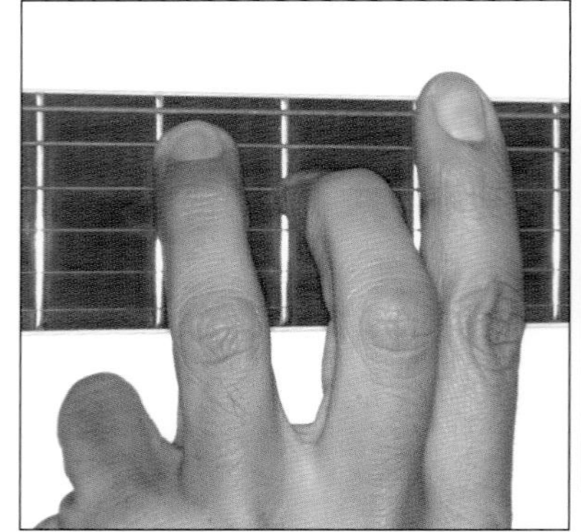
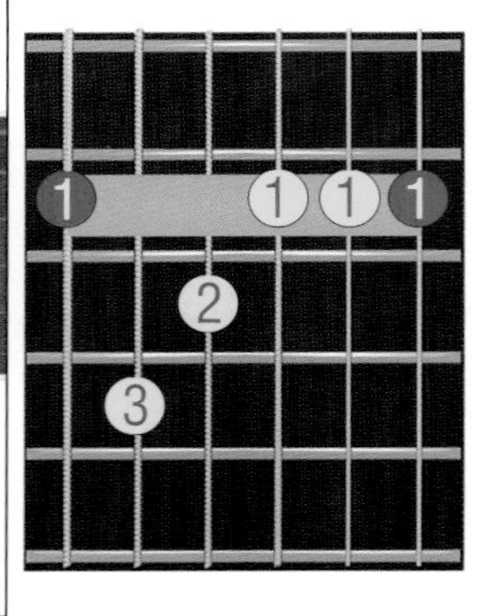

1
1
1
1
2
3

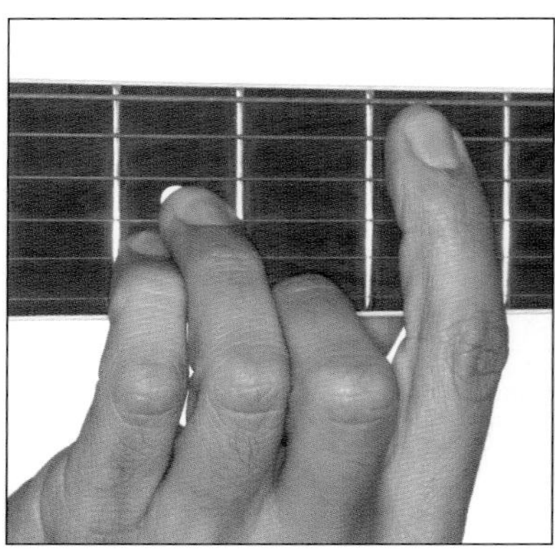
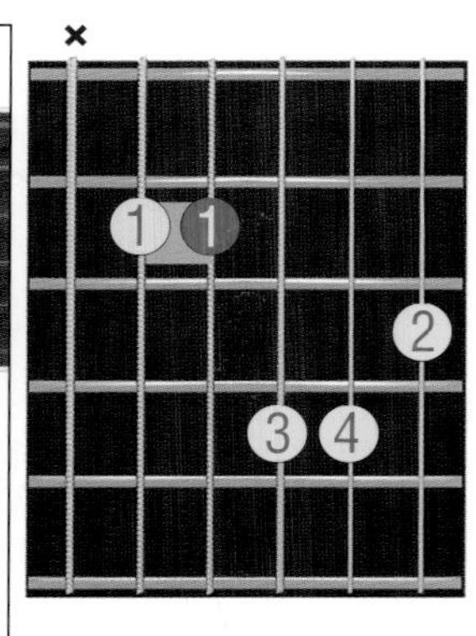

×
1
1
2
3
4

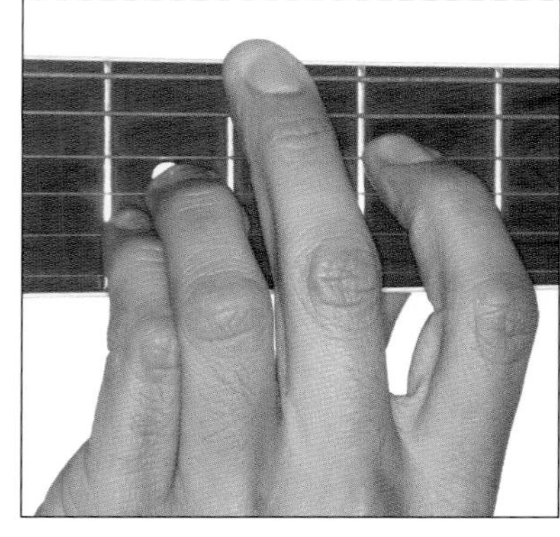
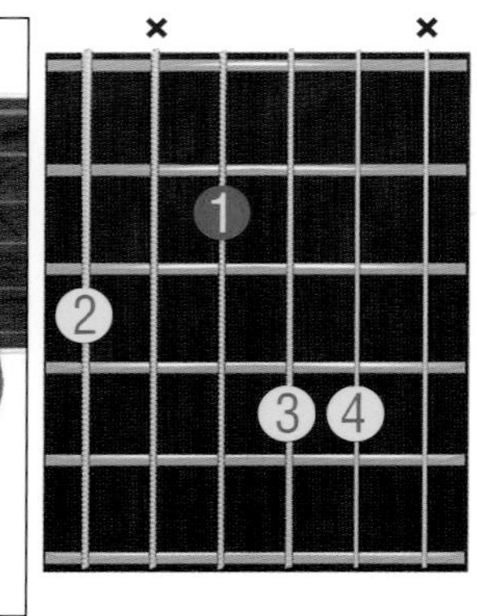

×
×
1
2
3
4

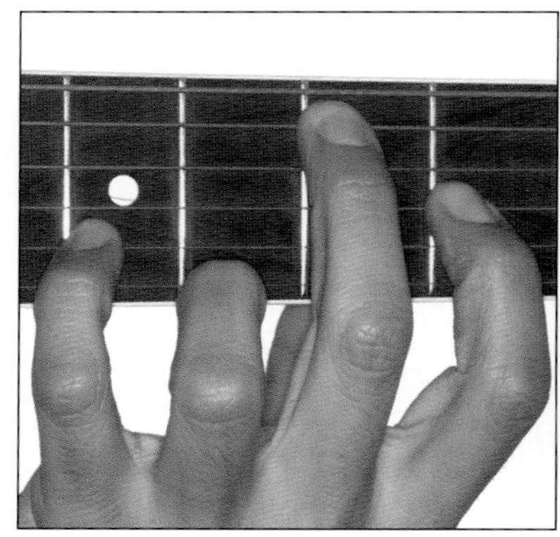
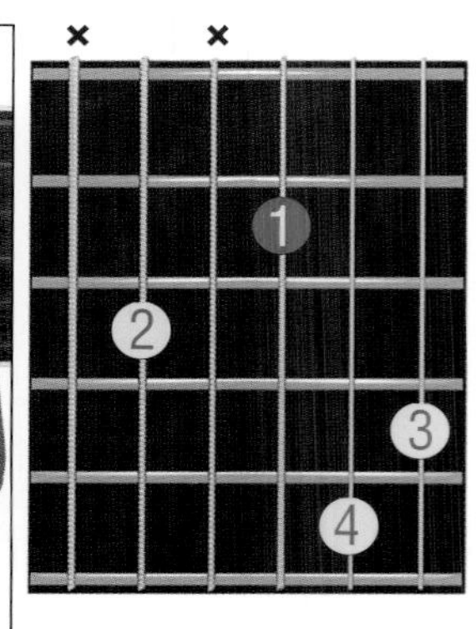

×
×
1
2
3
4

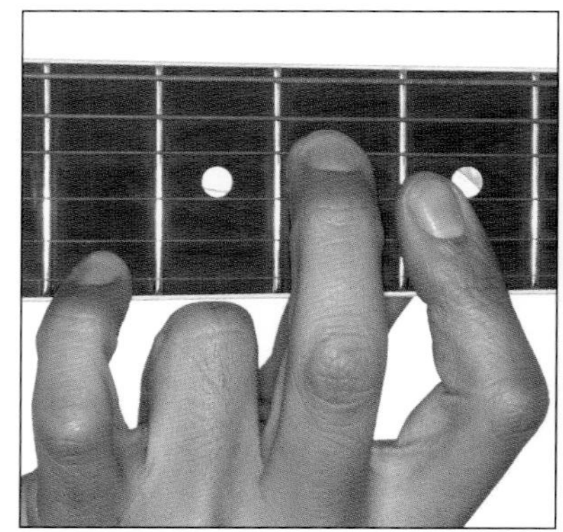
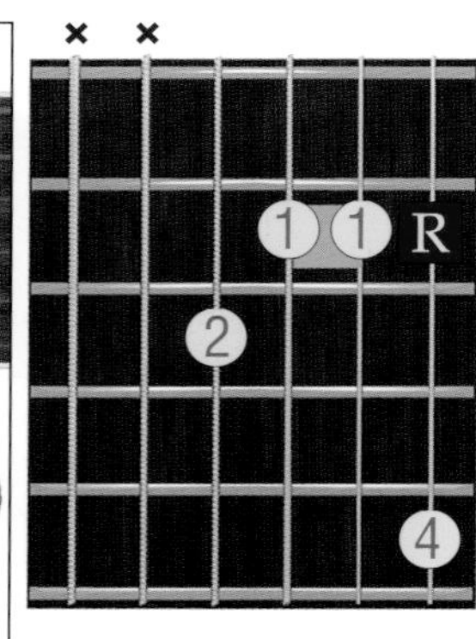

×
×
1
1
R
2
4

m9

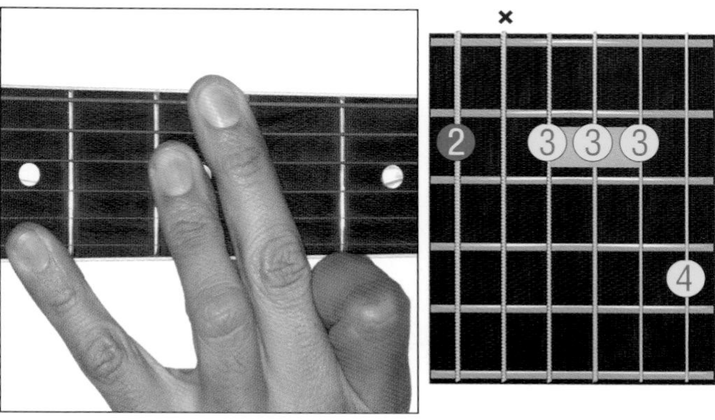

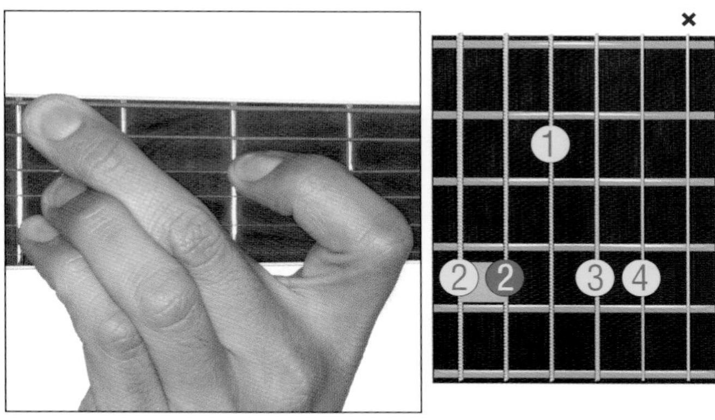

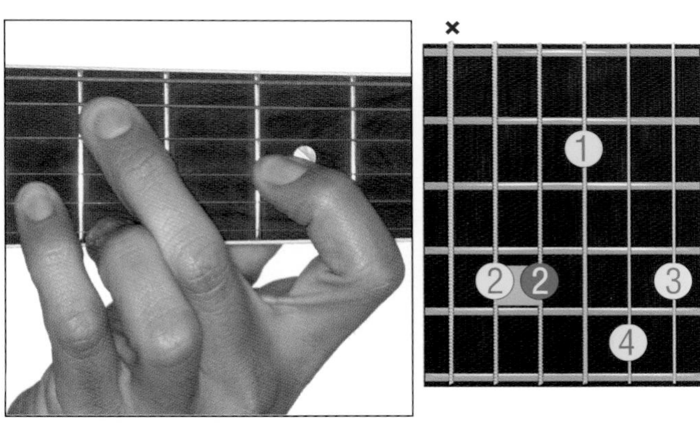

m11

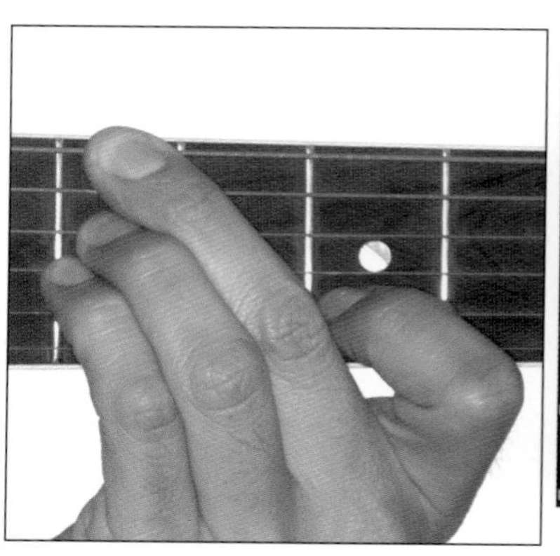

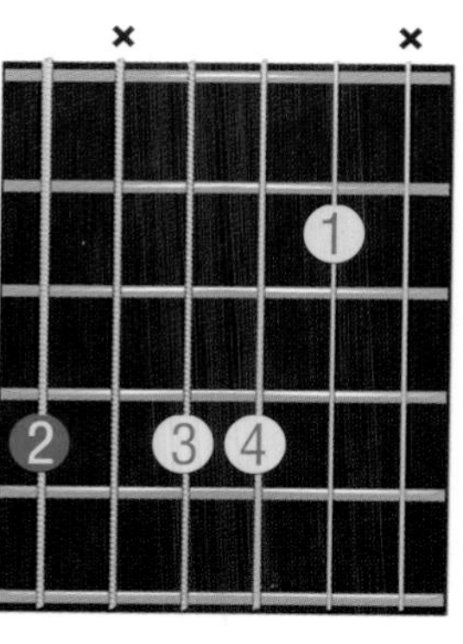

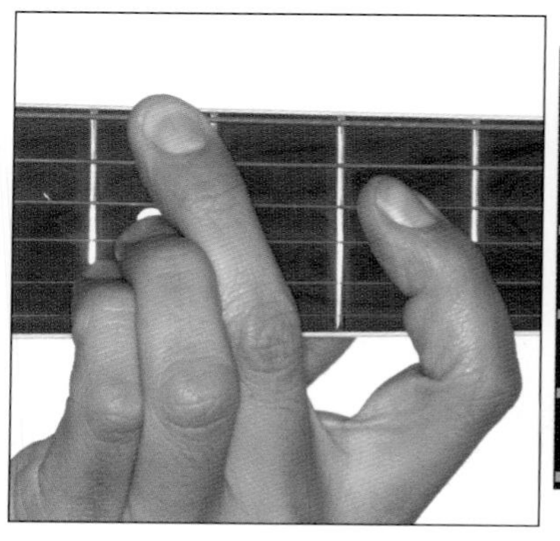

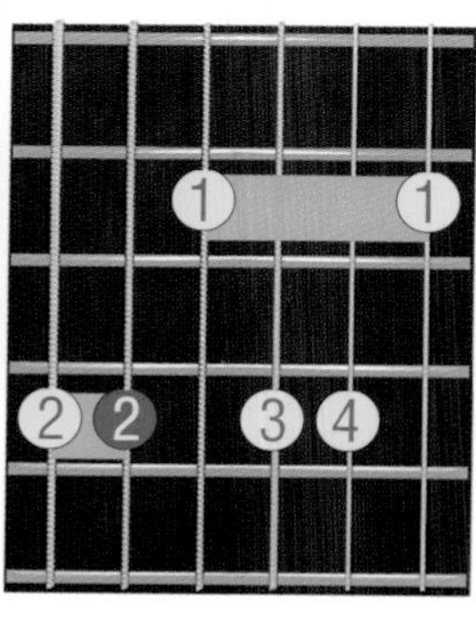

m13

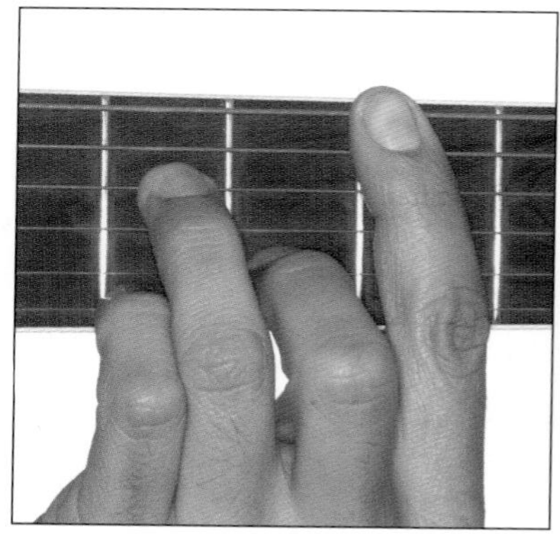

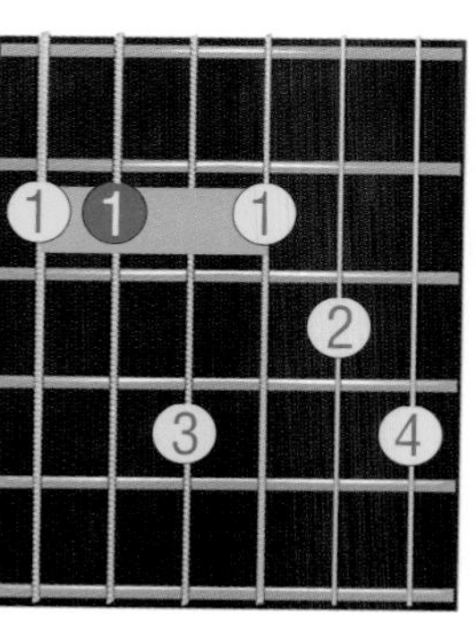

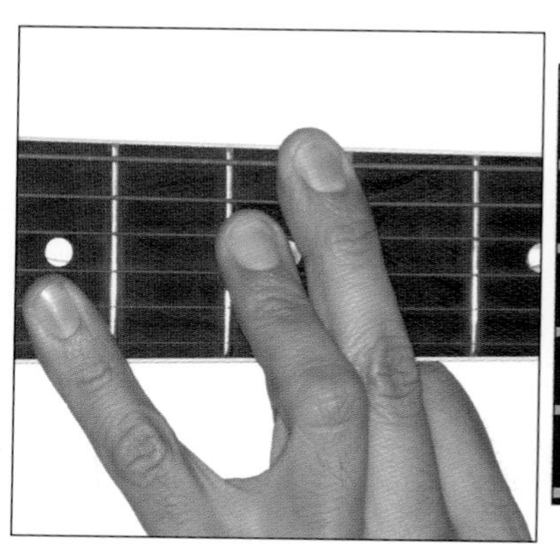

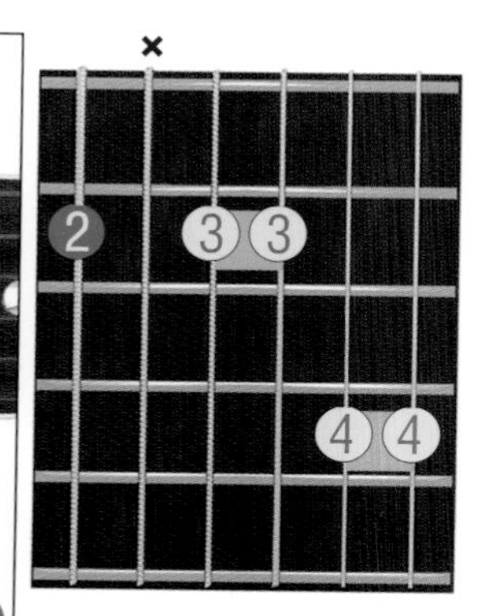

m7♭5

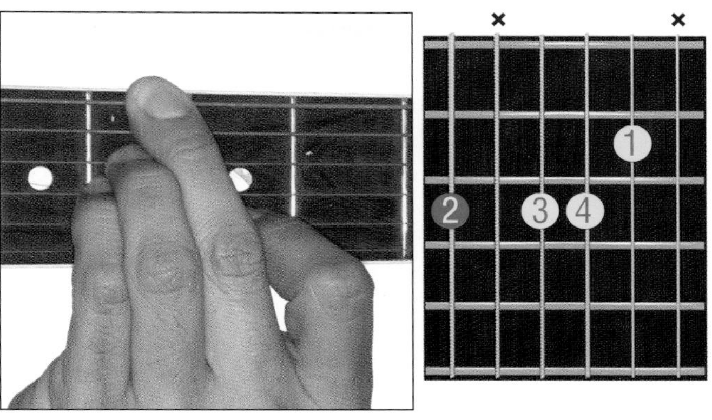
× ×
1
2 3 4

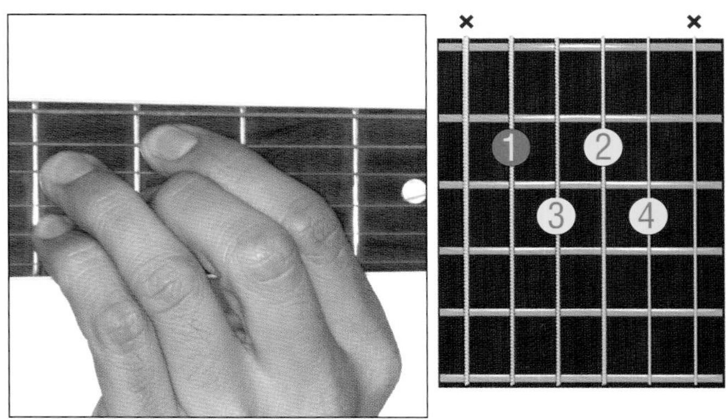
× ×
1 2
3 4

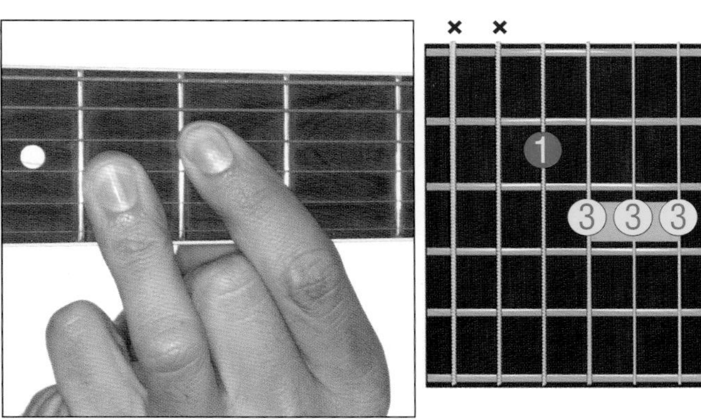
× ×
1
3 3 3

°7*

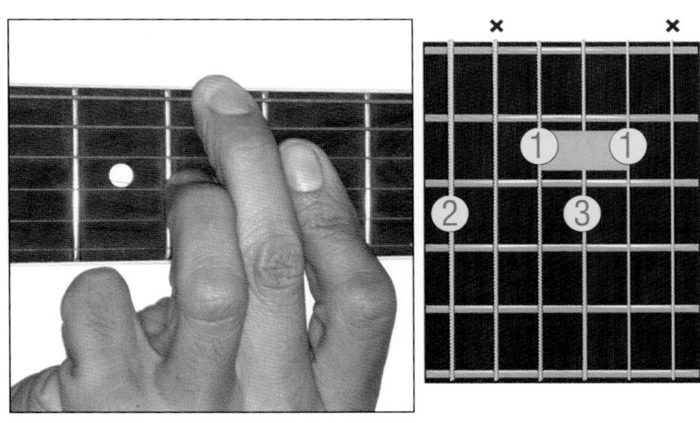
× ×
1 1
2 3

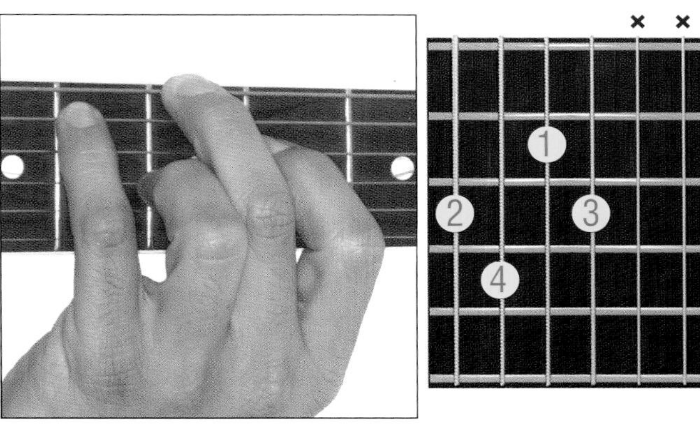
× ×
1
2 3
4

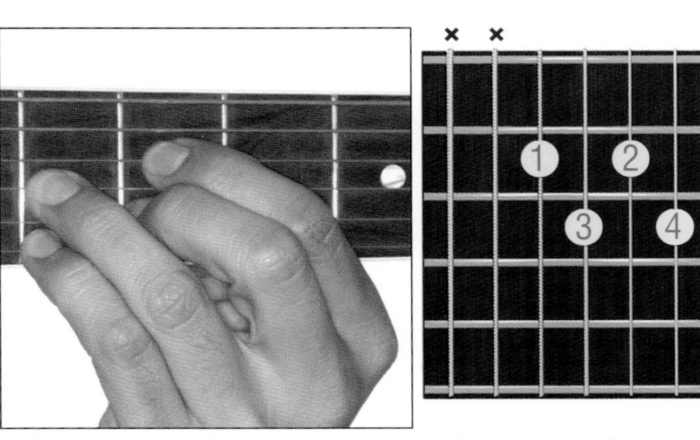
× ×
1 2
3 4

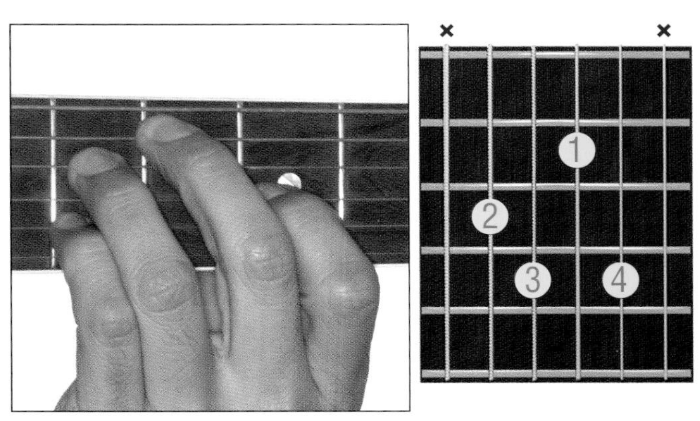
× ×
1
2
3 4

* *Any note of the chord may be the root of the °7*

7

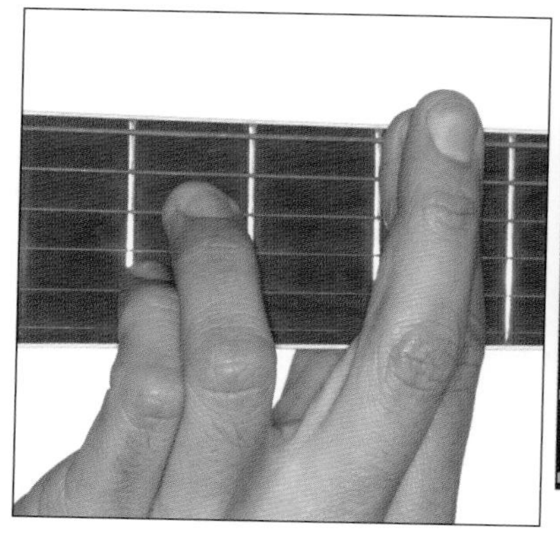

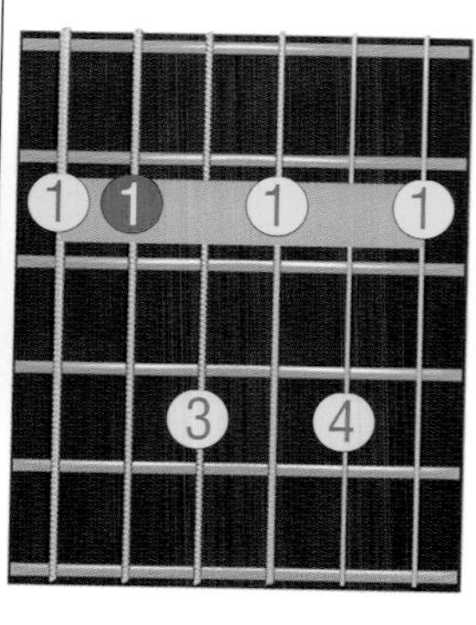
1 1 1 1
3 4

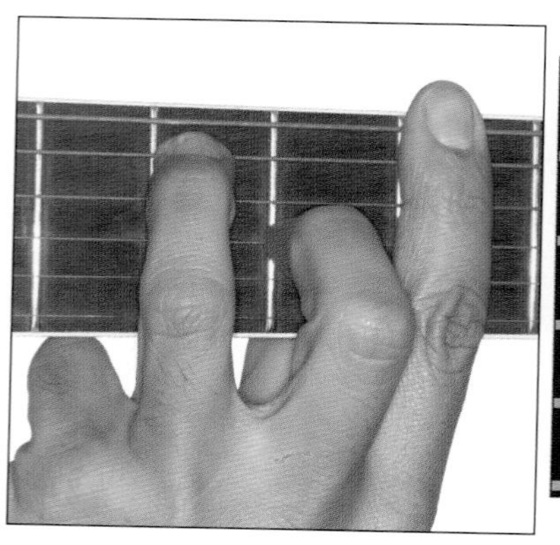

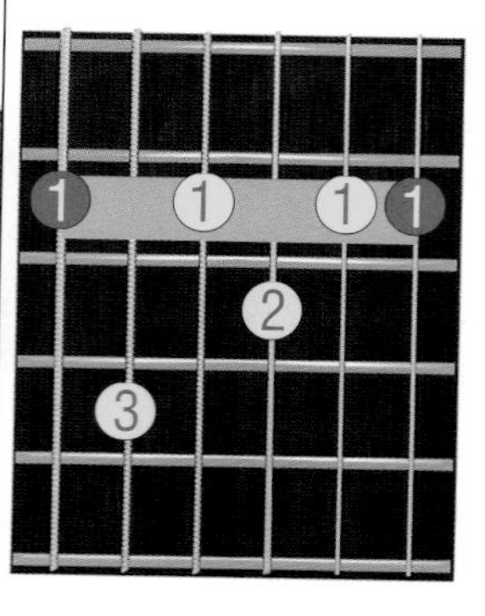
1 1 1 1
2
3

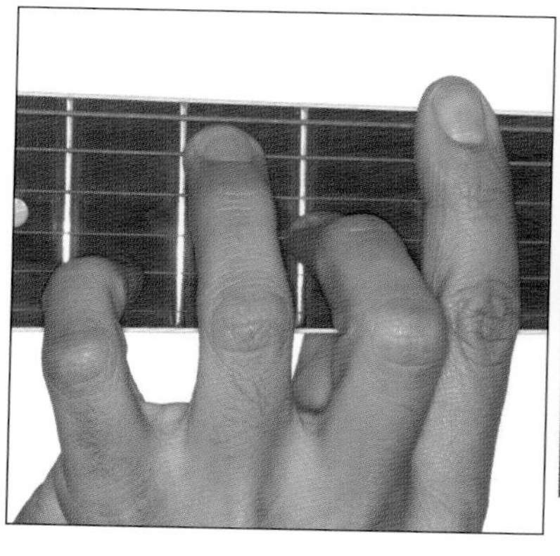

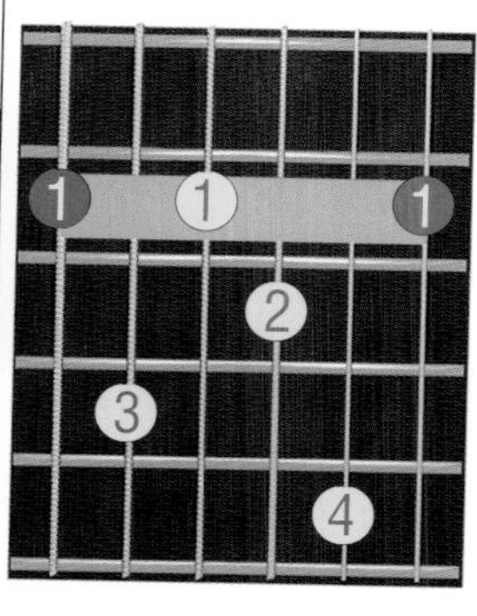
1 1 1
2
3
4

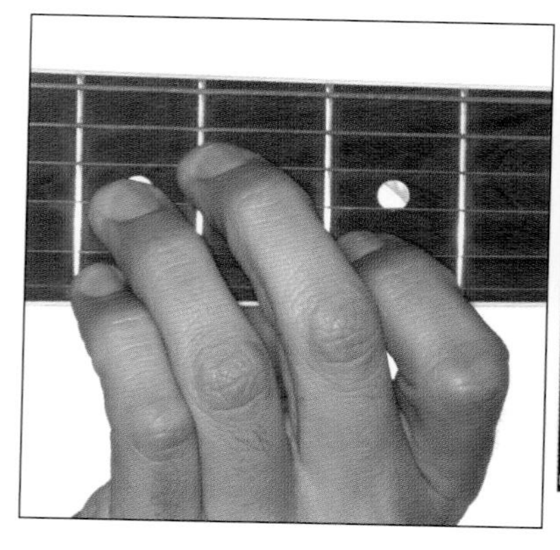

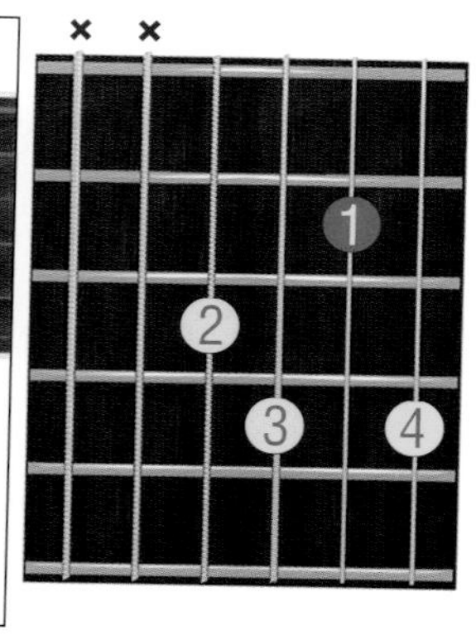
× ×
1
2
3 4

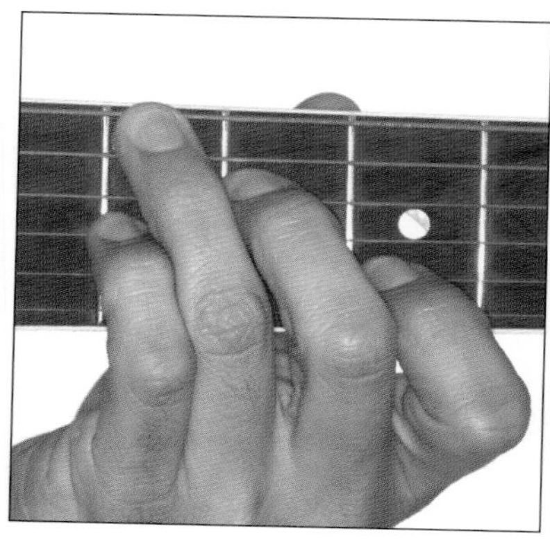

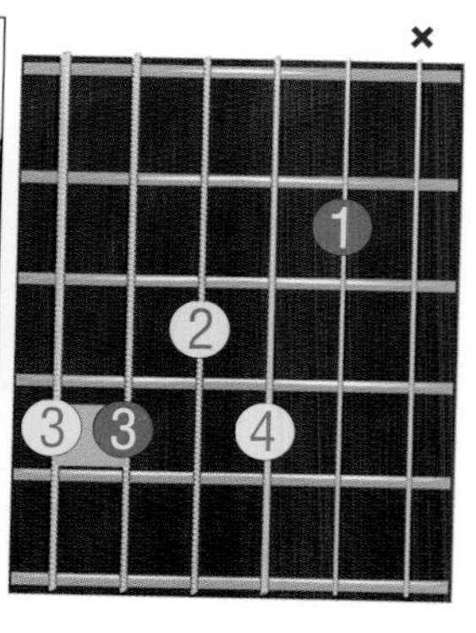
×
1
2
3 3 4

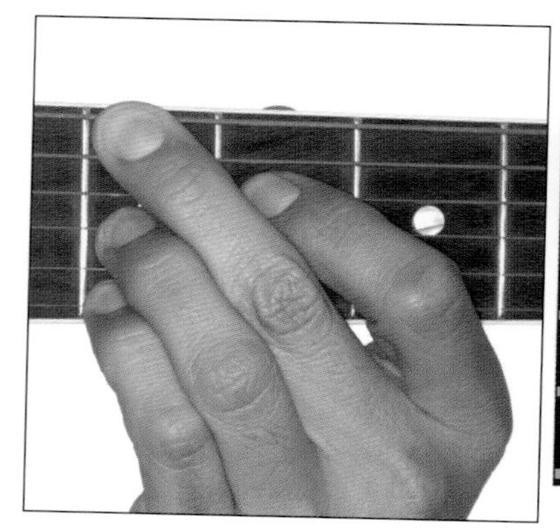

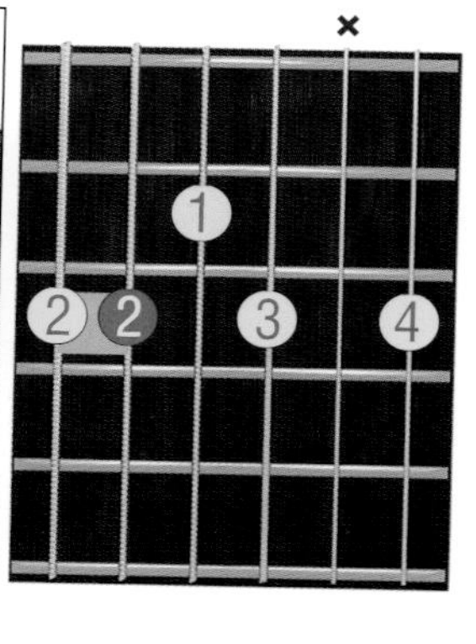
×
1
2 2 3 4

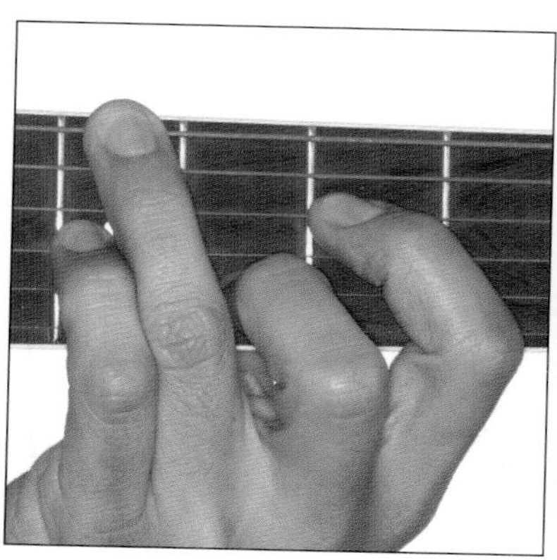

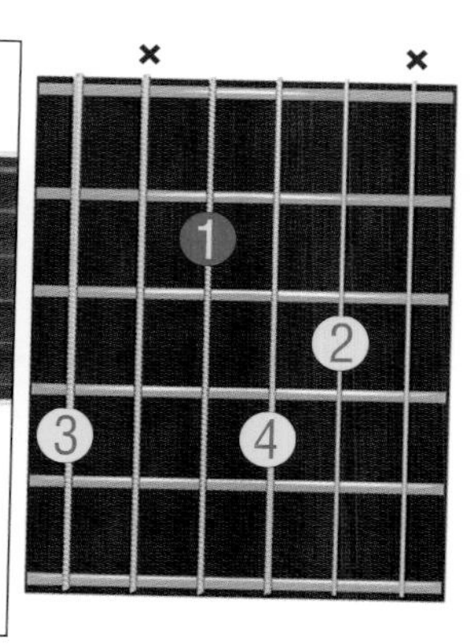
× ×
1
2
3 4

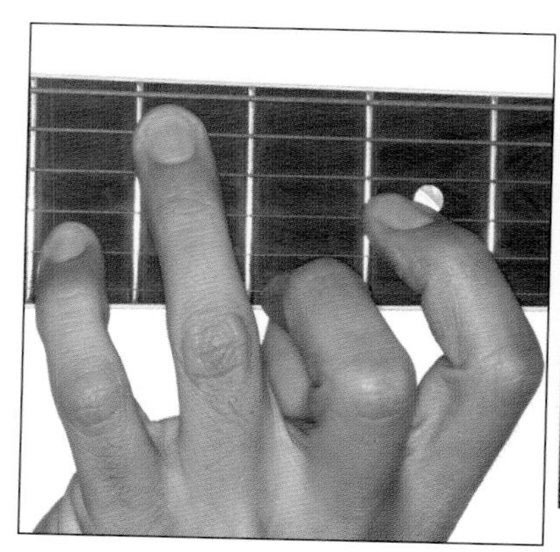

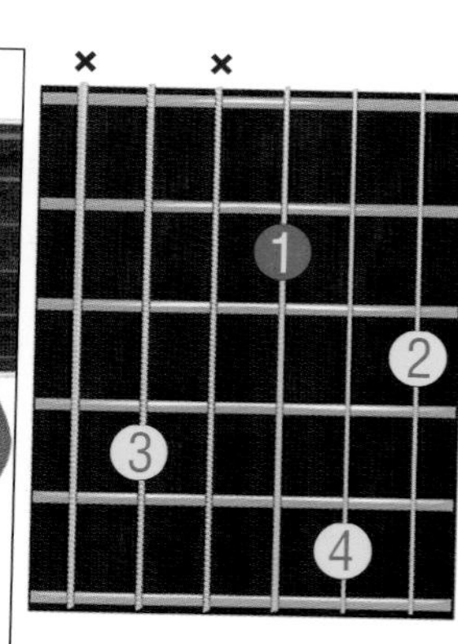
× ×
1
2
3
4

7sus4

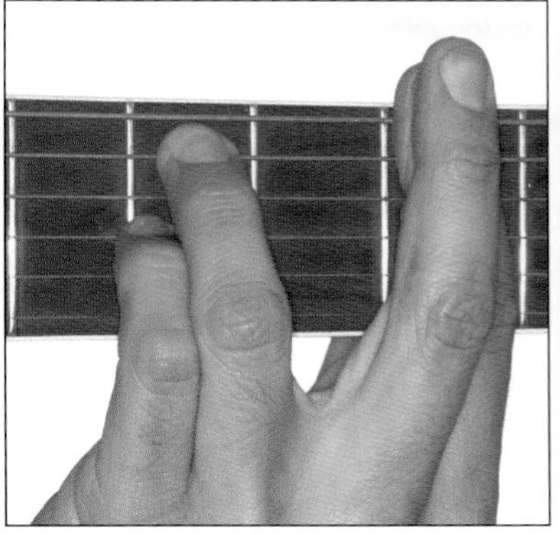

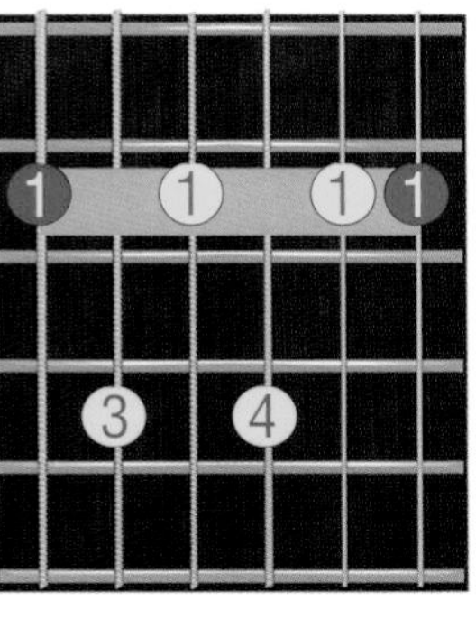
1 1 1 1
3 4

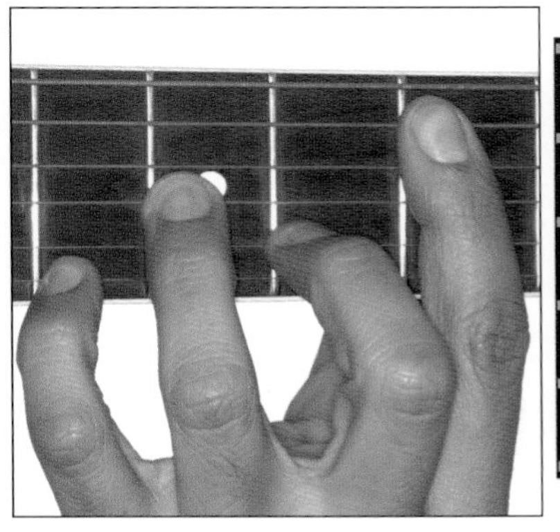

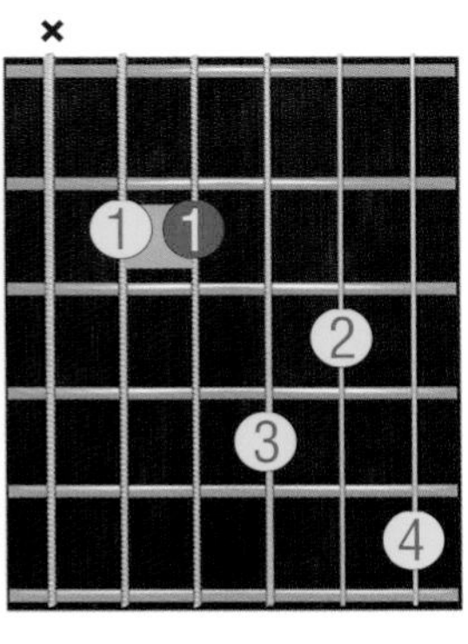
×
1 1
2
3
4

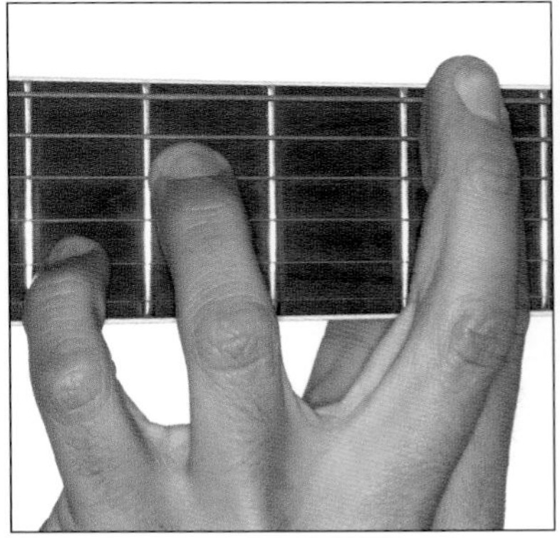

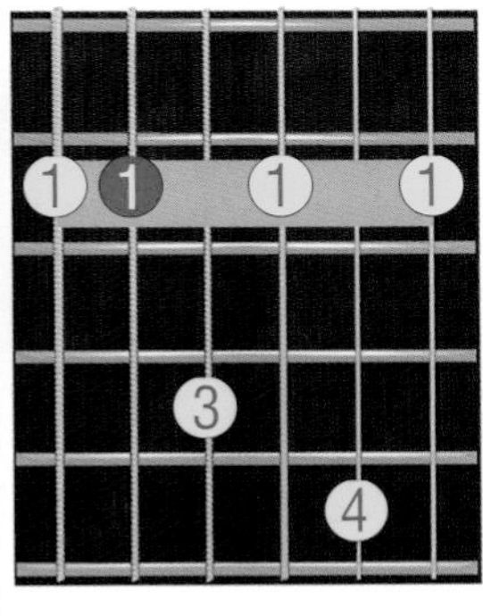
1 1 1 1
3
4

7♭5

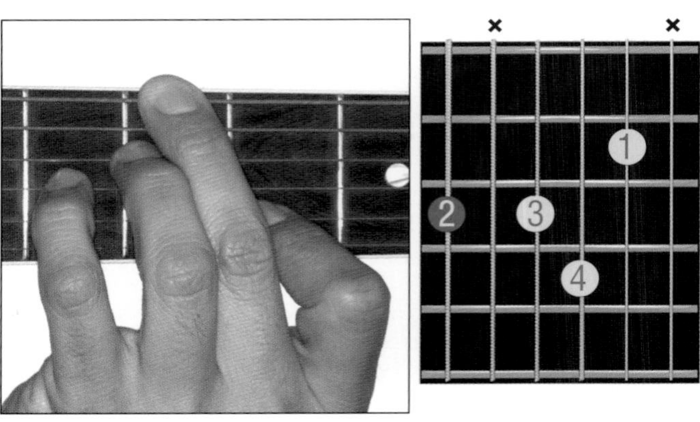

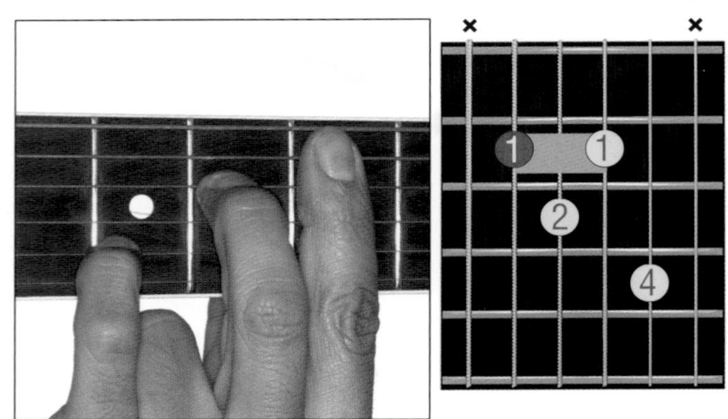

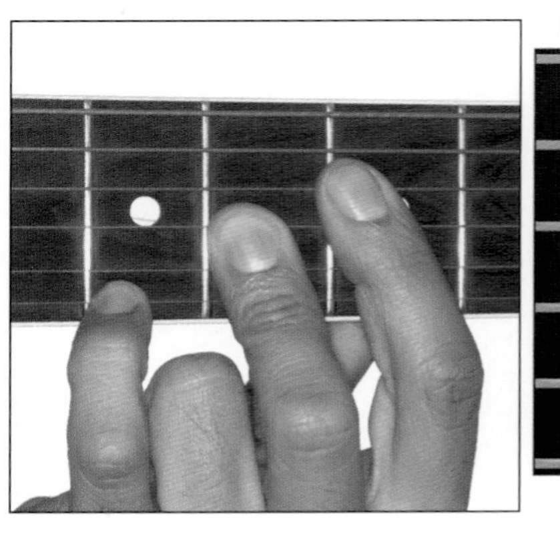

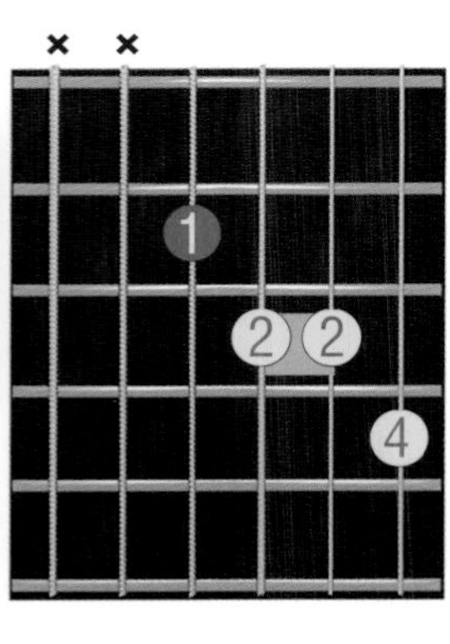

7+

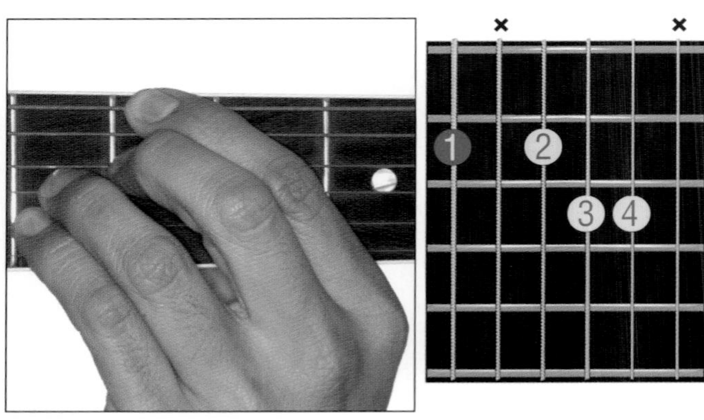

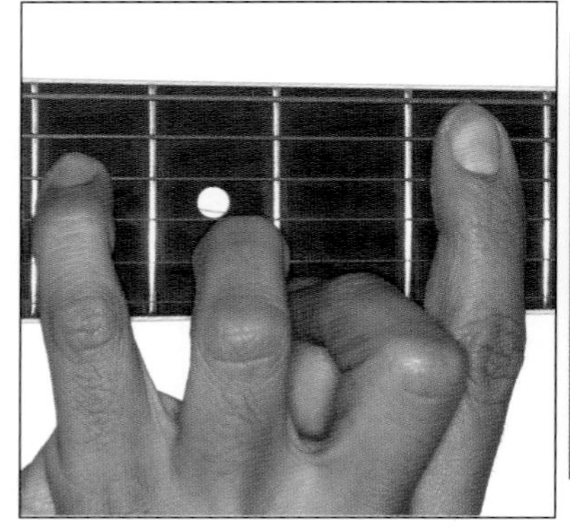

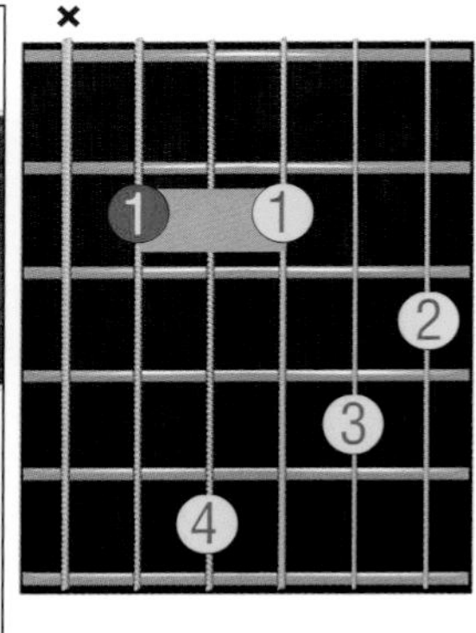

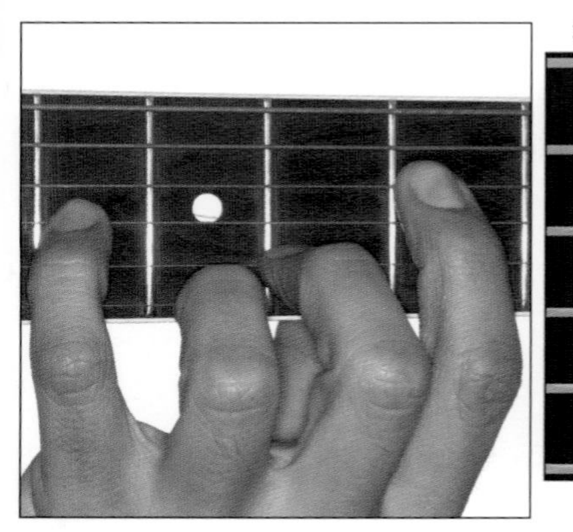

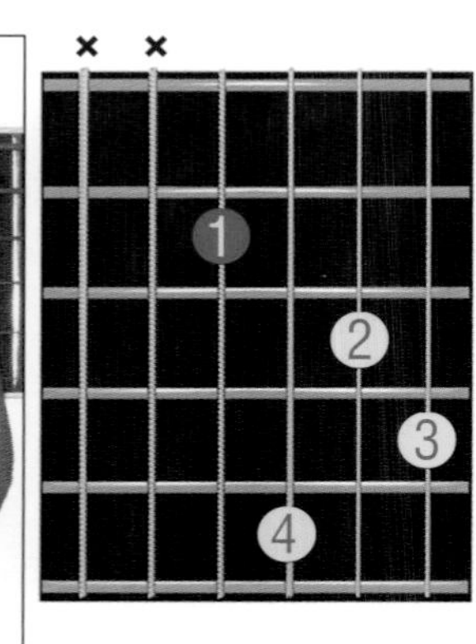

7♭9

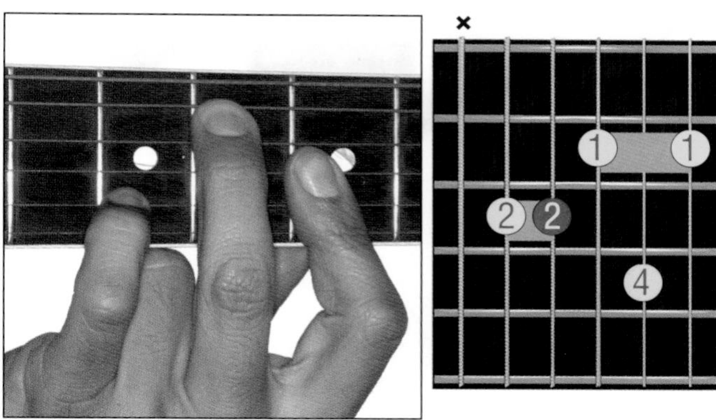

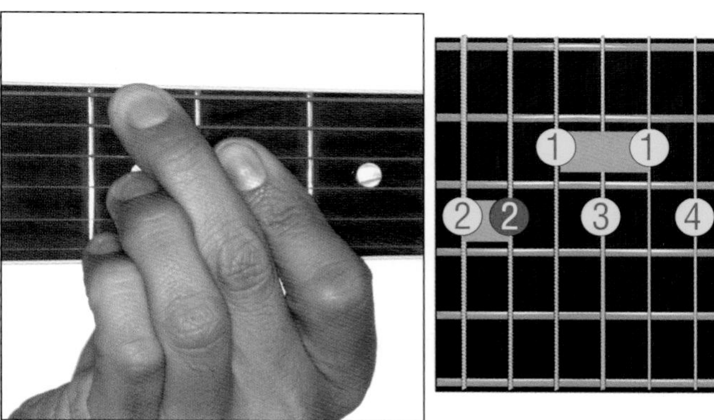

7♯9

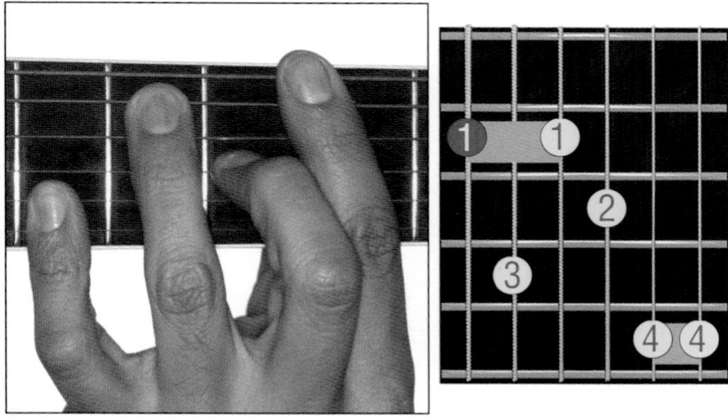

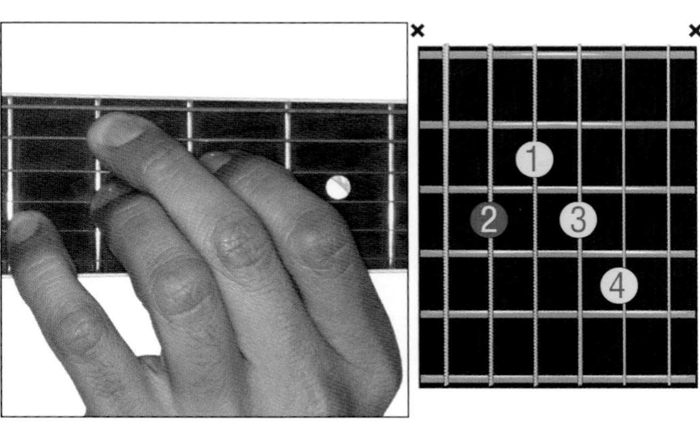

9

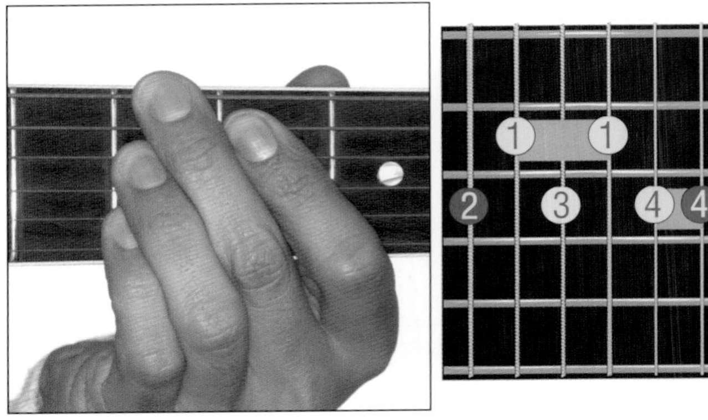

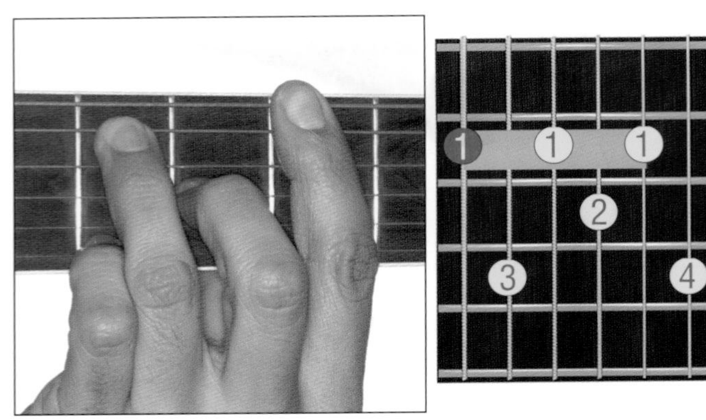

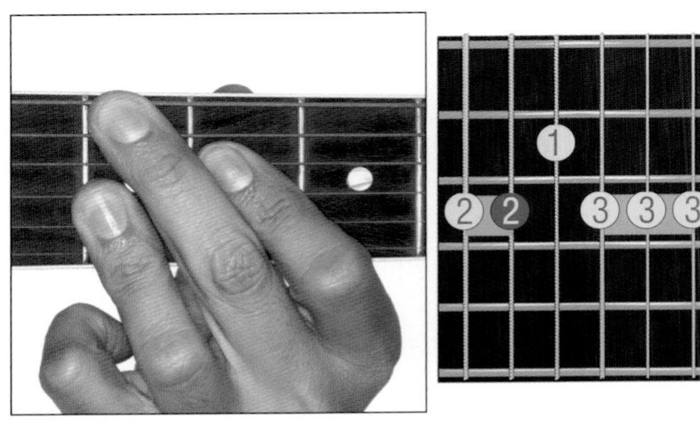

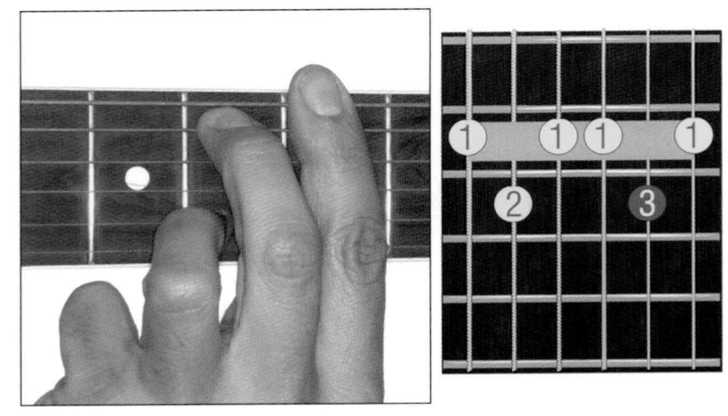

9sus4

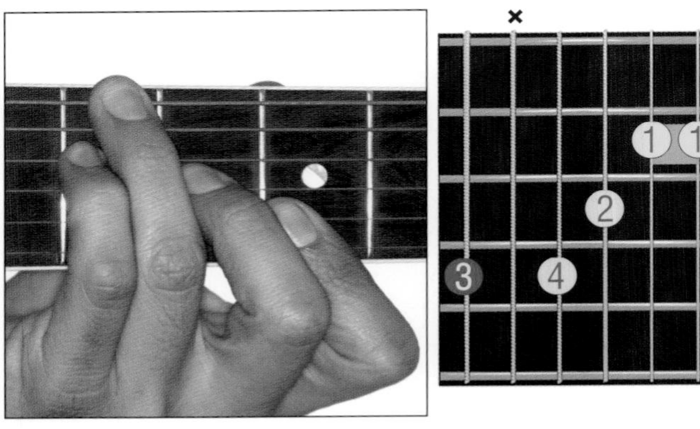

13

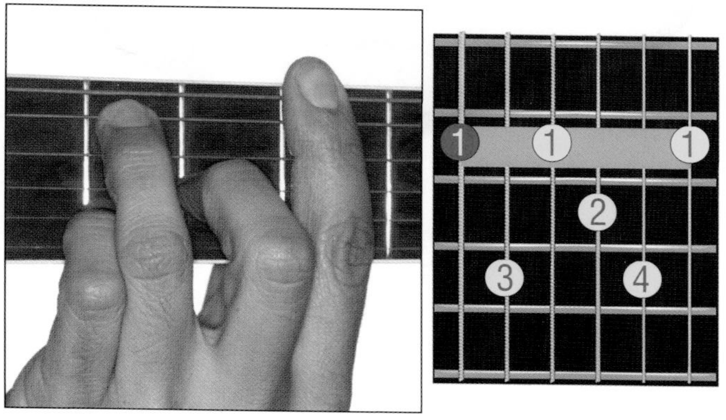

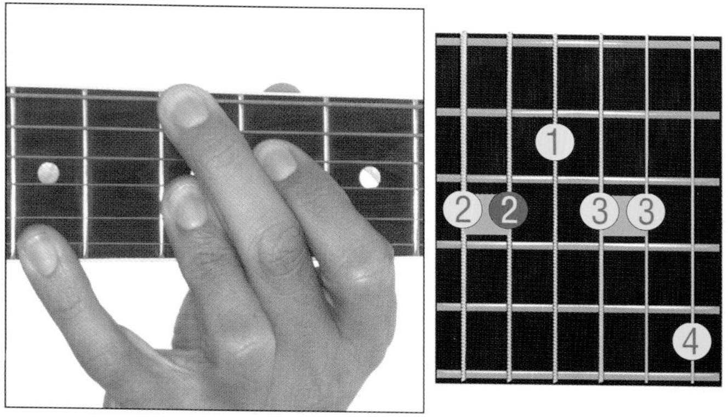

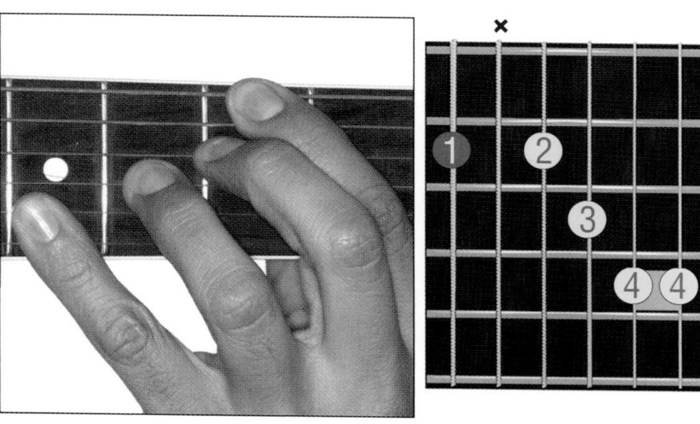

13sus4

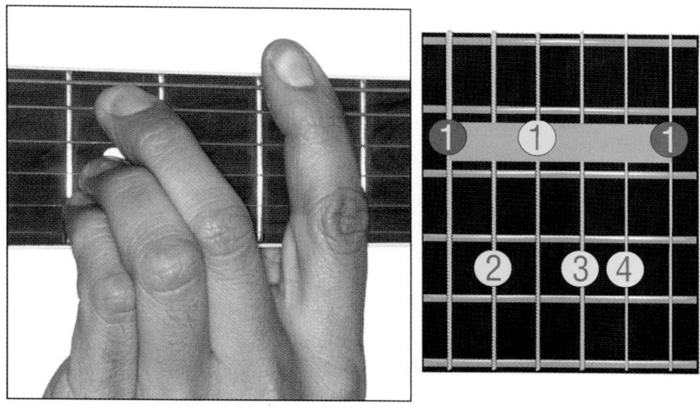

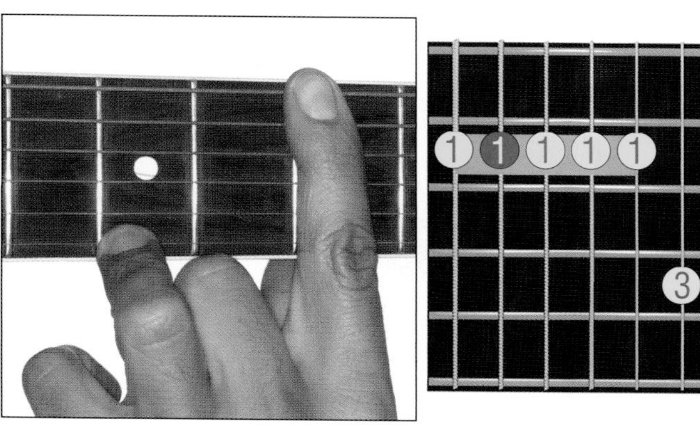

MOVEABLE CHORDS

George Dickel